JN411800

도가 심성론

허정과 소요

노장총서 15
도가 심성론 — 허정과 소요

지은이 羅安憲
옮긴이 임해순 · 손홍철
펴낸이 오정혜
펴낸곳 예문서원

편집 유미희
인쇄 및 제책 주) 상지사 P&B

초판 1쇄 2026년 2월 13일

출판등록 1993년 1월 7일(제2023-000015호)
주소 서울시 동대문구 왕산로 239, 101동 935호(청량리동)
전화 925-5914 | 팩스 929-2285
전자우편 yemoonsw@empas.com

ISBN 978-89-7646-504-7 93150
YEMOONSEOWON 101-935, 239 Wangsan-ro, Dongdaemun-Gu, Seoul, KOREA 02489
Tel) 02-925-5914 | Fax) 02-929-2285

값 45,000원

노장총서 15

도가 심성론

허정과 소요

羅安憲 지음
임해순·손홍철 옮김

예문서원

서문_張立文

문장은 자연적으로 흘러나온다. 왜냐하면 "문장이 오묘한 것은 그 오묘함이 자연에 있기" 때문이다. 나안헌羅安憲 교수의 『허정과 소요—도가 심성론 연구』(虛靜與逍遙—道家心性論硏究)를 보면 그 인간을 보는 것 같다. 소탈하고 상쾌하며 자연스럽고 담박하며 질박함이 그 제목을 선택함에나 그 문장에서 한결같다.

1.

철학은 시대정신이자 지적 창조이며, 생명의 지혜요 궁극적 관심사이다. 이러한 것은 철학자 개개인에게는 모두 공통적이지만, 개체의 정신과 자유로운 창조, 지혜로운 통찰, 독창적 관심이 없다면 철학의 창조와 혁신을 실현할 수가 없다. 철학자는 모름지기 독자적으로 궁리한 가치와 이상에 대한 설계를 하고 있어야 하며, 과거 철학 이론의 사유 형태를 새롭게 탄생시키는 '놀이의 규칙'에 대한 파악과 우주·사회·인생에 대한 자기반성적 깨달음과 새로운 연구 방법의 운용이 필요하다. 이러한 것들이 없다면 철학의 새로운 창조를 실현할 수 없고 단지 '과거 철학 답습 강론'(照着講)[1)]만 할 수 있을 뿐이다.

중화민족은 "나날이 새로워짐을 말하는 성덕盛德"의 창조정신을 풍부하게 갖춘 민족인데, 반세기 이래 독립적 철학체계를 갖춘 진정한 철학자가 없었다. 이는 일생을 철학을 가르치고 연구하는 데 종사한 사람으로 말하자면 일종의 사명의식과

---

1) 역자 주: 철학의 강의와 연구의 방법에 대한 설명으로 馮友蘭의 '照着講', '接着講', '對着講'이 있다. 여기에서는 자세하게 설명하지 않는다.

책임의식의 결핍, 다시 말하면 '철학적 자각'을 상실한 것이다. '철학적 자각'은 민족의 시대정신에 대한 자각을 가리키며, 우주와 사회 및 인생에 직면한 충돌과 위기에 대한 자각과 반성 및 해결의 방법을 모색하는 일이며, 생존세계와 의식세계 및 가능세계에 대한 자각과 각성이며, 가치의 이상과 궁극적 관심사 및 정신의 정원에 대한 지혜로운 설계이다.

그런데 사회의 인심과 천리天理의 양지良知가 상실된 문화대혁명의 와중에 중화민족 오천 년의 휘황찬란한 문화가 휩쓸려 가 버리고, 찬란한 문화의 맥이 끊어지고, 중요한 문헌이 불타 버리고, 진귀한 문물이 파괴되고, 활발한 문풍이 압살되었다. 이것이 바로 '철학적 자각'이 상실된 원인이었다. 또한 사회정치 체제의 교란과 의식이념의 봉쇄, 극단적 좌파 사조의 박해 등 이것 또한 '철학적 자각'이 상실된 이유였다. 이러한 이유가 결합하여 반세기 이래 철학계의 창조의식을 집어삼켰다. 이 때문에 문화대혁명에서 오직 '홍루몽 연구자'(紅學家)만 있고 철학자는 없어졌으며, 오직 '융통성 없이 틀에 박힌 대로 이해하는'(照本宣科) 사람만 있고 지혜로운 창조자는 없었다. 이것은 철학의 비애이자 시대의 비극이다.

중국에서 중화민족의 '철학적 자각'을 상실한 것은 민족정신의 자각을 상실한 것과 떼려야 뗄 수 없는 것이며, 철저하게 전통사상의 의식과 결별하는 것과 연결되어 있다. 5·4운동 이래 학술계는 서양학술의 열기가 넘쳐 났으며, 이러한 열기가 곧 민족 정신문화의 대표인 공자를 비판하고 타도하는 선도先導가 되었다. 이와 함께 서양문명은 주동적主動的이고 적극적·독립적·창조적·진보적·과학적이며, 동양문명은 주정적主靜的이고 소극적·의존적·인습적·보수적·예술적이라는 가치평가가 주요 사상적 경향을 이루었다. 이러한 상황에서 서양학술은 진보적이고 선진적인 것으로 생각하고, 서양의 진리를 진리의 표준으로 삼으며, 서양의 규범을 규범의 표준으로 삼고, 서양의 원리를 원리의 표준으로 삼았다. 바꿔 말하면 일체를 서양에 따르면 선진적이고, 그렇지 않으면 보수적이고 낙후된 것으로 생각하였다. 전통의 정치·경제·문화에 대해서는 옳고 그름을 구분하지 않고 무차별적 타도를 혁명 행동으로 삼았다.

후일에 또 소련을 '맏형'으로 삼고, 오직 한길로 소련을 향해 가며, 소련을 신명처럼 떠받들었다. 청년 학생들이 소련에 대하여 한마디라도 불경스러운 말을 하면 우파분자로 몰아갔고, 모든 것은 소련의 정치 · 경제 · 문화 · 사상 · 의식으로써 시비와 진위眞僞 및 미추美醜를 판단하는 표준으로 삼았으며, 조금이라도 서로 다른 시각과 다른 이해 및 다른 해석은 곧 강령과 노선에서 반마르크스 레닌주의와 수정주의, 반동사상 등으로 간주하여 반혁명분자, 수정주의분자 등으로 낙인찍었다. 중국의 전통사상은 모두 반동 노예주계급奴隸主階級과 지주계급의 의식을 반영하는 사상이고, 역사상의 사상가와 철학자들에게 노예주와 지주계급의 대표라는 굴레를 씌워 반동적이고 타도의 대상으로 보았다. 이와 같았기 때문에 민족정신은 부정되고 '철학적 자각'의 상실은 필연적이었다.

'철학적 자각'의 상실은 또한 사회의 기풍과 사상적 풍향과도 서로 연결되어 있다. '이름을 드날리고 학파를 이룬'(成名成家) 것을 부르주아적 명리名利 사상이라 비판하고, '오로지 학문에 정진하는'(走白專道路) 것을 비판하며, '반동적 학술권위'를 타도하자는 사회 분위기 속에서 모든 것은 완전히 닳아 없어지고 깎여 없어졌다. 이에 따라 학술적으로는 모난 돌이라 정을 맞기도 하고, 누군가는 두드러지게 드러나고 누군가는 봉변을 당하고 재앙을 당하니, 학술이 필요하지 않았으며, 사상적으로는 '비批'라는 글자를 앞세워 누구는 창견이 있고 누구는 재수가 없다고 하면서, 사상을 필요로 하지 않았으며, 문화적으로는 최하급을 최고라고 여겨 곳곳에서 선양하고 "학문이 우수하여 관직에 나아감"과 "독서로 관료가 되어야 한다"라는 주장을 대대적으로 비판하였으며, 경제적으로는 자본주의의 꼬리를 자르고 농민이 개별적으로 경작하여 삶을 개선하는 것을 인정하지 않았다. 모든 이른바 두드러짐과 창조, 앞섬과 더 부유함 및 그 가능성을 압살하여 사람들을 무학술無學術과 무사상 · 무문화 · 무생존의 상황에 놓이게 하고, '순종하는 도구로 길들이기'라는 허울뿐인 이름으로 사람의 인격적 존엄과 학술적 민주, 사상적 자유 그리고 철학적 창조를 대신하였다. '한결같은 여론'과 '공공의 의견'이라는 권위로 사람의 의지와 서로 다른 신념, 독립적인 선택, 개인의 취미를 대신하였다. 개인에게는 사상이나 견해와 의지 같은 것은 필요하지 않았으며, 사람들은 또한 어떤 사건이나 인물에 대하여 자신의 판단과 평가 그리고 자신의 행위 선택이나 보고 듣기를 할 수가 없었다. 이러한 상황은 마치 하이데거(Martin Heidegger, 1889~1976)가 말한 '현존재의 퇴락'(Verfallen des Dasein)과 같으며, 개인이 자신의 참모습을 잃어버린 '존재'라는 상태에서 '철학적 자각'은 자연적으로 상실되었다.

2.

"철학적 자각"의 회복 혹은 각성은 "새로운 실천과 새로운 발전에 착안함"이라는 상황에서 "문화대혁명文化大革命"의 정치체제와 의식 형태 및 문화적 분위기의 구조를 해체하고, "자각적 사상 인식이 그러한 시의時宜에 맞지 않는 관념과 방법 및 체제의 속박으로부터 해방되어 나왔으며, 마르크스주의의 잘못된 교조적 이해에서부터 해방되어 나왔으며, 주관주의와 형이상학[2]의 질곡으로부터 해방되어 나왔다." 오직 이러한 세 가지로부터 해방되어 나와야만 비로소 "철학적 자각"이 있을 수 있으며, 철학적 이론체계의 창신創新과 학술관점의 창신과 연구방법의 창신이 있을 수 있다. 비록 "철학적 자각"의 길이 어렵고 험난한 곡절이 있지만, 오직 게으르지 않고 노력하기만 하면 이 세 가지 창신의 목표에 도달할 수 있다.

중국의 "철학적 자각"은 중국철학의 세 가지 창신을 실현하는 것인데, 헤겔처럼 머리와 발꿈치를 뒤바꾼 철학을 다시 되돌려 나온 것도 아니고, 하이데거처럼 전통철학의 인식을 현상에서 본질로 이르는 운동을 뒤집은 것도 아닌, 중국철학의 심연의 바닥으로 찾아들어 가서 탐색하고, 중국철학의 본질을 인식하고, 중국철학 운동이 매 시기의 이론과 사유형태를 되살려 내는 "놀이의 규칙"(게임의 법칙)을 파악하여 중국철학의 성질·내포·특색·품격·독특함(神韻: 신비하고 고상한 운치)을

2) 여기서 가리키는 "형이상학"은 변증법과 서로 대응하는 불변적이고 죽어서 경직된 사상을 가리킨다.

규정하여 중국철학의 보편성과 특수성을 부각하는 일이다.

중국철학이 창신을 하려면 어떤 새로운 것을 창조해야 하는가? 어떻게 창신할 것인가? 다시 말하면 중국철학의 창신에는 자기 창신의 규정이 있으며, 그 내재적 논리의 변화발전 규칙이 있으며, 오직 이 창신의 규칙을 준수해야만 비로소 그 창신의 요청에 부합하며, 또한 중국철학의 창신이라고 할 수 있다. 그렇지 않으면 진정한 의미에서 중국철학의 창신이라고 말하기 매우 어렵다.

이러한 철학적 창신의 규칙은 무엇인가? 과거에는 발견하지 못했던 것 같다. 내가 45년 동안 중국철학을 가르치고 연구하고 있지만, 이러한 세 가지 중국철학을 창신하는 "놀이의 규칙" 곧 핵심적 주제의 전환, 텍스트 해석의 전환, 인문학적 언어환경의 전이轉移를 체험한 적은 없었던 것 같다. 이것은 중국철학 창신의 아이콘(Icon, 우상)으로 이로써 중국철학의 창신을 평가하면 중국철학의 창신은 곧 일정한 규칙과 표준을 가지게 된다.

이 세 가지 규칙의 확립은 그 합리성과 합법성이 곧 중국철학 자체와 중화민족의 심후한 문화적 토양, 그리고 철학자들의 생명에 대한 깨달음(覺解)과 지식 추구의 품격에 근원한다. 이것은 모두 중국철학의 시작인 선진先秦시대로 되돌아가서 고찰해야 한다. 칼 야스퍼스(Karl Theodor Jaspers, 1883~1969)는 "인류는 줄곧 축심시대軸心時代[3]에 생겨난 사고와 창조의 모든 것에 의존하여 생존하였으며, 한 차례 혁신의 도약마다 모두 한 시기를 돌아보면, 거듭 화염에 휩싸였고, 그 이후의 상황은 곧 이와 같이 축심시기 잠재력의 소생蘇生과 축심시기 잠재력으로의 회귀나 혹은 부활이라고 말하는데, 이들 모두가 정신적 동력을 제공하였다"[4]라고 하였다. 그가 말한 "축심시대"는 중국의 동주東周(春秋戰國)시대, 즉 B.C.770년에서 B.C.256년 사이에 해당한다. 이 시기 주나라의 통솔력과 통제력이 쇠약해졌고, 수많은 제후국이 패주霸主(패권)의

3) 역자 주: 칼 야스퍼스는 그의 책 『역사의 기원과 목표』(*Vom Ursprung und Zielder Geschichte*, 1949)에서 B.C.800~B.C.200년 사이에 발생한 획기적인 정신적 유산을 "軸心時代"(Axial Age)라고 하였다.

4) 야스퍼스, 『역사의 기원과 목표』(北京: 華夏出版社, 1989), 14쪽.

지위를 쟁탈하기 위해 동정서벌東征西伐하였으며, 부국강병을 도모하기 위해 다투어서 널리 인재를 모았고, 승리의 계책을 마련하려고 백가百家가 쟁명爭鳴하였다. 이 시기 지식인(士)[5]들의 인격은 독립되고, 학술은 아직 금지되지 않았으며, 사상은 자유롭게 발휘되고, 의식은 날로 각성되며, 도덕정신은 자각되었다. 각각의 학파는 각자 당시의 우주 · 사회 · 인생 · 국가가 직면한 복잡한 긴장관계와 충돌에 대한 자신의 체험에 근거하여 여러 가지 화해의 방법을 설계하고 모색하여, 자신들의 사상이론의 체계를 구축하여 자신들의 이론을 주장하는 백화제방百花齊放과 학술번영의 환경을 조성하였다.

비록 이때 『장자』 「천하편」에 "백가百家"라는 명칭이 있고, 『한비자』 「현학편顯學編」에 유가와 묵가의 "현학顯學"이라는 말이 있었지만, 이들 모두 사마담司馬談(?~B.C.110)의 『논육가요지論六家要旨』처럼 명확하게 음양陰陽 · 유儒 · 묵墨 · 명名 · 법法 · 도덕道德의 여섯 학파로 나누거나, 반고班固(32~92)의 『제자략諸子略』에서처럼 종횡가縱橫家 · 잡가雜家 · 농가農家 · 소설가小說家를 더하여 열 개 학파 이상으로 구분한 것은 아니었다. 곧 "도덕이 한결같지 않고, 세상에서는 많이 한 부분만을 잘 알고서 스스로 좋아한다"[6]라는 말처럼 다원문화가 형성되었다. 비록 이 "육가" 혹은 "십가"들이 단지 하나의 개괄이나 대체적인 설명이지만, 학술사상의 영향과 작용으로 말하면, 일반적으로는 사마담의 개괄을 비교적 많이 인정한다. 이후 중국철학은 매번 새로운 도약을 하거나 이론적 사유형태가 전환할 때마다 모두 이 시기로 되돌아가고 아울러 지혜의 불꽃을 새롭게 되살렸다. 바꾸어 말하면 중국철학의 기본적 골격은 이로부터 다져졌다.

5) 역자 주: 춘추전국시대 등에서 활동하였던 인물 가운데 "士"를 "선비"로 해석하는 데는 문제가 있다. 중국에서 "士"는 시대와 상황에 따라서 매우 다양한 계층의 남자를 가리키는데, 예를 들면 미혼 남자, 독서인, 지식인, 武士 등을 가리키며, 계층적으로 公 · 卿 · 大夫와 일반 서민의 중간 계층을 가리킨다. 그러므로 "士"를 한국인의 전통적 지식인 겸 지도자상을 의미하는 "선비"로 번역하는 데는 문제가 있다. 이 책에서는 상황에 따라 정확하게 그 가리키는 의미에 맞추어 번역하되, "지식인", "인물", "士人" 등으로 번역한다.

6) 『莊子集釋』(北京: 中華書局, 1961), 권10하, 「天下」, 1069쪽.

선진시대의 중국철학은 "철학적 돌파"(philosophical breakthrough)를 실현하여, 그 후 중국철학이 환생(轉生)함에 다원적이고 선택적인 정신적 동력을 제공하였다. 만약 서양철학이 플라톤 철학에 대한 주석[7]이라고 한다면, 중국철학은 또한 선진시대 육가六家철학의 주석이라고 할 수 있다. 춘추전국시대 500여 년 동안 세상은 크게 어지러웠고, 제후들이 분열하였고, 학술이 한결같지 않았으나, 세상의 대세는 다른 갈래의 길에서 한 길로 모이며, 백 가지 사려가 일치하였다. 한길로 모여 일치함은 각 학파가 궁극적으로 추구하는 목표이다.

이 궁극적으로 추구한 목표는 결국 서북쪽에 있는 법가사상을 지침으로 삼은 진秦나라에 의해 실현되었다. 진나라는 법을 교법敎法으로 삼고 관리를 전문가(師)로 삼아 부국강병을 이루었고, 육국六國을 통일하고, 문자를 통일하고, 수레의 궤도를 동일하게 하고, 같은 제도로 법도를 만들고, 같은 윤리로 행동하고, 봉건제도를 폐지하고, 군현제郡縣制를 확립하여 통일된 중앙집권적 전제군주의 국가 질서를 건립하였다. 이미 정해진 목표를 실현한 후 함께 같은 곳으로 귀일歸一하는 역사적 사명을 완성하였다. 그러나 이러한 사회의 대전환과 변화 가운데서 진나라의 통치집단은 변화 속에 있으면서도 개혁을 할 줄 몰랐고, 시속과 함께하며, 도리어 "말 위에서 천하의 정권을 잡는다"라는 법가사상으로 "천하를 다스림"을 고수하였으며, 엄혹한 형벌과 준엄한 법률, 분서갱유焚書坑儒를 자행하여, 강한 진나라(強秦[8])가 천하를 통일한 지 겨우 14년 만에 인민의 반항이라는 격류 속에서 멸망하였다. 법가사상을 지침으로 삼아 세상을 다스림이 적합하지 않다는 것이 역사적 사실로 증명되었다.

진의 통일 전쟁과 이어지는 진나라 말기의 사회적 대동란大動亂은 진의 지도 사상의 착오로 말미암았으며, 통일은 결코 인민대중에게 이익을 가져다주지 않았고,

---

7) 화이트헤드(Whitehead, Alfred North, 1861~1947)의 『과정과 실재』(北京: 中國城市出版社, 2003), 70쪽; 張立文의 『和合哲學論』(北京: 人民出版社, 2004. 출판 정보는 역자 보충) 35쪽에서 이 구절을 하이데거의 말로 오인하였다. 특별히 이 기회에 정정한다.

8) 역자 주: '強秦'이라는 말은 법가사상에 입각한 강력한 통치제도와 주변 국가들에 대한 강력한 전투력을 과시했던 秦나라를 의미한다. 이하 '強秦' 혹은 '강진'으로 표시.

도리어 터무니없는 무거운 세금(橫徵暴斂)을 거두어 인민들을 물과 불 속에 빠뜨렸으니, 이에 진승陳勝(?~B.C.208)은 "천하가 진나라 때문에 고통을 당한 지 오래다"[9]라고 하였다. 이어서 또한 대규모의 전쟁으로 고통을 당하고 사회경제는 파괴되었다. 한漢 왕조가 수립된 초기 통치집단의 지식인 엘리트들은 강진強秦이 속히 멸망한 교훈을 검토하고 반성할 때 각자의 사상적 관점에서 각각 서로 다른 해석을 하였다. 유가儒家사상을 주도主導로 삼은 육가陸賈(B.C.240~B.C.170)와 가의賈誼(B.C.200~B.C.168)는 한마디로 말해 인의仁義를 시행하지 않는 사람들이라고 보고, 유가사상으로 국가를 다스려야 한다고 주장하였다. 그러나 당시 통치자의 중요한 업무와 급선무는 인민과 함께 휴양休養하고 한숨을 돌려서 신속하게 생산을 회복하며 사회질서를 안정시키는 일이었다. 인민대중은 오랜 전쟁에서 갖가지 고통을 겪으면서 더는 동란動亂(전쟁의 혼란)이 계속되지 않고 편안하게 살면서 생업에 종사하기를 희망하였다. 바로 이러한 현실적 요구에 순응하여 통치자들은 곧 도가사상을 위주로 삼아 각 학파의 사상을 융합한 황로학黃老學을 선택하였다. 기록에 의하면, "세상이 처음 평정되었을 때 (齊나라) 도혜왕悼惠王[10]이 어려 조참曹參(?~B.C.190)이 장로長老와 여러 유생을 불러서 백성을 안정시키는 방법을 물었는데, (대답이) 제나라의 옛 풍속과 같았다. 백여 명의 유생이 사람마다 말이 달라 조참은 어떻게 결정할지를 몰랐다. 교서膠西에 사는 개공蓋公[11]이 황로黃老의 말을 잘 본받았다는 말을 듣고, 사람을 시켜 후한 폐물幣物을 보내 그를 초청하였다. 개공을 만나 보니, 개공은 '치도治道는 청정淸靜을 귀하게 여기면 인민은 스스로 안정된다'라는 취지와 같은 종류를 구체적으로 말하였다.…… 조참이 다스림의 요체로 황로술을 이용하여 제나라의 재상이

---

9) 『史記』, 권48, 「陳涉世家」.

10) 齊 悼惠王(?~B.C.189)은 한의 高祖 劉邦의 庶孼 가운데 長子로, B.C.201년 韓信을 대신하여 齊나라 왕에 봉해졌다. 「太史公自序」와 『史記』의 「世家22」 「齊悼惠王世家」 참고.

11) 역자 주: "蓋"는 '덮다 · 뚜껑' 등의 의미에서 漢語拼音으로는 'gài'로 읽고 한국어 발음은 "개"로 읽는다. 그리고 '지명과 성씨'의 의미로는 'gě'이며 한국어 발음도 '개'이다. 어조사인 '어찌 · 왜' 등의 의미로는 'hé'이며 한국어 발음은 '합'이다. 그러므로 '蓋公'은 '합공'이 아니라 '개공'으로 읽어야 한다.

된 지 9년 만에 제나라가 안정되니 현명한 재상이라고 크게 칭송하였다"[12]라고 하였다. (漢의 최고 건국공신인) 소하蕭何(?~B.C.193)가 세상을 떠난 후 조참이 한의 상국相國이 되었고, 소하의 법규를 조참은 그대로 따르며 변경한 것이 없었다. 태사공은 논평하기를 "조참이 한의 상국이 되어 청정함과 지극한 말이 도에 합당하였으므로 백성들은 진나라의 가혹한 혹정을 벗어났으며, 조참은 (백성과 함께) 휴식하며 무위無爲하였으므로 세상이 모두 그 아름다움을 칭송하였다"[13]라고 하였다. 조참은 청정무위의 정치를 열었으며, 황로학을 주된 조류로 삼아 법가의 학술을 대신함으로써 '문경지치文景之治'의 시대를 맞이하였다.[14]

그러나 황로의 청정무위는 사회적인 예악의 교화, 윤리도덕과 정치제도의 확립에 무력하였으며, 중앙집권의 응집력과 통솔력의 권위가 결핍되어 지방 제후국의 세력 성장을 부추겼고, 마침내 경제景帝시대에는 오초칠국吳楚七國의 난이 폭발하여 대일통 제국의 안정을 뒤흔들었고, 동시에 북방의 흉노 세력이 강대해져 또한 수시로 한 제국의 위협이 되었다. 황로의 청정무위의 학술이 내외적으로 충돌하는 긴장 속에서 이미 사회발전의 필요에는 적합하지 않게 되었고, 새롭게 지도사상을 선택하여 시대적 요구에 부응하는 역사적 사명을 한무제漢武帝가 맡게 되었다. 한무제는 황로학이 국가의 전장典章제도와 윤리도덕, 대일통의 건설을 강화하는 데에 결함이 있음을 자각하고, 덕치와 형벌을 함께 중시하는 유가의 학술을 선택하였다. 그러나 두태후竇太后를 우두머리로 하는 황로학파의 제동에 막혔으며, 유가인 『시詩』학을 공부한 학자인 신공申公(B.C.219?~B.C.135, 申培)·조관趙綰(생몰 미상, 신공의 제자)·왕장王臧(B.C.?~B.C.139, 신공의 제자)·원고생轅固生 등은 아직 학술과 정치, 고대(전통)와 현재(현대)의 관계를 소통하지 못하였으므로, 황로학을 대체할 새로운 이론체계를 확립하지 못하였다. 원광元光 원년(B.C.134)에 한무제는 현량대책賢良對策을 실시하였는데, 대책

12) 『史記』, 권54, 「曹國相世家」.

13) 『史記』, 권54, 「曹國相世家」.

14) "竇太后(文帝의 皇后, 景帝의 어머니)가 黃帝와 노자의 말을 좋아하여, 황제와 태자, 여러 竇씨는 『黃帝』와 『老子』를 읽고 그 학술을 존중하지 않을 수 없었다."(『史記』, 권49, 「外戚世家」)

을 묻는 방식은 "하늘과 사람이 응함을 하문下問함"으로 어떻게 항구적으로 안정된 정치를 할 수 있는가? 어떻게 당우唐虞[15] · 성강成康(西周 초기의 盛世) · 선황제先皇帝(高祖 劉邦)의 "대업大業과 큰 덕"(洪業休德)을 실행하고 선양할 수 있는가? 라는 질문이었다. 동중서董仲舒(B.C.179~B.C.104)는 『춘추공양전春秋公羊傳』의 "대일통大一統"사상으로 한무제의 책문策問에 응하면서 아울러 "육예六藝의 과목으로 공자의 학술에 있지 않은 자는 모두 그 도를 끊어라"라는 건의를 하였고[16], 한무제의 눈에 들어 유학의 경학이 관학官學으로 확립되었다.

진한秦漢 시기 학술사조는 세 번 변하고, 세 차례 선진의 육가로 회귀하여 거듭 지혜의 빛을 발휘하였는데, 법가 → 황로 → 유가를 중심으로 다른 학파들을 통섭하였고, 그들이 의거한 경전의 텍스트는 또한 『한비자』[17], 『노자』, 『춘추공양전』으로 변환하였다.

만약 진 · 한의 학술사조가 세 번 변하여 이로써 어떻게 국가를 다스리고 사회를 안정시키는 데 적응하고, 어떻게 국가의 전장제도를 건설할 것인가를 근본적인 요지로 삼았다고 하면, 위진현학의 사조는 "오직 유학의 학술만 존중한다"(獨尊儒術)라는 그물을 뚫고 나와 학술 다원화를 지향한 특징이 있다. 현학玄學은 학술사상의 새로운 활로를 모색하는 가운데 다원적 학술사상의 공상共相(理想)적 근거 혹은 궁극적 본체를 탐구하였다. 이러한 형이상학적 심원深遠한 탐구는 당시 사회의 장기적 분열과 동란에 대한 불만과 항의였으며, 현실정치의 부패함에 대한 가슴 아파함과 절망의 해탈과 초월로서 곧 정신세계 안에서는 위안과 안녕을 얻기 위한 것이었다. 『노자』의 "현묘하고 또 현묘하며, 뭇 현묘함의 문", "도는 자연을 본받음"과 『장자』의 "소요逍遙의 유식游息", 『주역』의 "이치를 궁구하고 본성을 다하여 명命에 이름"은 곧 현학이 의존하여 경전을 해석하는 문본文本(텍스트)이다. "삼현三玄"(『노자』, 『장자』,

15) 역자 주: 夏왕조 시대인 陶唐氏인 堯임금, 有虞氏인 舜임금 시대.

16) 『漢書』, 권56, 「董仲舒傳」.

17) "秦王이 『孤憤』, 『五蠹』의 글을 보고 말하기를 '오호라! 과인이 이 사람을 만나 함께 游說할 수 있다면 죽어도 한이 없겠다'라고 하자, 李斯가 '이것은 韓非의 저작입니다'라고 하니, 진나라는 급히 韓나라를 공격하였다."(『史記』, 권63, 「老子韓非列傳」)

『주역』)은 한대의 유가경전을 대신하여 주류 학술사조의 모방의 대상이었으며, "유와 무의 논변"과 이와 상관있는 "본本과 말의 논변", "자연(도가)과 명교名敎(유가)의 논변"은 한대 "천天과 인人의 논변"이 학술사조의 핵심적 주제가 되었다.

동진東晉남북조시대에 불학佛學이 점차 성해져서 현학과 불교가 합류하였고, 양무제梁武帝(464/502~549)[18] 시대에 불교가 거의 "국교國敎"화되자 현학玄學은 변방으로 밀려났다. 수隋·당唐 시기에 불교는 경제적으로나 학술적으로 모두 전성기(鼎盛)에 도달하였고, 강세한 문화와 주도적 사조가 되었으며, 유儒·도道의 문화는 약화하였다. 만약 현학의 다원적 학술사상의 이상적 근거 혹은 궁극적 본체의 추구가 주체정신의 요구를 소외시키고 아주 멀어지게 하였다고 하면, 불교의 중생이 성불成佛할 수 있는지 혹은 어떻게 성불하는지, 성불의 근거인 불성의 추가와 같은 것은 사람들의 궁극적 관심이며, 사람의 주체정신의 특수한 가치이며, 그것은 불교의 반야般若 지혜의 민족화된 회통 결정체이다. 성정의 근원을 유추하고 인생 본래의 면목을 깨닫고, 현학의 "부질없고 허황함을 숭상하고 따름"(祖尙浮虛)과 "입으로 부질없고 허황함을 담론"하는 폐단을 보완하여 사람이 궁극적 가치와 이상을 추구하는 욕구를 충족시켰다.

외래의 불교철학의 문화가 강세문화가 되어 "민간의 불경은 『육경六經』보다 수백 배나 많았다."[19] 이러한 강세문화는 강대한 경제적 지지를 받았으며 "세상의 재물이 열이면 불교가 그 칠팔을 가졌다."[20] 이와 반대로 중화민족의 전통철학과 문화는 변방으로 밀려났다. 설령 중화민족의 철학과 문화가 바다가 모든 강물을 받아들이는 것처럼 넓고(海納百川) 내용도 크고 웅대한 도량이 있으며 불교철학과 문화가 중국화되고 혹은 중국화된 불교의 철학과 문화라 하더라도, 중국화된 불교철학과 문화는 여전히 불교이며, 중화민족 문명의 연장이나 선양宣揚이 아니다. 그렇다면 중화민족 자신의 철학과 문화는 무엇인가?

---

18) 역자 주: 인물 가운데 왕의 생몰연대와 재위연대는 "출생/즉위~퇴위/사망"으로 표기한다.
19) 『隋書』(北京: 中華書局, 1982), 권35, 「經籍志四」, 1099쪽.
20) 『舊唐書』(北京: 中和書局, 1987), 권101, 「辛替否傳」, 3158쪽.

불교철학과 문화의 강력한 충격에서 일부 유가儒家 지식인 엘리트들은 중화학술의 위기를 심각하게 절감하였고, 중화민족 전통의 문맥이 단절되는 위협을 통렬하게 자각하였으며, 중화의 철학문화가 장차 "단절된 학문"이 될 위험이 있다고 우려하였다. 한유韓愈(768~824)는 "주周나라의 도가 쇠퇴하고 공자가 세상을 떠났다. 진나라에서 불타고, 한나라에서 황로학이, 불교는 진晉·위魏·양梁·수隋 기간에 있었다. 그들이 말하는 도덕과 인의는 양주楊朱로 들어가지 않으면 묵가墨家로 들어갔으며, 노장으로 들어가지 않으면 불교로 들어가고, 저쪽으로 들어가면 이쪽을 이탈하였다. 들어간 학파는 좇아 따르고 떠난 쪽은 업신여겼다. 들어간 쪽에는 부회附會하고, 떠난 쪽을 욕보였다. 아! 후세 사람들이 인의와 도덕의 설을 듣고 싶어 해도 누구에게서 듣겠는가?"[21]라고 하였다. 공자 이래 인의와 도덕의 설은 들을 수가 없었다. "원도原道"의 "원原"은 공자와 『육경』의 근본으로 되돌아가서, 거기에서 정신적 동력을 얻어서 공자와 선왕이 가르친 도를 원찰原察함을 의미한다. "무릇 이른바 선왕의 가르침이라는 것은 무엇인가? 박애博愛를 인仁이라고 하고, 행동하여 그 마땅함으로 가는 것을 의義라고 하며, 이로부터 나아감을 도道라고 하며, 자신에 충족하여 밖에서 기대하지 않음을 덕德이라고 한다"[22]라고 하였다. 인의와 도덕은 곧 중화민족 문화의 정수精髓이며, 한유가 말한 중화문화의 "원도原道"이지, 노불老佛의 도는 아니다.

중화민족의 철학과 문화, 학술사상의 광대한 덕화德化를 유행시키려는 신화薪火(횃불. 여기서는 스승의 학문)가 서로 전달되고, 영원히 (학문적) 진수眞髓를 전하며, 끊임없이 생장하고 번성하며, 불교가 세대 간에 의발衣鉢을 서로 전하는 "법통法統"에 필적하기(頡頏) 위해서 한유는 "도통道統"론을 제출하였다. 그는 "요임금은 이로써 순임금에게 전하였고, 순임금은 이로써 우임금에게 전하였으며, 우임금은 이로써 탕왕에게 전하였고, 탕왕은 이로써 문왕文王·무왕武王·주공周公에게 전하였으며, 문왕·무왕·주공은 공자에게 전하였으며, 공자는 맹가孟軻에게 전하였고, 맹가가 죽은 후

21) 『韓昌黎集』(『國學基本叢書』本, 北京: 商務印書館, 1958년 재판), 권11, 「原道」.
22) 『韓昌黎集』(『國學基本叢書』本, 北京: 商務印書館, 1958년 재판), 권11, 「原道」.

그 전함이 끊어졌다"23)라고 하였다. 왜 무엇 때문에 맹자 이후 "도통"이 전해지지 못하고 단절되었는가? 이것은 진나라 때 분서갱유焚書坑儒가 일어났고, 한나라 초에 황로학이 유학을 배척하였으며, 그 후 불교가 전래되어 불교가 융성하고 유학이 쇠퇴함에 따라서 유가의 인의와 도덕이 전해지지 못하여 "도통"이 중단되었기 때문이다. 비록 한유가 불교와의 항쟁의 방법에서 취한 "그 사람을 사람으로(불교 승려를 환속시키고) 만들고, 그 책(곧 佛經)을 태우고, 그들의 거처(곧 불교 사찰)를 민가로 만듦"의 방법은 편파적이고 지나친 것이지만, "도통"론은 도리어 중화민족 학술문화가 끊어지지 않고 계속되게 하려는 노력이며, 중화민족 전통의 학술문화와 가치를 다시 회복하고 고양高揚하는 창조이며, 중화민족 학술문화의 근원이 심원하고 유구함과 세상에 우뚝 선 표상이며, 중화민족 학술문화 자체의 생명과 지혜이며 창조적 지혜의 체험이다.

이에 기초하여 송대宋代 도학가들이 큰소리로 "천지를 위해 마음을 확립하고, 생민生民을 위해 도를 확립하며, 옛 성인을 위해 끊어진 학문을 이었으며, 만세를 위해 태평함을 열었다"24)라고 외쳤다. 이것은 곧 양송兩宋의 도학가에게 역사적 사명과 시대적 책무를 부여한 것인데, 첫째는 형이상학적 도체를 확립하여, 천지의 가치 근원과 궁극적 근거로 삼아 사람들에게 세계적 가치이상과 정신적 정원을 제공하여 천지지심天地之心을 안정되게 확립하도록 하는 일이다. 둘째는 인의도덕의 가치체계와 사회의 윤리도덕의 규범과 사회의 전장제도의 기제機制(메커니즘)가 안정된 사회질서를 다시 세워서 백성이 편안하게 살면서 생업을 즐기도록 하는 일이다. 셋째는 요 · 순 · 우 · 탕 · 문 · 무 · 주공 · 공자 · 맹자로 이어지는 성인의 도통과 그 학술사상을 계승하고 떨쳐야 하는 일인데, 그렇지 않으면 이단異端과 사설邪說이 난무하고 천리天理가 소멸할 것이다. 주희朱熹(1130~1200)는 "주공이 세상을 떠난 후 성인의 도가 행해지지 않았다. 맹가가 죽은 후 성인의 학문이 전해지지 않았다.

23) 『韓昌黎集』(『國學基本叢書』本, 北京: 商務印書館, 1958년 재판), 권11, 「原道」.

24) 張載, 『張載集』(北京: 中華書局, 1978), 「近思錄拾遺」, 376쪽.

도가 행해지지 않으니 백세百世토록 선한 정치(善治)가 없었으며, 학문이 전해지지 않으니 천년 동안 진정한 유학자가 없었다. 선한 정치가 없으면, 지식인은 오히려 선치善治의 도를 밝혀서 사람에게 사숙하여 후세에 전할 수 있으며, 진유眞儒가 없으면 천하가 우매해져서 나아갈 바를 알지 못하여 인욕人欲이 방자해져서 천리가 소멸한다"[25]라고 하였다. 성인의 도와 학문을 계승하고 성인의 도와 학문을 행하고 전해야 하며, 그렇지 않으면 세상에는 다시는 선치와 진유가 없게 된다. 이제 바로 어떻게 성인의 도와 학문을 행하고 전할 수 있는가? "반드시 이단을 변별하고 사설邪說을 막아야 한다." 그래야 비로소 "성인의 도가 분명하게 세상에 다시 밝게 드러나게" 할 수 있다. 넷째는 사회의 정치·경제·문화의 메커니즘을 건전하게 해야 하며, 모든 사람이 근심 없이 생활하며, 사회가 오래도록 안정되게 다스려짐으로써 만세의 태평·화해和諧·행복한 생활을 영위할 수 있도록 해야 하는 일이다. 송명리학자들은 기본적으로 역사가 부여한 사명과 책임을 완수하였다.

만약 한유가 당나라 때 유儒·석釋·도道 삼교가 충돌 융합함에 직면하여, 아직 삼교를 모두 관용하며 받아들이는 문화의 정합整合 방법이 정착되거나 이론적 사유형태가 환생함도 실현되지 않았을 뿐만 아니라, 또한 주희가 "본연의 전체에서"[26] 목도目睹한 바가 있지 않았다면, 어찌 "그에 근거하여 사악함을 막고 편파적 행위를 물리치는(息邪距詖) 것을 근본으로 삼음"[27]이 가능하겠는가? 그렇다면 송명리학자인 장재張載(1020~1077)와 정호鄭顥(1032~1085)·정이程頤(1033~1107) 그리고 주희朱熹(1130~1200)와 왕수인王守仁(1472~1528)은 모두 불佛·도道에 출입한 지 수십 년 후에 다시 『육경六經』에서 (진리를) 구했다. 불佛·노老에 대하여 "그 설을 모두 궁구하였다"라고 말할 수 있는 뒤에 유·석·도 삼교를 융합하여 돌파하였고, 그 뒤에 유학으로 되돌아왔다. 300여 년 이래의 삼교를 모두 관용하며 받아들이는 문화 정합의 방법을 실현하였을 뿐만 아니라 "본연의 전체"를 따라 삼교를 화합하는 새로운 이론 사유의

25) 朱熹, 『孟子集註』, 권14, 「盡心章句下」.

26) 朱熹, 『昌黎先生集考異』(上海古籍出版社, 1985년 영인본), 권5, 「與孟尙書」.

27) 朱熹, 『昌黎先生集考異』(上海古籍出版社, 1985년 영인본), 권5, 「與孟尙書」.

체계를 구축하고, 리학理學으로서의 유학이라는 새로운 시대, 새로운 학풍, 새로운 시야를 열었으며, 또한 중화민족의 학술문화를 당시 세계의 최고봉에 올려놓았다.

3.

선진시대 제자백가의 학문, 진秦 · 한漢시대의 법가 · 황로 · 유학 세 학파의 학문, 위 · 진의 현학, 수 · 당의 불 · 유 · 도 삼교의 학문을 거쳐서 송 · 원 · 명 · 청의 리학에 이르기까지 매번 새로운 철학의 이론사유 형태가 환생할 때마다 모두 그 원두인 선진의 육가로 되돌아갔으며, 아울러 각기 그 시대의 수요에 따라 한 학파를 위주로 하여 각 학파를 융합하거나 혹은 인도 불교의 원전元典으로 되돌아가서 새로운 불꽃을 피웠는데, 그것은 찬란하게 새롭게 빛나는 동시에 매번 새로운 "철학적 자각" 혹은 "철학적 돌파"이기도 하였다.

새로운 철학이론의 사유형태가 환생할 때마다 그와 함께 직면하는 우주 · 사회 · 인생의 충돌은 다르고, 그에 대응하고 화해하는 충돌과 위기 또한 서로 달랐다. 왜냐하면 각각 서로 다른 시대정신을 드러내는 이론 사유의 형태가 있어 각각 특색 있는 학술 사조를 이루기 때문이다. 그런데도 이처럼 "백가百家의 사려"와 "서로 다른 길"이라고 하더라도 철학사조 발전사의 논리적 맥락에서 보면 그 내재적 함의는 "하나로 관통함"의 논리 사유의 맥락이며, 또한 중화민족이 우주 · 사회 · 인생에 대한 충돌과 위기를 체인함이 심화하고, 시대정신이 부여한 철학적 창신의 역사적 사명에 의지하여 중화민족의 시대와 함께하는 한 폭의 그림처럼 특색이 분명한 이론 사유 형태의 새로운 탄생과 변화 발전하는 감동적 장면(畫卷)을 구성하였다.

중화민족 이론 사유 형태의 새로운 탄생과 변화발전의 과정은 선진시대부터 양송에 이르기까지 대체로 300~400여 년 사이, 오직 송 · 원 · 명 · 청의 리학(혹은 송명신유학)만이 계속해서 현대 신유학까지 강론되어 도리어 1000년 가까이 이어졌으나 중화민족의 이론적 사유형태의 새로운 탄생이 없었는데, 그 원인을 연구해 볼 필요가 있다.

문명의 충돌과 가치의 위기가 그 중요한 원인 가운데 하나다. 송원명청시대 광활한 중화의 대지에서 문명발전의 수준과 정도는 차이가 있었다. 서북방의 변방지구에서는 주로 생활방식이 유목이며, 거주지는 정해진 장소가 없이 초원을 따라 이동하므로 초원문명草原文明이라고 할 수 있다. 중원中原 지방은 주요한 생활방식이 농사와 베 짜기이며, 종족이 모여서 거주하고, 경작과 독서로 가문을 일으키므로 농업문명이라고 할 수 있다. 동남쪽 성진城鎭 지방은 공장작업장이 있고 무역이 발달하여 공상工商문명이라고 할 수 있다. 세 문명의 사이에는 때로 긴장과 충돌이 있었지만, 일반적으로는 "화합하면서도 자기 입장을 변하지 않음"(和而不同)의 화해和諧로 공존한다.

송대는 경제가 번영하고 상업이 발달하였으며, 과학기술의 발전과 학술이 "최고의 경지에 도달"(造極)하였다. 농업경제를 국가 경제의 근본으로 삼고, 경전耕田은 새로운 소작 관계로 끊임없이 확대되고, "구전區田"[28], "포전圃田"[29], "위전圍田"[30], "궤전櫃田"[31], "가전架田"[32], "도전塗田"[33], "사전沙田"[34], "제전梯田"[35] 등이 있어 농업이 증산되었으나 물싸움의 충돌도 있었다. 수공업은 분업이 세밀화되고 규모가 확대되어 신주信州의 연산鉛山 등지의 동銅과 연鉛(납) 광산에는 "항상 십여 만 명을 모집하여 주야로 채굴하여 구리와 납 수천만 근을 얻었다."[36] 자유수공업자 가운데

28) 역자 주: 漢代 농지 제도. 논밭 한 苗를 경지 상황에 따라 여러 구역으로 나누고, 각 구역을 한 해씩 걸러 경작한다.

29) 역자 주: 큰 밭이라는 "大田 · 甫田"을 의미하거나 과일이나 채소를 기르는 園地(과수원, 채마밭)를 의미한다.

30) 역자 주: 저지대 · 갯벌 등에 제방을 쌓아 만든 간척지. 櫃田에 비해 대규모.

31) 역자 주: 저지대 소형 간척지.

32) 역자 주: 늪에 말뚝을 박고 늪의 水草를 모아 흙과 섞어 다져 밭으로 만들거나, 물 위에 뗏목을 띄워 그 위에 진흙을 깔아서 경작하는 땅.

33) 역자 주: 갯벌에 모래를 채우거나, 해안가에 담을 쌓거나 말뚝을 박아 潮水를 막고 일군 밭. 涂田.

34) 역자 주: 三角洲 등 모래톱을 개간해서 만든 경작지.

35) 역자 주: 산비탈을 개척하여 계단 형태로 만들어진 다랑논이나 밭.

36) 『食貨』 34의 27, 『宋會要稿』.

"부공富工" 곧 수공업 공장주가 있었고, 그들이 새로운 자유 고용 형태로 채용하면서 이것이 곧 전통적 생산 관계 속에서 드러나지 않게 자본주의 생산방식의 "맹아萌芽"로 싹텄다. 수공업의 발달 정도는 같은 시대 유럽의 유명한 수공업 도시인 밀라노와 베니스와 기타 이탈리아 수공업 중심지를 능가하였다.[37] 상업의 번영은 주周 · 진秦 이래의 시장의 '특별 설치 지역'(專設地區)과 교역시간의 제한을 뚫고 상업자본이 시장에서 자유롭게 활동할 수 있는 권리를 획득하였다. 상업경영의 방법은 예매豫買와 외상판매가 이미 보편적으로 실행되었고, 성실과 신용이 상업활동에서 관철되었다. 과학기술에서의 삼대발명의 완성은 세계의 선두를 차지하였으며, 서양의 자본주의 발전을 촉진하는 요인이 되었다. 학술사상에서 송 왕조의 "우문佑文"정책[38]에 힘입어 사상의 자유가 있고 학파가 즐비하게 확립되고, 갈고닦아 쟁론하며, 대스승이 배출되어 세계 학술의 숲에서 독보적 지위를 차지하였다.[39]

북송은 160여 년간 발전하다 1127년 북방의 여진족이 세운 금나라에게 멸망했고, 회하淮河 이북의 광대한 중원지역은 금나라에 점령되었다. 송宋 · 금金 전쟁으로 사회경제가 파괴되었고, 학술문화도 심하게 손상되었으며, 금나라가 중원을 100여 년간 통치하는(1125년 遼나라 멸망에서 1234년까지) 동안 경제는 송나라 수준으로 발전하지 못하였다. 1206년 칭기즈칸이 대몽골 제국을 건국하고, 유목문명의 정권으로 중원의 농업문명과 상업문명을 약탈하는 길을 열었으며, 몽골의 철기鐵騎 부대는 가는 곳마다 대량의 약탈을 일삼았다. 정우貞祐 원년(1213) 보주保州(河北省 保定)가 함락하자 "어른들은 죽이라고 명령을 내리고", "2일 후 다시 명령을 내려 어른과 아이 모두 죽여라"[40]라고 하였으며, "시체가 수십만이나 쌓이고, 성城 안에서는 목을 자른 시체가 거의 성의 높이와 같았다."[41] 이르는 곳마다 성벽(雉墻)은 무너지고 집들이 없어졌으며, 시정市井은 폐허가 되었고, 천리千里에 걸쳐 적막해지고 한 사람의 인기척

---

37) 『마르코폴로여행기』 2책(3) 중 중국의 도시와 관련된 부분.
38) 역자 주: 송 태조의 文治主義 정책.
39) 張立文 · 祁潤興 著, 『中國學術通史 · 宋元明卷』(北京: 人民出版社, 2004) 참고.
40) 劉因, 『靜修先生文集』(『四部叢刊』本), 권17, 「孝子田君墓表」.
41) 郝經, 『陵川集』, 권35, 「須城縣令孟君墓銘」.

도 없어졌다. "수천 리에 걸쳐 인민들을 거의 다 살육하여 남아 있는 호구를 세어 보면 수천수백 가운데 하나도 남지 않았다."[42] 살육되고 남은 사람을 마구잡이로 약탈하여 사적 노예로 삼았고, 여러 왕과 장교將校와 대신들이 포로를 얻어 "거의 천하의 반을 차지하였다."[43] 중원 일대는 황무지로 길이 막히고 인적이 끊겼다. 몽골의 장교가 말을 타고 달리는 토지가 되고, 농전農田은 목장으로 변하고, 사회경제는 궤멸적으로 파괴되고 송대 번영의 상황은 완전히 사라져 없어졌다.

몽골군이 불사르고 살육하는 중에 "학교는 모두 폐지되고, 우연히 잿더미 속에서 남은 것은 백에 하나 혹은 둘만 남았고"[44] 문화재와 전적들은 거의 모두 불타 없어졌다. 지식인(士子)과 유생들은 대량으로 사망하거나 노비로 내몰려, "대부와 지식인 관료의 자손들은 노비나 포로가 되었으니 그 수가 몇천 몇만이 되는지 모른다."[45] 원대元代 90년 가까이 중국의 경제 · 정치 · 문화를 파괴하였기 때문에 송대의 수준을 회복하지 못하였을 뿐만 아니라, 중화민족을 낙후하게 만들어 세계적 경제 · 문화의 구조에서 선두의 지위를 잃어버리게 하였다. 원나라가 중국을 통치한 13~14세기에 유럽의 영국 · 프랑스 · 이탈리아는 경제적으로 크나큰 발전을 하였고, 도시의 상공업이 번영하고, 상품 생산과 교환에 종사하는 사람들의 동업 조합인 길드(行會) 수공업이 보편적으로 조직되고, 화폐 조세(地租)로 노역勞役 조세와 실물實物 조세 등을 대신하였다. 학술문화 사상에 있어서는 단지 송대의 이론만을 회복하고 연결하였으며, 이론 사유 체계에서의 창신과 새로운 탄생은 불가능하였다.

원元 왕조는 대중의 반항으로 멸망하고, 명나라가 1368년에 건국되었다. 사회질서는 안정되고 상품경제가 발전하였다. "일조편법一條鞭法"[46]의 실시로 '세금을 은으로

---

42) 劉因, 『靜修先生文集』(『四部叢刊』本), 권17, 「孝子田君墓表」.

43) 『名臣事略』, 권5, 「中書耶律文正王」.

44) 段成己, 『河津縣儒學記』, 『金元文』(南京: 江蘇古籍出版社, 1998) 2책, 215쪽.

45) 段成己, 『創修棲雲觀記』, 『山西通志』(明 成化本), 권15.

46) 역자 주: 당나라 중기 이후 夏稅와 秋稅의 兩稅法이 里甲 · 均徭 · 驛傳 · 民壯 등으로 복잡해져서 부역의 불균형과 징수 과정에 혼돈이 일어났다. 명나라 神宗(朱翊鈞, 1563/1572~1620) 때 張居正의 주도로 모든 稅目을 하나로 통일하여 銀으로 세금을 징수하는 법.

환산하여 대신함'(折銀代稅)은 또한 상품경제의 활성화에 도움이 되었다. 농업기술도 개선되어 생산품의 질과 양이 향상되었고, 고용노동의 경영방식도 변화하였으며, 이와 관련하여 면직업 · 견직업 · 과일가공업 · 제당업製糖業 그리고 기타 수공업이 신속하게 발전할 수 있었다. 농업과 공업이 서로 촉진하였는데, 예를 들면 가정嘉定(남송 寧宗, 1208~1224) 시기에 면화가 많이 생산되어 면화 밭 일만여 경頃(100苗, 1만 제곱미터)[47] 마다 면화를 현지에서 가공하여 베를 만들었는데, "집집마다(比戶) 실을 뽑는 물레가 갖추어지고, 마을마다 베틀(機杼)을 작동하는 소리가 들렸다"[48]라고 할 만큼 수공업이 성황을 이루었다. 아울러 자신들의 상표를 만들었는데, 예를 들면, 자화포紫花布 · 약반포藥斑布 · 기화포棋花布 · 승화문포勝花紋布 · 정낭자포丁娘子布 등[49]이 전국적으로 팔려 나갔으며, "부상富商과 거상巨商이 판매망을 축적하고, 가까이는 항주杭州 · 흡현歙縣(안휘) · 청淸 · 제濟에서 멀리는 계薊(북경 근처, 燕) · 요遼 · 산山 · 섬陝 지방까지 대략 수만에 달하였다."[50] 그야말로 백화점이 운집하고, 시장의 왁자한 소리가 요란하고, 시진市鎭(향촌의 상업도시)은 번화하여 마치 큰 읍과 같았다. 가정嘉定 시기 상품경제의 발전이 매우 좋아서 상인들의 자본이 면직 수공업에로의 투자로 전환되었고, 양자가 결합하여 자본주의 생산방식이 태동하였다.[51] 이와 같은 시진이 전국에 널리 퍼졌으며, 특히 동남쪽(광동, 복건 등) 일대가 더욱 발달하였다. 해상의 비단길이 개척되었고, 가정嘉靖(명나라 嘉靖, 1522~1566) 시기에 절강浙江의 비단, 강서江西의 도자기, 송강宋江의 면포, 광동廣東의 자당蔗糖(사탕)이 모두 멀리 해외로 팔려 갔으며,[52] 복건성 장주漳州 일대는 항상 필리핀 루손의 무역상 수천 명이 왕래하였다.[53] 상품의 교환은 국제간의 문화교류도 촉진하였다.

---

47) 萬曆 『嘉定縣誌』 권7에서는 "면화를 심을 수 있는 농지가 10372頃 50苗였다"(堪種花豆田地一萬三百七十二頃五十餘畝)라고 하였다.

48) 萬曆 『嘉定縣誌』, 권6.

49) 萬曆 『嘉定縣誌』, 권6.

50) 嘉靖 『嘉定縣誌』, 권3.

51) 陳學文, 『中國封建晚期的商品經濟』(長沙: 湖南人民出版社, 1989) 참고.

52) 『天下郡國利病書』 권69와 屈大均의 『廣東新語』 권27, 姚叔洋의 『見只編』을 참고.

53) 許孚遠, 「疏通海禁疏」, 『明經世文編』(北京: 中華書局 影印版) 제5책, 4332쪽.

상품경제의 발전과 함께 도시의 시민계층이 커지고 수공업 노동자와 고용노동자가 증가하였으며, 만력萬曆(1573~1619) 시기 광감세사礦監稅使[54]에 반항하는 투쟁이 발생하였는데, 예를 들면 임청臨淸·무창武昌·경덕진景德鎭·소주蘇州 그리고 북경의 서산 등지의 수공업이 집중된 지방에서는 모두 민변民變이 일어났다. 각 지역 민변의 실상이 말하자면 결국은 이익을 다투는 투쟁이었으며, 이것은 곧 사상적·가치관념 상으로 중대한 전환을 발생시켰으며, 이익의 합리성·합법성을 인정하고, 사람의 사적 이익은 인성에 부합함을 인정하였다. 예를 들면, 이지李贄(1527~1602, 호 卓吾)는 공개적으로 "사람은 반드시 사욕私慾이 있다"라고 주장하였으며, 송명리학자들의 "인욕人欲을 소멸한다"라는 질곡을 비판하였다. 그는 "평생 관인管人이 되기를 원하지 않았고" "남에게 의지하려고 하지 않았으며" "남의 속박을 받아 자유롭지 못하다"라며 개성의 해방을 요구하고, 신체의 자유를 선양하였다. 문학예술에서 4대 기서奇書 중의 하나인 『금병매金甁梅』는 금욕주의를 반대하고 "식색食色이 성性"임을 외치는 기서이자, 윤리강상을 비판하고 자연적 애정을 추구하는 대작大作이며, 시민의 심리를 드러내어 중국식의 상업자본주의 특색을 드러낸 명작이다. 사회에 관한 그 책의 경고와 인심의 진동은 이전에는 거의 드문 것이었고, 그것은 아마도 서양의 문예부흥시기 (모파상의) 『벨아미』(*Bel-ami*)와 (조반니 보카치오의) 『데카메론』(*Decameron*)에 비견될 정도로 아름답고, 중국 계몽주의적 인문사조를 촉진했다.

계몽주의적 인문사조에는 일련의 "국가의 흥망은 필부의 책임"이라는 사명감과 책임감을 가진 지식 엘리트가 있으며, 그들은 조직과 파벌을 결성하고 개혁을 세상을 구하기에 뜻을 세우고, 당시 사회에 대한 서로 다른 정견을 가진 사람들이 되었다. 자신의 주장을 실천하려고, 자기 한 몸 희생을 아까워하지 않았다. 황종희黃宗羲(1610~1695)의 부친은 곧 동림당東林黨[55]의 당인으로 피살되었으며, 그는 부친이

54) 역자 주: 명나라 萬曆시기 황제의 명을 받고 광산을 감독하고 상업세를 징수하는 欽差와 專使(특사).

55) 역자 주: 명나라 말기 黃宗羲·顧憲成(1550~1612)·高攀龍(1562~1626)·鄒元標(1551~1624)·趙南星(1550~1628) 등이 東林書院을 무대로 강압정치를 반대하는 등 정치운동을 전개한 당파. 동림서원은 북송 政和 원년(1111)에 程顥(1032~1085)와 程頤(1033~

못다 한 사업을 계승하여 군주제도를 비판하여 날카롭게 "세상의 가장 큰 해로움은 인군人君이다"[56]라고 하고, "지금도 세상 사람들이 그 임금을 원망하고 미워하여 그를 원수처럼 보며, 그를 독부獨夫(인심을 잃은 남자)라고 부르는 것은 그 때문이다"[57]라고 하였다. 공공연히 군주를 독부이자 백성의 적이라고 손가락질하고, 2천여 년 지속된 군주제도를 비판하고 민권사상의 탄생을 성숙시켜 "세상이 주인이며, 임금은 객客이다"[58]라고 하였다. 관리가 되는 것은 "세상을 위함이지 임금을 위함이 아니며, 만민을 위함이지 군주 하나가 아니다"[59]라고 하였다. 관리로 신하가 되는 목적은 천하를 위함이며, 만민을 위해 이바지하기 위함이지, 군주 한 사람을 위해 관리가 되는 것이 아니다. 이처럼 전통적 정치체제와 사회체제에 대한 비판과 새로운 제도의 구상은 근대적 민권사상과 계몽주의 사조의 약동을 내포하고 있으며, 새로운 이론적 사유형태의 새로운 탄생 가능성을 함유하고 있다.

그러나 이러한 가능성의 기회는 다시 사라졌고, 그것은 만청滿淸(청나라)의 산해관山海關 통과와 무관하지 않다. 이때는 "하늘이 무너지고 땅이 갈라지는"(天崩地裂) 시대였다. 청나라 순치順治 2년(1645) 청나라 군대가 양주揚州를 함락시키자 사가법史可法(1602~1645)은 항전하다 희생하였고(殉難＝徇難), 다탁多鐸(1614~1649)은 열흘 동안 도성屠城[60]을 명령하였고, 인민 80만 명을 도살하였다.[61] 상공업이 발달하였던 하나의 도시가 순식간에 폐허가 되었다. 5월에는 남경南京을 공격하여 불태우고 죽이고 약탈하니, 번화했던 남경이 삽시간에 황량해졌다. 강음성江陰城(泗川省 巫山縣)을 함락시킨 뒤 청나라 군대에 "성의 사람을 모두 죽인 뒤 물러나라"[62]라고 명령을 내리자 172,000명을 도살하니, 성에는 노인과 아이 53명만 겨우 살아남았다.[63] 가정성嘉定城(上海 嘉定區)을

1107)의 수제자인 楊時(1053~1135)가 江蘇省 武錫에 講學하면서 세운 서원.

56) 『明夷待訪錄』(『黃宗羲全集』 제1책, 杭州: 浙江古籍出版社, 1985), 「原君」, 3쪽.
57) 『明夷待訪錄』(『黃宗羲全集』 제1책, 杭州: 浙江古籍出版社, 1985), 「原君」, 3쪽.
58) 『明夷待訪錄』(『黃宗羲全集』 제1책, 杭州: 浙江古籍出版社, 1985), 「原君」, 3쪽.
59) 『明夷待訪錄』(『黃宗羲全集』 제1책, 杭州: 浙江古籍出版社, 1985), 「原君」, 4쪽.
60) 역자 주: 도시를 점령한 후 그 주민을 모두 학살하는 만행. 洗城, 夷城.
61) 王秀楚, 『揚州十日記』.
62) 韓菼, 『江陰城守紀』; 許重熙, 『江陰城守後記』.

함락한 날 세 차례나 성 사람들을 도살하였다.[64] 옛날 경제가 번영하고 상공업이 발단한 도시가 삽시간에 시체가 온 들판에 널린 황폐한 땅이 되어 버렸고, 이것을 역사에서는 "양주揚州의 십일" "가정嘉定의 세 차례 도살"이라고 부른다. 청나라는 원나라를 계승한 초원문명으로 중원의 농업문명과 동남쪽 도시의 상공업문명을 또 한 차례 파괴하였고, 명대明代에 회복한 송대 상품경제에 깃든 자본주의의 요소는 또 한 번 사라졌다. 상공업이 번영한 도시가 도성屠城을 당했을 때 선진적인 생산기술과 문화시스템을 가진 사·농·공·상도 모두 매장되어 회복이 매우 어려웠다.

청나라는 또 엄혹하게 바다봉쇄(海禁) 정책을 실행하였으며, 그 기간도 길고 지역도 넓어 피해의 심각함이 실로 가장 심하였다. 순치順治 13년에 "연안 해안 일대에는 상민선商民船의 사사로운 출항을 금지하였으며,…… 관민官民을 막론하고 (어기는 자는) 사형에 처하고, 물품은 몰수한 뒤 보고해야 한다.…… 지방의 문무 모든 관원은 그들을 체포하여 심문審問하지 않으면 모두 관직을 파면하고 중죄로 다스리며, 지방의 보갑保甲(지방의 민병)이 한패가 되어 서로 용인하면 그 우두머리는 모두 사형 판결을 내린다.…… 돛단배 한 척도 바다에 나가지 말고 한 사람의 도둑도 해안에 오르게 하지 말라"[65]라는 명령을 내렸다. 아울러 절강·복건·광동·강남(江蘇)·산동·천진天津의 각독各督(각각의 감독지휘부)과 무撫와 진鎭에서 실행하도록 명령하였다. 순치 18년에서 강희康熙 연간(1662~1722)에 광동·복건·절강·강남·산동 다섯 성의 연해 거주하는 백성들을 바다에서 30리 내륙 지방으로 이주시켰다. 왕지표王至彪(1595~1677)는 천계遷界(거주지를 옮김)의 고난에 대하여 "이주하라는 엄한 명령으로 내가 민閩으로 돌아감에 아직 집에 도달하지도 않았는데, 듣기에 10일 이내에 주민들이 재산을 다 옮기라고 하였지만, 겨우 5일 지났는데 군사들이 모여들어 모두 다 약탈하였다. 나의 집은 매우 가난하여 운반할 만한 것이 없었고, 아이들이 겨우 서적 몇 상자를 가지고 있었고, 도중에 군사들을 만났는데, 길을 막고 수색을

63) 韓菼, 『江陰城守紀』; 許重熙, 『江陰城守後記』.
64) 朱子素, 『嘉定屠城紀略』.
65) 『淸世祖實錄』, 順治 13년 6월 癸巳.

하고 별로 뺏을 만한 것이 없자 책을 뒤집어 물에 빠뜨리고 빈 상자를 가지고 갔다"[66]라는 말로 잘 설명하였다. 절강성 평양平陽의 항영생項永生은 『십금언서어十禽言序語』[67]에서 "평양平壤의 포문蒲門(작은 포구)에서 이삿짐을 나르는데, 청나라 병사가 다음 날 포구를 막고서, 남녀를 모두 성 밖으로 내몰았으니, 3백 년의 삶의 터전이 하루 만에 모두 기울어지고, 십(일)만 호가 주거하였던 시市가 들불을 질러 없어졌네"라고 기술하였다. 노약자와 부녀자들은 살아갈 길을 찾지 못하고 골짜기와 구릉을 헤매었다. 바닷가의 기름진 땅이 모두 폐허가 되고, 해상의 비단길도 단절되고, 대외의 경제·문화의 교류가 모두 상실되어, 상공업 자본의 경제발전이 지연되었다.[68]

청나라의 도성·해금海禁·약탈·파괴는 중화민족이 낙후되는 화근을 심었다. 청나라가 저조한 경제 상황에서 명나라 때의 수준에 이르렀을 때(전혀 회복할 수 없었던 부분도 있었다), 서양은 (17·18·19세기) 경제가 비약적으로 발전하였으며, 부르주아혁명이 성공하면서 자본주의 제도가 점진적으로 완비되었다. 중화민족은 점점 서양 열강의 식민지·공격·노역奴役의 대상으로 몰락해 갔다. 중국 근대의 낙후는 정치·경제·제도·문화 등 여러 가지 원인으로 비롯된 것으로 중화민족의 전통문화나 유가문화의 한 면의 탓으로만 돌릴 수 없으며, 그러한 문화결정론은 단편적이며, 청나라 제왕과 정치적 치적에 대한 지나친 칭송도 사실과 부합하지 않는 일이다.

청나라는 학술사상에서 문화적 공포주의인 문자옥文字獄을 자행하였는데, 그들은 남의 글을 함부로 (악의적으로) 해석하고(尋章摘句) 임의대로 글자의 형태와 뜻을 확대해석하여 무고無辜한 죄명을 씌워서 사람을 마구 죽였다. 문자옥의 수가 매우 많고, 주련株連(緣坐)의 범위가 넓고, 처벌이 가혹함은 청나라가 으뜸이었다. 강희 연간의 장씨莊氏의 『명사明史』와 관련된 사건[69], 대명세戴名世(1653~1713)의 『남산집南

---

66) 『玄對草·言愁集』(溫州圖書館 藏抄本), 「失書嘆詩序」.

67) 역자 주: 『十禽言』은 項師契(생몰 미상)의 작품. 『십금언』은 男言 5首, 女言 5首로 청 왕조의 이주령으로 고향에서 쫓겨나 떠도는 고통을 피와 눈물로 표현한 내용이다.

68) 張憲文, 「論清初浙江沿海的遷界」, 『仰雲樓文錄』(天鳥圖書公司, 2000), 40~51쪽.

69) 역자 주: 강희 2년(1663), 명나라 말기 재상 朱國楨(1558~1632)이 퇴직 후에 『明史』의

山集』 사건[70]으로 취조하여 처벌한 범위와 살육의 참혹함에 조아朝野가 경악하게 하였으며, 공포 분위기에 떨었다. 옹정雍正은 재위 13년에 문자옥에 관련된 사건은 20여 차례였고, 대표적으로 여유량呂留良(1629~1683) 사건 등이 있다. 건륭乾隆(1736~1796)의 조정에서는 최고조에 달했는데, 그의 재위 60년 동안 문자옥은 모두 100여 차례 이상 일어났으며, 평균 해마다 한두 차례 일어났다. 건륭은 『사고전서四庫全書』를 편수編修한다는 명목으로 금서禁書와 분서焚書하는 구실로 사상을 통제하고 이단을 소탕하는 목적을 달성하였다. 건륭 39년 8월 5일 금서령禁書令[71]을 반포하여 "마땅히 구비하고 채택할 수 있는 책은 서류를 작성하여 관청官廳으로 보내고, 거기에 혹

미완성 부분 즉 명의 마지막 황제 崇禎에 관한 역사를 썼고, 청나라가 산해관을 넘어온 뒤, 주씨의 후손이 이 책의 원고를 당시 부자인 常州의 莊廷鑨에게 팔았다. 장정롱은 다른 사람들을 청하여 명나라 말기 崇禎의 조정에 대한 역사를 보충하고, 또 다른 사람들을 청하여 이를 整理·潤色·서문 작업을 한 뒤 『明史輯略』이라는 이름의 본인 저서로 출판하였다. 이 책에서 그는 명나라 조정의 연호를 사용하고, 명나라 시대의 용어를 쓰고, 청나라 군대를 "賊"이라고 부르고, 청나라 황제 조상들을 황제라 존칭하지 않고 그냥 이름을 썼다. 이러한 행위는 "청나라 조정을 비방"하는 "열 가지 용서 못할 죄"에 해당하였다. 청나라 강희는 이 책이 출판되는 데 참여한 사람들과 그들의 친인척을 한 사람도 남김없이 체포하였고 쇠사슬에 함께 묶어서 옥에 가두었다. 그리고 이 책의 인쇄 작업에 참여한 사람들과 판매자, 책의 구매자, 책의 소지자, 이 책을 읽은 사람 모두를 연좌제로 처벌하였다. 옥에 갇힌 사람이 2천여 명, 심문 후에 사형을 당한 사람 70여 명, 그 가운데 18명은 능지처참을 당하였다. 청나라 법으로 범죄자의 처와 첩, 며느리와 딸, 15세 이하의 아들, 조카, 손자 등은 官奴가 되고, 변방으로 쫓겨 간 사람은 수도 없이 많았다.

70) 역자 주: 강희 50년(1711)에 발생한 문자옥. 戴名世의 저서 『南山集』의 「方孝標書」에 "大逆"이라는 단어가 있었다. 방효표는 한때 雲南에서 청나라에 반란을 일으켰던 吳三桂(1612~1678)의 관리였다. 그리고 그는 『滇黔紀聞』이라는 책에서 오삼계가 세운 나라를 "南明"이라 지칭하고 가짜 정권이 아니라 하였다. 이것도 "청나라 조정을 비방"하는 "열 가지 용서 못할 죄"에 해당하였다. 이 사건으로 인해 매우 큰 문자옥이 일어났으나, 강희 말년 사대부 회유책으로 그렇게 참혹하지는 않았다. 이상의 두 사건에 대하여 全祖望(1705~1755)은 『江浙兩大獄記』에서 자세하게 기록하였다.

71) 역자 주: 禁書令은 동서양의 독재자들이 정치적 목적으로 사상 탄압을 위한 도구로 많이 사용한 "문화적 파괴행위"(Vandalism)이다. 건륭의 四庫全書 편찬사업은 겉으로는 대대적인 문화출판사업이지만, 실제로는 만주족이 漢族을 통치하고 지배하는 도구였다. 여기에는 소설·연극·歌詞와 같은 통속문학이 淫書·淫辭의 내용이 많아 풍속·인심 등 사회질서에 나쁜 영향을 준다고 하여 "간음과 절도 등 나쁜 짓을 하도록 교사한다"(誨淫誨盜)라는 명목으로 금지서적이 되었다. 이를 어기면 가혹한 형벌이 뒤따랐다.

자의字義가 저촉되고 해로운 것은 또한 마땅히 분별하고 조사하여 분명하게 상주해야 하며, 혹은 밀봉하여 올리고, 소각할 것을 요청해야 하며, 혹 바깥에서 불살라 버렸으면, 그 책 이름을 임금에게 알려야 하며, 바야흐로 실력으로 해결해야 한다"라고 하였으며, 당시 조정에 저촉되는 말이 있으면 "모두 불살라 버리고, 사악한 말을 막고 금지하며, 사람의 마음을 바르게 하여 풍속이 후하도록 해야 한다"라고 하였으며, "만약 이번에 임금의 뜻을 전달한 뒤에 다시 (그러한 책을) 감추고 있다면 마음속으로 거짓된 서목書目을 감추고 있겠다는 것이며, 이후 따라 발각이 되면 그 죄는 결코 면할 수 없으니, 책임을 맡은 총독과 순무(督撫) 또한 죄를 면하기 어렵다"라고 하였다.72)

건륭이 『사고전서』를 편찬하는 것은 비록 "옆에 우거右渠를 두고 을야乙夜에 책을 읽는" 뜻이 있지만, 이것은 상부 훈령으로 "자의字義가 저촉되고 해로운 것", "조정에 저촉되는 말"을 불살라 없애 버림으로써 "사악한 말을 막고 금지"하려는 목적을 달성하려는 의도가 명백한 방법이었다. 금서의 범위는 명·청 시기부터 위로는 송·원·명까지 소급되며, 송나라 때 "금나라를 물리침"(斥金), "원나라를 물리침"과 같은 글자가 있는 서적은 모두 조사하여 삭제하였다. 예를 들면 왕석후王錫侯(1713~1777)의 『자관字貫』의 사건은 "성조聖祖(강희제)와 세종世宗(옹정제)의 묘호廟號와 그 본이름을 모두 자세하게 열거하였다"라는 이유로 왕석후가 참수斬首되고 자손은 연좌連坐되었으며, 왕석후가 이미 세상을 떠난 대신大臣 사이직史貽直(1682~1763)과 전진군錢陳群(1686~1774)의 이름을 빌려 서문을 썼는데, 사건의 진상을 따지지도 않고 양가의 자손 모두 심문을 받았다. 서술기徐述夔(1703~1763)의 『일주루시一柱樓詩』 사건, 탁장령卓長齡 등의 『억명시집憶鳴詩集』 사건(1781), 대이효戴移孝·대곤戴昆 부자의 『벽락후인시집碧落後人詩集』과 『약정유시約亭遺詩』 사건(1780)도 있었다. 그 가운데 대부분은 오판이나 모함으로 생긴 억울한 사건(冤案)으로, 근본적으로 청나라에 대한 불만이 없었으며, 무無 가운데서 유有가 생긴 것처럼 "패역悖逆"의 이름이 생긴

72) 『辦理四庫全書檔案』, 乾隆 39년 8월 5일 조칙(諭).

것이다. 또 예를 들면 산서山西 영석현靈石縣의 훈도訓導인 왕이양王爾揚이 다른 사람의 부친을 위하여 묘지명墓誌銘을 지었는데, "'고考'라는 글자 위에 멋대로 '황皇'이라는 글자를 쓴 것은 실제로 패역悖逆에 속한다"[73]라고 여겨지고, 강소성의 늠선생원廩膳生員[74]인 위옥진韋玉振이 판각한 아버지의 행장에 "소작인의 가난한 자에게 감면하고 이자를 올리지 않는다"(於佃戶之貧者赦不加息)라는 구절이 있는데, "신분이 늠생廩生인데 감히 '사赦'(사면)라는 글자를 쓴 것은 몹시 방자함에 속한다"[75]라고 여겨졌다. 바람을 잡고 그림자를 붙잡는 허망한 짓이 끝없이 일어났다. 능지처참 및 장살杖殺과 연루되고 연좌되어 친지와 친구, 스승과 제자 그리고 독자讀者들이 피할 수 없었다. 그 참혹하고 황당무계함은 사람들의 머리털을 곤두서게 하였다. 이러한 문화 공포주의의 분위기 속에 고발의 풍조가 성행하는 환경에서 문인 학사學士들은 온종일 불안에 떨지 않을 수 없었으며, 현실적 · 정치적 · 민감한 · 대중적인 일과 사상적 · 철학적 문제에 대하여 회피함이 공포 그 이상이었다. 한 사람의 학자 · 사상가 · 철학자로서 자신의 관점에 대하여 책임을 지고 진리를 견지하여 자신을 희생하는 것을 결코 겁내는 것이 아니라, 부모와 형제 그리고 구족九族과 스승과 제자와 친구 이 모두에 대하여 심리적 · 정감적 압박이 너무 컸기 때문이다. 이 때문에 지혜롭고 창조적인 지식인 엘리트들은 지혜를 버리고, 사상을 닫고, 혹 비판 없이 팔고문八股文에 매달려 과거급제하여 관직을 구하거나, 혹 케케묵은 옛 자료들에 파묻혀 단지 문자 · 음운音韻 · 훈고訓詁를 연구할 뿐이었다. 따라서 청나라 일대一代는 단지 정주리학의 낡은 곡조만 읊조릴 뿐 감히 한 가지도 달라지지 않거나, 그렇지 않으면 곧 이단사설異端邪說이 되어 경전을 배반하고 도를 떠나게 되면 그 후과後果는 곧 참수斬首 판결이었다. 이렇게 해서야 어찌 이론 사유 형태의 창신과 새로운 탄생이 있을 수 있겠는가? 청나라 때 위대한 고거考據 학자만 있을 뿐 위대한 철학자가 없었던 것은 시대의 추세가 그러했다.

---

73) 『清代文字獄檔』 제3輯, 乾隆 43년 4월 4일 山西 巡撫 巴延三의 상주문(奏摺).
74) 역자 주: 명청시대 관청에서 돈과 양식 등을 받는 生員.
75) 『清代文字獄檔』 제7輯, 乾隆 43년 10월 14일 江蘇 순무 楊魁의 상주문(奏章).

원·청 두 차례의 초원문명이 농업문명과 상공문명을 파괴하였고, 두 차례에 걸쳐 학술사상을 엄혹하게 박해하여 사상의 창신을 봉쇄하였고 "철학적 자각"을 질식시켰다. 이로 인하여 송·원·명·청의 리학 이론 사유 형태가 천년 동안 근본적으로 새로운 탄생이 없었던 것이 분명하다. 그래서 현대 신유학의 "신삼학新三學"은 여전히 송명리학(신유학)의 "구삼학舊三學"으로 이어져 강론되고[76], 송명리학의 핵심적 주제와 해석에 의한 텍스트를 진정으로 초월하여 새로운 이론사유의 체계를 구축하지 못하고, 그 환생을 실현하였다.

4.

나안헌羅安憲 교수는 교육과 학문에 종사한 지 10여 년간 도가사상을 깊이 체인體認하였으며, 도가 심성론에 독창적 견해를 가졌다. 그는 학계가 유儒·석釋 심성론 연구를 열심히 함을 관찰하고, 도가에 심성론이 없다는 데 이견이 있다는 상황에서 의연하게 그 힘들고 어려움을 피하지 않고 비판을 두려워하지 않고 전심으로 도가와 『도장道藏』 등의 저작에 관한 연구와 사색에 몰두하였다. 침식寢食을 잊고, 사색에 잠을 자지 못하다가 마침내 탄탄한 자료와 깊은 분석, 합리적 설명, 종횡으로의 비교, 심오한 도리의 탐구와 은밀함을 탐색하고, 깊고 넓게 찾아 이르러, 처음으로 독창적으로 도가 심성론을 전면적 체계적으로 해석하여, 유가와 불교의 심성론과는 다른 제3의 형태를 제출하였다.

"도"는 도가사상의 핵심 주제이며, 아울러 이로부터 그 심성론의 논리구조를 성립하였다. 도가 사물에서 나타나는 것이 덕德이며, 덕이 사람에게 내재화하여

76) 역자 주: "新三學"과 "舊三學"은 그동안 학계에서 보편적으로 통용되는 개념이 아니어서 저자에게 문의하였는데, '구삼학'은 程朱理學·陸王心學·張王氣學(張載와 王夫之)이며, '신삼학'은 馮友蘭의 新理學, 牟宗三(1909~1995)의 新心學, 張岱年(1909~2004)의 新氣學이라고 회답하였다.

성性이 되는데 이를 "도성道性"이라고 한다. 성이 사람의 본연지성本然之性이 되면 곧 천성天性이다. 성으로부터 나아가 심心이 되니 천연天然의 성으로부터 후천적 인성으로 실현되며(落實), 아울러 "욕심을 비움"(虛心), "자유롭게 노니는 마음"(游心)을 통하여 정신적인 "소요逍遙"를 얻는다. 정情은 사람이 갖춘 것이며, 사람은 "사대四大" 가운데 하나이며, 최종적으로 자연을 본받는다. 사람이 있으면 명命이 있고 삶과 죽음이 있으며, 수양修養공부가 필요하며, 그 사유가 조리 있고 분명하고, 그 이론의 진로가 순서가 있게 된다. 한 조목 한 조목 세밀하면서도 조리 있게 분석하고(條分縷析), 그 핵심에 적중하여 비록 이미 도달한 "이치를 분석하면 털끝만큼의 차이도 있게 하지 않으며, 일을 처리함에 지나침과 모자람의 오류가 있도록 하지 않음"의 목표에 도달하지 못하였다고 해도, 그는 분명하게 "고금古今 만권의 책을 보며 긴 세월을 보냈으며, 창밖으로 날이 새고 지는 것을 보며 세월을 보내며"[77] 참된 지식과 분명한 견해를 얻고, 자신이 자세히 체득한 것을 드러내었다. 이 자세한 체득의 옳고 그름은 후세 사람들이 평가할 것이다. 이에 서문을 쓴다.

2005년 8월 2일 중국 인민대학
공자연구원에서

---

77) 역자 주: 이 두 구절은 宋代 陸游의 「題老學庵壁」의 구절에서 왔다.
此生生計愈蕭然, 架竹苫茆只數椽
萬卷古今消永日, 一窗昏曉送流年
太平民樂無愁嘆, 衰老形枯少睡眠
喚得南村跛童子, 煎茶掃地亦隨緣

차례

이끄는 말

'도가道家'라는 말은 선진先秦의 전적典籍에는 보이지 않는다. 한漢나라 초에도 비록 '도가'라는 이름이 있었지만[1] 한대漢代 사마담司馬談(?~B.C.110. 司馬遷의 아버지)의 「여섯 학파의 요점을 논함」(論六家之要指)에서 처음으로 도가를 하나의 학파로 보았다.

도가의 학설은 선진시기에 매우 광범위한 영향을 끼쳤다. 『장자莊子』의 「천하天下」편은 중국 최초의 학술사적 저작으로, 거기에는 여덟 개의 학파에 대해 논한 것이 있다. '음양도수陰陽數度'를 강론하는 학자는 음양가陰陽家이고, '시詩 · 서書 · 예禮 · 악樂'을 강론하는 학자는 유가儒家이고, 묵적墨翟과 금활리禽滑釐는 묵가墨家이고, 혜시惠施는 명가名家이며, 나머지 네 학파 즉 송견宋鈃과 윤문尹文의 학파, 팽몽彭蒙과 전병田駢 및 신도愼到의 학파, 관윤關尹과 노담老聃의 학파, 장주莊周의 학파는 모두 도가이다. 그리고 『순자荀子』의 「해폐解蔽」편에서는 여섯 개 학파를 나열했는데, 도가는 그 가운데 세 개의 학파가 있다.[2] 『시자尸子』의 「광택廣澤」편에 열거된 여섯 학파 가운데 도가 또한 세 학파가 있다.[3] 『여씨춘추呂氏春秋』의 「심분람審分覽」의 「불이不二」편에서

---

1) 『史記』 권52 「齊悼惠王世家」에서 齊의 재상 召平의 말을 기록하기를, "도가의 말은 '마땅히 끊어야 할 것을 끊지 않아 도리어 혼란을 당하였다'"라고 하였다. 그리고 『史記』 권56 「陳丞相世家」에서는 陳平의 말을 기록하기를 "내가 음모를 많이 하였는데, 이는 도가가 금하는 것이다"라고 하였다.

2) 『荀子』 「解蔽」에서는 "墨子는 실용에 가려서(중시하여) 文飾을 몰랐으며, 宋鈃은 욕망에 가려서 (정당하게) 얻음을 몰랐으며, 愼到는 법에 가려서 현인을 몰랐으며, 申不害는 세력에 가려서 지혜를 몰랐으며, 惠施는 修辭에 가려서 실질을 몰랐으며, 莊子는 하늘에 가려서 사람을 몰랐다"라고 하였다. 여기에서 宋鈃과 愼到는 장자와 함께 모두 도가이다.

3) 『尸子』 「廣澤」에서는 "묵자는 兼을 귀하게 여겼고, 공자는 公을 귀하게 여겼으며, 皇子는 衷을 귀하게 여겼고, 田子는 均을 귀하게 여겼으며, 列子는 虛를 귀하게 여겼고, 料子는 別을 귀하게 여겼다"라고 하였다. 사람들은 황자는 子莫이고, 전자는 田駢으로 알고 있으며, 열자와 더불어 모두 도가이다.

는 열 개의 학파를 열거하였는데, 그 가운데 도가가 다섯 개이며,[4) 『한서漢書』 「예문지藝文志」에는 선진시대 제자백가의 문헌을 나열하였는데, 그 가운데 37명의 도가 학자 문헌이 모두 993편으로 제자백가 아홉 학파 가운데 으뜸이다.

그러나 도가의 서적은 『노자老子』와 『장자莊子』 등 소수의 저작을 제외하고 나머지 송견과 윤문 · 전병 · 관윤 · 양주 등의 저작은 이미 모두 없어졌다. 후대에 비록 그 이름을 덧붙인 저작이 전해지지만 대부분 근거 없이 의탁依託된 저작이다.

도가의 역사적 발전은 대체로 원시도가原始道家, 황로도가黃老道家, 위진현학魏晉玄學, 수당중현학隋唐重玄學의 네 단계로 나눌 수 있다.

도가는 본래 번잡한 집단으로 그 내부의 차이와 분기는 유가보다 훨씬 크다. 이 책에서 논하는 도가는 도교道敎와 구별되며, 주로 노자와 장자를 대표로 한다. 이 책에서 채택하는 문헌은 『노자』와 더불어 『장자』 · 『문자文子』 · 『열자列子』 · 『관자管子』 네 권을 위주로 한다. 그리고 『여씨춘추呂氏春秋』와 『회남자淮南子』는 잡가의 색채를 띠고 있으므로 채택할 때는 비교적 신중하게 노자와 장자의 뜻을 발휘하고 부합함을 기본적 표준으로 삼았다.

이 책은 비록 도가의 학술사 탐구에 뜻을 두지 않았지만, 논술하는 인물과 문헌에 대해서는 필요한 설명을 하지 않을 수 없다. 노자라는 인물과 그의 저서에 관하여 역사적으로 줄곧 논쟁이 있었다.[5] 곽점郭店의 초楚나라 무덤에서 죽간竹簡

---

4) 『呂氏春秋』 「審分覽 · 不二」에서는 "老聃은 부드러움(柔)을 귀하게 여겼고, 공자는 仁을, 묵적은 廉을, 관윤은 淸을, 열자는 虛를, 陳駢(田駢)은 齊를, 陽生(楊朱)은 자신(己)을, 孫臏은 勢를, 王廖는 앞섬(先)을, 兒良은 뒤에 섬(後)을 귀하게 여겼다"라고 하였다. 이 가운데 노담과 관윤, 열자, 진병, 양생은 도가이다.

5) 노자의 인물과 그의 저서에 관한 쟁점을 개괄하면, 세 학파의 관점이 있다. 첫째 학파는 노자는 공자보다 앞선 사람이며, 『노자』라는 책은 노자가 남긴 말을 담은 것이라고 본다. 대표적 인물로 馬敘倫(1885~1970)과 張煦(1913~2015), 唐蘭(1901~1979), 郭沫若(1892~1978), 呂振羽(1900~1980), 高亨(1900~1986), 러시아 화교 학자 楊興順(1904~1987) 등이 있다. 둘째 학파는 노자가 전국시대 사람이며, 『노자』도 전국시대의 책이라고 본다. 대표적 인물로 淸代의 汪中(1744~1794)과 근현대의 梁啓超(1873~1929), 馮友蘭(1895~1990), 范文瀾, 羅根澤(1900~1960), 侯外廬(1903~1987), 楊榮國(1907~1978) 등이 있다. 셋째 학파는 『노자』라는 책이 더욱 늦은 秦 · 漢 사이에 이루어졌다고 보며, 대표적 인물로 顧頡剛(1893~1980)과 劉節(1901~1977) 등이 있다.(『古史辨』 4책 참고)

『노자』가 발견되면서 논쟁에 새로운 내용이 주입되었다. 『사기』의 「노자한비열전老子韓非列傳」에서는 다음과 같이 기록하고 있다.

> 노자는 초楚나라 고현苦縣 여향厲鄕 곡인리曲仁里 사람이다. 성은 이씨李氏이며, 이름은 이耳, 자는 담聃으로, 주周나라의 장서실藏書室을 관리하는 사관이었다.[6] 공자가 주나라에 갔을 때, 노자에게 예禮에 관하여 물었다. 노자는 "그대가 하는 말은 그 말을 한 사람의 뼈가 모두 이미 썩어 버리고 단지 그 말만 남아 있을 뿐이오. 또한 군자가 그의 때를 만나면 수레를 타고 다니지만, 때를 못 만나면 물건을 머리에 이고 양손에 들고 다니게 되네. 내가 듣기에 뛰어난 장사꾼은 물건을 깊이 감추고 마치 없는 것처럼 하고, 군자는 훌륭한 덕을 가져도 겉모습은 어리석게 보인다고 들었소. 그대의 교만한 기색과 많은 욕심, '잘난 척하는 표정'(態色)과 '모든 것을 자기 뜻대로 하려는 욕심'(淫志)을 버리시오. 이것들은 모두 그대에게 도움이 되지 않아요. 내가 그대에게 말할 것은 오직 이것뿐이오"라고 하였다. 공자가 돌아가서 제자들에게 말하기를 "새라면 나는 그것이 날 수 있음을 안다. 물고기라면 나는 그것이 헤엄칠 수 있음을 안다. 짐승이라면 나는 그것이 달릴 수 있음을 안다. 달리는 것은 그물로 잡을 수 있고, 헤엄치는 것은 낚시로 잡을 수 있으며, 나는 것은 화살로 잡을 수 있다. 용이라면 나는 그것이 바람과 구름을 타고 하늘로 올라가는 것을 알 수 없다. 내가 오늘 노자를 만나 보니 그는 마치 용과 같았다!"라고 하였다.
>
> 노자는 도와 덕을 닦아서 학문을 크게 이루었으나 자신을 감추어 이름이 드러나지 않도록 함을 임무로 삼았다. 주나라에 있은 지 오래되었는데 주나라가 쇠락함을 보고 곧 떠나려 하였다. (그가 주를 떠나) 관關(函谷關)에 이르렀을 때, 관을 지키던

任繼愈 主編, 『中國哲學發展史』(北京: 人民出版社, 1983)의 「先秦篇」에서 이것을 개괄하였다.

6) 苦縣은 본래 陳나라에 속하였는데, 춘추시대 楚나라가 진을 멸망시킨 뒤 고현은 초나라에 속하였으므로 초나라의 고현이라고 하였다. 高帝(漢 高祖 劉邦) 11년 淮陽國을 세워 陳縣과 고현이 모두 거기에 속하였다. (唐의 지리학자인 魏王 李泰가 主編한) 『括地誌』에서는 "고현은 亳州 谷陽縣 경계에 있다. 노자의 집과 묘당이 있고, 묘당에는 아홉 개의 우물이 아직 남아 있으며, 현재의 眞源縣이다"라고 하였다. 厲는 賴로 읽는다. 晉의 『太康地記』에서는 "고현성 동쪽에 瀨鄕祠가 있는데 노자의 출생지이다"라고 하였다.

담당관 윤희尹喜가 "선생님께서는 이제 은거하시려고 하는군요. 어렵겠지만 저를 위해 글을 지어 주십시오"라고 하였다. 이에 노자가 상·하 두 편으로 된 책을 지어 도와 덕의 뜻 오천여 글자를 말하고 떠난 뒤 그 종적을 알 수 없었다. 어떤 사람은 "노래자老萊子가 초나라 사람으로 15편의 저서를 남겨 도가의 용用을 말하였으며, 공자와 같은 시대에 살았다"라고 하였다.

대개 노자는 160여 살 혹은 200여 살까지 살았다고 하는데, 그가 도를 닦아 생명을 잘 양생하였기 때문이다.

공자가 세상을 떠난 지 129년 후, 사관史官의 기록에 주나라 태사太史였던 담儋이 진헌공秦獻公을 뵙고 말하기를 "처음 진秦나라는 주周나라와 합해졌다가 500년 후에 나뉘고, 나뉜 뒤 70년 후에는 패왕霸王이 나타날 것입니다"라고 하였다. 어떤 사람은 담이 바로 노자라고 하고 또 어떤 사람은 아니라고 하니, 세상에는 그 진위를 아는 자가 아무도 없다. 노자는 은둔한 군자이다.

노자의 아들은 이름이 종宗이며, 종은 위魏나라 장군이 되어 단간段干으로 봉해졌다. 종의 아들은 주注이며, 주의 아들은 궁宮, 궁의 현손玄孫은 가假이며, 가는 한나라의 효문제孝文帝를 섬겼다. 그리고 가의 아들 해解는 교서왕膠西王 앙卬의 태부太傅가 되었으므로 제齊나라에 살았다.

세상에서 노자의 학설을 배우는 사람들은 유학을 배척하고, 유학자는 또한 노자의 학설을 배척한다. "도가 같지 않으면 서로 꾀하지 않는다"라고 하였는데, 이런 것을 두고 하는 말인가?

이이李耳는 무위無爲로 자신을 교화하고 맑음과 고요함으로 자신을 바르게 하였다.

이 일단의 기록은 매우 분명하다. 그러나 같은 문장에서 두 항목의 기술이 있다. 하나는 어떤 사람이 "노래자가 초나라 사람으로 15편의 저서를 남겨 도가의 쓰임(用)을 말하였으며, 공자와 같은 시대에 살았다"라고 한 말이며, 다른 하나는 "어떤 사람은 담이 바로 노자라고 하고 또 어떤 사람은 아니라고 하니, 세상에는 그 진위를 아는 자가 아무도 없다"라고 한 말인데, 이로부터 무수한 논쟁이 발생하였다. 북위北魏시대의 최호崔浩(381~450)로부터 시작하여 현대에 이르기까지 끊임없이 노자라는 사람의 생애에 대하여 의심하는 사람이 있으며, 그들은 『노자』라는 책도 결코 노담의 저작이 아니라고 생각한다. 그러나 또 어떤 사람들은 사마천司馬遷(B.C.145?~B.C.86?)이 『사기』를 쓰면서 "믿을 만한 것은 믿을 만한 것으로 전한다"(信以傳信)고 말한 것과 "의문스러운 것은 의문스러운 대로 남겨 둔다"(疑以存疑)고 말한 것을 지적하였다. 노자의 본전本傳 속 두 번의 '혹왈或曰'(어떤 사람이 말하기를)은 다만 사마천이 "의문스러운 것은 의문스러운 대로 남겨 둔다"라는 역사 서술의 방법에 따라 끼워 넣은 '부록附錄'으로, 이 두 부록은 이와 관련된 유력한 자료를 선진시대 문헌에서는 찾을 수 없었기 때문에 여러 추측들이 생겨났는데, 모두 말이 되지 않는다.[7]

노자는 곧 노담이며 노래자 혹은 태사담太史儋이 아닌 것은 현재 학술계의 대다수가 찬동한다. 『사기』 「중니제자열전仲尼弟子列傳」에서 "공자가 존경한 사람은 주나라의 노자와 초나라의 노래자이다"라 하였고, 『사기』 「노자한비열전老子韓非列傳」에서는 노자가 "상·하 두 편으로 된 책을 지어 도와 덕의 뜻 오천여 자를 지었으며", "노래자가 초나라 사람으로 15편의 저서를 남겨 도가의 쓰임을 말하였다"라고 말하였으니, 노자와 노래자는 결코 한 사람이 아님을 알 수 있다. 노자가 곧 태사담이라고 생각하는 사람들은 담聃과 담儋이 음이 같으므로 두 글자는 통하며, 노담老聃과 태사담太史儋 두 사람은 주나라 사관으로 노자가 서쪽 관關(函谷關)을 나갔고, 태사담 또한 진秦의 헌공獻公을 알현한 뒤 틀림없이 서쪽 관을 나갔으므로, 『사기』에서 기록한 노자의 세계世系에 따라 추측하면 노자는 전국시대 중기 사람임을 알 수 있으며 태사담 또한 전국 중기의 사람이라고 생각한다.[8] 그러나 이에 근거해서 노자가 태사담이라고 추측하는 것은 단지 추측의 말일 뿐 결코 어떤 실제적 근거가

7) 서복관은 "선진시대에 관련된 자료를 전면적으로 고찰한 결과 대체로 나는 『사기』 「노자열전」 가운데 '正傳'(올바른 것만 전함)의 관점으로 돌아갔으며, 열전에서의 두 '或曰'은 사마천이 '의문스러운 것은 의문스러운 대로 남겨 둔' 역사학의 방법으로 끼워 넣은 '附錄'으로 보았다. 이 두 부록은 선진시대에 관련된 자료 중에서 유력한 부분을 찾을 수 없었다. 따라서 이 때문에 여러 가지 추측이 생겼는데, 모두 말이 되지 않는다"라고 하였다.(徐復觀, 『中國人性論史』, 臺灣商務印書館, 1999, 325쪽)

8) 또한 노자의 8世孫인 李假는 공자의 10세손인 孔忠同과 漢나라 文帝 때 사람인 사실이 있다.

없다. 노자의 성은 이李인데, 어떤 사람들은 이씨가 노자 모계母系의 성이라고 생각한다. 『사기史記』 「색인索引」에서 삼국시대 갈현葛玄(164~244)의 말을 인용해서 "이씨는 (그를) 출생한 여자의 성을 따른 것이기 때문에 어머니의 성이다"라고 하였다. 그리고 노자의 노老를 어떤 사람은 우于씨 성에서 갈라져 나온 것이라고 주장하였으며, 『통지通志』 「씨족략氏族略」에서는 "그가 늙었기 때문에 노인으로 지칭하였고, 결국에는 성씨가 되었다"라고 하였다. 또한 어떤 사람은 노자의 성이 당연히 노씨이지 이씨가 아니라고 보았다. 왜냐하면 옛날에는 노씨 성은 있었으나 이씨 성은 없었기 때문이다. 그리고 그들은 노와 이가 옛날에는 음이 같았으므로 이씨 성은 노씨 성으로부터 변화되어 나왔을 수 있다고 보았다.

현재 전해지는 『노자』라는 책이 정말 노자가 직접 저술하였는가도 학술계의 쟁점이며, 다만 늦어도 전국시대 중기에 이 책이 이미 이루어졌다는 점에는 크게 의심하지 않는다. 왜냐하면 『사기』 「맹자순경열전孟子荀卿列傳」에 직하학자稷下學者로 신도愼到와 전병田駢 · 접자接子 · 환연環淵 등이 있는데, "모두 황로黃老의 도덕 학술을 배워 차례로 그 취지를 드러내 밝혔다"라고 하였기 때문이다. 이미 황로의 학술을 배웠다면 반드시 『노자』가 그 기본적 교재여야 하므로 『노자』는 직하학궁이 세워지기 이전에 책이 있었어야 하며, 또한 적어도 B.C.357년 이전에 존재해야 한다.

세상에 전해지는 『노자』는 일반적으로 81장으로 나뉘어 있다. 이 외에 55장, 64장, 68장, 72장으로 된 여러 판본이 있다. 1973년 장사長沙의 마왕퇴馬王堆에서 출토된 백서帛書의 『노자』 갑 · 을 판본은 모두 장을 나누지 않았고, 상편이 덕편德篇이며 하편이 도편道篇이다. 1993년 호북湖北 곽점郭店의 초묘楚墓에서 발견된 죽간竹簡에는 3종의 문자로 된 『노자』가 있는데, 이것이 지금까지 가장 빠른 『노자』 판본이다.9)

9) 1973년 長沙의 馬王堆에서 출토된 帛書 『老子』에는 甲과 乙 두 종류의 판본이 있다. '갑본'의 문자는 漢高祖 劉邦의 이름을 避諱하지 않았으므로, 그것이 유방이 稱帝하기 전에 筆寫한 것임을 알 수 있다. '을본'은 유방의 이름을 피휘하였으나 惠帝 劉盈과 文帝 劉恒의 이름은 피휘하지 않았으므로, 그것은 유방의 칭제 이후에서 유영과 유항이 황제가 되기 전에 필사한 것임을 알 수 있다. 郭店의 죽간 『노자』는 백서 『노자』에 비해서는 더 일찍 쓰인 것이다. 곽점의 1호 묘의 墓葬 연대는 고증에 의하면 B.C.4세기 말에서

초묘의 죽간 『노자』 세 가지 판본은 1,700자 넘게 더하여졌는데, 대략 통행본 『노자』의 3분의 1 분량에 해당한다.

어떤 사람은 곽점의 죽간본 『노자』가 본래의 완전한 판본이라고 생각하며,[10] 어떤 사람은 단지 일부분의 판본(選本)이라고 본다. 죽간본 『노자』는 단지 금본今本(이하 通行本)[11] 『노자』의 3분의 1만 있지만, 전국시대 중기 이전의 통행본 『노자』는 죽간본 『노자』에서는 보이지 않는 매우 많은 말들이 이미 여러 다른 문헌에서 발견되고 있다.[12] 이로부터 죽간본 『노자』는 본래의 족본足本(내용이 빠지거나 삭제함이 없이 완전한

B.C.3세기 초반이기 때문에 簡本 『노자』의 필사 연대는 B.C.300년 무렵보다 늦지 않다.

10) 郭沂는 "簡本 『노자』는 현재 통행하는 판본(今本)보다 뛰어나지 않을 뿐만 아니라 원시적이고 일반적으로 전해지는 판본(傳本)으로, 그것은 춘추시대 말기 공자와 동시대 사람인 老聃으로부터 나온 것이다. 통행본 『노자』는 전국시대 중기 秦獻公과 동시대 사람인 太史儋으로부터 나왔다. 역사적으로 논란이 되는 점은 대개 이 구조 안에서 정황과 도리에 맞게 해석될 수 있다"(郭沂, 「楚簡『老子』與老子公案」, 『中國哲學』 20집, 瀋陽: 遼寧教育出版社, 2000, 119쪽)라고 하였다.

11) 역자 주: 今本은 古本과 짝이 되는 것으로, 여기에서는 현재 통용되는 판본을 의미하며 通行本과 뜻이 같다. 이 책에서는 통상 古文과 대비되는 今文과 구별하기 위해서 '통행본'으로 해석한다.

12) 몇 가지 예를 간단히 열거하면 다음과 같다. 1) 『莊子』 「應帝王」에서는 "노담이 말하기를 명왕의 치세에 그 공이 온 세상을 덮어도 자신과 관련이 없는 듯이 하며, 교화가 만물에 이르러도 백성은 믿지 않는다"(老聃曰, 明王之治, 功蓋天下而似[不]自己, 化貸萬物而民弗恃)라고 하였으며, 『노자』 王弼本에는 "성인이 일을 행하여도 소유하지 않으며, 공을 이루어도 그 공에 의지하지 않으며, 자신의 현명함을 드러내려고 하지 않는다"(77장, "聖人爲而不恃, 功成而不處, 其不欲見賢.")라고 하였는데, 竹簡本에는 이 구절이 없다. 2) 『莊子』 「胠篋」에서 "(신농씨 등이) 그 시대에 있을 때, 백성들은 끈에 매듭을 지어 (글자로) 이용하였고, 음식을 달게 먹고, 옷을 아름답게 입고, 풍속을 즐기고, 거처를 편안하게 여기며, 이웃 나라와 서로 바라보며 닭과 개의 울음소리를 서로 들을 수 있었지만, 백성들은 늙어 죽도로 서로 왕래하지 않았다. 이와 같은 시대가 지극한 치세이다"(當是之時, 民結繩而用之, 甘其食, 美其服, 樂其俗, 安其居, 鄰國相望, 雞狗之音相聞, 民至老死不相往來. 若此之時, 則至治矣)라고 한 구절은 통행본 80장에 보이지만, 죽간본에는 없다. 3) 『莊子』 「達生」에 "이를 일러 베풀어도 자랑하지 않으며, 길러 주어도 지배하지 않는다고 한다"(是謂爲而不恃, 長而不宰)라는 구절이 『노자』 왕필본 10장에 보이지만, 죽간본에는 없다. 4) 『莊子』 「知北游」에 "그러므로 도를 잃은 후에 덕이 있고, 덕을 잃은 후에 仁이 있으며, 인을 잃은 후에 義가 있으며, 의를 잃은 후에 어지러움이 있다. 禮는 도의 화려하고도 혼란함의 으뜸이다"(故曰, 失道而後德, 失德而後仁, 失仁而後義, 失義而後禮. 禮者, 道之華而亂之首也)라는 구절이 통행본 38장에 있는데 죽간본에는 없다. 5) 劉向의 『說苑』 「敬愼」에 叔向의 말을 기록한 "노담이 말하기를 '천하에 가장

책) 속 내용들을 사람들이 접할 수 없게 하고 있음을 알 수 있다. 결국 금본 『노자』는 비록 후인들이 쥐새끼처럼 끼어들고 윤색한 흔적이 있지만, 도리어 충분히 노자의 사상을 대표할 수 있다.

장자莊子는 생몰 연대를 자세하게 알 수 없다.13) 『사기』 「노자한비열전」에는 다음과 같이 기록되어 있다.

> 장자는 몽蒙 지방 사람14)으로 이름은 주周이다. 주는 일찍이 몽 지방 칠원漆園의

부드러운 것이 천하에서 가장 단단한 것을 부린다'라고 하였고, 또 '사람이 태어날 때는 유약하지만 죽으면 뻣뻣하고 굳는다. 만물과 초목이 생겨날 때는 부드럽고 무르지만 죽으면 메마르고 뻣뻣하다'라고 하였다"(天下之至柔, 馳騁乎天下之至堅. 又曰, 人之生也柔弱, 其死也剛強. 萬物草木之生也柔脆, 其死也枯槁)라는 구절이 통행본의 43장과 76장에 나누어 보이는데 죽간본에는 없다. 숙향(생몰년 미상)은 晉나라 平王(재위 B.C.557~B.C.532) 때 사람이며 공자와 동시대이다. 6) 『戰國策』 「魏 第1」에 魏 武侯의 말을 기록하여 "그러므로 노자는 '성인은 (재물을) 축적하지 않고, 온 힘을 다하여 남을 위해도 자신에게 더 남아 있고, 남에게 주어도 자신의 것이 더 많아진다'라고 하였다"(故老子曰, 聖人無積, 盡以爲人, 己愈有. 旣以與人, 己愈多)라는 구절은 통행본 81장에 보이지만 죽간본에는 없다. 위 무후는 B.C.395~B.C.370 동안 재위하였다. 7) 『戰國策』 「齊 第4」에 顔斶의 말을 기록하여 "노자는 비록 귀하지만 반드시 천함을 근본으로 하며, 비록 높지만 반드시 낮음을 기반으로 한다. 이 때문에 후일의 왕들이 자신을 孤(외로운 사람)·寡(부족한 사람)·不穀(하찮은 사람)이라고 지칭한 것은 그 낮음을 근본으로 한 것이 아니겠는가?'라고 하였다"(老子曰, 雖貴必以賤爲本, 雖高必以下爲基, 是以侯王稱孤寡不穀, 是其賤之本與非?)라 했다. 이 구절은 통행본 39장에 보이지만 죽간본에는 없다. 안촉은 齊나라 宣王(B.C.350?~B.C.301) 때 사람이며, 선왕의 재위 기간은 B.C.319~B.C.301이다.

13) 장자의 생몰연대에 대해 대략 다섯 가지 설이 있다. (1) B.C.369~B.C.286(馬敘倫의 설); (2) B.C.355~B.C.275(呂振羽의 설); (3) B.C.238~B.C.286(范文瀾의 설); (4) B.C.365~B.C.290(楊榮國의 설); (5) B.C.375~B.C.295(聞一多의 설). 任繼愈, 『中國哲學史論』(上海: 上海人民出版社, 1986), 265쪽 참고.

14) 漢代 학자는 일반적으로 蒙이 전국시대 宋나라 지역이었으므로 장자를 송나라 사람으로 보았다. 예를 들면, 『史記』 「莊子列傳索隱」에서는 劉向(B.C.77~B.C.6)의 『別錄』을 인용하여 "宋의 蒙 지방의 사람이다"라고 하였고, 『淮南子』 「脩務訓」의 高誘의 주석에서는 "장자의 이름은 周이며, 송나라 蒙縣 사람이다"라고 하였으며, 『漢書』 「藝文志」 班固(32~92)의 自注에서는 "이름은 주, 송나라 사람이다"라고 하였다. 전국시대 송나라 땅과 西漢시대 봉읍은 梁나라에 속하였으므로 唐나라 때 학자들은 이 때문에 장자는 양나라 사람이라고 하기도 하였다. 宋代에 어떤 사람이 처음으로 장자는 楚나라 사람이라고 하였다. 樂史(930~1007)는 『太平寰宇記』 가운데서 "小蒙의 古城은 현의 남쪽 15리에 있으며, 六國시대 초나라에 몽현이 있었으며, 세속에서는 小蒙城으로 불렀는데, 곧 장자

관리였으며, 양梁나라 혜왕惠王과 제齊나라 선왕宣王과 같은 시대 사람이었다. 그의 학문은 통하지 않은 곳이 없었으나 그 요지는 본래 노자의 말로 귀결된다. 그러므로 그의 저서 10여 만 자는 대개 우언寓言을 따른다.

「어부漁父」·「도척盜跖」·「거협胠篋」편 등을 지어 공자의 무리를 비난하고 헐뜯었고, 노자의 학술을 밝혔다. 「외루허畏累虛」, 「항상자亢桑子」 등은 모두 허구이며 사실이 아니다. 그러나 책을 쓰고 문장을 쓰고, 사리를 밝히고 정상情狀을 비유하기를 잘하여, 그로써 유가와 묵가를 공격하였으니, 비록 당세의 숙학宿學(학식이 풍부한 대학자)이라도 자연히 (장주의 비난을) 면할 수 없었다. 그의 말은 도도한 물결처럼 자유분방하여 자기 마음대로였으므로 왕王·공公·대인大人들로부터 훌륭한 인재로 평가받지 못하였다.

초나라 위왕威王이 장주가 현명하다는 말을 듣고 사신을 보내어 후한 예물로 영접하여 재상이 되어 줄 것을 부탁하였다. 장주가 웃으면서 초나라 사자에게 말하기를 "천금千金은 큰 재물이며, 재상은 존귀한 자리입니다. 그대는 어찌 교외에서 제사 지낼 때 희생犧牲으로 쓰는 소를 보지 못하였습니까? 수년간 음식을 먹여 기르고 수를 놓아 꾸민 옷을 입혀서 태묘로 끌고 들어갑니다. 그때를 당하여 하찮은 돼지가 되려고 한들 어찌 가능하겠습니까? 그대는 바로 돌아가고 나를 더럽히지 마세요. 나는 차라리 더러운 도랑에서 놀며 스스로 즐길지언정 나라를 가진 사람에게 얽매이지 않고, 평생 벼슬하지 않음으로써 나의 뜻을 즐기겠습니다" 라고 하였다.

장자의 사상은 주로 『장자』서에 보존되어 있다. 역사적으로 가장 먼저 『장자』를 언급한 사람은 사마천이었다. 『사기』「노자한비열전」에서 장자를 언급하기를 "그의 저서 10여 만 자는 대개 우언寓言을 따른다. 「어부漁父」, 「도척盜跖」, 「거협胠篋」편 등을 지어 공자의 무리를 비난하고 헐뜯었고, 노자의 학술을 밝혔다. 「외루허畏累虛」,

---

의 본고장이다"라고 하였다. 朱熹(1130~1200)도 또 "장자는 본래 초나라 사람이며,…… 대개 초나라 땅에는 이처럼 특별한 인물과 학문이 많았다"(『朱子語類』, 권125)라고 하였다. 장자는 초나라 사람이며 현대의 학자들도 이를 수긍한다.(常徵, 「從莊子釣於濮水看莊子故里」, 『江淮論壇』, 1981年 第6期; 孫以楷·甄長鬆, 『莊子通論』, 北京: 東方出版社, 1995, 76~82쪽 참고)

「항상자亢桑子」 등은 모두 허구이며 사실이 아니다"라고 하였다. 여기서는 서명書名과 편장篇章의 목록은 전혀 언급하지 않았으며, 또한 내內·외外·잡편雜篇의 구분도 없었다. 『한서』「예문지」의 기록에 "『장자』는 52편이다"라고 한 데서 비로소 『장자』라는 책 이름이 나온다. 당나라 육덕명陸德明(550?~630)의 『경전석문經典釋文』의 기록에 의하면, 『장자』서에 관한 사마표司馬彪(?~306)의 주석注釋은 21권 52편이 있으며, 그 가운데 내편 7권, 외편 28권, 잡편 14권, 해설 3권이 있으며, 최선崔譔(晉의 학자)의 주석은 10권 27편이 있는데, 그 가운데 내편 7권, 외편 20권이 있고, 향수向秀(227?~272)의 주석은 21권 27편이 있는데, 그 가운데 내편은 7권, 외편 20권이 있다. 곽상郭象(252?~312)의 주석은 33편이 있고, 그 가운데 내편 7편, 외편 15편, 잡편 11편이 있다. 곽상이 『장자』를 주석할 때 이 책에 산절刪節(어구를 깎아 냄)을 하였다. 그는 말하기를 "보잘것없는 재주로 망령되이 기이한 설을 함부로 만들었는데, 「알혁閼奕」, 「의수意修」의 첫머리, 「위언危言」, 「유부游鳧」, 「자서子胥」의 편들은 모두 교묘한 잡동사니가 10분의 3이다"(『經典釋文』「敍錄」에서 인용함)라고 하였다. 이로써 보면 대략 3분의 1의 편장은 곽상이 깎아 버렸음을 알 수 있다. 육덕명은 "『한서』「예문지」와 『장자』 52편은 사마표와 맹씨가 주석한 것이다. 말이 매우 허황하여 혹 『산해경山海經』과 비슷하므로 주석한 사람의 뜻으로 취사선택하였다. 그 내편에 대해서는 여러 학자들이 같지만, 나머지는 외편만 있고 잡편은 없다. 오직 자현子玄(곽상의 자)이 주석한 것에 특히 장생莊生(곧 莊周)의 뜻을 이해할 수 있으므로 많은 사람이 귀하게 여긴다"(『經典釋文』)라고 하였다. 현재는 다만 곽상이 주석한 33편만 있다.

한나라 이전에는 『장자』서에 내·외·잡편의 구분이 없었으며, 고증에 의하면 『장자』를 내·외·잡편으로 구분한 것은 유향이 삭제를 중복한 때부터 시작되었다. 『장자』 내·외·잡편의 동이同異, 각 편의 진위眞僞·연대에 관한 쟁론은 이미 오래되었다. 송대의 소식蘇軾(1037~1101)이 「도척」, 「어부」, 「양왕讓王」, 「설검說劍」은 장자의 작품이 아니라고 의심하였다. 그 후 끊임없이 학자들이 이 문제에 관하여 탐구를 진행하였다. 명대明代의 초횡焦竑(1541~1620)은 "내편은 장자가 쓴 것이 있지만, 외편과 잡편은 후인들이 섞어 넣은(竄入) 것이 많다"라고 하고, 「거협」 등은 "진秦나라 말한漢나라 초기의 말"이라고 보았다. 명明·청淸시대 왕부지王夫之(1619~1692)는 내편과 외편, 잡편의 사상의 경향이 일치하지 않기 때문에 내편만 장자의 저작으로 보고, 외편과 잡편은 장자 이후 후학들의 손에서 나왔다고 보았다. 근대의 왕숙민王叔岷(1914~2008)과 마서륜馬敍倫(1885~1970)은 육덕명이 말한 "내편은 여러 학자가 같으나 그 나머지는 혹 외편만 있고 잡편은 없다"라는 말에 근거하여 고증하고 해석하였다. 왕숙민이 "내편은 여러 학자가 같다"라고 인정한 것은 단지 각 학자의 주석에 모두 내편이 있다는 말일 뿐이며, 내편에 포함된 여러 편장에 관해서는 각 학자가 전혀 같지 않다. 또 "통행본의 내편과 잡편의 이름은 실제로 곽상으로부터 정해졌으니 내편도 꼭 모두 다 믿을 수 있는 것이 아니며, 외편과 잡편도 꼭 모두 다 의심할 필요는 없다"라고 하였다. 마서륜은 이른바 "외편은 있고 잡편은 없다"라는 말을 인정하였는데, 이는 여러 학자가 단지 내편과 외편을 구별하고 잡편이라는 이름을 정하지 않았다는 말일 뿐이며, 곽상이 잡편으로 나열하여 넣은 몇몇 편목篇目이 없다는 말은 결코 아니다.

현재 학술계의 비교적 보편적 생각으로 내편은 장자의 저술이며, 외편과 잡편의 사상이 내편과 전혀 일치하지 않은 것은 아마도 장자의 문인과 후학 및 도가의 다른 파별派別의 작품이 섞여 들어갔을 것이라고 생각한다. 그러나 외편과 잡편의 일부 편장도 또한 장자의 사상을 반영하고 있다. 유소감劉笑敢(1947~)은 내편, 외편, 잡편에서 사용하는 단어(詞)의 서로 다름을 분석한 후 내편은 장자의 저작이며, 외편과 잡편은 장자 후학의 저작이라고 보았다.[15] 임계유任繼愈는 이에 대해 전혀

---

15) 유소감은 "내편과 외편 사이를 다방면으로 비교 연구해 보니, 내편과 외·잡편 사이에 개념의 사용에 분명한 차이가 있음을 알았다. 즉 내편에서는 道·德·命·精(精力)·神(心神) 등의 단어를 사용하지만, 道德·性命·精神과 같은 세 개의 복합어(어근과 어근이 합해진 단어)는 쓰지 않았고, 외·잡편에서는 도덕·성명·정신 이 세 개의 복합어가 모두 반복적으로 출현하였다"(劉笑敢, 『莊子哲學及其演變』, 北京: 中國社會科學出版社, 1988, 5쪽)라고 하였다. 그리고 "이상의 사실은, 『장자』의 내편과 외·잡편 사이에 사용하는 개념 부분의 구별이 있는 것은 곧 역사가 우리를 위하여 남겨 준 객관적 연대分界가 있음을 알려 주었다. 이 분계선은 우리에게 외·잡편은 전국시대 중기의 작품이 될 수 없으며, 단지 내편만 전국시대 중기의 문장일 수 있음을 알려 주었으며, 장자는

상반된 관점을 가지고 외·잡편이 장자에게서 나왔고, 내편은 장자의 후학에게서 나왔다고 보았다.[16)]

이에 대해 개인적인 의견으로는, 『장자』서에는 실제로 일관된 논리가 있어, 『장자』서를 장자와 그 후학의 합집合執으로 보아야 한다는 특별한 이유가 없으며, 또한 내·외·잡편의 경계를 분명하게 경계를 나눌 이유가 없다고 생각한다. 왜냐하면 이러한 분계는 결코 원본이 이러한 것이 아니라 후인들에 손에서 나왔기 때문이다.[17)] 장자사상에 관한 연구는 내편에만 국한해서는 안 되며, 또한 내편·외편의 분계를

바로 전국시대 중기의 사람이며 따라서 우리는 적어도 『장자』서에 장자 본인의 작품이 포함되어 있음을 의심하지 않아야 하며, 나아가 우리는 내편은 기본적으로 장자의 작품이며, 외·잡편은 다만 각 파 후학의 작품이라고 할 수 있다"(위의 책, 12쪽)라고 하였다. 이 견해는 학술계의 많은 사람에게 인정을 받았다. 그러나 곽점 초묘의 죽간인 『唐虞之道』 11번 죽간에는 "성명의 바름을 기른다"(養眚命之正)라는 구절이 있다. "眚"은 곧 "性"의 假借이다. 이처럼 전국시대 중기 즉 맹자와 장자의 시대에 "性命"(자연적 천성)이라는 단어는 이미 유행하였으니, 성명이라는 단어가 전국시대 말에 비로소 출현하였다고 보고, 또한 이로써 『장자』의 외·잡편이 전국시대 중기의 작품이 될 수 없다고 단정하는 것은 성립되기 어렵다.

16) 任繼愈는 "『장자』 외편은 모두 해당 편의 첫머리 두 글자를 제목으로 삼는데, 이는 고대의 격식을 유지한 것이며, 뜻밖에 내편에도 제목을 붙였다. 시대적으로 보면 마땅히 (내편에 제목을 붙임이) 외편보다 늦어야 한다"(任繼愈, 『中國哲學史論』, 上海: 上海人民出版社, 1986, 260쪽)라고 하였다. 그리고 "사마천이 장주의 대표작으로 열거한 이 몇 편은 모두 『장자』의 내편에 속하지 않고, 외편에 속한다. 이 몇 편의 주요 사상과 내편은 매우 큰 차이가 있다"(위의 책, 258쪽)라고 하였다. 또 "전통적으로 보면 '내편'은 장자의 自作으로 보고 또 장자사상을 대표한다고 본다. 나는 '내편'은 후기 장자 학문의 사상으로 장자의 사상을 대표하는 것이 아니라고 생각한다"(위의 책, 319쪽)라고 하였다.

17) 丁四新은 "선진시대에 典籍을 편찬하는 定型은 매우 긴 발전 과정이 있었는데, 예를 들면 安徽의 阜陽에서 출토된 죽간 『詩經』과 河北의 定縣에서 출토된 죽간 『論語』, 長沙의 馬王堆에서 출토된 帛書 『易經』, 그리고 荊門의 郭店에서 출토된 죽간 『老子』 등은 통행본과는 모두 어느 정도 혹은 비교적 큰 차이가 있다. 역사적 기록에 의하면, 『장자』서의 편찬은 계속 반복되었으니 늦어도 곽상 시대에 비로소 33편의 『장자』 정본이 刪定되었다. 先秦에서 漢代 전기까지 『장자』서의 文本(문헌 자료. Text)의 순서는 도대체 어떤 상황인가? 출토된 재료로써 증명하면, 곽상본에서 편정한 순서의 『장자』만 한 것은 전혀 없다. 이 때문에 곽상본에서 나누어 정한 『장자』 내·외·잡편을 참고·증거의 전제로 삼으면, 이는 흐르는 모래 위에 기초를 쌓는 것이다. 우리는 구분하지 않고 혼합하여 『장자』의 내편이 외편과 잡편보다 먼저라고 말할 수 없으며, 마치 편집자가 작품의 시간적 연계 사슬을 엿보고서 그것들을 세 다발로 묶은 것과 같다"(丁四新, 『郭店楚墓竹簡思想硏究』, 北京: 東方出版社, 2000, 26쪽)라고 하였다.

엄격하게 해서도 안 된다.[18] 장자는 중국 전통문화에 광범위한 영향을 끼친 중요한 인물로, 이러한 영향은 과거에도 계속되었고, 또한 현재에도 계속되고 있으며, 이 영향은 영원히 어떤 사람이나 어떤 힘으로도 바꿀 수 없다. 왜냐하면 그것은 일종의 과거완료過去完了 시제의 산물이기 때문이다. 장자 본인과 장자의 사상과 학설은 『장자』라는 책의 체제에 담겨서 나타났다. 역사적으로 사람들이 장자와 그 사상 학설을 이해하고 파악한 것은 또한 『장자』라는 책의 체제를 통하여 이해하고 파악한 것이며, 이것은 이미 발생한 역사적 사실이다. 이러한 사실은 역사적이며, 또한 어떤 사람이나 어떤 힘으로도 영원히 바꿀 수 없는 것이다. 장자는 오로지 『장자』서로만 표현되는 장자일 뿐이며, 단지 내편 혹은 외 · 잡편으로만 표현되는 장자는 아니다.[19]

『문자文子』의 상황은 더욱 복잡하다. 유향의 『칠략七略』에 『문자』 아홉 편이 있으며, 『한서』 「예문지」에도 또한 이 책을 기록하였으며, 『수서隋書』 「경적지經籍志」와 『구당서舊唐書』 「경적지」, 『신당서新唐書』 「예문지」에는 다 같이 12권이 있으며, 통행본과 같다.

반고班固는 『한서』 「예문지」에서 "『문자』는 아홉 편이다. 노자의 제자로 공자와 같은 시대이며, 주나라 평왕平王(B.C.781?~B.C.720)의 부름에 응하여 의탁하려던 사람이

18) 馮友蘭은 "莊周의 철학을 연구함에 마땅히 곽상본의 내 · 외편의 구별을 버려야 하며, 「逍遙游」와 「齊物論」을 주요 단서로 삼고 기타 각 편을 참고하여 장주의 주관유심주의 철학사상에 대한 전면적인 인식에 따라 정확하게 비판해야 한다"(馮友蘭, 『中國哲學史新編』 上卷, 北京: 人民出版社, 1998, 402쪽)라고 하였다.

19) 崔宜明은 "『장자』서의 판본이 유전되는 과정이 어떠하든, 그 구체적인 연대와 작자 및 篇과 章 등의 역사적 본래 모습이 어떠하든, 모두 『장자』를 철학의 문헌으로 해석하는 데는 방해가 되지 않는다. 철학사적 관점에서 보면, 역사상의 어떤 장자라고 불리는 사람이 『장자』서 가운데 어떤 편장을 쓰고, 또한 어떠한 편장이 그의 후학들이 쓴 것이든, 어떤 것이 후세에 유전되는 과정에서 어떻게 변하였든, 모두 장자철학이 장자철학답게 되는 데는 방해가 되지 않는다. 비록 이러한 학술사적인 문제가 실제로 모두 존재하더라도 마찬가지로 기본적 역사 사실은 이러한 문제를 분명하게 밝히지 못하였다는 전제하에 장자철학은 이미 『장자』서(그리고 주로 곽상의 주석본)를 통하여 중국의 전통문화와 철학사상에 거대한 영향을 미쳤다"(崔宜明, 『生存與智慧』, 上海: 上海人民出版社, 1996, 6쪽)라고 하였다.

다"라고 하였다.

당나라 유종원柳宗元(773~819)은 『변문자辯文子』를 지어서 "『문자』서는 12편이며, 그 전傳에서 '노자의 제자이다'라고 하였다. 그 말들은 취할 만한 것이 있으며, 그 의미는 모두 노자에 근본을 두었으나, 그 책의 내용을 고찰하면 대개 반박하는 책이다. 그 책은 질박하나 유사한 것은 적으며, 다른 책에서 취하여 합친 것이 많다"라고 하였으며, 또 "다른 사람이 그것에 더하고 보탠 것인지, 혹은 여러 사람이 수렴하여 그 책을 이루었는지 알지 못한다"라고 하였다.

송나라 황진黃震(1212~1280)은 "문자文子라는 사람은 주나라 평왕 대 신연辛硏의 자라고 하는데, 즉 범려范蠡(B.C.536~B.C.448)의 스승 계연計然(생몰 미상. 신연의 별호)이며, 일찍이 노자를 스승으로 모셨고 이 책을 지었다. 이 책의 주석과 서문을 쓴 사람은 당唐나라 사람 묵희자默希子이며, 그 책을 『통현진경通玄眞經』이라고 불렀으나 위서僞書일 뿐이다"라고 하였다. 그 책이 위서인 이유가 네 가지다. 첫째는 "공자는 주나라 평왕보다 수백 년 뒤의 사람으로 노자를 만났는데, 어찌 평왕의 때에 태어나서 먼저 노자를 스승으로 섬길 수 있겠는가? 범려는 전국시대 사람인데 또한 어찌 평왕 때의 문자를 스승으로 섬길 수 있겠는가?" 둘째, "노자는 청허淸虛를 말했고, 계연이 일삼은 것은 재물과 이익이다." 셋째, 『문자』는 "황皇·왕王·제帝·패霸"를 말하였는데, "패霸"는 곧 "백伯"자字이며, 후세에 음이 변하여 "패霸"가 되었으며, 평왕 때에는 "패霸라는 이름이 없었다." 넷째, 『문자』에서 "상좌相坐의 법, 곧 연좌법連坐法은 작위를 줄이는 명령이다"라고 강론하였는데 이것은 진나라의 일이며, 이 책에서는 노자의 말이라고 보았다.(『黃氏日抄』)

양계초梁啓超(1873~1929)는 "통행본은 모두 반고의 구본은 아니며, 실제로는 위서 가운데서 나온 위서이다. 그 가운데 반 이상은 『회남자』를 답습한 것이다"(『飮冰室專集·漢書藝文志諸子略考釋』)라고 하였다.

장태염章太炎(1869~1936)은 통행본 『문자』는 "반은 『회남淮南』을 답습한 것이며, 『노자』를 인용한 것도 또한 많이 괴이하며, 그 의탁함이 매우 분명하다"(『菿漢微言』)라고 지적하였다.

이러한 지적에 대하여 손성연孫星衍(1753~1818)은 『한서』 「예문지」의 반고가 주석한 말을 해석하여 "대개 '『문자』가 태어난 것은 주나라 평왕平王의 시대가 아니다. 왜냐하면 책 가운데 평왕을 지칭함에 문답問答에 의지하였으므로 그 책이 후인들의 이름을 빌려 나온 것이라고 하지 않았다'라고 하였는데, 송宋나라 사람은 그 말을 오해하여 결국 이 책이 후세에 나온 것으로 의심하였다"라고 하였다. 그는 『문자』 가운데 "평왕平王"을 지칭할 때 "주周"라는 글자가 없음에 근거하여 "반고班固가 이 책을 오독誤讀하였고" 여기서 평왕은 곧 초楚나라 평왕이며 주나라 평왕이 아니라고 보았다. "문자는 노자를 스승으로 섬겼으며, 또한 초楚나라에서 유세하였으며, 평왕과 같은 시대 사람으로 이상함이 없다"(『問字堂集』, 「文子序」)라고 하였다.

1973년 하북성河北省 정현定縣의 한漢나라 시대 묘墓 40호에서 출토된 죽간 가운데 『문자』의 나머지 편이 있었다. 이 묘는 서한西漢의 중산회왕中山懷王의 묘로서 출토된 죽간의 첫 단계에서 확인된 『문자』의 죽간은 277매 2,790자가 있었다. 통행본 『문자』의 교열에 근거하면 그 가운데 『도덕편』에 속하는 죽간 87매 1,000여 자가 있고, 따로 소량의 죽간 문자는 『도원道原』, 『정성精誠』, 『미명微明』, 『자연自然』 가운데의 내용과 서로 비슷한 것이 있으며, 나머지는 모두 통행본의 『문자』에서는 찾을 수 없어진 문자이다. 간본簡本 『문자』의 발견으로 『문자』는 결코 위서가 아님이 증명되었다. 그러나 간본 『문자』와 통행본 『문자』의 내용은 절대 완전히 일치하지는 않는다. 간본 가운데의 평왕이 변하여 문자가 되고 문자는 곧 노자로 대체되며, 문자와 문답하는 성생이 변하여 질문을 하는 학생이 되었다. 이에 따르면 반고가 발견한 『문자』는 아마도 결코 통행본의 『문자』가 아닐 것이며, 간본의 『문자』임을 알 수 있다.

역사적으로 확실히 문자라는 사람은 있었다. 『한비자』의 기록에는 제齊나라 왕이 문자에게 질문하였다는 일이 있으며,[20] 반고는 문자가 곧 "노자의 제자이며

---

20) 『韓非子』 「內儲說上」에서 "제나라 왕이 문자에게 묻기를 '어떻게 나라를 다스려야 하는

공자와 동시대 사람"이라고 보았다. 왕충王充(27~104)도 문자를 공자 문하의 안연顏淵(B.C.521~B.C.481)에 비유하였다.[21] 문자는 도대체 누구인가? 혹자는 범려의 스승인 계연計然으로 생각한다.[22] 그러나 계연을 계자計子라고 하지 않고 그를 문자라고 부르는데, 이는 춘추 · 전국시대 "자子"라고 부르는 관계와 부합하지 않는다. 또한

가? 하니, '무릇 상과 벌에 道가 있으면 이로운 도구입니다. 임금께서 그것을 굳게 지키되 다른 사람이 볼 수 없도록 하십시오. 만약 어떤 신하가 사슴과 같다면 오직 풀을 추천하여 취합니다'라고 대답하였다"라고 하였다.

21) 王充은 "공자를 임금으로 보면 안연은 신하인데도 오히려 꾸짖어 깨우치게 할 수 없는데, 하물며 노자를 임금으로 보고 문자를 신하로 삼을 수 있겠는가? 노자와 문자는 하늘과 땅과 같다"(『論衡』, 「自然」)라고 하였다.

22) 춘추시대 宋의 裴駰은 『範子』를 인용한 『史記集解』 「貨殖列傳」에서 "計然은 葵丘 濮上 사람으로 성은 辛씨이며, 자는 文子이며, 그의 선조는 晉나라의 망명 公子이다. 일찍이 남쪽의 越나라로 유세를 가니 范蠡(B.C.536~B.C.448)가 그를 스승으로 섬겼다"라고 하였다. 北魏의 李暹(?~198)이 『문자』 注를 지으면서 그 설을 채택하였다. 문자를 일러서 "성은 辛이며, 葵丘 濮上 사람으로 호는 計然이며, 범려가 그를 스승으로 섬겼으며, 본래 노자에게서 수업받았으며, 그가 남긴 말을 기록한 것이 12편이었다"라고 하였다. 송나라 杜道堅(1237~1318)은 『通玄眞經纘義序』를 다시 보충하면서, "문자는 晉나라 공자의 후손이며, 성은 신씨, 자는 계연, 문자는 그 호이다. 집안이 살던 葵丘는 宋의 땅이어서 일례로는 宋鈃으로 부르며, 노자를 스승으로 섬기며 배웠으며, 일찍이 大道를 듣고 12편의 책을 지었는데 『문자』라고 하였다. 노자의 말로 귀결되며, 天人의 도와 시절 변화의 마땅함을 두루 논하였으며, 한 편의 책에 만고의 시간을 모았으니 진실로 經世의 오체가 되었다. 楚나라 평왕이 초빙하여 도를 물었으며, 범려가 그를 스승으로 섬겼으며, 句踐이 大夫의 지위를 주었으며, 越나라를 보좌하여 吳나라를 평정하였다. 공을 이루었지만 소유하지 않고, 은퇴하여 禹의 땅에 봉읍을 받았으며, 구름을 타고 신선이 되어 떠났으니 吳興 計籌의 陽村이 곧 그 옛 곳이다"라고 하였다. 魏의 啓鵬선생은 辛씨는 곧 주나라 太史 辛甲의 후예라고 보았다. 『國語』 「晉語4」에서는 주문왕이 "辛과 尹을 방문하였다"(訪於辛, 尹)라고 기록하였으며, 韋昭(204~273)는 주석하기를 "辛은 辛甲이며, 尹은 尹佚이다. 모두 주나라의 太史이다"라고 하였다. 『春秋左傳』의 기록에 "처음 평왕이 東遷함에 辛이 伊川으로 가서 머리를 산발하고 들판에서 제사를 지내는 사람을 보고 '백 년이 되지 않아 戎의 땅이 될 것이다! 그(주나라) 禮가 먼저 없어질 것이다'라고 하였다. 가을에 秦과 晉이 陸渾(현 甘肅省 燉煌 일대)의 戎을 伊川으로 이주시켰다"(『春秋左傳』, 僖公 22年)라고 하였다. 또 "辛有의 둘째 아들이 晉을 감독하였으므로 이에 董史가 있다"(『春秋左傳』, 昭公 25年)라고 하였다. 章太炎(1869~1936)은 "董氏의 세가는 晉의 사관이며(「晉語9」), 董安于(?~B.C.496)는 '바야흐로 신이 젊었을 때, 붓을 들어 찬양하는 명령을 올려 앞 세상을 기려서 제후들에게 義를 확립하였다'라고 한 말이 이것이니, 단지 한 사람의 董狐(직필로 유명한 晉의 사관)에 그치지 않는다"(『左傳讀』, 권7)라고 지적하였다.

『한서』「예문지」에서 도가의 학파로 문자를 기록하였고, 또 농가의 학파로 계연을 기록하여 문자와 계연이 한 사람이 아님을 밝혔다. 혹은 문자를 곧 월越나라의 대부 문종文種(B.C.?~B.C.472)으로 보기도 한다. 문종과 범려는 함께 월왕越王 구천句踐(B.C.?~B.C.464)의 대부였다. 월을 도와 오吳를 멸망시킨 후 범려는 공을 세우고 물러났으나, 문종은 범려의 권고를 듣지 않고 공명과 이록利祿을 탐하다가 후에 월왕에게 피살되었다. 문종의 행위는 도道가 있는 지식인과 같지 않다. 긍정할 수 있는 것은 문자는 곧 노자의 제자이며, 제나라 초나라 국왕과 모두 교왕交往하였다.

『문자』서에는 "평왕平王이 물었다"라는 구절이 있으므로 반고는 곧 "의탁依託한" 저작이라고 보았다. 어떤 사람은 『문자』서는 아마도 결코 "의탁"한 것이 아니라고 보았는데, 그것은 유전하는 과정에서 변화하였기 때문이다.[23)]

통행본 『문자』가 비록 위서는 아니지만, 결코 문자의 손으로 쓰인 것은 아니며, 마땅히 문자 후학들이 쓴 것이다. 어떤 사람은 『문자』가 전국시대 중기에 쓰였다고 하고[24)], 어떤 사람은 전국시대 말기에 이루어졌다고 보며[25)], 또 어떤 사람은 한漢나라 초에 이루어졌다고 본다[26)].

---

23) 魏啓鵬(1942~)은 "문자는 마땅히 辛史의 후예이며, 선조가 서술한 주나라 왕실의 전례와 고사(典故)에 익숙하여 주나라 평왕의 역사와 일을 서술하여 전할 수 있었으므로 결코 다른 사람의 추측으로 거론된 것이 아니다. 다만 문자 일파의 후학들이 돌아가며 전수함에 주의 평왕과의 문답을 할 때 신유는 전해 듣는 도중에서 先師인 辛文子로 변화되었으며, 그것이 곧바로 『문자』의 古本이 되었다. 이와 같은 말은 잘못되지 않았는데, 班固의 '도가의 학파는 대개 사관에서 나왔으며, 두루 고금의 成敗·存亡·禍福의 도를 기록하였다'라는 말로써 또한 하나의 傍證으로 삼을 수 있다"(魏啓鵬, 「『文子』學術探微」, 陳鼓應 主編, 『道家文化硏究』 18집, 北京: 生活·讀書·新知三聯書店, 2000, 157쪽)라고 하였다.

24) 李定生은 "『문자』는 西漢시기에 이미 先秦의 古籍이었으며, 그것은 『회남자』보다 먼저다. 『문자』는 비록 후인들의 改撰과 潤色 등이 있었지만 僞書는 아니므로 문자의 사상을 연구하는 주요 자료로 삼을 수 있다"(李定生·徐慧君, 『文子要詮』, 上海: 復旦大學出版社, 1988, 11쪽)라고 하였으며, 또한 "전국시대 중기에 일어나서 한나라 초에 성행한 黃老의 학문은 문자에 연원한다"(위의 책, 19쪽)라고 하였다.

25) 黃釗(1939~)는 "『문자』라는 책은 문자 자신의 저서가 아니며 또한 문자의 제자들이 쓴 책도 아니며, 전국 말기의 학자들이 문자의 이름에 가탁하여 찬술한 것이다"(黃釗 主編, 『道家思想史綱』, 長沙: 湖南師範大學出版社, 1991, 156쪽)라고 하였다.

통행본의 『문자』는 매우 큰 편폭篇幅(문장의 길이)이 있음이 『회남자』와 서로 같으며, 그 사이의 전후와 인과 관계를 연구하는 것이 『문자』 연구의 관건이 되는 문제이다. 과거에는 많이 『문자』는 『회남자』를 답습하였다고 여겼으나 자세하게 그 문자文字를 연구하고 그 중의 없어지고 새로 생긴 것을 자세하게 살펴보면 정반대의 결론이 나온다.[27] 『문자』가 『회남자』를 답습한 것이 아니라 오히려 『회남자』가 『문자』를 답습하였다.[28] 그러나 또한 그 반대의 가능성도 배제할 수는 없는데,

---

26) 王利器(1912~1998)는 "나는 일찍이 황로학은 전국시기에 싹터서 한나라 초에 특출하였다고 말했다. 처음 황로학을 공부하려는 사람들이 처음으로 기록하고 책으로 쓴 책이 『文子』이다"(王利器, 「文子疏義序」, 『文子疏義』, 北京: 中華書局, 2000, 6쪽)라고 하였다. "그러므로 『문자』라는 책이 만들어진 것은 한나라 惠帝(B.C.210~B.C.188)시대이다"(위의 책, 6쪽)라고 하였다. "杜道堅은 '『문자』는 『道經』의 義疏(注釋과 같은 뜻)이다'라고 하였고, 나 또한 '『회남』은 『문자』의 義疏이다'라고 하였다. 그러므로 『회남자』에서 演繹한 사람은 더는 여력이 없이 수습하였고, 나아가서 초나라의 방언으로 『문자』의 자구를 고쳤기 때문에 농후한 지방색을 띠고 있으니 『회남자』는 『문자』의 주석이라는 것은 변론하지 않아도 분명하다"(위의 책, 13쪽)라고 하였다.

27) 唐蘭(1901~1979)은 "『문자』와 『회남자』의 많은 어구가 서로 같다. 결국 누가 누구의 글을 베껴 썼다는 예로부터 정설이 없다. 이제 黃帝의 말을 답습하여 편명을 지었다는 말로 보면, 『문자』가 마땅히 먼저이다. 『文子』 「道原」에서 '虛無는 도의 집이며, 平易함은 도의 바탕이다'라고 하였는데, 본래 이 책을 모방한 「道原」편의 말을 『회남자』는 오히려 「俶眞訓」에 두었다. 또 간추려 고쳐 써서 「詮言訓」에 넣었는데, 이것은 도리어 『회남자』가 『문자』를 베꼈다는 확실한 증거다"(唐蘭, 「馬王堆出土老子乙本卷前古佚書的硏究」, 『考古學報』, 1975년 제1기)라고 하였다.

28) 文字만 두고 보면, 또한 『문자』가 『회남자』보다 먼저임을 알 수 있다. 예를 들면, 『文子』 「符言」에 "聖人은 그 마음을 이길 수 없고, 일반 대중은 그 욕망을 이길 수 없다"(聖人不勝其心, 衆人不勝其欲)라는 구절을 『淮南子』 「詮言訓」에서는 "성인은 마음을 이기고 일반 대중은 욕망을 이긴다"(聖人勝心, 衆人勝欲)라고 썼다. 과연 『회남』의 말과 같으면, 聖人이 오히려 일반 사람보다 못하게 된다. 그리고 『文子』 「自然」에서는 "王道라는 것은 無에 의거하여 일을 하며, 말로서만 하지 않는 가르침을 행하며,…… 말에는 문장이 없으며, 행위에는 儀表가 없으며, 나아가고 물러감이 때에 맞으며, 움직임과 정지함이 이치를 따른다"라고 하였다. 『淮南子』 「主術訓」에서는 "임금의 정치술은 무위로써 일을 처리하며, 말로서만 하지 않는 가르침을 행하며,…… 말은 문장이며 행위는 세상의 의표가 되며, 나아가고 물러남이 때에 맞추며, 움직임과 고요함이 이치를 따른다"라고 하였다. 『회남자』에서 한 말은 도가의 가르침에 부합하지 않을 뿐만 아니라 스스로 서로 모순이다. 이로써 『문자』가 『회남자』를 답습할 수 없으며, 도리어 『회남자』가 『문자』를 답습하였음을 알 수 있다. 또 『회남자』라는 책이 된 것은 다른 책을 채택하고 통일적으로 편집해서 이루어졌다. 다른 책을 발췌하여 『회남자』에 베껴 쓴 것임을 알 수 있다.

어떤 사람은 두 가지 모두 어떤 공통된 자료에서 나왔다고 생각한다.[29)]

『열자列子』라는 책은 『한서』 「예문지」에 또한 기록이 있는데, "『열자』는 여덟 편이다. 어구圄寇라는 이름은 장자보다 먼저이며 장자가 그를 지칭하였다"라고 하였다. 유향은 『열자신서목록列子新書目錄』에서 다음과 같이 말하였다.

> 열자列子는 정鄭나라 사람이며, 정나라 목공繆公과 동시대 사람으로 도道가 있는 사람이다. 그의 학문은 황로와 노자에 근원하며 도가道家라고 부른다. 도가는 요점을 잡아 근본을 지키며, 청허淸虛와 무위無爲로 몸을 닦고 사물에 접하며, 실무를 숭상하고 다투지 않으며, 육경六經에 맞추었다. 그리고 「목왕穆王」와 「탕문湯問」 두 편은 황당무계하고 기괴하여 군자의 말이 아니다. 「역명力命」편은 한 번의 추천으로 명命을 구분하였고, 「양자楊子」편은 오직 방일放逸(거리낌없음)을 귀하게 여기니, 두 뜻이 서로 배치되어 같은 학파의 책 같지 않지만, 각각 분명한 점이 있고 또한 각자의 관점이 있다. 효경제孝景帝(B.C.188/157~B.C.141) 시대에는 황로술을 존중하여 이 책이 자못 세상에 유행하였다. 그 후에 쇠퇴하여 민간에 흩어져 더 이상 전하지 않았다. 또한 우언寓言이 많아서 장주莊周와 서로 비슷하므로 태사공 사마천이 열전列傳으로 삼지 않았다.

열자의 생몰연대는 이미 상세하게 고찰할 수가 없다. 그 사람과 그의 학문에 관하여 역사서에는 많은 기록이 있으며, 특히 『장자』서에 가장 많이 있다.[30)]

---

29) 정원식은 "통행본 『문자』와 『회남자』의 내용이 중첩된 부분이 매우 많아서, 우리의 연구에서 통행본 『문자』의 자료가 여러 가지 혼합되고 분명하지 않은 문제가 발생한 것은 사실상 어떤 『회남자』의 없어진 판본이나 다른 판본이 섞여 들어갔기 때문임을 알았다"(丁原植, 『文子新論』, 臺灣萬卷樓圖書有限公司, 1999, 17쪽)라고 하였다. 또 "민간에 유전되는 '회남'의 자료는 『회남자』를 찬술할 당시에 일찍이 참고한 일련의 문자가 포함되어 있을 수 있다. 비록 통행본의 『회남자』에서는 보이지는 않지만, '회남자' 별본의 형태에서는 부분별로 통행본의 『문자』에 섞여 들어갔으며, 이 때문에 우리는 통행본의 『문자』는 이러한 '회남'의 자료와 병행해서 유전된 것이라고 생각한다. 그리고 六朝와 隋나라 초기 사이에 확실한 원인을 알 수는 없지만 한데 혼합되어 아울러 道士들의 편집을 거쳐서 오늘날에 유전하는 『문자』의 문헌자료가 되었다"(위의 책, 20쪽)라고 하였다.

30) 역자 주: 이 책에서의 『장자』 원문 번역은 대부분 張耿光, 『莊子全譯』(貴州人民出版社, 1995)을 참고하였다.

열자는 바람을 타고 다니며 매우 자유로웠다.(「逍遙游」)

정鄭나라에 계함季咸이라는 신통한 무당이 있는데, 사람들의 생사와 존망, 화복禍福과 수요壽夭와 정해진 해와 날짜까지 알아서 마치 신과 같았다. 정나라 사람이 그를 보면 모두 피해서 달아났다. 열자가 무당을 보고 흠뻑 빠져서 돌아와 호자壺子에게 말하였다.(「應帝王」)

열자가 여행을 떠나 길에서 밥을 먹다가 백 년 묵은 해골을 보았다.(「至樂」)

열자가 관윤關尹에게 묻기를…… (「達生」)

열어구列御寇가 백혼무인伯昏瞀人을 위해서 활을 쏘았다.(「田子方」)

열자가 매우 가난하여 얼굴에 굶주린 기색이 역력하였다.(「讓王」)

열어구列御寇가 제나라로 가다가 중도에서 돌아오다 백혼무인伯昏瞀人을 만났다.(「列御寇」)

『장자』에는 많은 우언이 있고 모두 다 믿을 수는 없지만, 그 가운데서 실마리를 발견할 수 있다. 『전국책戰國策』「한책韓策」에는 "사관으로 한책韓策을 초나라 사신으로 보냈는데, 초나라 왕이 묻기를 '그대는 어떤 방법을 따르는가?'라고 하니, 대답하기를 '열자列子 어구圄寇의 말을 따릅니다'라고 하니, 묻기를 '무엇이 귀한가?' 하니 '정正을 귀하게 여깁니다'라고 대답하였다"라고 하였다. 통행본 『열자』에서는 "열자선생이 정나라 포圃 지방에 거주한 지 40년인데도 아무도 아는 사람이 없었다. 나라의 임금, 경卿, 대부大夫를 일반 서민처럼 보았다"라고 하였다. 『시자尸子』「광택廣澤」에서 "열자는 허虛를 귀하게 보았다"라고 하였다. 『여씨춘추呂氏春秋』「심분람審分覽·불이不二」에서도 "열자선생은 허虛를 귀하게 여겼다"라고 하였다. 열자는 장자보다 앞이며 도가의 인물로 긍정할 수 있다.

『열자』라는 책은 유향이 "후일 유실되어 민간에게 흩어져 전하는 사람이 없었다"라고 말한 것처럼, 동진東晉시대에 이르러 장담張湛(320?~?)이 이 책을 얻어 주석을 하였다. 장담張湛의 자는 처도處度, 부친은 장광張曠, 조부는 장억張嶷(?~254)이다. 장담은 그가 이 책을 얻는 과정을 (『列子』「序」에서) 다음과 같이 말하였다.

장담이 돌아가신 아버지가 하는 말을 들었는데, 나의 아버지와 유정여劉正輿, 부영근傅穎根은 모두 왕씨의 생질甥姪이어서 어려서 외가에서 놀았다. 외삼촌(舅)은 시주始周이며, 시주의 사촌 형인 정종正宗과 보사輔嗣(226~249, 王弼의 자)는 모두 문적文籍 수집하기를 좋아하였는데, 먼저 중선仲宣(177~217, 王粲의 자)의 집에 소장된 책을 얻어 그것이 장차 만권萬卷이나 되었다. 부씨傅氏 또한 대대로 학자의 가문이었다. 세 사람의 소년이 경쟁적으로 기서奇書를 보존하였다. 어른이 되어 '영가永嘉의 난'을 만나 부영근傅穎根과 함께 남쪽으로 피난을 갈 때 수레의 한도까지 잔뜩 (책을) 싣고 갔다. 아직 갈 길이 멀었는데 적에게 모두 포로로 잡혔다. 장씨(장담의 아버지)가 부영근에게 말하기를 "이제 전부 마차에 다 싣고 갈 수 없으니, 세간에서 가지기를 희망하는 사람에게 주어서 각각 책들을 보존하게 하는 것이 버리지 않는 것이다"라고 하였다. 부영근은 이에 그 할아버지 현玄과 아버지의 함자집咸子集만 가지고 갔다. 선조가 '보존한 책(錄書) 가운데 열자列子 8편이 있었다. 강남江南까지 겨우 보존하고 간 것이 『열자』 외에 『양주楊朱』, 『설부說符』, 목록 세 권이다. 난亂에 유정여劉正輿는 양주揚州의 자주刺州가 되어 먼저 강을 건거서 다시 그 집에서 4권을 얻었다. 보사輔嗣가 여서女壻(사위)인 조계자趙季子(혹은 조씨의 막내아들)의 집을 수색하여 6권을 얻었다. 유무를 대조하여 비로소 전편이 갖추어졌다.

통행본 『열자』는 당나라 이후 점점 의심을 불러일으켰다. 유종원은 정鄭나라 목공繆公이 공자보다 100여 년 앞사람이며, 열자와 정나라 상방相邦인 사자양駟子陽(B.C.?~B.C.398)과 동시대이므로, 정나라 목공은 아마도 노魯나라 목공의 오기誤記일 것이라고 지적하였다.[31] 사실 정나라 목공은 노나라 목공의 오기가 아니며, 정나라

31) 유종원은 "유향은 예부터 매우 많은 책을 독서한 사람으로 일컬어지는데, 오직 그만이

수공繻公(B.C.?~B.C.396)의 오기이다.[32] 어떤 사람은 그 책은 열자의 손에서 나온 것이 아니라, 후인이 발췌하여 만들었다고 생각한다.[33] 또 어떤 사람은 위진魏晉 이후에 나왔다고 생각하고[34], 심지어 어떤 사람은 『열자주列子注』의 작자인 장담의 "위작僞作"이라고 생각한다[35]. 그러나 그 논조는 너무 독단적이고 결코 확실한 근거가 없다. 자세하게 『열자』의 문장을 연구하면 그 책이 열자의 저술인지 아닌지를

열자가 '정나라 繆公 때 사람이다'라고 하였다. 목공은 공자보다 100여 년 앞사람이며, 『열자』서에 말한 鄭나라에는 모두 子産(B.C.?~B.C.522), 鄧析(B.C.545~B.C.501)을 말하였지만, 유향이 어떻게 이처럼 말하였는가를 알 수가 없다. 『사기』 정나라 繻公 24년, 초나라 卓王 4년, 정나라를 포위 공격하니 정나라는 相邦인 駟子陽을 죽였는데, 사자양이 곧 열자와 동시대이니, 그해는 周나라 安王 3년이며, 秦 惠王, 韓 烈侯, 趙 武侯 2년이며, 魏 文侯 27년, 燕 釐公 5년, 齊 康公 7년, 宋 悼公 6년, 魯 繆公 10년인데, 유향은 왜 魯나라 繆公의 때를 정나라로 오기하였는지 알 수가 없다. 그렇지 않다면, 어찌하여 이처럼 잘못되었는가?"(『辨列子』)라고 하였다.

32) 成玄英은 열자는 "성은 列, 이름은 御寇으로, 鄭나라 사람이며, 정나라 繻公과 동시대 사람으로 壺丘子林을 스승으로 모셨으며, 저서 8권이 있다"(『莊子疏』, 「逍遙游」; 郭慶藩, 『莊子集釋』, 北京: 中華書局, 1961, 19쪽)라고 하였다. 蘇轍(1039~1112)은 "열자는 정나라 사람으로 이름은 御寇이며, 정나라 수공과 동시대이다"(蘇轍, 『古史』, 「老子列傳」 附, 「列子傳」)라고 하였다. 이로써 보면 유향이 "정나라 목공과 동시대다"라고 한 말은 실제로는 "정나라 수공과 동시대이다"의 誤記임을 알 수 있다.

33) 宋濂(1310~1380)은 "이 책은 황로의 말이며, 결코 列御寇 자신의 저술은 아니다. 반드시 후인이 발췌하여 만든 것이다"(『諸子辨』)라고 하였다. 姚鼐(1732~1815)는 "『장자』와 『열자』는 모두 이 책을 완수하지 않았고, 후인들이 덧붙여 보탬이 있다. 그러나 『장자』에 덧붙여 보탠 것은 周·秦 사람이 하였다. 현재 전하는 『열자』서는 대개 漢·魏의 후인이 보탠 것이다"(『惜抱軒文後集』, 卷二, 「跋列子」)라고 하였다.

34) 李慈銘(1830~1894)은 "『열자』라는 책은 후인들이 편집하였으며, 대개 東晉 이후에 나왔으며, 살펴보면 장담이 서술한 것이 매우 분명하며 본래 『漢志』(역자 주: 『漢書』「十志」의 준말)의 舊本은 아니다"(「越縵堂日記」[楊伯峻, 『列子集釋』, 附錄三, 「辨僞文字輯略」, 北京: 中華書局, 1979, 297쪽 참고])라고 하였다. 馬敘倫은 "대개 『열자』서는 늦게 나와서 일찍 없어졌기 때문에 저작이라고 말할 수 없다. 위·진 이래 호사가 무리가 『管子』, 『晏子』, 『論語』, 『山海經』, 『墨子』, 『莊子』, 『尸佼』, 『韓非』, 『呂氏春秋』, 『韓詩外傳』, 『淮南』, 『說苑』, 『新序』, 『新論』 등의 말을 긁어모으고, 후대의 논설(晩說)을 더하여 이 여덟 편을 만들고 가짜로 유향의 敍述을 만들어 중요하게 보였다"(「列子僞書考」[楊伯峻, 『列子集釋』, 附錄三, 「辨僞文字輯略」, 305쪽을 참고])라고 하였다.

35) 양계초는 "『열자』는 곧 동진시대 『列子注』의 저자인 장담이 도가의 말을 채집하여 한곳에 모아서 만들었다"(「古書眞僞及其年代」[楊伯峻, 『列子集釋』, 附錄三, 「辨僞文字輯略」, 北京: 中華書局, 1979, 299쪽 참고])라고 하였다.

아직 단정하기 어렵다. 그러나 통행본 『열자』는 유향이 수집하고 반고가 서술敍述한 『열자』이며, 적어도 위진魏晉시대 사람의 손에서 나오지 않았음을 믿을 수 있다.36)

『열자』에서 서술한 많은 사건은 『장자』에서 서술한 것과 같으나 그 사이의 동이同異를 자세하게 살펴보고 곰곰이 생각하면, 『열자』에 기록된 것도 아마도 『장자』에 비해 이르며, 이것은 선진시대의 전적이라고 단정할 수 있다.37) 통행본

---

36) 許抗生(1937~)은 "先秦의 노장학은 우주의 생성론을 중시하였으며, 위진현학은 우주의 본체론을 중시하였다"(許抗生, 「『列子』考辨」, 陳鼓應 主編, 『道家文化硏究』 第一輯, 上海: 上海古籍出版社, 1992, 345쪽 참고)라고 하였다. 또 "장담은 위진시기의 현학가이며, 그의 사상은 매우 깊이 위진현학으로 낙인찍혔다. 그러나 『열자』는 그렇지 않으며, 그것은 현학의 세례를 받지 않았다. 『열자』의 철학은 현학의 우주본체론과 같지 않지만, 여전히 선진도가의 전통인 '無에서 有가 생긴다'는 우주생성론의 사상이 있다. 이 때문에 적지 않은 학자들이 『열자』는 위진현학의 산물이라고 단정하며, 심지어 어떤 학자는 그것이 장담의 위작이라고 단정하지만, 분명한 설득력은 없다"(위의 책, 347쪽)라고 하였다. 또 "『열자』는 기본적으로 한 부의 선진도가 전적이며, 기본적으로 열자와 그 후학의 사상을 보존하고 있다. 그것은 대략 전국시대 중·후기의 작품으로 결코 한때 한 사람이 저술한 것이 아니며, 열자학파의 후학들이 한 것이며, 또한 도가와 양주학파 후학의 저작이 섞여 있다"(『楊朱篇』, 위의 책, 358쪽)라고 하였다.

37) 『列子』 「黃帝」의 기록에서 "宋나라에 狙公이 있었는데, 원숭이를 좋아하였다. 그들을 길러 무리를 이루게 하니, 그는 원숭이의 뜻을 잘 이해하였고, 원숭이들 또한 저공의 마음을 잘 알았다. 그는 집안 식구의 생활비를 줄여 원숭이의 욕구를 충족시켰다. 얼마 후 궁핍해져 먹이를 제한해야 하였다. 원숭이들이 자신을 따르지 않을까 두려워 먼저 원숭이들을 속여 '너희들에게 도토리를 아침에는 세 개씩 주고 저녁에는 네 개씩 주면 만족하겠느냐?'라고 하였다. 그러자 여러 원숭이가 일제히 일어나 성을 내었다. 얼마 후 '너희에게 도토리를 아침에 네 개씩 주고 저녁에 세 개씩 주면 만족하겠느냐?'라고 하였다. 그러자 원숭이들이 일제히 승복하고 기뻐하였다. 사람이 남을 얕보고 愚弄함이 모두 이와 같다. 성인이 지식으로 여러 어리석은 사람을 농락하는 것도 또한 마치 저공이 꾀로 여러 원숭이를 농락하는 것과 같다. 名과 實이 다르지 않은데도 그들을 기쁘게도 하고 노엽게도 할 수 있도다!"라고 하였다. 이 하나의 사례는 『莊子』 「齊物論」에 기록하기를 "神明을 수고롭게 하여 (억지로) 하나로 하여서 그것이 같음을 알 수 없음을 '朝三'이라 한다. 무엇을 '朝三'이라 하는가? 狙公이 도토리를 원숭이들에게 나누어 주면서, '아침에 세 개씩 저녁에 네 개씩 주겠다'라고 하니 원숭이들이 모두 성을 냈다. 그래서 '그렇다면 아침에 네 개씩 저녁에 세 개씩 주겠다'라고 하자 원숭이들이 모두 기뻐하였다. 하루에 일곱 개라는 名과 實이 다르지 않은데도 기뻐하게도 하고 노여워하게도 하는 마음의 작용이 이로 말미암는다. 이런 까닭에 성인이 옳고 그름으로 화합시키고 자연의 공평한 이치(天鈞)로 그치게 하니 이를 兩行(排中律 인정)이라고 한다"라고 하였다. 비교적 뒤에 알 수 있듯이 『열자』에서는 이 사건에 대하여 상세하고 완전하게 기술하고 설명하였으나, 장자는 단지 "神明을 수고롭게 하여 (억지로) 하나로 하여서 그것이

『열자』는 아마도 모두 열자에게서 나온 것은 아니지만, 열자와 상관이 있으며, 마땅히 열자학파의 저작이라고 볼 수 있다.[38] 상고하면, 그 책은 당연히 전국시대 중·후기에 이루어졌다.[39]

같음을 알 수 없음"을 설명하기 위해 이 사례를 인용하였는데, 장자가 『열자』를 통하여 이 사례를 알았는가는 비록 아직 알 수가 없지만, 『열자』서의 기록이 『장자』에 근본하지 않음은 믿을 수 있다. 錢仲書(1910~1998) 선생은 "'송나라에 狙公이 있었다'(宋有狙公者)는 한 구절은…… 일의 경과를 기록함이 비교적 일관성이 있다(首尾).…… 相形의 아래, 『장자』에 난데없이 나타난 것은 대략 狙公의 일과 비슷하며, 먼저 『열자』를 보고 장자가 그 말을 사용하여 그 유래를 설명하였으리라!"(錢仲書, 『管錐編』 第二冊, 北京: 中華書局, 1979, 487쪽)라고 하였다. 그리고 『列子』「說符」에는 "열자선생이 나와서 사자를 만나보고는 두 번 절하고 (곡식을) 사양하였다. 사자가 떠난 뒤 열자선생이 (집으로) 들어왔다"(子列子出見使者, 再拜而辭. 使者去, 子列子入)라고 하였으며, 『莊子』「讓王」에서는 "열자선생이 사자를 만나보고는 두 번 절하고 (곡식을) 사양하였다. 사자가 떠난 뒤 열자선생이 (집으로) 들어왔다"(子列子見使者, 再拜而辭. 使者去, 子列子入)라고 하였다. 두 구절을 서로 대조하면, 『장자』서에서는 "出"자가 빠져 있으며, 이 "出"자가 없으면, "子列子入"은 귀결될 곳이 없다. 따라서 이 "出"은 빠질 수 없는 것이다. 열자와 정나라 상방 사자양은 동시대 사람이며, 사자양은 정나라 受空 25년(B.C.398)에 죽었으니, 열자는 장자보다 선배이다. 그러므로 『장자』는 여러 번 열자를 지칭하였으나, 『열자』에서는 장자를 언급하지 않았다. 그러나 장자와 열자 사이에 직접적인 師承관계는 없으며, 옛날에는 오직 자신의 스승을 지칭할 때에 성씨 앞에 "子"를 덧붙이며, 『장자』「양왕」이라는 이 장에서 모두 네 번 "子列子"라고 언급한 것은 이 장이 『열자』를 답습하면서 "出"자 한 글자를 빠뜨린 것이다. 이로써 『열자』는 아마도 결코 『장자』보다 늦지는 않음을 알 수 있다.

38) 嚴可均(1762~1843)은 "선진의 諸子들은 모두 문하의 제자 혹은 賓客 혹은 자손들이 撰定하고 손수 저술하지는 않았다"(『鐵橋漫稿』, 卷八)라고 하였다. 馬達은 "선진의 제자들은 대부분 스스로 한 학파의 학문을 이루었으나 그 저서는 모두 스스로 저술하지 않고, 일부는 스스로 저술한 부분은 있지만, 門下 제자들의 기록이나 스승의 설에 근거한 저술이 있으며, 거기에는 스승이 訂正하거나 개정한 부분이 있다. 그러므로 선진의 제자들은 대부분 단 한 번으로 책이 된 것이 아니며, 점진적으로 적은 것에서 많은 것으로 나아가 마지막으로 정리되어 책이 되었다. 그러므로 諸子書가 비록 어떤 선생의 학문이지만, 그것이 책이 된 것은 대부분 그 선생이 세상을 떠난 후이며, 책 가운데 대부분의 기록은 그 어떤 선생이 세상을 떠난 후 기록되었으며, 심지어 어떤 기록은 그 어떤 선생이 세상을 떠난 후 여러 해의 일도 있다"(『列子眞僞考辨』, 北京: 北京出版社, 2000, 450쪽)라고 하였다.

39) 馬達은 "『열자』 정본이 정리 수집되어 책으로 이루어진 것은 B.C.278에서 B.C.237년 사이이다. 대략 전국시대 후기인 B.C.255년 전후이며, 열자가 세상을 떠난 뒤 120년 이후이다. 『열자』 정본이 책이 된 후 여전히 『열자』의 단편 혹은 여러 편이 사람들에게서 보관되고 혹은 일정 범위에서 유전되었다. 이로써 『열자』의 정본은 列御寇 한 사람의

『관자管子』는 일반적으로 직하학자의 문집이라고 본다. 유향은 『별록別錄』에서 "제齊나라에는 직문稷門이 있었는데, 제나라 성의 서쪽 문이다. 밖으로 학당이 있으니 제나라 선왕宣王이 건립한 학궁學宮이므로 직하의 학이라고 한다"라고 하였다. 『관자』서에는 「심술心術」 상·하, 「백심白心」, 「내업內業」 네 편이 있으며, 스스로 체계를 이루는데, 직하학자 가운데 도가학자의 저작이다. 『관자』 네 편의 작자를 곽말약郭沫若 등은 송견宋鈃과 윤문尹文이라고 보았다.[40]

송견과 윤문은 모두 제나라의 직하학사稷下學士이다. 송견은 또 송경宋牼, 송영宋榮으로도 불리며 송나라 사람이다. 맹자가 그를 "선생先生"이라 불렀으니 나이가 맹자보다 연장자일 것이다. 제나라 선왕 때 윤문, 팽몽, 신도와 함께 직하에서 교제하였다. 『순자荀子』 「정론正論」에는 "엄연하고 말하기를 좋아하며, 제자들을 모으고 스승으로서의 설을 확립하여 문전文典을 이루었다"라고 하였다. 『한서』 「예문지」에는 『송자宋子』 18편을 수록하였으며, 현재 『송자』 책은 이미 없어졌다. 윤문은 제나라 사람이며, 『여씨춘추』 「정명正名」에는 그가 제나라 민왕湣王과 지식인과 논의한 내용을 기록하였다. 고유高誘(생몰 미상, 後漢 사람)는 주석에 이르기를 "『명서名書』 한 편을 지었는데, 공손룡公孫龍(B.C.325~B.C.250)보다 앞에 있으며, 공손룡이 그를 언급하였다"라고 하였다. 『한서』 「예문지」에는 『윤문자尹文子』 1편을 수록하였는데, 주석하기를 "제나라 선왕에게 유세함이 공손룡보다 먼저다"라고 하였다. 『명서』는 이미 없어졌고, 통행본 『윤문자』는 위진시대에 처음 나타났는데, 학계의 대부분은 관련된 후인이 남의 이름을 빌린 것(僞托)이라고 생각한다.

『장자』 「천하」에서는 송견과 윤문의 학문을 다음과 같이 기록하였다.

저작이 아니며, 열어구와 열자의 제자, 열자학파의 저작이 수집되고 편집된 것이다"(馬達, 『列子眞僞考辨』, 北京: 北京出版社, 2000, 463쪽)라고 하였다.

40) 20세기 40년대에 劉節(1901~1977)이 가장 먼저 『관자』 네 편은 송견과 윤문의 사상을 대표한다고 주장하였고(劉節, 『管子中所見之宋鈃一派學說』. 현재도 그 『古史考存』이 존재한다), 곽말약도 이 설을 좀 더 긍정하였다(郭沫若, 『宋鈃·尹文遺著考』, 현재도 그 『靑銅時代』라는 책이 존재한다).

세속의 일에 얽매이지 아니하고, 외물을 따라 자신을 꾸미지 아니하고, 남에게 구차스럽게 하지 않고, 대중을 해치지 않으며, 세상이 안녕하여 백성의 생명이 활기차기를 원하며, 타인과 자신의 생활이 모두 만족해서 멈추었으니 이로써 마음을 깨끗하게 하였다(白心). 옛 도술道術에 이에 뜻을 둔 삶이 있었는데, 송견宋鈃과 윤문尹文이 이러한 기풍을 듣고서 기뻐하였다. (이들은 상하의 모양이 같은) 화산華山 모양의 갓을 만들어 자신을 표명하고, 만물을 접할 때는 국한되지 않음을 시작으로 삼았다. 마음의 관용寬容이 곧 "마음의 행위"(心之行)라고 명명命名하였다. 화합和合으로 즐거워함으로써 세상을 화합시켰다. 이런 것을 위주로 삼을 것을 원하였다. 모욕을 당함은 치욕이 아니라는 주장으로 백성들의 싸움을 해결하고, 공격을 금지하고 전쟁을 종식하여 세상의 전쟁을 해결하였다. 이런 주장으로 천하를 두루 다니며, 위로는 군주에게 유세하고 아래로는 백중을 가르쳤다. 비록 세상이 (자신들의 주장을) 받아들이지 않더라도 굳세게 큰소리로 말하며 그만두지 않은 사람들이었다. 그 때문에 사람들은 "상하가 싫증을 내어도 억지로 들이댄다"라고 하였다. 비록 그들이 남을 위한 일이 매우 많고, 자신들을 위한 것은 매우 적었지만, 말하기를 "원하는 욕구는 진실로 적으니 다섯 되의 밥이면 족하다"라고 하였다. 그들의 선생도 배부르게 먹지 못할까 두려워하고 제자들이 비록 굶주려도 세상을 잊지 않았으며, 밤낮으로 쉬지 않았다. 그리고 말하기를 "우리는 반드시 살아갈 수 있도다!"라고 하였으니, 이 얼마나 위대한 구세의 전사들인가! 또 "군자는 가혹하게 남을 살피지 않으며, 내 몸 때문에 사물에 가탁假託하지 않는다"라고 하여 세상에 도움이 되지 않는 것은 그만두는 것만 못함을 밝혔다. 공격을 금지하고 전쟁을 종식시킴을 외면적 주장으로 삼고, 정욕을 적게 줄임을 내면(의 수행)으로 삼았다. 그 (주장의) 작고 큼, 정밀함과 조잡함, 그 행위는 곧 여기까지이다.

이 문장에서 제시한 "백심白心"과 "심지행心之行" 등의 말은 『관자』 네 편의 「백심白心」, 「심술心術」과 서로 계합하며, 곽말약은 이에 근거하여 『관자』 네 편은 곧 송견과 윤문이 남긴 저작이라고 보았다.[41] 이 설은 또한 더 진전된 고증이

41) 곽말약은 "장자는 불분명하게 우리에게 송견과 윤문은 '세속의 일에 얽매이지 아니하고, 외물을 따라 자신을 꾸미지 아니하고, 남에게 구차스럽게 하지 않고, 대중을 해치지 않으며, 세상이 안녕하여 백성의 생명이 활기차기를 원하며, 타인과 자신의 생활이 모

있다.

심성론은 또 심성학心性學이라고도 할 수 있는데, 사람의 심성에 관한 이론 혹은 학설이다. 심성론이 탐구하는 문제는 주로 세 가지 방면의 문제를 포괄하는데, 첫째는 사람의 본성과 본심이 어떠한가의 문제이며, 둘째는 사람의 정신이 추구하는 문제이며, 셋째는 사람의 정신수양의 문제이다. 중국의 심성론은 곧 사람다운 사람이 되는 이론에 관한 것이며, 그것이 관여하는 주요 문제는 사람의 본성, 사람의 욕망, 사람의 사명, 사람의 가치와 이생의 이상, 인생의 경계, 인격의 수양이다.[42]

두 만족해서 멈추었으니 이로써 마음을 깨끗하게 하였다'라고 하였는가? '白心'은 한 학맥의 술어임을 알 수 있으며, 「白心篇」의 내용도 대체로 모두 '세속의 일에 얽매이지 아니하고, 외물을 따라 자신을 꾸미지 아니하고, 남에게 구차스럽게 하지 않고, 대중을 해치지 않는다'라는 주장이다. 장자는 또 그들이 '마음의 寬容이 곧 마음의 행위라고 命名하였다'라고 하지 않았던가? '마음의 행위'는 사실 곧 '心術'이며, 行과 術은 모두 길(道路)의 의미이다. 『漢書』「禮樂志」의 '무릇 백성에게는 血氣와 心知의 性이 있으나 哀·樂·喜·怒의 常情은 없으며, 感應하여 움직인 후에 心術이 형성된다'(夫民有血氣心知之性, 而無哀樂喜怒之常, 應感而動, 然後心術形焉)라는 구절에 대하여, 顏師古(581~645)는 주석하기를 '術은 道徑(방법, 길)이며, 心術은 마음이 말미암는 바이다'라고 하였다. 이로써 '心術'이라는 두 글자의 해석도 '마음의 행위'를 벗어나지 않음을 알 수 있다. 그리고 「心術下篇」에서 말하는 '心之形'은 어떠한가? 「內業」에서는 '心之刑', '心之形', '心之情'이라 말하였는데, 그 실상은 곧 '心之容'이다. 「심술」과 「내업」의 내용은 국한되지 않음(別宥), 寡慾, 영욕을 초월함, 공격을 금지 전쟁종식과 같은 의미를 벗어나지 않는다. 이러한 의미 외에 한층 깊이 '黃老의 의미'라는 근본적 뜻이 있으며, 또한 더욱 학술적으로 '구차스럽게 남을 해치지 않음'(不爲苟察)의 名理論을 포함하고 있다. 만약 우리가 더 세심하게 이 몇 편을 장자의 비평과 대조해서 읽는다면, 우리는 그들 사이에 그야말로 그림자가 따라다니고, 소리에 응하여 상응하여 어긋나는 부분은 털끝만큼도 찾아낼 수 없음을 알 수 있다"(郭沫若, 『宋鈃尹文遺著考』, 『中國古代社會研究』 외 두 가지, 上, 石家莊: 河北教育出版社, 2000, 531쪽)라고 하였다.

42) 蒙培元(1938~)은 "중국의 심성론, 본체론, 가치론은 모두 많은 인식론과 심리학의 문제를 포함하고 있다. 그것들은 사람의 본질, 본성, 사명, 가치, 이상과 인생의 궁극적 의미를 탐구함을 근본적 내용으로 삼고, 주체정신과 주체의식의 나타냄을 특징으로 하는 존재인식과 본체인식을 기본적 방법으로 여긴다. 한마디로 그것들이 토론하는 것은 사람존재와 가치의 문제에 관한 것이다"(蒙培元, 『中國心性論』, 臺北: 臺灣學生書局, 1990, 1쪽)라고 하였다.

중국철학은 비록 천인지제天人之際(자연과 사람의 관계)를 중심으로 전개되지만, 천天과 사람의 관계에서 중심은 천이 아니라 사람이다. 중국인이 말하는 천과 논하는 천은 천을 위한 천이 아니며, 중국인이 말하는 천도는 천도를 위한 천도가 아니다. 중국인이 말하는 천과 천도에서 그 근본적 용의用意는 여전히 사람을 논증하기 위함이며, 또한 인도人道를 설명하기 위함이다. 물론 사람으로 말미암아 천이 있고, 천으로 말미암아 사람이 있으나 그 중심과 그 근본적 용의用意는 모두 사람이다. 사람의 문제는 반드시 심성의 문제로 건너간다. 따라서 심성 문제가 곧바로 중국철학의 기본 문제이다.

중국 심성론의 그 이론적 취향을 말하면 유가儒家, 도가道家, 불교佛敎 세 가지 형태로 구분할 수 있다.

과거에는 유가의 심성론에 관한 연구가 비교적 많았고, 불교의 심성론 부문에도 적지 않은 연구성과가 있었다. 도가의 심성 문제에 대하여 학술계에는 다른 견해가 있는데, 어떤 사람은 근본적으로 도가에 심성론이 있음을 부인하고, 또 어떤 사람은 비록 도가의 심성 문제에 대하여 언급은 하지만 겉모습으로도 소홀하고 또한 체계적이지도 않았다. 본인은 깊은 연구를 통하여 도가에도 체계적인 심성론이 있으며, 도가의 심성론은 유가나 불교의 심성론과는 다른 중국 심성론의 세 가지 종류의 형태가 있다고 보았다.

유가가 말하는 심성은 인의仁義의 도를 기초로 하고 전제로 삼는다. 심성론의 제기는 유가에서 어떻게 인仁이 의義가 되며, 어떻게 인의仁義의 도를 추진할까를 설명하기 위한 것이며, 인의의 도를 확립하기 위한 토대와 현실의 출로가 필요하다. 유가에서 먼저 인의의 도(공자에 의해 宣揚되었다)가 있고 난 뒤에 비로소 '인의지도仁義之道'의 토대와 현실의 출로가 있게 되었다(맹자와 순자에 의해 확립되었다). 이 바탕과 현실의 출로가 곧 유가의 심성학이며, 이 심성학은 또한 이른바 "내성지학內聖之學"이고, 또한 이른바 "덕을 이루는 가르침"(成德之敎)이다.[43)]

---

43) 牟宗三(1909~1995)은 "이 '심성의 학문'을 또한 '內聖의 학문'이라고 한다. '內聖'은 안

불교에서 심성론은 성론性論과 심론心論 두 방면을 포괄하며, 양자 사이에는 또 완전하게 관통되어 있다. 성론은 곧 불성론佛性論이며, 또한 중생이 성불成佛하는 가능성이다. 중국 불교에서 법상法相 유식종唯識宗을 제외하고는 일체의 중생은 모두 불성을 갖추고 있으며, 모두 성불할 수 있다고 보았다. 심론은 곧 본심론本心論으로, 불교에서는 "마음에 생기면 갖가지 법이 생기며, 마음이 소멸되면 갖가지 법이 소멸된다"(『六祖壇經』, 「付囑品 第十」)라고 하였다. 그러므로 매우 인심人心의 미혹과 깨달음을 중시한다. "앞의 생각은 미혹되니 곧 범부凡夫이며, 뒤의 생각은 깨달음이니 곧 부처이다"(『六祖壇經』, 「般若品 第二」)라고 하였다.

그러나 도가에서 심성론은 도가의 도론道論의 자연적인 연장에 불과하다.

도가의 일체 이론은 "도"를 중심으로 전개되지 않음이 없다. "도"는 사물을 생겨나게 하는 근원이고, 만물을 이루는 근본이며, 천지만물의 본성이고, 사람들이 '몸과 마음이 편하게 생활하는'(安身立命) 근거이며, 군왕이 나라를 다스리고 편안하게 하는 근본적 방략方略이다. "도"는 도가 심성론의 기초이자 근거로, 심지어는 도가의 심성론이 도론을 이루는 부분에 불과하다고 할 수 있다. 만물은 도를 품부稟賦받아 생겨나며 도를 품부 받아 완성된다. 도는 구체적인 사물에서 분명하게 드러나는데 곧 "덕德"이다. "덕"은 얻음이며, 곧 도에서 자임함을 얻음이다. 덕이 사람에게 내재화된 것이 곧 사람의 성性이다.

도로부터 덕이 되고 성이 된다. 도로부터 성이 되는 것은 곧 일반一般으로부터 구체화한 것이다. 성은 특별한 것이 아니라 곧 도가 구체적 사물에서 실현되어 드러나는 것이며, 이로부터 성 또한 "도성道性"이라고 할 수 있다. 사람의 성은 곧 사람의 천연天然의 성이며, 본연의 성이며, 곧 사람의 천성天性이다. 성性은 천도가 사람의 몸에서 구체적으로 드러난다.

으로 개인인 자신이 있으면서 자각적으로 성현이 되는 공부(도덕실천의 공부)를 함으로써 그 덕성과 인격을 발전시키고 완성함을 말한다"(牟宗三, 『心體與性體』 上, 上海: 上海古籍出版社, 1999, 4쪽)라고 하였다. 또 "이 '내성의 학문'은 또 '덕을 이루는 가르침'(成德之教)이라고 한다. '成德'의 최고 목표는 聖, 仁者, 大人이며, 그 진정한 의미는 개인의 유한한 생명에서 무한하고 원만한 의미를 얻음에 있다"(위의 책, 5쪽)라고 하였다.

만약 성이 사람의 선천적先天的, 본연적 측면을 가리키는 것, 곧 사람의 천연적 바탕(質)이라면, 마음은 사람의 후천적後天的, 실제로 그렇게 된(實然的) 측면을 가리키며, 또한 사람의 주관적 정신이며, 혹은 사람의 정신적 주재主宰를 가리킨다. 성으로부터 심이 있으니 곧 선천으로부터 후천의 실현으로 향한다. 사람의 성은 반드시 사람의 마음(心)에서 나타나며, 사람의 마음으로부터 또한 사람의 성이 드러난다.

도로부터 덕, 성, 심이 생기며 나아가 정情에 이른다. 성·심·정 세 가지는 서로 연결되며 또한 구별된다. 성은 사람의 선천의 본성을 가리키며, 특별한 것은 사람의 선천성의 요소이다. 심은 사람의 내재적 정신을 가리키며, 특별한 것은 사람이 사람다운 사람이 되는 주체성의 요소가 된다. 정은 사람의 주관적 정감情感을 가리키며 특히 내가 나다운 내가 되는 정서情緒와 감수성이다. 성으로부터 심과 정이 되며, 점점 더 주관화되며, 또한 점점 더 개성화個性化된다.

성이 있고 심이 있고 정이 있으므로 사람이 된다. 선진시대 유가와 도가의 구별은 인人이라는 한마디에 있지 않고, 천天이라는 한마디에 있다. 유가도 천을 말했으며, 도가도 또한 인人을 말했다. 유가는 사람으로부터 사람의 천으로 지향하였으며, 도가는 천으로부터 사람을 논증하였다. 유가에게 사람은 자주 사람에게 외재적인 것의 도구가 되며, 도가는 곧 사람을 도구성으로 대하는 것에 대하여 극구 반대한다. 도가가 추구하는 인생은 곧 자연이며, 자재하고 자유로운 인생이다. 도가가 볼 때 사람 자신의 존재와 발전이 곧 사람의 최고 목적이다.

사람이 있으면 사람의 생명이 있다. 유가는 천으로부터 명과 성이 있다고 보는데 곧 "천이 명명한 것을 성이라고 한다"(『中庸』, "天命之謂性.")라는 말이다. 유가와는 달리 도가가 말하는 명命은 논리적으로 말하면 사람이 있고 난 뒤의 일이며, 또한 주로 개인의 일이다. 그러므로 사람이 논한 후에 반드시 사람의 명을 논급論及하였다. 도가는 사람의 명운命運에 대하여 일종의 자연적이며 어쩔 수 없는 것이라는 태도를 보인다. 이와 같은 까닭은 오직 이러한 태도로 모든 것은 상대해야 비로소 심령의 안녕과 고요함, 담백함과 자유를 지킬 수 있기 때문이다. 따라서 도가는 심령의 안녕과 고요함, 담백함과 자유를 기타의 다른 어떤 것보다 중요하게 여겼다.

사람이 있으면 사람의 태어남과 죽음이 있다. 심성론은 필연적으로 사람의 생사를 논급하였다. 유가는 생사를 중시하였기 때문에 후장厚葬과 긴 상복喪服 기간의 가르침이 있는데, 이것은 곧 묵가墨家로부터 강한 반대를 받았다. 유가와는 달리 도가는 생사에 대하여 일종의 순수한 자연적 태도를 가졌고, 도교道教가 장생長生을 원하는 것과 달리 도가는 결코 장생을 추구하지 않았으며, 도가는 단지 자유롭고 자기 일을 자기 스스로 결정하는 삶(自在)을 추구한다.

심성을 강론함에 반드시 수양修養을 논급해야 한다. 심성론의 주요 논지는 어떻게 사람다운 사람이 되며, 어떠한 사람이 되는가이다. 어떻게 사람다운 사람이 되는가는 곧 사람의 수양 문제이다. 유가가 강론하는 수양은 주로 적극적인 진로이며, 도가가 강론하는 수양은 노자의 "치허致虛", "수정守靜"이든 장자의 "심재心齋", "좌망坐忘" 그리고 "제물齊物"이든 일종의 소극적 진로이며, 일종의 (책임을) 업는 방법이며, 덜어내는 방법이다.[44]

도가가 창도하는 것은 자유롭고 '사리사욕이 없이 평안하고 고요한'(恬淡) 생활이며, 도가가 추구하는 것은 사람의 자유와 자주이며, 도가는 남이 다른 사람을 능욕하고 박해하고 통치하는 것을 강렬하게 반대한다.

44) 역자 주: "致虛", "守靜", "心齋", "坐忘", "齊物" 등은 노자철학과 장자철학의 핵심 개념들로, 각각 그 의미의 내포와 외연이 다르다. 이 책에서는 이들 개념을 해당 분야에서 자세하게 설명하고 있으므로 저자의 설명을 살펴본 후에 이를 참고하여 간명하고 정확하게 번역할 것이다.

제1장 도론

도가道家를 '도道'라고 하고, 도교道教와 도학道學도 '도'라고 하는 까닭은 '도'를 숭상하기 때문이다. 도가와 도학의 모든 이론은 도를 떠날 수 없을 뿐만 아니라 모두가 도를 중심으로 전개된다고 할 수 있다.

'도'라는 글자는 갑골문甲骨文에는 보이지 않지만 청동기青銅器의 명문銘文에는 있다. 『역경易經』과 『시경詩經』에서도 '도'를 많이 언급하고 있다.

『역경』에는 다음과 같은 구절이 있다.

> 도를 따라 되돌아오니 어찌 그것이 허물이겠는가?(小畜 初九)
>
> 이행하는 도가 탄탄하니 '은거하는 사람'(幽人)이라야 곧고 길하다.(履 九二)
>
> 믿음에 도가 있음으로써 밝혀지면 어찌 허물이겠는가?(隨 九四)
>
> 그 도를 반복하여 7일 만에 와서 회복한다.(復 卦辭)

『시경』에도 다음과 같은 구절이 있다.

> 길이 멀다고 하시면서 어찌 능히 올 수 있다고 하시나요?(「國風 · 邶風 · 雄雉」)
>
> 노魯나라의 길이 광대한데, 제나라 공주가 시집을 가네.(「國風 · 齊風 · 南山」)
>
> 가는 길은 더디고 목도 마르고 배도 고파라.(「小雅 · 鹿鳴之什 · 采薇」)

주周나라의 도가 잘 닦여져서 그 곧음이 화살과 같다.(「小雅 · 穀風之什 · 大東」)

도의 본래 의미는 큰 길(大路)이며 탄탄대로(坦途)이다. 위에서 말한 도는 모두 길의 뜻이다. 『설문해자說文解字』에서는 "도는 다니는 길이며, 착辵(쉬엄쉬엄 갈)과 수首(머리)가 '한 곳으로 통함'(一達)을 도라고 한다"라고 하였다. 단옥재段玉裁(1735~1815)는 이에 대해 "도는 사람이 다니는 곳이므로 또한 행行이라고도 한다. 수首는 가서 도달하는 곳이다"라고 주석하였다. 『석명釋名』「석도釋道」에서는 "'하나로 통함'을 도로道路라고 한다. 도는 도蹈(밟다, 걷다)이며, 노路는 노露(이슬, 적시다, 은혜를 베풀다)이다. 사람이 걸어 다녀서 드러남을 말한다"라고 하였다. '한 곳으로 통함'(一達)이라고 말한 것은 오래도록 잘 드러나지 않은 길이다. 완원阮元(1764~1849)은 도의 본래 글자는 도導라고 보았다. 그는 "도導라는 글자는 석고문石鼓文에서 보이며, (청동기) 명문銘文의 여러 도導자는 모두 도道로 읽어야 하며, 지명地名이다"라고 하였다.[1)]

서주西周 말에 이르러 도라는 글자는 의미상의 변화를 시작하여 점점 더 함의가 풍부해졌다. 『상서尙書』「홍범洪範」에서는 다음과 같이 말하였다.

좋아함도 없으면서 왕의 도를 따르며, 싫어함도 없이 왕의 길을 따른다. 편중함과 파당이 없으니 왕도王道가 탕탕蕩蕩하며, 파당이 없고 편중됨이 없으니 왕도가 평평平平하며, 반대도 없고 기울어짐도 없으니 왕도가 바르고 곧다.

'왕도王道'와 '주도周道'에서 말한 도는 정령政令과 규범規範 및 법도法度의 뜻으로, 도의 범주는 이미 구체적인 것에서 추상적인 방향으로 전환되었음을 나타낸다.

춘추시대의 사람들은 천天을 말하였을 뿐만 아니라 천명天命과 천도天道를 말하였는데 이 중에서도 천도라는 말을 더욱 많이 사용하였다. 『춘추좌전春秋左傳』에서 다음과 같이 말하였다.

---

1) 張立文, 『中國哲學範疇發展史—天道篇』(北京: 中國人民大學出版社, 1988), 392쪽 참고.

성대하고 넘치는 것이 하늘의 도이다.(『春秋左傳』, 莊公 4年)

진후晉侯가 사약士弱(시호 莊子)에게 묻기를 "내가 들건대 송宋(殷의 후대)나라는 화재로 인하여 천도를 알았다고 하는데 무슨 까닭인가?"라고 하였다.(『春秋左傳』, 襄公 9年)

동숙董叔이 "천도가 서북쪽에 많이 있으니, 남쪽의 군대는 때에 맞지 않아 반드시 공을 이루지 못할 것입니다"라고 하였다.(『春秋左傳』, 襄公 18年)

임금은 신의를 지키고 신하는 공경함을 지켜야 한다. 상하가 충성과 신의, 돈독함과 공경을 함께하는 것이 하늘의 도이다.(『春秋左傳』, 襄公 22年)

자산이 말하기를 "천도는 멀고 인도는 가까운데 이르지 못함을 무엇으로 알겠는가?" 라고 하였다.(『春秋左傳』, 昭公 18年)

가득 차면 반드시 이지러짐이 하늘의 도이다.(『春秋左傳』, 哀公 11年)

또 『국어國語』에는 다음과 같은 말이 있다.

끝까지 지키고 순수함이 굳건하니 도가 바르고 일에 신의가 있다.(『國語』, 「周語下」)

천도는 친함이 없고, 오직 덕으로만 준다.(『國語』, 「晉語6」)

군자의 행위는 그 도를 하고자 함이다. 그러므로 나아감과 물러남이 두루 힘쓰되 오직 도를 따를 뿐이다.(『國語』, 「楚語上」)

천도는 가득 차되 넘치지 않고, 성대하나 교만하지 않으며, 노력하나 그 공을 자만하지 않는다.(『國語』, 「越語下」)

천도는 훌륭하고 성대하여, 해와 달이 일상日常으로 삼는다.(『國語』, 「越語下」)

천도와 인도라는 말은 추상적 의미뿐만 아니라 '바름'(正)과 '일정함'(常), '불변不變' 등의 뜻도 가지고 있다. 이와 같은 도의 의미는 이미 자못 철학적 의미를 가지고 있다.

노자 이전에 중국인은 천도를 지극하게 여기며, 인도는 천도에 근본한다고 생각하였다. 천도에 대해 말하면, 도는 천에 종속되며, 천도는 또한 천지 사이의 불변적인 법칙이다. 왜냐하면 천지 사이에는 본래의 법칙이 있는데, 이것은 하늘의 고유함 품성이므로 천도라고 부른다. 따라서 천도라는 단어의 중심은 도가 아니라 천이다.[2)]

노자에 이르러 도에 대하여 혁명적인 변혁이 진행되었다. 노자가 보기에 천지 사이뿐만 아니라 천지의 위에도 하나의 지고무상至高無上의 존재가 있다. 이 지고무상의 존재는 천지만물의 근본일 뿐만 아니라 천지만물이 말미암아 나오는 곳이며, 사람의 인식으로는 그 궁극적 근원까지 이를 수가 없다. 이 때문에 이 근본과 극한에 대한 묘사와 설명이 곧 노자철학에서 우선적이고 주요한 임무가 되었다.

1. 도를 꼭 도라고 할 필요는 없다

도는 도가 내지 전체 중국철학에서 최고로 보는 범주이다.[3)]

---

2) 張岱年은 "춘추시대에는 天道라는 말은 천의 도이며, 도는 천에 속하였다. 노자는 곧 도를 천보다 더 근본적으로 보아 천이 도에서 나왔다고 보았다"(張岱年, 『中國古典哲學概念範疇要論』, 北京: 中國社會科學出版社, 1989, 24쪽)라고 하였다.

3) 金嶽霖(1895~1984)은 "중국사상에서 가장 숭고한 개념은 아마도 道일 것이다. 이른바 修道, 行道, 得道는 모두 도를 최종적인 목표로 삼는다. 사상과 정감 두 방면의 기본적인 원동력도 도일 것이다.…… 도 같지 않은 도, 각 학파가 말하려고 하였으나 다 말하지 못한 道, 사람들이 자연스럽게 갖는 景仰하는 마음의 도, 만사와 만물이 말미암지 않을 수 없고 의지하지 않을 수 없으며 귀결하지 않을 수 없는 도가 곧 중국사상에서 가장 숭고한 개념이며, 가장 기본적인 원동력이다"(金嶽霖, 『論道』, 北京: 商務印書館, 1985, 16쪽)라고 하였다.

왜 도라고 하는가? 여러 학자가 도에 대하여 여러 가지 설명을 하였다.[4] 가장 간단한 것으로 두 가지 서로 다른 설명이 있다. 긍정적 설명 방식은 "도는 곧 도이다"라는 말이며, 부정적 설명 방식은 "도를 꼭 도라고 할 필요는 없다"라는 말이다. 노자는 "(최고의 실체인) 도를 도라고 할 수 있지만, 꼭 도라고 할 필요는 없으며, 이름을 그 이름으로 부를 수 있지만, 꼭 그 이름으로 부를 필요는 없다"(『老子』

4) 高亨은 "『道德經』의 문장을 뽑아서 풀어 보면, 도를 얻는 중요한 성질로 10가지 단서가 있다. 첫째, 도는 우주의 어머니이다. 둘째, 道體는 虛와 無이다. 셋째, 도체가 하나이다. 넷째, 도체는 지극히 크다. 다섯째, 도체는 오래 보존되어 변하지 않는다. 여섯째, 도는 순환하여 쉼이 없다. 일곱째, 도의 베풂은 다함이 없다. 여덟째, 도의 體用은 저절로 그러함(自然)이다. 아홉째, 도는 無爲하면서도 인위로 하지 않음이 없다. 열째, 도는 이름을 붙일 수도 없고 설명할 수도 없다"(高亨, 『老子正詁』, 北京: 古籍出版社, 1956, 2~3쪽)라고 하였다.

方東美(1899~1977)는 "'도'의 개념은 곧 노자(대략 B.C.561~B.C.467)철학 체계에서 가장 높은 범주이며, 대략 네 개 방면으로 나누어 토론할 수 있다"라고 하고서 "1) '道體'를 말하면, 도는 곧 무한한 진실한 존재의 실체(眞幾 혹은 本體)이다", "2) '道用'을 말하면, 무한하고 위대한 '도', 곧 만물에 두루 퍼져 있고, 일체에 두루 존재하는 '用'(혹은 功能)이며, 취해도 없어지지 않고 써도 고갈되지 않는 것이다", "3) '道相'으로 말하면, 도의 속성과 포함하는 덕은 두 가지로 나눌 수 있는데, 天然에 속하는 것과 人爲에 속하는 것이 있다", "4) '道徵'으로 말하면, 이러한 종류는 고명하고 지극한 덕으로 발현하여 天德이 되며 원래 도에 속한다. 성인은 도를 몸에 갖춤이 미미한 사람으로 곧 도체가 바로 드러나며 이를 일러 '도가 肉身이 되었다'고 했다"(方東美, 『原始儒家道家哲學』, 臺灣黎明文化事業股份有限公司, 1987, 167~170쪽)라고 하였다.

傅偉勳(1933~1996)은 "내가 이해한 노자사상 哲理의 본말과 순서에는 크게 도의 여섯 가지 측면이 있는데, 1) 道體(Tao as Reality), 2) 道原(Tao as Origin), 3) 道理(Tao as Principle), 4) 道用(Tao as Function), 5) 道德(Tao as Virtue), 6) 道術(Tao as Technique)이다. 道原에서 道術까지의 다섯 개 측면은 모두 합하여 '道相'(Tao as Manifestation)이라고 할 수 있다"라고 말했다.(傅偉勳, 『從西方哲學到禪佛敎』, 北京: 生活·讀書·新知三聯書店, 1989, 384~385쪽)

張立文(1935~)은 "1) 도는 천지만물의 본원 혹은 본체이며 최후의 근원 혹은 依據이며, 2) 도는 자연계 사물의 발전 변화의 과정 곧 氣化의 과정이며, 또한 인류사회의 운동과 변화의 과정이며, 3) 도는 포함하지 않는 것이 없으며, 있지 않은 곳이 없으며, 그 큼은 밖이 없고, 그 작음은 안이 없으며, 그 스스로 陰과 陽, 有와 無, 一과 二(兩), 動과 靜, 理와 氣, 道와 器 등등의 모순과 待對의 통일성을 포함하고 있으며, 4) 도는 구체적 법칙으로 상대적이며, 특수한 법칙이 하나의 보편적 법칙이 되며, 일반적 법칙 혹은 총체적 법칙이며, 5) 도는 총체적 세계의 본질이자 또한 인류사회의 본질이며, 6) 도는 인식 세계의 지향이며, 또한 처세와 治國의 방법이며, 윤리도덕의 규범이다"라고 말했다.(張立文, 『中國哲學範疇發展史—天道篇』, 北京: 中國人民大學出版社, 1988, 48~49쪽)

1장, "道可道, 非常道 ; 名可名, 非常名.")라고 하였다. "도는 곧 도이다"라는 이 긍정에는 부정의 의미도 포함하고 있다. 곧 도는 단지 도일 뿐이며, 도는 이 도를 제외하면 어떤 것도 아니라는 말이다. "도를 꼭 도라고 할 필요는 없다"(道不可道)라는 이 부정에는 긍정의 의미가 포함되어 있는데, 곧 도는 무엇으로 지칭할 것이 없고, 무엇으로 이름 붙여 말할 것이 없으며, 다른 사물을 들어 도를 지칭하게 되면 도는 곧 진정한 도가 아니게 된다.

도는 명명命名하기 어려운데 그 가장 중요한 원인은 도가 결코 현상계의 존재가 아니라, 본진계本眞界의 존재이기 때문이다.[5] 현상계의 존재는 일사일물一事一物을 지칭할 수 있고 이름을 지어 부를 수 있다. 그러나 본진계의 존재는 사事도 아니고 물物도 아니며, 상象도 없고 형形도 없으며, 마음으로 이해할 수는 있지만, 말로써 전할 수 없다. 종리권鍾離權(168~256)은 다음과 같이 말했다.

> 대도大道는 형체가 없으나 그것을 얻어서 형체가 되고, 대도는 이름이 없으나 그것이 있음으로써 이름이 된다. 천지는 그것을 얻어서 건도乾道와 곤도坤道가 되며, 일월日月은 그것을 얻어서 음도陰道와 양도陽道가 되며, 사람은 그것을 얻어서 조정에서는 군신의 도라고 하고, 규문閨門에서는 부부의 도라 하고, 향당鄕黨에서는 장유長幼의 도라고 하고, 학교에서는 붕우의 도라고 하고, 가정에서는 부자의 도라고 하니, 이것이 밖으로 드러나는 것이 모두 도이다.(『鍾呂傳道集』, 「論天地」)[6]

천지와 일월, 군신, 부자는 현상이므로 이름을 붙일 수 있다. 그러나 대도는 본진本眞(참모습)이며, 현상이 현상으로 되는 것이며, 현상의 배후에 있는 진실眞實이며, 현상이 드러나는 까닭이므로 이름을 지어 부를 것이 없다. 비록 이름을 지어 부를

5) 馮友蘭은 일찍이 實際와 眞際를 구분하여 다음과 같이 말했다. "眞際와 實際는 다르다. 진제는 일컬을 수 있는 有를 가리키며 또한 本然이라고 부를 수 있고, 실제는 사실적으로 존재하는 것을 가리키며 또한 自然이라고 부를 수 있다. 眞은 無妄(헛됨이 없음)을 말하며, 實은 공허하지 않음을 말하며, 本然은 본래 곧 그러함이며, 自然은 자기 스스로 그러함이다."(馮友蘭, 『新理學』[『貞元六書』 上], 上海: 華東師範大學出版社, 1996, 11쪽)

6) 『道藏』(文物出版社, 上海書店, 天津古籍出版社, 1988), 第4冊, 660쪽.

것이 없지만 도리어 말을 하지 않을 수가 없다. 말하지 않으면 사람은 더 이상 도를 알 수 없다. 노자가 도를 꼭 도라고 할 필요는 없다고 하였지만, 노자는 도에 대하여 절대 말하지 않은 것은 아니다. 그렇지만 그가 말한 도는 또한 진정한 도가 아니며, 말 밖에서 그와 비슷한 것을 얻도록 가르친 것이다.

한유韓愈(768~824)는 "인과 의는 정해진 이름(定名)이지만, 도와 덕은 허위虛位이다"(『原道』)라고 하였다. '정명定名'은 특정한 함의가 있으나, '허위虛位'는 한정이 없는 법칙이다. 도가는 도를 고양하였으며, 유가도 도를 홀시하지는 않았다. 공자는 "아침에 도를 들으면, 저녁에 죽어도 좋다"(『論語』, 「里仁」)라고 하였다. 맹자는 "도를 얻은 사람은 도와주는 사람이 많고, 도를 잃은 사람은 도와주는 사람이 적다"(『孟子』, 「公孫丑下」)라고 하였다. 그러나 유가의 도는 도가의 도와 다르며, 유가의 도가 가리키는 바는 도가의 도가 가리키는 바와 다르다.

노자가 도를 대표로 들어 사람의 시야를 천지의 밖으로 이끌려고 하였다. 사람의 몸 밖에 사물이 있고, 사물의 밖에 기氣가 있으며, 기의 밖에 천이 있다. 천의 밖에는 또 무엇이 있는가? 천지 사이 만사와 만물이 시작되는 바탕은 무엇인가? 천지만물의 대본大本과 대원大原은 무엇인가? 노자는 도를 제시하여 곧 이러한 문제들을 해결하고자 하였고 천지만물을 위해 하나의 근본과 본원을 확립하고자 하였다. 노자가 보기에 도는 곧 천지만물의 근본이자 본원이다.[7)]

중국에는 일찍이 "오행五行"이 사물을 이룬다는 이론이 있었다. B.C.800년에 주周나라의 태사太史인 사백史伯은 "무릇 화합되어 참된 결실로 사물이 생겨나는데(産生)[8)], 같으면 끊어진다.…… 그러므로 선왕은 토土와 금金·목木·수水·화火를 섞어서

---

7) 張岱年(1909~2004)은 "根本에 관한 최초의 학설은 道論이며, 최종적 근본이 도라고 보았다. 道論을 최초로 제출한 사람은 노자이다. 노자는 처음으로 근본의 문제를 제기하였다. 노자 이전에 사람들은 모두 만물의 아버지는 곧 天이며, 천은 일체의 사물을 생성한다고 여겼다. 노자에 이르러 천으로 말미암아 생겨나는 것을 찾았다. 노자는 천 이전에 천이 될 수 있는 근본적인 것이 있고 그것이 곧 도라고 보았다. 도는 천지보다 먼저 생겨나서 모든 것의 어머니가 된다고 보았다"(張岱年, 『中國哲學大綱』, 北京: 中國社會科學出版社, 1982, 17쪽)라고 하였다.

8) 역자 주: '産生'은 이 책에서 문맥에 따라 '생겨나다'와 '생겨나게 하다'의 두 가지로 해

온갖 사물을 이루어지게 하였다"(『國語』, 「鄭語」)라고 하였다. 사백이 보기에 천하의 만물은 오행으로 말미암으니 곧 다섯 종류의 가장 기본적인 원소가 화합하여 이루어진다. 그러나 오행이 사물을 이룸이 여전하게 매우 많으며 하나는 아니다. 만물은 오행을 근본으로 삼지만, 오행 자신은 또한 그 근본이 있다. 이 근본을 노자는 곧 도道라고 보았다.

> 무엇인가 섞여 이루어져 있는 것이 있으니 천지天地보다 먼저 생겨났다. 소리도 없고 형체도 없으니 (필적함이 없이) 혼자 서서 (그 일정함)을 고치지 않는다. 두루 다니지만 위태롭지 않으니 천하의 어미가 될 수 있다. 나는 그 이름을 알지 못한다. 칭호를 붙이자면 도道라고 하고, 억지로 이름을 지어 '크다'라고 한다. 그 큼을 간다(逝)라고 하고, 가는 것(逝)을 '궁극에 이른다'(遠)라고 하고, 궁극에 이르는 것을 '돌아온다'라고 한다.[9](『老子』 25장)

도는 천하만물의 어머니이며 천하만물의 근원이며, 천지가 생기기 이전에도 있는 유일한 존재이다. 그것은 천지가 생기기 이전에도 있는 유일한 존재이기 때문에 소리도 없고(寂) 형체도 없고(寥) 홀로 존재(獨)한다. 왕필王弼(226~249)은 "섞여 있어서 알 수가 없지만, 만물이 그것으로 말미암아 이루어지므로 '혼성混成'이라고 했다. 그것이 누구의 자식인지 알지 못하므로 천지보다 먼저 생겨났다고 하였다. 적막寂寞하여 형체가 없다. 어떤 사물도 도에 필적하지 못하므로 '독립獨立'이라고

석한다. 왜냐하면 '産生'을 '생산한다', '만들어 낸다'의 의미로 해석하면 이는 '創造說'을 인정하는 것이 되고, 따라서 종교적 의미를 가지게 되기 때문이다.

9) 高亨은 "이 50글자는 본래 '억지로 그것을 형용하여 '크다'라고 하고 '간다'라고 하고, '궁극에 이른다'라고 하고 '돌아온다'라고 한다'(強爲之容曰大, 曰逝, 曰遠, 曰反)는 말이며 (吾不知其名에서의) 名은 가까움을 형용하며, 위 문장과 섞여서 訛傳된 것이라 의심된다. 大 · 逝 · 遠 세 글자를 중시하여 훗날의 사람이 보탠 것이다. 道를 이미 도라고 하였으면, 다시 그 이름을 大라고 할 수 없으며, 이 책과 『莊子』 등의 책에서는 또한 '道를 大라고 이름 부른다'라는 말은 없으며, '大', '逝', '遠', '反'이라는 글자는 모두 도를 형용한 말이며, 도 그 자체를 일컫는 말은 아니므로 '名'은 마땅히 '容'으로 써야 한다" 라고 하였다.(高亨, 『老子正詁』, 北京: 古籍出版社, 1956, 61쪽)

하였다. 돌아가고 변화하고 마치고 시작하면서도 그 일정함(常)을 잃지 않으므로 '불개不改'라고 하였다. 두루 운행하여 이르지 않은 데가 없지만 위험하지 않을 수 있고, 그 온전한 대형大形을 생겨나게 할 수 있으므로 천하의 어미가 될 수 있다"(王弼, 『道德眞經注』, 권2)[10)]라고 하여, 천지만물의 근원적 존재인 도는 일체의 존재보다 먼저 존재하며, 이것은 오행五行과 음양陰陽에 비하여 더욱 근본적 존재라고 보았다. 이 하나의 존재는 결코 일원一原에서의 첫 번째 존재가 아니며, 천지개벽의 시작 혹은 출발점이다.

천지만물의 본원으로서 도는 형체가 없으며 또한 그와 필적할 것이 없다. 도의 존재는 다른 어떤 사물의 존재와 모두 다르다.

> 도라는 것은 오직 황홀하고 오직 신묘하여, 황홀하고 신묘하도다! 그 안에 (형태가 없는) 상象이 있다. 황홀하고 신묘하도다! 그 안에 (형태가 없는) 사물이 있다. 깊고도 멀구나, 그 안에 정미함이 있다. 그 정미함이 매우 사실적이구나, 그 가운데에 믿음이 있다. 지금으로부터 옛날에 이르기까지 그 이름이 없어지지 않았다. 그로써 만물이 시작함을 검열한다.

"황홀恍惚"이라는 말은 마치 없음과 비슷하며, "요명窈冥"은 심원하고 어두움이다. 그러나 마치 없는 것 같은 가운데 "사물이 있고", 심원하고 어두운 가운데 "정밀함이 있으니" 그 정밀함이 진실이며, 그 사물 또한 믿을 수 있다. 이 사물과 이 정밀함이 곧 만물의 시작함이다. "그로써 만물이 시작함을 검열한다"(以閱衆甫)에서 '보甫'는 곧 '부父'이다.[11)] '부父'는 시작이다. 왕필은 "중보衆甫는 사물의 시작이다"(王弼, 『道德眞經注』, 권2)[12)]라고 하였다.

---

10) 『中華道藏』 제9책(北京: 華夏出版社, 2004), 200쪽.
11) "衆甫"는 帛書의 甲本과 乙本에서는 "衆父"로 되어 있다. 兪樾(1821~1907)은 "甫는 父와 통한다. '衆甫'라는 말은 곧 衆父이다"라고 하였다.(兪樾, 『老子評議』)
12) 『中華道藏』 제9책(北京: 華夏出版社, 2004), 200쪽.

도는 비어 있으나 무한정 사용할 수 있으며, (가득 차지도) 넘치지도 않는다. (도는) 깊고도 깊어 만물의 조종祖宗과 같다.…… 맑고 투명하여(湛然) 마치 (없는 듯) 있는 듯하다. 나는 그것이 누구의 자식인지 모르지만, 마치 상제上帝보다 먼저 있는 것 같다.(『老子』 4장)

(만물을 살도록 하는) 계곡의 신神은 죽지 않으니, 이것을 현빈玄牝이라고 한다. 현빈의 문을 천지의 근원이라고 한다.(『老子』 6장)

여기서 "곡신谷神", "현빈玄牝"이라는 말은 모두 도道를 형용하는 별명이다. 도는 "만물의 조종"이며, "천지의 근원"이며, "누구의 자식"이지만, 어떤 사물도 도보다 먼저 있는 것은 없다.

도는 만물의 시조이며, 모든 존재보다 먼저 있다. 도는 모든 존재보다 먼저 존재하며, 오직 하나로 존재하며, 오직 하나의 순수한 존재로 있을 뿐이다. 이처럼 순수한 존재는 추상抽象의 존재이지 구상具象의 존재가 아니며, 따라서 "형상形狀이 없는 것이 상狀이며, (구체적) 사물이 없는 것이 상象이다"(『老子』 14장)라고 하였다. 도의 존재가 있음을 사물의 존재와 혼동해서는 안 된다. 사물이 존재함은 형체를 갖추고 감촉할 수 있는 실존實存이지만, 도의 존재는 이론상 · 논리상의 필연적 존재이며, 허상虛像만 있거나 허망한 존재가 아니다.

도가 천지보다 먼저 있는 존재라는 말은 마치 헤겔(Hegel, Georg Wilhelm Friedrich, 1770~1831) 논리학에서의 '순수한 존재'(純有, reines Sein)와 비슷하다. 헤겔철학은 존재로부터 시작한다. 그리고 헤겔이 보기에 존재는 먼저 '순수한 존재'의 형식으로 나타나며, 순수한 존재는 논리학에서 가장 먼저 나타난 개념이다. 순수한 존재는 일종의 "감각할 수 없고 직관할 수 없고 표상表象할 수 없는 일종의 순수한 사변이며, 또한 그 때문에 이러한 순수 사변을 논리학의 출발로 삼는다."[13] 순수한 존재는

13) 헤겔, 『소논리』(北京: 商務印書館, 1980), 190쪽.
역자 주: 이 책의 서양철학과 사상에 관련된 인용문의 해석은 해당 도서의 출판본에 사용된 언어가 아닌 중국어로 번역된 인용문을 번역한다. 따라서 해당 인용문의 내용이

어떤 것으로도 규정할 수 없는 존재이며, 그것은 단지 존재한다고 단정할 수 있지만, 어떻게 존재하는가는 도리어 어떤 설명도 할 수 없다. 따라서 순수한 존재는 가장 간단하고 가장 빈약하고 가장 공허한 개념이지만, 그러나 그 때문에 가장 보편적이고 가장 일반적인 개념이다. 헤겔의 순수한 존재에 대한 설명을 완전하게 도道에 적용할 수 있다. 순수한 존재는 헤겔철학의 가장 중요한(第一) 개념이며, 도 또한 노자철학에서 가장 중요한 개념이다. 여기에도 당연히 큰 차이가 있다. 순수한 존재는 헤겔철학에서 가장 중요한 개념이지만 최상위(一位)의 개념은 아니다. 헤겔이 순수한 존재를 제시한 것은 오직 절대정신絶代精神을 설명하기 위함이 원인이며, 절대정신이야말로 헤겔 철학의 핵심 범주이다. 그러나 도는 노자철학의 가장 중요한 개념일 뿐만 아니라 최상위의 개념이며 또한 핵심 범주이다. 도는 다른 것을 설명하는 데 쓰이지 않으며, 도는 오직 도 자체를 설명할 뿐이다. 도는 다른 어떤 모든 것에 비해서 더욱더 원초적이며 더욱더 근본적이다.

도는 만물의 근본이며, 장자莊子도 이처럼 말하였다.

> 무릇 도는 정情과 신信은 있으나 무위無爲이며 무형無形이다. 전해 줄 수는 있지만 받을 수는 없으며, 얻을 수는 있지만 볼 수는 없으니, 스스로가 근본이 되며, 아직 천지가 있기 이전에 예로부터 진실로 존재해 오고 있으며, 신령한 귀신 신령한 상제上帝로서 천지天地를 생겨나게 하며, 태극太極의 위에 있지만 태극보다 높지 않고, 육극六極의 아래에 있지만 더 깊지 않고, 천지보다 먼저 생겼지만 더 오래되지는 않으며, 상고上古보다 오래되었으면서도 더 늙지는 않았다.(『莊子』, 「大宗師」)

"정情과 신信은 있으나 무위無爲이며 무형無形이다"라는 말은 「제물론齊物論」에서 "마치 참다운 주재자主宰者가 있으나, 단지 그 조짐을 알 수 없는 것과 같다. 행할 수 있는 것은 이미 믿음이 있으나 그 형체形體는 볼 수 없으니 정情은 있으나 그

중국어로 번역된 내용과 일부 차이가 있을 수도 있다.

형체形體는 없다"라고 한 말과 같다. 정情은 실존實存이다. 신信은 실유實有(實在를 의미)이다. 도는 확실히 실유實有의 것이며, "스스로가 자신의 근본根本이 됨"이며, 원만圓滿하고 자족自足하지만, 또한 "무위無爲와 무형無形"이며, "예로부터 확고히 존재하는" 것이다.

이처럼 "스스로가 자신의 근본根本이 됨"과 "천지를 생겨나게 함(産生)"과 같은 근원적 존재는 천지가 생기기 전에 오로지 하나일 뿐 둘이 없으며, 형상을 형용할 이름이 없는 것이다. 누구든 그것이 무엇인지 혹은 무엇도 아닌지 말할 수 없고, 무엇인지 혹은 무엇도 아닌지는 모두 도에 대해서는 적용할 수 없으며, 도는 곧 도일 뿐이며, 도는 도라는 말 이외 어떤 것도 아니다. 이것으로 말하면 도는 또한 "큼"이라고 말할 수 있다. "큼"은 곧 '가장 큼'(太)이며[14], '태'는 더 보탤 것도 없으며 대응할 것도 없음을 이른다. 따라서 『여씨춘추呂氏春秋』에서는 "도라는 것은 지극한 정수精髓이며 형체를 이룰 수 없고 이름을 정할 수도 없으므로 억지로 (이름을) 말하여 태일太一이라고 한다"(『呂氏春秋』, 「仲夏記 · 大樂」)라고 하였다. 도는 '태'이며 태일太一이다. '태'는 그지없음(極至)이며 하나(一)로서 유일무이唯一無二하므로, '태'는 또 '하나'이며, 하나는 또 '태'이며, 태일은 이미 태이며 또한 하나이다.

도를 태 혹은 태일이라고 이름 부른다고 해서 도와 태 혹은 태일에 구별이 있음을 뜻하는 것은 아니다. 도는 곧 도 그 자신이며, 도는 제약이 없고 한계도 없고, 도는 오직 자기 스스로 자신을 설정하고, 자기 스스로 자신을 한정한다.

14) 장대년은 "살펴보면 大는 太로 읽었는데, 앞사람이 모두 직접 大자로 읽은 것은 실제로는 틀렸다. 『莊子』「天下篇」에서 老聃과 關尹의 학문에 관하여 서술하기를 '(그들은) 常無와 常有(의 세계)를 건립하고, 太一로써 주재하였다'라고 하였는데, 옛사람들이 혹 '常無有' 세 글자를 나누어 읽었는데, 매우 옳다. 그러나 太一이라는 두 글자도 또한 마땅히 나누어 읽어야 하고, 太와 一이라고 해야 한다. 一은 곧 '道生一'의 一이며, 太는 곧 이 문장에서는 大자이다. 이 문장에서 大자가 太가 아니라면, 왜 「천하편」에서 노자의 학문은 太一로써 주재한다고 하였는데, 지금의 『노자』에서는 一이라는 글자는 있고 太는 없는가? 또한 『노자』의 아래 문장에서 '도는 크고, 天도 크고, 地도 크고, 사람도 크다'라고 하여 오직 도만 크다고 하지 않았는데, 어찌 大를 도의 이름으로 삼을 수 있는가?" (張岱年, 『中國哲學大綱』, 北京: 中國社會科學出版社, 1982, 17쪽)라고 하였다.

따라서 『회남자淮南子』에서는 "모든 사물은 조짐이 있는데, 오직 도는 조짐이 없으며, 조짐이 없는 까닭은 그것이 일상의 형세形勢가 없기 때문이다"(『淮南子』, 「兵略訓」)라고 하였다. "짐朕"은 곧 조짐兆朕, 흔적痕迹이다. 도가 조짐이 없는 것은 또한 도가 형체形體가 없고 형상形狀도 없으며, 다시 더할 것도 없고 대응하는 것도 없기 때문이다. 따라서 엄준嚴遵은 "도라는 것은 엿볼 수 있는 구멍이 없고, 관찰할 수 있는 문門도 없으며, 가리킬 형체도 없으며, 형상形象할 모양도 없으나, 그 의미는 다 할 수 없고 말로써 다 통할 수 없다. 만물을 생겨나게 하지만 덜어내지는 않으며, 만물이 모두 도로 돌아가지만 넘치지 않는다. 상하가 다함이 없으며, 광대하여 끝이 없다. 소식消息(천지의 변화)과 차고 모자람을 비방할 수 없다. 가을바람에 날리는 털도 적다고 여기지 않으며, 만물과 하늘을 싸 넣고도 많다고 여기지 않는다"[15]라고 하였다. 도는 진실한 존재이지만, 이러한 존재는 곧 일종의 절대적 추상의 존재이다.

이러한 무형無形·무상無狀과 무물無物의 형상形象, 더 보탤 것이 없으며, 대응할 것이 없는 존재이며, 또한 이른바 천지보다 먼저 생겨나고 "스스로 근본이 되며", "천지를 생겨나게 하는" 도는 '유有'라고 할 수도 있고, 또한 '무無'라고도 할 수 있으니 그것은 '유'와 '무'의 통일이다.[16]

---

15) 嚴遵, 『老子指歸』(北京: 中華書局, 1994), 46쪽.

16) 과거에는 단지 "무"로써 도를 가리킨 것도 있고, 또한 단지 "유"로써 도를 지칭한 것도 있다. 전자를 '道無論'이라고 할 수 있으며, 후자는 '道有論'이라고 할 수 있다. 도무론은 胡適(1891~1962)이 그 대표이며, 도유론의 대표자는 嚴靈峯(1903~1999)이다. 호적은 "노자가 말한 '무'와 '도'는 완전히 똑같은 것이다. 따라서 그가 '도는 하나(一)를 생겨나게 하고(産生), 하나는 둘(二)을 생겨나게 하고, 둘은 셋(三)을 생겨나게 하며, 셋은 만물을 생겨나게 한다'라고 하고, 또 한편으로 '천지만물은 有에서 생겨나고, 有는 無에서 생겨난다'라고 한 말은 도와 무가 똑같이 만물의 어머니이며, 도가 곧 무이며, 무가 곧 도라고 보았기 때문이다"(胡適, 『中國哲學史大綱』, 北京: 東方出版社, 1996, 47~48쪽)라고 하였다. 엄영봉은 "노자가 가리키는 '도'는 '유'이며, 어떤 것도 하나도 없는 '虛無'는 아니다. '도'는 단지 '유'일 뿐만 아니라, '천하의 어머니가 될 수 있으며' 또한 만물의 어머니다.…… 노자는 '도'를 '유'로 여겼으며, '유'와 同體로 보았다는 것을 의심할 수 없다.…… 노자가 '유'가 무에서 생겨난다(40장)고 하였다. 이것은 분명하게 '무'가 '유'보다 앞에 있으며, 또한 '무'는 '도'보다도 앞에 있음을 밝혔다"(嚴靈峯, 『無求備齋學術新著』, 臺灣商務印書館, 1987, 87~88쪽)라고 하였다. 이 두 논술은 모두 오직 하나만 보고 나머지는 고려하지 않았으므로 모두 그럴 듯하지만 옳지 않은 이론이다.

무는 천지天地의 시작을 이름한 것이며, 유는 만물의 어머니를 이름한 것이다.[17] 그러므로 항존恒存의 무로써 그 오묘함을 보려고 하고, 항존의 유로써 그 (萬物之母의) 순행循行을 보려고 한다. 이 두 가지는 같은 곳에서 나와 이름만 다를 뿐이며, 모두 현묘玄妙하다고 하고, 현묘하고 또 현묘하여 모든 현묘함의 문門이다.(『老子』 1장)

---

17) 이 두 문장에는 두 가지 구두점이 있는데, 하나는 "無名, 天地之始; 有名, 萬物之母"로 표현하고, 다른 하나는 "無, 名天地之始; 有, 名萬物之母"라고 표현한다. 河上公·嚴遵·王弼은 "無名"과 "有名"으로 끊어 읽었으며, 司馬光·王安石·蘇轍 등은 "無"와 "有"로 끊어 읽었다. 하상공은 "無名은 도를 이름하고, 도는 무형이므로 名으로 끊을 수 없다. 始는 도의 근본이다. 氣를 불어내어 변화를 펼치며, 虛無에서 나오는 것이 천지의 근본이 시작되는 것이다. 有名은 천지를 가리킨다. 천지는 형체의 위치가 있고, 음양이 있으며, 剛柔가 있으므로 이것은 그 이름이 있다. 만물의 어머니는 천지가 기를 함유하여 만물을 생겨나게 하고, 성장하여 크게 성숙하니 마치 어머니가 자식을 기르는 것과 같다"(河上公, 『道德眞經注』[『中華道藏』 제9책, 北京: 華夏出版社, 2004], 권1, 127쪽)라고 하였다. 노자가 한 말이 "무"와 "유"라고 하든, "무명"과 "유명"이라고 하든, 모두 도를 가리킨다. 하상공은 "무명"을 도라고 보고, "유명"을 천지라고 보았는데 노자의 뜻은 아니다. 왕안석은 "'무'는 천지의 시작을 이름한 것이며, '유'는 그 마침을 이름한 것이므로 만물의 어머니라고 한다. 무라는 것은 형체의 이전(上)에 있는 것이다. 太初에서 太始까지이며, 태시에서 태극까지이다. 태시는 천지를 생겨나게(産生) 하니 이것은 천지의 시작을 이름한 것이다. 유는 형체 이후(下)의 것이다. 천지가 있은 후에 만물이 생겨나므로 이것은 만물의 어머니를 이름한 것이다. 어머니란 것은 생겨나게 함을 말한다"(容肇祖, 『王安石老子注輯本』, 北京: 中華書局, 1979, 1쪽)라고 하였다. 梁啓超도 또한 이 말을 따라서 "'무'로써 저 천지의 시작을 이름하고, '유'로써 저 만물의 어머니를 이름하였다"(高亨, 『老子正詁』, 北京: 古籍出版社, 1956, 2쪽에서 인용)라고 하였다. 이러한 두 가지 구절 끊기 가운데 후자가 더 우수하다.

陳鼓應은 "'무'와 '유'는 곧 철학에서 일상적으로 쓰는 단어이다. 40장에는 '천하만물은 有에서 생겨나고 유는 무에서 생겨난다'라는 말이 있으며, 여기서도 마땅히 '무'와 '유'로 끊어 읽었다. '무명'과 '유명'으로 읽어야 한다고 주장하는 사람들도 또한 『노자』 책에서 하나의 논거를 찾을 수 있는데 예를 들면, 32장에서 '도는 恒存의 이름이 없으며,…… 처음 제작될 때 이름이 있다'(道常無名,……始制有名)라는 말이다. 그러나 이 32장에서 말하는 '무명'과 '유명'을 1장의 표점의 논거로 삼으면, '무명'은 오히려 통할 수 있으나 '유명'은 통할 수 없다. 왜냐하면 '始制有名'의 '名'은 尊卑와 名分을 구분하는 '명'이며, 이러한 '명'은 곧 분쟁을 일으키는 근원이 되기 때문이다. 분쟁을 일으키는 '명'은 만물의 근원 즉 '萬物之母'가 될 수 없다. 예를 들면 『管子』에서 '사물은 진실로 형체가 있고, 형체는 진실로 이름이 있다'(物固有形, 形固有名)라는 말이 있는데 '有形'이면 만물의 어머니가 될 수 없다. 따라서 '有名'으로 끊어 읽는 것은 마땅하지 않은 것 같다"(陳鼓應, 『老子註譯及評介』, 北京: 中華書局, 1984, 57쪽)라고 하였다.

만물의 근원으로서 도는 결코 어떤 구체적 존재가 아닌, 어떤 규정성이 없는 존재이며, 가장 순수한 추상적 존재이며, 심지어 존재조차도 아닌 단지 오직 단순한 존재일 뿐이다. 이 하나의 단순한 존재는 다만 하나의 존재일 뿐이며, 이러한 단순한 존재는 어떤 규정성도 없으므로 또한 허공이라고 말할 수도 있다. 이러한 의미에서 말하면 도는 무[18]라고 말할 수 있다. 그러나 도는 비록 단지 하나의 단순한 존재이지만, 이 단순한 존재는 결코 존재하지 않는 것은 아니며, 이 하나의 단순한 존재는 이 하나의 이름할 수 없는 것이며, 규정할 수 없는 허공의 존재이며, 진실한 것이고 조금도 의심할 수 없는 것이다. 허공虛空은 결코 허무虛無가 아니며, 실재實在로서 존재하는 존재이다. 이러한 의미에서 말하면 도는 또한 유有라고 말할 수 있다. 여기서 유와 무는 "같은 곳에서 나온 다른 이름"이며, 원래 같은 것이며, 이 같은 사물의 서로 다른 측면이라고 할 수 있다.[19] 따라서 도는 무이면서 유이다. 무라고 할 때는 그것이 무명無名이며, 그것은 어떤 구체적인 것이 아닌 존재이다. 그것을 무라고 할 때는 그것이 결코 허무가 아니며, 실재로서 존재하고 확실하게 공허한 존재가 아님을 가리킨다.

도는 유이며, 또한 무이며, 유와 무의 통일이다. 헤겔도 비슷한 말을 하였는데,

---

18) 羅光(1911~2004)은 "노자가 말한 '도'는 무이며, 두 가지 면에서 그 까닭을 말할 수 있는데, 첫째는 '도'는 하나의 무한한 實體로서 사람의 인식 범위를 초월해 있기 때문이며, 둘째는 '도'의 본체가 불확정적이어서 사람의 인식능력으로는 인식할 수 없기 때문이다. '무'의 의식은 인식의 논리과정 내에 있고, '무'의 기초는 '도'의 본체 내에 있다" (羅光, 『中國哲學思想史—先秦篇』, 臺北: 學生書局, 1982, 177~178쪽)라고 하였다.

19) 馮友蘭은 "'유'는 가장 개괄적인 이름이며, 가장 개괄적이기 때문에 그것은 가장 추상적이며, 그것의 외연은 모든 사물이 되며, 그것의 內涵(즉 내포)은 모든 사물의 공통적인 성질이다. 사물이 가진 모든 그러한 공통적 성질을 모두 없애 버리며, 외연은 더욱 크고, 내함은 더욱더 적어진다. '유'라는 이름의 외연은 지극히 커서 더는 클 수 없으며, 그 내함도 또한 지극히 적어서 더는 적을 수 없다. 그것은 단지 하나의 규정성만 있을 수 있어 그것은 곧 '유'이다. '유'는 곧 존재이다. 존재하지 않는 것은 곧 존재한다고 말할 수 없고 말할 필요도 없다. 그러나 어떤 존재하지도 않고 어떤 다른 규정성도 없고 따라서 극단적인 추상적으로만 있는 '유'가 곧 '무'이다. 이것을 '이름은 다르지만 같은 것이라고 말하는 것'(異名同謂)이라고 한다. '유'가 그것이며, '무'도 또한 그것이다"(馮友蘭, 『中國哲學史新編』 上, 北京: 人民出版社, 1998, 332쪽)라고 하였다.

그는 순수한 존재를 다음과 같이 설명하였다.

> 그러나 이러한 순수한 존재는 순수한 추상이며, 이것은 절대적 부정이기 때문이다. 이러한 부정은 직접적으로 말하면 곧 무無이다.[20]

> "유"와 "무"는 최초에는 단지 마땅히 있어야 할 구별이었을 뿐이었는데, 바꾸어 말하면 양자 사이의 구별은 최초에는 다만 잠재적일 뿐 진정으로 뚜렷하게 드러나는 것은 아니다. 일반적으로 말하면, 이른바 구별이라는 것은 반드시 두 가지 사물을 포함하며, 그 가운데 각각의 사물은 각각 다른 사물에는 없는 하나의 규정성을 가지고 있다. 그러나 "유"는 순수한 규정이 없는 것이며, "무"도 또한 같은 규정성이 없다. 이 때문에 양자 사이의 구별은 단지 일종의 지칭指稱 상의 구별일 뿐이며, 이러한 구별은 동시에 또한 구별이 없는 것이다.[21]

그러므로 순수한 존재는 유라고도 할 수 있고, 또한 무라고도 할 수 있다. 무라고 하면 유가 되고 유라고 하면 곧 무이다.

도는 유와 무의 통일이며, 또한 "유가 아님"과 "무가 아님"의 통일이라고 할 수 있다. "유가 아님"은 도가 결코 일물一物이 아님을 의미하며, "무가 아님"은 도가 결코 허무가 아님을 의미한다. 당나라의 성현영成玄英(608~669)과 이영李榮(생몰미상. 唐의 高宗 시기)은 "중현학重玄學"이라고 표현하였는데 그 요지는 곧 도가 곧 유가 아님과 무가 아님의 성질을 드러냄에 있다.

성현영은 "욕망이 있는 사람은 오직 유有에 얽매이며, 욕망이 없는 지식인은 또한 무無에 얽매인다. 그러므로 하나의 현묘함을 말하면, (유와 무) 두 가지를 버린다(遣). 또한 아마도 학자들은 이 현묘함에 얽매이고, 이제 또 현묘함을 말하면 더욱 뒤처지는 병통이 있다. 이미 단지 얽매이지 않은 것이 아니며, 또한 얽매이지 않음에 얽매인 것도 아니다. 이것이 곧 버리고 또 버리므로 현묘하고 또 현묘하다고

20) 헤겔, 『소논리』(北京: 商務印書館, 1980), 192쪽.
21) 헤겔, 『소논리』(北京: 商務印書館, 1980), 194쪽.

한다”[22](成玄英, 『老子道德經開題序訣義疏』)라고 하였다.

이영은 “도와 덕은 아득하고 그윽하여 이치는 말의 인상印象(뉘앙스)을 초월한다. 진종眞宗의 고요하고 맑음(虛湛)에서 사事는 유와 무에서 끊어진다. 말의 인상(言象) 외연에 기탁하여 유와 무의 표상을 기록하며 유로幽路(그윽한 오솔길)와 통하므로 그것이 현묘玄妙하다고 한다. 마치 미혹되어 방향을 잃은 자처럼 고지식하고(膠柱), 도리를 위배한 자가 미련하게 안 될 일을 된다고 고집스레 믿는(守株待兎) 것은 곧 이 현묘함에 얽매여 진실한 도라고 여기는 것과 같다. 그러므로 그것을 극단적으로 말해서 유와 무의 표상이 아닌 것을 명명命名하여 현묘玄妙라고 한다. 현묘함을 빌려 유와 무를 버리며, 유와 무를 버렸다면 현묘함도 또한 스스로 상실喪失되므로 더욱 현묘하다고 한다. 더욱 현묘함이 여러 번 뒤집혀 그 극단을 말할 수 없다면 네 구절은 그 근원에 다다를 수 없으며, 텅 비어 한없이 넓어 끝이 없으며, 허虛를 통하여 막힘이 없이 만상萬象의 지도리(樞要, 관건)를 총괄하여 모든 영혼(百靈)의 문과 창을 연다. 이 취향에 도달하는 것이 중묘衆妙의 문이다”(李榮, 『道德眞經注』, 卷上)[23]라고 하였다.

도는 유有이기도 하고 또한 무無이기도 하며, 유가 아니기도 하고 또한 무가 아니기도 하여, 하나의 무명無名과 무상無狀의 상태이다. 따라서 『황로백서黃老帛書』[24]는 다음과 같이 말한다.[25]

---

22) 『中華道藏』 제9책(北京: 華夏出版社, 2004), 234쪽.

23) 『中華道藏』 제9책(北京: 華夏出版社, 2004), 296쪽.

24) 1973년 長沙의 馬王堆에서 출토된 漢墓의 帛書에는 네 권의 책이 있었는데, 곧 『經法』, 『十六經』, 『稱』, 『道原』 등으로 모두 약 11,000여 글자이며, 사람들이 그것을 『黃老帛書』라고 부른다. 唐蘭(1901~1979) 선생의 고증에 의하면, 이 네 권의 실전된 글(佚文)은 아마도 곧 『漢書』 「藝文志」에서 말한 『黃帝四經』으로 추정된다. 그 시대는 일반적으로 전국시대 중기로 판단되며, 구체적인 작가는 알려지지 않는다.

25) 역자 주: 이 부분의 해석은 독자의 이해를 위하여 원문과 校勘 내용을 병기한다. 『黃老帛書』, 「道原」, “恆無之初, 迵同太虛. 虛同爲一, 恆一而止. 溼溼夢夢, 未有明晦, 神微周盈, 精靜不熙. 古(故)未有以, 萬物莫以. 古(故)無有刑(形), 大迵無名. 天弗能復(覆), 地弗能載. 小以成小, 大以成大. 盈四海之內, 又包其外. 在陰不腐. 在陽不焦. 一度不變, 能適規僥. 鳥得而蜚(飛), 魚得而流(遊), 獸得而走, 萬物得之以生, 百事得之以成. 人皆以之, 莫知其名. 人皆用之, 莫見其刑(形).”

항존하는 무(恒無)의 처음은 태허太虛와 혼동混同된다. (만물이) 허虛에 이르면 하나가 되고, 항존恒存하는 하나가 되어 멈춘다. 축축하고 꿈결같이 흐릿하여 밝음도 암흑도 없고, 신비하고 미묘하여 두루 넘치며, 정밀하고 고요하지만 밝게 비추지는 않는다. 그러므로 일찍이 그와 같은 것이 없으며, 만물도 그와 같은 것이 없었다. 따라서 그것은 형체가 없으며, 크게는 멀리 무명無名에 이른다. (도는) 하늘도 다 덮을 수 없으며, 땅도 다 실을 수 없다. 작은 것은 작게 이루고 큰 것은 크게 이룬다. 사해四海의 안에 가득 차고 또 그 바깥도 포함한다. 음陰에서도 부패하지 않고 양陽에서도 타지 않으며, 그것이 운행하는 궤적軌迹은 늘 변함이 없으니 컴퍼스와 직각(規僥)을 재는 도구로써 가늠할 수 있다. 새는 그것을 얻어서 날고, 물고기는 그것을 얻어 헤엄치고, 짐승은 그것을 얻어 달린다. 만물은 그것을 얻어서 생겨나며, 만사萬事는 그것을 얻어 이루어진다. 사람들이 모두 그로써 하지만 그 이름을 모른다. 사람이 모두 그것을 사용하지만, 그 형체를 볼 수 없다.(『黃老帛書』, 「原道」)

도는 크게 존재할 수도 있고 작게 존재할 수도 있으며, 큼으로써(역자 주: 크게 되는 원리) 그 큼을 이루며 작음(역자 주: 작게 되는 원리)으로써 그 작음을 이룬다. 만물은 그것(道)을 얻어서 생겨나며 만사는 그것을 얻어서 이루어지지만, 그 본체는 도리어 무無라고 부른다. 왜냐하면 모든 이름은 도에 적합하지 않고, 모든 이름 붙일 수 있는 것은 모두 도가 있고 난 이후의 일이며, 따라서 도는 모든 이름 붙일 수 있는 것들의 앞에 있기 때문이다. 따라서 도는 우주가 아직 형성되기 이전의 상태이며, 이름도 없고 형상形狀도 없는 상태라고 할 수 있다. 『열자列子』에서는 다음과 같이 말한다.

무릇 형태가 있는 것은 형태가 없는 것에서 생겨나는데 천지天地가 어디에서 생겨나겠는가? 그러므로 태역太易이 있고, 태초가 있고, 태시太始가 있고, 태소太素가 있다고 말한다.

태역은 아직 기氣로 나타나지 않은 것이다. 태초는 기의 시작이다. 태시는 형체의 시작이다. 태소는 형질의 시작이다. 기氣·형形·질質이 갖추어지면 서로 분리되지 않으므로 혼륜渾淪이라고 한다. 혼륜이라는 것은 만물이 서로 혼륜하여 있지만 여태 서로 뒤섞이지 않음을 말한다.(『列子』, 「天瑞」)[26)]

도는 "만물이 서로 혼륜하여 있지만 여태 서로 뒤섞인 것"이거나 "기氣·형形·질質이 갖추어지면 서로 분리되지 않은" 혼륜의 상태가 아니며, "아직 기로 드러나지 않은" "태역"이며, 무명無名과 무상無狀의 원시적 존재이다.

노자가 보기에 이러한 무명·무상의 원시적 존재는 결코 죽어 적막한 것이 아니며, 도리어 도는 영원한 것으로 단지 도일 뿐이며, 영원함은 단지 하나의 규정할 수 없는 존재이다. 그것은 "두루 운행하나 위태롭지 않고" 항상 움직이며 쉬지 않는다. 도의 끊임없는 운동과 변화로 말미암아 바야흐로 천지만물을 변화시켜 생겨나게 한다.

노자는 도가 만물을 변화시켜 생겨나게 하는 과정을 다음과 같이 보았다.

---

26) 이 대목은 『易緯·乾鑿度』에도 나온다. 『列子』에서는 "옛날 성인이 음양으로써 천지를 통일하였다. 무릇 형체가 있는 것은 무형에서 생겼으니 천지가 어디에서 생겨나겠는가?…… "라고 하였다. 『역위·건착도』에서는 "옛날 성인이 음양으로써 우주의 변화(消息)를 정하고, 乾坤을 확립하여 천지를 통섭하였다. 무른 형체가 있는 것은 무형에서 생겨나니 건곤이 어디에서 생겨나겠는가?"라고 하였다. 그 나머지 구절도 기본적으로 같다. 이 말은 곧 무엇이 먼저이며 나중인가의 문제이다. 옛날에는 일반적으로 『역위·건착도』가 먼저이며 『열자』가 나중으로 『열자』는 晉代의 작품이라고 보았다. 풍우란 선생은 "『열자』「天瑞」편 가운데 하나의 큰 대목이 완전히 『역위·건착도』를 베낀 것이 있다"(馮友蘭, 『中國哲學新編』 中, 北京: 人民出版社, 1998, 587쪽)라고 하였다. 최근에는 『열자』를 先秦시대의 작품으로 보는 사람이 있다. 허항생 선생은 "『열자』는 기본적으로 일부는 선진시대 도가의 전적이며, 기본적으로 열자와 그 후학의 사상을 보존하고 있다"(許抗生, 「『列子』考辨」, 陳鼓應 主編, 『道家文化硏究』 1집, 上海: 上海古籍出版社, 1992, 358쪽)라고 하였다. 또 "「천서편」의 문제는 온전하게 일관되어 있으나, 『건착도』의 문자는 전후가 화합하지 않으며, 「천서편」은 『건착도』를 표절한 것이라고 말하기 매우 어렵고, 오히려 『건착도』가 도리어 「천서편」을 표절한 것으로 건곤이 생겨나는 과정을 논증하였다고 할 수 있다. 그러나 이와 같은 표절은 生硬하고, 따라서 앞뒤가 서로 맞지 않은 상황이 생겼다"(위의 책, 356쪽)라고 하였다.

도는 하나(一)를 생겨나게 하고(産生), 하나는 둘(二)을 생겨나게 하고, 둘은 셋(三)을 생겨나게 하며, 셋은 만물을 생겨나게 하니, 만물은 음을 지고 양을 포함하며, 기를 충만하게 하여 화합하게 된다.(『老子』 42장)

해동奚侗(1878~1939)은 "『역易』 「계사繫辭」에서 '이런 까닭에 『역』에는 태극이 있고, 이것이 양의兩儀를 생겨나게 한다'라고 하였는데, 도와 역은 이름은 다르지만, 본체는 같으니 이것을 '일一' 즉 '태극'이라고 한다. '이二'는 곧 '양의兩儀'이며 천지를 가리킨다. 천지의 기가 합해져서 화합이 생겨나며, 둘이 삼을 생겨나게 하며, 화기和氣가 합하여 사물을 생겨나게 하며, 삼은 만물을 생겨나게 한다"(奚侗, 『老子集解』 42장)라고 하였다. 도는 무이며, 역이며, 『열자』에서 말하는 "태역"이다. "일"은 유이며, 태극이며, 『열자』에서 말하는 "태초"이다. 무명의 뜻에 따라서 이 도이며, 무이며, 역이며, "태역"임을 말한다. 유명의 의미에 따라서 "일"이며, 유이며, 태극이며, "태초"임을 말한다. 무와 유 "이 두 가지는 같은 근원에서 나온 다른 이름"이며, 그 자체는 곧 동일한 사물이며, 동일한 사물을 다르게 가리켜 말한 것이다. 도가 무가 되고, 역이 되고, 태역이 된다는 뜻은 만물의 본원이 됨을 말한 것이다. 도가 유가 되고, 일이 되고, 태극이 되고, 태초가 된다는 뜻은 만물의 근본적 시작임 됨을 말한 것이다. 장석창蔣錫昌(1897~?)은 "도가 처음으로 생겨나게 한 것은 일一이며, 일은 곧 도이다. 그 이름으로부터 말하면 도이고, 그 수數로부터 말하면 일이다"[27]라고 하였다. "도는 하나를 생겨나게 하고"(道生一)에서 일은 태극이다. 태극이 나누어져 음과 양이 되는데 이것이 곧 "하나는 둘을 생겨나게 하고"(一生二)이다. 음과 양이 서로 감응하여 일종의 화합 상태를 형성하는데[28] 이것이 곧 "둘은 셋을 생겨나게

27) 蔣錫昌, 『老子校詁』(成都: 成都古籍書店, 1988), 279쪽.

28) 張立文 교수는 "和合學"을 창립하였다. 내가 여기에서 쓴 "和合"이라는 단어는 장 선생님이 쓴 말과 일치한다. "화합"이라는 단어는 동사로도 쓰고 명사로 쓴다. 형태상으로 말하면 "화합"이라는 명사는 곧 여러 가지 요소가 충돌과 유합을 통한 후에 남겨진 상태이며, 노자가 말한 "三"이 곧 이와 같은 상태이다. 사실 만물은 결코 상호 대립하는 두 가지 사물이 투쟁을 통하여 형성되는 것이 아니라 여러 종류의 요소가 "화합"(동사)을 통하여 생성되는 것이다. "화합"하여 사물로 산생한 이후에는 결코 "화합"을 나눌 수가

하고"(二生三)이다. 만물은 곧 음과 양의 상호감응으로부터 화합이 이루어지는데 이것이 이른바 "셋은 만물을 생겨나게 함"(三生萬物)이다. 따라서 『회남자』에서는 "도가 일에서 시작하는데, 일一은 (무엇을) 생겨나게 하지는 못하므로 나누어져 음과 양이 되며, 음과 양이 화합하여 만물을 생겨나게 한다"(『淮南子』, 「天文訓」)라고 하였다.

도가 만물을 생성·발육·성장하게(化育生長) 하는 과정을 『회남자』에서는 한 걸음 더 나아가 설명하였다.

> 천지가 아직 형체가 없을 때는 혼륜渾淪하고 흐릿하며(馮馮翼翼), 혼돈混沌하여 정해진 형체가 없어서(洞洞灟灟) 그러므로 대소大昭라고 하였다. 도가 '텅 비고 한없이 큰 상자'(虛霩)에서 시작하고 '텅 비고 한없이 큰 상자'는 우주를 생겨나게 하고, 우주는 (元)기를 산생하고, (元)기에는 끝과 변두리(涯垠)가 있다. 맑은 양陽은 흩날려(薄靡) 하늘이 되고, 무겁고 탁한(重濁) 것은 응취凝聚하여 땅이 되며, 청묘淸妙한 것이 합合하여 온전하게 됨이 쉽고, 무겁고 탁한 것은 응결凝結함이 어렵기 때문에 하늘이 먼저 이루어지고 땅은 그 뒤에 안정되었다. 천지가 정기精氣를 이어받아 음과 양이 되고, 음과 양의 온전한 정기精氣가 사계절이 되고, 사계절의 흩어진 정기가 만물이 된다. 축적된 양陽의 열기가 (오래된 것이) 불을 생겨나게 하고, 화기火氣의 정기精氣가 태양이 되며, 축적된 음陰의 한기寒氣가 (오래된 것이) 물이 되며, 수기水氣의 정기가 달이 된다. 해와 달의 습淫(濕)함의 정기가 성진星辰이 된다. 하늘은 해와 달과 성진을 받아들이고 땅은 물과 티끌을 받아들인다.(『淮南子』, 「天文訓」)

"도가 '텅 비고 한없이 큰 상자'(虛霩)에서 시작함", "도가 일에서 시작함", "텅 비고 한없이 큰 상자", "일一"은 도의 존재 방식이며, 결코 허虛도 아니며 무無도 아니다. "텅 비고 한없이 큰 상자"와 "일一"은 도의 정상情狀에 불과하며, 천지만물은 모두 도로 말미암아 화육생장(化生)하여 이루어진다.

없으며, "화합"하여 새로 산생한 사물의 영혼은 변함없이 사물의 내면에 남아 있다.

곽점초묘郭店楚墓의 죽간竹簡이 『노자』에서 병조丙組가 된 후 한 단락의 문자가 있는데, 처음 시작의 한 구절이 "大(太)一生水"이므로 죽간을 정리하던 소조小組에서는 그것을 '태일생수太一生水'라고 불렀는데, 그 한 단락에서는 다음과 같이 말하였다.

> 태일太一이 물(水)을 생겨나게 하고, 물은 태일을 '돌이켜 보조'(反輔)하고 이로써 하늘을 이룬다. 하늘은 태일을 돌이켜 보조하고 이로써 땅을 이룬다. 하늘과 땅은 (돌이켜 서로 보조하여) 이로써 신명神明을 이룬다. 신명은 돌이켜 서로 보조하고 이로써 음양을 이룬다. 음양이 돌이켜 서로 보조하여 이로써 사계절을 이룬다. 사계절은 돌이켜 서로 보조하여 이로써 냉기와 열기를 이룬다. 냉기와 열기가 돌이켜 서로 보조하여 이로써 습함과 건조함을 이룬다. 습함과 건조함이 돌이켜 서로 보조하여 세월을 이룬 (후에) 멈춘다. 그러므로 세월은 습함과 건조함이 생겨나게 한 것이다. 냉기와 열기는 (사계절이 산생한 것이다.) 사계절은 음과 양이 산생한 것이다. 음과 양은 신명이 생겨나게 한 것이다. 신명은 하늘과 땅이 생겨나게 한 것이다. 하늘과 땅은 태일이 생겨나게 한 것이다.

여기서 새롭게 발견한, 두 가지 특별하게 주목해야 할 내용이 있다.

하나는 도道(太一)는 만물을 화육생장하기 전에 먼저 물(水)을 생겨나게 한다. 그 구체적인 과정은 곧 도道 → 수水 → 천天 → 지地 → 신명神明 → 음양陰陽 → 사시四時(사계절) → 냉열冷熱(냉기와 열기) → 습조濕燥(습함과 건조함) → 세歲(세월)이다. 이러한 과정은 『노자』의 "도는 하나를 산생하고, 하나는 둘을 생겨나게 하며, 둘을 셋을 산생하며, 셋은 만물을 생겨나게 한다"(道生一, 一生二, 二生三, 三生萬物)라는 말과 『주역』「계사상」의 "역에는 태극이 있고, 이것이 양의를 생겨나게 하며, 양의는 사상四象을 생겨나게 하며, 사상은 팔괘를 생겨나게 한다"(易有太極, 是生兩儀, 兩儀生四象, 四象生八卦)라는 구절에서 말한 화육생장의 순서에 비해서는 매우 상세하다. 도는 물에서 도움을 받아 만물을 화육생장하며, 물은 이로 말미암아 또한 만물의 근원이라고 말할 수 있다.

물이 만물의 근원이 됨은 『관자管子』「수지水地」에 이미 분명한 논의가 있었다.

『관자』「수지」는 전국시대 전기의 저작이며[29] 다음과 같이 말하였다.

> 물은 땅의 혈기血氣이며, 근맥筋脈이 유통함과 같다. 그러므로 물은 속 재료(具材)다.
>
> (물은) 천지에 모여서 만물에 함장含藏되어 있고, 금석金石을 생겨나게 하며, 모든 생명체에 모여 있다. 그러므로 수신水神이라고 한다.
>
> 물은 무엇인가? 만물의 본원이며 모든 생명체의 종실宗室이며, 아름다움(美)·추함(惡)·어짊(賢)·못남(不肖)·어리석음·뛰어남이 말미암아 생겨난다.

물은 만물에 모여 함장되어 있고, 만물에 유통하며, 만물은 모두 물에 의지하여 양육되고 이루어지며, 따라서 물은 만물의 본원이다.[30] 물은 만물의 본원이라는 것은 그리스 철학의 아버지인 탈레스(Thales, B.C.624?~B.C.546?)도 주장하였는데, 이는 인류의 초기 단계에서 사물에 대한 인식이 일정한 동일성이 있음을 나타낸다.

둘째는 '태일이 물을 생겨나게 한다'(太一生水)가 처음으로 "돌이켜 보조함"(反輔)의

29) 황쇠 선생의 고증에 의하면 『管子』「水地」는 당연히 B.C.376~B.C.355년 사이에 쓰였다.(黃釗, 「『管子·水地』篇考證」, 陳鼓應 主編, 『道家文化硏究』 2집) 허항생 선생은 이보다는 1년을 앞당겨야 하며 그 상한은 적어도 B.C.376년보다는 더 이르다고 생각하였다.(許抗生, 「初讀「太一生水」」, 陳鼓應 主編, 『道家文化硏究』 17집, 北京: 生活·讀書·新知三聯書店, 1999, 309쪽)

30) 허항생은 "『노자』는 본래 두 가지 사상적 경향이 있는데, 하나는 물을 숭상하는 사상적 경향('水幾於道')이며, 다른 하나는 하늘을 숭상하는 사상적 경향이다.(예를 들면 '하늘은 사사로이 친함이 없고, 항상 착한 사람과 함께한다'[天道無親, 常與善人]라는 말과 같으며, 또 '하늘의 도는 그것이 활줄 매기[張弓]와 같으며, 높은 것은 누르고 낮은 것을 들어주며, 남으면 덜고 부족하면 보태 준다. 하늘의 도는 남음을 덜어 내고 부족함은 보태 주지만,…… 누가 남음이 있음으로써 천하를 받들 수 있겠는가? 오직 도만 있을 뿐이다!'라는 구절 등과 같다.) 이처럼 물을 숭상하는 사상은 이로부터 『관자』「水地」와 郭店 楚簡의 '太一生水'와 위진시대 楊泉의 '水一元論'에 이른다. 그리고 하늘을 숭상하는 사상은 이로부터 도가가 주장한 천도는 곧 기라는 '氣一元論'의 사상(예를 들면 『管子』 중의 「內業」과 「心術」편 등의 사상)과 '道生氣의 사상'(예를 들면 『淮南子』「天文訓」·『列子』 등)으로 나타난다"(許抗生, 「初讀「太一生水」」, 陳鼓應 主編, 『道家文化硏究』 17집, 北京: 生活·讀書·新知三聯書店, 1999, 309쪽)라고 하였다.

설을 제기했다는 점이다. 태일에서 수水와 천·지에 이르기까지 모두 다음 연결고리에서 '돌이켜 보조함'의 결과가 있었고, 만약 다음 연결고리의 돌이켜 보조함이 없었다면, 위 연결고리도 또한 다음 연결고리로 추진할 수 없었다. 이러한 상황은 곧 현대의 사이버네틱스(인공두뇌연구)의 귀환원리(피드백, 반결합)이며, 따라서 또한 매우 중시해야 할 가치가 있다.[31)]

도는 사물 존재의 본원·본근本根인 동시에 사물 존재의 근거이며, 만사·만물의 본체이다. 도가 만물을 변화 생성한 후에 또 천지만물 존재의 근거가 되고 천지만물 가운데 내재하여 있어 천지만물의 본질이 된다. 따라서 도는 하나의 생성론의 범주이자 동시에 본체론의 범주이다.

노자는 다음과 같이 말했다.

---

31) 龐樸(1928~2015)은 "돌이켜 보조함(反輔)의 설은 우주론의 가장 큰 특징이다. 이 우주론과 동시 혹은 선후로 중국에는 또 두 가지의 우주발생론이 있는데, 그것은 곧 『노자』의 '도는 하나(一)를 생겨나게 하고(産生), 하나는 둘(二)을 생겨나게 하고, 둘은 셋(三)을 생겨나게 하며, 셋은 만물을 생겨나게 한다'(道生一, 一生二, 二生三, 三生萬物)라는 구절과 『주역』의 '역에는 태극이 있고, 이것이 양의를 생겨나게 하고, 양의는 四象을 생겨나게 하며, 사상은 팔괘를 생겨나게 한다'(太極生兩儀, 兩儀生四象, 四象生八卦)라는 구절이다. 이들은 모두 돌이켜 보조함의 사상은 없고, 단지 本元으로부터 한길로만 작용해 간다. 훗날 漢나라의 緯書 가운데 太易·太初·太始·太素의 설은 더욱 좋은 빌미(平滑)를 가진 진화론이었다"라고 하고, 또 "태일은 변화하여 형체를 갖추어 물이 되고, 절대적인 物化가 상대적으로 되고, 抽象이 응고되어 具象이 된다. 따라서 태일이 물을 생겨나게 한 후에도 물은 태일의 밖에 존재하지 않으며, 태일도 또한 물의 밖에서 존재하지 않으며, 태일은 물 가운데 含藏해 있으며, 물은 바로 살아서 生生하는 태일이다. 이때 태일이 물을 생겨나게 하는 것으로부터 말하면 물은 생겨나는 것이며 수동적인 것이며, 물이 태일을 함장하고 있는 것으로부터 말하면, 태일은 함장되는 것이며 수동적인 것이니, 이것을 곧 '물이 태일을 돌이켜 보조한다'라고 하고, 물이 태일에 대한 반작용이다"라고 하였으며, 또 "돌이켜 보조함은 우주 생성의 시작에서 지극히 중요한 관건이 되는 절차다. 만약 태일에 대한 물의 돌이켜 보조함이 없다면 하늘이 장차 이루어질 수 없으며, 만약 태일에 대한 하늘의 돌이켜 보조함이 없다면 땅도 또한 생겨날 수 없다. 태일·물·하늘·땅 이 네 가지의 유기적 관계는 교차하여 섞여서 어떠한 2차원, 3차원 나아가 4차원의 그림으로도 묘사할 수 없는 것이다"(龐樸, 「一種有機的宇宙生成圖式」, 陳鼓應 主編, 『道家文化硏究』 17집, 北京: 生活·讀書·新知三聯書店, 1999, 303쪽)라고 하였다.

도는 감추어져 있어 이름이 없다.(『老子』 41장)

대도가 흘러넘쳐 좌우로 모두 갈 수 있다.(『老子』 34장)

(無色이어서) 보려 해도 볼 수가 없으므로 '이夷'라고 하고, (無聲이므로) 듣고자 해도 들을 수 없으므로 '희希'라고 하며, (無形이므로) 잡으려 해도 잡을 수 없으므로 '미微'라고 한다. 이 세 가지는 따져 물을 수 없으므로 셋을 합하여 하나가 된다. 그 위로 (보려 해도 볼 수 없으므로) 밝지 않고, (만물을 그로부터 볼 수 있으므로) 그 아래는 어둡지 않다. (玄妙하고 또 현묘하므로) 끝이 없어 그 이름을 말할 수 없으며, 어떤 형체도 없는 것으로 환원하므로 이를 상狀(形狀)이 없는 상狀이라 하고, 구체적 사물이 없는 상象(모습)이라 한다. 이를 일러 황홀하다고 한다. (이로써 나는) 보이지 않는 도의 머리(처음)를 맞이하였고 보이지 않는 도의 꼬리(後. 꼬리. 끝)를 따라간다.(『老子』 14장)

도는 보편적으로 존재한다. 도는 없는 곳이 없고 없는 때가 없다. 도는 비록 천지만물을 변화 생성하지만, 도는 결코 구체적인 존재가 아니라 사물 존재의 근거이며, 사물의 공동 본질이다. 바로 이 때문에 도는 "보려 해도 볼 수 없음", "듣고자 해도 들을 수 없음", "잡으려 해도 잡을 수 없음", "보이지 않는 도의 머리(처음)를 맞이함", "보이지 않는 도의 꼬리(後. 꼬리. 끝)를 따르는" 것이다. 도는 감관感官을 감지할 수 있는 것이 아니다. 바로 이 때문에 도는 만물이 얻어서 생겨나고 얻어서 이룰 수 있도록 하며, 갖가지 사물이 그 본래의 양태樣態를 이룰 수 있도록 한다. 오징吳澄(1249~1333)은 "도는 이름 없이 감추어져 있으므로 곧 두루 만물에 부여되어 모자라거나 흠이 없다"[32]라고 하였다. 도는 보편적 존재이며 또한 무한하다. 그것이 보편적이고 무한하기 때문에 능히 만물에 부여될 수 있으므로 흠이 있거나 모자라지 않을 수 없으며, 또한 만물은 그것을 얻어 생겨나고 그것을 얻어 이룰 수 있다.

32) 『中華道藏』 제12책(北京: 華夏出版社, 2004), 600쪽.

시초의 일一을 얻는다는 것은 하늘은 일을 얻어 맑아지고, 땅은 일을 얻어 안녕하게 되고, 신神은 일을 얻어 신령하게 되고, 계곡은 일을 얻어 가득 차게 되고, 만물은 일을 얻음으로써 생겨나고, 제후는 일을 얻어 천하를 바르게(正)[33] 된다.

여기서 이른바 "일一"은 『노자』 42장의 "도생일道生一, 일생이一生二"의 "일一"과는 구별되는 것이다. 도는 일一이며 태일太一이다. 그 일과 태일이 명백하게 되는 것은 도의 유일무이唯一無二함이며, 우연적인 성질이 없기 때문이다. 도가 일임은 또 구체성이 있음과 구별된다. "도생일道生一, 일생이一生二"의 "일一"은 태극太極이며, 일은 생성론의 개념이며, 도가 사물을 생성함을 가리켜 밝힌 것이다. "처음의 일을 얻은 것"은 곧 처음의 도를 얻은 것이다. 하늘이 맑은 까닭, 땅이 안녕한 까닭, 신神이 신령한 까닭, 계속이 가득 차는 까닭, 사물이 생성되는 까닭은 모두 도를 얻었기 때문이며, 모두 도가 그 가운데 있기 때문이다.

도는 만물의 주인(奧)이며, 선인善人의 보물이며, 선하지 않은 사람도 의지하는 것이다.(『老子』 62장)

도는 항상 명名이 없으며, 박樸은 비록 작지만, 천하도 (樸을) 신하로 삼을 수 없다. 제후가 만약 박樸을 지킬 수 있다면, 만물이 장차 저절로 손님이 될 것이다(손님이 되어 모여들 것이다).(『老子』 32장)

대상大象(형체가 없는 가장 큰 象)을 잡으면 천하가 모여든다. 가서 해로움이 없으니, 이에(安=於是) 평안하며 태평하다.(『老子』 35장)

오奧는 주主이다.[34] "대상大象"은 또한 도의 다른 이름이다. 도를 지킴은 천하만물

33) 正은 王弼本에서는 "貞"으로 썼다. 河上公本, 帛書 甲·乙本은 모두 "正"으로 쓴 것에 근거하여 고친다.

34) 『禮記』 「禮運」의 "人情은 밭이므로 사람이 주인이 된다"(人情以爲田, 故人以爲奧也)라는 구절에 대하여 鄭玄은 주석하기를 "奧는 主와 같다. 밭에 주인이 없으면 황폐하게 된

이 스스로 질서를 이루며 스스로 그 방소方所(있어야 할 곳)를 얻는다. 이로써 말하면, 도는 만물존재의 근거이며, 사물의 본질이며, 동시에 사물의 주재主宰이다.

도가 만사와 만물의 본체라는 이 점이 노자 이후에 한 걸음 더 발전하게 된다. 장자莊子는 다음과 같이 말하였다.

하늘은 높지 않을 수 없으며, 땅은 넓지 않을 수 없으며, 일월日月은 유행流行하지 않을 수 없으며, 만물은 창성하지 않을 수 없다.(『莊子』, 「知北游」)

『문자文子』에서도 다음과 같이 말하였다.

산이 높고 연못이 깊으며, 들짐승이 달리고, 조류鳥類가 날고, 기린이 놀고, 바람이 불고, 천문역법이 유행하니, 없어진 것으로써 존재함을 취하고, 비천함으로써 존귀함을 취하며, 물러남으로써 앞섬을 취한다.(『文子』, 「道原」)

『관자管子』에서는 다음과 같이 말하였다.

도라는 것은 입으로는 말할 수 없는 것이며, 눈으로 볼 수 없는 것이며, 귀로도 들을 수 없는 것이다. 마음을 수양함으로써 형체를 바르게 하며, 사람은 그것을 잃으면 죽고 얻으면 산다. 사업에 그것을 잃으면 실패하고, 얻으면 성공한다.(『管子』, 「內業」)

무릇 도는 뿌리도 없고 줄기도 없으며 잎도 없고 (잎의) 무성함도 없으며, 만물이 그로써 생겨나고 만물이 그로써 이루어지니 그것을 일러 도라고 한다.(『管子』, 「內業」)

한비韓非도 다음과 같이 말하였다.

다"(奧, 猶主也. 田無主則荒)라고 하였다.

도는 만물을 그렇게 되도록 하는 것이며, 만 가지 이치가 머무르는 곳이다. 이치는 사물을 이루는 문文(무늬)이다. 도는 만물을 이루어지게 하는 것이다. 그러므로 "도는 만물을 이치대로 되게 하는 것이다"라고 하였다. 사물에는 이치가 있어 서로 침범하지 않는다. 사물에는 이치가 있어 서로 침범하지 않으므로 이치가 사물의 마름(見本)이 된다. 만물은 각각 이치가 다르며, 만물이 각각 이치가 다르나 도는 극진하다. 만물의 이치를 다 모으고 있으므로 변화하지 않을 수 없다. 변화하지 않을 수 없으므로 조행操行(역할, 기능)이 일정하지 않다(無常操). 조행이 일정하지 않기 때문에 생사生死의 기가 거기에 품부되며, 만 가지 지혜와 짐작이 거기에 있으며, 만사가 거기서 그만두기도 하고 일어나기도 한다. 하늘은 그것을 얻어서 높고, 땅은 그것을 얻어 함장含藏하며, 북두칠성을 그것을 얻어 위엄威嚴을 이루며, 일·월은 그것을 얻어 항상 밝으며, 오상은 그것을 얻어 강상綱常을 확립하며, 별자리는 그것을 얻어 그 변화하는 기를 어거馭車하며, 헌원씨軒轅氏는 그것을 얻어 사방四方(세상, 천하)을 차지하였으며, 적송자赤松子는 그것을 얻어 천지를 통합統合하였으며, 성인聖人은 그것을 얻어 문장을 이루었다. 도는 요·순과 함께하면 지혜가 되고, 접여接輿와 함께하면 미치광이가 되고, 걸桀·주紂와 함께하면 함께 멸망하며, 탕왕·무왕과 함께하면 창성한다. 가까이 있다고 여기는데 세상 끝에 노닐고, 멀리 있다고 여기는데 강상으로 내 곁에 있으며, 어둡다고 여기는데 환하게 빛나며, 밝다고 여기는데 그것은 아득하고 어두우며, 그 공은 천지를 이루고 화합하고 변화하여 천둥과 번개가 되고, 우주 안의 사물은 이로 인하여 이루어진다. 무릇 도의 실정은 제약制約도 없고 형체도 없으며, 유약하고 수시로 변하며 이치에 따라 상응한다. 만물을 그것을 얻어서 죽기도 하고, 그것을 얻어서 살기도 한다. 만물은 그것을 얻어서 패敗하기도 하고 그것을 얻어서 이루기도 한다. 도를 물에 비유하면, 물에 빠진 사람은 너무 많이 마셔 죽고, 목마른 사람은 적당하게 마시면 산다. 그것을 칼과 창에 비유하면 어리석은 사람이 분노하여 행하면 화禍가 생기고, 성인이 그것으로써 폭군을 주살하면 복을 이룬다. 그러므로 그것을 얻어서 죽기도 하고, 그것을 얻어서 살기도 하며, 그것을 얻어서 패하기도 하고, 그것을 얻어서 이루기도 한다.(『韓非子』, 「解老」)[35]

---

35) 한비는 법가의 대표 인물이다. 그러나 한비가 말한 "術"은 실제로는 노자에 그 연원이 있는 관계이며, 「解老」와 「喩老」 또한 노자를 해설한 최초의 저작이며, 여기서 도에 관

하늘이 높고, 땅이 넓고, 일·월이 유행하고, 만물이 생겨나고, 들짐승이 달리고, 조류가 날고, 바람이 부는 것은 모두 도에서 얻지 않은 것이 없다. 만물이 도에서 얻는 것으로써 말하면, 사물 그 자체는 자성自性이 결코 없지만, 그 성性은 도에서 얻으니 도의 성은 곧 사물의 성이며, 도의 체體는 곧 사물의 체이다. 만물이 분분하여 일치하지 않으나 모두 스스로 도에서 얻으니 이로부터 또한 도체의 광대함을 밝힐 수 있다.

도는 만사와 만물의 본체이며, 그 자체는 한량限量할 수 없다. 『문자』에서는 다음과 같이 말하였다.

> 도는 약할 수도 있고, 강할 수도 있고, 부드러울 수도 있고, 굳셀 수도 있고, 음이 될 수 있고, 양이 될 수도 있고, 그윽할 수도 있고, 밝을 수도 있고, 천지를 감쌀 수도 있고, 무한함(無方)과 대응할 수도 있다.(『文子』, 「微明」)

그러므로 도는 "조행操行이 일정하지 않다." "조행이 일정하지 않음"은 곧 그때마다 감통하며, 곳에 따라 변화한다. 왜냐하면 "조행이 일정하지 않기" 때문에 한량限量이 없다. 『회남자』에서는 다음과 같이 말하였다.

> 무릇 도道는 하늘을 덮고 땅을 싣고, 사방으로 광활하며, 팔방으로 통한다. 그 높이는 끝을 알 수 없고, 깊이도 헤아릴 수 없다. 하늘과 땅을 감싸고, 형체가 없는 것에 (특성을) 품부稟賦해 주며, 모든 근원의 샘처럼 일어나서 충발衝發(치고 올라)하여 서서히 가득 차고, 세차게 흘러 탁하다가 서서히 맑아진다. 그러므로 수직으로 세우면 하늘과 땅에 가득 차고, 가로로 두면 세상에 가득 펼쳐지고, 베풂이 끝이 없어 아침과 저녁이 없다. 떨침에 우주에 두루 퍼지며, 말아서 오므리면 한 손에도 들지 않는다. 축약되어도 펼쳐질 수 있고, 그윽하면서도 밝다. 약하면서도 강強할 수 있고, 부드러우면서도 굳셀 수 있다. 횡으로 사방으로 넓혀져 음양을

한 해석에서 나타난 것은 자못 노자의 뜻과 부합한다.

포함한다. 우주를 연결하는 끈이 되어 해·달·별을 빛나게 한다. 매우 부드러우면서도 점액粘液질이 풍부하며, 매우 섬세하고 미묘하다.(『淮南子』, 「原道訓」)

대와 소, 축약과 확장, 그윽함과 밝음, 약함과 강함, 부드러움과 굳셈은 본래 서로 정반대가 되는 것이며, 동시에 공존할 수 없는 것이다. 크면 작지 않고, 축약되면 확장하지 않고, 그윽하면 밝지 않고, 약하면 강하지 않고, 부드러우면 굳세지 않다. 그러나 도는 크면서도 작고, 축약되면서도 확장되고, 그윽하면서도 밝고, 부드러우면서도 굳세다. 따라서 『황로백서黃老帛書』에서는 다음과 같이 말한다.

이런 까닭에 상도上道는 높아서 관찰할 수 없으며, 깊어서 측량할 수 없다. 현명顯明하여 이름을 지을 수 없으며, 광대하여 형체를 알 수 없으며, 독립하여 짝이 없으며, 만물을 명령하지 못함이 없다.(『黃老帛書』, 「道原」)

도는 시작이 없으나 응함이 있다. 그것이 아직 오지 않았으면 그것은 없으며, 그것이 이미 왔다면 있는 그대로와 같다.(『黃老帛書』, 「稱」)

도는 시작이 없으나 응함은 있다. 이른바 "있는 그대로와 같다"라는 말은 곧 부드러운 것에서는 부드럽고, 굳센 것에서는 굳세며, 큰 것에서는 크고, 작은 것에서는 작으며, 그 원인에 따라 응한다. 따라서 『문자』에서는 다음과 같이 말한다.

도는 정용正用이 없으나 바르게 되도록 할 수 있고, 산림에 비유하면 재목이 될 수 있는 것과 같다. 재목은 산림에 필적할 수 없고, 산림은 구름과 비에 필적할 수 없고, 구름과 비는 음양陰陽에 필적할 수 없으며, 음양은 화합(調和)에 필적할 수 없으며, 화합은 도에 필적할 수 없다. 도는 이른바 형상形狀이 없는 형상이며, 구체적 사물이 없는 상象이며, 그 의미를 통달할 수 없고, 천지 사이에 도야陶冶하여 변화할 수 있다.(『文子』, 「微明」)

두도견은 "도는 정해진 형태가 없고 사물에 따라서 형태가 이루어진다. 산림의 변화를 보고 운우雲雨와 음양의 화합에 이르기까지를 관찰하면 천지 사이에 형체가 없고 상象이 없는 것은 모두 도야陶冶하여 변화하고 도가 그 정신임을 알 수 있을진저!"(杜道堅, 『通玄眞經纘義』, 권7)[36]라고 하였다. "도야하여 변화함"은 또한 곧 "제약制約도 없고 형체도 없고, 때에 따라 부드럽고 약하다."(『韓非子』, 「解老」) 왜냐하면 도는 때를 따라 감통하고, 곳에 따라 대응하며, 큰 것을 따르면 크고, 작은 것을 따르면 작다. 따라서 도는 "펼치면 육합六合(상하사방)을 덮으며, 말아 쥐면 한 손에도 차지 않는다."

> 도는 한 사람이 그것을 이용해도 남음이 있다는 말을 못 들었으며, 세상이 그것을 행해도 부족하다는 말을 듣지 않았다. 이것을 도라고 한다.(『管子』, 「白心」)

따라서 "도는 지금까지 구별이 있은(封) 적이 없다."(『莊子』, 「齊物論」) "봉封"은 한계 즉 유한성이다. "도는 지금까지 구별이 있은 적이 없다"라는 말은 곧 도는 한계가 없다는 말이다. 따라서 『회남자』에서는 다음과 같이 말한다.

> 도는 그보다 더 높은 것은 없으며(至高無上), 그보다 더 깊은 것은 없으며, 수준으로 평평하며, 먹줄처럼 곧으며, 그림쇠(規. 컴퍼스)처럼 둥글고, 곱자(矩. 직각자)처럼 방정方正하며, 우주를 감싸지만 겉과 속이 없으며, 같은 공동空洞 안에 (하늘을) 덮고 (땅을) 실어도 막힘이 없다.(『淮南子』, 「繆稱訓」)

> 박樸(근본)은 지극히 커서 형상形狀이 없으며, 그 도는 지극히 미묘하여 도량度量할 수 없다. 그러므로 하늘이 둥글어도 그림쇠로 잴 수 없고, 땅은 모나도 곱자로도 그릴 수 없다. 고금왕래古今往來 시간을 주宙라고 하고 사방과 상하를 (공간을) 우宇라고 하며, 도는 그 사이에 있으나 어디에 있는지를 알 수 없다. 그러므로

36) 『中華道藏』 제15책(北京: 華夏出版社, 2004), 626쪽.

원대遠大함을 보지 못하는 자와는 더불어 큼을 말할 수 없고, 광활함을 모르는 자와는 더불어 지극함을 논할 수 없다.(『韓非子』, 「齊俗訓」)

도는 지극히 높고 지극히 크며, 하늘이 둥글어도 그림쇠로 잴 수 없고, 땅은 모나도 곱자로도 그릴 수 없다. 그림쇠로 잴 수 없고 곱자로 그릴 수 없는 것은 그것이 크기 때문이며, 천지가 큰 까닭은 도로 인하여 크다. 도가 높고도 큰 것은 천지와 비견될 만한 것이 아니며, 도가 한량이 없음도 또한 분명하다.

도는 시간의 밖에 초월해 있는 존재이다. 장자는 "살아 있는 것을 죽이는 자는 죽지 않고, 살아 있는 것을 살게 하는 자는 살아 있는 것은 아니다"(『莊子』, 「大宗師」)라고 하였다. 도는 "살아 있는 것을 죽이는 자"이면서 또한 "살아 있는 것을 살게 하는 자"이다. 삶이 있으면 곧 죽음이 있고, 죽음이 있으면 삶이 있다. 삶과 죽음은 모두 구체적 사물의 영역 안에 있는 정경이며, 도는 구체적 사물을 초월하여 그 위에 있는 것이다. "살아 있는 것을 살게 하는 자"로서 도는 살아 있는 것이 아니며, "살아 있는 것을 죽이는 것"으로서 도는 죽지 않으며, 본체 세계의 존재(有)로서 도는 시간을 초월하여 그 밖에 있는 것이다. 이에 대하여 『열자』라는 책에서 다시 구체적으로 설명한다.

살아 있어도 살아 있지 않은 것이 있고, 변화해도 변화하지 않는 것이 있다. 살아 있지 않은 것이 살아 있는 것을 살게 할 수 있고, 변화하지 않는 것이 변화하는 것을 변화하게 할 수 있다. 살아 있는 것은 살아 있을 않을 수 없으며, 변화하는 것은 변화하지 않을 수 없다. 그러므로 항상 살아 있고 항상 변화한다. 항상 살아 있고 항상 변화하는 것은 살아 있지 않은 때가 없으며, 변화하지 않은 때도 없다.(『列子』, 「天瑞」)

그러므로 사물을 살아 있게 하는 것은 (자신은) 살아 있지 않으며, 사물을 변화시키는 것은 (자신) 변화하지 않는다. 스스로 살아 있고 스스로 변화하며, 스스로 형체를 가지고 스스로 색깔을 가지며, 스스로 지혜를 가지고 스스로 힘을 가지며, 스스로

소명하고 스스로 자라난다.(『列子』, 「天瑞」)

그러므로 살아 있는 것이 있고, 살아 있는 것을 살도록 하는 것이 있다. 형체를 가진 것이 있고, 형체를 가진 것이 형체가 있도록 하는 것이 있다. 소리가 있는 것이 있고, 소리가 있는 것을 소리가 있도록 하는 것이 있다. 색깔이 있는 것이 있고, 색깔이 있는 것을 색깔이 있도록 하는 것이 있다. 맛이 있는 것이 있고, 맛이 있는 것이 맛을 가지도록 하는 것이 있다. 살이 있는 것을 살아 있게 하는 것은 죽지만, 살아 있는 것을 살아 있게 하는 것은 끝나지 않은 것이 없다. 형체가 있는 것을 형체가 있도록 하는 것은 실實이지만, 형체가 있는 것을 형체 있도록 하는 것은 있은 적이 없다. 소리가 있는 것을 소리가 있도록 하는 것은 들었지만, 소리가 있는 것을 소리 있도록 하는 것은 드러난 적이 없다. 색깔이 있는 것을 색깔이 있도록 하는 것은 드러나지만, 색깔이 있는 것을 색깔이 있도록 하는 것은 아직 드러난 적이 없다. 맛이 있는 것을 맛을 가지도록 한 것은 경험하였지만, 맛을 가진 것을 맛을 가지도록 한 것은 아직 드러난 적은 없다. (이런 것들은) 모두 무위無爲의 직능이다. 음이 될 수도 있고 양이 될 수 있으며, 부드러울 수도 있고 굳셀 수도 있으며, 짧을 수도 있고 길 수도 있으며, 원이 될 수도 있고 사각형이 될 수도 있으며, 살아 있을 수도 있고 죽을 수도 있으며, 더울 수도 있고 추울 수도 있으며, 떠 있을 수도 있고 가라앉을 수도 있으며, 궁음宮音이 될 수도 있고 상음商音이 될 수도 있으며, 나타날 수도 있고 사라질 수도 있으며, 검은색이 될 수도 있고 황색이 될 수도 있으며, 단맛일 수도 있고 쓴맛일 수도 있으며, 노린내가 날 수도 있고 향기로울 수도 있다. 아는 것이 없을 수도 있고, 할 수 있는 것이 없을 수도 있으며, 모르는 것이 없을 수도 있고, 못하는 일이 없을 수도 있다.(『列子』, 「天瑞」)

살아 있는 것, 형체가 있는 것, 색깔이 있는 것, 맛을 가진 것 모두는 현상계의 사물이며, 모두 구체적이고 한계가 있는 것이다. 양陽이면 음陰이 될 수 없고, 짧은 것은 긴 것이 될 수 없으며, 원은 사각형이 될 수 없다. 그 자체는 결코 자성自性이 없는 것이 아니며, 그 성性은 모두 타자他者로부터 생겨난 것이다. 그리고 도는

"살아 있는 것을 살도록 하는 것", "형체가 있는 것을 형체가 있도록 하는 것", "색깔이 있는 것을 색깔이 있도록 하는 것", "맛이 있는 것을 맛이 있도록 하는 것"이며, 그 자신은 살아 있는 것도 아니며, 색깔도 없고, 형체도 없고, 맛도 없으며, 그 자체는 곧 원만하고 자족한 성질을 갖추고 있으므로 음이 될 수도 있고 양이 될 수 있으며, 부드러울 수도 있고 굳셀 수도 있으며, 짧을 수도 있고 길 수도 있으며, 원이 될 수도 있고 사각형이 될 수도 있으며, 살아 있을 수도 있고 죽을 수도 있으며, 모르는 것이 없을 수도 있고 못하는 일이 없을 수도 있다.

도는 시간의 밖으로 초월할 수 있을 뿐만 아니라, 공간의 밖으로 초월할 수도 있다. 장자는 다음과 같이 말하였다.

> 무릇 도는 아무리 커져도 끝(終)이 없으며, 아무리 작아도 남김없(이 받아들인)다. 그러므로 만물이 여기에 갖추어져 있다.(『莊子』, 「天道」)

성현영은 "종終은 끝남(窮)이다. 이의二儀(兩儀 또는 陰陽)가 비록 크지만, 도 가운데 있으며, 도의 양量을 다할 수 없다. 추호秋毫도 비록 작지만 형체를 가진다면 이처럼 작아도 남기지 않는다. 그것이 능히 작을 수도 있고 클 수도 있으므로 만물에 갖추어져 있음을 안다"(『莊子疏』, 「天道」)라고 하였다. 하늘과 땅이 비록 크지만 도로 인해서 크며, 추호秋毫가 비록 작지만 도로 인하여 작다. 큼과 작음은 모두 도를 벗어남이 없으며, 도는 모든 것을 덮고 있을 뿐만 아니라 모든 것을 포함하고 있으며, 따라서 도는 없는 곳이 없다고 말하며, 따라서 도는 공간의 밖으로 초월한다고 말한다. 『회남자』에서는 다음과 같이 말한다.

> 이른바 도라는 것은 원圓을 체體로 하며, 방方을 법으로 하며, 음을 등에 지고 양陽을 포함하며, 왼쪽으로는 부드럽고 오른쪽으로는 굳세며, 그윽함을 밟고 밝음을 싣고, 변화가 무상하며, 하나의 근원을 얻어서 무방無方으로 응하니, 이것을 신명神明이라고 한다. 무릇 원圓은 하늘이고 방方은 땅이다. 하늘은 둥글고 끝이 없다.

그러므로 다 볼 수가 없고, 땅은 네모나지만, 가장자리가 없으므로 그 문을 엿볼 수가 없다. 하늘은 (만물을) 화육化育하지만 형상形象이 없으며, 땅은 (만물을) 생장하게 하지만 계량計量할 수가 없다. 넓고 커서 분란紛亂하며 매우 무성하니 누가 그 함장含藏된 것을 알겠는가? 무릇 사물은 조짐이 있으나 오직 도만은 조짐이 없으며, 그것이 조짐이 없는 까닭은 그것이 일정한 형세形勢가 없기 때문이다. 돌고 회전해도 끝이 없으니, 마치 해와 달이 운행함과 같으며, 마치 봄과 가을이 교대함이 있는 것과 같고, 해와 달이 낮과 밤이 있는 것과 같이 끝나면 다시 시작하고 밝으면 다시 어두워져 그 실마리를 얻을 수 없다.(『淮南子』, 「兵略訓」)

하늘은 단서가 없고 땅은 가장자리가 없으나, 도는 또 하늘과 땅의 위에 있으며, 하늘의 단서가 없음과 땅의 가장자리가 없음은 또한 도로부터 얻은 것이며, 따라서 도는 더 한량限量이 없다. 시간과 공간은 존재하는 사물의 역한域限[37])이며, 단지 실존하는 사물과의 관계가 있으며, 도는 참모습(本眞)의 존재이며, 따라서 시간과 공간은 도와 관계가 없으며, 또한 도에 대하여 어떤 제한도 할 수 없다.

천지 사이 모든 것은 도에서 얻지 않음이 없으므로 도는 없는 곳이 없으며, 존재하지 않은 때가 없다. 도가 없는 곳이 없음에 대하여 『장자』에 매우 유명한 설명이 있다.

동곽자가 장자에게 "이른바 도는 어디에 있는가요?"라고 물었다. 장자는 "있지 않은 곳이 없다"라고 하였다. 동곽자가 "꼭 찍어 말씀해 주셔야 알아듣겠습니다"라고 하였다. 장자는 "땅강아지나 개미에게도 있다"라고 하였다. 동곽자가 "어찌 그렇게 낮은 곳에 있습니까?"라고 하니, 장자는 "(논의 벼와 비슷한 잡초인) 돌피와 피에도 있다"라고 하였다. 동곽자가 "어찌 더욱 아래로 내려갑니까?"라고 하니, 장자는 "기와나 벽돌에도 있다"라고 하였다. 동곽자가 "어찌 더욱 잡다해집니까?"라고 하니, 장자는 "똥과 오줌 속에도 있다"라고 하였다. 동곽자가 응답하지 않았다.

37) 역자 주: "域限"은 본래 심리학의 용어로 "감각한계"(sensory threshold) 즉 '감수성 균형과 한량의 지표'를 의미한다. 여기서는 領域의 의미로 쓰였다.

장자는 "선생의 질문은 진실로 실질이 부족하다. (시장에서 도축을 담당하는 관리인) 정획正獲[38]이 백정에게 돼지가 살쪘는지 말랐는지를 검사하는 방법을 물으니, 매번 돼지의 넓적다리를 밟아 보면 더 잘 알 수 있다고 하였다. 그대는 오직 반드시 꼭 찍어 말할 필요는 없다. (도는) 사물에서 떠나지 않는다. 지극한 도는 이와 같으며, 크게 말해도 또한 그러하다. 두루(周), 고루(遍), 모두(咸) 이 세 가지는 이름은 다르지만 실實은 같으며, 모두 한 가지를 가리킨다"라고 하였다.(『莊子』, 「知北游」)

동곽자가 물은 것은 말이 실질을 언급하지 않았고, 문제의 실질을 결코 파악하지 못하였다. 도는 "존재하지 않은 곳이 없고", 도는 "사물을 떠남이 없으니" 사물이 있으면 곧 도가 있다. 모든 생명이 있는 사물뿐만 아니라, 모든 생명이 없는 사물, 지극히 하등하고 지극히 천한 똥과 오줌에도 그 속에는 도가 있으며, 그것이 존재하는 것도 도로 인하여 존재한다. 도는 지극히 하등하고 지극히 천한 사물에도 있으며, 지극히 하등하고 지극히 천한 사물도 또한 도로 인하여 존재한다는 말은 도가 존재하지 않은 곳이 없음을 밝힌 것이다. 그러므로 "매번 돼지의 넓적다리를 밟아 보면 더 잘 알 수 있다", "사물을 떠남이 없다"라는 말은 도가 사물 밖에 있지 않고, 사물 또한 도 밖에 있지 않음을 말한 것이다. 따라서 도는 두루·고루·모두 있으며, "두루(周), 고루(遍), 모두(咸) 이 세 가지는 이름은 다르나 실질은 같으며, 모두 한 가지를 가리킨다"라고 한 말은 모두 도가 공간적으로 무한성임을 가리킨다.

극한이 없는 도는 현상계 사물 존재의 본원이자 본체로서 추상抽象적인 것이지 구상具象적인 것이 아니다. 도는 자신을 제외하고는 다른 어떤 것도 아니고, 도는 오직 그 자신일 뿐이며, 도는 단지 도일 뿐이며, 도는 오직 무無로써 상대하며, 무를 짝의 "일一"로 삼는다. "이른바 일一은 세상에 필적할 만한 것이 없다."(『淮南子』, 「原道訓」)

38) 역자 주: "正獲"은 합하여 시장에서 도축을 담당하는 관리라는 뜻으로 보는 견해도 있으나, 成玄英은 正을 市令이라는 관직 이름으로, 獲은 사람의 이름으로 보았다.

도는 심지어 "일"로도 지칭할 수 없으며, 오직 도는 도라고 말할 수 있을 뿐이다. 장자는 다음과 같이 말하였다.

> 이미 하나가 되었다면, 또 무슨 말이 있겠는가? 이미 하나라고 하였다면 또 말이 없다고 할 수 있는가? 하나와 말이 둘이 되고, 둘과 하나가 삼이 된다. 이로부터 나아가면, 아무리 역법에 뛰어난 사람이라도 다 계산할 수 없는데, 하물며 보통 사람임에랴!(『莊子』, 「齊物論」)

곽상郭象(?~312)은 "무릇 말로는 하나를 말하지만, 하나는 말이 아니니 하나와 말이 둘이 된다. 하나는 이미 하나이며 말이 또 있다. 하나가 있고 또 둘이 있으니 셋이라고 하지 않을 수 없도다! 무릇 하나라는 말로 하나를 말하니, 이에 곧 셋이 되며, 하물며 그 지류支流를 찾으면 모든 사물은 다르게 불리며, 비록 아무리 잘 헤아려도 능히 기록할 수 없다. 그러므로 하나라고 하는 것은 저것과 아직 다름이 없고, 하나를 잊어버린 것이라 말이 없어도 스스로 일一이다"(『莊子注』, 「齊物論」)[39]라고 하였다. 도는 하나이지만, 도를 가리켜 하나라고 할 수는 없다. 도를 하나라고 말하면, 하나 외에 또 말이 있다. 하나 외에 말이 있음은 곧 말은 하나가 아니며, 하나는 말이 아니다. 하나는 말이 아니며, 말은 하나가 아니라는 것은 곧 하나와 말이 둘이 된다. 하나와 말이 둘이 되는 것은 곧 하나와 말은 구별이 있다는 뜻이다. 하나가 이미 말과 구별이 있으면, 그 구별되는 것은 곧 하나도 아니고 또 말도 아니다. 이미 하나도 아니고 또 말도 아니라면 무엇인가? 이것이 곧 이른바 셋이다. 따라서 "무릇 하나라는 말로 하나를 말하니, 이에 곧 셋이 된다"라고 하였다. 도는 하나라고 하면 곧 이와 같은 위험이 있으니 더는 다른 것을 설명할 필요가 없다.

도는 말로 설명할 수 없고, 도는 다른 어떤 것도 아니며, 도는 단지 그 자신일 뿐이다. 왜냐하면 만약 도가 어떤 것이라면 그것은 적어도 두 가지 사물이 존재함을 의미한다. 두 가지 사물이 존재하고, 두 가지 사물은 두 가지 것으로 하나의 사물이

39) 郭慶藩, 『莊子集釋』(北京: 中華書局, 1961), 82쪽.

아니며, 두 가지 사물 사이에는 구별이 있음을 나타낸다. 이 사물은 이미 도와 구별이 있고, 이 사물은 곧 도가 아니다. 이 사물이 도가 아니며, 도가 아니라면 곧 도가 될 수 없다. 이 사물이 도가 아닌 것은 또한 도 외에 어떤 사물이 있음을 나타낸다. 도 외에 어떤 사물이 있다면 도가 결코 무한한 것이 아님을 나타낸다. 도가 이미 한계가 있다면, 또 도가 아님과 같다면, 이러한 도는 당연히 진정한 도가 아니다. 그러므로 도는 말로 표현할 수 없다.[40] 도가 무엇인가를 말로 설명할 수 없고 오직 도는 도라고 할 수 있을 뿐이다. 장자는 "도는 물을 수 없고, 물음에 응답할 수도 없다"(『莊子』, 「知北游」)라고 하였다. 도를 묻는 사람은 도를 알지 못하고, 응답하는 사람도 또한 도를 알지 못한다.

『장자』에게는 다음과 같이 기록하였다.

> 지知가 북쪽 현수玄水의 상류에서 노닐다가 은분隱弅의 언덕으로 올랐다가 마침 무위위無爲謂를 만났다. 지가 '무위위'에게 "제가 당신에게 묻고 싶은 게 있는데, 어떻게 생각하고 어떻게 꾀해야 도道를 알 수 있습니까? 어떻게 처신하고 어떻게 일을 해야(服) 도에 안주安住할 수 있습니까? 무엇을 따르고 '무엇을 일삼아야'(何道) 도를 터득할 수 있습니까?"라고 세 가지를 물었지만, 무위위는 대답하지 않았다. 대답하지 않은 것이 아니라, 답을 몰랐다.
>
> 지가 대답을 듣지 못하고, 백수白水의 남쪽으로 돌아와 호결狐闋의 언덕으로 올라갔다가 (거기서) 광굴狂屈을 보았다. 지는 그 말(之言. 그 질문)을 광굴에게도 하였다. 광굴이 말하기를 "아, 내가 그것을 알아 막 말을 하려는 가운데 말하고자 하는 바를 잊어버렸네"라고 하였다. 지는 대답을 듣지 못하고, '황제의 궁궐'(帝宮)로 돌아와 황제黃帝를 만나 그에게 질문을 하였다. 황제는 "생각이 없고 꾀함이 없어야 비로소 도를 알 수 있고, 처신함이 없고 일이 없어야 도에 안주할 수 있으며, 따름도 없고 일삼음도 없어야 비로소 도를 터득하게 된다네"라고 말하였다. 지가

---

40) 馮友蘭은 "엄격하게 말하면, 큰 전체, 우주 혹은 大一은 말로써 표현하기 어렵다. 왜냐하면 그것은 지극하게 크기 때문에 밖이 없으며, 만약 그것과 상대하여 말할 것이 있다면, 이 말할 것은 곧 그것 밖에 있다"(馮友蘭, 『新理學』)라고 하였다.

황제에게 묻기를 "내가 당신으로부터 도를 알았지만, 저 무위위와 광굴은 알지 못합니다. 누가 옳습니까?"라고 하였다. 황제는 "저 무위위야말로 진실로 옳고, 광굴은 근사近似하고 나와 자네는 끝내 근사할 수도 없네. 무릇 도를 아는 사람은 말하지 않고, 도를 말하는 사람은 도를 모른다. 그러므로 성인聖人은 말하지 않는 가르침을 행하였네. 도는 끝까지 다할 수 없고, 덕은 지극할 수 없다네…… "라고 하였다.

지가 무위위와 광굴에게 도를 물었으나 둘 다 대답하지 않았고, 황제黃帝에게서 회답을 얻었으나 그럼에도 부정적인 회답이었다. 지가 자신과 황제는 도를 알았으나 무위위와 광굴은 도리어 도를 알지 못하였다고 하자, 황제는 무위위는 진정으로 도를 알고 있었고, 광굴은 근사하게 알았지만, 지와 자신은 전혀 알지 못한다고 하였다. 이 하나의 고사는 「지북유」에도 또한 다른 설명이 있다.

태청泰淸이 무궁無窮에게 "그대는 도를 아는가?"라고 물었다. 무궁無窮은 "나는 모른다"라고 하였다. 태청이 다시 무위無爲에게 물으니, 무위가 "나는 도를 안다"라고 하였다. 태청이 "그대가 도를 아는 것에 무슨 방법(數, 術數)이 있는가?"라고 물었다. 무위가 "있다"라고 하였다. 태청이 "그 방법이 무엇인가?"라고 물었다. 무위가 "나는 도가 귀할 수도 있고, 천할 수도 있고, 묶을 수도 있고 흩을 수도 있음을 안다. 이것이 내가 도를 아는 방법이다"라고 하였다. 태청이 이 말을 무시無始에게 말하면서 "만약 이와 같다면 무궁이 (도를) 알지 못함과 무위가 아는 것 가운데 누가 옳고 누가 그른가?"라고 물었다. 무시無始는 "알지 못함은 (도를 터득함이) 깊은 것이고, 알고 있음은 (도를 터득함이) 얕다. 알지 못함은 (도를 터득함이) 내면에 있으며, 알고 있음은 (도를 터득함이) 외면에 있는 것이다"라고 하였다. 이에 태청이 놀라 탄식하며(中而歎)[41] "알지 못함이 곧 앎이라는 것인가! 앎이 곧 알지 못함이라는 것인가! 누가 알지 못함이 앎임을 알겠는가!"라고 하였다. 무시無始가 "도는 (귀로) 들을 수 없으니, 들을 수 있다면 도가 아니며, 도는 볼

41) 역자 주: "中而歎"에서 中을 陳景元과 崔譔은 '卬'으로 해석하며, 成玄英·林雲銘·陸樹芝 등은 '中'으로 해석한다. 여기서는 문맥상 卬으로 보았다.

수 없으니, 볼 수 있다면 도가 아니며, 도는 말로 할 수 없으니, 말로 할 수 있다면 도가 아니다. 형체 있는 사물을 형체를 갖추도록 하는 것은 형체가 아닌 것(즉 도)으로부터 말미암는다는 것을 아는가?[42] 도는 이름을 붙일 수 없다"라고 하였다. 무시無始는 "도를 물음에 그에 대답하는 사람은 도를 알지 못한다. 비록 도를 듣더라도 또한 도를 듣지 못한 것이다. 도는 물을 수도 없으며, 물음에 대답할 수도 없다. 물을 수 없는데 물으니 물음이 끝난 것이다(물음이 아니다). 대답할 수 없는데 대답한다면 이것은 내면의 도가 없는 것이다. 내면에 없는데 물음이 다할 것을 기다리니, 이와 같은 사람은 밖으로는 우주를 보지 못하고 안으로는 태초를 알지 못한다. 이 때문에 곤륜산을 지나가지 못하고, 태허太虛에서 노닐지 못한다"라고 하였다.

태청太淸, 무궁無窮, 무위無爲, 무초無初는 모두 장자가 꾸며 낸 우화寓話 중의 인물이다. "도는 이름을 붙일 수 없다"라는 말은 도는 이름으로 그것을 부를 수 없다는 말이다. "도는 물을 수도 없으며, 물음에 대답할 수도 없다"라는 말은 도를 어떤 것이라 설명할 수 없고, 도에 대하여 어떤 회답을 할 수 없으며, 그것은 아마도 부정적 회답은 모두 착오일 것이다. "도를 아는 사람은 말하지 않고, 도를 말하는 사람은 도를 모른다." 인류가 창조해 낸 언어는 본래 현상계의 갖가지 사물을 묘사하고, 현상계의 갖가지 사물에 대한 자신의 생각을 표현하기 위해서 만들어졌다. 어떤 의미에서 말하면, 언어는 현상계의 영역을 뛰어넘지 못하며, 언어는 자신의 가정을 뛰어넘지 못하기 때문에 언어는 국한적이다. 따라서 현상계를 초월하는 사물에 대하여 인류가 창조해 낸 언어로 분명하게 말할 수가 없다. "무릇

---

42) 역자 주: "知形形之不形乎?" 이 구절의 해석은 해석자마다 크게 혹은 조금씩 다르다. 張耿光은 "形形"을 "형체가 있는 사물이 능히 형체를 갖출 수 있도록 함"(使有形的事物能够具有形體)이라고 해석하고, 앞의 '形'을 동사로 보았다.(張耿光, 『莊子全譯』, 貴州: 人民出版社, 1995 4차, 395쪽) 이에 장경광은 이 구절을 "유형의 사물이 형체를 갖추는 까닭은 곧 무형의 도로 인하여 생겨남을 알아야 한다"(要懂得有形之物之所以具有形體正是因爲產生於無形的道啊)라고 주석하였다. 그리고 이 책의 저자는 "知形形之不形乎?"로 구독하였다. 이에 따라 이 구절을 "형체 있는 사물을 형체를 갖추도록 하는 것은 형체가 아닌 것으로부터 말미암는다는 것을 아는가?"로 번역한다.

도는 일찍이 구별이 있은 적이 없으며, 말은 일찍이 일정함이 있은 적이 없었다."(『莊子』, 「齊物論」) 일정함이 없는 언어로써 무한한 도를 서술하거나 묘사하는 일은 당연히 할 수 있는 능력이 없다. 그러므로 "도는 약할 수도 있고, 강할 수도 있고, 부드러울 수도 있고, 굳셀 수도 있고, 음이 될 수 있고, 양이 될 수도 있으며, 그윽할 수도 있고, 밝을 수도 있으며, 천지를 감쌀 수도 있고, 무한함(無方)과 대응할 수 있다."(『文子』, 「微明」) 이와 같은 것은 도와 방불하지만 곧 도는 아니며, 이와 같은 것은 여전히 한량이 있고, 여전히 한계가 있지만, 도는 한량이 없으며, 도는 한계가 없다.

노자와 장자는 도가 말로 할 수 없는 것이라 하였지만, 노자와 장자는 도에 대하여 언급한 것이 있다. 어떻게 그것을 언급하였는가? 또 무엇으로 그것을 말하였는가? 두도견杜道堅(1237~1318)은 "도는 말로 할 수 없으며, 말할 수 있으면 곧 사물이다. 말은 진실로 도가 아니며, 말이 아니면 명확하지 않다"[43]라고 하였다. 말이 아니면 사람이 어찌 도를 알겠는가? 노자와 장자가 도에 대하여 언급한 것은 단지 사람들에게 그 비슷한 것을 터득하도록 가르친 것이며, 사람을 가르친 것은 아니다. 이것이 곧 도이다. 불교에서는 이른바 "달을 가리킴"의 비유가 있다. 『능엄경楞嚴經』 권2에서는 "예를 들면 어떤 사람이 손가락으로 다른 사람에게 달을 가리켰는데, 그 사람이 가리킨 것을 따라 마땅히 달을 보아야 한다. 만약 다시 손가락을 보고 달의 형체라고 여기면 이 사람이 어찌 둥근 달을 잃어버렸을 뿐만 아니라, 또한 그 손가락도 잃어버린단 말인가?"라고 하였다. 손으로 달을 가리키지 않는다면 달을 알게 할 것이 없으며, 손가락으로 달을 가리키지만, 손가락이 달은 아니다. "태청泰淸이 무궁無窮에게 '그대는 도를 아는가?'라고 물었다. 무궁無窮은 '나는 모른다'라고 하였다. 태청이 다시 무위無爲에게 물으니, 무위가 '나는 도를 안다'라고 하였다." 또 "무시無始는 '알지 못함은 (도를 터득함이) 깊은 것이고, 알고 있음은 (도를 터득함이) 얕다. 알지 못함은 (도를 터득함이) 내면에 있으며, 알고 있음은 (도를 터득함이) 외면에 있는 것이다'라고 하였다. 이에 태청이 놀라 탄식하며, '알지 못함이 곧 앎이라는

43) 『中華道藏』(北京: 華夏出版社, 2004), 625쪽.

것인가! 앎이 곧 알지 못함이라는 것인가! 누가 알지 못함이 앎임을 알겠는가!'라고 하였다." 결코 알지 못함이 곧 앎은 아니며, 앎이 곧 알지 못함은 아니다. 앎은 그 알지 못한 것을 억지로 아는 것이 아니면 아는 것이다. 알지 못하는데 스스로 안다고 여기면 이것은 앎이 아니다. 알지 못하는 앎을 스스로 안다고 여기면 앎이 심각하게 얻은 것이 많지 않다는 말이며, 하나의 부정적 회답은 왕왕 긍정적인 회답에 비하여 심각하게 얻은 것이 많을 수도 있다. "아는 자는 말하지 않고, 말하는 자는 모른다"라는 말은 곧 말하는 자는 진실로 모르며, 말하지 않는 자도 또한 곧 아는 것은 아니라는 말이다. 아는 자가 말하지 않음과 모르는 자가 말하지 않음은 본질적으로 구별된다. 앎과 알지 못함이 근본이며, 말함과 말하지 않음은 단지 말단일 뿐이다. 아는 자는 말할 수 있고 또한 말하지 않을 수도 있으며, 그가 말함과 말하지 않음은 모두 앎이다. 알지 못하는 자도 말할 수 있고 또 말하지 않을 수도 있으나, 그가 말함과 말하지 않음은 모두 (도를) 알지 못함이다.

> 도는 들을 수 없으니 들었다면 (도가) 아니다. 도는 볼 수 없는데 보았다면 (도가) 아니다. 도는 말할 수 없는데 말한다면 (도가) 아니다. 형체 있는 사물을 형체를 갖추도록 하는 것은 형체가 아닌 것(즉 도)으로부터 말미암는다는 것을 아는가? 도는 이름을 붙일 수 없다.(『莊子』, 「知北游」)

도는 형체 있는 사물이 형체를 갖추도록 하는 것이며, 형체 있는 사물이 갖춘 형체는 (진정한) 형체가 아니며, 형체 있는 사물이 형체를 갖추도록 하는 것은 형상形狀이 없는 것이며, 또한 형상을 갖출 수도 없는 것이다. 들을 수 있고, 볼 수 있고, 말할 수 있는 사물은 모두 현상계의 구체적 사물이다.

> 도라는 것은 입으로 말할 수 없는 것이며, 눈으로 볼 수 없는 것이며, 귀로 들을 수 없는 것이다.(『管子』, 「內業」)

도라는 것은 보려고 해도 볼 수 없고, 들으려고 해도 들을 수 없으며, 형상形狀이 될 수도 없다. 만약 보아도 볼 수 없는 것, 들으려 해도 들을 수 없는 것, 형상이 없는 형상이 있음을 안다면, 거의 도를 아는 데 가깝다.(『呂氏春秋』, 「仲夏紀 · 大樂」)

현상적 존재가 아닌 것으로 도는 들을 수 없고, 볼 수 없고, 말로 할 수 없다.

황제黃帝가 천자의 자리에 오른 지 19년에 그의 정령政令이 천하에 시행되고 있었는데, 광성자廣成子가 공동산空同山 위에 있다는 말을 듣고 일부러 찾아가 만나 보고서 "나는 선생께서 지극한 도에 도달하셨다고 들었습니다. 감히 묻습니다. 지극한 도의 정수가 무엇입니까? 나는 천지의 정기精氣를 취하여 오곡五穀의 생장을 도와 인민을 부양하고자 합니다. 나는 또 음양陰陽을 다스려 뭇 생명을 이루게 하고자 하니 어떻게 하면 좋겠습니까?"라고 물었다. 광성자廣成子는 "당신이 묻고자 하는 것은 사물의 본질本質이지만, 당신이 다스리고자 하는 것은 사물을 해치는 것이다. 당신이 천하를 다스린 뒤로 구름은 충분히 모이기도(族은 聚의 뜻) 전에 비가 되어 내리고, 초목은 잎이 누렇게 변하기도 전에 떨어졌으며 해와 달의 빛도 더욱 황폐해졌으니, 당신은 말로만 남에게 아첨하는 천박한 사람이다. 그러니 어찌 지극한 도를 일러 주기에 충분하겠는가!"라고 대답하였다.(『莊子』, 「在宥」)

환공桓公이 당상에서 글을 읽고 있었는데 윤편輪扁이 당 아래에서 수레바퀴를 깎고 있다가 몽치와 끌을 내려놓고 위로 환공을 올려다보며 "감히 묻습니다. 임금께서 읽고 계시는 것은 어떤 말입니까?"라고 물었다. 환공은 "성인의 말씀이다"라고 하였다. 윤편이 "성인이 살아 있습니까?"라고 물었다. 환공이 "이미 죽었다"라고 하였다. 윤편이 "그렇다면 임금께서 읽고 계시는 것은 옛사람의 찌꺼기(魄은 粕으로 봄)가 아닙니까?"라고 하였다. 환공이 "과인이 읽고 있는 글을 어찌 수레기술자와 논의하는가? 들을 만하면 괜찮지만 그렇지 못하면 죽임을 당할 것이다"라고 하였다. 윤편이 "신臣도 신의 일로 살펴보겠습니다. 수레바퀴를 깎는데, 여유가 있으면 헐거워서 견고하지 못하고, 너무 꼭 맞게 깎으면 빡빡해서 들어가지 않습니다. 여유 있게 깎지도 않고 너무 꼭 맞게 깎지도 않는 것은 손으로 터득하여 마음으로 호응하는 것이어서 입으로 말할 수 없습니다. 교묘한 기술(數는 術로 봄)이 그 사이에 있습니다. 신도 그것을 신의 자식에게 깨우쳐 줄 수 없고, 신의 자식도 그것을 신에게 받을 수 없습니다. 이 때문에 칠십의 늙은 나이에도 수레바퀴를 깎고 있습니다. 옛사람도 (말로) 전할 수 없는 것을 가지고 죽었을 것입니다. 그러므로 임금께서 읽고 있는 것은 옛사람의 찌꺼기일 따름입니다"라고 하였다.(『莊子』, 「天道」)

말로 할 수 있는 것은 사물이며, 사물은 정세精細하지 못하며, 말로 할 수 없는 것이 사물의 정밀함이다. 그리고 도는 사물보다 더 높이 있으므로 도는 들을 수도 없고, 볼 수도 없으며, 말할 수도 없고, 이름 부를 수도 없다. 들을 수 있고, 볼 수 있고, 말할 수 있고, 이름 부를 수 있는 것은 도가 아니다. 그러므로 노자는 "도는 도라고 말할 수 있지만, 꼭 도라고만 말할 필요는 없으며, 이름을 그 이름으로 부를 수는 있지만, 꼭 그 이름으로만 부를 필요는 없다"(『老子』 1장)라고 하였다. 왕필은 "도라고 할 수 있는 도와 이름 부를 수 있는 이름은 사물이 형체를 갖춘 것을 가리키며, 그 항구함(常; 불변의 도)은 아니다"[44](王弼, 『道德眞經注』, 권1)라고 하였다. 도는 항구하고(常), 태太이며, 하나이며, 본진계本眞界의 존재이며, 현상계에서 실제로 존재하는 것이 아니므로, 도는 들을 수도 없고 볼 수도 없으며, 말할 수도 없고 이름 부를 수도 없다.

도를 도라고 할 수 없는 것은 곧 절대적 본체를 도라고 부를 수 없는 것과 같다. 이에 불교의 선종禪宗에도 이와 비슷한 논설이 있다.

혹 청원행사青原行思(671~740)에게 "불법佛法의 대의는 어떠합니까?"라고 물었다. 행사는 "여릉廬陵의 쌀값은 얼마인가?"라고 대답하였다.(『祖堂集』, 권3)

혹 동산수초洞山守初(910~990)에게 "부처는 어떠합니까?"라고 물으니, 수초는 "마麻 세 근이네"라고 하였다.(『五燈會元』, 권15, 「洞山守初禪師」)

---

44) 『中華道藏』 제9책(北京: 華夏出版社, 2004), 192쪽.

표면적으로 보면 동문서답이지만, 실제로 불법佛法의 대의를 어찌 말로써 분명하게 설명할 수 있겠는가? 언어로 설명할 수 없다고 결코 불법의 대의가 없다는 것이 아니라, 다만 억지로 잡을 수는 없는 것이다. 청원과 동산은 동문서답의 방법으로 바로 이 집착을 깨려고 하였으며, 그 신변의 잡사와 잡물로써 언급하였고, 그 뜻은 또한 불법의 대의가 곧 일상생활 속에 존재함을 의미한다.

혹 마조도일馬祖道一(709~788)에게 "왜 (달마대사가) 서쪽에서 왔습니까?"라고 물었다. 선사는 즉석에서 때리며, "내가 만약 너를 때리지 않으면, 모두가 나를 비웃을 것이다"라고 하였다.(『五燈會元』, 권3, 「江西馬祖道一禪師」)

혹 청량문익淸凉文益(885~958)에게 "무엇이 궁극의 진리(第一義)입니까?"라고 물으니, 문익은 "나는 여도汝道를 향해 두 번째의 뜻(第二義)이다"라고 대답하였다.(『五燈會元』, 권10, 「淸凉文益禪師」)

본체는 말할 수 없고, 또한 궁극의 진리도 말할 수 없다. 한 사람의 지자智者로서 반드시 어떤 일에 대하여 할 말을 한 뒤에 결국은 말하지 않음과 무언無言으로 돌아갔다. 득도한 사람으로 반드시 먼저 말이 매우 많은 후에 침묵을 유지한다. 침묵은 결코 무언無言이 아니며, 침묵은 또한 일종의 설명 방식이며, 마땅히 말하지 않아야 할 때는 말하지 않음을 견지한다. 고대 그리스의 철학자 고르기아스(Gorgias, B.C.483?~B.C.376)는 일찍이 세 가지 명제를 제출하였다. "존재하는 사물은 없다." "사물이 존재한다고 해도 알 수 없다." "사물이 존재하고 또 알 수 있다고 해도, 또한 이와 같은 지식을 다른 사람에게 전할 수 없다." 비트겐슈타인(Ludwig Josef Johann Wittgenstein, 1889~1951)도 말할 수 있는 것은 분명하게 말하고, 말할 수 없는 것은 침묵해야 한다고 여겼다. 그의 명저인 『논리철학논고』의 결론은 곧 다음과 같다.

우리가 말할 수 없는 것에 대하여 우리는 침묵으로 넘겨야 한다.[45)]

본체는 말할 수 없으며, 언어는 결코 만능이 아니다. 본체는 하나의 스스로 밀봉된 상태이며, 언어는 자신의 한계를 가지고 있다. 가장 기묘한 것은 언어는 무능의 능력을 가지고 있다는 사실이다.

2. 도는 자연을 본받는다

들을 수 없고, 볼 수 없고, 말할 수도 없는 도는 천지만물 존재의 본원이자 본체이며, 천지만물을 창건創建하고 완성하였다. 그러나 도가 천지만물을 완성한 것은 결코 의도적으로 한 것이 아니며, 완전히 무의적으로 이루었다. 노자는 "사람은 땅을 본받고, 땅은 하늘을 본받고, 하늘은 도를 본받고, 도는 자연을 본받는다"(『老子』 25장)라고 하였다. "도는 자연을 본받는다"라는 말은 노자철학의 근본이다. "도는 자연을 본받는다"라는 말은 무엇을 말하는가? (自然에서) "자自"는 자기 자신이며, "연然"은 양태樣態이다. 『광아廣雅』 「석고釋古」에서는 "연然은 성成이다"라고 하였다. 사물이 이루어짐은 반드시 그 까닭이 있다. "모든 사물이 그러한 것에는 반드시 까닭이 있다"(『呂氏春秋』, 「季秋 · 審己」)라고 하였다. 또 "그러므로 얻은 것이 있은 후 완성된다"(『墨子』, 「經上」)라고 하였다. 그러므로 나누어짐에 큰 원인(故)과 작은 원인이 있으니, "작은 원인은 그것이 있어도 (결과가) 반드시 그렇게 되지는 않으며, 없으면 반드시 (그 결과는) 반드시 그렇게 되지 못한다.…… 큰 까닭은 그것이 있어야 반드시 그렇게 되고, 없으면 반드시 그렇게 되지 않는다"(『墨子』, 「經說上」)라고 하였다. 그것이 그렇게 되는 원인은 자신에게 근거하며, 외부의 힘이 강요하고 강박함이 아니다. 이 때문에 "스스로 그러함"(自然)이라고 한다. "자연"은 곧 스스로

45) 비트겐슈타인, 『논리철학논고』(手稿影印과 독어 · 영어 대조본, 런던, 1971), 237쪽.

생겨나고, 스스로 변화하며, 스스로 이루어지니 곧 스스로 본원本源이 되고 스스로 근원根源이 되며, 외부의 힘이 강박함이 없다.

스스로 본원本源이 되고 스스로 근원根源이 되며, 천지가 있기 전에 태고로부터 확고하게 존재한다.(『莊子』, 「大宗師」)

천지는 그 도를 바르게 하며, 사물은 스스로 그렇게 된다.(『淮南子』, 「泰族訓」)

하늘이 움직임에 기가 발산되며, 천체가 움직임에 기가 곧 발출되며, 사물이 이로써 생겨난다. 천체의 움직임은 만물을 생출하려는 욕망은 없으며, 사물이 스스로 생겨나니 이것이 곧 자연이다.(王充, 『論衡』, 「自然」)

곽상도 "자연"을 다음과 같이 해석하였다.

누가 선물先物(최초의 사물)을 얻었는가? 나는 음양을 선물先物로 여기는데, 음양은 이른바 사물일 뿐이다. 누가 또 먼저 음양을 얻었는가? 나는 자연이 먼저 그것을 얻었다고 보며, 자연은 곧 사물이 스스로 그러할 뿐이다.…… 분명하게 사물은 스스로 그러하며, 누가 그렇게 하도록 함이 아니다.(『莊子注』, 「知北游」)[46]

그러므로 생겨나고 또 생겨나게 하는 것은 누구인가? 홀로 스스로 생길 뿐이다. 스스로 생길 뿐, 내가 생기게 한 것은 아니다. 내가 사물을 생겨나게 할 수 없을 뿐만 아니라, 사물 또한 나를 생겨나게 할 수 없으며, 자기가 스스로 그러하였다. 자기 스스로 그러함을 천연天然이라고 한다. 천연일 뿐 억지로 함이 아니며, 따라서 천天으로써 말한다. 천으로써 말하는 것은 그것이 자연임을 밝히려는 까닭이니 어찌 창창蒼蒼하다 하지 않겠는가?…… 그러므로 천은 만물의 총괄적 이름이다. 하늘에 대적할 자가 없는데 누가 사물을 부리는 주역이 될 것인가?(『莊子注』, 「齊物論」)[47]

46) 郭慶藩, 『莊子集釋』(北京: 中華書局, 1961), 764쪽.
47) 郭慶藩, 『莊子集釋』(北京: 中華書局, 1961), 50쪽.

"자연"은 결코 물질적 존재가 아니며, 또한 사실적 존재도 아니다. "자연"이라는 단어는 중국 고대에서는 결코 자연계의 자연이라는 뜻을 갖추지는 않았으며, 스스로 그러한 것이며, 스스로 그러함을 얻으며, 자기가 자기에게 이렇게 되도록 하는 것이며, 외력外力으로 강박하는 뜻은 없다. 중국 고대철학에서는 외재적인 자연물을 일컬어 "자연"이라고 하지 않고, "천天"이라 부르거나 혹은 "천지天地"라고 불렀다. 하나의 명사로 사용되는 "자연" 혹은 "자연계"와 "대자연"(nature)의 의미는 근대 이후의 일이며, 심지어는 외래어라고 말하기도 한다.[48]

"자연"은 노자철학의 관건이 되는 용어이다. 『노자』라는 책에서 "자연"을 언급한 곳은 50군데이다.

최상의 지도자는 백성들이 그가 있음을 알기만 하는 사람이고(太上, 下知有之[49]),

---

48) 阮籍(210~263)은 『達莊論』에서 "천지는 자연에서 생겨나고, 만물은 천지에서 생겨난다. 자연이라는 것은 외면이 없으므로 천지라고 이름 부른다. 천지는 내면이 있으므로 만물이 거기서 생겨난다. 그것이 외면이 없는데 누가 다르다고 하겠는가? 그것이 내면이 있는데, 누가 특수하다 하겠는가?"라고 하였다. 장대년은 이 말을 해석하기를 "자연은 지극히 커서 외면이 없는 전체이며, 천지만물은 모두 자연 가운데 갖추어져 있다. 완적은 '자연'이란 말로 천지만물의 전체를 표시하였으니 '자연'에 새로운 함의를 부여하였다고 할 수 있다. 근대의 중국어에는 이른바 '자연'이라고 표시되는 광대한 객관세계가 있으며, '자연'의 이러한 의미는 완적으로부터 시작되었다고 할 수 있다"라고 하였다.(장대년, 『中國古典哲學概念範疇要論』, 北京: 中國社會科學出版社, 1989, 81쪽) 완적이 이곳에도 쓰는 "자연"이라는 말은 여전히 부사(狀詞)이며, 名詞는 아니다. "천지가 자연에서 생긴다"라는 말의 뜻은 곧 천지는 자연에서 나오는 것이며, 따라서 자연에서 나온 것이므로 외면이 없는 力量이 있으며, 따라서 "자연은 외면이 없다"라고 한다. 만약 자연이 만물의 전체라고 보면 "천지는 자연에서 생긴다"라는 말은 이해할 수 없다. 천지가 천지만물을 가리키는 뜻이면 또한 천지의 사이를 가리키며 천지만물은 곧 전체이며, 만물의 전체가 되는 자연이 곧 천지이며, 이러한 의미에서 양자는 동등하며, 자연은 결코 천지에 비해 범위가 더 커지는 않다. 따라서 "완적은 '자연'으로 천지만물의 전체를 표시하였으니 '자연'에 새로운 함의를 부여하였다고 할 수 있다"라고 한 말은 결코 성립할 수 없다.

49) "太上, 下知有之"라는 구절을 吳澄은 "太上, 不知有之"라고 썼다. 陳鼓應(1935~)도 이 설에 동의하여 "이 장의 마지막 구절인 '百姓皆謂我自然'이라는 구절이 곧 '있음을 알지 못한다'(不知有之. 인민은 도에 제왕의 힘이 있음을 모른다)라는 구절을 설명한 것이므로, 비교적 '不知'라는 의미가 깊다"(陳鼓應, 『老子釋注及評價』, 北京: 中華書局, 1984, 131

그다음은 백성들이 가까이하며 칭송하는 사람이고, 그다음은 백성들이 두려워하는 사람이며, 그다음은 백성들이 업신여기는 사람이다. 믿음이 부족하면 결국 믿지 못한다. 염려스럽도다, 그 말의 번지르르함이여! 공이 이루어지고, 일이 끝난 후에는 백성들이 (그렇게 된 까닭을 모르고) 모두 '자기가 스스로 그러하였다'라고 말한다. (『道德經』 17장)

희希는 자연을 말한다.[50](『道德經』 23장)

사람은 땅을 본받고, 땅은 하늘을 본받고, 하늘은 도를 본받고, 도는 자연을 본받는다.(『道德經』 25장)

도의 존엄함, 덕의 귀함은 (사물에) 명을 내리지 않고 항상 스스로 그러하기 때문이다.(『道德經』 51장)

인위로 하는 사람은 실패하고, 집착하는 사람은 잃는다. 그러므로 성인은 무위無爲함으로써 실패가 없고, 집착하지 않음으로써 잃지 않는다. 백성들은 거의 일을 함에 항상 이루려다가 실패한다. 끝마치기를 신중하게 함을 시작처럼 하면 일은 실패가 없다. 그래서 성인은 욕심내지 않기를(不欲) 바라고, 얻기 어려운 재화를 귀하게 여기지 않는다. 배우지 않음을 배워서 뭇사람들의 허물을 회복시키며, 만물의

쪽)라고 하였다. 사실 "下知有之"라고 써도 의미는 서로 통한다. 「擊壤歌」에서는 "해가 뜨면 일하고, 해가 지면 쉬고, 우물을 파고 물 마시며, 밭을 경작하여 먹으니 제왕의 힘이 어찌 내게 있겠는가!"라고 하였다. "제왕의 힘이 어찌 내게 있겠는가"라는 말은 곧 "백성이 모두 나를 자연이라 부른다"라는 뜻인데, 제왕의 힘이 있는지 모른다는 것이 아니라, 제왕의 힘이 있지만 제왕의 힘은 결코 나의 행동에 관여하지 않음을 안다는 것으로, 따라서 "下知有之"는 도리어 (제왕의 힘이) 베풀어 준 은덕에 감격할 필요가 없으니 모두 "자기가 스스로 그러하였다"라고 말하였다. 또 郭店의 楚墓 竹簡 『老子丙』에서도 이 장을 "下知有之"라고 썼다. 이하 마땅히 "下知有之"를 옳다고 본다.

50) "聽之不聞名曰希"라는 구절은 원래 23장의 첫 구절에 있었는데, 姚鼐(1731~1815)가 위 장의 끝으로 이동시켰고, 高亨도 그것을 따라 "希"는 곧 "常"의 오류라고 보았다.(高亨, 『老子正詁』, 北京: 古籍出版社, 1956, 55쪽) 이 설은 결코 문헌적 근거가 없는 것이 아니며, 帛書本 『노자』의 이 구절도 또한 23장의 첫머리에 있다. 이로써 보면 다른 어떤 착오도 없음을 알 수 있다.

스스로 그러함을 보좌하되 감히 억지로 하지 않는다.(『道德經』 64장)[51]

"태상太上, 하지유지下知有之"라는 구절에서 '태상太上'은 시간적 범주로서는 가장 오래된 것이며, 또한 가치의 범주로도 가장 좋다. 태상은 곧 최상 최고이다. 왕필은 "태상은 대인大人을 말한다. 대인이 상위에 있으므로 태상이라고 한다. 대인이 위에 있고 무위로써 일을 처리하며, 말하지 않음의 가르침을 행하니, 만물이 일어남에 시작으로 여기지 않으므로 아래(백성)는 그가 있는 것만 알 뿐 윗사람의 말을 따르지는 않는다. 무위로서 일을 하거나 말하지 않음의 가르침과 선을 확립하여 시행할 수 없으므로 아랫사람들과 친하게 하여 그를 칭송하도록 한다. 더 이상 인仁을 베풀고 사물에게 명령을 내릴 수 없으면 권위에 의지한다. 법으로 백성을 바르게 제도하지 못하여 지혜로 나라를 다스리면 백성들이 그것을 피할 줄 알며, 명령을 따르지 않게 되므로 그를 업신여긴다"(王弼, 『道德眞經注』, 권1)라고 하였다.[52]

오징은 "대상太上은 최상最上과 같은 말이며, 최상은 대도의 세상에서는 무위이므로 서로 망각하여, 백성들을 그 위에 왕이 있음을 모른다. 그다음은 인의仁義의 임금으로 백성들이 그를 부모처럼 친하게 여겨 인의가 날로 드러나니, 비록 친지가

51) 奚侗 · 馬敘倫 · 陳鼓應 · 古棣(1919~2005) 등은 모두 이 장에는 錯簡이 있다고 보았다. 진고응은 "이 네 구절은 상하 문장과 의미가 서로 연관이 되지 않으므로 분명히 다른 장의 문자이다. '爲者敗之, 執者失之' 두 구절은 이미 29장에서도 보인다. '是以聖人無爲故無敗, 無執故無失'이라는 두 구절은 그 앞의 두 구절에서 파생된 것이다. 해동과 마서륜은 29장의 문자와 연계된 착간이라고 보았다"라고 하였다.(陳鼓應, 『老子注釋及評價』, 北京: 中華書局, 1984, 310쪽) 古棣는 "이 '是以聖人慾不欲, 不貴難得之貨; 學不學, 復衆人之所過, 以輔萬物之自然而不敢爲'라는 구절은 '爲者敗之'의 단락과는 연결될 수 없다. 그것 또한 착간이며, 29장의 '是以聖人去甚, 去太, 去奢'라는 구절의 뒤로 이동시키면 符節과 부합한다"라고 하였다.(古棣, 『老子校詁』, 長春: 吉林人民出版社, 1998, 239쪽) 『노자』 64장은 착간이 있는 것이 아니며 두 부분으로 구성되었다. "爲者敗之"와 앞 단락의 "其安易持"는 관련이 없지만, 그러나 이 단락 자체는 일치하며, 결코 29장의 착간이 아니어서 29장으로 옮길 수 없다. 곽점 초묘 죽간 『노자』의 "其安易持…… "는 독립적으로 한 단락을 이루며, "爲者敗之…… "도 독립적으로 하나의 단락을 이루는데, 두 단락은 서로 관련이 없고, 전자는 『노자갑』에 있고, 후자는 『노자병』에 있으니, 이것은 64장 두 단락 문자의 원본이 하나의 장에는 있지 않음을 나타낸다.

52) 『中華道藏』 제9책(北京: 華夏出版社, 2004), 197쪽.

아니라도 그를 칭송한다. 또 그다음은 지혜의 임금이며, 백성들이 그를 신명처럼 두려워하며, 지혜가 점점 다하여지니 두려워할 뿐만 아니라 그를 업신여긴다"(吳澄, 『道德眞經注』, 권1)라고 하였다.[53)]

태상의 임금은 무위로써 일을 처리하며, 말하지 않음의 가르침을 행하니 백성은 단지 그가 있음만 알 뿐 결코 어떤 장애도 느끼지 않는다. 이것이 가장 좋은 치세의 방식이다.

> 조참曹參(?~B.C.190)이 한나라 재상일 때 늘 술을 마시고 노래하고 즐기며, 정치를 돌보지 않자 그 아들이 간언諫言하니, (오히려) 태형笞刑 200대를 때렸다. 당시 천하는 혼란과 전란의 변고가 없었다. 회양淮陽에서 위조 돈을 주조하는데도 관리가 그것을 금지할 수 없었다. 급암汲黯(?~B.C.112)이 태수가 되었어도 하나의 화로火爐도 파괴하지 않았으며, 한 사람도 처형하지 않고, 베개를 높이 베도 편안하게 누워 지냈는데도 회양의 정정政情이 맑아졌다. 무릇 조참이 재상이 되었는데도 재상의 일을 하지 않고, 급암이 태수가 되었어도 마치 군에는 관인이 없는 것처럼 하였다. 그러나 한나라 조정에서 (조참이) 정사를 돌보지 않은 것과 회양에서 (급암이) 형법을 시행하지 않은 것을 따지면 조참은 덕이 뛰어나고 급암은 위엄威嚴이 더 무거웠다.…… 거백옥蘧伯玉이 위衛나라를 다스릴 때 자공子貢이 사람을 시켜 "'어떻게 위나라를 다스릴 것인가?'라고 물었는데, 대답하기를 '다스리지 않음으로써 다스립니다'라고 하였다. 무릇 다스리지 않음의 다스림이 무위의 도이다"(王充, 『論衡』, 「自然」)라고 하였다.

다스리지 않음으로써 다스리면 백성은 그가 있는 것 정도는 알지만, 백성들의 일에 간섭하지 않으니 그가 존재한다 해도 없는 것과 마찬가지다. 정치를 행함에 무위로써 행한다. 백성들이 일을 처리함에 스스로 감당하니, 따라서 공을 이루고 사업이 완수되면 말하기를 "자기가 스스로 그러하다"라고 한다.

"희希는 자연을 말한다."(希言自然) 무엇을 희希라고 하는가? 노자는 "들으려고

---

53) 『中華道藏』 제12책(北京: 華夏出版社, 2004), 585쪽.

해도 들을 수 없음을 '희'라고 한다"(『老子』 14장)라고 하였다. 또 "대음大音은 희성希聲이다"(『老子』 41장)라고 하였다. 희希의 본래 뜻은 "희稀" 즉 "희소稀少함"이다. 『노자』에서는 여러 번 희希를 언급하였다.

말하지 않음의 가르침과 무위의 유익함을 세상에서 이르기가 드물다.(43장)

스스로를 아는 자가 드물다.(17장)

무릇 훌륭한 목수를 대신하여 나무를 깎는 사람은 그 손을 상하지 않게 하는 사람이 드물다.(74장)

『논어』에도 여러 번 희希를 언급하였다.

백이伯夷와 숙제叔齊는 과거의 잘못을 생각하지 않았기 때문에, 그들을 원망하는 사람이 거의 없었다.(『論語』, 「公治長」)

거문고 타는 소리가 잦아들고, 줄을 띠잉 튕기고는 거문고를 놓고 일어섰다.(『論語』, 「先進」)

"대음大音은 희성希聲이다"라는 말에서 '희성'은 결코 '무성無聲'이 아니다. 노자가 "대음大音은 희성希聲이며, 대상大象은 무형無形이다"라고 설명하고, '대음은 무성'이라고 하지 않은 것은 대음이 결코 무성이 아닌 단지 '희성'임을 밝힌 것이다. 음성(聲)과 가락(音)은 구별된다. 『예기禮記』 「악기樂記」에서는 다음과 같이 말한다.

무릇 음의 시작은 인심人心으로부터 생기며, 인심이 움직임은 사물이 그렇게 하도록 하는 것이다. 사물에 감촉하여 움직이므로 '음성'으로 형성되며, 음성이 상응하므로 변화가 생기고, 변화가 방향을 이루면 그것을 '가락'이라고 하고, 가락을 견주어서 그것을 즐기고, 간척干鍼과 우모羽旄[54]와 어울리면 악樂이라고 한다. 악樂은 가락으로 말미암아 생기는 것이며, 그것은 본래 인심이 사물에 감촉된 것이다.…… 무릇 가락은 인심에서 생긴 것이다. 정情이 그 가운데서 움직이므로 음성으로 형성되고, 음성이 문文(文彩)을 이룬 것을 가락이라고 한다.

소리는 자연의 소리의 울림(聲響)이다. 성향聲響은 일정한 선율과 리듬(節奏)과 화합한 것이 또한 "음성이 문채를 이룬 것"이며, 이것을 음이라고 한다. "대음大音은 희성希聲이다"라는 말에서 대음은 미묘한 음악이다. 미묘한 음악은 결코 크고 우렁찬 소리(響亮)의 음악은 아니며, 심지어 결코 음성에서 형성된 음악도 아니다. 조각은 정태적情態的이고 무성無聲의 것이다. 그러나 아름다운 조각이 보여 주는 것은 결코 단순한 형상만이 아니라, 형상을 통하여 흘러넘치는 하나의 선율旋律이며, 따라서 조각은 사람들에 의해 응고된 음악이라고 불린다. 회화繪畫의 상황도 때로 이와 같다.[55] 형상에 호소하는 것은 언제나 제한적이며, 무형에 호소하여 사람들에게

---

54) 역자 주: 干은 방패이며, 鍼은 도끼인데, 宮中 雅樂 연주에서 樂工이 춤출 때 武藝를 상징하는 도구로 방패와 도끼를 사용한다. 羽旄는 주로 꿩의 깃과 소꼬리로 깃발의 끝을 장식하는 도구다.

55) 영국의 시인 존 키츠(John Keats. 1795~1821)

그대 여전히 순결하고 말 없는 신부여,
침묵과 느린 시간이 길러낸 의붓자식이여,
숲속의 역사가여, 이렇게 표현할 수 있는 사람이여
꽃처럼 화려한 이야기를, 우리 시보다 더 감미롭게 말할 수 있는,
……
들리는 선율은 달콤하네, 하지만 들리지 않는 저 선율은
더욱 감미롭구나, 그러니 부드러운 정서의 피리소리여
감각적인 귀가 아닌, 훨씬 소중한 영혼에게
소리 없는 노래를 연주하라,

역자 주: 이 시의 번역은 영문을 중국어로 번역한 것으로 이를 한국어 재번역하는 것은 원래의 원문과 다를 수 있으므로 英文을 중심으로 번역하였고, 독자의 이해를 돕기 위해 원문을 전재한다.

Thou still unravish'd bride of quietness,
Thou foster-child of silence and slow time,
Sylvan historian, who canst thus express

충분한 상상력을 주는 것은 무한적이다. 장자는 다음과 같이 말하였다.

> 완성과 부족함(虧)이 있는 것은 옛날 소씨昭氏가 거문고를 연주했기 때문이다. 완성과 부족함이 없는 것은 소씨가 거문고를 연주하지 않았기 때문이다.[56](『莊子』, 「齊物論」)

소씨의 거문고 연주는 상음商音을 치면 각음角音이 빠지고 각음을 치면 우음羽音이 빠지므로, 완성이 있으면 반드시 모자람이 있어야 한다. 왕필은 "음성이 있으면 구분이 있고, 구분이 있으면 궁음宮音이 아니면 상음이다. 나뉘면 여러 가락을 통합할 수 없으므로 음성 있으면 대음이 아니다"(王弼, 『道德眞經注』, 권3)[57]라고 하였다. 가장 미묘한 음악은 음성으로 형성되지 않는데, 음성으로 형성되지 않기 때문에 귀로 듣지 않고 반드시 마음으로 들어야 한다. 가장 미묘한 음악은 음성에서 형성되지 않는다. 음성으로 형성되지 않기 때문에 귀로 듣지 않고 마음으로 들어야 한다.

"희언자연希言自然"이라는 말에 대하여 이영李榮은 "희希는 소少이다. 다언多言은 빨리 궁핍窮乏해지고, 소언少言은 도와 들어맞으므로 자연이라고 한다"(李榮, 『道德眞經注』, 卷上)[58]라고 하였다. "희언希言"의 반대말은 "다언多言"이다. "다언은 '빨리 궁핍해지며'(數窮), 마음속에 지킴만 못하다."(『老子』 5장) "수數"는 곧 속速이다. "수궁數窮"은

A flowery tale more sweetly than our rhyme:
……
Heard melodies are sweet, but those unheard
Are sweeter; therefore, ye soft pipes, play on;
Not to the sensual ear, but, more endear'd,
Pipe to the spirit ditties of no tone:

56) 역자 주: 昭氏는 고대 거문고 달인으로, 이 사람의 거문고 연주 기술이 완전하여 다른 거문고 연주곡은 소씨의 연주에 비해 많이 모자람이 드러난다. 그러나 소씨가 연주하지 않으면 완성과 모자람의 구별이 없다.

57) 『中華道藏』 제9책(北京: 華夏出版社, 2004), 207쪽.

58) 『中華道藏』 제9책(北京: 華夏出版社, 2004), 307쪽.
역자 주: 이 책의 원본에는 『道德眞以注』로 되어 있으나, 저자에게 확인한 후 『道德眞經注註』로 고친다. 李榮은 생몰 미상으로 대략 唐나라 高宗(650~683) 때에 활동하였다.

속궁速窮이다. 오징吳澄은 "수數는 속速과 같으며, 궁窮은 기氣가 궁핍窮乏함을 말한다. 사람으로 말이 많으면 그 기가 소모되고 빨리 궁핍해진다. 마음을 비우고 그곳에 굳게 지키며 외물外物이 들어오지 못하도록 하고, 내면의 정신을 나가지 못하도록 하면, 그 비움도 막힘이 없으며, 생겨나는 기氣도 또한 막힘이 없다"(吳澄, 『道德眞經注』, 권1)라고 하였다.[59] 따라서 노자가 보기에 치세治世와 수신修身의 요령은 자연을 따름에 있다.

"도는 자연을 본받는다." "자연"은 결코 비물질적 존재가 아니며, 또한 사실적 존재도 아니며, 어떤 상태 혹은 결과에 대한 설명이다. "도는 자연을 본받는다"라는 말은 도 밖에 따로 어떤 자연이 있음을 말하는 것이 아니다.[60] 오징은 "도가 큰 까닭은 그것이 자연이기 때문이며, 따라서 자연을 본받는다고 하고, 도 밖에 따로 자연이 있는 것은 아니다. 자연은 유有도 없고 이름도 없는 것이다"(吳澄, 『道德眞經注』, 권2)라고 하였다.[61]

왕필은 "도는 자연을 위반하지 않으므로 곧 그 본성을 얻고 자연을 본받는다. 자연을 본받는다는 것은 네모난 곳에서는 네모를 본받고, 원에서는 원을 본받으며 자연에 위반됨이 없다. 자연이라는 말은 '무엇도 지칭함이 없는'(無稱) 말이며, 궁극의 말이다"(王弼, 『道德眞經注』, 권2)라고 하였다.[62]

"자연"은 도의 상태와 행위에 대한 형용에 불과하며, 도 밖에 따로 하나의 실체로서 자연이 있는 것은 아니다.[63] 따라서 이른바 "도는 자연을 본받는다"라는

---

59) 『中華道藏』 제12책(北京: 華夏出版社, 2004), 580쪽.

60) 엄영봉은 "종래에 노자를 연구하는 사람들은 모두 『노자』서에서는 '도'를 최고 범주로 삼았다고 보았으나, 사실 우주본체로부터 말하면 '도'이고, 변화발전의 과정으로부터 말하면 '자연'을 極致(최고 범주)로 삼는다"(엄영봉, 『老子達解』, 臺灣藝文印書館, 1971, 388쪽)라고 하였다. 이것은 도와 자연을 둘로 나누어 논한 것이며, 또 자연을 실체화하였는데, 노자의 본래 뜻과 부합하지 않는다.

61) 『中華道藏』 제12책(北京: 華夏出版社, 2004), 590쪽.

62) 『中華道藏』 제9책(北京: 華夏出版社, 2004), 200~201쪽.

63) 蒙培元(1938~)은 "'자연'은 하나의 부사이며, 명사는 아니며, 또한 형용사도 아니다. 이미 '도' 밖에 따로 더 높은 실체로서의 존재가 있지 않다면, 그렇다면 '자연'은 마땅히 '도'의 존재 상태이다"(蒙培元, 「論自然」, 陳鼓應 主編, 『道家文化硏究』 14집, 北京: 生活·

말은 도는 자기 스스로를 법으로 삼는다는 말이다.[64] “도는 자연을 본받는다”라는 말은 실제로는 “도의 본성은 자연이다”라는 말이다. 하상공은 “도의 본성은 자연이며, 본받는 바가 없다”(河上公, 『道德眞經注』, 권2)[65]라고 하였다. “도는 자연을 본받는다”라는 말은 곧 도는 자연에 순응함을 법(본받음)으로 삼고, 자연을 법으로 삼고, 자기 자신을 법으로 삼는다는 말이다.

도는 비록 만물을 이루지만, 도는 결코 의도적으로 만물을 이루고자 하는 것이 아니며, 도는 만물을 이루지만 결코 어떤 목적을 이루고자 하는 것이 아니라 완전히 ‘자연으로 그러함’(自然而然)[66]일 뿐이며, 완전히 자연으로 무위이다.

> 도는 생겨나게 하고, 덕은 그것을 함축하고, 사물은 형체를 가지고, 형세가 그것을 이룬다. 그러므로 만물은 도를 보존하고 덕을 귀하게 여기지 않음이 없다. 도가 존엄하고 덕이 귀하고, 명령하지 않고 항상 스스로 그러하다.(『老子』 51장)

도는 만물을 변화 생성하고, 만물의 근본이 되며, 또 만물의 본체가 되며, 만물의 주재主宰가 되기 때문에 존경을 받는다. 그러나 도가 공경과 우러러봄과 존중을 받는 까닭은 곧 도가 스스로 그러함으로 말미암으며, 도가 무위함에 있다.

> 만물이 거기에서 만들어지지만 시작함이 없으며[67], 생겨나게 하지만 소유하지

讀書 · 新知三聯書店, 1998, 21쪽)라고 하였다.

64) 진고응은 “이른바 ‘도는 자연을 본받는다’라는 말은 ‘도’는 그 자신의 상황을 근거로 그 내재적 원인으로써 자신의 존재와 운동을 결정하며 외재적인 다른 원인에 의존하지 않음을 의미한다. ‘자연’이라는 단어는 명사가 아니라 부사이다. 즉 ‘자연’은 결코 구체적으로 존재하는 어떤 것을 가리키는 것이 아니라 ‘자신이 이와 같다’라는 일종의 상태를 형용하는 말이다”라고 하였다.(陳鼓應, 『老莊新論』, 上海古籍出版社, 1992, 25쪽)

65) 『中華道藏』 제9책(北京: 華夏出版社, 2004), 140쪽.

66) 역자 주: ‘自然而然’과 ‘自其然而然’은 같은 의미의 다른 표현이다. 사전적으로는 ‘자연히, 저절로’ 등으로 번역하지만 이 책에서 말하고자 하는 정확한 뜻과 부합하지 않는다. 그리고 글자 자체에 충실하게 표현하면 ‘저절로 그러함에 따라 그러함’인데 이는 표현이 번거롭다. 그러므로 여기서는 두 구절을 모두 ‘自然으로 그러함’으로 표현한다.

67) 역자 주: 余培林은 傅奕本 · 敦煌本 · 范應元本의 고증에 근거하여 ‘不辭’를 ‘不爲始’로 해

않고(生而不有), 작위하되 (그 능력을) 자부하지 않으며(爲而不恃), 공을 이루어도 (그 공을) 차지하지 않는다(功成而弗居).(『老子』 2장)[68]

천지는 인仁하지 않아 만물을 추구芻狗(짚으로 만든 제사용 개)처럼 하찮게 여기며, 성인은 인하지 않아 백성을 추구로 여긴다.(『老子』 5장)

대도가 넘쳐흐르도다! 왼쪽 오른쪽 다 갈 수 있다. 만물은 그것(도)에 의지하여 생겨나지만 시작이 없으며, 공을 이루어도 그 명성을 차지하지 않으며, 만물을 입히고 기르지만 주재主宰가 되지 않다.(『老子』 34장)

"생겨나게 하지만 소유하지 않는다"라는 말은 만물을 부양하여 기르지만, 만물을 자신의 사유물로 생각하지 않는다는 뜻이며, "작위하되 (그 능력을) 자부하지 않는다"라는 말은 만물에 혜택을 베풀되 은혜를 베푼다고 생각하지 않는다는 말이며, "공을 이루어도 (그 공을) 차지하지 않는다"라는 말은 일을 이루고 공을 이루지만 그 공을 차지하지 않고 성공을 자신의 공로로 여기지 않는다는 뜻이다.[69] 모든 것이 '자연으로 그러함'(自其然而然)이 곧 무위이며, 자연이며, 도의 본성이다.

"천지는 인仁하지 않다"라는 말은 천지가 인하지 않을 일을 한다는 말이 아니라 인을 일삼지 않고, 인을 자신의 출발점이나 귀결처로 삼지 않는다는 뜻이다. 엄준嚴遵은 "하늘은 높고 청명하며, 땅은 두텁고 순하고 편안하다. 음양이 서로 통하고,

---

석하였다.(余培林, 『新譯老子讀本』, 三民書局, 1975년 재판, 20쪽)

68) 帛書 『老子』 乙本에는 "萬物昔(作)而弗始, 爲而弗侍(恃)也, 成功而弗居也"로 쓰여 있다. 徐梵澄 선생은 이 "弗始"의 '始'는 동사라고 보았다. "그다음의 '而不有', '而不恃', '而弗居'는 모두 동사이다. 그러므로 이 '始'자도 마땅히 동사이며, 의미는 '시작하다'(作始) 혹은 '爲始'이다." "곰곰이 原作인 '治'를 생각해 보면 역시 동사이다. '始'는 곧 借字이다."(徐梵澄, 『老子臆解』, 北京: 中華書局, 1988, 4쪽)

69) "작위하되 (그 능력을) 자부하지 않는다"(爲而不恃)라는 말에 대하여 하상공은 "베풀되 그 보답을 바라고 자부하지 않는다"(施爲不恃望其報)라고 하였다. 高亨은 "爲"를 '施'로 해석하고, '恃'를 '德'으로 해석하였으며, "작위하되 자부하지 않는다는 말은 베풀되 덕으로 여기지 않는다고 하고, 만물에 혜택을 베풀고도 은혜로 여기지 않는다고 하는 말과 같다"(高亨, 『老子正詁』, 北京: 古籍出版社, 1956, 8쪽)라고 하였다.

화기和氣가 유행하며, 욕심이 없고 마음이 평정(泊然)하여 무위하며, 만물이 거기로부터 스스로 생겨난다. 천지는 마음에 기울어져 뜻을 바꾸지 않으며, 정신을 피로하게 하고, 일에 힘쓰고, 처량하고 슬퍼하며, 자애를 흘리며 이익을 더하고, 은혜를 두텁게 베풀고, 만물을 이루게 되니 '작위할 수 있다'(有以爲)"라고 하였다.[70]

왕필은 "천지는 자연에 맡기고 무위하며 조작함이 없으며, 만물은 저절로 서로가 다스리므로 인仁하지 않다. 인仁이라는 것은 반드시 만들고 세우고 베풀고 화합하니 은혜가 있고 작위함이 있으며, 만들고 세우고 베풀고 화합하면 사물은 그 참됨을 잃게 되고, 은혜가 있고 작위함이 있으면 사물은 함께 존재할 수 없고, 사물이 함께 존재할 수 없으면 갖추어 실어 줄 수가 없다. (천)지는 짐승을 위해 꼴(芻. 乾草)을 생겨나게 하지 않으나 짐승은 꼴을 먹고, 사람을 위하여 개를 생겨나게 하지는 않으나 사람은 개를 먹는다. 만물에 무위하면 만물은 각각 그 쓰임에 맞추어 가니 넉넉하지 않음이 없다. 만약 지혜가 자기로부터 심어진다면 배양된다면, 맡기기에 부족하다"(王弼, 『道德眞經注』, 권1)라고 하였다.[71]

오징은 "천지는 애물愛物에 무심하며 그것이 자생自生하고 자성自成하도록 맡기며, 성인도 애민愛民에 무심하며 그들이 스스로 만들고 스스로 변화(消. 消息)하도록 맡긴다. 그러므로 '짚으로 만든 제사용 개'로 비유하였다"(王弼, 『道德眞經注』, 권1)라고 하였다.[72]

도는 결코 인위로 하지 않으며, 인위로 함에 관심이 없으며, 인위로 함에 뜻이 없으며, 이것이 작위하되 다스림을 주재하지 않고, 작위하되 공을 차지하지 않음이 되며, 작위하되 (은혜에) 보답하려 하지 않는다. 만물에 무심하며, 인仁함에 무심하며 그 자연에 맡기며, 그 자연에 순응하니 이것이 천지의 도이리라.

유가儒家가 보기에 천지는 인애仁愛의 화신이다. 하늘은 만물을 덮어 화육하며, 봄에 생겨나고 여름에 자라서 사물을 이루어 사람을 봉양하니 이것이 곧 하늘이 사람을 사랑하고 사물을 사랑하는 구체적 표현이다. 공자는 "위대하도다. 요堯의

70) 嚴遵, 『老子指歸』(北京: 中華書局, 1994), 127쪽.
71) 『中華道藏』 제9책(北京: 華夏出版社, 2004), 193쪽.
72) 『中華道藏』 제12책(北京: 華夏出版社, 2004), 580쪽.

임금 됨이여! 높고 높아 오직 하늘만이 위대하다. 오직 요임만이 하늘을 본받았도다!"(『論語』, 「泰伯」)라고 하였다. 동중서는 "인仁의 아름다움이 하늘에 있으니 하늘은 인하다. 하늘이 만물을 덮어 화육하니, 변화에 따라 만물을 생겨나게 하며, 양육함이 있어 만물을 이루고, 사공事功이 끝이 없으며, 끝나자 다시 시작하니, 모든 것을 받들어 사람을 받드니, 하늘의 뜻을 살피면 무궁하고 지극한 것이 인이다"(董仲舒, 『春秋繁露』, 「王道通三」)라고 하였다.

도가에서 볼 때 천지는 곧 도의 '화합으로 생겨난'(化生) 사물이다. 도가 화생化生하여 천지가 되며, 이것은 '자연으로 그러하며'(自然而然), 목적이 없으며 마음 씀도 없다. 천지가 변화하여 만물을 생겨나게 하는 것도 '자연으로 그러함'이며, 목적이 없고 마음 씀도 없다. 왕충은 "천지의 기를 합하여 만물이 저절로 생겨나니, 마치 부부가 기를 합하여 자식이 생겨나는 것과 같다.…… 무릇 사람이 기를 베풀 때 자식을 생겨나게 하려는 것은 아니지만, 기가 베풀어지면 자식은 저절로 생겨난다. 하늘의 움직임은 사물을 생겨나게 하려는 것은 아니지만 사물은 저절로 생겨나니 이것이 곧 자연이다. 기를 베픎에 사물을 생겨나게 하려고 하지 않지만, 사물은 저절로 만들어지니 이것이 무위이다"(王充, 『論衡』, 「自然」)라고 하였다.

천지만물은 도로 인하여 생겨나며, 도로 인하여 생겨남이 도가 사물에 어떤 특수한 작위를 함을 의미하는 것이 결코 아니며, 사물에 대하여 도는 단지 그 자연에 순응하여 그렇게 할 뿐이며, 단지 "자연에 맡겨서 스스로 이룰" 뿐이다. 따라서 도의 작위는 곧 무위이다.

도의 본성은 곧 자연과 무위이다. 자연과 무위는 노자철학의 기본 관념이다. 자연과 무위는 합하여 말할 수도 있고 또한 나누어 말할 수도 있다. 합하여 말하면 자연이 곧 무위이며, 무위가 곧 자연이므로 자연·무위라고 한다. 나누어 말하면, 자연은 도의 본성이며 또한 도체道體라고 할 수 있으며, 무위는 도의 동작이며, 사람이 본받아야 할 것이며, 또한 도용道用이라고 할 수 있다.[73]

73) 劉笑敢(1947~)은 "노자가 추구하고 받들어 존중하는(推崇) 최고의 가치는 '자연'이며,

노자는 도의 무위를 매우 강조하였으며, 『노자』서는 겨우 5천여 글자에 불과하지만, 14곳에서 직접 "무위"를 언급하였다.

성인은 무위로써 일을 처리하고 말하지 않음의 가르침을 행한다.(2장)

항상 백성이 무지하고 무욕하게 하고(常使民無知無慾), 무릇 지자智者가 감히 인위로 하지 않도록 한다(使夫智者不敢爲也). 무위를 행하면(爲無爲) 다스려지지 않음이 없다.(3장)[74]

지극히 분명하고 사방에 통달하는데 무위할 수 있겠는가?(10장)

천하의 신神과 기器는 인위로 할 수 없다. 인위로 하는 자는 패하고, 잡으려고 하는 자는 그것을 잃는다.(29장)

도는 항상 무위이면서 작위하지 않음이 없다(無不爲)[75].(37장)

'자연'은 노자철학 체계의 중심 가치이다. 그리고 '무위'는 노자가 제시하는 가치 실현 혹은 추구의 기본 방법 또는 행위 원칙이다. 이 두 가지는 노자가 강조하려는 주요 내용이며, 노자철학이 전달하려는 주요 정보이다"(劉笑敢, 「老子哲學的中心價值及體系結構」, 陳鼓應 主編, 『道家文化硏究』 10집, 上海: 上海古籍出版社, 1996, 118쪽)라고 하였다.

74) 馬敍倫은 "'使夫智者不敢爲也'에 관한 왕필의 주석을 보고서, '智者는 인위로 함을 아는 것을 말한다'라고 하였는데 말의 뜻이 불분명하다. 이 문장 이하에는 주석이 없는데, 아마도 '爲無爲'라는 세 글자가 곧 주석문으로 經文에 잘못 들어간 것이다"(馬敍倫, 『老子校詁』, 北京: 古籍出版社, 1956, 37쪽)라고 하였다. 高亨은 "이곳은 아마도 본래 '常使民無知, 無慾, 無爲, 則無不治'인 것 같고, 항상 백성이 無知, 無慾, 無爲하도록 하면 나라가 다스려지지 않음이 없다는 말이다. '使夫智者不敢爲也'라는 구절은 대개 '그 의지를 약하게 한다'(弱其志)라는 구절 뒤에 후인이 주석한 말이 經文으로 끼워 들어갔을 뿐이다. '爲無爲'에서 앞의 '爲'자는 아래 문장과 연관된 衍文이다"(高亨, 『老子正詁』, 北京: 古籍出版社, 1956, 10쪽)라고 하였다. 古棣는 이 설을 반대하여 "『老子』라는 책에서 '無知'와 '無慾'은 주로 피통치자인 '民'을 가리켜 한 말로서 이른바 '무위로써 다스림'을 말하며, 治者는 '무위를 일삼는' 사람이며, 백성이 '무위'하도록 하는 말이 아니다. '使夫智者不敢爲'에서의 '智者'는 당연히 통치자 · 귀족을 가리키며 백성을 가리키는 것이 아니다"(古棣, 『老子校詁』, 長春: 吉林人民出版社, 1998, 136쪽)라고 하였다. 古棣의 설이 옳고 馬敍倫과 高亨의 설은 옳지 않다.

최상의 덕은 무위이며, 무를 작위로 삼는다.(38장)

나는 이로써 무위가 유익함을 안다. 말하지 않음의 가르침과 무위의 유익함은 세상에 여기에 이른 자는 드물다.(43장)

그러므로 성인은 행하지 않아도 알고, 보지 않고도 이름을 알고, 하지 않고도 이룬다.(47장)

덜어내고 또 덜어내고 무위에 이르면, 무위하되 작위하지 않음이 없다.(이하 상황에 따라 '無不爲'로 표시. 48장)

나는 무위하니 백성들이 스스로 변화한다.(57장)

무위로 작위하고 무사無事를 일삼고 무미無味를 맛으로 여긴다.(63장)

성인은 무위하므로 실패가 없다.(64장)

만물이 저절로 그러함을 도와주되 감히 인위로 하지 않는다.(64장)

무릇 오직 생生을 추구하지 않는 사람만이 생을 귀하게 여기는 사람보다 현명하다.(75장)

노자가 말한 "무위"라는 정치교화의 관점에서 말하면 대략 세 가지 의미가 있다. 첫째는 무위하며 백성이 스스로 변화함에 맡긴다. 둘째 작위作爲하되 보답을 바라지 않는다. 셋째 공을 이루고 일을 완수하되 공신功臣으로 자처하지 않는다. 이 세 가지 의미는 '점점 감소하는(遞減) 것'이면서 또한 '차례로 보충하는(遞補) 것'이다.

---

75) 역자 주: 『노자』에서 '爲'와 '爲之'의 해석은 문맥에 따라 해석을 달리한다. '無爲'와 '有爲'에서 '爲'는 구절에서 쓰이는 용도와 의미에 따라 '작위함'과 '人爲' 두 가지로 해석하고, '爲之'는 '인위로 함'으로 해석한다.

기본적 태도는 무위이며, "내가 무위하니 백성이 스스로 변화한다." 어쩔 수 없어 그것을 하며, 또한 절박하여 어쩔 수 없이 그럴 뿐이다. 그러므로 "작위하되 (그 능력을) 자부하지 않고" 작위하되 보답을 바라지 않는다. 어쩔 수 없어 그것을 할 뿐만 아니라 작위하되 보답을 바라지 않기 때문에 "공을 이루어도 그 공을 차지하지 않으며" 공을 이루고 일을 완수하되 공신으로 자처하지 않는다.[76)]

"무위"는 표면상으로 보면 '일을 하지 않는 것' 같지만, 이 '일을 하지 않는 것'은 결코 소극적으로 '일을 하지 않는 것'이 아니라 적극적으로 '일을 하지 않는 것'이며, "무위"도 일종의 "작위"(爲)이다. 마치 침묵이 결코 단지 말이 없음이 아니며, 기권棄權이 결코 권리를 포기함이 아닌 것과 같다. 내가 침묵하는 것은 내가 주동적으로 침묵을 선택한 것이며, 내가 어떤 의견을 나타내지 않음을 견지하는 것이며, 어떤 의견을 발표하지 않음이 결코 의견이 없음이 아니라 발표하지 않기를 선택했을 뿐이고, 의견을 발표하지 않으려는 것이 나의 의견이다. 이러한 무언도 또한 일종의 말이며, 무언을 말로 삼은 것도 또한 "무언으로 말함"이다. 내가 기권하는 것은 내가 주동적으로 기권을 선택한 것이며, 내가 이미 찬성하려고도 하지 않고, 반대하려고도 하지 않기 때문에 기권을 선택했을 뿐이다. 기권은 결코 어떤 것도 하지 않음이 아니며, 하는 것이 곧 기권이다. 무언을 말로 삼고 무위를 작위로 삼고, 작위하지 않음을 일삼음(爲之)으로 삼는다. "무언으로 말함", "무위로 작위함", "일하지 않음을 일삼음" 가운데, 무엇으로 "무위로 작위함", "일하지 않음을 일삼음"으로 할 것인가? 무엇으로 "무위로써 일을 처리하며, 말하지 않음의 가르침을 행할" 것인가? 왜냐하면 "만물이 저절로 그러함을 도와주되 감히 작위하지 않는다"라고

---

76) 徐梵澄(1909~2000)은 "'무위'는 전혀 아무런 작위가 없다는 말이 아니다. 만약 사람이 모두 아무런 작위를 하지 않는다면 사람의 일은 모두 멈춰지고, 문명 또한 정지할 것이다. 이것은 곧 서양의 칸트(Kant, 1724~1804)가 말한 不善이며, 보편화할 수 없는 것이다. 노자가 말한 '무위'는 세 마디 말에서 나왔다. '不治'는 인민을 자연에 맡겨서 다스림이며, '不恃'는 자부함이 없고 의지함이 없음이며, '不居'는 일을 함에 그 공을 차지하지 않음이다. 이로부터 버리지 않음(不去), (자연을) 거역하지 않음(不違), (도를) 떠나지 않음(不離)이다"(徐梵澄, 『老子臆解』, 北京: 中華書局, 1988, 4쪽)라고 하였다.

한 까닭은 유위有爲는 "자연"에 어긋나고 "자연"을 파괴하기 때문에 "감히 작위하지 않고" 작위할 수도 없다. 이로써 보면 노자가 무위를 제창한 기본 의도는 역시 "자연"에 있다. "무위"는 곧 "자연"이며, "자연"은 곧 "무위"이다. 자연과 무위는 곧 도의 본성이다.

노자의 자연·무위사상은 장자와 같은 사람들이 계승하고 발전시켜 도가의 기본적 신조가 되었다. 장자는 다음과 같이 말한다.

> 나의 스승이여! 나의 스승이여! 만물을 잘 다스려도 의롭다 여기지 않고, 은택恩澤이 만세萬世에 미쳐도 인仁하다 여기지 않고, 아주 오랜 옛날보다 더 오래되었으면서도 어른이라 여기지 않고, 하늘을 덮고 땅을 싣고 있으며 온갖 형체를 다 조각하고서도 교묘巧妙하다 여기지 않는다.(『莊子』, 「大宗師」)

"나의 스승"은 곧 도이다. "의롭다 여기지 않음", "인으로 여기지 않음", "어른이라 여기지 않음", "교묘하다 여기지 않음" 등은 도의 작위가 완전히 자연에 근원하고 완전히 무위에 근원함을 설명한다. "하늘은 무위로써 맑고, 땅은 무위로써 안녕하다"(『莊子』, 「至樂」)라고 하였는데, 하늘은 도를 얻어 맑고, 땅은 도를 얻어 안녕하며, 하늘이 맑고 땅이 안녕한 가장 직접적인 원인은 곧 도의 무위에 있다는 말이다.

『문자文子』에서는 다음과 같이 말한다.

> 도는 만물을 생겨나게 하며, 음양을 다스리며, 변화하여 사계절이 되고, 분화하여 오행이 되고 각각 그 방소를 얻는다. 때와 함께 가고 오며, 법도法度가 변함이 없으며, 하급은 무능하며, 최상의 도는 기울어지지 않으며, 뭇 신하들이 한뜻이다. 천지의 도는 무위로 갖춰지며, 구함이 없이 얻으며, 그러므로 무위하여 유익함이 있음을 안다.(『文子』, 「自然」)

> 무릇 천지는 하나의 사물만 품지 않고, 하나의 부류만 생겨나게 하지는 않는다. 그러므로 바다는 작은 물도 마다하지 않아서 그 큼을 이루고, 산의 재목은 굽고

비뚤어진 나무도 마다하지 않아서 높은 봉우리를 이루며, 성인은 나무꾼의 말도 마다하지 않아서 그 이름을 떨쳤다. 무릇 한구석만 지키고 남은 것을 버리고, 하나의 사물만 취하고 나머지는 버리면 얻는 것은 적고 다스림은 얕다.(『文子』, 「自然」)

하늘의 맑음, 땅의 안녕함은 원래 도에 근본한다. 천지는 사적으로 하나의 사물도 품지 않고, 하나의 부류만 따로 생겨나게 하지는 않으며, 만물은 때에 따라가고 오며, 각각 그 방소를 얻으니, 이것이 곧 천지의 도이며, 이것이 곧 천지의 자연이다. 그러므로 "천지의 도는 무위로 갖춰지며, 구함이 없이 얻는다"라고 하였다. 천지는 본래 무위이며, 만물은 각각 그 마땅함을 얻고 각각 그 방소를 얻는다. 그러므로 천지의 도는 "무위하여 유익함이 있다"라고 하였다. 따라서 『여씨춘추』에서는 "음양의 화합은 하나의 부류만 기르지 않으며, 감로甘露는 때에 따라 비를 내리며, 사적 하나의 사물도 소유하지 않으며, 만민의 주인으로 한 사람에게도 아부하지 않는다"(『呂氏春秋』, 「孟春紀 · 貴公」)라고 하였다. "하늘은 사사로이 덮지 않고, 땅은 사사로이 싣지 않으며, 해와 달은 사사로이 비추지 않으며, 사시四時는 사사로이 운행하지 않으니, 그 덕을 행하고 만물은 이루고 자란다"(『呂氏春秋』, 「孟春紀 · 去私」)라고 하였다.

『회남자』에서는 다음과 같이 말한다.

무릇 태상太上의 도는 만물을 생겨나게 하나 소유하지 않고, 화합시켜 형상形像을 이루지만 주재하지 않는다. 6개 다리로 기어 다니는 동물(跂行)이나 부리로 숨을 쉬는 동물(喙息), 굽혔다 폈다 하는 절지운동으로 기어가는 벌레(蠉飛蝡動) 벌레들 모두 (도를) 기다린 후에 생겨나지만, 그 덕을 아무도 알지 못한다. 기다려 죽은 후에도 아무도 원망하지 않는다. (도를) 얻어서 이로운 자도 명예로 여기지 않고, 이용하다 패망한 자도 비난하지 않는다. 거두고 모으고 축적해도 그 부富를 더하지 못하며, 베풀고 나눠 주어도 더 가난해지지 않으며, 매달려 빙빙 돌아도 다할 수가 없고, 섬세하고 미묘하지만 애써 노력하지 않는다. 포개어도 더 높아지지 않고, 떨어뜨려도 내려가지 않으며, 더해도 많아지지 않고, 덜어내도 적어지지 않고, 깎아도 얇아지지 않고, 죽여도 멸망하지 않고, 파내도 깊어지지 않고, 메워도 얕아지지 않는다. 황홀하고 황홀하여 형상을 만들 수가 없고, 황홀하고 황홀해서 아무리 써도 다하지 않으며, 그윽하고 어두침침하여 무형과 응하고, 완수하고 통달해도 헛되이 움직이지 않는다. 굳셈과 부드러움과 함께 말아졌다 펴지며, 음양과 함께 굽어보고 우러러보기도 한다.(『淮南子』, 「原道訓」)

생겨나게 해도 소유하지 않고, 이루게 해도 주재하지 않으며, 사사로이 덮지 않고, 사사로이 싣지 않으며, 사사로이 운행하지 않고, 사사로이 은혜를 베풀지 않으니, "얻어서 이로운 자도 명예로 여기지 않고, 이용하다 패망한 자도 비난하지 않는다." 이것이 곧 도이며, 또한 자연이고, 이것이 곧 무위이다. 엄준嚴遵은 "무리라는 것은 도 그 자체이며 천지의 시작이다"[77]라고 하였다. 장자는 "그렇게 하게 하지 않아도 항상 저절로 그러하다"(『莊子』, 「繕性」)라고 하였다. "항상 저절로 그러함"은 곧 '자연으로 그러함'이다. 이른바 "흰 고니는 매일 목욕하지 않아도 희며, 까마귀는 매일 검게 칠하지 않아도 검다"(『莊子』, 「天運」)라는 말이다. 흰 고니의 흰색과 까마귀의 검은 색은 모두 의도적 작위로 이루어진 것이 아니며, 자연으로 그러할 뿐이다.

남해南海의 제왕帝王은 숙儵이고, 북해의 제왕은 홀忽이며, 중앙의 제왕은 혼돈渾沌(자연·무위인 도를 상징)이다. 숙과 홀이 때때로 혼돈의 땅에서 함께 만났는데, 혼돈이 그들을 매우 잘 대접하였다. 숙과 홀이 혼돈의 은덕에 보답하려고 함께 상의하여 이렇게 말했다. "사람들은 모두 일곱 개의 구멍이 있어 보고 듣고 먹고 숨 쉬는데, 이 혼돈만은 없으니, 시험 삼아 구멍을 뚫어 줍시다" 하고는 하루에 한 구멍씩 뚫었더니 7일 만에 혼돈이 죽어 버렸다.(『莊子』, 「應帝王」)

혼돈이 일곱 개의 구멍이 없다는 것은 혼돈의 자연이다. 혼돈은 본래 일곱 구멍이 없는데, 인위적으로 일곱 개의 구멍을 뚫었으니, 혼돈은 더 이상 혼돈이

---

77) 嚴遵, 『老子指歸』(北京: 中華書局, 1994), 48쪽.

아니다. 일곱 개의 구멍이 뚫리자 혼돈은 죽었다. 자연을 위배한 결과가 곧 사망이었다. 따라서 모든 것은 마땅히 그 자연에 순응해야 한다.

자연으로 그러함이 곧 이른바 상연常然(자연본성)[78]이다. 노자는 다음과 같이 말한다.

> (수레를 몰고) 다니기를 잘하는(善行. 無爲) 사람은 흔적이 없으며, 말을 잘하는(善言, 不言) 사람은 착오가 없으며, 셈을 잘하는 사람은 주책籌策을 사용하지 않으며, 잠그기를 잘하는(善閉)[79] 사람은 빗장과 자물쇠(關鍵)가 없어도 (다른 사람이) 열 수 없고, 묶기를 잘하는 사람은 줄로 묶지 않아도 풀 수가 없다.(『老子』 27장)

왕필은 "자연에 순응하여 행하고, 만들지도 시작하지도 않으므로, 사물은 모두 다 얻고도 흔적이 없다"(王弼, 『道德眞經注』, 권2)[80]라고 하였다.

오징은 "(수레를 몰고) 다님에는 반드시 땅에 수레바퀴의 흔적이 있고, 말에는 반드시 지적당할 하자가 있으며, 계산에는 반드시 주책籌策을 사용해야 하며, 문을 잠금에는 반드시 빗장과 자물쇠를 사용해야 하며, (물건을) 묶기에는 반드시 줄을 사용해야 하는데, 그러나 보통 사람들은 이와 같지만, 도가 있는 사람이 보면 어찌 잘한다고 할 수 있겠는가? 다니기를 잘하는 사람은 다니지 않음으로써 다니므로 흔적이 없으며, 말을 잘하는 사람은 말하지 않음으로써 말하므로 하자가 없으며, 계산을 잘하는 사람은 계산하지 않음으로써 계산하므로 주책을 사용하지 않으며, 잠그기를 잘하는 사람은 잠그지 않음으로써 잠그므로 빗장과 자물쇠를 사용하지 않고서도 잠가도 열 수가 없으며, 묶기를 잘하는 사람은 묶지 않음으로써 묶기 때문에 줄로 묶지 않아도 그 묶음을 풀 수가 없다"(吳澄, 『道德眞經注』, 권2)[81]라고

---

78) 역자 주: 張耿光은 '常然'을 '사람과 사물의 본연과 眞性'으로 주석하였다.(『莊子全譯』, 貴州: 人民出版社, 1995 4차, 145쪽) 이를 참고하여 '常然'을 '자연본성'으로 번역한다.
79) 역자 주: 善閉는 19장의 "見素抱樸"(소박함을 드러내고 질박함을 품는다)의 의미와 같다.
80) 『中華道藏』 제9책(北京: 華夏出版社, 2004), 201쪽.
81) 『中華道藏』 제12책(北京: 華夏出版社, 2004), 591쪽.

하였다. "선善"은 그 일을 충분히 잘함을 의미한다. 그것을 해서 잘하는 까닭과 그것을 잘한다고 말하는 까닭은 모두 그것이 자연에 기인하기 때문이다.

노자가 말하는 "선"을 장자는 "상연常然"(자연본성)이라고 불렀다.

> 세상에는 '자연본성(常然)이 있다. 자연본성은 굽은 것은 갈고리로 만든 것이 아니며, 곧은 것은 먹줄로 (재어서) 만든 것이 아니며, 둥근 것은 양각기兩脚器(컴퍼스)로 만든 것이 아니며, 네모난 것이 곱자로 재어서 만든 것이 아니며, 붙어 있는 것은 아교풀로 붙인 것이 아니며, 묶인 것이 줄로 묶은 것은 아니다.(『莊子』, 「騈拇」)

자연계(사물)의 굽음·곧음·원·네모는 본래 고유의 것이며 의도적으로 만든 것은 아니다. 갈고리(鉤)·줄(繩)·컴퍼스(規)·곱자(矩)는 단지 인류가 만들어 낸 물건의 공구에 불과하다. 곧 자연계의 굽음·곧음·원·네모는 결코 갈고리·줄·컴퍼스·곱자와 같은 공구로 말미암아 비로소 현존하게 된 것이 아니며, 이러한 공구가 있기 이전에 이미 고유한 것이다. 따라서 비록 굽었지만 결코 갈고리 때문이 아니며, 비록 곧지만 결코 먹줄(로 직선을 그었기) 때문에 있는 것이 아니며, 비록 원이지만 결코 컴퍼스 때문이 아니며, 비록 네모나지만 결코 곱자 때문은 아니다. 그 굽음·곧음·원·네모는 이미 본래의 고유함이며, 당연히 후세의 갈고리·줄·컴퍼스·곱자의 제약과 속박을 받은 것이 아니며, 또한 인류의 공구로 인하여 변하고 바뀐 것이 아니며, 이것이 세상의 상연常然이다.

이러한 자연본성은 곧 그것이 본래 자신의 고유한 자연본성으로 말한 것이며 또한 이른바 천연天然 혹은 하늘(天)이라는 말이다. 무엇을 천이라고 하는가? 장자는 "무위로 작위함을 천이라고 한다"(『莊子』, 「天地」)라고 하였다. "무위로 작위함"은 작위하되 작위하지 않음이며, 일삼되 일삼지 않음이며, 천성에 순응하고 자연으로 말미암기 때문에, 비록 작위해도 작위하지 않음이다. 성현영은 "무위로 작위함은 본성을 따라서 움직임이다. 하늘의 뜻(天機)은 저절로 펼쳐지므로 천이라고 한다. 이는 작위하지 않음으로 작위함이다"(『莊子疏』, 「秋水」)[82]라고 하였다.

소와 말이 네 다리를 가진 것을 천성이라고 하며, 말의 머리에 굴레를 씌우고(落馬首)[83] 소의 코뚜레를 꿰는 것은 인위라고 하는 것이다. 그러므로 인위로써 천성을 없애지 말아야 하며, 고의로 천명을 없애지 말아야 하며, 명예를 위해 목숨을 버리지(殉名) 말아야 한다. 삼가 지키고 잃지 않음을 일러 그 진성으로 돌아간다고 한다.(『莊子』, 「秋水」)

성현영은 "무릇 소와 말이 하늘에서 품부받은 것은 자연으로 네 다리를 가지며 인사人事와 상관이 없으므로 천이라고 한다. 말머리에 굴레를 씌우고, 소의 코를 꿰뚫는 것은 사람의 뜻에서 나온 것이므로 인사라고 한다. 그러나 소의 코를 꿰고 말 머리에 굴레를 씌울 수 있으나 그 까닭을 알지 못하고 그 유래를 변별할 수 없어 일은 비록 인정에 의존하지만, 이치는 결국 조물주에게 귀결된다. 하늘과 사람이 하나의 도임을 밝히려고 하므로 소와 말 두 동물에 가탁假托하였다. 무릇 자연으로 말미암아 인사에 더하면 굴레를 씌우는 것도 가능하다. 만약 말에 코뚜레를 꿰고 소에 굴레를 씌워 조화造化와 괴리되면 사람의 감정에 따른 허위라고 할 수 있으며, 천리天理의 자연을 파괴하는 일이다."(『莊子疏』, 「秋水」)[84]

장자가 이곳에서 말한 "천"은 "인"과 상대적이다. 장자는 천연天然을 창도하였고, 인위를 반대하였다. "말 머리에 굴레를 씌우고, 소에 코뚜레를 꿤"(落馬首, 穿牛鼻)은 "소 머리에 굴레를 씌우고, 말에 코뚜레를 꿤"(落牛首, 穿馬鼻)이 아니며, 비록 그 자연의 성에 말미암지만, 말머리에 굴레를 씌우고, 소의 코를 꿰뚫을 수 있는 것은 도리어 인사人事로 말미암는다. 이미 인사이기 때문에 "인"이라고 한다. 곽상은 다음과 같이 말한다.

---

82) 郭慶藩, 『莊子集釋』(北京: 中華書局, 1961), 407쪽.
83) 역자 주: "落馬首"에서 '落'을 '烙'과 같은 뜻으로 보고 烙印으로 해석하는 경우도 있으나, 소의 코뚜레와 짝이 되는 것은 말머리에 씌우는 굴레이며, 아래 성현영의 주석도 말머리에 씌우는 굴레로 해석하였다.
84) 郭慶藩, 『莊子集釋』(北京: 中華書局, 1961), 591쪽.

사람이 생겨남에 소를 복종시키고 말을 탈 수 없는가? 소를 복종시키고 말을 타는데 코뚜레와 굴레를 씌울 수 없는가? 소와 말이 코뚜레와 굴레를 거부할 수 없는 것은 천명이 진실로 마땅하기 때문이다. 만약 천명에 마땅하다면 비록 인사에 의탁하는 것도 본래 천명에 따른 것이다.(『莊子注』, 「秋水」)

곽상의 의론은 사람의 입장에서 논한 것이다. 사람의 입장에서 논한 것은 곧 "인"의 의론이며 "천"의 의론은 아니다. 이와 같은 일종의 이론은 또한 하나의 목적론이며 하나의 사람 중심주의[85]이다. 소와 말이 생겨남이 어찌 오직 사람을 위해서이겠는가?

말은 발굽이 서리와 눈을 디딜 수 있고, 털은 찬바람을 막아 준다. 풀을 씹어 먹고 물을 마시며 다리를 치켜들고 뛰어다니는데 이것이 말의 '참된 본성'(眞性)이다. 비록 누대樓臺나 호화로운 집이 있어도 그에게는 소용이 없다.(『莊子』, 「馬蹄」)

이 또한 말의 "천"이다. 곧 말의 진성眞性을 말하면 "다리를 치켜들고 뛰어다니는 것"인가? 아니면 기꺼이 머리에 굴레를 받아 씌워지는 것인가?

85) 목적론(teleology)은 서양에 유행한 이론이며, 소크라테스와 플라톤에서 기독교 신학은 모두 목적론을 선양하였다. 목적론의 관점에서 보면, 세상만물이 이러한 모습으로 된 까닭은 완전히 신의 목적으로부터 나온 것이다. 따라서 사람이 소를 복종시키고 말을 타고, 소와 말은 복종 당하고 사람을 태우는 것은 완전히 당연한 이치이다. 이 때문에 이러한 목적론은 또한 사람 중심주의(anthropocentrism)이다. 사람 중심주의의 관점에서 보면, 자연계의 일체는 본래 가치라는 것이 없으며, 그것이 가치가 있게 되는 것은 곧 사람에게 유용한가에 있으며, 사람이 필요로 하는 어떤 요구를 만족시키는가에 있다. 이러한 이론은 실제로는 터무니없이 자신이 매우 대단하다고 여기는(自尊妄大) 이론이다. 자연계의 모든 것은 결코 단지 사람을 위해서만 존재하는 것이 아니다. 왜냐하면 인류가 출현하기 이전에도 자연계의 초목과 곤충 어류 등은 일찍이 존재했었기 때문이다. 장자에게 자연계의 일체는 자족적이고 평균적이며, 이것이 곧 자연이다. 그러나 곽상에게 사람은 자연의 중심이다. 사람의 시선으로 모든 것을 대하면, 보고 듣고 논하는 것은 이미 자연이 아니며, 따라서 장자로부터 비난을 받은 것은 "人"(인위)이다.

오리의 다리가 비록 짧지만 (길도록) 이어 주면 근심하고, 학의 다리가 길지만 자르면 슬퍼한다.(『莊子』, 「騈拇」)

오리의 다리가 짧음과 학의 다리가 긴 것은 천연으로 만들어진 것이며, 본래 자신에게 고유한 것이며, 본래 이러한 것이니, 이것이 곧 "천"이다. 이미 "천"이므로 오리는 결코 (자신의 다리가) 짧다고 여기지 않으며, 학은 결코 (자신의 다리가) 길다고 여기지 않는다. "천"이 천대로 되는 것이 곧 자연이며, "인"이 인이 되는 것은 곧 자연과 어긋나는 것이니 어찌 "인"으로 "천"을 해석하고, "인"으로 "천"을 가릴 수 있겠는가? 순자荀子는 장자를 "천에 가려서 인을 몰랐다"(『荀子』, 「解蔽」)라고 평가하였는데, 우리는 또한 곽상을 "인에 가려 천을 알지 못하였다"라고 할 수 있다.

도의 본성은 자연·무위이다. 그러나 바로 이 무위가 유위有爲이며, 바로 이 무위로 말미암아 비로소 모든 것이 이루어진다. 이러한 현상은 노자의 철학으로 고도로 개괄하면, "무위하되 '무불위無不爲'이다"라는 말이다.

굽히면 온전해지고, 구부러지면 곧게 되고, 우묵하면 채워지고, 해지면 새로워지고, 적으면 얻고, 많으면 미혹된다. 이렇게 함으로 성인은 하나를 품어서 천하의 법식法式이 된다. 스스로 드러내지 않으므로 밝고, 스스로 옳다고 하지 않으므로 드러나고, 스스로 정벌征伐하지 않으므로 공功이 있으며, 스스로 자랑하지 않으므로 어른이 된다. 무릇 오직 다투지 않으므로 천하도 그와 다툴 수 없다. 옛날에 이른바 굽으면 온전해진다는 말이 어찌 헛말이겠는가! 진실로 온전해지면 (道로) 돌아간다. (『老子』 22장)

천지(의 기)가 서로 합하여 감로甘露를 내리고, 백성들은 명령하지 않아도 저절로 고르게 된다.(『老子』 32장)

만물이 (도로) 돌아가되 주인이 되지 않으니, 대大라고 이름 부를 수 있다. 끝내

스스로 크다고 자처하지 않으므로 그 큼을 이룰 수 있다.(『老子』 34장)

"굽으면 온전해지고, 구부러지면 곧게 된다"라고 한 말은 온전해지려면 굽힘으로써 하고, 곧게 되려면 구부러짐으로써 해야 하며, 굽히지 않으면 온전하지 않고, 구부러지지 않으면 곧게 될 수 없다. "성인은 하나를 품는다"에서 "하나"는 곧 도이며, "하나를 품음"은 곧 도를 지킴이다. "천하의 법식法式이 된다"라는 말에서 "식式"은 곧 법칙 혹은 규범이다. 성인이 세상을 위하여 확립한 규범 혹은 법칙은 곧 "스스로 드러내지 않음"이며, "스스로 옳다고 하지 않음"이며, "스스로 정벌하지 않음"이며, "스스로 자랑하지 않음"이다. "스스로 드러내지 않음"과 "스스로 옳다고 하지 않음" 등과 같은 말은 곧 "다투지 않음"이며, 곧 무위이다. 바로 그 "다투지 않음"으로 인하여 "그러므로 천하도 그와 다툴 수 없다." "그 큼을 자랑하지 않음"으로 인하여 "그러므로 그 큼을 이룰 수 있다."

노자는 다음과 같이 말했다.

도는 항상 무위하면서 무불위이다.(『老子』 37장)

범응원范應元[86]은 "허정虛靜과 염담恬淡[87]이 무위無爲이다. 하늘 · 땅 · 사람 · 사물이 그것을 얻어서 운행하며 낳고 기름이 작위하지 않음이 없다"(范應元, 『老子道德經古本集注』, 37장)[88]라고 하였다.

---

86) 역자 주: 南宋 理宗(1205/1224~1264) 年間 때 활동.

87) 역자 주: "虛靜"이라는 개념에서 '虛'를 그냥 '비움', '텅 빈', '공허' 등으로 해석하면 정확한 번역으로 보기 어렵다. 왜냐하면 虛는 도가사상의 핵심 용어 가운데 하나이며, 인식론적으로 '成見' 즉 편견 · 선입견 · 고정관념을 비운다는 말이다. 그러므로 여기서는 "虛"를 "마음 비우기"로 해석한다. 그리고 '靜'은 흔들리지 않는 마음의 평정 상태를 의미한다. 그리고 "虛"와 "靜"을 합한 "虛靜"의 개념은 "成見(혹은 편견)을 비운 맑고 평온한 마음 상태"로 해석한다. 恬淡은 "사리사욕이 없이 평안하고 고요함"을 의미한다. 이하 "虛靜, 허정", "恬淡, 염담" 등으로 표현한다.

88) 『中華道藏』 제11책(北京: 華夏出版社, 2004), 526쪽.

노육삼盧育三(1926~)은 "무위, 의지 없음, 목적 없음의 작위는 혹은 면려勉勵하지 않고도 작위하다와 비슷하다. 기타 무지·무언·무사 등은 모두 무위의 범주에 속한다. 광대한 범주에서 보면, 작게 하고 크게 하지 않고, 약하게 하고 강하게 하지 않고, 부드럽게 하고 굳세지 않게 하고, 아래에 있고 위에 있지 않고, 암컷이 되고 수컷이 되지 않는 것은 또한 모두 무위의 범주에 속한다. 사람은 모두 크게 되려고 하고 작게 되려 하지 않지만, 내가 작게 됨이 곧 무위를 행함이며, 사람은 모두 수컷이 되려고 다투지만 감히 암컷이 되려고 하지 않는데, 내가 암컷이 되는 것이 무위를 행한다고 하는 말 등이(무위)다. 작위함이 없어야 하며, '작위하는 사람은 실패하고, 집착하는 사람은 (도를) 잃으니'(64장) 유위는 결국 목적에 도달하지 못한다. 오직 무위라야만 '무불위'할 수 있다. 이른바 '작위하지 않음이 없음'(無不爲)은 곧 만물이 저절로 작위함에 맡기는 것이다. 이러한 도야말로 '무불위'이다"[89]라고 하였다.

무위로써 작위함은 곧 자연에 맡기는 것이며, 자연·무위의 태도로써 (도를) 대하면 그 결과는 향하지 못하는 곳이 없고, 하지 못하는 바가 없다.

"무위하되 무불위함"은 도의 대덕大德·대용大用일 뿐만 아니라 동시에 천지만물을 지배하는 가장 근본적인 규율이며, 개인이 '몸과 마음이 편하게 생활하는'(安身立命) 근본 법칙이며, 이른바 "도리道理"이다. 노자는 다음과 같이 말하였다.

> 하늘과 땅은 길고 오래간다. 하늘과 땅이 그토록 길고 또 오래가는 이유는 자생自生하지 않으므로 장생長生한다. 그러므로 성인은 자신을 뒤에 둠으로써 자신이 앞에 있게 된다. 자신을 돌봄 밖에 둠으로써 자신을 보존한다. 이것은 사사로움을 버림으로써 그 사사로움을 이룰 수 있다.(『老子』 7장)

"자생하지 않으므로 장생한다"와 "끝내 스스로 크다고 자처하지 않으므로 그 큼을 이룰 수 있다"라는 말은 천지만물의 이치이다. "무릇 오직 다투지 않으므로

---

89) 盧育三, 『老子釋義』(天津: 天津古籍出版社, 1987), 167~168쪽.

천하도 그와 다툴 수 없다"와 "자신을 뒤에 둠으로써 자신이 앞에 있게 된다. 자신을 돌봄 밖에 둠으로써 자신을 보존한다"와 "사사로움을 버림으로써 그 사사로움을 이룰 수 있다"라는 말은 개인이 안신입명安身立命하는 근본적인 법칙이다.

이 하나의 법칙은 또한 이른바 "굽히면 온전하다"라는 말이다. "굽히면 온전하다"라는 말은 고대로부터 온 유훈遺訓이며, 노자가 그것을 분명하게 설명하고, 나아가 개인이 안신입명하는 근본 법칙이 되었다. 『장자』「천하」에서도 노자의 도를 인용하여 "사람들은 모두 복福을 추구하는데, 자기는 홀로 몸을 굽혀 온전하니 (노자는) '진실로 허물을 면한다고 한다'"라고 하였다. "굽히면 온전하다"라는 설은 노자철학에서 중요한 의미가 있음을 알 수 있다. 사람은 모두 구할 줄 알고 모두 다툴 줄도 아는데, 어찌 구하고 다툼을 몰라서 복을 구할 수 없고 이익을 다툴 수도 없을 뿐만 아니라 도리어 이 때문에 화禍와 해로움을 자초할 수 있겠는가? 따라서 노자는 다음과 같이 말한다.

> 스스로를 드러내는 사람은 밝지 못하고, 스스로 옳다고 하는 사람은 드러나지 않는다. 스스로 자랑하는 사람은 공功이 없으며, 스스로 뽐내는 사람은 오래가지 못한다.(『老子』 24장)

오직 굽힘에 맡겨 온전함을 구해야 비로소 재앙을 면할 수 있다. 성현영은 "(교양이 없는) 보통 사람은 우매하고 미혹하기 때문에 고집이 세고, 단지 복을 구할 줄만 알고 화禍를 고려할 수 없다. 오직 큰 성인만 마음을 비우고 굽힘에 맡기고 사물을 따르며, 살아 있는 도를 보전하고, 또한 재앙을 면한다"(『莊子疏』, 「天下」)[90]라고 하였다.

"무위하면서 무불위함"은 도의 용用과 도의 이치일 뿐만 아니라 동시에 "도道의 술術(규칙 · 방법)"이며, 제후나 왕이 나라를 다스리는 근본적인 수단과 방법이다.

---

90) 郭慶藩, 『莊子集釋』(北京: 中華書局, 1961), 1097쪽.

노자는 다음과 같이 말한다.

> 도는 항상 무위하면서 무불위이다. 제후가 만약 그것을 지킬 수 있다면 만물은 장차 스스로 변화한다.(『老子』 37장)

> (지식을) 배움은 날로 더하며, 도를 함은 날마다 덜어 낸다. 덜어 내고 또 덜어 내어 무위에 이르면 무위하되 작위하지 않음이 없다. 천하를 취함에 항상 일삼음이 없음으로써 하며, 만약 일삼음이 있게 되면 천하를 취할 수 없다.(『老子』 48장)

"도는 항상 무위하면서 작위하지 않음이 없다." 제후가 천하의 "왕 됨"과 천하를 취함은 또한 도를 법으로 삼는다, "항상 일삼음이 없음으로써 함"과 "일삼음이 없음"은 또한 무위이다.

> 내가 무위하니 백성들이 스스로 변화하고, 내가 고요함을 좋아하니 백성이 스스로 바르게 되며, 내가 일삼음이 없으니 백성들이 스스로 부유하게 되며, 내가 무욕하니 백성들이 스스로 소박하게 된다.(『老子』 57장)

> 현명함을 숭상하지 않으면 백성이 다투지 않으며, 얻기 어려운 재화를 귀하게 여기지 않으면 백성들이 도둑질하지 않는다. 욕심낼 만한 것을 보이지 않으면 민심을 어지럽게 하지 않는다. 그러므로 성인의 다스림은 백성의 마음을 비우게 하고 그 배를 채워 주며, 백성의 뜻을 약하게 하고 그 뼈대를 강하게 한다. 항상 백성들을 무지하고 무욕無欲하게 하여 저 지자라는 사람들이 감히 작위함이 없도록 해야 한다.(『老子』 3장)

비록 유·도 두 학파가 모두 혼란을 다스림(治亂)을 말하였지만, 다만 그 치란의 방법은 매우 크게 달랐다. 유가는 인의仁義를 제창하고, "극기복례克己復禮"를 주장하였다. 도가는 단호하게 무위를 주장하고, 무위로 다스림을 주장하였다. 비록 유·도 두 학파가 모두 "성인聖人"을 언급하였지만, 그러나 두 학파의 "성인" 또한 전혀 달랐다. 유가가 말하는 "성인"은 배우지 않아도 능하며, 법을 만들고 모범을 세우고 천고에 찬란한 덕이 있는 사람이다.[91] 도가가 말하는 "성인"은 마음을 비우고, 무위로 일삼고, 무위로 명례로 여기는 도를 얻은 사士이다.[92] 유·도의 성인 관념이 서로 다름은 사상적 경향의 다름을 나타낼 뿐만 아니라, 또한 그 이상인격의 다름에서도 나타난다.[93]

만약 노자철학이 사회정치론적 색채가 짙다고 한다면, 장자철학은 사회정치에 관한 언급은 적다. 왜냐하면 장자가 보기에 "천하를 있는 그대로 놓아둔다는 말은 들었지만, 천하를 다스린다는 말은 듣지 못했다."(『莊子』, 「在宥」) "재유在宥"는 곧 자재自在·자득自得·자연이다. 만약 절박하여 어쩔 수 없이 해야 한다고 해도 장자는 여전히 마땅히 "무위"의 방법으로 천하를 다스려야 한다고 생각하였다.

---

91) 太宰(吳와 宋의 벼슬)가 자공에게 "夫子께서는 진실로 성인인가요? 어떻게 그처럼 많은 재능을 가졌는가요?"라고 물으니, 자공은 "진실로 하늘이 내린 성인이시며, 또한 능력이 많으십니다"(『論語』, 「子罕」)라고 대답하였다. 즉 사람이 성인이 되는 것은 하늘에 있지 능력에 있지 않으며, 또한 (후천적) 배움에 있지 않다는 말이다. 순자는 "禮義라는 것은 성인이 만들어 낸 것이다"(『荀子』, 「性惡」)라고 하였다. 즉 성인이 또한 예의와 법도를 창립한 사람이라는 말이다.

92) 노자는 "그러므로 성인은 무위로써 일을 처리하며, 말하지 않음의 가르침을 행한다"(『老子』 2장)라고 하였다. 또 "그러므로 성인은 행하지 않아도 알고, 보지 않고도 이름을 알고, 하지 않고도 이룬다"(『老子』 47장)라고 하였다. 장자는 "至人은 자기가 없고, 神人은 공적이 없고, 聖人은 명예가 없다"(『莊子』, 「逍遙游」)라고 하였다. 또 "성인은 세속적인 일(실무)에 종사하지 아니하며, 이익을 추구하지 않으며, 해로움을 피하지 않으며, 구함을 기뻐하지 않으며, 道에 연연하지 않으며, 無言을 有言으로 삼고('無謂有謂'에서 謂는 言이다), 有言을 無言으로 삼으며, 세속의 밖에 노닌다"(『莊子』, 「齊物論」)라고 하였다. 錢鍾書는 "노자가 말한 '聖'은 사람이 할 수 있는 모든 능력으로 천지가 운행함에 일삼음이 없음을 본받는 것일 뿐이다"(錢鍾書, 『管錐編』 第二冊, 北京: 中華書局, 1986, 421쪽)라고 하였다.

93) 진고응은 "성인은 도가에서 가장 이상적 인물이며, 그 인격의 형태는 유가와 다르다. 유가의 성인은 모범화된 도덕인이며, 도가의 '성인'은 몸을 자연에 맡겨 내재적 생명을 개척하고, '虛靜', '不爭'을 이상적 생활로 여기며, 名敎(유가의 인륜)를 경멸하며, 몸과 마음의 자유로운 활동에 영향을 주는 모든 구속(심지어 내재하는 윤리규범도 포함하여)을 떨쳐버렸다. 도가의 '성인'과 유가의 성인은 정치·인생·우주에 대한 관점도 물론 모두 서로 다르며, 양자는 혼동해서 취급해서는 안 된다"(陳鼓應, 『老子註譯及評介』, 北京: 中華書局, 1984, 66쪽)라고 하였다.

> 그러므로 군자君子가 어쩔 수 없이 천하를 다스리는 데 나서게 되면 무위無爲보다 나은 것이 없다. 무위한 뒤에야 자연이 부여한 진정한 본성(性命)[94]의 정을 편안하게 할 수 있다. 그러므로 자기 몸을 천하처럼 귀하게 여기는 사람에게 천하를 맡길 수 있으며, 자기 몸을 천하처럼 아끼는 사람에게 천하를 맡길 수 있다. 그러므로 군자는 '심중의 영기靈氣를 흩뜨리지 않을'(無解其五藏) 수 있고, 자신의 총명함을 뽐내지 않을 수 있다면 시체처럼 가만히 있어도 '정신은 밝게 드러나며'(龍見), 깊은 연못처럼 침묵해도 우레 같은 소리를 낼 수 있으며, 정신이 움직이면 하늘이 따르고, 조용하게 무위해도 만물은 모두 연기나 먼지처럼 자유자재할 것이다. 내가 또 천하를 다스릴 틈이 있겠는가?(『莊子』, 「在宥」)

"무위한 뒤에야 그 자연이 부여한 진정한 본성(性命)의 정을 편안하게 할 수 있다"(無爲也, 而後安其性命之情)라는 구절에서 "기其"는 곧 세상의 백성이다. 세상은 본래 다스림에 있지 않고, "재유在宥"[95]에 있다. 군자가 어쩔 수 없이 천하를 다스릴 때는 마땅히 "무위"를 모범으로 삼아야 한다. 임금이 무위하면 세상의 백성이 저마다 "그 타고난 생명의 정을 편안하게 한다." 저마다 그 타고난 생명의 정을 편안하게 하면 "재유"에 도달할 수 있으며, 본래의 순수한 모습으로 되돌아 갈(返璞歸眞) 수 있다.

"무위하나 작위하지 않음이 없음(無不爲)"은 "무위"를 통하여 "아니함이 없음"에 도달할 수 있으며, "작위하지 않음이 없음"은 곧 목적으로 볼 수 있고, "무위"라는 수단이나 도구로 볼 수 있다. 따라서 어떤 사람은 노자를 음모가陰謀家로서 표면적으로

---

94) 역자 주: "性命"이라는 개념의 함의가 깊고 넓기 때문에 간단하고 정확하게 우리말로 표현하기가 쉽지 않다. 또한 도가적 개념과 유가적 개념이 다르기 때문에 이를 구별하여야 한다. 이 개념의 정확한 의미를 규정하기 위해서는 많은 논증을 거쳐야 한다. 역자는 여러 문헌을 참고한 결과 도가의 '성명'은 自然之性에 근원하고, 유가의 '성명'은 중용의 天命之性에 근원한다고 보았다. 따라서 이 책은 도가사상이 중심 내용이므로 이 책 전반의 여러 설명을 참고하여 "性命"을 "자연이 부여한 진정한 본성"으로 해석하며, "자연이 부여한 진정한 본성"(性命), "자연이 부여한 진정한 본성", "性命", "성명" 등으로 문맥에 맞추어 표기하기로 한다.

95) 역자 주: 이 책의 저자는 "在宥는 곧 自在 · 自得 · 自然이다"(羅安憲, 『虛靜與逍遙—道家心性論硏究』, 北京: 人民出版社, 2005, 99쪽, "在宥, 卽自在 自得 自然.")라고 하였다.

는 어떤 일도 하지 않으면서 사실 내면적으로는 온갖 계교를 다한다고 생각한다. 이것은 노자에 대한 일종의 오해다. 성현영은 "변함없는 도는 적연하고 무위하며 체體로부터 용用을 일으킨다. 사물에 응하여 변화를 베푸니 그러므로 작위하지 않음이 없다. 앞 구절은 근본이며, 뒤 구절은 흔적이다"(成玄英, 『老子道德義疏』)[96]라고 하였다. 장석창蔣錫昌(1897~?)은 "'무위'는 그 체體를 말하며, '무불위無不爲'는 그 용用을 말한다"[97]라고 하였다. 노자는 "굽히면 온전하다"라고 하고, "무릇 오직 다투지 않으므로 천하도 그와 다툴 수 없다"라고 하였다. 노자의 사상에서 "무위"는 확실히 수단과 도구의 의미를 갖추고 있지만, "무위"는 결코 단지 수단과 도구의 의미만 갖추고 있는 것은 아니다. "도는 항상 무위無爲하며, 작위하지 않음이 없음(無不爲)"에서 "무위"는 도의 본체이며, "무불위"는 도의 작용이다. "최상의 덕을 가진 사람은 무위하되 일삼음이 없다(無以爲)"(『老子』 38장)라고 하였는데, 무위를 일삼음(爲無爲), 일삼지 않음을 일삼음(事無事), 무위로써 일을 처리함(處無爲之事)과 같은 말은 '일삼음이 없음'은 무를 일삼음으로 여긴다는 뜻이다. 욕망을 가진 사람에 대하여 말하면, "무위"를 통해야 "일삼지 않음이 없음"(無不爲)에 도달할 수 있으며, "무불위"는 결코 목적이 아니라 하나의 결과이다. 목적은 미리 먼저 갖춘 기대이며 행동의 동력이며 결과로서 이것은 그럴 것이라 기대하지 않았지만 그렇게 된 결과이다. 왜냐하면 어떤 기대가 있기 때문에 행동을 선택하고, 어떤 행동을 선택(혹은 행동을 선택하지 않을 수 있음)하여 어떤 결과가 있게 되니, 이 두 가지의 간격은 매우 큰 차이가 있다. 무욕의 사람에 대하여 말하면, "무위" 자체는 목적성을 갖추고 있으며, "무위" 자체는 곧 일종의 만족스러운 생활이다.

푸른 등불 아래 하나의 탁자, 차 한 잔, 책 한 권으로 사색을 할 여가가 없으며, 또한 깊은 이해를 구하지도 않는다. 해 질 녘에 작은 개울가에서 새들이 우는 소리를 들으며, 구름이 모이고 흩어짐을 보며, 일마다 모두 일삼음이 없고, 또한

---

96) 『中華道藏』 제9책(北京: 華夏出版社, 2004), 261쪽.
97) 蔣錫昌, 『老子校詁』(成都: 成都古籍書店, 1988), 240쪽.

마음 씀도 없는 것이 아마도 매우 아름다운 생활이 아닐 수 없으며, 아마도 매우 풍요로운 향수享受가 아닐 수 없다.

"무위하되 무불위함"은 도의 이치이며, 도의 대덕·대용이지만, 이 이론은 후대에서는 주로 군주가 백성과 신하를 부리는 술수로 사용되었다. 장자는 다음과 같이 말한다.

> 무엇을 도라 하는가? 천도天道가 있고 인도人道가 있다. 아무런 작용 없이 존귀한 것은 천도이고 인위적으로 움직여서 번거롭게 얽매이는 것이 인도이다. 군주는 천도를 실천해야 하는 자이고 신하는 인도를 실천해야 할 자이다. 천도와 인도는 서로 차이가 크니 살피지 않아서는 안 된다.(『莊子』, 「在宥」)

> 무릇 제왕의 덕은 천지를 근원으로 삼고 도덕을 으뜸으로 삼고 무위無爲를 상도常道로 삼는다. 무위하면 천하를 부려서 넉넉함이 있게 하고, 유위有爲하면 천하의 부림을 당하게 되어 부족하게 된다. 그러므로 옛사람은 무위를 중시하였다. 윗사람도 무위하고 아랫사람 또한 무위하면, 이는 윗사람과 아랫사람이 같은 덕을 가지게 되며, 아랫사람이 윗사람과 같은 덕을 가지면 신하가 될 수 없다. 아랫사람이 유위한다고 윗사람도 유위하면, 이는 윗사람이 아랫사람과 같은 도를 가지게 되며, 윗사람이 아랫사람과 같은 도를 가지면 군주가 될 수 없다. 윗사람은 반드시 무위로 천하를 부리고, 아랫사람은 반드시 유위로 천하를 위해 일하는 것, 이것이 바꿀 수 없는 도이다. 그러므로 옛날 천하에 왕이 된 사람은 지식은 비록 천지를 다 망라할 수 있어도 스스로 사려하지 않았으며, 변론은 비록 만물을 두루 다 논할 수 있어도 스스로 말하지 않았으며, 능력은 비록 세상의 모든 일을 다 처리할 수 있더라도 스스로 일하지 않았다. 하늘이 생겨나게 하지 않아도 만물은 저절로 화생化生하며, 땅이 키워 주지 않아도 만물은 저절로 화육하며, 제왕은 무위해도 천하의 공업功業이 저절로 이루어진다. 그러므로 "하늘보다 신묘한 것이 없고, 땅보다 풍부한 것이 없고, 제왕보다 위대한 것이 없다"라고 말한다. 따라서 "제왕의 덕은 천지와 짝한다"라고 말한다. 이것이 천지를 타고 만물을 몰아서 사람의 무리를 부리는 도이다.(『莊子』, 「天道」)

상·하는 본래부터 나뉨과 구별이 있으며, 상·하는 덕이 다르고 도 역시 다르다. 윗사람이 무위하고 아랫사람도 무위하면 이것은 상·하가 같은 덕을 가진다. 상·하가 같은 덕을 가지면 아랫사람은 신하가 될 수 없다. 아랫사람이 유위하고 윗사람도 유위하면 이것은 상·하가 같은 도를 가지는 것이며, 상·하가 같은 덕을 가지면 윗사람은 임금이 될 수 없다. 따라서 윗사람이 무위하면 아랫사람이 무위해서는 안 되며, 또한 임금의 도가 무위이면, 신하의 도는 유위이다.

임금의 도가 무위라는 이론은 직하稷下의 황로黃老 도가에게서 이미 충분히 표현되었다. 『관자』는 다음과 같이 말했다.

> 심술이라는 것은 무위로 하면 다스림을 다한다.(『管子』, 「心術上」)

> 임금된 사람은 음陰으로 확립하고, 음이라는 것은 고요함이다. 그러므로 움직이면 지위를 잃는다. 음이면 양을 제어할 수 있으며, 고요하면 능히 움직임을 제어할 수 있다. 그러므로 고요하면 곧 스스로 얻는다.(『管子』, 「心術上」)

신도愼到는 다음과 같이 말한다.

> 군신君臣의 도는 신하는 일을 일삼고, 임금은 일삼음이 없다. 임금은 안락安樂하며, 신하는 노고를 마다하지 않는다. 신하는 지혜를 다하여 그 일을 잘해야 하며, 임금은 무위하며 우러러 성취할 뿐이다. 그러므로 일에는 다스려지지 않음이 없으며, 다스림에는 정도正道로써 그렇게 한다.(『愼子』, 「民雜」)

임금은 음의 고요함에 머물며, 무위로써 신하에게 임하며, 신하는 그 힘을 다하여 그것을 다하며, 임금은 그 명분에 따라서 그 실질을 따지니 이것이 군신의 정도正道이다.

그 후에 『여씨춘추』에서는 임금의 도인 무위에 대하여 더욱 분명하게 표현한다.

임금이란 마땅함이 없음을 마땅함으로 삼고, 얻지 않음(無得)을 얻는 것으로 삼는다. 마땅함과 얻음은 임금에게 있지 않고, 신하에게 있다. 그러므로 임금 노릇을 잘하는 사람은 앎이 없고, 그다음으로 일삼음이 없다. 앎이 있으면 준비되지 않음이 있으며, 일삼음이 있으면 회복하지 못함이 있다. 준비되지 않음과 회복하지 못함은 관료가 의심으로 삼는 것이며, 사악함이 생겨나는 통로이다.(『呂氏春秋』, 「審分覽 · 君守」)

옛날의 왕은 그 작위하는 바가 적은데 그 순응함(因)은 많았다. 순응함은 임금의 술이며, 작위함은 신하의 도이다. 작위하면 어지럽게 되지만, 순응하면 안정된다. 겨울에 순응하여 추워지고, 여름에 순응하여 더워지는데, 군주가 무슨 일을 하겠는가? 그러므로 임금의 도는 무지와 무위이지만 유지有知와 유위有爲보다 현명하니 그것을 얻는다.(『呂氏春秋』, 「審分覽 · 任數」)

『회남자』에서도 다음과 같이 말했다.

임금의 술은 무위로써 일을 처리하며, 말하지 않음의 가르침을 행한다. 청정淸靜하여 움직이지 않고, 한결같은 태도로 흔들리지 않고[98], 인습에 따라 아랫사람에게 맡기고, (신하에게 일을) 일임하고 수고하지 않는다.(『淮南子』, 「主術訓」)

황로학의 영향을 받은 군도무위君道無爲의 이론은 한나라 초기에 구체화되었다. 한나라 초기 연이은 전쟁을 거치면서 민생이 고생스러워지고, 온갖 폐단이 기다렸다는 듯이 일어남[99]에 전쟁의 상처를 치유하고 사회의 생산을 회복하고 발전시키는

98) 역자 주: 이 책에는 "一度而搖"로 기록되어 있으나, 원문은 "一度而不搖"이다. 원문에 따라 번역한다.

99) 『漢書』「食貨志」에서는 "한나라는 秦나라의 積弊를 접하여 제후들이 다투어 일어났으며, 백성들은 생업을 잃었고 대기근이 들었다. 무릇 쌀 1석에 5천 냥이나 하고, 사람들이 서로 잡아먹고 죽은 자가 반이 넘었다. 한 고조가 이에 백성들이 자식을 팔도록 하여 蜀漢을 먹여 살렸다. 천하가 이미 안정되었는데, 백성은 축적된 재산(蓋藏)이 없었다. 천자조차도 같은 수레를 끄는 같은 색깔의 네 마리 말을 구할 수 없었고, 將相조차도 간혹 소가 끄는 마차를 타고 다녔다"라고 하였다.

일이 절실하게 요구되었다. 이에 황로학자들은 통치자에게 무위의 통치를 하고 백성들을 간섭하지 않아야 한다고 주장하였다. 한나라 통치자는 역사의 흐름에 순응하여 황로학을 통치사상으로 확립하였다. 혜제惠帝 때부터 시작하여 문제文帝·경제景帝를 거치면서[100] 계속 "무위의 정치"를 치국의 근본으로 삼으니, 사회가 안정되고 경제가 빠르게 발전하여 역사가들이 칭송하는 "문경지치文景之治"를 이루었다.[101] 『사기』에서는 다음과 같이 말한다.

> 한漢이 일어난 후 70여 년간 국가는 큰일이 없었고, 홍수나 가뭄이 재해를 만나지 않아서 백성들은 집마다 자급자족하였고, 곡식 창고도 모두 차고, 관청의 창고에는 재화가 넘쳐흘렀다. 경사京師(수도)의 돈은 막대하여, 돈을 묶은 줄이 썩어도 고칠 수가 없었다. 태창太倉(수도의 곡식창고)의 곡식을 겹쳐 쌓고도 넘치고 남아 노천에 쌓아 두었다가 결국 썩어 버려 먹을 수 없는 지경에 이르렀다. 서민들이 거리를 말을 타고 다녔으며, 밭길 사이에 무리를 이루었다.(『史記』, 「平準書」)

이것은 한나라 초기의 상황과 분명하게 대비되며, 도가적 정치가 사상사에서 가장 빛나는 한 페이지임을 말해 준다. 이러한 정황은 후대에 다시 또 출현하지는 않았다.

물론 노자와 장자 그들이 논한 도는 고대 그리스의 플라톤(Platon, B.C.427~B.C.347)이 논한 이데아(理念. Idea), 데모크리토스(Demokritos, B.C.460?~370?)가 논한 원자原子

---

100) 文帝(B.C.203/180~B.C.157)와 景帝(B.C.188/157~B.C.141) 연간에 중요한 정치가가 있었는데, 이 사람이 곧 竇太后(?~B.C.135)이다. 두태후는 문제의 황후이다. 문제 사후에 그 아들 경제가 황위를 계승했는데, 두태후가 정사에 참여하였다. "두태후는 黃帝와 노자의 말을 좋아하여, 황제와 태자 및 竇氏들도 『黃帝』와 『노자』를 읽으며 그 학술을 받들지 않을 수 없었다."(『史記』, 「外戚世家」)

101) 班固(32~92)는 "周·秦의 폐단은 法網이 조밀하고 법조문이 준엄하였으나 간사한 짓을 하는 사람이 헤아릴 수 없이 많았다. 漢나라가 일어나자 번거롭고 가혹한 것을 제거하고, 백성에게 휴식을 주었다. 효문제에 이르러 여기에 공손함과 검소함을 더하고, 효경제는 생업을 중시하였고, 50~60년의 사이에 풍속이 바뀌고 백성의 인심이 純正해졌다. 周나라 때는 成王와 康王을 일컫고, 한 나라 때는 문제와 경제를 말하니 아름답도다!"(『漢書』, 「景帝紀」)라고 하였다.

등과는 모두 크게 다르다. 플라톤의 이념은 하나의 본체론(Ontology)으로 우주의 본체에 대한 고찰에 중점을 두며, 데모크리토스의 원자론은 하나의 우주론(Cosmology)으로 우주의 구성에 대한 고찰에 중점을 둔다. 다만 물론 본체론이든 우주론이든 이론으로서는 해석에 중점을 둔다. 그러나 노자와 장자의 도론은 이미 우주론의 요소를 갖추고 있을 뿐만 아니라 본체론의 요소도 갖추고 있지만 해석에 중점을 두지 않는다. 노자와 장자의 도론은 근본적으로 외재적 자연을 해설하기 위한 것이 결코 아니라, 자연을 해석함으로써 인류를 위해 입법하려는 의도이다. 자연에 대한 해석이 목적이 아니라 인류를 위한 입법이며, 인류의 행위를 위한 일종의 척도를 확립하는 것이며, 아울러 이러한 척도의 근거를 확립하는 것이 곧 노자와 장자의 근본적 의도이다.[102] 이를테면, 유가와 도가의 학설의 근본적 생각(用心)은 서로 같거나 서로 통하며, 모두 현실의 위기를 해결하려고 가능한 출로를 탐구하는 것이다.[103] 비록 드러난 가치척도는 도가는 자연을 표명하고, 유가는 인의仁義를 고양하지만, 이와 함께 유가와 도가의 사이에는 다름 가운데 같음이 있다. 그리고 노자·장자와 플라톤·데모크리토스의 사이에는 같음 가운데 다름이 있다. 또 같음 속에 있는 다름은 사실 다름 속에 있는 같음보다는 훨씬 크다. 이것을 증명하는 것이 곧 중국과 서양의 문화 정신적 차이다.

노자와 장자가 논한 도는 그 목적이 결코 자연을 해석함에 있지 않고, 인류를 위한 입법立法에 있다. 그 법이란 무엇인가 그 법은 곧 도이다. "사람은 땅을 본받고,

---

102) 韋政通(1927~2018)은 "노자 우주론의 주요 목적은 결코 자연율을 추구하는 것이 목적이 아니며, 그가 자연을 으뜸으로 하는 우주관을 세우려는 까닭은 주로 그의 정치와 인생철학의 형이상학적 근거를 찾는 것이다"(韋政通, 『中國思想史』 上冊, 臺北: 大林出版社, 1982, 152쪽)라고 하였다.

103) 張立文은 "유가와 도가의 초기 元典의 문헌자료의 사상을 비교하면 매우 가까우며, 모두 '禮가 무너지고 樂이 붕괴됨'으로 초래된 사람과 사회, 사람과 사람, 나라와 나라, 가문과 가문, 임금과 신하, 부모와 자식 사이의 현실적 충돌을 해소하려고 제시한 서로 다른 구상과 방법이다. 그들의 목표는 모두 전쟁의 해결, 사회적 안정, 국가의 부강, 사람끼리의 和諧를 달성하여 사람들이 모두 안심하고 살아갈 수 있도록 하는 것이었다"(張立文, 「論簡本『老子』與儒家思想的互補互濟」, 陳鼓應 主編, 『道家文化研究』 제17집, 北京: 生活·讀書·新知三聯書店, 1999, 136쪽)라고 하였다.

땅은 하늘을 본받고, 하늘은 도를 본받고, 도는 자연을 본받는다”(『老子』 25장)라고 하였다. 도는 자연을 본받고, 그리고 사람은 이미 땅을 본받고 하늘을 본받고 도를 본받고 또한 마땅히 자연을 본받는다면, 또한 마땅히 자연을 법으로 삼아야 한다.[104)]

만물은 도를 품부받아 생겨나고 도를 품부받아 이루어지며, 도는 구체적인 사물에서 분명하게 드러나는데, 노자는 그것을 덕德이라고 불렀다. 노자는 다음과 같이 말한다.

> 생겨나게 해도 소유하지 않고, 작위해도 자랑하지 않고, 자라게 해도 주재主宰하지 않으니 이를 현덕玄德이라고 한다.(『老子』 10장)

“생겨나게 해도 소유하지 않고, 작위해도 자랑하지 않고, 자라게 해도 주재主宰하지 않는다”라는 말은 도의 자연·무위이며, 이 자연·무위가 곧 이른바 “현덕玄德”이다. “현玄”은 깊음(深)이며, 멂(遠)이며, 더 이상 보탤 것이 없다. “현덕玄德”은 곧 지덕至德이다. 덕과 현덕, 지덕은 구별되는 것이 아니라 자연·무위이다.

『관자』에서는 다음과 같이 말한다.

> 덕은 도의 집이다. 사물은 생겨나고 또 생겨날 수 있고, 도의 정묘함을 관장할 줄 안다. 그러므로 덕德은 얻음(得)이다. 얻는다는 것은 그것이 그러할 수 있음을 말한다. 무위를 도라고 하며, 거기에 존재하는 것을 덕이라고 한다. 그러므로

---

104) 唐君毅는 “대개 노자라는 책은 사람이 땅을 본받음을 말하는 것 외에 곳곳에서 사람은 마땅히 하늘을 본받아야 하고, 사람은 또한 마땅히 도를 본받아야 한다는 취지를 말한다. 이 네 구절에서 사람에게는 단지 땅을 본받아야 한다는 말을 하였을 뿐이다. 그러나 땅도 하늘을 본받는다면 사람도 역시 당연히 ‘땅이 하늘을 본받는 것’을 본받아야 하며, 하늘이 이미 도를 본받는다면, 사람도 역시 당연히 ‘땅이 하늘을 본받는 것과 하늘이 도를 본받는 것’을 본받아야 한다. 도가 자연을 본받는다면, 사람은 또한 마땅히 ‘이 도가 자연을 본받는 것’을 본받아야 한다. 이것은 사람이 그 스승을 본받는 것과 같이 또한 당연히 그 ‘스승의 스승’과 ‘스승의 스승의 스승…… ’을 법으로 삼아야 하며, 그 스승의 범위를 층층이 확대해야 한다”(唐君毅, 『中國哲學原論—原道篇』, 권1, 臺灣學生書局, 1984, 295~296쪽)라고 하였다.

도는 덕과 간격이 없으며, 따라서 언급하는 것도 구별이 없다.(『管子』, 「心術上」)

“덕德”은 얻음(得)이다. 그러한 바를 얻는다. 그러한 바를 얻는 것을 도에 대하여 말하면 곧 자연·무위다. 사물에 대하여 말하면 곧 그 얻어야 할 바를 스스로 얻음이다. 자연·무위라는 것이 도이다. 그 얻어야 할 것을 스스로 얻은 것이 덕이다. 도가 사물이 되는 것을 따라서 말하면 도가 되고, 사물이 도를 얻는 것을 따라 말하면 덕이 된다. “덕은 도의 집이다”라는 말에서 ‘도의 집’은 또한 도의 구체적 실현이며, 도가 머물러 있는 곳이다. 그러므로 덕 또한 도이며, 도 또한 덕이며, 도와 덕은 간격이 없으며, 덕은 도를 벗어나지 않으며, 도 또한 덕을 벗어나지 않는다. 장자는 다음과 같이 말하였다.

천지에 통하는 것이 덕이며, 만물에서 운행하는 것이 도이다.(『莊子』, 「天地」)

만물에 운행하여 드러남과 미묘함이 간격이 없는 것은 그 체體이며, 천지에 통하여 유행하여 쉼이 없는 것은 용用이다. 그러므로 도는 체가 되고 덕은 용이 된다.[105] 왜냐하면 도와 덕은 간격이 없기 때문이며, 따라서 노자는 다음과 같이 말했다.

‘큰 덕의 표현’(孔德之容)[106]은 오직 도만을 좇는다.(『老子』 21장)

하상공河上公은 “공孔”을 대大로 해석하였고, 왕필은 “공孔”을 공空으로 해석하였다. 고형은 “용容”을 용搈으로 해석하였는데, “용容은 용搈의 가차假借로 보이며 움직임

---

105) 엄영봉은 “‘도’는 ‘덕’의 ‘체’이며, ‘덕’은 ‘도’의 ‘용’이다. ‘도’는 ‘덕’의 ‘내용’이며, ‘덕’은 ‘도’의 ‘형식’이다. ‘도’는 ‘덕’의 ‘實體’이며, ‘덕’은 ‘도’의 ‘속성’이다”(嚴靈峯, 『老莊研究』, 臺灣中華書局, 1979, 15쪽)라고 하였다.

106) 역자 주: ‘孔’은 ‘大’이며, ‘容’은 ‘動’ 혹은 ‘動作’으로 둘 다 ‘表現’의 의미다. 余培林, 『新譯老子讀本』(三民書局, 1975 재판), 47쪽 참고.

(動)이다"[107]라고 하였다. 하상공은 "공孔은 대大이다. 대덕大德을 가진 사람은 용납하지 못함이 없으니, 더럽고 탁한 것도 받아들일 수 있으며, 겸손하고 비천한 곳에 처한다. 유唯는 독獨이다. 대덕을 가진 사람은 세속을 따라서 행하지 않고 오직 도를 따른다"(河上公, 『道德眞經注』, 권2)[108]라고 하였다. 왕필은 "오직 공空을 덕으로 삼은 후라야 도를 따라 움직일 수 있다"(王弼, 『道德眞經注』, 권2)[109]라고 하였다. 요약하면 대덕을 가진 사람은 오직 도를 따르며 법으로 생각한다.

"무위를 도라고 하며, 거기에 존재하는 것을 덕이라고 한다." 도는 무위로써 사물을 생겨나게 하고, 사물을 도를 얻어서 덕이 된다. 노자는 다음과 같이 말한다.

> 도는 생겨나게 하고, 덕이 길러 주고, 사물이 형체를 이루게 하고, 세勢가 이루어 준다. 그러므로 만물 가운데 도보다 높고 덕보다 귀한 것이 없다. 도의 존귀함과 덕의 귀중함은 무릇 그렇게 되도록 명령하지는 않고 항상 저절로 그러하다.(『老子』 51장)

『관자』는 다음과 같이 말했다.

> 허무와 무형을 도라고 하며, 만물을 화육함을 덕이라고 한다.(『管子』, 「心術上」)

도로써 만물을 생겨나게 하고, 덕으로써 화육하므로 만물은 도를 높게 보고 덕을 귀하게 여기며, 도가 높고 덕이 귀한 근본적인 이유는 곧 도와 덕의 자연에 있다. 사람은 도를 법으로 사는데 사실은 또한 자연을 법으로 삼는 것이다. 『수서隋書』 「경적지經籍志 3」에서는 다음과 같이 말했다.

---

107) 高亨, 『老子正詁』(北京: 古籍出版社, 1956), 51쪽.
108) 『中華道藏』 제9책(北京: 華夏出版社, 2004), 138쪽.
109) 『中華道藏』 제9책(北京: 華夏出版社, 2004), 199쪽.

도는 대개 만물의 오묘함이며 성인의 지극한 심오함이다.
성인은 도를 체로 삼아 성性을 이루고, 청허淸虛로써 스스로를 지키며, 작위해도 자랑하지 않고, 자라게 해도 주재主宰하지 않으므로 애써 총명하지 않아도 사람들이 스스로 변화하며, 수양하고 힘쓰지 않아도 공은 스스로 이루어진다.

"도를 체로 삼아 성을 이룬다"라는 말은 덕이 있음을 이른다. 덕이라는 하나의 중개 과정을 거쳐서 도와 성은 이로써 서로 관통하고 서로 연결된다. 도에 대하여 말하면 도가 덕이 되어 성을 이룬다. 성에 대하여 말하면 성은 도에서 얻어서 덕을 이룬다. 도-덕-성 이들은 사실 하나로 관통되어 있다. 이로써 도가의 도론道論은 성론性論으로 넘어간다.

제2장 성론

성性의 본래 글자는 생生이다. 『설문해자』에서는 "성性은 사람의 양기陽氣의 본성이 선善한 것이다. 심방변(忄)을 따라 생生으로 소리 난다"라고 하였다. 완원阮元(1764~1849)은 "성性이라는 글자는 본래 '심心'과 '성生'이 합친 글자로, 먼저 '생生'자가 있었고, 상商·주周시대 옛사람들이 이 글자를 만들었는데, 해성諧聲(六書의 하나인 形聲)의 글자로 발음과 뜻이다"(『性命古訓』)라고 하였다.

"성性"이라는 글자는 매우 일찍이 출현하였다.

『상서』에는 다음과 같은 구절이 있다.

> 훌륭하신 상제上帝께서 충심衷心을 백성들에게 내리시었도다. 항상된 성품性品을 가지도록 하였으니, 백성들을 편안하게 교도하여 임금의 역할을 할 것이다.(『尙書』, 「商書·湯誥」)

> 습관이 쌓여 성품이 되었다.(『尙書』, 「商書·太甲上」)

> 천성天性을 헤아리지 못하여, 따라야 할 법을 따르지 않는다.(『尙書』, 「商書·西伯戡黎」)

> 성품을 절제하면 나날이 (선으로) 매진하리니, 왕은 공경하게 되고 덕을 공경하지 않을 수 없다.(『尙書』, 「周書·召誥」)

『춘추좌전』에도 다음과 같은 구절이 있다.

> 하늘이 백성을 사랑함이 이렇듯 두터우니 어찌 한 사람이 백성들 위에서 멋대로

어지럽히고, 천지의 성정을 버리게 하겠는가? 반드시 그렇게 되지 않는다.(『春秋左傳』, 襄公 14年)

지금의 궁실이 높고 사치스러워 백성들의 힘이 고갈되어 원망과 미움이 아울러 일어나 그 본성을 보존할 수 없다.(『春秋左傳』, 召公 8年)

하늘의 밝은 것을 모범으로 삼고 땅의 본성으로 말미암아 그 육기六氣를 생겨나게 하고 그 오행을 이용한다.(『春秋左傳』, 召公 25年)

『국어國語』에도 다음과 같은 구절이 있다.

선왕이 백성에게 그 덕을 성대하게 하고 그 성을 지극하게 한다.(『國語』, 「周語上」)

무엇을 성性이라고 하는가? 맹자는 고자告子의 말을 인용하여 "생生을 성이라고 한다"라고 하였다. 『이아爾雅』에서는 "성性은 질質(바탕)이다"라고 하였다. 성은 사물의 종류에 따라 선천적으로 타고나는 본성 혹은 특질特質이다.

장자는 "성은 생의 질이다"(『莊子』, 「庚桑楚」)라고 하였다.

순자는 "생이 그렇게 되는 까닭을 성이라 한다"(『荀子』, 「正名」)라고 하였다.

『여씨춘추』는 "성은 하늘로부터 받은 것으로 사람이 능히 할 수 있는 것이 아니다"(『呂氏春秋』, 「孟秋紀 · 蕩兵」)라고 하였다.

동중서는 "그 생의 자연적 자질과 같은 것을 성이라 한다"(『春秋繁露』, 「深察名號」)라고 하였다.

엄준嚴遵은 "도에서 품부받은 바로 형체를 이루고 만 가지 방향으로 종류가 다르고,

사람과 사물, 남과 여, 성인聖人 · 지인智人, 용감함과 비겁함, 대소大小와 장단長短, 인仁과 염치廉恥, 탐욕과 잔인함, 강약과 경중輕重, 성색聲色과 용모, 정조精粗와 고하高下 등을 성이라 한다"[1]라고 하였다.

성은 사물의 종류에 따라 선천적으로 타고나는 본성 혹은 특질이며, 따라서 동일한 사물의 종류는 그 성도 또한 같다. 조기趙岐(?~201)는 "무릇 사물은 같은 종류로 생겨난 것은 모두 성이 같다"(『孟子注』, 「告子上」)[2]라고 하였고, 모융牟融(?~79)은 "사물의 종류는 각각 스스로의 성이 있는데, 자석磁石이 쇠를 붙이지만 한 올의 털을 이동시킬 수 없는 것과 같다"(『牟子』, 「理惑論」)라고 하였고, "그러므로 쇠는 굳세고 물은 부드러움이 성의 구별이다"(『南史』, 「張充傳」)라고 하였다. 사람은 사물을 인식할 때 사물의 특성을 인식하는 데 중점을 두며, 사람은 사물을 이용하여 자신의 목적을 이루는데 또한 마땅히 사물의 특성에 준거해야 한다. 그러므로 『회남자』에서는 "하늘이 덮고 땅이 실어 주고, 해와 달이 비치고 경계함에 이르면, 각각(의 사물이) 그 본성에 편안하고, 안정되게 존재하며, 그 마땅함에 처하고, 그 능력을 작위한다. 그러므로 어리석은 자도 수양修養이 있고, 지자智者도 부족함이 있다. 기둥으로 이를 쑤실 수가 없고, 광주리를 주거住居로 삼을 수 없으며, 말은 무거운 것을 싣지 못하고, 소는 빨리 추격할 수 없으며, 납으로는 칼을 만들지 못하고, 구리로는 쇠뇌를 만들 수 없으며, 쇠로는 배를 만들지 못하고, 나무로는 솥을 만들 수 없다. 각각(의 사물)은 그 적절한 곳에서 쓰이고, 그 마땅한 곳에 베풀어지니, 곧 만물은 한결같이 동등하며, 서로를 초월할 이유가 없다"(『淮南子』, 「齊俗訓」)라고 하였다. 사물은 각각 그 성性이 있고, 그 성은 서로 다르므로 그 쓰임도 또한 다르다.

사물의 성(物性)이 있으므로 사람의 성(人性)도 있으며, 사물의 성은 사물의 종류에 따른 본성 혹은 특성이 있으며, 인성人性은 인류의 본성 혹은 본연지성本然之性이며 천연지성天然之性이다.[3] 『황제음부경黃帝陰符經』[4]에서는 "천성天性은 사람이며, 인심

---

1) 嚴遵, 『老子旨歸』(北京: 中華書局, 1994), 45쪽.
2) 焦循, 『孟子正義』(北京: 中華書局, 1987), 737쪽.

은 기機(기틀)이다. 하늘의 도를 확립하여 사람의 도를 정한다"라고 하였다. 인성은 사람이 하늘에 근원하므로 "천성天性"이라고 부른다. 그러나 인성은 결코 단지 사람의 천성이 아니라 사람이 사람다운 사람이 되는 표현과 확증이다. 사람의 천성은 선천적으로 갖추어지는 것이며, 이 점에 있어서 사람과 동물은 결코 어떤 구별이 없다. 그리고 동물은 비록 무리는 있지만 사회를 형성할 수는 없고, 사람은 일단 사회를 벗어나면 다시 (사회적) 사람이 될 수는 없다. 비록 그 체질이나 외관이 근본적으로 바뀐 것은 결코 아닐지라도 말이다. 따라서 사람이 사람다운 사람이 되는 것은 결코 선천적으로 타고나서(天生) 바로 사람이 되는 것이 아니라, 후천적인 교화, 양육, 습득이 있어야 비로소 진정한 사람이 되게 한다.

1. 성의 본연

유가의 성론은 인의의 도에 근본한다. 유가는 성에 대한 논증과 설명의 목적은 그들이 발양하려는 인의의 도를 위하여 하나의 근본과 실현되어 나오는 길을 확립함에 있다. 유학을 창시한 시조 공자가 평생 가장 많이 강론한 것이 인仁이다. 그러나 공자가 논한 인은 주로 인 그 자체, 곧 어떻게 인을 실행할 것인가 또는 왜 인을

---

3) 錢穆은 "중국인들은 性이라는 한 글자로 만물이 서로 같은 점을 말한다. 살아 있는 것이든 죽은 것이든 막론하고 모든 사물은 반드시 하나의 성을 가지고 있다. 이러한 사물의 성은 곧 이 사물의 특질이며, 다른 사물과 서로 다른 점이 거기에 있다. 이 성을 또한 천성이라고 하는데 즉 '자연의 성'(自然之性)이다. 곧 자신이 이러함을 가리키는 것으로 自生하여 존재하며, 생겨나면서 갖추어져 있고, 한 번 이루어지면 변하지 않는다"(錢穆, 「中國文化特質」, 湯一介 主編, 『中國文化與中國哲學』 1987년 편집, 北京: 生活·讀書·新知三聯書店, 1988, 31쪽)라고 하였다.

4) 『黃帝陰符經』의 작자는 분명하지 않으며, 三家 영인본 『道藏』 제1책에 수록되어 있다. 王明(1904~1974)은 "내가 『음부경』이 이루어진 연대를 추측해 보니 약 531~580년 사이라고 생각된다", "작자는 대개 北朝시대 오랜 세상의 변화를 겪은 隱者로 天文으로 계산해 보면, 馮唐(『史記』「馮唐傳」 참고)의 易老陰陽百家의 학문이 많이 포함되어 있으며, 역사적 사건과 당대 사건들에 대하여 연구할 수 있는 종합이다"(王明, 『道家與道教思想硏究』, 北京: 中國社會科學出版社, 1984, 146쪽)라고 하였다.

행하여야 하는가의 차원에 국한되어 있었다. 어떻게 인을 실행할 것인가는 공자에게는 중심 문제가 아니었다. 공자는 단지 간단하게 다음과 같이 말하였을 뿐이다.

인으로 말미암을 뿐이다.(『論語』, 「顏淵」)

내가 인을 행하고자 하면 이 인이 내게 이른다.(『論語』, 「述而」)

공자가 보기에 인의 실천은 완전히 사람의 자각적 행위이다. 왜 사람의 자각적 행위인가에 대해서 공자는 결코 구체적인 논증을 전개하지는 않았다.[5] 이 때문에 공자는 인의를 많이 언급하였지만, 성에 대해서 언급한 것은 매우 적다.[6] 공자가 성을 논한 것은 단지 한 구절뿐이다.

성은 서로 가까우나, 습관은 서로 멀다.(『論語』, 「陽貨」)

성은 왜 서로 가까우며, 습관은 왜 서로 먼가? 공자는 분명하게 말하지 않았는데, 왜냐하면 공자가 가진 주요 관심 문제는 인의 그 자체였고, 어떻게 인의의 도를 실천할 것인가는 아니었다.

맹자孟子(B.C.372~B.C.289)는 곳곳에서 공자의 계승자를 자처하였다. 공자 학문에 대한 맹자의 발전은 주로 "인을 실행하는 방법" 방면에서의 발전이다. 맹자는 자각적으로 공자 인학仁學의 완성을 자신의 인학 출발점으로 삼았으며, 아울러

---

5) 비록 공자도 "자신이 하고 싶지 않은 일을 남에게 베풀지(요구하지) 말라"(『論語』, 「顏淵」)라고 하고, "자신이 서고자 하면 타인도 서게 하고, 자신이 도달하고자 하면 타인도 도달하게 하라. 가까운 데서 비근한 것을 취하면 '仁의 방법이라고 할 수 있다'(可謂仁之方也)"(『論語』, 「雍也」)라고 하였다. 그러나 '자신을 미루어 타인에 이른다'(推己及人)라는 말은 단지 실행한다는 의미만 있으며, 이론적 근거에 관한 요소는 결코 없다. 역자 주: 이 책에서는 '可謂人之方也'라고 쓰여 있으나, 대다수 원문에는 '可謂仁之方也'로 되어 있다. 여기서는 원문의 기록에 따랐다.

6) 子貢은 "夫子의 문장은 얻어서 들을 수 있다. 그러나 부자가 성과 천도에 대하여 말한 것은 얻어들을 수 없다"(『論語』, 「公冶長」)라고 하였다.

"인을 실행하는 방법"에 대한 논술을 통하여 자신의 심성론을 건립하였다. 맹자가 보기에 "사람이 금수禽獸와 다른 것은 매우 적다."(『孟子』, 「離婁下」) 사람과 동물 사이에는 서로 같은 성이 있다. 입는 맛을 느끼고, 눈은 색깔을 보고, 귀는 소리를 듣고, 코는 냄새를 맡고, 사지四肢가 안일함을 구하는 것이 성이다.(『孟子』, 「盡心下」) 사람이 동물과 서로 같은 요소는 사람의 성이며, 그러나 사람이 사람다운 사람이 되는 까닭은 인성이 아니다. 사람의 성에 나타난 특징은 사람의 선천적 요소이며, 이러한 선천적 요소가 실제로는 또한 사람의 본능이자 사람의 본성이며, 사람의 본능과 본성은 매우 큰 의미상으로는 동물과 서로 비슷하며 서로 통하며 나아가서는 서로 같음에 이른다. 인성에 나타난 특징은 도리어 사람이 사람다운 사람이 되는 요소이다. 사람이 사람다운 사람이 되는 까닭은 결코 사람과 동물이 서로 비슷하고 서로 같은 것이 아니며, 사람이 동물과 다른 것이기 때문이며, 동물과 다른 것이 사람에게서 서로 전수되는 것이 곧 인성이다. 맹자는 사람이 동물과 다른 근본은 곧 사람이 선천적으로 갖춘, 측은惻隱·수오羞惡·사양辭讓·시비是非의 마음이라고 보았다. 이것이 바로 사람이 사람다운 사람이 되는 까닭이며, 곧 인성이다.

> 측은지심이 없으면 사람이 아니며, 수오지심이 없으면 사람이 아니며, 사양지심이 없으면 사람이 아니며, 시비지심이 없으면 사람이 아니다.(『孟子』, 「公孫丑上」)

이 때문에 사람의 본성은 그 본래의 의미로 말하면 원래부터 곧 선한 것이다.[7] 이와 같이 근원적 선천적인 선이 곧 사람이 인을 실행하려고 선으로 향하는 기초이며, 사람 자신의 본원적인 측은·수오·사양·시비의 마음은 곧 사람이 인을 실행하려고 선으로 향하는 발단이다.

---

7) 맹자의 성선론에 대하여 두 가지 해석이 있는데, 하나는 성은 '본래 선하다'(本善)라는 설이며, 다른 하나는 본성이 '선으로 향한다'(向善)라는 설이다. 두 가지 해석 모두 어느 정도 일정한 근거가 있다. 그러나 "本善"은 근거이며, "向善"은 功能이며, 근거가 없으면 공능도 발휘할 곳이 없다. 따라서 맹자가 말한 性善은 주로 '本善'을 따라서 이론 확립을 한 것이다.

측은지심은 인仁의 단서이며, 수오지심은 의義의 단서이며, 사양지심은 예禮의 단서이며, 시비지심은 지智의 단서이다.(『孟子』, 「公孫丑上」)

따라서 유가가 선양하는 인·의·예·지는 결코 외재적인 타인이나 혹은 타인에게 강요할 수 있는 것이 아니라, 인성에 근원하며 아울러 그로부터 발육되어 나오는 것이며, 인성 가운데 본래 있는 것이다. "인·의·예·지는 외부로부터 내게로 스며든 것이 아니며, 나에게 고유한 것이다."(『孟子』, 「告子上」) 인을 행함은 인성 가운데 본래부터 있는 선의 단서가 발양하여 광대光大해지도록 하는 것에 불과하다. 맹자의 이와 같은 심성론의 확립은 곧 유가가 창도한 인의의 도이며, 처음으로 이론적인 근거를 찾아낸 것이다. 맹자와는 달리 순자는 사람이 선천적으로 인을 실행하기 위하여 선을 향하는 경향을 갖추고 있다고 생각하지 않았다. 인을 실행하려고 선을 향함(爲仁向善)은 순자가 보기에 완전히 의도적 작위로부터 나오며, 곧 "인위"(僞)로부터 나오며, 특히 "성인의 인위"로부터 나온다.

무릇 예라는 것은 성인의 인위로부터 생기며 사람의 성에 고유하게 생긴 것이 아니다.(『荀子』, 「性惡」)

무릇 사람은 하나의 같은 것이 있는데, 목마르면 (물을) 마시고 싶어 하고, 추우면 따뜻하게 입고 싶어 하며, 피로하면 쉬고 싶으며, 이익을 좋아하고 해로움을 싫어함은 사람이 태어나면서부터 가진 것이며, 이것은 다른 것을 기다려 그런 것이 아니며, 우임금 같은 성인도 폭군 걸왕桀王도 같은 것이다.(『荀子』, 「榮辱」)

비록 순자도 맹자와 마찬가지로 성은 사람이 하늘로부터 받은 것이며 선천적이며 천부적이라고 생각하지만, 그러나 맹자와는 달리 순자는 사람과 동물이 공유하는 이익을 좋아하고 해로움을 싫어하는 자연본성이 마땅히 기본적 인성이라고 보았다. 만약 사람의 자연본성에 순응한다면 반드시 사람과 사람 사이에 상호 적대敵對, 상호 해침, 사회적 혼란이 생긴다. 따라서 순자가 보기에 사람의 본성은 악하다.

그러므로 옛날의 성인은 사람의 성이 악하며, 치우치고 험險하고 바르지 않으며, 반란을 일으키고 다스려지지 않는다고 보았다. 따라서 그들을 위해 임금을 위에 세워서 권세로써 그들에게 군림君臨하게 하여, 예의를 밝혀서 그들을 교화하고, 법을 바르게 세워서 그들을 다스렸으며, 형벌을 무겁게 하여 (악행을) 금지하여, 세상이 모두 다스려지도록 하여 선善에 합치하도록 하였다.(『荀子』, 「性惡」)

군자와 소인은 그 천성으로 말하면, 결코 어떤 다름이 있는 것은 아니다. "무릇 사람의 성은 요·순임금 같은 성인과 폭군 걸왕과 도척盜跖 같은 도둑도 그 성은 하나다. 군자와 소인도 그 성은 하나다."(『荀子』, 「性惡」) 사람이 실제로 다른 것은 완전히 후천적인 역량 때문이며, 완전히 그들이 생활하는 환경과 개인의 주관적 노력에 달려 있으며, "노력으로 습속을 바로잡음이 쌓여서 그렇게 된 것일 뿐"(『荀子』, 「榮辱」)이라는 데 있다. "습속을 삼가며 크게 쌓아 가면 군자가 되고, 성정을 따라가고 묻고 배움이 부족하면 소인이 된다."(『荀子』, 「儒效」)

맹자는 인·의·예·지를 "성性"으로 보고 인성은 선하다고 보았다. 순자는 자연본성을 "성"으로 보고 인성은 악하다고 보았다. 표면적으로 보면 맹자와 순자의 상이에는 매우 큰 차이가 있어 보이지만, 그들이 최종적으로 추구하는 것은 완전히 일치한다. 성선과 성악의 논쟁은 같은 학파 내부의 방법론상 논쟁에 불과하다.[8] 성선론은 사람의 선천적 요소를 부각하고, 성악론은 사람의 후천적 작위를 강조한다. 사람이 인을 실행하는 것은 선천先天에 근원하지 않을 수 없으나, 또한 후천적인 노력을 소홀히 해서는 안 된다. 따라서 『중용』에서는 다음과 같이 말한다.

하늘이 명命한 것을 성이라고 하고, 성을 따라가는 것을 도라고 하고, 도를 닦는

---

8) 李澤厚(1930~2021)는 "사실 순자와 공자, 맹자의 공통점은 그 일맥상통하는 점이 더 기본이며 중요하다. 순자는 공자와 맹자를 계승하고, 아래로 『주역』와 『중용』을 연결하고, 따로 여러 학자를 받아들여 漢나라 유학을 열었는데, 이것은 중국사상사에서 선진시대에서 한대까지 이르는 하나의 관건이다"(『中國古代思想史論』, 北京: 人民出版社, 1985, 106쪽)라고 하였다.

것을 가르침이라고 한다.

> 정성으로부터 (사리에) 밝음을 성이라 하고, (사리에) 밝음으로부터 정성됨을 가르침이라고 하니, 정성되면 밝고, 밝으면 정성된다.

성은 하늘이며 정성됨이고, 가르침은 사람이며 밝음이다. 그러므로 하늘과 사람은 떨어져 나눌 수 없다. 장재는 더 분명하게 말한다.

> 유학자는 밝음으로 인하여 정성에 이르고, 정성으로 인하여 밝음에 이르니 그러므로 천인합일이며, 학문을 하여 성인이 될 수 있고, 천리(天)를 얻어서 지금까지 빠진 사람이 없다.(『正蒙』, 「乾稱」)

단지 선천先天만 강조할 뿐 후천後天은 중시하지 않으면, 오직 근거만 있고 (후천적) 노력(功夫)은 없다. 단지 후천을 중시하고 선천은 인정하지 않으면, 오직 (후천적) 노력만 있고 근거는 없다. 후대의 유학 발전의 절실한 문제는 곧 어떻게 맹자와 순자를 결합시키느냐, 즉 본체와 (후천적) 노력을 어떻게 하나로 결합시키는가의 문제였다. 후대 동중서의 성삼품설性三品說, 한유韓愈(768~824)의 상·중·하 삼품설, 장재張載·정이程頤(1033~1107)·주희朱熹 등이 성을 천지지성天地之性과 기질지성氣質之性으로 구분한 것은 모두 본체와 후천적 노력을 결합하려는 의도였다.

유가와 마찬가지로 법가의 성론도 또한 그 이론의 요지는 서로 밀접한 관련이 있다. 그러나 유가의 성론은 그 인의의 도의 근원과 현실의 경로이며, 법가의 성론은 그 법치 이론의 근거이다. 유가에서는 먼저 그 인의의 도(공자에 의해 발양됨)가 있고, 나중에 곧 그 인의의 도의 근원과 현실의 경로(맹자와 순자에 의해 확립됨)가 있다. 그러나 법가에서는 먼저 인성에 대한 인식이 있고, 나중에 곧 그 법치의 도가 있으며, 법치의 도는 인성에 대한 기본적 인식에 근원한다.

법가의 대표 인물은 한비韓非(B.C.280?~B.C.233)이다. 한비는 순자의 학생으로,

그는 인성에 대한 순자의 인식을 받아들였으며, 또한 이것을 기본적인 전제로 삼았다. 순자는 사람이 선천적으로 이익을 좋아하고 해로움을 싫어하는 본성을 갖추고 있다고 보았다. 한비는 한 걸음 더 나아가 사람이 하는 모든 행위는 다 자신의 사사로운 이익을 출발점으로 삼는다고 보았다.

> 왕량王良은 말을 좋아하고, 월왕越王 구천句踐(B.C.520?~B.C.464)은 사랑하는 사람을 위해 전쟁으로 치달렸다. 의사가 사람의 상처를 빨고 사람의 피를 머금는 것은 골육骨肉의 육친肉親은 아니지만, 이익이 더해지기 때문이다. 그러므로 수레를 만드는 사람이 수레를 만들면 (수레를 살 수 있는) 타인이 부귀해지기를 바라고, 장인匠人이 관을 만들면 (그 관을 사 줄) 사람이 일찍 죽기를 바란다.(『韓非子』, 「備內」)

그러나 한비와 순자도 또한 크게 다른 점이 있다. 순자에게서 이익을 좋아하고 해로움을 싫어함이 비록 사람의 본성이지만 이러한 자연본성은 결코 바꾸지 못하는 것은 아니며, 따라서 그는 "성을 변화시켜 인위人爲를 일으킴"(化性起僞)을 강조하였다. 반면에 한비는 이익을 좋아하고 해로움을 싫어함 그 자체가 사람의 자연본성이며, 그렇다면 이러한 본성은 당연히 바꿀 수 없고, 변화할 수 없는 것이며, 그렇지 않으면 사람의 자연본성이 아니라고 하였다. 순자에게서 사람은 선천적으로 이익을 좋아하고 해로움을 싫어하는 본성을 갖추고 있는데, 만약 사람이 자연본성에 순응하면 반드시 사람과 사람 사이에는 상호 적대敵對, 상호 해침, 사회적 혼란이 생긴다. 그러므로 인성은 악하다고 하였다. 반면에 한비에게서 이익을 좋아하고 해로움을 싫어함은 바꿀 수 없는 자연본성이며 그것은 선·악과는 관련이 없는 것이다.

> 수레를 만드는 사람이 수레를 만들면 (수레를 살 수 있는) 타인이 부귀해지기를 바라고, 장인匠人이 관을 만들면 (그 관을 쓸) 사람이 일찍 죽기를 바란다. 수레 만드는 사람이 인仁하고 장인이 사악한 것이 아니다. 남이 귀하지 않으면 수레를 살 수가 없고, 남이 죽지 않으면 관을 사지 않는다. 실정은 타인을 증오하는

것이 아니라 이익이 사람의 죽음에 있다.(『韓非子』, 「備內」)

수레 만드는 사람을 인하다 할 수 없고, 장인도 사악하다고 말할 수 없다. 사람의 성은 한비가 보기에 선하다고 말할 수도 없고 악하다고 말할 수도 없으나 기본적이고 자연적인 사실에 불과하다.[9] 다시 말하면, 순자와 한비는 비록 모두 사람이 이익을 좋아하고 해로움을 싫어하는 자연본성을 인정하였지만, 순자는 "성을 변화시켜 인위를 일으킴"(化性起僞)이 가능함을 인정하여 중시하였고 따라서 인의의 도에 대해서도 매우 강한 믿음을 가졌다. 반면에 한비는 사람의 본성은 근본적으로 바꿀 수 없고, 이 때문에 '화성기위化性起僞'로부터 유가가 선양한 인의의 도에 대한 어떤 희망도 품지 않았다. 따라서 순자가 유가의 대표가 되고, 한비는 법가의 집대성자가 되었다.

한비가 보기에 인의의 도는 근본적으로 실행할 수 없고, 사회의 안정과 정상적인 질서를 지키려면 오직 엄한 형벌과 준엄한 법률이 있어야 하고, 그 외에 권모술수를 더하여야 한다.

무릇 엄격한 집안에는 흉포한 노비는 없으나, 자애로운 어머니 밑에는 패륜아가 있으며, 나는 이로써 위세로 난폭함을 금할 수 있어도 후한 덕으로는 변란을 막을 수 없음을 알았다. 무릇 성인이 나라를 다스림에 사람들이 나를 위해 선량하기를 기대지 않고, 그가 비리를 저지를 수 없도록 한다. 사람들이 나를 위해 선량하기를 기대하면, 나라 안에 10여 명에 불과하지만, 사람들이 비리를 저지를 수 없도록 한다면, 한 나라를 가지런하게 할 수 있다.(『韓非子』, 「顯學」)

사람은 믿을 수가 없으므로, 사람의 본성을 바꿀 수 없으므로, 법가가 생각한

9) 오직 인성과 인의의 도가 연계가 될 때 비로소 이른바 선과 불선의 논의가 있게 된다. 性善論, 性惡論, 性有善有惡論, 性無善無惡論, 性三品論, 天地之性과 氣質之性論은 모두 인의의 도와 연계되어 발생한 가치판단이며, 인의의 도를 버리면 당연히 가치표준과는 관련이 없으며, 자연과 무법도 또한 가치판단을 할 필요가 없다.

이상사회는 유가가 창도한 예의의 나라도 아니며, 또한 묵가가 추구한 겸애兼愛와 (남과 타국을) 공격하지 않음은 서로 친하고 서로 즐기는 대동세계도 아니며, 법의 기율이 엄격하고 분명하며 질서가 엄숙하고 치밀한 문명한 국가이다.

> 죽간에 새긴 문헌이 없어 법령을 가르침으로 삼고, 선왕先王의 말이 없어서 관리를 스승으로 삼으며, 사사로이 검劍으로 보위함이 없어 참수斬首함을 용기로 삼는다. 경내의 백성으로 언담言談하는 자는 반드시 법을 궤도로 삼고, 행동하는 자에게 공을 돌리고, 용감한 자는 군대에서 능력을 다한다. 이런 까닭에 (나라에) 변고가 없으면 나라가 부유하고, 변고가 있으면 군대가 강하게 된다.(『韓非子』, 「五蠹」)

도가의 성론도 그 이론의 취지와 밀접한 관련이 있다. 그러나 그것은 유가와 같은 것은 아니며, 그 성론의 취지는 그 이론의 취지를 위하여 하나의 근원과 현실적 출로를 확립하려 함에 있다. 또한 법가와도 같지 않으며, 그 성론은 곧 그 이론 취지의 기초와 전제이다. 도가에서 그 성론은 그 도론의 자연적 연장, 심지어 그 성론은 차라리 곧 그 도론의 구체화라기보다는 단지 유기적 구성 부분에 불과하다.

도가가 보기에 도는 만물의 본원이자 근본이며, 또한 만물의 본체이다. 도가 구체적 사물에서 드러난 것이 곧 "덕"이다.[10] 덕은 도에서 근원하므로 도로부터 얻는다. 도로부터 얻어서 사물의 본체가 되고, 어떤 사물이 그 어떠한 사물이 되도록 하는 것이다. 도에 나아가서 말하면, 사물이 도를 얻은 것에 나아가서 말하는 것으로 덕이다. 사물에 나아가서 말하면, 어떤 사물이 그 어떤 사물이 되는 까닭에 나아가서 말하는 것으로 곧 성이다. 하늘은 하늘의 도가 있고, 사람 또한 사람의 도가 있다.

---

10) 陳鼓應은 "形而上의 '도'는 사물계에 구체화하여 人生에 작용하니 그것을 곧 '德'이라고 한다. '도'와 '덕'의 관계는 둘이면서 하나이며, 노자는 체와 용의 발전으로 '도'와 '덕'의 관계를 설명하였다. '덕'은 '도'의 작용이며, 또한 '도'의 드러나 보임(顯現)이다. 하나로 합쳐진 '도'는 창생의 활동에서 만물에 내재화되고, 각 사물의 속성이 되며 이것이 곧 '덕'이다. 간단하게 말하면 경험계에 내려앉은 '도'가 곧 '덕'이다"(陳鼓應, 『老子註釋及評介』, 北京: 中華書局, 1984, 12쪽)라고 하였다.

하늘은 하늘의 덕이 있고, 사람도 또한 사람의 덕이 있다. 하늘은 하늘의 성이 있고, 사람 또한 사람의 성이 있다. 천도는 도의 구체적 드러남이며, 천덕天德은 하늘이 도로부터 얻은 것이며, 천성天性은 천도와 천덕이 실현된 것이며, 하늘이 하늘다운 하늘이 되는 까닭이다. 도－덕－성은 도가에서는 하나로 관통되어 있는 것이다. 천도, 인도, 어떤 사물이 그 어떤 사물이 되는 도의 총합이 도이다. 하늘·사람·사물은 도로부터 얻어서 하늘이 되고 사람이 되고 사물이 된다. 이처럼 도로부터 얻은 것이 곧 덕이다. 하늘·사람·사물은 도로부터 얻어서 하늘·사람·사물로 실현되고, 이와 같이 하늘 쪽은 하늘로 실현되고, 사람 쪽은 사람으로 실현되고, 사물 쪽은 사물로 실현되도록 하며, 이와 같이 실현된 것이 성이다. 도가 하늘에서 실현되면 천성이 되고, 사람에게서 실현되면 인성이 되며, 사물에서 실현되면 물성이 된다. 도는 결코 허망하고 현묘한 것이 아니며, 그것은 반드시 아래로 임하고자 하며, 그것은 반드시 구체적으로 실현되고자 하며, 그것은 반드시 변화하여 구체적 사물의 생명이 되고자 하며, 구체적 사물의 주재主宰와 영혼이 된다.[11] 도로부터 덕으로 성으로 가는 것은 곧 일반에서부터 구체화로 가는 것이다. 성은 다른 것이 아니라 곧 도가 구체적 사물에서 현실적으로 드러나는 것이며, 이로부터 성 또한 "도성道性"이라고 할 수 있다. 『노자』서에는 "성性"자는 없으나 노자에게 결코 성론이 없는 것은 아니다. 성과 관련된 것은 사람이 되는 주체성의 측면이다. 노자가 중시한 것은 도의 보편성과 항상성이며, 사람에게서의 개체성과 주체성에는 결코 깊은 관심을 두지 않았다.[12] 그러나 노자는 덕에 대해서는 충분하게 설명하였다.

---

11) 몽배원은 "'도'는 우주본체론적이지만, 그러나 그것은 반드시 인생 문제에로 실현되어야 하며, 인생의 문제로 말하면 주체적인 '덕'으로 실현된다. '德 은 得이다' 곧 '도'로부터 얻어서 사람이 사람의 도리를 다하는 까닭이 된다"(蒙培元, 「'道'的境界」, 『中國社會科學』 1996년 제1기)라고 하였다.

12) 당군의는 "선진시대 諸子 가운데 도가의 노자서에는 비록 인성에 관련된 사상이 있으나 性이라는 이름으로 그것을 논한 것은 일찍이 없었다. 대개 노자가 논한 도는 도를 객관적 보편자로 보는 데 중점을 두었고, 또한 묵자가 말한 天志와 兼愛 등의 말은 하나의 객관적 보편의 원칙이라는 데 중점을 두었다. 노자와 묵자는 모두 객관의식이 강하고 주관의식이 약한 사람들이다. 사람의 정과 성은 人生의 주체에 속하기 때문에 두 사람

덕에 대한 설명은 사실은 곧 성에 대한 설명이다. 노자가 말하는 "덕"은 사실 후대에서 말하는 "성"이다.[13] 덕은 도에서 얻은 것이다. 도에서 얻어서 사물의 근본이 되는 것은 곧 사물의 성이다. 도에서 얻어서 사람의 근본이 되는 것은 곧 사람의 성이다.

노자는 다음과 같이 말한다.

> 높은 덕(上德)을 지닌 사람은 (그 덕을) 덕이라고 여기지 않으니, 그래서 덕이 있다.(上德無爲而無以爲) 낮은 덕(下德)을 지닌 사람은 (그 덕을) 잃지 않으려 하니 그래서 덕이 없다.(下德無爲而有以爲) 높은 덕을 지닌 사람은 무위無爲하고자 하여 인위人爲로 함이 없고, 낮은 덕을 지닌 사람은 무위하고자 하여 인위로 함이 있다.[14] 높은 인仁을 지닌 사람은 작위하되 인위로 함이 없으며(上仁爲之而無以爲), 높은 의義를 지닌 사람은 작위하고자 하여 인위로 함이 있고, 높은 예禮를 지닌 사람은 작위하려 하는데 응함이 없으면 팔을 걷어붙이고 함부로 말한다. 그러므로 도를 잃어버린 후에야 덕이 있게 되고, 덕을 잃어버린 후에야 인이 있게 되며, 인을 잃어버린 후에야 의가 있게 되고, 의를 잃어버린 후에야 예가 있게 된다. 무릇 예라는 것은 충성스러움과 믿음직스러움이 엷고 혼란함의 첫머리이다. 예전의 식자識者는 도의 화려함이면서 어리석음의 시작이다. 그래서 대장부大丈夫는 그 두터움에 머물고 그 엷음에 머물지 않으며, 그 진실함에 머물고 그 화려함에 머물지 않는다. 그러므로 저것(薄·華)을 버리고 이것(厚·實)을 취하는 것이다.(『老子』 38장)

은 모두 처음부터 직접 성을 논하지 않았다"(唐君毅, 『中國哲學原論—原性篇』, 臺北: 臺灣學生書局, 33쪽)라고 하였다.

13) 서복관은 "『노자』라는 책에는 性이라는 글자가 없으며, 『장자』 내편 7편에도 性이라는 글자는 없다. 그러나 이른바 '德'이 실제로는 『장자』 外篇과 雜篇에서 말하는 '성'이다" (徐復觀, 『中國人性論史』, 臺灣商務印書館, 1990, 415쪽)라고 하였다. "성은 사물을 이룬 후에 있는 덕이며, 의연하게 사물의 형체 속에 유지되는 종자이다"(위의 책, 373쪽)라고 하였다.

14) 역자 주: 『노자』에서 '爲'와 '爲之'의 해석은 문맥에 따라 해석을 달리한다. '無爲'와 '有爲'에서 '爲'는 구절에서 쓰이는 용도와 의미에 따라 '작위함'과 '人爲' 두 가지로 해석하고, '爲之'는 '인위로 함'으로 해석한다.

이 단락의 문자에는 자못 많은 쟁론이 있다. "상덕무위이무이위上德無爲而無以爲"에 대하여 하상공본 · 왕필본 · 백서갑본 · 백서을본은 모두 "인위로 함이 없음"(無以爲)으로 썼으며, 『한비』「해로解老」 · 엄준본嚴遵本 · 부혁본傅奕本 · 범응원본范應元本은 모두 "작위하지 않음이 없음"(無不爲)으로 썼다. "하덕무위이유이위下德無爲而有以爲"는 하상공본 · 왕필본은 "하덕위지이유이위下德爲之而有以爲"로 썼으며, 부혁본 · 범응원본은 "하덕위지이무이위下德爲之而無以爲"로 썼으며, 백서갑본 · 백서을본 · 『한비자』「해로」는 이 구절이 없다.

"상덕무위上德無爲"의 구절에 대하여 유월兪樾(1821～1907)은 "무불위無不爲"로 써야 한다고 보았다. 그 이유는 "아래 문장에서 '상인위지이무이위上仁爲之而無以爲'라고 하였는데, 무릇 '무위無爲'와 '위지爲之'는 그 의미가 극히 다르며, '무이위無以爲'라고 말하는 것과 같으므로 통할 수 없음이 분명하다. 『한비자』「해로편」에서는 '상덕무위이무불위야上德無爲而無不爲也'로 썼으며, 대개의 고본은 이와 같다. 현재 '무이위無以爲'로 쓴 것은 아래 '상인(위지이무이위)上仁(爲之而無以爲)'의 구절에 관섭關涉된 오류일 뿐이다. 부혁본은 바르게 '무불위無不爲'로 썼다"(兪樾, 『老子平議』)라고 하였다.

"무이위無以爲"와 또 "무불위無不爲"는 차이가 크다. "상덕무위이무이위上德無爲而無以爲"라는 구절의 무게중심은 "무위無爲"에 있으며, "상덕무위이무불위上德無爲而無不爲"의 무게중심은 "무불위無不爲"에 있다. 유월은 상덕上德의 "무위"와 "상인上仁"의 "유위"는 다 같이 "무이위無以爲"로 볼 수 없으며, 사실로도 옳지 않다고 여겼다. "상덕무위이무이위上德無爲而無以爲"에서, 상덕上德은 "무위"인데, 또 "무위無爲"를 "위爲"로 본 것이며, 또한 곧 "위무위爲無爲"이며, "무위無爲"라는 것은 무심無心에서 나온다. "상인위지이무이위上仁爲之而無以爲"에서 상인上仁은 유위有爲이지만, "무위無爲"를 작위함으로 보고, "무위無爲"를 "유위有爲"로 본 것이며, "유위有爲"라는 것은 무심無心에서 나온다.

"하덕무위下德無爲"의 구절을 주겸지朱謙之(1899～1972)는 마땅히 "하덕무위이유이위下德無爲而有以爲"라고 써야 한다고 보았다. 그 이유는 "부혁본과 범응원본은 아래 구절 '하덕위지이무이위下德爲之而無以爲'는 비본碑本(唐의 景龍碑本)의 '하덕무위이유이위下德無爲而有以爲'와 비교하여 따졌고, 부혁본과 범응원본은 '하덕下德'과 '상인上仁'의 구절을 구별하지 않았고, '하덕위지이무이위下德爲之而無以爲'와 '상인위지이무이위上仁爲之而無以爲' 두 구절을 완전히 같다고 보았는데, 어찌 이치에 맞겠는가? 필원畢沅(1730~1797)은 '무無'라고 하였고, 하상공과 왕필은 '유有'라고 썼다. 살펴보면 마땅히 '유有'라고 써야 하며, 아마도 부혁본은 여러 번 옮겨 쓰는 과정(傳刻)의 오류일 것이다. 필원의 설이 옳다"[15]라고 하였다.

고명高明은 "하덕下德"의 한 구절은 잘못 쓴 군더더기 글(衍文)이라고 보았다. 그 이유는 다음과 같다. "백서갑본과 백서을본에는 '하덕下德'이라는 구절이 없으며, 세상에 전해온 판본에는 모두 이 구절이 있다. 이것이 백서본과 금본今本의 중요한 차이의 하나이다. 『노자』의 원본은 마땅히 어떠한가? 경문經文의 분석에 따르면 이 장은 주로 노자가 도로써 덕·인·의·예 네 가지의 서로 다른 층차를 관찰하였는데, 덕이 가장 높고, 그다음이 인, 그다음이 의, 마지막으로 예이다. 덕·인·의·예는 번갈아 서로 등급의 차이(差次)가 있어 아래로 갈수록 나빠질 뿐만 아니라, 서로 계승하여 생긴다. 예를 들면, 아래 문장에서 '도를 잃어버린 후에야 덕이 있게 되고, 덕을 잃어버린 후에야 인이 있게 되며, 인을 잃어버린 후에야 의가 있게 되고, 의를 잃어버린 후에야 예가 있게 된다. 무릇 예라는 것은 충성스러움과 믿음직스러움이 엷고 혼란함의 첫머리이다'라고 한 말과 같다. 덕·인·의·예 사이의 각각의 격차는 어떠한가? 노자는 '무위'를 이용하여 네 가지의 표준을 평가하였는데, '무위하되 (실제로) 인위로 함이 없음'(無爲而無以爲)이 최상이며, '작위하되 인위로 함이 없음'(爲之而無以爲)이 그다음이며, '작위하되 인위로 함이 있음'(爲之而有以爲)이 또 그다음이며, '작위하려 하는데 응함이 없으면 팔을 걷어붙이고 함부로 말함'(爲之而莫之應, 則攘臂而扔之)을 가장 아래로 보았다. 백서갑본과 백서을본의 덕·인·의·예 네 가지의 부별을 매우 정연하고 논리적 의미로도 매우 분명하다. 그다음 본래 연문衍文인 '하덕(위지이무이위)下德(爲之而無以爲)'의 한 구절은 단어의 의미가 중첩될 뿐만 아니라

15) 朱謙之, 『老子校釋』(北京: 中華書局, 1984), 151쪽.

내용도 혼란스럽고 또한 각 판본의 연문衍文도 한결같지 않아서 뭇 논의가 어지럽다. 예를 들면, 왕필의 여러 판본이 '하덕위지이유이위下德爲之而有以爲'를 잘못 쓴 글이라면, 마찬가지로 '상의위지이유이위上義爲之而有以爲'와 서로 겹친다. 부혁의 여러 판본이 '하덕위지이무이위下德爲之而無以爲'라는 구절을 잘못 쓴 글이면 마찬가지로 '상인위지이무이위上仁爲之而無以爲'와 서로 겹친다. 이렇게 보면, '하덕下德'의 한 구절은 완전히 군더더기이며, 절대 『노자』 원문에 있는 것이 아니므로 당연히 후인이 망령되이 보탠 것이다. 『한비자』 「해로편」에서 징험해도 역시 단지 '상上', '상인上仁', '상의上義', '상례上禮'와 같은 글은 있어도 '하덕下德'의 표현은 없으며, 백서갑본·을본도 마찬가지여서 충분히 『노자』 원본이 마땅히 이와 같음을 증명하며, 현재의 판본에는 군더더기 오기誤記가 많다."16)

손이해孫以楷(1938~)는 "하덕下德"의 한 구절을 제거해서는 안 된다고 생각한다. 그는 다음과 같이 말한다. "상덕은 '무위'이며, 상인上仁은 '위지爲之'이다. 이것은 무위와 유의 근본적인 구별이다. 상덕은 도에 가까우며, 어떤 사람은 도의 체현體現이라고도 하는데, 그 본성은 '무위'이다. '상덕'은 결국 도를 체득한 사람이다. 왜냐하면 그는 '무위'이므로 따라서 상덕이다. 그가 도를 체득한 사람일 뿐만 아니라 이와 같이 도를 체득한 것은 곧 유심有心과 무심無心으로 구별된다. '무이위無以爲'는 곧 무심으로 작위함을 강조한 것이다. 만약 '유심'으로 '무위'를 버리면 곧 단지 '하덕'이 될 뿐이다. '상인위지上仁爲之'에서 인仁은 일종의 인위적 규범이다. 사람이 만든 규범의 실천과 준수해야 할 규정이며, 또한 마땅히 무심에 따라서 작위해야(당연히 따지지 말고 지켜야 하는 당위법칙) 하는 원칙이다. 예를 들면, '무심'으로 작위함에 이를 수 있다면(곧 작위하되 인위로 함이 없음) 그것이 곧 인이다. 만약 마음이 있고 공리功利의 목적이 있으면 작위하며(곧 작위하되 인위로 함이 있음) 그것이 바로 의義가 될 수 있다. 상덕과 하덕은 무위와 같으며, 그 차이는 상덕은 무위이면서 무심하고, 하덕은 무위이면서 유심有心임에 있다. 상덕과 상인의 차이는 상덕은 '무위'이고 상인은

---

16) 高明, 『帛書老子校注』(北京: 中華書局, 1996), 3쪽.

'작위함'(爲之)에 있으며, 그 공통점은 모두 '무심'(무심이면서 무위와 무심이면서 작위함)이다. 하덕과 상인의 차이는 두 가지 점이 있는데, 하나는 '무위'와 '작위함'의 다름이며, 다른 하나는 '유심'과 '무심'의 차이다. 하덕은 비록 '무위'이지만 '유심'이며, 상인은 비록 '작위함'이지만 '무심'이다. 상인과 상의上義의 공통점은 모두 '작위함'에 있고, 그 차이는 '상인'이 '무심으로 작위함'이며, '상의'는 '유심으로 작위함'이다. 상덕上德·하덕下德·상인上仁·상의上義 사이의 동이同異는 이처럼 분명하며 완전히 이론적 근거와 합치한다."[17] 손씨의 설이 매우 타당하다. 위 문장에서 "상덕", "하덕"으로 운운한 구절을 살펴보면, "하덕"의 구절과는 결코 어떤 내력이 없지 않으며, 연문衍文이라고도 할 수 없다.

왕필은 "상덕의 사람은 오직 도가 그 용用이다. 그 덕을 덕으로 여기지 않고, 집착함도 이용함도 없으므로 덕이 있고 작위하지 않음이 없다. 구하지 않아도 얻고, 작위하지 않아도 이루어지니 그러므로 비록 덕이 있더라도 덕이 있다는 명성이 없다. 하덕은 구하여 얻는 것이며, 작위하여 이루니 선을 확립하여 사물을 다스리므로 덕이라는 이름이 여기에서 있게 된다. 구하여 얻으면 반드시 잃음도 있다. 작위하여 이룸에 반드시 거기에 실패도 있다. 선善이라는 이름이 생기면 거기에는 불선不善도 있다. 그러므로 하덕下德으로 작위하면 인위로 함이 있다. 작위할 수 없는 것은 두루 작위하는 바도 없다. 무릇 무위할 수 없으면서 작위하는 것은 모두 하덕이며, 인의의 예절이 이것이다"(王弼, 『道德眞經注』, 권3)[18]라고 하였다.

상덕의 사람은 덕으로써 구하려 하지 않고 자연·무위를 근본으로 삼는다. 자연·무위는 곧 도이며, 도가 드러남이 곧 덕이다. 그러므로 상덕의 사람은 도가 있음으로 말미암고, 도가 있으면 덕은 안으로 충만하며, 덕이 안으로 충만하면 덕으로써 구하지 않는다. 저 덕으로써 구하지 않는 것은 그것이 덕을 가지고 있기 때문이다. 그러므로 덕으로써 구하지 않는 것은 진실로 그 덕이 있음이니 이런

17) 孫以楷, 『老子通論』(合肥: 安徽大學出版社, 2004), 421쪽.
18) 『中華道藏』 제9책(北京: 華夏出版社, 2004), 205쪽.

까닭에 상덕의 사람이 된다. 하덕의 사람은 덕으로 구함을 삼고, 덕이 본래 도로부터 얻은 것임을 모르며, 도를 버리고 덕을 구하며, 근본을 버리고 말단(末)을 따른다. 하덕의 사람은 안으로부터 얻지 않고 밖으로부터 구하며, 이미 구하려 해도 스스로 얻지 못하며, 스스로 얻지 못하면 잃음이 있고, 잃음이 있으므로 덕이 없다.[19)]

노자가 보기에 도의 본성은 곧 자연·무위이며, 자연·무위가 곧 우주만물을 지배하는 근본 규율이며, 또한 인류가 마땅히 믿고 지켜야 하는 기본적 행위 준칙이다. 무위의 원칙에서 출발하여 노자는 사람의 인위有爲를 반대하였는데, 왜냐하면 인위가 있으면 사람의 원시적 자연과 순박함을 파괴하고, 인격적 분열을 조성하고, 허위·교활·탐욕·죄악 등 온갖 사회의 추악한 현상을 가져왔기 때문이다.

> 대도大道가 폐廢하면 인의가 있고, 지혜가 나오면 큰 인위(僞)가 있어 육친六親이 불화하니 효孝와 자애로움이 있다. 나라가 혼란해지면 충신이 있다.(『老子』 18장)[20)]

왕필은 "만약 육친이 서로 화목하고, 나라가 스스로 다스려지면, 효孝·자慈·충신

---

19) 고형은 "상덕의 사람은 단지 그 본성에 반하는 것을 책망하고(求), 성 밖에서 덕을 책망하지 않으므로 결국 그 본성을 온전하게 할 수 있다. 그러므로 '높은 덕(上德)을 지닌 사람은 (그 덕을) 덕이라고 여기지 않으니, 그래서 덕이 있다'고 하였다. 하덕의 사람은 그 본성에 반하는 것을 책망하지 않고 성 밖에서 덕을 책망하며, 일단 성 밖의 덕을 얻어서 견고하게 지켜서 잃지 않으면 끝내는 그 본성을 잃는다. 그러므로 '낮은 덕(下德)을 지닌 사람은 (그 덕을) 잃지 않으려 하니 그래서 덕이 없다'고 한다"(高亨, 『老子正詁』, 北京: 古籍出版社, 1956, 85쪽)라고 하였다.

20) 이 일단의 구절은 백서갑본에서는 "故大道廢, 案有仁義. 知快出, 案有大僞. 六親不和, 案有畜茲. 邦家昏亂, 案有貞臣"(그러므로 대도가 폐하면 인의를 생각한다. 지혜가 빨리 나오면 큰 인위[大僞]를 생각한다. 육친이 화목하지 않으면 [재물 등을] 쌓고 증가[畜茲]할 것을 생각한다. 나라가 어지러우면 곧은 신하를 생각한다)이라고 썼다. 백서을본에서는 "案"을 "安"으로 썼으며, 傅奕本에서는 "焉"으로 썼다. 곽점 초간의 『老子』 丙本에서는 "故大道廢, 安有仁義. 六親不和, 安有孝慈. 邦家昏亂, 安有正臣"이라고 썼다. 高明은 "'安', '案', '焉' 세 글자의 용법과 의미는 앞 장의 '信不足, 安有不信'의 구절과 완전히 같으며, 모두 '於是'(여기서, 그래서)로 해석한다. 범응원본은 '焉'자를 이 구절의 끝으로 옮겼으며, 世傳本은 대부분 왕필본과 같이 '焉'자를 삭제하였는데 모두 오류이다. 함께 마땅히 백서갑본과 백서을본에 근거하여 訂正한다"(高明, 『帛書老子校注』, 北京: 中華書局, 1996, 310쪽)라고 하였다. 고명의 설이 옳다.

忠臣이 있는 곳을 모른다. 물고기가 강과 호수의 도를 잃어버리면 서로 적셔 주는 덕이 생긴다"(王弼, 『道德眞經注』, 권1)[21]라고 하였다.

소철蘇轍(1039~1112)은 "육친이 바야흐로 화목하면 누가 효도하고 자애롭지 않겠는가? 국가가 바야흐로 다스려지는데 누가 충신이 되지 않겠는가? 요임금은 불효하지는 않았는데, 홀로 순임금을 칭송한 것은 고수瞽叟와 같은 악질 아버지가 없었기 때문이다. 이윤伊尹과 주공周公이 불충不忠한 것은 아니지만 홀로 용봉龍逢과 비간比干을 칭송한 것은 걸桀·주紂와 같은 폭군이 없었기 때문이다. 연못의 물고기가 서로 거품을 내뿜고 서로를 도와 적시는 것은 강과 호수에서 서로 잊힘만 못하기 때문이다"(蘇轍, 『道德眞經注』, 권2)[22]라고 하였다.

해동奚侗(1878~1939)은 "육친이 화순和順하면 효도와 자애의 이름은 나타나지 않으며, 효도와 자애를 말하게 되면 육친은 이미 불화不和한다. 나라가 태평하게 다스려지면, 곧은 신하의 행위가 현양顯揚되지 않고, 곧은 신하를 말하게 되면 국가는 이미 혼란해졌다"(奚侗, 『老子集解』 18장)라고 하였다.

세상에 도가 있으면 모든 것은 자연으로 그렇게 된다. 인의를 표방하지 않아도 저절로 인의가 있게 된다. 육친이 화목하면 효도와 자애의 이름이 나타나지 않으며, 나라가 태평하게 다스려지면 충신의 절개가 현양되지 않는다. 오직 이와 같기 때문에 "도를 잃은 후에 덕이 있고, 덕을 잃은 후에 인仁이 있으며, 인을 잃은 후에 의義가 있으며, 의를 잃은 후에 어지러움이 있다. 예禮는 도의 화려하고도 혼란함의 으뜸이다"라고 하였다. 도를 잃으면 다만 덕을 말할 수 있고, 덕을 잃으면 다만 인仁을 말할 수 있고, 인을 잃으면 다만 의를 말할 수 있고, 의를 잃으면 다만 예를 말할 수 있다. 도가 있는데 왜 덕을 귀하게 여길 필요가 있겠는가?

---

21) 『中華道藏』 제9책(北京: 華夏出版社, 2004), 362쪽.
역자 주: 물고기가 물이 풍족한 강과 호수에서 살 때는 물의 이로움을 모르다가 물이 마르게 되면 물고기들이 서로 물을 뿜어 적셔 주며 의지하여 생명을 유지한다. 여기서 강과 호수의 물은 도를 비유하며, 물을 뿜어 적셔 주는 것은 덕을 의미한다. 그러니 덕보다는 도가 더 근본적이고 좋다는 비유이다.

22) 『中華道藏』 제9책(北京: 華夏出版社, 2004), 379쪽.

덕이 있는데 왜 인을 노래할 필요가 있겠는가? 인이 있는데 왜 의를 말할 필요가 있겠는가? 의가 있는데 왜 예를 존중할 필요가 있겠는가? 도·덕·인·의·예는 점차 줄어들고 점차 후퇴하여, 예에 이르면 이미 유효한 외재적 형식으로 사람의 행위를 제약하지 않을 수 없다. 예는 인류문명의 결과이지만, 문명의 겉모습 속에는 도리어 허위·교활·탐욕 등 온갖 추악한 행위가 은폐되어 있다. 바로 루소(Jean-Jacques Rousseau, 1712~1778)의 말처럼 "사람을 문명화하고, 인류를 몰락시킨 것은 시인이 보기에는 금과 은이며, 철학자의 눈으로 보면 쇠와 곡물이었다."[23]

도-덕-인-의-예가 점차 줄어들고 점차 후퇴하는 것, 이것이 역사의 순서이며, 또한 역사 변화의 궤적이다. 나라를 다스리는 이상적인 도는 마땅히 아래로 흘러가지 말아야 하며, 마땅히 위로 거슬러 올라가야 한다. 예로부터 위로 의에 이르고, 의로부터 위로 인에 이르고, 인으로부터 위로 덕에 이르고, 덕으로부터 위로 도에 이르러야 한다. 도에 이르면 곧 자연과 무위에 이른다. 자연·무위는 천지의 대본大本이자 대원大原이며, 만사와 만물의 본성이며, 사람 세상 통치의 도이다.

『문자文子』에서는 다음과 같이 말한다.

> 그러므로 인·의·예·악은 패란敗亂을 구하려는 것이며, 병통을 다스리는 도는 아니다. 진실로 신명으로 세상을 안정되게 할 수 있으려면, 마음이 그 처음으로 되돌아가면 백성의 성이 선해지고, 백성의 성이 선해지면 천지의 음양이 따라가 그것을 감싸니 재물이 풍족해져 사람을 부양하며, 여기서는 탐욕·비열함·분노·다툼의 마음이 생겨날 수 없다. 인의를 쓰지 않고 도덕으로 세상을 안정시키면 백성의 풍속(采色)이 방종(淫)하지 않게 된다. 그러므로 덕이 쇠퇴한 뒤에 인의를 장식하며, 화음을 잃은 뒤에 목소리를 조절하며, 예가 방종한 후에 용모를 꾸민다. 그러므로 도와 덕을 안 뒤에 인의를 실행함이 부족함을 안다. 인의를 안 뒤에 예악을 수양함이 부족함을 안다.(『文子』, 「下德」)

---

23) 루소, 『인간 불평등 기원론』(論人類不平等的起源和基礎, 北京: 商務印書館, 1962), 121쪽. *Discours sur l'origine et les fondements de l'inégalité parmi les hommes.*

"도와 덕을 안 뒤에 인의를 실행함이 부족함을 안다. 인의를 안 뒤에 예악을 수양함이 부족함을 안다"라는 말에서 도덕은 인의의 근본이다. 인의는 예악의 근본이다. 근본이 확립되어야 말단이 생기며, 근본이 견고해야 말단이 이루어진다. 근본을 버리고 말단을 따르면, 근본을 버릴 뿐만 아니라 말단도 버리는 것이다.

> 샘이 마르면 물고기는 땅 위로 놓여서 서로 물을 내뿜어 습하게 하고, 거품으로 서로를 적셔 주지만, 강과 호수에서 서로 잊고 지내는 것만 못하다.(『莊子』, 「大宗師」)

성현영은 "순박한 풍속이 이미 흩어지고 물결이 점차 일어나면 이치에 따라 가르침이 생기고, 성인의 흔적이 여기서 일어난다. 어설픈 것을 힘써 인으로 여기고 힘써 노력함을 의로 여기고, 부모와 자식 형제가 서로를 속일 생각을 품고 있다. 성인이 이를 부끄럽게 여기는 것은 충분한 까닭이 있다. 그러므로 물고기는 물을 잃고서 물거품을 불(어 서로를 적시)고, 사람은 도를 잃고서 육친을 사랑하게 되는 까닭을 알게 된다"(『莊子疏』, 「大宗師」)[24]라고 하였다. 물고기는 물을 잃고서 어쩔 수 없이 물거품을 불어 서로를 적셔 주어야 하며, 사람은 도를 잃고서 어쩔 수 없이 육친을 사랑하게 된다. 서로 뿜어서 습하게 하고, 서로 거품으로 적시는 것은 서로 의지하여 살아가는 것으로, 물고기의 일상적 행동이나 일상적 본성이 아니다. 부모는 자애롭고 자식은 효도하여 서로 친하고 서로 사랑함은 도를 잃고서 어쩔 수 없이 그렇게 하는 것이다. 그러나 단지 친애함이 있으면 단지 친애함에 만족하고, 인의 심지어 예악을 가장 큰 자선慈善 행위와 선행으로만 여기며, 세상을 구하고 백성을 구제하는 것이 근본적 좋은 방책이라고 여기면 이것은 근본을 버리고 말단을 따르는 길이다.

인 · 의 · 예는 사람의 윤리이며, 사람의 도덕이다. 사람의 윤리, 사람의 도덕의 근본은 또 무엇인가? 노자는 "높은 덕(上德)을 지닌 사람은 (그 덕을) 덕이라고

---

24) 郭慶藩, 『莊子集釋』(北京: 中華書局, 1961), 242쪽.

여기지 않는다"라고 하고, 또 "천지는 인仁하지 않아 만물을 추구芻狗(짚으로 만든 개 인형)로 보며, 성인은 인하지 않아 백성을 추구芻狗로 본다"(『老子』 5장)라고 하였다. "덕이라고 여기지 않는다"라는 말은 결코 덕을 행하지 않는다는 말이 아니라, 덕을 행함을 덕으로 삼지 않는다는 말이다. "불인不仁"은 결코 인한 행위를 하지 않는다는 말이 아니라 인을 행함을 작위함으로 삼지 않는다는 말이다. "상덕은 무위하되 인위로 함이 없다"(上德無爲而無以爲)라는 말은 곧 자연이다. "높은 인仁을 지닌 사람은 작위하고자 하여 인위로 함이 없다"라는 말은 곧 자연으로 행함이다. 자연이라는 것은 스스로 그러함에 따라 그러함이며, 비록 작위해도 그 마음을 쓰지 않는다. 그러므로 비록 작위해도 인위로 함이 없다. 자위自爲라는 것은 무심으로 작위함이며, 비록 작위하되 목적이 없으며, 그러므로 작위하되 인위로 함이 아니다.

장자는 다음과 같이 말한다.

> 도적 가운데 덕에 마음이 있고 마음에 눈이 있게 되는 것보다 더 큰 것이 없다. 그리고 마음에 눈이 있어 안으로부터 (밖을) 보는 데 이르고, 안으로부터 밖을 보면 실패한다.(『莊子』, 「列御寇」)[25]

곽상은 "덕을 행위함에 마음이 있으면, 진정한 덕이 아니다. 무릇 진정한 덕은 홀연히 저절로 얻어서 어떻게 얻었는가를 모르는 것이다"(『莊子注』, 「列御寇」)[26]라고 하였다. 성현영은 "지혜로 애써 사려하여 마음에 덕이 있으면 이것은 훔치고 해를 끼침이 심하다"(『莊子注』, 「列御寇」)[27]라고 하였다. 마음에 덕이 있어 그 행위가 밖에

---

25) 『文子』, 『淮南子』에도 이와 비슷한 말이 있다. 『文子』에서는 "도에 지혜가 있으면 혼란해지고, 덕에 私心이 있으면 험난해지며, 마음에 눈이 있으면 현혹된다"(『文子』, 「下德」)라고 하였다. 『淮南子』에서는 "도에 지혜가 있으면 미혹되고, 덕에 사심이 있으면 험난해지고, 사심의 눈이 있으면 현혹된다"(『淮南子』, 「主術訓」)라고 하였다. "덕에 사심이 있으면" 허위가 있고, 허위가 있으면 도적이 있고, 도적이 있으면 험난해진다. 이로써 덕을 행위함에 私心이 있고, 덕을 행위함에 私意가 있으면 실제로는 진정한 덕이 아님을 알 수 있다.

26) 郭慶藩, 『莊子集釋』(北京: 中華書局, 1961), 1057쪽.

있는 목적이 있다면 이 목적은 행위의 동기이며, 또한 행위의 관건이다. 이러한 행위는 단지 외재적 목적의 수단일 뿐이다. 이미 수단이라면 그 행위는 곧 "덕"이 아니라 "적賊"(도적)이다. "적賊"은 허위일 뿐만 아니라 다른 속셈이 있음을 의미한다. 그러므로 공자도 또한 "향원鄕原은 덕의 적賊이다"(『論語』, 「陽貨」)라고 하였다. 향원이 덕의 적이 되는 까닭은 또한 세속적이고 위선적인 데 있다.28)

칸트(Kant)는 사람의 행위가 도덕적 속성을 갖추었는가의 여부는 행위의 효과와는 무관하며, 단지 행위의 동기가 순수하였는가와 관련이 있다고 보았다. 도덕적 명령은 단지 무조건적 명령, 이른바 "절대명령" 혹은 지고무상의 명령일 수밖에 없다. 이른바 절대絶對라는 말은 곧 어떤 행위의 효과를 고려하지 않고 어떤 조건도 가정하지 않고, 오직 그 자신을 목적이자 근거로 삼는다. 이른바 도덕 행위는 반드시 어떤 결과도 고려하지 않고 절대적인 명령을 실천하는 행위여야 하며, 의지의 자율에서 나오는 행위이며, 그 자신을 목적으로 삼고 어떤 외재적 목적이 없는 행위이다.

맹자는 모든 사람이 차마 하지 못하는 사람의 마음이 있다고 보았다.

> 사람은 모두 차마 나쁜 짓을 못하는 마음이 있다고 말하는 까닭이 있는데, 이제 (어떤) 사람이 유자孺子(남자 유아[幼兒], 이하 '유아')가 우물에 빠지려는 것을 잠깐 보자마자 두려워하고 불쌍하게(怵惕) 여기는 측은지심惻隱之心 생긴다. 그것은 내면적으로 유아幼兒의 부모와 교류하고자 하는 까닭도 아니며, 동네 사람들과 친구들에게 칭찬을 받으려고 하는 까닭도 아니며, (유아를 구하지 않았다고 나무라는) 그 소리가 싫어서 그런 것도 아니다.(『孟子』, 「公孫丑上」)

사람은 유아가 우물에 빠지려는 것을 보면, 두려워하고 불쌍하게 여기는 측은지심

27) 郭慶藩, 『莊子集釋』(北京: 中華書局, 1961), 1057쪽.

28) 萬章이 묻기를 "어떤 사람을 鄕原이라고 합니까?"라고 하니, 맹자는 "말에 행동을 고려하지 않고, 행동에 말을 고려하지 않는다"라고 하고, 또 "지조 없이 세상에 아첨하는 자를 향원이라 한다"(『孟子』, 「盡心下」)라고 하였다. 세속을 따라가고(媚俗), 세속에 영합하며(媚世), 입으로는 옳다 하고 마음으로는 그르다고 하고, 교묘하게 거짓으로 꾸미는 것이 향원의 기본적인 특징이다.

이 생기는데, 이로 말미암아 내면적으로 유아의 부모와 교류하려고 생각해서 그런 것은 결코 아니며, 또한 이로 인해 마을 사람들과 친구들에게 칭찬을 받고자 그런 것도 결코 아니니, 이런 까닭이 아니면 그 행위는 도덕적 가치를 가지지 못한다. 이것이 실제로 칸트가 말하는 "절대명령"이며, 이것이 실제로 또한 '덕이 있는 사람은 밖에서 구하지 않고, 밖에서 구하는 사람은 반드시 그 덕이 없다'라는 상황을 나타낸 것이다. 이와 반대로 풍훤馮諼[29]이 맹상군孟嘗君(戰國 齊나라. 생몰 미상)을 위하여 설薛에서 "시의市義"[30]를 담당하였는데, 이미 "시의"라고 하면 이른바 "의義"도 또한 단지 하나의 수단이며, 이미 하나의 수단이므로 "시市"라고 할 수 있다. 이미 수단으로서 시市가 되었으니, 또한 진정한 "의"가 아니며, 구하려 하면 "무덕無德"한 사람이다. 유가는 인·의·예를 강조하는데, 유가의 입장에서는 인·의·예를 강조하는 것으로 충분하다. 그러나 도가의 입장에서는 마땅히 도와 덕을 강조해야 한다. 도와 덕을 강조하는 것은 곧 자연과 진성眞誠(참된 정성)을 강조하는 것이다. 비록 인과 의 가운데 "성誠"의 요소가 있지만, 도와 덕에서 두드러진 것은 곧 행위와 정감 가운데의 진성眞誠과 무망無妄(망령됨이 없음)의 측면이다. 『중용』에서는 "성誠이면 노력하지 않아도 적중하며, 사려하지 않아도 얻으며, 조용하게 중도中道를 따르니 곧 성인이다"(誠者, 不勉而中, 不思而得, 從容中道, 聖人)라고 하였는데, 주희는 "성誠은 진실하고 무망無妄을 가리키며, 천리天理의 본연이다"(朱熹, 『四書章句集注』)[31]라고 주석하였다. 마음이 사려하는 것, 말로 드러내는 것, 행동으로 하는 것은 하나로 관통되어 있어

29) 역자 주: 생몰 미상. 馮驩으로도 쓰며, 孟嘗君의 빈객으로 맹상군의 복권에 도움을 주었다.
30) 『戰國策』 권11의 기록에 따르면, 齊나라 맹상군의 문객 가운데 馮諼이라는 사람이 있었는데, 맹상군을 위하여 그의 封地인 薛 땅의 收債(빚 받는 사람)가 되었다. 간 김에 여러 빚진 사람들을 불러서 맹상군의 명령을 빙자하여 여러 백성의 빚을 면제시키고, 債券을 불태워 버린 뒤 스스로 "市義"라고 하였다. "몇 년 후 제나라 왕이 맹상군을 불러서 '과인은 감히 선왕의 신하를 신하로 삼지 못한다'라고 하고, 맹상군을 薛의 君王으로 봉하였는데, (설 땅의) 100리도 이르기 전에 백성들이 노인을 부축하고 어린이를 데리고 길 가운데서 군왕을 영접하였다. 맹상군이 풍훤을 돌아보며 '선생이 市義라고 문식한 까닭을 이제 오늘에야 알았습니다'라고 하였다."
31) 朱熹, 『四書章句集注』(北京: 中華書局, 1983), 31쪽.

착오가 없으니, 옳은 것은 옳고, 그른 것은 그르며, 거짓이 없음, 조작이 없음, 사악하고 망령됨이 없음이 곧 "성誠"이다. '성'의 기초는 자연이다. 도가는 자연을 강조하고 두드러진 것은 곧 도덕 행위의 진성眞誠과 거짓 없음, 진실하고 속임이 없는 성질이다.

"높은 덕(上德)을 지닌 사람은 (그 덕을) 덕이라고 여기지 않는다"(上德不德, 是以有德)라는 말에서 그 덕德은 무엇인가? 그 덕은 곧 자연·무위이며, "상덕은 무위하되 인위로 함이 없다"라는 말에서 무위의 덕이 곧 이른바 "상덕常德"이다. "덕은 곧 근본(足)이며 소박함으로 돌아간다"(『老子』 28장)라고 하였고, "상덕常德"에서 "상常"은 곧 "도가도비상도道可道非常道"의 "상常"이다. "상덕부덕上德不德"은 근본이 있으므로 "덕으로 여기지 않음"(不德)이다. "부덕不德"이므로 잃지 않는다. 근본이 있어 잃지 않으므로 "상常"이다. 이와 같은 "상常"은 곧 원초原初·원시原始이며, 곧 자연이며 곧 "소박함"(朴)이다. 갓난아이(嬰兒)가 사람의 원초이자 원시이며, 영아嬰兒도 또한 인성의 원초·원시를 갖추고 있으며, 또한 덕의 "상常"을 갖추고 있다.

(계곡의 신인) 상덕常德은 떠나지 않으며, 영아嬰兒로 되돌아간다.(『老子』 28장)

함유한 덕의 두터움은 갓난아이(赤子)에 비유된다.(『老子』 55장)

뭇사람들이 화락和樂하고(熙熙), 소·양·돼지(太牢)를 잡아 즐기고, 봄날 누대에 올라, 나 혼자 담박하게 무정무욕無情無欲하니, 마치 갓난아이처럼 미소를 짓는다.(『老子』 20장)[32]

노자는 영아嬰兒(젖먹이)와 적자赤子(갓난아이)[33]를 매우 찬양하는데, 모두 그들이

32) 역자 주: 이 번역서에서 『노자』 원문의 해석은 대부분 余培林의 『新譯老子讀本』(臺北: 三民書局, 1975년 재판)의 주석에 근거하였다. 이 부분은 이 책 45쪽. 그리고 이 책에서 이 구절 인용을 『노자』 19장으로 표기하였으나 『노자』 20장으로 확인되었다.

33) 『맹자』와 『노자』에서 갓 태어난 신생아를 孺子·嬰兒·赤子 등으로 표현하는데, 구체적

상덕常德을 가졌기 때문이며, 또한 그들이 상덕을 잃지 않았기 때문이다. 덕德은 도로부터 얻은 것이다. 도로부터 얻어서 얻지만, 결코 (의도적으로) 구하여 얻은 것은 아니며, 또한 인위로 얻은 것이 아니다. '얻음'(得)은 구함이 아니며, (도를) 잃지 않음을 말한다. 도와 덕은 간격이 없으며, 도는 곧 덕의 체이며, 덕은 도의 용이다. "천성에 순응하여 행함을 도라고 하며, 그 천성을 얻음을 덕이라고 한다"(『文子』, 「上禮」)라고 하였다. 도 · 덕 · 성은 사실 하나의 실체의 세 가지 면이다. "도는 사물이 인도되는 것이며, 덕은 성이 의지하는 것이다"(『淮南子』, 「繆稱訓」)라고 하였다. 체體의 관점에서 보면 오직 하나의 체가 있지만, 측면에서 보면 그것이 언급하는 사물의 다른 점에 따라, 혹 도라고 하고, 혹 덕이라고 하고, 혹 성이라고 한다. 도는 사물의 근본이며 본체이다. 덕은 사물이 얻은 도이며 도가 드러난 것이다. 성은 도가 실현된 것으로 사물의 영혼이다. 만사와 만물의 근본이자 본체로서 도라고 하고, 도가 구체적 사물에서 드러난 것을 덕이라고 하며, 도와 덕이 어떤 사물에서 실현되고 구체적 사물의 생명으로 변화하고, 구체적 사물의 주재와 영혼이 되는 것을 성이라고 한다.

> 그러므로 도는 허무虛無 · 평이平易 · 청정淸靜 · 유약柔弱 · 순수소박純粹素朴하며 이 다섯 가지가 도의 형상形象이다. 허무는 도의 집이며, 평이平易는 도의 소素(꾸밈없음)이며, 청정은 도의 거울(鑑)이며, 유약은 도의 용用이다. 용用은 통通이다. 되돌아감은 도의 일상이다. 유柔는 도의 굳셈(剛)이다. 약弱은 도의 강함(強)이며, 순수소박은 도의 근간根幹이다. 허虛는 그 속에 아무것도 싣지 않음이며, 평平은 마음에 걸림이 없음이며, 기욕嗜欲이 실리지 않음은 허虛의 지극함이다. 좋아함과 증오함이 없음은 평平의 지극함이다. 한결같아서 변하지 않음이 고요함(靜)의 지극함이다. 사물과 섞이지 않음이 수粹의 지극함이며, 걱정도 즐거움도 없음은 덕의 지극함이다.(『文子』, 「道原」)

지칭 대상은 거의 비슷하지만, 문맥에 맞게 여기서는 孺子는 幼兒(본래 남자 유아)로, 嬰兒는 젖먹이, 赤子는 갓난아이로 구분하여 표기한다.

이른바 도의 집, 도의 꾸밈없음, 도의 굳셈, 도의 강함, 도의 근간 등은 사실 모두 도의 본성이다. (송나라) 두도견杜道堅은 "대도大道는 무형이며, 태평은 무상舞象이므로 허무虛無라고 한다. 평이하고 청정함, 유약하고 순수함과 소박함은 도이다. 형상은 그 모양이 어찌 그 모양이며, 그 상象이 어찌 그 상이 되는가? 오직 형상만을 고집하여 허황하고 어렴풋한 용用을 만들지 않아야만 비로소 백성을 다스리는 도를 함께 말할 수 있다"(杜道堅, 『通玄眞經纘義』, 권1)[34]라고 하였다. 여기서 "허무 · 평이 · 청정 · 유약 · 순수소박"이라고 한 말은 비록 "도의 형상"이라고 했지만, 사실은 도의 본성이다. 그러므로 서영부徐靈府는 "이 다섯 가지 덕을 갖추지 않으면 무형의 형形과 무상無象의 상을 드러낼 수 없다"(徐靈府, 『通玄眞經注』, 권1)[35]라고 하였다. 도의 본성은 곧 허무 · 평이 · 청정 · 유약 · 순수소박이다.

도가 화육하여 사물이 되면 사물의 덕이 되고, 화육하여 사람이 되면 사람의 덕이 된다. 그러므로 사람의 덕과 사람의 본성 또한 허무 · 평이 · 청정 · 유약 · 순수소박이다.

> 청정함은 덕의 지극함이다. 유약은 도의 용이다. 허무와 '안정되고 적합함'(恬愉)은 만물의 조상(祖)이다.(『文子』, 「道原」)

> 무릇 도는 내면에 정묘함을 저장하고, 마음에 신神(정신)을 깃들이고, 고요하고 적막하며 사리사욕이 없이 평안하고 고요하며(恬淡), 흉중胸中이 기쁘고 화목하며, 텅 비고(廓然) 무형이며, 적연寂然하며 무성無聲이다.(『文子』, 「精誠」)

> 무릇 도는 본원이 생겨나게 함에서부터 시작이 있으니, (陰陽의) 유약柔弱에서 시작하여 굳셈과 강함으로 이루어진다. 짧음과 모자람에서 시작하여 많음과 긴 것으로 이루어진다. 열 아름의 나무는 작은 줄기에서 시작하며 백 길(百仞. 7~8자. 1자는 22.5센티미터)의 절벽도 바닥에서 시작하니 이것이 하늘의 도이다. 성인은

---

34) 『中華道藏』(北京: 華夏出版社, 2004), 590쪽.
35) 『中華道藏』(北京: 華夏出版社, 2004), 444쪽.

> 그것을 본받고, 겸손한 사람은 자신을 낮추고, 물러나는 사람은 자신을 뒤로 두고, 검약한 자는 자신을 작게 하고, 덜어내는 자는 자신을 적게 한다. 겸손하면 존귀하고, 물러서면 앞서고, 검약하면 넓어지고, 덜어내면 커진다. 이것은 천도가 이루는 것이다. 무릇 도는 덕의 으뜸이며, 하늘의 근원이며, 복福의 문이며, 만물은 그것을 기다려 생겨나며, 그것을 기다려 이루어지며, 그것을 기다려 안녕하다. 무릇 도는 무위하고 무형이며, 내면으로 수신修身하고, 외면으로 타인을 다스리며, 공을 이루고 일을 확립하며, 하늘과 이웃하며, 무위하되 작위하지 않음이 없다.(『文子』, 「道德」)

사람들은 모두 강함을 좋아하고 약함을 싫어하며, 많음을 좋아하고 적음을 싫어하는데, 도가는 사람을 가르침에 모자라고 적은 것을 즐기고, 일삼지 않음에 처하고, 허정과 안정되고 적합(恬愉)하게 하며, 무위를 법으로 삼기를 가르쳤다. 왜냐하면 도가가 볼 때 "되돌아감은 도의 움직임이며, 약함은 도의 용이다"(『老子』 40장)라고 하였다. 그러므로 "겸손하면 존귀하고, 물러서면 앞서고, 검약하면 넓어지고, 덜어내면 커진다. 이것은 천도가 이루는 것이다"라고 하였다. 도가는 무위를 즐기고 무위라는 것은 자득自得으로 만족스럽게 여긴다.

> 도는 자신이 가진 (성을) 지키되, 얻지 못한 것을 바라지 않는다. 그 얻지 못할 것을 구하면 가지고 있는 것(性)을 잃는다. 자신이 가진 것을 따라가면 욕망이 생기게 된다.(『文子』, 「符言」)

서영부는 "(도를) 가진 자는 일신의 정신이 있다. (도를) 아직 가지지 못한 사람은 여러 가지 기술을 가진다. 이제 이미 있던 정신을 없애고, 아직 얻지 못한 방술을 원하면, 아직 얻지 못한 것은 이르지 않고, 얻는 것은 잃어버리고, 하나를 얻은 유래도 유지하지 못하고, 두 가지를 다 잃어버리는 후회스러움을 따라가기도 어렵고, 그러므로 지인至人은 그 근본을 지키고 그 말단을 찾지 않으며, 내면으로 얻기를 귀하게 여기고 그로써 밖을 다스린다"(徐靈府, 『通玄眞經注』, 권4)[36]라고 하였다.

> 그러므로 복福은 화禍가 없는 것보다 더 큰 것이 없고, 이로움은 (몸이) 죽지 않음(不喪)보다 더 큰 것이 없다.(『文子』, 「符言」)

복은 진실로 화가 아니지만, 또한 네 가지 복으로 인하여 화를 부른다. 그러므로 복福은 화禍가 없는 것보다 더 큰 것이 없다. 천지 사이에 한 사람의 몸은 본래 스스로 완전하게 갖추어지므로 이로움은 (몸이) 죽지 않음(不喪)보다 더 큰 것이 없다. "천지의 도는 무위하되 갖추어지고, 구함이 없어도 얻으니, 이로써 무위해야 이익이 있음을 안다"(『文子』, 「自然」)라고 하였다. 무위하되 갖추어지고, 구하지 않아도 얻으며, 무위하나 이익이 있으며, 그 가지고 있는 것을 지키고 밖에서 구하지 않는 것, 바로 이것이 몸과 생명의 이상적 상태이다. "그러므로 성인 백성을 다스림에 각각 그 성에 맞도록 하고, 그 거주함을 편안하게 하고, 할 수 있는 것을 처리하게 하고, 그 적합한 것을 도와주게 하고, 그 마땅한 바를 베풀게 한다. 이와 같아야 만물이 한결같이 고르게 되고 서로가 말미암아 지나침이 없게 된다"(『文子』, 「自然」)라고 하였다. 이와 반대로 그 성에 맞지 않고 그 마땅함에 처하지 않고 욕망을 따라 마음을 (바깥의) 사물로 치달리게 하면 나라가 어지러워지고 몸이 훼손된다.

> 무릇 사람이 욕망을 좇아 본성을 잃으면, 행동은 올바르지 않게 되고, 그로써 나라를 다스리면 어지러워지고, 몸을 다스리면 더러워진다. 그러므로 도를 듣지 못한 사람은 그 본성을 반성함이 없게 되고, 사물에 통하지 않는 사람은 청정淸靜할 수가 없다. 사람의 본성을 원찰原察하여 사악하고 더러움이 없고, 오랫동안 사물에 탐닉하면 곧 (본성이) 바뀌며, 바뀌면 그 본성을 잃게 되며, 그것이 곧 '어릴 적부터 형성된 습관이 천성처럼 된 성'(若性)이다. 물의 성은 맑아지려는 것이며, 모래와 돌이 그것을 더럽힌다. 사람의 성은 평안하여지려고 하는데 기호와 욕심이 그것을 해친다. 오직 성인만이 물욕을 버리고 자신을 반성할 수 있으니 까닭에 성인은 지혜로 사물을 부리지 않고, 욕심으로 중화中和의 도를 어지럽히지 않으니, 즐거워도

36) 『中華道藏』 제9책(北京: 華夏出版社, 2004), 200쪽.

득의만면하지 않고, 근심해도 우울해하지 않으며, 이런 까닭에 높은 곳에 있어도 위태롭지 않고, 편안해도 치우치지 않는다.(『文子』, 「道原」)

"욕망을 좇아 본성을 잃음"은 곧 그 본연지성을 잃은 것이며, 또한 "쉽게 그 본성을 잃음"이며, "천성처럼 된 성"에 부합한다. "천성처럼 된 성"은 곧 다른 성이다. "천성처럼 된 성에 부합함"은 곧 그 본성을 잃어버리고 다른 성을 자신의 성으로 삼은 것이다. 그러므로 성인은 지혜로 사물을 부리지 않고 욕심으로 중화中和의 도를 어지럽히지 않는다. 이런 까닭에 그 목적은 여전히 성의 본연의 상태를 유지하기 위함이다.

성의 본연 상태에 대하여 『열자列子』서에는 매우 미묘美妙한 설명이 있다.

우禹임금이 수토水土를 다스릴 때, 미로迷路에 들어 길을 잃고 어떤 나라로 잘못 갔다. (그곳은) 북해北海의 북쪽 바닷가로 제주齊州(中州, 중국을 가리키는 옛 이름)로부터 몇천, 몇만 리 떨어져 있는지 알 수 없었다. 그 나라 이름은 종북終北이라 하며, 경계境界의 한계限界를 알 수가 없었다. 바람도 비도 서리도 이슬도 없고, 새와 짐승과 벌레와 물고기와 풀과 나무와 같은 것들이 살지 않았다. 사방이 모두 평평하고, 주변이 산봉우리가 중첩하여 있었다. 그 나라의 가운데에는 산이 있는데 산 이름은 호령壺領이며, 모습은 담추甔甀(瓦瓶, 허리가 잘록한 항아리)와 같았다. 정상에는 입구가 있는데, 모양이 원환圓環(損環)과 같고 이름을 자혈滋穴이라고 하였다. 물이 용솟음쳐 나오는데 이름이 신분神瀵이라 하였고, 냄새는 난초蘭草나 산초山椒보다 좋으며 그 맛은 감주나 탁주보다도 좋았다. 하나의 원천源泉에서 네 갈래로 나란히 산 아래로 흘러내린다. 한 나라를 경영하면서 모두 두루 거치지 않는 데가 없었다. 땅의 기운이 화합되어 '전염병으로 죽는 일'(札厲)이 없었고, 인성人性은 부드럽고 사물을 따라 경쟁하거나 싸우지 않았다. 마음은 부드럽고 기골氣骨은 약하여 교만하거나 기탄忌憚하지 않았다. 어른과 아이들이 함께 어울려 살고 임금도 없고 신하도 없었다. 남자와 여자가 어울리어 놀며 중매를 서거나 결혼도 하지 않았다. 물가에 살며 경작하지도 않고 곡식을 심어 가꾸지도 않았다. 땅의 기운이 따뜻하고 알맞아서 옷감을 짜거나 옷을 입지도 않았다. 백 년을 살다 죽는데 요절하거나 병들지도 않았다. 그 백성들은 번성하여 인구가 많아 다 셀 수가 없고, 기쁨과 즐거움은 있어도 쇠하고 늙고 슬픔과 괴로움은 없었다. 그 나라 풍속은 음악을 좋아하여 서로 어울려 번갈아 노래하며, 온종일 음악이 끊이지 않았다. 배고프거나 지치면 신분神瀵의 샘을 마시면서 힘과 뜻이 화평하였다. 음주가 지나쳐 취하면 열흘이 지나서야 깨어났다. 신분에 목욕하면 살갗이 기름지고 윤기가 났고 그 향기는 열흘이 지나서야 비로소 없어졌다. 주周나라 목왕穆王은 북쪽으로 유람하러 가서 그 나라를 지나다가 삼 년 동안 돌아갈 것을 잊었다. 주나라 왕실로 돌아와서도 그 나라를 그리워하여 멍하니 자신을 잊고, 술과 고기도 먹지 않고, 뜻을 잃고 멍청해져서, 술과 고기를 가까이하지 않고, 시첩侍妾과 궁녀도 부르지 않았으며, 몇 달이 지나서야 겨우 (정상을) 회복되었다.

이것은 아마 원시 사회인(初民)의 자연스러운 생활 상태이겠지만, 또한 인생의 이상 상태가 아니겠는가. 도가는 자연을 받들어 존중(推崇. 이하 '推崇'과 '추숭'으로 표기)하지만, 자연을 위한 자연이 아니라 자연 자체가 또한 하나의 이상이다. 루소는 "이러한 상태(注: 自然狀態)는 인생의 진정한 청춘이며, 이후의 모든 진보는 단지 개인의 완미화完美化 방향에서의 표면적인 진보일 뿐, 실제로는 그들이 인류를 몰락으로 인도하였다"[37]라고 하였다. 자연 상태는 아마도 인류가 문명사회로 진입한 후 잃어버렸고 다시는 회복할 수 없는 이상 상태일 것이다.

2. 성의 참모습

만약 노자는 성의 본연과 자연을 부각하였다고 한다면, 장자는 성의 참모습(本眞. authenticity)과 자유를 더 강조하였다. 노자는 사람을 설명하며 사람의 자연을 부각하고 그 결과는 개체의 정신세계이며, 현실정치에 대한 개체의 초월이었다.[38] 본연으로부

37) 루소, 『인간 불평등 기원론』(論人類不平等的起源和基礎, 北京: 商務印書館, 1962), 120쪽.
38) 韋政通은 "노자와 장자는 공통으로 자연을 으뜸으로 삼는 형이상학적 기초로 삼았으나,

터 참모습으로 향하고, 자연으로부터 자유로 향하고, 사회로부터 개체로 향하며, 허정虛靜으로부터 초월로의 전화轉化와 증진增進은 노자와 장자의 구별이며, 또한 노자와 장자 철학의 역사적 발전이다. 장자와 맹자는 동시대 사람[39]으로, 당시는 곧 중국 역사에서 전국시대였다.[40] 이때는 전화戰禍가 빈번하였던 시절이었으며, 각 나라 간의 전쟁이 해마다 끊이지 않았다.[41] 엄중한 사회 · 정치적 위기에 직면하여

한 걸음 더 나아가서 발전시킨 요점은 서로 다르다. 노자가 발전시킨 중점은 정치와 사회에 있으며, 장자가 발전시킨 중점은 개체의 인생에 있다. 따라서 전자(노자)의 사상에 표현된 것은 객관적 경향이 비교적 크며, 후자(장자)의 사상에서는 강렬한 초월성을 표현하였다. 이 때문에 노자는 비록 허정과 무욕의 공부에 주목하였으나, 그의 철학적 중점은 수양공부의 이론화와 심령세계의 개발이었다. 이와 반면에 장자의 학문에서 가장 중요하고 가장 훌륭한 것은 天地였으며, 이러한 측면은 도가뿐만 아니라 생명을 주체로 하는 유가철학도 마찬가지로 이루기 어려운 것이었다"(韋政通, 『中國思想史』 上冊, 臺北: 大林出版社, 1982, 177쪽)라고 하였다.

39) 서복관은 "장자와 맹자는 동시대 사람이며 모두 변론을 좋아하였다. 맹자는 楊朱와 墨翟을 배척하였으나 장자는 언급하지 않았다. 장자는 '유가와 묵자를 攻駁'하였으나 맹자는 언급하지 않았다. 예나 지금이나 이를 이해할 수 없는 이상한 일이라고 보았다. 그러나 당시에 서로의 변론은 오직 두 가지 상황에서 발생하였다. 하나는 생전에 동시에 또 서로 만난 기회가 있었지만, 맹자가 宋牼과 淳于髡(두 사람은 齊 宣王 때 인물)에게 갔고, 장자는 惠施 등에게 갔다. 다른 하나는 한쪽의 인물이 다른 한쪽의 인물보다 시대적으로 조금 앞서고, 그 조금 앞선 사람의 사상이 이미 전파되어 매우 지극하게 큰 영향을 발생한 경우이다. 예를 들면 맹자의 마음에 비친 양주와 묵적, 장자의 마음속에 있는 유가와 묵적과 같은 것이다. 만약 동시에 태어나 서로 접촉할 기회가 없었거나, 혹은 조금 일찍 태어났으나 사상적인 광범한 영향이 없다면 당시의 교통상황과 典籍의 유통이 곤란한 상황에서는 곧 쉽게 변론이 발생하기 어렵다. 만약 '진상이 맹자를 보고 許行의 발언을 말하였다'(『孟子』, 「滕文公上」)라는 구절이 아니라면 허행의 변론을 끌어낼 수 없었을 것이다. 따라서 맹자와 장자의 의론이 서로 언급하지 않은 것은 곧 그 두 사람과 그 제자들이 접촉할 기회가 없었다는 것을 의미하므로 이상한 것이 없다"(徐復觀, 『中國人性論史』, 臺灣商務印書館, 1990, 362쪽)라고 하였다.

40) 사마천의 말에 의하면 다음과 같다. "당시에 秦나라는 商君을 등용하여 부국강병을 이루었고, 楚와 魏는 吳起(?~B.C.381)를 등용하여 전쟁에서 승리하며 적을 약하게 하였다. 齊나라 威王 · 宣王은 孫子(孫臏. B.C.545?~B.C.470?)와 田忌(생몰 미상)의 무리를 등용하여 제후들이 동쪽의 제나라로 향하도록 하였다. 천하는 바야흐로 合縱과 連衡에 힘쓰고 공격과 정벌이 현명하다고 여겼다."(『史記』, 「孟子荀卿列傳」)

41) 『장자』서에 기록된 戰事만 10여 건이다. 예컨대 다음과 같다.
吳 · 越의 전쟁: "월나라가 난을 일으키니 오왕이 그를 장수로 삼아 겨울에 월나라와의 水戰에서 월을 대패시켰다."(「逍遙游」)
田氏가 제나라를 대리함: "田成子가 하루아침에 제나라 임금을 죽이고 그 나라를 훔쳤

각각의 학파들은 모두 사회의 병폐를 치유할 수 있는 좋은 방법을 탐구하였다. 공자는 '인을 일으키고 의를 발양함'(興仁揚義)을 세상을 구하는 방법으로 삼았고, 맹자는 인정仁政과 애민을 나라를 다스리는 도로 삼았으며, 묵자는 겸애兼愛와 비공非攻을 혼란을 바로잡는 방법으로 삼았다. 이 모든 것은 실제로 단지 이익은 멀리 있고 가까운 이익은 없었으며, 당시 재위하고 있는 군왕이 직면한 실질적인 문제를 결코 해결할 수 없었다.42) 당시의 군주가 중시하고 중용된 사람들은 다만 병가兵家 · 법가 · 종횡가縱橫家(외교관)의 방법이었다. 즉 사마천司馬遷이 말한 "공격과 정벌(攻伐)을 유능함으로 여김"이었다. 그러나 병가兵家 · 법가 · 종횡가는 단지 일시적 이익을

다."(「胠篋」)

魏 · 趙의 전쟁: "노나라의 술이 진하지 못해서 邯鄲을 포위하였다."(「胠篋」, 역자 주: 강국인 楚나라에 魯 · 趙 두 나라가 술을 바쳤는데, 노나라 술이 진하지 않아 노나라 사자가 술을 바꾸어 놓았는데, 楚의 醋王이 조나라의 술이 싱겁다고 조나라 수도 한단을 포위하였다.)

燕나라의 난: "燕의 宰相 子之와 燕王 子噲가 (堯舜의 禪讓과 같이 하려다) 나라를 망하게 하였다."(「秋水」)

楚나라의 변란: "湯王과 武王은 전쟁으로 왕이 되었는데, 초나라 白公은 전쟁으로 피살되어 자멸하였다."(「秋水」)

越나라의 난: "월나라 사람들이 삼대에 걸쳐서 임금을 시해하였다."(「讓王」)

韓 · 魏의 전쟁: "韓나라와 魏나라가 서로 다투다가 상대의 영토를 침략하였다."(「讓王」)

鄭나라의 난: "백성이 결국 변란을 일으켜 (포악한) 鄭子陽을 죽였다."(「讓王」)

吳 · 楚의 전쟁: "楚나라 昭王이 나라를 잃었다."(「讓王」)

42) 그러므로 공자는 여러 나라를 두루 다니면서 곳곳에서 벽에 부딪혔다. "魯나라에서 두 번 추방되었으며, 宋나라에서는 (桓魋의 음모로) 잘리는 나무에 깔릴 뻔했으며, 衛나라에서는 흔적조차 지워졌으며, 商나라(옛터)와 周나라(서울)에서는 궁지에 빠졌으며, 陳나라와 蔡나라 사이에서 포위당하기도 하였다."(『莊子』, 「山木」) 맹자가 당한 불행(遭遇)도 결코 공자에 비해 그렇게 좋지는 않다. "맹자가 양혜왕을 알현하자 왕이 '노인께서 천리를 멀다 않고 왔으니 우리나라를 어떻게 이롭게 할 것입니까?'라고 하였다. 맹자가 대답하기를 '왕이시여 하필이면 이익을 말합니까? 오직 仁義만 있을 뿐입니다'라고 하였다."(『孟子』, 「梁惠王上」) 맹자가 양혜왕에게 仁義를 강론하였으나 "양혜왕이 그 말을 신임하지 않으니 그 견해가 현실과 거리가 멀고(迂遠), 일의 상황에 정밀하지 않았기 때문이다."(『史記』, 「孟子荀卿列傳」) 맹자는 일찍이 齊 · 梁 · 魯 · 鄒 · 滕 · 薛 · 宋 등 여러 나라에서 잇따라 유세하였다. 그러나 모두 같은 원인으로 모두 등용되지 못하였다. 묵자의 말은 비록 당시에는 매우 큰 영향을 끼쳤으나, 또한 등용되었다는 것은 아직 보지 못하였다.

얻을 수 있으나 사회의 장기적인 태평과 안정(長治久安)을 결코 유지할 수 없었다.

어떻게 해야 사회의 장기적인 태평과 안정을 유지할 수 있을까? 장자는 다음과 같이 생각하였다.

천하를 '그대로 방임해 둔다'(在宥)라는 말은 들었지만, 천하를 다스린다는 말은 듣지 못하였다. '있는 그대로 두는 것'(在之)은 아마도 천하의 사람들이 자신들의 타고난 본성을 방탕하게 할까 염려하기 때문이다. '그대로 방임해 두는 것'은 세상 사람들이 그들의 덕을 변화시킬까 염려하기 때문이다. 세상 사람들이 그 본성을 방탕하게 하지 않고, 그 덕을 변화시키지 않았는데, 세상을 다스리겠다는 사람이 있겠는가?(『莊子』, 「在宥」)

"재유在宥"는 곧 자재自在와 자득自得이다. 성현영은 "유宥는 관寬이며, 재在는 자재自在이다"(『莊子疏』, 「在宥」)[43]라고 하였다. 임희일林希逸(1193~1271)은 "재在는 유유자적(優游)과 자재自在의 뜻이다. 음淫은 난亂이며, 정정靜定은 불음不淫(혼란하지 않음)이다. 유宥는 관용寬容과 자득의 뜻이다. 천遷은 밖으로 이동해 감이다. 세상 사람들의 본성이 밖으로 나가서 혼란하지 않도록 하고, 덕이 모두 바깥 사물로 옮겨 가지 않는다면, 또 무슨 다스림이 필요하겠는가?"(林希逸, 『南華眞經口義』, 권13)[44]라고 하였다. 자재自在하고 자득自得하여 세상 사람들이 "그 성을 혼란하게 하지 않고, 그 덕을 변화시키지 않으면", 다시 성왕聖王과 군자가 온 마음을 다하여 천하를 다스려야 할 필요가 어디에 있겠는가?

어떻게 그러함을 아는가? 장자는 역사의 고찰을 통하여 이 문제에 대답하였다. 장자는 다음과 같이 생각하였다.

지덕至德의 세상에는 어진 사람을 숭상하지 않고, 능력자를 부리지 않았다.(『莊子』,

43) 郭慶藩, 『莊子集釋』(北京: 中華書局, 1961), 364쪽.

44) 『中華道藏』(北京: 華夏出版社, 2004), 777쪽.

「天地」)

사람이 비록 지식을 가지고 있으나 그것을 쓸 곳이 없다.(『莊子』, 「繕性」)

성인이 몸을 구부리고 무릎을 꿇고 예禮와 악樂으로 천하의 형세를 광정匡正하고, 인의仁義를 받들어 천하의 민심을 위로함에 이르자 백성들이 이에 온 마음으로 지혜롭게 되기 시작하고, 다투어 사리私利를 추구하여 멈출 수가 없다.(『莊子』, 「馬蹄」)

어진 사람을 천거하면 백성이 서로 다투고, 지혜로운 사람에게 맡기면 백성이 서로 도둑질을 한다.(『莊子』, 「庚桑楚」)

인품이 어질고 뛰어난 사람(賢良)을 높여 드러내면 그 결과 적지 않은 사람들이 '현량'이라는 이름을 다투기 위하여 서로 헐뜯고 비방하며 알력을 일으키고, 지혜를 추앙하면 그 결과 사람들이 지모에 의지하여 도둑질하고 난을 일으킨다. 유가는 인을 일으키고 의를 발양하여 지혜를 좋아하고 어진 사람을 숭상함을 세상을 다스리고 난을 평정하는 도로 삼았는데, 어찌 지혜를 좋아함과 어진 사람을 숭상함이 곧 세상 화란禍亂의 근원이 됨을 알지 못하였는가? 인을 일으키고 의를 발양하여 지혜를 좋아하고, 어진 사람을 숭상함을 세상을 다스리고 난을 평정하는 도로 삼음은 일을 함에 도움이 없을 뿐만 아니라 또한 "불로써 불을 끄고, 물로써 물난리를 구하니 그를 일러 더욱 많다고 한다"(『莊子』, 「人間世」)라고 한 말과 같다. 왜냐하면 "선인善人도 성인聖人의 도를 얻지 못하면 (자신의 善을) 이룰 수 없고, 도척盜跖도 성인의 도를 얻지 못하면 (도둑질을) 하지 못한다. 세상에는 선인善人은 적고 착하지 않은 사람이 많으니, 성인이 천하를 이롭게 하는 것은 적고 천하를 해롭게 하는 것은 많기"(『莊子』, 「胠篋」) 때문이다. 이 때문에 "성인이 죽어 없어지지 않고, 큰 도둑도 멈추지 않는다"(앞의 책)라고 하고, "성인을 끊고 지혜를 버려야 큰 도둑이 나오지 않는다"(앞의 책)라고 하며, "증삼曾參(B.C.505~B.C.435)과 사추史鰌(생몰 미상.

춘추 衛나라)의 행실을 삭제하고 양주楊朱(B.C.395?~B.C.335? 여러 설이 있음)와 묵적墨翟의 입에 재갈을 물리고 인의를 물리쳐 버리면 천하의 덕이 비로소 '하나로 합쳐'(玄同)질 것이다"(앞의 책)라고 한다.

'성인을 끊고 지혜를 버리고, 인의를 물리쳐 버리면 소박함을 회복한다'라는 구절은 "재유在宥"를 말한다. "재유"의 요지는 백성의 성이 질박質樸함으로 돌아가고 백성의 덕이 소박素朴함에 있도록 하는 것이다. 이것이 곧 장자가 세상을 구원하는 방법이다.

그러나 당시에는 제후들이 자웅을 다투고, 대국은 패자霸者를 자칭하니 각국은 오직 애써 억지로 패권을 구하여 미치지 못할까 두려워하였으니, 또한 어찌 "재유"를 담론할 수 있었겠는가? 거기에 천하의 대란이 더하니 백성들이 위난危難 중에 많이 죽었다.

> 지금의 세상에 사형死刑으로 죽은 사람들이 서로 베개 삼아 누워 있고, 칼을 쓰고 차꼬에 묶여 있는 사람들이 서로 등을 맞대고 늘어서 있고, 형을 집행하는(刑戮) 사람과 서로 마주 보고 있다.(『莊子』, 「在宥」)

> 천하에 도가 있으면 성인은 그것을 완성하며, 천하에 도가 없으면 성인은 자신의 생명만 지키고, 지금 같은 시대에는 겨우 형벌을 면할 뿐이다.(『莊子』, 「人間世」)

이 때문에 노자와 마찬가지로 장자도 비록 시대를 바로잡고 세상을 구제하려는 뜻이 있었지만, 그는 자신의 치세 방략이 또한 유가와 묵가처럼 단지 하나의 이론일 뿐이며, 또 단지 하나의 공상空想으로 근본적으로 어떤 권력자에게도 받아들여질 수 없고 또한 널리 쓰일 수도 없다는 것을 분명하게 깨달았다. 따라서 노자는 어떻게 세상을 구원할 것인가에 관심을 가졌으나, 장자가 생각하는 문제의 중심은 결코 어떻게 세상을 구원할 것인가가 아니라 어떻게 사람(개인)을 구원할 것인가의 문제였다. 그는 더 많이 생각한 것은 개인이며, 개인의 생명 가치였으며, 개인의 정신적 동산이었으며, 개인의 몸과 마음이 편하게 생활하는 거처였다.[45] 왜냐하면 장자가 보기에 "옛날의 지인至人은 먼저 (도를) 자기 안에 보존한 뒤에 다른 사람에게 도를 보존하게 하였다. 자기 안에 보존되어야 할 도가 아직 안정되지 않았다면 어느 틈에 난폭한 사람의 소행(을 바로잡는 데)에 이를 수 있겠는가?"(『莊子』, 「人間世」) 어떤 개인이 세상을 구하든 사람을 구하든 먼저 자신이 설 자리를 가져야 한다. 먼저 자립한 뒤에 바야흐로 타인을 서게 할 수 있으며, 먼저 자신이 이루어야 그 뒤에 바야흐로 타인을 이루게 할 수 있다.

이와 같은 동란의 시대에 이처럼 한 개인이 비록 세상을 구제할 뜻은 있지만 어떠한 구세救世의 방법도 얻어서 실시할 수 없는 시대에 백성(生靈)은 도탄에 빠지고 정신을 영락零落하여 안돈할 곳이 없다면 사람의 생명 가치는 결국 어디에 있는가? 사람의 정신적 동산은 또 어디에 있는가? 이것은 하나의 시대적 과제이며, 이 시대의 과제가 곧 장자철학의 기본적 과제이다.

이러한 시대적 과제로부터 출발하여, 장자는 먼저 인성의 근본을 확정하고자 하였으며, 인성의 본진本眞을 확립하고자 하였다. 장자가 볼 때 사람의 본성은 곧 자연·자재·자유이다. 장자는 다음과 같이 말한다.

> 도는 덕이 공경하는 것이며, 생명은 덕이 빛나는 것이며, 성性은 타고난 질質이다. 본성의 움직임을 작위함이라 하고, 작위함의 거짓을 상실이라고 한다.(『莊子』, 「庚桑楚」)

---

45) 진고응은 "장자가 말하는 '도'는 노자와 비교하여 이미 다른 발전이 있었는데, 노자의 '도'는 객관적 의미를 중시하며, 장자의 '도'는 도리어 주체로부터 수직으로 상승하여 우주정신을 이룬다. 장자는 '도'와 사람의 관계를 긴밀하게 얽어매고 노자처럼 신경을 쓰고, '도'의 객관적 실재성을 문장으로 실증하거나 설명하려고 하지 않으며, 또한 '도'가 너무 높아 올라갈 수 없는 공중에 걸린 개념이 되지 않게 하였으며, 그는 단지 '도'를 체득한 이후의 정신 상태를 묘사할 뿐이다. 장자에게서 '도'는 인생에서 도달하려는 최고의 경계이며, 인생이 도달하는 최고의 경계를 곧 '도'의 경계라고 부른다. 이것은 노자의 형이상의 본체론과 우주론의 색채를 농후하게 가진 '도'로부터 장자의 내화된 정신 경계에 이른 것이다"(陳鼓應, 『老莊新論』, 上海古籍出版社, 1992, 198~199쪽)라고 하였다.

성인은 빈틈없이 잘 준비함(綢繆)에 통달하고, 만물 일체의 이치를 모두 궁진窮盡하고도 그것이 그러함을 알지 못함이 성性이다.(『莊子』, 「則陽」)

태초에 무無만 있고 유有(존재)도 없고 이름도 없다. 일一이 여기서 일어남에 일一만 있고 형체는 아직 없다. 사물은 (一을) 얻어서 생겨나니 그것을 덕이라 한다. 아직 형체는 없으나 이름은 있고 그러나 (덕과) 사이가 없는(다름이 없는) 것을 명命이라고 하며, 정靜하고 동動하여(留動) 사물을 생겨나게 하고, 사물이 이루어져 문리文理(형체의 상태)가 생겨나니 그것을 형形(형체)이라고 하며, 형체形體는 정신을 지키며 각각 의칙儀則을 가지는데 그것을 성性이라고 하며, 성을 수양하여 덕으로 돌아가서, 덕이 태초와 동일함에 이른다. 같아지면 텅 비게 되고 비게 되면 광대하게 된다. 새의 부리와 새를 합하여 일체一體가 되고, 새의 부리와 새가 합하여 일체가 되면, 또한 천지와 합하여 일체가 된다. 이러한 합合은 의식적인 것이 아니며, 흐릿하고 불분명하며, 마치 어리석고 혼미한 것 같으므로 현덕玄德이라고 부르며 '대도와 일치함'(大順)과 같다.

성은 곧 생生이며, 천생지성天生之性 · 천연지성天然之性 · 본연지성本然之性 또한 곧 본성本性이다. "성性은 타고난 질質이다." 성현영은 "질質은 본本(근본)이다. 자연지성은 생명을 품부 받은 본本이다"(『莊子疏』, 「庚桑楚」)[46]라고 하였다. 성은 생의 질이며, 생의 본이다. 만물은 도를 품부 받아 생겨나며, 도의 성은 자연이며, 만물지성萬物之性 또한 자연이다. "사물은 (一을) 얻어서 생겨나니 그것을 덕이라 한다." 성현영은 "덕德은 득得이며 이것을 얻음을 말한다. 무릇 사물이 얻어서 생겨나며, 밖으로 사물에 자품資稟하지 않고, 안으로 자신으로부터 말미암지 않고, 무無도 아니고 유有도 아니며 자신도 아니고 타인도 아니며, 그 생겨나는 까닭을 알지 못하므로 덕德이라고 한다"(『莊子疏』, 「天地」)[47]라고 하였다. 사물이 (이것을) 얻어 생겨나며 그 생겨나는 까닭을 알지 못하는 것이 자연이며, 따라서 덕도 또한 자연이다. "형체形體

---

46) 郭慶藩, 『莊子集釋』(北京: 中華書局, 1961), 811쪽.
47) 郭慶藩, 『莊子集釋』(北京: 中華書局, 1961), 425쪽.

는 정신을 지키며 각각 의칙儀則을 가지는데 그것을 성性이라고 한다"라는 구절에 대하여, 선영宣穎(생몰 미상. 명말청초 출생)은 "형체는 정신을 싣고서 그것을 계속 지키며, 보고·듣고·말하고·움직임에 각각 당연한 법칙이 있으니 곧 이른바 성이다"(『南華經解』, 「天地」)라고 하였다. 보고·듣고·말하고·움직임에 각각 당연한 법칙이 있고 그 법칙 또한 자연의 법칙이다. 사람은 천지 사이의 한 사물로서 그 성과 천지만물의 성은 결코 어떤 다름이 없다.

천지만물은 도에 근원하며 도의 본성은 자연이다. 사람이 이미 도에 근원하고 도의 성이 또한 사람의 성이다. 따라서 사람의 본성도 자연이다.48)

> 말은 발굽으로 서리와 눈길을 달릴 수 있고, 털은 바람과 추위를 막아 낼 수 있으며, 풀을 뜯고 물을 마시며 발을 치켜들고 육지를 달리니 이것이 말의 진성眞性이다. 비록 높은 누대나 좋은 집이 있더라도 말에게는 쓸모가 없다.(『莊子』, 「馬蹄」)

"말의 진성" 또한 말의 자연본성이다. 말의 자연본성은 곧 천지 사이에 자유자재함이며, 또한 이른바 "풀을 뜯고 물을 마시며 발을 치켜들고 육지를 달리는 것"이다. "풀을 뜯고 물을 마시며 발을 치켜들고 육지를 달리는 것"은 당연히 경쾌하고 상쾌하다고는 말할 수 없지만, 말의 발굽은 서리와 눈길을 걸을 수 있고, 말의 털은 바람과 추위를 막아 줄 수 있으며, 천지 사이에 처하여 "육지에 살면서 풀을 먹고 물을 마시고, 기쁘면 목을 대고 서로 비벼 대고, 성이 나면 돌아서 등을 지고 서로 걷어찬다." 치달리고자 하면 치달리고, 빨리 달리고 싶으면 빨리 달리며, 울부짖고 싶으면 울부짖으며, 소요逍遙하며 자신의 일을 자기 스스로 결정하는 삶(自在)이 아님이 없다. 자유와 자재는 말의 진성이며, 자연의 환경에서 말의 진성은

48) 서복관은 "성은 마치 도가 사람 몸의 형체 중에 있는 도의 派를 대표하는 것 같다. 이 때문에 성이 곧 도이다. 도는 무이며 무위이며, 분별이 없는 共相(표상 혹은 Idea)의 하나이다. 따라서 성도 無이며 또 무위이며, 또한 분별이 없는 共相의 하나이다. 더 절실하게 말하면 곧 虛이며 靜이다"(徐復觀, 『中國人性論史』, 臺灣商務印書館, 1990, 373~374쪽)라고 하였다.

가장 잘 체현된다. 따라서 말에 대하여 말하면, 어떤 "높은 누대나 좋은 집"이 전혀 필요하지 않으며, 어떤 높고 넓은 침대도 전혀 필요하지 않다. "백락伯樂이 '나는 말을 잘 다룬다'라고 하며, 털을 태우고 잘라내고, 발굽을 깎고, 낙인烙印을 찍고, 여러 말의 머리와 다리를 연결하여 한 줄에 엮어 마구간 마판馬板에다 묶어 놓으니, 죽어 버리는 말이 열에 두세 마리나 된다. (말을 순치시키려고) 굶기고 목마르게 하며, 뛰고 멈추었다 달리게 하고, (재갈과 고삐로) 나란히 정돈시키고, 앞에서는 재갈이나 가슴받이 장식을 갖추는 괴로움이 있고, 뒤로는 가죽 채찍이나 대나무 채찍으로 때리는 위압威壓이 있게 되니, 죽어 버리는 말이 반이 넘는다."(『莊子』, 「馬蹄」) 백락의 말 다룸은, 비록 말을 잘 다스리더라도, 말을 잘 다스리지 못하는 자는 말할 것도 없고, 말의 자연본성을 위배하게 되면, 죽어 버리는 말이 반이 넘는다.

말이 이와 같으니 다른 생명이 있는 부류도 또한 마찬가지다.

> 연못가에 사는 꿩은 열 걸음에 한 입 쪼아 먹고, 백 걸음 만에 물 한 모금 마시지만 새장 속에서 길러지기를 바라지 않는다.(『莊子』, 「養生主」)

> 옛날 바닷새가 노나라 서울의 교외에 머물렀는데, 노나라 임금이 새를 몰아 모당에다 모시고, (순임금이 즐긴) 구소九韶를 연주하며 즐겁게 하고, (소·양·돼지로 제물을 바치는) 태뇌太牢의 음식으로 먹이를 제공하였다. 새는 곧 눈이 어질어질해지고 두렵고 슬퍼하며 감히 한 점의 고기도 먹지 못하고, 한 잔의 술도 마시지 못하고 3일 만에 죽었다. 이것은 (노나라 임금이) 자신을 봉양하는 것으로써 새를 기른 것이며, 새를 기르는 방법으로 새를 기른 것이 아니다. 무릇 새를 기르는 방법으로 새를 기르는 것은 마땅히 깊은 숲속에 깃들이게 하고, 넓은 들판에서 놀게 하며, 강과 호수를 떠다니게 하며, 미꾸라지나 피라미를 먹게 하고, (다른 새들과) 행렬을 따르거나 멈추도록 하며, 마음대로 자리하도록 해야 한다. 저들은 오직 사람의 말소리를 듣기 싫어하는데, 어찌 왁자지껄하게 떠들어대는가?(『莊子』, 「馬蹄」)

백성이 옷감을 짜서 옷을 입고, 경작하여 먹는 것은 곧 말이 "풀을 뜯고 물을 마시며, 발을 치켜들고 육지를 달리는" 것과 새가 "깊은 숲속에 깃들이게 하고, 넓은 들판에서 놀게 하며, 강과 호수를 떠다니는" 것과 같으며, 이것 또한 백성의 변함없는 성(常性)이며, 그 이름을 "천방天放"(자연에 방임함)이라고 한다.[49] 천天은 천연과 자연이 되고, 방放은 자재와 자유이다. 백성의 본성과 상성은 곧 자연·자재·자유이다.[50] 따라서 백성의 본성과 동물의 자연본성은 서로 통하고 일치하는 것이다. "이런 까닭에 금수禽獸는 굴레를 씌워 끌고 다니며, 새와 까치의 둥지에도 올라가서 엿볼 수 있고" "함께 더불어 금수와 같이 살며, 무리가 만물과 함께 어울린다." 사람과 자연의 만물이 화해和諧와 화목의 관계로 거처한다. 이때 사람과 사람의 관계는 결코 군자와 소인의 구분이 없으며, "함께 무지하며, 그 덕을 떠나지 않으며, 함께 무욕하니 이를 소박素朴이라고 한다." 무지와 무욕은 일종의 자연적 소박함의 상태이다. 바로 이 소박한 상태에서 사람은 비로소 충분히 자신의 본성을 드러내고, 사람의 변함없는 성도 비로소 상실되지 않을 수 있으며, "소박함을 백성이 성性으로 얻는다." 이러한 의미에서 소박함이 곧 사람의 변함없는 성이며 본성이다.

자유와 자재는 사람의 자연본성이며, 자연 상태에서 사람의 본성이 충분히 체현해 낼 수 있다.

> 지덕至德의 세상에는 어진 사람을 숭상하지 않으며, 능력 있는 자를 부리지 않았다. 윗사람은 마치 나뭇가지와 같고 백성들은 마치 들의 사슴과 같았다. 단정하지만 의義라고 여기지 않고, 사랑하면서도 인仁이라고 여기지 않고, 신실信實해도 충忠이

---

49) 林希逸은 "자연 속에서 마음대로 스스로 즐거움을 하나로 하되 편애하지 않는다고 하고 명하여 天放이라고 부른다. '命曰'은 '그것을 일컫는다'라고 하는 말과 같다. 「齊物論」의 天行·天鈞·天游와 이 天放은 모두 장자가 지음 이름이며, 자연의 즐거움을 형용한 말이다"(林希逸, 『南華眞經口義』[『中華道藏』 제13책, 北京: 華夏出版社, 2004], 권11, 771~772쪽)라고 하였다.

50) 蒙培元은 "中國哲學史에서 장자는 처음으로 자유와 자연의 관계에 관한 문제를 제시한 철학자이며, 이것은 그의 사상적 핵심이 존재하는 곳이라고 하지 않을 수 없다"(蒙培元, 『心靈超越與境界』, 北京: 人民出版社, 1998, 208쪽)라고 하였다.

라 여기지 않고, 당연해도 믿음(信)이라 여기지 않으며, 준동蠢動하여 서로를 부리지 만 은덕(賜)으로 여기지 않았다.(『莊子』, 「天地」)

혁서씨赫胥氏(상고시대 제왕)의 시대에는 백성들은 거처居處함에 무엇을 해야 함을 몰랐고, 길을 감에 어디로 가야 하는지 모르며, 음식을 먹고 즐거워하며 배를 두드리며 놀았으며, 백성들은 이 정도만 할 수 있을 뿐이었다. 성인이 몸을 구부리고 무릎을 꿇고 예禮와 악樂으로 천하의 형세를 광정匡正하고, 인의仁義를 받들어 천하의 민심을 위로함에 이르자 백성들이 이에 온 마음으로 지혜롭게 되기 시작하고, 다투어 사리私利를 추구하여 멈출 수가 없다.(『莊子』, 「馬蹄」)

자연과 자재는 사람의 본성이며 상성常性이다. 현인을 숭상하지 않고 능력 있는 자를 부리지 않고, 사람끼리 서로 구하지 않고, 인 · 의 · 충 · 신을 구하지 않으면 인 · 의 · 충 · 신이 그 가운데 자재自在하게 된다. 그런데 성인이 세상에 내려와서 예와 악을 제작하고, 인의를 받들어 그로써 천하의 형세를 광정匡正하고, 천하의 민심을 위로하니, 사람의 자연본성은 파괴되고 말았으며, 본래 스스로 완전하게 갖추어졌던 인 · 의 · 충 · 신도 그에 따라 완전히 없어져 존재하지 않게 되었다. 예와 악을 제작하고 인의를 받든 결과는 단지 사람들이 지혜를 좋아하는 마음을 불러일으키고 선동하였을 뿐이다. 지혜를 좋아하는 마음이 한 번 불붙으면 사람은 단지 이익만을 추구할 뿐 의를 지켜야 함을 모른다.

또 갈고리와 먹줄, 그림쇠와 곱자에 의지하여 바로잡으려 하는 것은 그 본성本性을 깎는 것이고, 끈으로 묶고 아교 칠로 견고하게 하는 것은 그 (본래 타고난) 덕德을 해치는 것이고, 몸을 구부리고 무릎을 꿇고 예禮와 악樂으로 천하의 형세를 광정匡正하고, 인의仁義를 받들어 천하의 민심을 위로하려는 것은 그 자연본성(常然)을 잃어버리게 하였다.(『莊子』, 「駢拇」)

성인이 예와 악을 제작하여 천하의 형세를 광정한다는 말에서 예와 악은 일종의 규범(規矩)이나 표준이며, 이는 인성을 위반하는 물건일 뿐만 아니라 인성을 해치는 도구이다. 따라서 "예악이 일방적으로 실행되면 천하가 어지러워질 것이다. 모든 사람이 스스로 단정하고 또 자신의 덕을 받아들여 감추면, 덕은 타인을 침범하지 않고, 침범하면 사물은 반드시 그 본성을 잃는다"(『莊子』, 「繕性」, "禮樂遍行, 則天下亂矣. 彼正而蒙己德, 德則不冒, 冒則物必失其性也.")[51]라고 하였다. "예악편행禮樂遍行"에서 "편遍"은 편偏이다. 곽상은 "일체로써 행동하고, 하나의 뜻으로만 즐기는 일이 세상에 행해지면, 한 가지만 얻고 다른 만 가지는 잃는다"(『莊子注』, 「繕性」)[52]라고 하였다. "몽蒙"은 몽피蒙被이며 감화感化의 뜻이다. "모冒"는 복개覆蓋이며 강압(強加)하는 것이다. 왕선겸은 "저들은 스스로 단정하다고 여겨 나의 덕을 감화시키는데, 이는 덕과 덕이 서로 감화하는 것이며, 자신의 덕으로 타인을 억지로 감화시키는 것이 아니다. 만약 억지로 천하를 감화시킨다면 이것은 나의 덕으로 타인을 바르게 하는 것이니, 사물이 그 본성을 잃는 것이 반드시 많다"[53]라고 하였다. 사람의 덕성은 본래부터 순정純正하고 완전무결하다. 그런데 성인이 예와 악을 제작하여 힘써 인위적 예법으로 사람의 성정을 고치고 다스리니 이는 반드시 사람의 자연본성을 손실하게 하는 것이다.

사람의 덕성은 본래 도로부터 온다. 왜냐하면 그것이 본래 도로부터 온 것이므로 사람의 덕성은 천연으로 순정하며 완전무결하다.

> (엄지와 둘째 발가락 사이의) 군더더기 살과 육손이는 본성에서 나왔으리니, (타고난) 덕보다 더 많으며, 군살과 사마귀도 형체에서 나왔으나 본성보다 더 많으며, 인의를 다방면으로 이용하는 자들은 그것을 오장五藏에 열거하였으나 도덕의 올바름이 아니다.(『莊子』, 「駢拇」)

---

51) 역자 주: 이 구절은 해석하기 난해하여 원문을 그대로 옮겼다. 번역은 이 책 저자의 인용과 해석에 따랐다.

52) 郭慶藩, 『莊子集釋』(北京: 中華書局, 1961), 550쪽.

53) 王先謙, 『莊子集解』(北京: 中華書局, 1987), 135쪽.

발의 엄지발가락과 둘째 발가락을 연결하도록 생긴 군더더기 살을 "변駢"이라고 한다. 손의 엄지손가락 곁에 곁가지로 생긴 손가락을 "지指"라고 한다. 그러나 "변무駢拇와 지지枝指"는 천성으로 생겨나 있는 것이며, 생겨나면서 갖추어진 것으로, 비록 본성에서 나와 그런 것이지만 도리어 "덕"보다 더 많다. 여기의 "덕"이 역시 "바름"이다.[54] "덕보다 더 많은" 것을 도의 정정貞正함과 어긋난다고 한다. "군살과 사마귀"(附贅縣疣)도 형체에서 생겨났지만, 성과 어긋나기 때문에 "성보다 더 많다"라고 한다. 인·의·예·지·신은 사람이 본래 가진 것은 아니며, 이를 사람의 오장에 억지로 비교[55]하는 것은 곁가지로 생긴 지엽적인 것이며, 오히려 "변무駢拇와 지지枝指", "군살과 사마귀"(附贅縣疣)보다 더 못한 것이다. 그것이 나오는 것은 성에서 나온 것도 아니며, 또한 형체에서 나온 것도 아니다. 그것이 많은 것도 성보다 더 많고 또한 덕보다 더 많다. 그러므로 "다방多方"이라고 한다. 다방은 부질없는 것(多此一舉)이다. 그러므로 "그러나 도와 덕의 올바름이 아니다"라고 하였다.

---

54) 성현영은 "侈는 多이다. 德은 仁·義·禮·智·信 다섯 가지 덕을 말한다"(『莊子疏』, 「駢拇」. 郭慶藩, 『莊子集釋』, 北京: 中華書局, 1961, 311쪽)라고 하였다. 崔譔은 "侈는 過이다. 德은 容과 같다"(陸德明, 『經典釋文』에서 인용)라고 하였다. 陳景元은 "德은 덕을 포용함(容德)이다. 도척은 容美를 부모가 남긴 덕이라고 여겼다"(陳景元, 『南華眞經章句音義』[『中華道藏』 제13책, 北京: 華夏出版社, 2004], 권5, 515쪽)라고 하였다. 장자의 다음 문장에 "도덕의 올바름이 아님"(非道德之正)이라는 말은 사실 "덕보다 많음"(侈於德)이라는 말이 곧 덕의 올바름에 부합하지 않는다는 말이며, 곧 아래 문장과 서로 응한다.

55) 순자가 일찍이 자사와 맹자에 대하여 말하기를 "지나간 옛것을 참고하여 말을 만들어 내고는 그것을 五行이라고 하였다. 매우 편벽되고 어긋나서 계통이 없으며, 어렴풋이 숨어서 설명이 없고 없으며, 닫히고 소략해져 해명할 수 없다"(『荀子』, 「非十二子」)라고 하였다. 현존하는 자사와 맹자의 책에는 五行에 관한 문장이 없다. 郭店楚墓 竹簡에는 『五行』이라는 한 篇이 있는데, 거기에서는 "오행: 仁이 내면에서 실행되는 것을 덕의 行이라 하고 내면에서 드러나지 않음을 行이라고 하며, 義가 내면에서 드러남을 덕의 행이라고 하고 내면에서 드러나지 않음을 행이라고 하며, 禮가 내면에서 드러남을 덕의 행이라고 하고 내면에서 드러나지 않음을 행이라고 하며, 智가 내면에서 드러남을 덕의 행이라고 하고 내면에서 드러나지 않음을 행이라고 하며, 聖이 내면에서 드러남을 덕의 행이라고 하고 내면에서 드러나지 않음을 행이라고 한다"라고 하였다. 이 구절은 곧 "지나간 옛것을 참고하여 말을 만들어 낸 것"이라고 한 말과 같다. 『白虎通』 「性情」에서는 분명하게 "肝은 仁, 肺는 義, 심장은 禮, 腎臟은 智, 脾臟은 信이다"라고 하였다. 이것이 곧 인·의·예·지·신을 억지로 五藏에 비견한 것이다.

> 저 지극히 올바른 자(彼至正者)[56]는 그 자연이 부여한 진정한 본성(性命)의 정을 잃지 않는다. 그러므로 합해 주는 것을 군더더기로 여기지 않고, 갈라진 (육손을) 쓸데없는 곁가지로 여기지 않는다. 긴 것을 나머지로 여기지 않고, 짧은 것이 부족하다고 여기지 않는다. 이런 까닭에 물오리의 발은 비록 짧지만 (길도록) 이어 붙이면 근심하고, 학의 다리는 비록 길지만 그것을 자르면 슬퍼한다. 그러므로 본성이 긴데 잘라야 할 것이 아니며, 본성이 짧은데 이어 붙여야 할 것이 아니다. 근심할 필요가 전혀 없다. 생각건대 인의는 인정이 아니다. 저 인仁을 주창하는 사람은 왜 그렇게 근심이 많은가?(『莊子』, 「騈拇」)

무릇 자연지성自然之性에서 나온 사람은 발가락을 이어 주는 것을 군더더기(騈拇)라고 부르지 않으며, 많은 손가락을 가진 사람을 육손이라고 하지 않는다. 자연과 같이하는 사람은 긴 것을 나머지로 여기지 않고, 짧은 것이 부족하다고 여기지 않는다.

임희일은 "본성이 길고 본성이 짧은 것은 그 길고 짧음이 본연지성에서 나온다. 길고 짧은 사람은 그 성에 안주하면 버려야 할 근심이 없다"(林希逸, 『南華眞經口義』, 권11)[57]라고 하였다.

곽상은 "무릇 인의는 자연히 사람의 정성情性이지만 '마땅히 마음대로 하게

---

56) "至正"은 원작에는 "正正"이다. 褚伯秀·宣穎·兪樾 등은 모두 "正正"을 "至正"의 오류라고 보았다. 褚伯秀는 "'彼正正者'라는 구절은 마땅히 위 문장을 참조하여 '至正'으로 써야 한다"(褚伯秀, 『南華眞經義海纂微』[『中華道藏』 제14책, 北京: 華夏出版社, 2004], 권23, 148쪽)라고 하였고, 宣穎은 "위 문장의 '至正'과 연결하여 보면 '至'자는 옛날에는 모두 '正'으로 잘못 썼다"(宣穎, 『南華經解』)라고 하였으며, 兪樾은 "위 문장의 '正'자는 곧 '至'자의 오기다. 위 문장에서 '故此皆多騈旁枝之道, 非天下之至正也'라고 하고, 여기서는 '彼至正者, 不失其性命之情'이라고 하였는데, 두 문장은 서로 이어진다. 이제 '正正'이라고 잘못 쓰면, 의미가 통할 수 없다. 곽상이 곡해하여 한 말은 옳지 않다"(兪樾, 『莊子平議』)라고 하였다. 胡文英의 『莊子獨見』과 劉鳳苞의 『南華雪心編』 등의 판본에는 '正'을 "至正"과 함께 썼다. 여혜경은 "彼至正者, 不失其性命之情, 則無爲自然而無所加損矣"(呂惠卿, 『莊子義』. 褚伯秀, 『南華眞經義海纂微』[『中華道藏』 제14책, 北京: 華夏出版社, 2004], 권23, 143쪽에서 인용)라고 하였다. 이는 여혜경본도 "至正"으로 썼다. 그러므로 '至正'이 의미가 통한다.

57) 『中華道藏』 제13책(北京: 華夏出版社, 2004), 768쪽.

내버려 둘 뿐이다'(當任之耳). 아마도 인의는 인정이 아니어서 근심하는 것은 진실로 많은 근심이 있다고 할 수 있다"(『莊子注』, 「騈拇」)[58]라고 하였다.

성현영은 "저 인을 주창하는 사람은 일찍이 역사의 무리로서 진정한 취지를 체득하지 못하고, 불쑥불쑥 권장하며, 인의의 도는 배워서 이룰 수 있다고 말한다. 장생莊生(莊子)이 이 미혹을 깊이 탄식하였으므로 한탄을 발하였다"(『莊子疏』, 「騈拇」)[59] 라고 하였다.

학의 다리가 긴 것은 하늘이 길게 준 것이며 스스로 긴 도리가 있고 따라서 길어도 나머지가 있는 것이 아니며, 물오리의 다리가 짧은 것은 하늘이 짧게 준 것이며 스스로 짧음의 도리가 있고 따라서 짧아도 부족하다고 여기지 않는다. 그 긴 것을 짧게 해야 한다고 보고, 그 짧은 것을 (길도록) 이어야 한다고 보는 것은 본성과 부합하지 않으니, 이것은 근심할 필요가 없는 근심이다. 인의는 본래 사람의 자연에서 나오며, 사람의 본성은 스스로 순정純正한데, 인성이 편중되어 순정하지 않다고 여기고, 인의의 법으로 그것을 교정해야 한다고 여기는 것은 아마도 사람이 인의롭지 않아서 인의를 교조敎條로 삼고 사람의 성을 속박하는 것으로 그것은 근본을 버리고 말단을 따르는 것이며, 이 또한 근심할 필요가 없는 근심이며, 근심이 많은 행위이다.

장자가 보기에 성의 본진本眞은 곧 허虛·정靜·염恬·담淡·적寂·막漠·소素·박樸(朴)·순純·수粹이다.

> 무릇 허虛·정靜·염恬·담淡·적寂·막漠·무위無爲는 천지의 근본이며 도덕의 지극함이다.(『莊子』, 「天道」)

> 무릇 허정虛靜과 염담恬淡, 적막寂漠과 무위無爲는 만물의 근본이다.…… 정靜하면 성인이 되고, 움직이면 왕이 되고, 무위하면 존중받고, (자연 그대로의) 소박함을

58) 郭慶藩, 『莊子集釋』(北京: 中華書局, 1961), 318쪽.
59) 郭慶藩, 『莊子集釋』(北京: 中華書局, 1961), 318쪽.

지키면 세상에서 (누구도) 그와 아름다움을 다툴 수 없다.(『莊子』, 「天道」)

무릇 염담과 적막, 허무와 무위는 천지의 근본이며, 도와 덕의 바탕이다.(『莊子』, 「刻意」)

허虛는 허공虛空, 허령虛靈이다. 텅 비면 담을 수 있고, 움직일 수 있고, 교유할 수 있고, 거역함(忤逆)이 없다. "거역하는 바가 없음은 허虛의 지극함이다."(『莊子』, 「刻意」) 정靜은 정지하여 움직이지 않음이다. 외물에 의하여 움직이지 않기 때문에 그 자성自性과 상성常性을 지킬 수 있다. 장자는 "성인이 정靜함은 '고요함이 좋다'고 해서 정함이 아니며, 만물 가운데 (성인의) 마음을 충분히 흔들 수 없는 것이 없으므로 고요하다"(『莊子』, 「天道」)라고 하였다. 또 "한결같아서 변하지 않음이 고요함(靜)의 지극함이다"(『莊子』, 「刻意」)라고 하였다. 염恬은 평온함(安然)과 천연스러움(泰然)이며, 또한 그 상태가 자약自若하여 변함(移易)이 없음이다. 장자는 "옛날에 요임금이 천하를 다스림에 세상 사람들이 흔쾌하게 그 성을 즐겼는데, 이는 태연함이 아니다"(『莊子』, 「在宥」)라고 하였다. "불염不恬"은 곧 그 본연을 잃어버림이다. 담淡은 외물에 초연함이다. "사물과 교유하지 않음은 담淡의 지극함이다"(『莊子』, 「刻意」)라고 하였다. 적寂은 편안하고 한가로움(安閒)과 자족自足함이다. 노자는 "고요하고 텅 비었고, 독립하여 바꾸지 않는다"(『老子』 25장)라고 하였다. 막漠은 외물에 의해 움직이지 않음이다. 소素는 그 본색을 유지함이다. "그러므로 소박함은 함께 섞인 것이 없음을 말한다"라는 말과 "섞이지 않으면 맑다"(『莊子』, 「刻意」)라는 말이 있다. 박樸은 꾸밈을 더하지 않음이다. 만약 소素가 성의 본진을 중시하여 한 말이라면, 박樸은 성의 본연을 강조하여 한 말이다. 순純은 순정純正과 순정純淨이다. 순純은 성의 곧고 바름(貞正)을 강조한다. "순純은 그 정신을 이지러지게 하지 않음을 말한다"(『莊子』, 「刻意」)라고 하였다. 수粹는 순純의 지극함이며, 순純하고 또 순함이 곧 수粹이다. 이에 "거역함이 없음은 수粹의 지극함이다"(『莊子』, 「刻意」)라고 하였다.

백 년을 자란 나무를 쪼개서 술잔을 만들고, '청색, 황색'(아름다운 채색)으로 그것을 꾸미고, 잘라 버린 나머지는 도랑에 버린다. 이 술잔과 도랑에 버려진 잘린 나머지는 미美·추醜에는 차이가 있으나 성을 잃어버린 점에서는 한결같다. 도척盜跖이 증삼曾參·사추史鰌와 비교해서 의를 행함에는 차이가 있으나 성을 잃어버린 점에서는 같다.(『莊子』, 「天地」)

청색, 황색으로 꾸며진 술잔을 도랑에 버려진 잔여 파편 조각들에 비교하면 당연히 미·추의 차이가 있다. 그러나 미·추는 단지 사람이 사물에 대하여 내린 주관적 평가에 불과하며, 그 자연 사물 자체로 말하면, 본래 결코 미·추의 구별이 없다. 백 년 된 나무는 술잔이 될 수 있으나 사람에게 이용되고 애호에 따라 또한 파편 조각들과 같이 될 수 있고, 사람들이 방치하고 돌보지 않을 수도 있다. 그러나 뭐라고 하든 나무가 술잔이 되거나 파편 조각이 되거나 모두 나무의 자연적 본질, 나무의 자연본성이 훼손이자 잔해이다. 따라서 손상된 본질과 손상된 본성이라는 점에서는 술잔이 파편 조각보다 결코 모자라지도 않고 더 나은 것도 아니며, 완전히 서로 같고 서로 균등하다. 도척은 강도이며, 증삼과 사추史鰌는 인의의 사士로서 행위에는 자연히 구별이 있다. 그러나 그들이 사람의 자연본성을 잃은 점에서는 도리어 완전히 서로 같으며 서로 동등하다.

노담이 "묻겠는데 인의仁義는 사람의 본성本性인가요?"라고 하였다. 공자는 "그렇습니다. 군자가 불인不仁하면 일을 이루지 못하고 불의하면 사회에서 살아갈 수 없습니다. 인의는 진실로 사람의 본성입니다. 또 장차 무엇을 하겠습니까"라고 하였다. 노담이 "묻겠는데 무엇을 인의仁義라 합니까?"라고 물었다. 공자는 "(마음과 정신이) 적중하고 바르며 외물과 화락和樂하고, 겸애兼愛하고 사욕이 없는 것, 이것이 인의의 실정입니다"라고 대답하였다. 노담이 "아! 위태롭습니다! 뒷부분 이야기는. 무릇 겸애도 또한 (도와) 멀지 않겠습니까? 사심私心이 없고자 함도 바로 사심입니다. 선생 당신(若)은 천하의 모든 사람이 자신을 길러(牧)주는 조건을 잃지 않기를 바라십니까? 천지는 고유한 상도常道가 있어 해와 달은 고유한 밝음이 있으며, 별들도 고유한 배열이 있으며, 금수禽獸는 고유한 무리가 있으며, 수목도 고유한 입지가 있으니 선생도 또한 (고유한) 덕에 따라(放) 행동하고 도道를 따라 나아간다면, 이미 지극한데, 또 무엇 때문에 애써 인의를 내걸고 마치 북을 두드리며 도망간 사람을 찾아다니듯 합니까? 아! 선생은 사람의 본성을 어지럽히고 있습니다!"(『莊子』, 「天道」)

공자는 인의가 곧 진정한 사람의 성이라고 보았으며, 노자는 사욕이 없고자 하는 것도 곧 사욕이라고 보았다. 천지는 고유한 상도常道가 있다. 보통 사람은 "(고유한) 덕에 따라(放) 행동하고 도道를 따라 나아간다"라는 말이 곧 그 상도이며 또한 그 지극함이다. 성현영은 "몸과 마음을 면려하고 인의를 자부自負하며 세상에 강행하여 창생을 구하고자 하는 것이 북을 치면서 도망간 사람을 찾아다니는 일과 무엇이 다른가? 이런 까닭에 북소리가 크면 클수록 도망간 사람은 더 멀리 떠나고, 인의가 널리 드러날수록 도를 잃어버림이 더 멀어지니 그로부터 얻는 것이 없다"(『莊子疏』, 「天道」)[60]라고 하였다. 여기서 노자의 관점은 곧 장자의 관점이다. 장자는 다음과 같이 보았다.

무릇 자연 상태의 나무를 해치지 않고서 누가 술잔(犧樽)을 만들 수 있겠는가? 백옥白玉을 훼손하지 않고서 누가 규장珪璋[61](玉器)을 만들 수 있겠는가? 도와 덕을 폐기하지 않고서 어찌 인의仁義를 채택할 수 있겠는가? (타고난) 성정性情을 떠나지 않고서 어떻게 예악을 쓸 수 있겠는가? 오색五色을 어지럽히지 않고서 누가 문채文彩를 만들 수 있겠는가? 오성五聲을 어지럽히지 않고 누가 육률六律에 맞출 수 있겠는가? 무릇 자연 상태의 나무를 해쳐서 그릇을 만든 것은 기술자들의 죄이고, 도와 덕을 훼손하여 인의를 만든 것은 성인의 과실이다.(『莊子』, 「馬蹄」)

60) 郭慶藩, 『莊子集釋』(北京: 中華書局, 1961), 480쪽.
61) 역자 주: 피라미드형을 珪라 하고, 珪形을 위에서 아래로 반으로 잘라 놓은 모양이 璋이다. 반쪽의 홀.

기구器具를 만들기 위해 나무의 자연적 본질을 파손하고, 인의를 만들기 위해 사람의 자연본성을 훼손하니, 장인에게 그 죄가 있고, 성인에게 또한 그 죄가 있다. 이른바 "도와 덕을 폐기하지 않고서 어찌 인의仁義를 채택할 수 있겠는가? (타고난) 성정性情을 떠나지 않고서 어떻게 예악을 쓸 수 있겠는가?"라고 한 말은 성인이 인의로써 도와 덕을 고치려고 하지만, 인의는 실제로는 곧 도와 덕을 해치는 도구라는 말이다.

> 또한 성을 잃어버리게 하는 다섯 가지가 있는데, 첫째는 다섯 가지 색깔(五色)이 눈을 교란하여 눈이 밝지 못하게 하는 것이며, 둘째는 다섯 가지 소리가 귀를 교란하여 귀가 총명하지 못하게 하는 것이며, 셋째는 다섯 가지 냄새가 코를 마비시켜 이마를 아프게 하는 것이다. 넷째, 다섯 가지 맛이 사람의 입을 혼탁하게 하여 입맛을 해치게 하는 것이며, 다섯째, 취하고 버림이 마음을 혼란하게(滑心) 하여 성性을 경박하게 움직이도록 하는 것이다. 이 다섯 가지는 모두 성(生)을 해친다. 그러나 양주楊朱와 묵적墨翟은 쉬지 않고 힘써 노력하여 스스로 (진리를) 얻었다고 여기지만, 내가 이른바 '진리를 얻었다는 것'이 아니다. 무릇 얻은 것이 곤고困苦하다면 (제대로) 얻었다고 할 수 있는가? 그렇다면 비둘기와 올빼미가 새장에 갇혀 있는 것도 (자유를) 얻었다고 할 수 있을 것이다. 또한 성색聲色을 취하고 버리는 혼란된 생각이 마음속에 쌓여 있고, 피변皮弁(가죽관)과 휼관鷸冠(비취새의 깃털로 만든 관), 그리고 옥홀玉笏을 꽂고 큰 띠를 두르고 긴 치마를 입어 외관을 단속하며, 안으로는 빙 둘러친 나무 울타리로 꽉 막고, 밖으로는 (秩序와 禮儀라는) 새끼줄이나 끈으로 겹겹이 묶여 있는 가운데에도 또 스스로 얻었다고 여기면, 이것은 죄인罪人이 팔을 뒤로 묶여 손가락을 제압당하고서도, 호랑이와 표범이 함정에 빠졌으면서도 또한 얻었다고 여기는 것과 같다.(『莊子』, 「天地」)

사람으로 말하면, 그 자연본성을 상실하는 길은 대체로 다섯 가지 방향으로 표현된다. 즉 오색五色 · 오성五聲 · 오취五臭 · 오미五味 · 호오지심好惡之心이다. 오색과 오성 등은 사람의 자연 본질과 본연지성本然之性을 파괴하며, 사람이 외물에 의하여 부림을 당하거나 좌우되도록 하고 사람이 자신의 본진과 본연을 잃어버리고 망각하게 한다. 따라서 "이 다섯 가지는 모두 생명을 해치는 것들이다." 그러나 양주와 묵적은 도리어 이를 얻었다고 여긴다. 장자는 이른바 이러한 얻은 것은 결코 진정으로 얻은 것이 아니다. 만약 사람이 얻은 것이 사람들이 다시 자신의 일을 자기 스스로 결정하는 삶(自在)을 깨닫도록 하지 못하고, 도리어 그 때문에 곤란함을 당하도록 한다면, 이러한 얻음이 설마 여전히 그것을 얻은 것이라고 말할 수 있겠는가? 만약 이것이 정말로 얻은 것이라면 산비둘기가 사람에게 잡혀 조롱鳥籠에 갇혀 있어도 또한 얻었다고 할 수 있겠는가? 한 사람이 소리와 색을 좋아하고 싫어하는 욕망을 내면에 가득 채우고 있고, 관면冠冕과 의상의 장식으로 외면을 속박하고 있다면 그것은 곧 흡사 내심의 울타리를 가득 채우고 사지를 줄로 묶여서도 곤고함과 속박됨을 모르고 도리어 얻었다고 여기는 것과 같다. 만약 이것이 얻은 것이라면 범죄인이 줄로 묶여 있고, 호랑이와 표범이 짐승 우리에 갇혀 있는 것도 또한 얻은 것이라고 말할 수 있다.

노자는 사회의 혼란함을 다스리는 데서 출발하여 인성의 본연과 자연을 부각하였다. 그러나 장자가 보기에 사람의 본성은 이미 도로부터 얻어서 이미 자연이 되었고, 자연이 곧 자재이며, 자재가 곧 자유自由이다. 서양에서 자유와 자연은 상대적이며, 자연의 조건에서는 자유롭지 않다. 그러나 중국 고대에는 자연은 그렇게 됨을 자득自得하였음을 의미하며, 자유자재로 함을 의미하며, 자재는 아무런 구속拘束이 없음을 의미한다. 따라서 자연이 곧 자재이며 자유이다.62)

---

62) 葉秀山(1935~2016)은 "서양의 '자유'는 항상 '自然'과 서로 대립한다. 왜냐하면 '자연'은 '必然性'으로 해석되기 때문에 사람은 '필연성'으로서의 '자유'에 대하여 어떻게 '복종'할 수 있겠는가? 이곳에서 '자유'라고 말할 수가 없다. 이러한 의미에서 서양의 '자유'는 그리스어 · 라틴(Latin)어 · 영어 · 독일어를 막론하고 모두 일종의 '벗어남'(擺脫)과 '解脫'의 의미가 내재하여 있다. '자유'는 어떠한 속박으로부터 '벗어남'으로부터 나오며, 곧 '자연'의 '필연성'에서 '벗어남'으로 나온다. 중국의 노자, 장자의 '자유'관은 결코 '자연'과 대립적이지 않다. 사실 노자와 장자의 사상에서 '자연'이 곧 '자유'이며, '자유' 또한 '자연'이다. '자연'은 곧 '自如' 곧 '스스로 이와 같음'(自己如此)이며 또한 곧 '자유'이다. '자유'와 '자연'은 본래 통일적이며, 동일한 것이다"(葉秀山, 「漫談莊子的'自由'觀」, 陳鼓應 主編, 『道家文化硏究』 제8집, 上海古籍出版社, 1995, 138쪽)라고 하였다.

장자는 사람의 본성이 곧 자연·자재·자유라고 생각하였다. 자유이면서 자재함은 성의 본연·본진일 뿐만 아니라 동시에 인성과 인생의 이상적 상태이다. 따라서 사람이 얻은 모든 것은 단지 사람의 자유와 자재에 이롭고 유익해야 하며, 사람의 자유와 자재를 훼손하거나 파괴해서는 안 된다.

> 또 사람의 본성을 인의仁義에 종속(屬)시키는 사람은 비록 증삼曾參이나 사추史鰌처럼 (인의에) 통달했다 하더라도 내가 말하는 훌륭한(臧) 사람(진정한 본성을 갖춘 사람)이 아니며, 사람의 본성을 오미五味에 종속시키는 사람은 비록 유아兪兒처럼 맛에 통달했다 하더라도 내가 말하는 훌륭한(臧) 사람(뛰어난 요리사)이 아니며, 자기 본성을 오성五聲에 종속시키는 자는 비록 사광師曠처럼 음률에 통달했다 하더라도 내가 말하는 훌륭한 사람(음악에 뛰어난 사람)이 아니며, 자기 본성을 오색五色에 종속시키는 자는 비록 이주離朱와 같이 눈이 밝은 자라 하더라도 내가 말하는 훌륭한 사람(눈 밝은 사람)이 아니다. 내가 말하는 훌륭함은 인의를 말하는 것이 아니라, 그 덕이 훌륭하다고 할 뿐이다. 내가 말하는 훌륭함은 이른바 인의를 말하는 것이 아니라, 자연이 부여한 진정한 본성性命의 정에 맡기는 것을 말할 뿐이다. 내가 이른바 귀가 밝다고 하는 것은 소리를 잘 듣는 것을 말하는 것이 아니라, 본성의 소리를 잘 듣는 것을 말할 뿐이다. 내가 이른바 눈이 밝다고 하는 것은 대상 사물을 잘 구분해 보는 것을 말하는 것이 아니라, (자연 그대로의) '내면의 자신을 보는 것'(自見)을 말할 뿐이다. 무릇 내면의 자신을 보지 못하고 대상을 보며, 내면의 자신을 얻지 못하고 외부의 대상을 얻는 자는 다른 사람이 얻고자 하는 것을 얻기만 할 뿐, 자신이 얻어야 하는 것(자연본성)을 얻지 못하는 자이며, 다른 사람의 편안함을 자기의 편안함으로 여겨 자신의 (진정한) 편안함을 편안하게 여기지 못하는 사람이다. 무릇 다른 사람의 편안함을 자기의 편안함으로 여기고 자신의 편안함을 편안하게 여기지 못한다면, 비록 도척盜跖과 백이伯夷처럼 (세속의 도덕적 평가가) 큰 차이가 있다 하더라도 모두 '멋대로 한 지나친 행위'(淫僻)일 뿐이다. 나는 도덕에 부끄러움을 느낀다. 그 때문에 위로는 감히 인의를 행하지도 않고, 아래로는 감히 멋대로 한 지나친 행위를 하지도 않는다.(『莊子』, 「騈拇」)

"속屬"[63]은 계系이며, "장臧"은 선善이다. 여혜경呂惠卿(1032~1111)은 "성은 사물이 소속하고 있는 것이며, 사물에 부속된 것은 아니다. 증삼과 사추는 인에 속하고 유아는 미味에 속하며, 사광과 이주는 성聲·색色에 속하지만, 내가 훌륭하다고 여기는 것은 아니다. 그 덕에 훌륭한 것이 곧 그 체에 훌륭함이며, 인의가 그것을 훌륭하게 할 수 있다는 것을 말한 것이 아니며, 그 자연이 부여한 진정한 본성性命의 정에 맡겼을 뿐이다. 인의를 말하면 말할 방법이 있으며, 그 훌륭한 것은 다만 아직 정해지지 않았으며, 성정의 실정에 맡기면 일컬어 말할 것이 없고, 이름을 부를 수도 없으니 진실로 훌륭하다고 하는 것이다"(褚伯秀, 『南華眞經義海纂微』, 권25에서 인용)[64]라고 하였다.

자기 내면으로부터 듣지 않고 대상에게서 듣고, 내면의 자신을 보지 못하고 대상을 보며, 마음이 사물로 치달리고, 마음이 밖으로 치달려 외물로부터 부림을 당하게 된다. 마음이 외물로부터 부림을 당하면 자유를 얻을 수 없고 초탈을 얻을 수 없다. 다른 사람이 구하는 것은 나도 역시 구하며, 다른 사람이 따르는 것을 나도 역시 구하며, 다른 사람이 즐기는 것을 나도 또한 즐거움으로 여기고 그것을 즐긴다. 이처럼 자기 내면으로부터 듣지 않고 대상에게서 듣고, 내면의 자신을 보지 못하고 대상을 보는 것이다. 이처럼 "자신이 얻어야 하는 것(자연본성)을 얻지 못하는 자이며, 다른 사람의 편안함을 자기의 편안함으로 여겨 자신의 (진정한) 편안함을 편안하게 여기지 못하는 사람이다."[65] 자신에게 근본하며, 나에게 근본하는

---

63) 역자 주: 屬을 '잇다'(系)의 의미로 쓸 때는 '촉'으로 읽는다.

64) 『中華道藏』 제14책(北京: 華夏出版社, 2004), 153쪽.
역자 주: 褚伯秀의 생몰 연대는 1216~1297로 추정한다. 張京華, 「褚伯秀生平事迹考」, 湖南科技學院, 『船山學刊』 2015년 제2기, 102~109쪽 참고.

65) 唐君毅는 "사람은 진실로 보고 들음이 없을 수 없으나, 사람이 보아야 할 바를 모두 볼 수 있고, 들어야 할 바를 모두 들을 수 있어도 보는 바와 듣는 바를 대상으로 삼아서는 안 된다. 보고 듣는 것이 만약 모두 바로 현재에 있다면, 곧 이것(自得) 때문이며 저것(得彼) 때문이 아니다. 즉 사람이 보아야 할 바를 보고 들어야 할 바를 듣는 것은 '自見'(내면의 자신을 봄)과 '自聞'(내면의 자신을 들음)이다. 이 가운데 오직 사람이 이것(自得)에 인연하여 본 바와 들은 바에 따로 思慮·豫斷·探求하는 바가 있어 비로소 저것(得彼)을 얻게 된다. 그러므로 이것 하나의 색을 보고 여러 색의 상(相)을 구하면,

입장으로 보면, 사람의 행위의 선함과 불선함의 관건은 그것이 "자신의 내면으로부터 얻음"(自得)의 행위인가 아니면 "대상으로부터 얻음"(得彼)의 행위인가에 있다. "자득"은 곧 사람의 자유와 자재의 본성에 유익함이 있는 것이며, "득피"는 사람의 자유와 자재의 본성에 해를 끼치는 것이다. "자득"은 사물이 나를 위하여 봉사하는 것이며, "득피"는 내가 사물을 위하여 봉사하는 것이다. 인의와 오미五味 · 오성五聲 · 오색五色과 같은 종류는 모두 사람을 위한 것이며, 모두 도구의 의미를 갖추고 있으며, 어떤 목적의 속성을 갖추고 있지는 않다. 따라서 그 성이 인의에 속하거나 그 성이 오미 · 오성 · 오색에 속하는 것은 마찬가지로 모두 사물을 얻고 나를 잃은 것이며, 모두 사물에 자신을 상실한 것이며, 모두 '멋대로 한 지나친 행위'(淫僻)이며, 모두 "다른 사람이 얻고자 하는 것을 얻기만 할 뿐, 자신이 얻어야 하는 것(자연본성)을 얻지 못하는 자이며, 다른 사람의 편안함을 자기의 편안함으로 여겨 자신의 (진정한) 편안함을 편안하게 여기지 못하는 것"이다. "자신을 외물에 잃어버리고, 세속에 자신의 본성을 상실한 사람을 본말이 전도된 사람(倒置之民)이라고 한다."(『莊子』, 「繕性」) "도치지민倒置之民"(본말이 전도된 사람)에서 "도倒"는 곧 사물과 사람의 본연 관계와 당연한 관계가 완전히 도치되었다는 데 있다.

(다른) 여러 색은 저것(대상)이 되며, 이것 하나의 색은 여러 색 가운데 하나이며, 또한 저것이 된다. 하나의 소리를 듣고 다른 여러 듣는 것의 상(相)을 끝까지 구하면, 다른 여러 소리는 저것(대상)이 된다. 이것의 하나의 소리는 여러 소리 가운데 하나이며, 곧 대상이 된다. 사람이 만약 이것의 聲 · 色 등을 구한다면 이것은 그 성을 오색과 오성에 속하게 하는 것이며, 때때로 저것을 보고 저것을 듣는 가운데로 가서 구한다. 사람이 이 心知가 그 보지 못하는 바를 보려고 하고, 그 듣지 못하는 바를 듣고자 하고, 그 보아야 할 바를 보려고 하지 않고, 그 들어야 할 바를 들으려 하지 않는다. 그리고 그 마음이 곧 온통 쏠려서 나아가고, 이것을 자신의 편안함을 자기의 편안함으로 여기지 않고, 자신이 얻어야 할 것을 얻지 못하여, 사람이 곧 그 자연이 부여한 진정한 본성(性命) 정을 잃어버렸다. 이른바 자신의 내면의 소리를 듣고 내면을 봄도 또한 한 가지도 들은 바가 없고 한 가지도 본 바가 없음을 말하는 것이 아니다. 단지 스스로 그 바야흐로 들어야 할 바를 듣기를 구하고, 그 바야흐로 보아야 할 것을 스스로 보는 것을 말할 뿐이다. 단지 들은 바가 있으며, 이 들어야 할 바를 스스로 듣고, 보아야 할 바가 있으면 그 보아야 할 바를 스스로 보는 것이며, 이 심지가 밖으로 치달리지 않도록 하여, 귀와 눈이 이르는 바를 따라 내면으로 통하고, 신명으로 직접 본 것과 들은 것이 서로 만남을 말한다"(唐君毅, 『中國哲學原論―原性篇』, 臺北: 臺灣學生書局, 1984, 43~44쪽)라고 하였다.

바로 이 때문에 사람의 행동에는 "자득"과 "득피"의 차이가 있으며, 따라서 장자는 그 성을 바르게 함과 그 행동을 바르게 함을 강조하려고 하였다. "저 지극히 바른 사람은 자연이 부여한 진정한 본성(性命)의 정을 잃지 않는다"(『莊子』, 「駢拇」)라고 하였다. "그 자연이 부여한 진정한 본성을 잃지 않는다"라는 말은 곧 그 자유自由하고 자재自在하는 본성과 진성眞性을 잃지 않는다는 말이다.

> 속되고 낮은 학문(俗學)에서 성性을 수양하고 그 처음을 회복하기를 구하며(繕性於俗學, 以求復其初), 세속적 사려에서 욕망에 골몰하며, 밝은 지혜를 구하는 것을 일러 몽매한 백성이라고 한다.(『莊子』, 「繕性」)[66]

"선성繕性"은 곧 본성을 수양하고 다스림이다. 세속적인 학문으로 사람의 본성을 수양하고 다스리고서는 그 본래의 처음으로 되돌아감을 구하고, 세속의 사정(物事)으로 사람의 마음의 주체(心靈)를 어지럽히고서는 투명하고 명철하기를 구하니 이것이 어떻게 가능하겠는가? 이것은 단지 "불로써 불을 끄려고 하고, 물로써 물을 구하려는 것이니 그것을 (인위를) 더함이 많다고 한다"(『莊子』, 「人間世」)라고 하였다. 따라서 이러한 사람을 "몽매한 백성이라고 한다."

맹자는 사람의 본성을 측은惻隱·수오羞惡·사양辭讓·시비是非의 마음이라고 보았으며, 순자와 한비는 사람의 본성은 '이익을 좋아하고 해로움을 싫어함'이라고 보았으며, 노자와 장자는 사람의 본성은 자연이며 자유라고 보았다. 이들 간의 차이는 그들의 학문의 근본에 뿌리를 두며, 또한 그 학문의 유기적인 조성 부분이 되었다. 노자와 장자에게 그들의 성론 특히 그 도론의 논리적 발전이며, 더욱더 그 도론道論으로부터 자연으로 드러난 것이다. 특별하게 장자는 자유의 대 깃발을

66) 원작에서는 "繕性於俗學, 以求復其初"가 "繕性於俗俗學以求復其初"로 기록되어 있다. 陳景元(1024~1094)은 『莊子闕誤』에서 張君房本을 인용하여 "俗"자를 중첩하지 않았다. 蘇輿(1874~1914)는 "당연히 하나의 '俗'자는 연문이며, '學'과 '思'가 대칭이 되는 문장이다"(王先謙, 『莊子集解』, 北京: 中華書局, 1987, 135쪽 인용)라고 하였다. "繕性於俗學"과 "滑欲於俗思"이 句讀法으로 일률적이며, 마땅히 하나의 '俗'자는 연문으로 봐야 한다.

내세웠다. 자유는 인류의 궁극적 가치이다. 자유는 다른 어떤 모든 수단도 아니며, 사람으로 자유는 다른 어떤 논증도 필요하지 않다. 왜냐하면 그것은 모든 논증이 의지하여 확립하는 전제이기 때문이다. 비록 자유가 인류의 가치 기초가 되고 또 인류의 궁극적 가치이기는 하지만, 결코 인류가 추구하는 가치는 아니다. 왜냐하면 자유와 사람은 같은 것으로, 인생이 자유이기 때문이다.

사르트르(Jean Paul Sartre, 1905~1980)는 "자유는 하나의 존재가 아니다. 그것은 사람의 존재이며, 또한 사람 존재의 허무를 말하는 것이다. 만약 사람들이 먼저 사람을 생각하는 것이 충실하다면, 그렇다면 이어서 인신人身(육체적 정신적 전체)에서 사람이 그 속에서 자유로운 시간과 혹은 심리적 범주를 찾는다는 것은 황당무계한 일이다. 또한 그것은 미리 빈틈없이 꽉 채운 용기 가운데서 빈 곳을 찾는 것과 같은 것이라고 할 수 있다. 사람은 때로는 자유거나 때로는 노예가 되거나 할 수 없으며, 사람은 혹은 완전하고도 영원히 자유롭거나 혹은 그런 존재가 아니거나 이다"[67]라고 말했다. 사람은 자유를 추구하는 것이 아니라, 사람은 단지 자유를 포기할 수 없을 뿐이다.[68] 사람은 모든 것을 잃어버릴 수 있으나 최종적으로 포기할 수 없는 것은 곧 자유이다. 자유는 심지어 사람의 생명보다도 더 고귀하다. 왜냐하면 생명과 자유는 서로 같아서 자유가 없는 생명은 곧 사망한 것과 같으며, 자유가 없는 인생은 심지어 인생이 아니기 때문이다. 장자가 자유에 매료된 것은 또한 하나의 관건關鍵에 매료되었음을 의미한다.

---

67) 사르트르, 『존재와 (허)무』(北京: 生活·讀書·新知三聯書店, 1997), 550쪽.
역자 주: 이 구절은 프랑스 원문을 중국어로 번역한 것을 다시 한국어로 재번역한 것으로 내용의 의미전달에 어감의 차이가 있을 수 있다.

68) 물론 중국과 서양은 자유의 관념에서 또한 매우 큰 차이가 있다. 헤겔에게서 자유는 필연에 대하여 상대적으로 한 말이며, 자유는 필연에 대한 인식이다. 키에르케고르(Søren Aabye Kierkegaard, 1813~1855)에게서 자유는 논리학의 범위에 포함되는 것이 아니라 심리학의 범주에 속하며, 자유는 사람의 정신 상태이다. 사르트르에게서 자유는 사람의 가장 기본적인 권리이며, 또한 사람이 선천적으로 갖춘 선택적 자유이다. 장자에게서 자유는 주로 사람의 정신상의 자유를 가리킨다.

제3장 심론

마음(心)의 본래 의미는 사람의 심장이다. 『설문해자說文解字』에서는 "마음은 사람의 심장이며, 토土 성질의 장기이며, 몸 속에 있으며, 상형문자이다. 박사는 화火 성질의 장기라고 본다"라고 하였다. 『황제내경黃帝內經』에서는 "마음은 오장육부의 큰 주인이며, 정신이 깃들어 있는 집이며, 그 장기는 견고하며, 사악함이 용납되지 못한다. (사악함이) 용납되면 심장이 상하며, 심장이 상하면 정신이 떠나가고, 정신이 떠나면 죽는다"(『黃帝內經』, 「靈樞經 · 邪客」)라고 하였다. "마음은 생명의 근본이며 정신의 변화이다"(『黃帝內經』, 「素問 · 六節臟象論」)라고 하였다. 마음은 사람 생명의 근본이며, 또한 사람 정신활동의 기초이다.

갑골문과 금문金文에도 이미 심心이라는 글자가 있고, 그 의미는 심장의 심心뿐만 아니라 또한 심사心思의 의미도 있다. 심心이라는 글자는 『역경』에서도 여러 번 출현한다. 예를 들면 다음과 같다.

> 신실함이 있어 오직 마음이 형통하며, 행함에 숭상할 만한 것이 있다.(坎「卦辭」)

> 성실함이 있어 은혜로운 마음에 신실함이 있어 묻지 않아도 크게 길吉하리라!(益 九五)

> 마음을 세움에 변함없이 일정하지 않으니 흉하다.(益 上九)

> 나그네로 처하게 됨은 그 지위를 얻지 못함이니 그 물자物資와 도끼를 얻으니 내 마음이 유쾌하지 않다.(旅 九四)

『상서尙書』에도 항상 마음을 언급하고 있는데, 예를 들면 다음과 같다.

그대들이 사사로운 마음을 쫓아내고 백성들에게 베풀고, 친척과 친구들에게 이르게 하면, 그래야 그대들이 덕을 쌓았다고 큰소리칠 수 있다.(『尙書』, 「商書 · 盤庚上」)

우리 백성들이 힘써 어린 자식을 이끌어 주고, 오직 땅에서 나는 곡물을 아끼도록 하여 그 마음에 함장 되도록 하라. 조상의 밝은 교훈을 총명하게 듣고 작거나 큰 덕을 막론하고 어린 자식들은 한결같아야 한다.(『尙書』, 「周書 · 酒誥」)

『시경詩經』에서 마음을 언급한 것은 더욱 넓어 "걱정하는 마음"(憂心), "나의 마음"(我心)이 많고, 간혹 "덕심德心", "숙심肅心"과 같은 말이 있다.

손자중孫子仲을 따라 진陳나라와 송宋나라를 강하게 하였다. 나를 돌려보내지 않아 근심스러운 마음으로 속을 태운다.(「國風 · 邶風 · 擊鼓」)

백성들이 착해지려는 마음이 있어도 이르지 못하게 하는구나. 곡식 농사를 좋아하여 힘써 백성들을 식록食祿을 대신하게 한다.(「大雅 · 蕩之什 · 桑柔」)

수없이 많은 지식인 그 덕심德心을 넓히라. 용맹하게 출정出征하여 저 동남쪽 오랑캐를 물리친다.(「魯頌 · 駉之什 · 泮水」)

위에서 말한 마음은 때로는 도덕관념을 가리키고 때로는 주관적 감수感受를 가리킨다. 춘추시대에 이르면 심心이라는 글자는 철학적 의미를 갖추기 시작한다. 『춘추좌전春秋左傳』에는 다음과 같이 말한다.

지금 백성은 저마다 마음(생각, 걱정)이 있고, 귀신鬼神도 주인이 없는데, 그대만 홀로 (祭禮를) 풍부하게 하니, 그것이 어찌 복이 있겠는가?(『春秋左傳』, 桓公 6年)

가혹하고 사특邪慝한 일이 일어나지 않고, 도적들이 모두 엎드려 숨고, 사욕으로 (민심을) 거스르지 않았기 때문에 백성들도 원심怨心이 없으며, 선조의 신명이 그를 임명하였기에 나라의 백성이 그를 믿는다.(『春秋左傳』, 昭公 13年)

『국어國語』에서도 다음과 같이 말한다.

백성들이 의거하지 않으니 그 가진 바 힘을 알지 못하고 각각 떠나려는 마음(離心)만 가지고 있다.(『國語』, 「周語下」)

그 마음을 미워하면 반드시 내면으로 그것을 상하게 하고, 그 몸을 해치면 반드시 겉으로 그것을 위험하게 한다.(『國語』, 「晉語」)

『논어』에도 다음과 같이 말한다.

70세에는 마음이 하고자 하는 바를 따라도 법도를 벗어나지 않았다.(『論語』, 「爲政」)

안회여 그 마음은 3개월 동안 인仁을 거스르지 않았으며, 나머지 사람들은 하루나 한 달 만에 인에 이를 뿐이다.(『論語』, 「雍也」)

여기에서 "심心"은 사람의 정신 상태나 혹은 사람의 심리이다.

만약 성性이 사람의 선천적 본연적 측면 즉 사람의 천연 바탕을 가리킨다면, 마음은 사람의 후천적 · 실제적 측면 곧 사람의 내재적 정신을 가리키며, 이것은 정신적 주재主宰이다.[1)]

---

1) 서복관은 "노자와 장자의 심중에서는 모두 하나의 만물을 창조하는 도가 있음을 인정한다. 이러한 도는 앞에서 서술한 바와 같이 노자는 그것을 精(精力)이라고 하고 神(心神)이라고 한다. 장자는 매우 분명하게 도는 내재화하여 사람의 德(德性)이 되었다고 설명한다. 이 내재화하여 사람의 덕이 됨을 통하여 사람의 마음이 발현되어 나온다. 마음이 발현한 것이 또한 도이다. 바꾸어 말하면 마음은 도의 精이며, 곧 도의 神이

『황제내경』에서는 다음과 같이 말한다.

> 외물에 임任하는 것을 마음이라고 하고, 마음이 생각하는 것을 의意라고 하며, 의가 간직하고 있는 것을 지志라고 하며, 지志로 인하여 변화를 간직함을 제사(際思: 기회적 사고)라고 하며, 사思로 인하여 멀리 바라는 것을 여慮라고 하며, 여慮로 인하여 사물을 처리함을 지智라고 한다.(『黃帝內經』, 「靈樞經 · 本神」)

마음은 사람의 정신활동의 기관器官이다. 엄준嚴遵은 "명命에 따라 움직이고 계책을 정하고, 안위安危를 결정하며, 만사에 통하여 시비를 밝히며, 동이를 구별함을 의意라고 한다"[2]라고 하였다. 의意는 마음이 발동하는 바이다. 왕양명王陽明(1472~1529)은 "마음이 발동한 것이 곧 의意이다"(『傳習錄』 上)라고 하였다. 마음은 의義의 체이며, 의는 마음의 용이다. "계책을 정하고, 안위를 결정하며, 만사에 통하여 시비를 밝히며, 동이를 구별함"은 마음이며, 사람이며, 오직 사람만이 홀로 할 수 있는 일이다.[3] 그러므로 또한 간단히 마음은 곧 사람이라고 말할 수 있다. 사람은 모두 이 마음을 가지고 있고, 나의 마음은 타인의 마음과 고금왕래의 성현과 미련하고 우둔한 사람의 마음과 다를 바가 없다. 육구연陸九淵(1139~1193)은 "마음은 단지 하나의 마음이다. 어떤 마음이든, 내 친구의 마음도, 위로 수천 년 전의 성현의 마음과 아래로 수천 년 후 다시 태어난 성현의 마음도, 그 마음은 또한 단지 이러할 뿐이다"(『象山先生全集』, 「語錄」)라고 하였다. 그러므로 성性이 나타내는 것은 사람의 선천적 · 본연적 일면이고, 마음이 나타내는 것은 사람의 후천적 · 실제적 일면이다.

분화된 것이다. 따라서 장자는 마음의 작용을 精神이라고 하며, 사람에 내재한 정신은 천지의 정신과 본래 一體이다"(徐復觀, 『中國人性論史』, 臺灣商務印書館, 1990, 407쪽)라고 하였다.

2) 嚴遵, 『老子指歸』(北京: 中華書局, 1994), 46쪽.

3) 전목은 "중국인이 말하는 心은 腦를 가리키지 않고, 또한 胸廓(가슴팍) 내의 심장을 가리키는 것도 아니며, 하나의 抽象名詞이다. 사람의 마음은 서로 같으며 자신의 마음은 반드시 타인의 마음과 같고, 또한 고금과 후세 사람들의 마음과도 같을 수 있으며, 또한 만물과 천지에 통함을 마음으로 여긴다"(錢穆, 「中國文化特質」, 湯一介 主編, 『中國文化與中國哲學』 1987년 輯, 北京: 生活 · 讀書 · 新知三聯書店, 1988, 32쪽)라고 하였다.

성으로 말미암아 마음이 있으니 곧 선천으로부터 후천으로 향하여 실현되는 것이다. 사람의 성은 반드시 사람의 마음에서 드러나며, 사람의 마음으로 말미암아 또한 사람의 성을 드러내 보일 수 있다.

1. 욕심을 비움(虛心)

유가가 말하는 마음은 자주 성과 연계되어 함께 있다. 성은 사람이 인을 이루는 선천적 근거이며, 마음은 사람이 후천적으로 공부하는 곳이다. 맹자에게서 성性과 심心은 더욱 모든 것의 양면적인 물건이다. 인성이 표명하는 것은 사람이 사람다운 사람이 되는 까닭인 본질적 속성이다. 이 본질적 속성을 맹자는 곧 사람이 선천적으로 갖춘 측은지심 · 수오지심 · 사양지심 · 시비지심이라고 보았다. 이 심은 곧 사람의 심이며 또한 사람의 성이다. 따라서 맹자가 보기에 인성과 인심은 본래 둘이면서 하나이며, 인성이 곧 인심이며, 인심이 곧 인성이다. 사람이 사람다운 사람이 되는 까닭인 각도에서 보면, 배우지 않아도 능하고, 사려하지 않아도 아는 천부天賦의 관점에서 보면 인성이며, 그것이 사람의 내심에 자리 잡은 것으로부터 사람의 사상과 행위를 지배하는 관점에서 보면 인심이다. 오직 그것이 이와 같으므로 심으로부터 성으로 천天으로 갈 수 있으며, 곧 "진심盡心"–"지성知性"–"지천知天"의 관계이다.

그 마음을 다하는 사람은 그 성을 알고, 그 성을 알면 천天을 안다.(『孟子』, 「盡心上」)

"마음을 다함"(盡心)은 곧 자신이 본래 갖춘 선한 마음을 온 힘을 다하여 발휘하는 것이다. "진심"이면 "지성知性"이 가능하며, "지성"이면 곧 그 성의 선함을 안다. 그리고 성은 천부에 근원하며, 천부로부터 나오며, 따라서 "지성"이면 "지천知天"할 수 있으며, "지천"은 곧 천의 선함을 안다. 그리고 천의 선함으로부터 나아가 천의

리理를 알 수 있다. 이와 같이, 성은 한편으로는 내재의 주관적 요소를 갖추고 있으며 그것은 사람이 사람다운 사람이 되는 까닭이 근본적으로 존재하는 곳이다. 다른 한편으로는 또 외재의 객관적 요소를 갖추고 있으며 그것은 천부의 자연에 근원한다. 따라서 성은 곧 심(내재적 주관)과 천(외재적 객관) 사이를 연결하는 다리가 된다. 맹자는 성을 통하여 우주와 인생을 하나로 묶고, 사물과 나, 천과 사람 사이의 융통融通과 연결(貫注)을 실현시켰다. 심心으로부터 성性으로 천天으로 가는 것은 상승上昇이며 초월이며, 천으로부터 성으로 심으로 가는 것은 건너감이며 실현이다.

맹자와 달리 순자는 심과 성을 엄격하게 분리하였다. 순자는 심心이 심다운 심으로 되는 데는 대략 두 가지 뜻이 있다고 하였다. 하나는 사유의 기관으로 마치 "다스림의 요체는 도를 앎에 있다. 사람이 어찌 도를 아는가? 심이라고 한다"(『荀子』, 「解蔽」)라는 말과 같다. 두 번째는 몸의 주재主宰로서 "심은 형체의 임금이며, 신명의 주인이다. 명령을 내리되 명령을 받는 바는 없다. 스스로 금하고 스스로 부리며, 스스로 빼앗고 스스로 취한다. 스스로 행하고 스스로 멈춘다. 입을 겁박하여 침묵하거나 말하게 할 수 있고, 형체를 겁박하여 구부리고 펴게 할 수 있으나 심은 겁박하여 뜻을 바꾸게 할 수는 없다. 옳다고 여기면 받아들이고, 그르다고 여기면 사양한다"(위의 책)라고 하는 말과 같다. 그러나 감각기관의 심이든 아니면 몸의 주재이든 순자에게서 심은 단지 주관성을 갖추고 심과 성은 관련이 없는 것이다. 심과 성이 순자에게서는 둘로 나누어지기 때문에 천은 사람과 순자에게서는 화합을 할 방법이 없었다. 이 때문에 순자는 결코 사람의 천을 중시하지 않고, 단지 사람의 후천적 작위作爲를 강조할 뿐이었다.

후대 유학의 기본 경향은 곧 맹자가 말한 본심이며, 순자가 말한바 일신의 주재와는 유기적으로 결합하였다. 장재張載는 "태허로부터 천의 이름이 있고, 기화氣化로부터 도의 이름이 있으며, (태)허와 기(화)가 합하여 성의 이름이 있으며, 성과 지각을 합하여 심의 이름이 있다"(『正蒙』, 「太和」)라고 하였다. 정이程頤는 "천에서는 명命이며, 사람에게서는 성이며, 그 주主가 됨을 논하면 마음이며, 그 실질은 단지 하나의 도일 뿐이다"(『程氏遺書』, 권18)라고 하였으며, 또 "성의 근본을 명命이라고 하고, 성이 저절로 그러한 것을 천이라고 하며, 성이 형체를 가진 것으로부터 심이라고 하고, 성이 움직이는 것으로부터 정이라고 한다. 무릇, 이 몇 가지는 모두 하나이다"(『程氏遺書』, 권25)라고 하였다. 주희는 "이른바 심은 곧 저 허령지각虛靈知覺[4]의 성이며, 마치 귀와 눈이 보고 들음이 있는 것과 같을 뿐이다"(『朱文公文集』, 권73)라고 하였으며, 또 "심은 신명神明의 집이고 일신의 주재이며, 성은 곧 허다한 도리로서 천에서 얻어 심에 갖추어진 것이다. 지식과 염려하는 곳에서 발동하는 것이 정이다"(『朱子語類』, 권98)라고 하였다. 육구연陸九淵은 "사람은 모두 이 심을 가지고 있으며, 심은 모두 이 리理를 갖추고 있으며, 심은 곧 리理다"(『象山先生全集』, 「與李宰書」)라고 하였다. 왕양명은 "심의 체가 성이며, 성이 곧 리다"(『傳習錄』 中)라고 하였다. 심과 성은 관련이 있을 뿐만 아니라 상호 융합되어 있다. 그러나 송명유학은 심과 성의 사이에서 또한 매우 큰 다름이 있다. 정이와 주희는 심과 성의 사이에는 비록 관련이 있지만 결국은 두 가지이며 하나가 아니라고 보았다. 주희는 다음과 같이 말한다.

> 심과 성은 진실로 단지 하나의 리이지만 그러나 합하여 말하는 곳이 있고, 또 나누어 말하는 곳이 있다. 모름지기 그 나누어지는 까닭을 알아야 하며, 또 합하여지는 까닭을 알아야 한다. 그러나 성이 곧 심이라고 하면 옳지 않고, 심이 곧 성이라고 하는 것도 옳지 않다.(『朱子語類』, 권18)

육구연과 왕양명은 '심과 성은 둘이 아니며, 심과 리도 둘이 아니'라고 보았다.

> 사람은 모두 이 심을 가지고 있고, 심은 모두 이 리를 갖추고 있으며, 심이 곧 리이다.(陸九淵, 「與李宰書」)

---

4) 역자 주: 虛靈은 본래 우주 최초 원시상태의 몽롱함과 혼돈을 의미하며, 心의 본질이 '순박하고 최고로 진실한 상태'인 明德을 형용하는 말이다. 주로 심의 기능을 설명하는 '虛靈不昧'로 쓴다. 정리하면 '심의 지각기능이 객관적이며 편견이 없는 완전한 상태'를 의미한다.

심의 체는 성이며, 성이 곧 리이다. 그러므로 어버이에 효도(孝親)하는 심이 있으면 곧 효의 리가 있고, 효친의 마음이 없으면 곧 효의 리가 없다. 임금에게 충성하는 마음에는 곧 충忠의 리가 있고, 임금에게 충성하는 마음이 없으면 곧 충성의 리도 없다. 리가 어찌 내 마음의 밖에 있겠는가?(王陽明, 『傳習錄』 中)

만약 정이와 주희는 "성즉리性卽理"만 인정하고 도리어 "심즉성心卽性"을 부정하여, 따라서 "심"과 "리"는 두 가지로 되돌아가며[5] "리"에서의 공부를 해야 한다고 말한다면, 육상산과 왕양명은 "성즉리"를 인정할 뿐만 아니라 "심즉성"도 주장하여, 따라서 "심즉리"를 도출하였고, 정이와 주희가 "격물치지格物致知"를 강조하고 "리"에서의 공부를 해야 한다고 한 것과는 달리, 그들은 공부를 오직 "심"에만 두었다. 이러한 공부는 육구연에게서는 곧 이른바 "자기에게 절실하며 스스로 반성함"(切己自反)이며, "자기에게 절실하며 스스로 반성하고, 허물을 고치고 선善함으로 나아간다."(『象山先生全集』, 「與鄧範文書」) 왕양명에게서는 곧 이른바 "양지를 완전하게 인식하고 실천함"(致良知)이다.

이른바 치지致知와 격물格物은 일마다 사물마다 내 마음의 양지를 완전하게 알고 실천하는 것이다. 내 마음의 양지가 곧 이른바 천리天理이다. 내 마음의 양지인 천리를 일마다 사물마다에서 완전하게 알고 실천하면, 일마다 사물마다 모두 그 리를 얻는다. 내 마음의 양지를 완전하게 알고 실천하는 것이 치지致知이다. 일마다 사물마다 모두 그 리를 얻는 것이 격물格物이다. 이는 심과 리를 합하여 하나가 된다.(王陽明, 『傳習錄』 中)

정程 · 주朱가 보기에 사람의 수양 과정이 곧 하나의 "격물치지"의 과정이다.

---

5) 비록 주희도 "심은 만 가지 이치를 포함하며, 萬理는 一心에 갖추어져 있다"(『朱子語類』, 권9)라는 말을 하였으나, 주희에게서 심은 리를 '포함'할 수 있으나 결국 심은 심이고 리는 리이며, 리와 심은 본원에 따라 말하면 나누어져 합해지지 않는다. 주희와 육구연이 차이가 나누어지는 관건은 합해질 수 있는가 아닌가에 있은 것이 아니며, 합해진 결과가 본연인가 아닌가에 있다.

이러한 "격물치지"는 격물—궁리窮理—치지致知—자기반성의 과정을 거치고 그리하여 심령心靈의 '깊숙한 인식과 정확한 깨달음'(冥識契悟)에 도달한다. 그러나 육陸·왕王이 보기에 수신의 공부는 곧 돌이켜 사색하여 막힌 것을 버리고 본심을 회복하는 과정이다.

도가의 심론과 유가의 심론은 매우 다르다. 비록 도가에도 본심의 논의가 있고 심지어 이 하나의 본심과 사람의 본성이 관련이 있음도 인정하지만, 도가는 사람의 본성은 자연이며, 이와 관련하여 사람의 본심도 또한 허정虛靜임을 인정한다. 또 비록 도가도 심이 사람의 정신을 주재함을 인정하지만, 심이 사람의 정신 상태와 정신생활임을 더 강조하였다. 또한 비록 도가도 수양을 말하고 그 수양도 역시 심의 수양이지만, 그 수양은 도리어 심에서의 공부가 아니며, 심의 근본인 청정淸靜과 허령을 유지하고 지키는 것이다.

노자철학은 실제로 강렬한 사회정치론의 색깔을 지니고 있으며, 노자가 도를 강론하고 자연을 강론하고 무위를 강론한 것은 주로 사회정치적으로 출발한 것이다. 천도와 무위는 리이며, 이 하나의 리가 모름지기 군도君道 무위의 쓰임에서 실현되어야 한다. 사회정치론에서 출발하여 노자가 논한 사람은 여전히 사회집단에서의 사람이다. 사회의 치란治亂에 착안하여 노자는 사람의 주관 정신에 대하여 억압적인 태도를 보였다.[6)]

---

6) 儒·道의 창시자인 공자와 노자의 사이에는 공통점이 많다. 공자와 노자의 사상적 출발점은 모두 사회의 治亂이며, 그들이 논한 사람도 모두 사회집단에서의 사람이며, 사람의 주관정신에 대하여 공자와 노자는 또한 모두 억압적인 태도를 취한다. 노자는 "백성의 欲心을 비우게 하고, 그 배를 채워 주고, 백성의 (교활한) 心志를 약하게 하고, 그 신체를 튼튼하게 하여 항상 백성이 無知·無欲하도록 하며, 智者들이 감히 作爲하지 못하도록 해야 한다"(『老子』 3장)라고 하였고, 공자는 "禮가 아니면 보지도 말고, 예가 아니면 듣지도 말고, 예가 아니면 말하지도 말고, 예가 아니면 행동하지 말라"(『論語』, 「顏淵」)라고 하였고, "억측하지 말고, 期必하지 말고, 고집하지 말고, 자신만을 내세우지 말라"(『論語』, 「子罕」)고 하였는데, 그 말뜻은 모두 사람의 주관정신을 억압하려는 것이다. 당연히 공자와 노자의 사이에는 또한 거대한 차이가 있다. 비록 그들의 사상적 출발점이 모두 사회의 치란에 있지만, 그들의 결론은 그들이 제시한 사회의 혼란을 정리하고 다스리는 근본적인 과정은 전혀 상반된 것이다. 노자는 무위의 다스림을 제창하였고, 공자는 仁을 일으키고 義를 발양하며, 자신을 극복하고 예를 회복하기를 제창하

> 현자賢者를 숭상하지 않음으로 백성이 서로 다투지 않게 하고, 얻기 어려운 재화를 귀하게 여기지 않음으로 백성이 도둑질을 하지 않게 하고, 욕망을 드러내지 않도록 하여 백성의 마음이 어지러워지지 않게 한다. 그러므로 성인의 치세는 백성의 욕심欲心을 비우게 하고, 그 배를 채워 주고, 백성의 (교활한) 심지心志를 약하게 하고, 그 신체를 튼튼하게 하여 항상 백성이 무지無知·무욕無欲하도록 하며, 지자智者들이 감히 작위作爲하지 못하도록 해야 한다.(『老子』 3장)

"숭상하지 않음"(不尙), "귀하게 여기지 않음"(不貴)은 인위人爲가 없는 자연이며, "욕심을 비움"(虛心), "자연스럽게 단전丹田에 기氣를 채움"(實腹), "심지를 약하게 함"(弱志), "신체를 튼튼하게 함"(強骨)은 유위有爲의 자연이다. 당나라 현종玄宗 이융기李隆基(685~762)는 다음과 같이 주석하였다.

> 사물을 그 성에 맡기려고 하고, 일에는 그 능력을 따지면, 얻기 어려운 재화는 귀하지 않으며, 자연이 부여한 진정한 본성(性命)의 정은 도둑질하지 않는다. 현자의 업적을 숭상하지 않고 얻기 어려운 재화를 구하지 않는 것은 욕망을 드러내지 않는 것이며, 마음을 현혹하여 어지럽히지 않음이다. 마음을 욕망을 가지도록 하여 어지럽히지 않음이 곧 비움(虛)이다. 도와 덕으로 내면이 충실하면 교만하거나 뽐냄이 없으며 또한 배가 불러 멈춤이 없으며, 탐욕스럽게 구하려는 마음이 생기지 않는다. '욕심을 비우면'(心虛) (교활한) 심지心志가 약해지고, 배가 든든하면 그 신체가 강해진다. 항상 백성들이 지혜를 다투어 숭상하지 않도록 하면 탐욕스럽게 구하는 욕심이 없어진다. 청정은 사람을 변화시키며 지혜와 욕망이 다 없어진다. 지혜를 따르는 사람은 명령을 감히 할 수 없다. 무위로서 행위하고 사람은 그 성을 얻으면 순박淳朴하게 변화하여 '참되고 믿음성'(孚. 미쁨)이 있다.(『唐玄宗御注道德眞經』, 권1)[7]

"욕망을 드러내지 않도록 하여 백성의 마음이 어지러워지지 않게 하고", "항상

였다.

7) 『中華道藏』 제9책(北京: 華夏出版社, 2004), 362쪽.

백성이 무지無知·무욕無欲하도록 하며", 백성들이 지혜를 다투고 숭상함이 없도록 하고, 탐욕스럽게 구함이 없게 하면 쉽게 다스려진다. 따라서 노자의 사회정치적 이상은 "작은 나라 적은 백성이면, 백성이 병기兵器(什伯之器)가 있어도 사용하지 않을 것이고, 백성들이 죽음을 소중하게 여기도록 하면, 멀리 이사하지 않는다"(『老子』 80장)라는 말과 같이, 이것은 곧 우민화愚民化의 방법이다. 노자가 자연을 창도한 것은 곧 사회역사적 영역에서 한 말이며, 이것은 하나의 통치술이다.

노자는 다음과 같이 말한다.

> 성인은 항상 무심無心(私慾 없는 마음)이며(聖人常無心),[8] 백성의 심을 (유)심으로 여긴다. 선善한 것은 나도 선하게 여기고, 선하지 않은 것도 나는 선하게 여기니, 선을 얻는다.(德善=得善) 미더운 것은 나도 그것을 믿고, 미덥지 않은 것도 내가 또한 그것을 믿으니 믿음을 얻는다.(德信=得信) 성인이 세상에 살면서 그 마음이 치우침이 없고 천하를 다스림(爲)에 그 마음을 혼연渾然(편견, 차별, 구별이 없는 완전하고 원만함)하게 한다. 성인은 모두 어린아이와 같이 대한다.(『老子』 49장)[9]

---

8) 河上公本·嚴遵本·王弼本·傅奕本·范應元本·『道藏』의 주석이 없는 판본은 모두 "聖人無常心"으로 썼고, 景龍本·敦煌本·顧歡本은 "聖人無心"으로 썼으며, 帛書甲本은 파손되어 읽을 수가 없으며, 帛書乙本은 "聖人恒無心"으로 썼다.

9) "聖人"이라는 말은 先秦시대 어휘에서는 결코 도덕의 범주가 아니라, 정치적 범주의 용어였으며, 결코 특히 도가 있고 덕이 있는 사람을 가리키는 것이 아니며, 통치자를 가리키며, 또한 지위를 가진 사람을 가리킨다. 이 용법은 儒·道·墨·法 각 학파에서 모두 이와 같다. 이러한 것은 후대에서 "성인"을 도덕의 범주로 보는 것과는 매우 다르다. 노자가 여기서 말하는 "성인"은 정치적 용어이며, 통치자나 혹은 지위를 가진 사람을 의미한다. 『春秋左傳』에서는 "성인과 衆民은 같이 욕망을 가지며 이로써 일에 쓸모가 있다"(『春秋左傳』, 成公 6年)라고 하였다. 『管子』에서는 "성인이 성인다운 성인이 되는 까닭은 백성에게 잘 나누어 주기 때문이다. 성인이 백성에게 나누어 주지 못하면 일반 백성과 같다. 자신에게 부족하면 어찌 聖이라는 이름을 얻을 수 있겠는가?"(『管子』, 「乘馬」)라고 하였다. 공자는 "군자에게는 세 가지 두려워해야 할 것이 있는데, 天命을 두려워하고, 大人을 두려워하며, 성인의 말을 두려워해야 한다"(『論語』, 「季氏」)라고 하였다. 맹자는 "성인이 천하를 다스림에 콩과 곡식을 기름에 (일상에서 필수적인) 물과 불처럼 하라"(『孟子』, 「盡心上」)라고 하였으며, 장자는 "그러므로 성인이 군사를 이용함에 나라는 망하더라도 인심은 잃지 않는다"(『莊子』, 「大宗師」)라고 하였으며, 墨子는 "옛날에 현명한 왕이나 성인이 세상에서 왕 노릇을 하며, 諸侯를 바르게 할 수 있었던

범응원은 다음과 같이 주석하였다.

성인이 상심常心이 없다는 것은 (성인의 마음이) 무위·무욕하여 하나의 사물에 치우치지 아니하며, 맑고 투명(湛然)하고 마음이 맑고 순결(虛明)하며, 엄숙하고 조용(寂然)하여 움직이지 않으며, 도에 순수하다는 말이다. 백성의 마음을 (자신의) 마음으로 여긴다는 것은 감동하여 세상의 변고에 통하는 것이다. 대개 심의 초심은 다름이 없고, 이런 까닭에 성인은 유위有爲와 다욕多欲으로 백성을 살리려는 망령된 마음을 감히 가지지 않으며, 다만 감통한 이후에 도로써 응할 뿐이었다.…… 성인의 마음과 백성의 마음은 그 초심이 모두 허정虛靜으로 동일하며, 순수하고 지선至善하며, 일찍이 악惡이 있은 적이 없었다. 오직 성인만이 청정하며 무욕하여 각각 그 초심을 온전하게 하므로 성인이 세상에 있으면서 그 심을 수렴하고, 무위하고 무욕하며, 잠시라도 방종放縱하지 않으면 백성이 스스로 변화하니 이것이 곧 천하가 초심初心으로 크게 화합하는 것이다.(范應元, 『老子道德眞經古本集注』 下)[10]

성인은 백성의 영수領袖이고, 백성은 모두 성인이 작위함을 주의 깊게 관찰하며, 성인은 그 무지와 무욕, 청정과 무위의 태도를 유지하며 갓난아이의 마음으로 그들을 대한다.

고대의 한어漢語에서 "민民"과 "인人"은 매우 다르다. "민"은 총체적인 면에 착안한 것이고, "인"은 개별적인 면에 착안한 것이다. 통치자의 눈으로 보면 "민"이며, 사람이 사람다운 사람이 되는 관점에서 보면 "인"이다. 『설문해자』에서는 "민民은 중민衆民(衆萌. 萌은 氓[백성])이다"라고 하였고, "맹萌은 풀의 싹(草芽)이다"라고 하였다. 통치자의 눈에는 민民은 풀(草)과 같으며, 따라서 "초민草民"이라는 명칭이 있다.

까닭은 그들이 백성을 사랑하고 성실하게 충심을 다하며, 백성을 이롭게 하고 성실하게 관대하게 하며, 충심과 믿음으로 서로 연결하고, 또 이로움으로 보여 주며, 이렇게 종신토록 싫증내지 않고, 죽을 때까지 싫어하지 않는다"(『墨子』, 「節用中」)라고 하였다. 한비는 "성인이 나라를 다스림에 진실로 사람들이 나를 사랑하지 않을 수 없게 하는 도가 있었으며, 사람들이 사랑으로 나를 위한다고 믿지 않았다"(『韓非子』, 「姦劫弑臣」)라고 하였다. 위에서 말한 "성인"은 주로 정치적 의미를 따라 한 말이다.

10) 『中華道藏』 제11책(北京: 華夏出版社, 2004), 534쪽.

이른바 인人은 사람을 사물과 구별하여 한 말이다. 순자는 "수水·화火는 기氣는 있으나 생명이 없으며, 초목은 생명은 있으나 지각은 없으며, 금수는 지각은 있으나 의義가 없으며, 사람은 기도 있고 생명도 있고 지각도 있고 또한 의도 있으므로 세상에서 가장 귀하다"(『荀子』, 「王制」)라고 하였다. 『설문해자』에서는 "사람에게 천지지성天地之性이 가장 귀한 것이다"라고 하였다.

노자가 논한 사람은 주로 "민"의 각도에서 사람을 논하였으며, 주로 통치자의 눈으로 사람을 논하였으며, 주로 사회정치의 관점에서 이론을 확립하였다. 이러한 논의는 심지어 '인론人論'이 아니라 사회정치론이었다.11) 노자가 논한 마음은 또한 주로 "민심民心"이지 "인심人心"이 아니다. 위에서 말한 "현자賢者를 숭상하지 않음으로 백성이 서로 다투지 않게 함"과 "성인은 항상 무심無心(私慾 없는 마음)으로 하며,

---

11) 맹자는 "백성이 귀하고, 社稷은 그다음이며, 임금이 가볍다"(『孟子』, 「盡心下」)라고 하였다. 이 말은 일찍이 朱元璋(1328/1368~1398)을 대노하게 하였고, 후인들은 이 말을 "民本"사상의 명언으로 삼는다. 사실 맹자가 한 말은 하나의 통치술 또는 "牧民"의 방법에 불과하다. 백성을 "길러 줌"(牧)에 이보다 어떤 귀한 것이 있는가? 이보다 어떤 더 근본적인 것이 있는가? 그러므로 (이 말을 바로) 이어서 말하기를 "밭에서 일하는 백성(丘民)의 마음을 얻으면 천자가 되고, 천자의 마음을 얻으면 제후가 되고 제후의 마음을 얻으면 대부가 된다"라고 하였다. 맹자는 결코 임금을 경시하지 않았으며 또한 백성을 귀하게 여기지도 않았다. 그가 "백성이 귀하다"라고 한 말은 백성의 관점에서 立論한 것이 아니며, 임금의 관점에서 입론하였다. 이 말은 순자가 "하늘이 백성을 나게 하였으나 임금을 위한 것이 아니며, 하늘이 임금을 세운 것은 백성을 위해서다"(『荀子』, 「大略」)라고 한 사상과는 또한 거리가 있으며, "사람을 근본으로 삼는다"(以人爲本)라는 인본주의와는 더욱 거리가 멀다. 중국의 고대에는 단지 백성을 귀하게 여기는 사상(重民思想)은 지극히 많지만, "民本主義"와는 관련이 없으며, 더욱이 "人本主義"와는 더 관련이 없다. 重民思想은 그 목적이 통치자들이 마땅히 민중의 이익을 중시하도록 敎導함에 있고, 오직 민중의 이익을 중시해야 비로소 민심을 얻을 수 있고, 또한 그 통치를 유지할 수 있다고 보았다. 중민사상의 근거지는 통치자이다. 그리고 "민본주의"는 민중이야말로 국가의 근본이며, 군주는 민중의 이익에 위해를 끼쳐서는 안 될 뿐만 아니라, 행동하는 바는 마땅히 민중을 위하여 이바지해야 한다는 논리다. "민본주의"의 입각점은 반드시 광대한 민중이어야 한다. "人本主義"(Humanism)는 서양의 문예부흥(르네상스) 시기에 일어난 사조이며, 神本主義에 대항하여 발생한 것으로 특정한 內涵이 있다. 우리는 옛사람들에게 오늘날의 사상을 요구해서는 안 되고, 우리는 고대의 성현들에게 현대의 의상을 입혀서도 안 되며, 우리는 항상 일종의 '자신이 옳다'라는 태도를 드러내어서는 안 된다. 언제나 일종의 "내가 예전에 이미 가졌다"라는 태도를 나타내는데, 실제로는 매우 가소로운 것이며, 또한 매우 위험한 것이다.

백성의 심을 심으로 여긴다"라고 한 말의 취지는 모두 정치적으로 한 논의이며, 모두 정치철학 방면의 내용이다.

민民 외에 노자는 인人도 강론하였다. 그러나 비록 "인"이라고 하지만 도리어 "민"에 착안하였다. 노자는 다음과 같이 말한다.

> 오색五色(青赤黃白黑)은 사람의 눈을 멀게 하고, 오음五音(宮商角徵羽)은 사람의 귀를 먹게 하며, 오미五味(酸苦甘辛鹹)는 사람의 입을 잘못 놀리게 하고, 마구 말을 몰아 수렵과 사냥하는 일은 마음을 발광發狂하게 만든다. 얻기 어려운 재화는 사람이 남에게 손해를 입히게 한다. 그러므로 성인은 배부르게 먹되 눈으로 하지 않으며(사치스런 음식을 탐욕하지 않으며), 따라서 이것(쾌락과 탐욕)을 버리고, 저것(소박하고 검소함)을 취한다.(『老子』 12장)

성인은 백성에게 은혜를 베풀고 사물을 다스리며, 행하는 바는 백성의 배를 위함이지 백성의 눈을 위함이 아니다. 따라서 여기서 비록 "인"을 말하지만, 실제로 구하는 것은 "인"이 아니라 "민"이다. 왕필은 "무릇 귀·눈·입·심은 모두 그 자연이 부여한 진정한 본성性命을 따르며, 성명을 따르지 않으면 도리어 자연을 해치게 된다. 그러므로 눈멂(盲)·귀먹음(聾)·착오(爽)·발광(狂)을 말하였다"(王弼, 『道德眞經注』, 권1)[12]라고 하였다. 자연이 부여한 진정한 본성性命을 따른다는 것은 자연에 순응하여 무위한다는 말이다. 자연에 순응하여 무위함은 노자가 보기에 가장 이상적인 치국의 방침이다.

도가는 사람이 태어나면 욕망이 있다고 인정하며, 유가도 사람이 태어나면 욕망이 있다고 본다. 순자는 다음과 같이 말한다.

> 예는 어디에 기원하는가? 사람이 태어나면 욕망이 있고, 욕망하되 얻지 못하면 구하려고 하지 않을 수 없다. 구함에 일정한 기준과 한계가 없으면 다툼이 없을

12) 『中華道藏』 제9책(北京: 華夏出版社, 2004), 195쪽.

수 없다. 다투면 어지럽고 어지러우면 궁핍해진다. 선왕은 그 어지러움을 싫어하였기 때문에 예의禮義를 제정하여 (등급과 한계를) 구분하였으며, 그로써 사람의 욕망을 충족(養)시키고, 사람들이 구하는 것을 공급하여 욕망이 반드시 물질에 궁핍하지 않도록 하고, 물질이 반드시 욕망을 (충족시키지 못하고) 고갈되지 않도록 하였다. 욕망과 예는 서로 대립하여 발전하니 이것이 예의 기원이다.(『荀子』, 「禮論」)

도가는 사람의 욕구에 순응하면 장차 사회의 혼란이 일어난다고 보았으며, 유가도 사람의 욕망에 순응하면 장차 사회적 혼란이 일어난다고 보았다. 그러나 유가는 사람의 욕망에 대하여 억압적인 태도를 취해서는 안 되며, 마땅히 예악禮樂을 제정하여 정확하게 인도해야 한다고 생각하였다. 이것은 도가와는 다르다. 도가의 기본적 태도는 어떻게든 사람의 욕망을 없애고, 무지와 무욕의 경지에 처하게 하도록 하였다. "현자賢者를 숭상하지 않음", "얻기 어려운 재화를 귀하게 여기지 않음", "욕망을 드러내지 않도록 함", "백성의 욕심欲心을 비우게 하고, 그 배를 채워 주고, 백성의 (교활한) 심지心志를 약하게 하고, 그 신체를 튼튼하게 함"과 같은 말들은 모두 그 기본적인 의도와 목적이 곧 백성의 욕망을 제거하여 "백성이 무지無知·무욕無欲하게 하고", "백성들이 서로 다투지 않게 하고", "지자智者들이 감히 작위作爲하지 못하도록 하는" 것이다.[13]

욕망을 버리고 다투지 않고 욕망이 없으면 구하지 않는다. 다투지 않고 구하지 않고, 무지하고 무욕하며, 자연에 순응함은 노자가 보기에 하나의 상선上善의 거동이다.

최상의 선은 물과 같으며, 물은 만물을 잘 이롭게 하면서도 다투지 않으면 뭇사람이 싫어하는 곳에 처하므로 도에 가깝다. 거주함에는 잘 조용하고 그윽한 땅을 고르고,

13) 羅光은 "노자가 가장 주목한 것은 文明이 아니라 천하의 태평이다. 사람의 심이 무욕이면 반드시 다투지 않는다. 이 때문에 그는 愚民을 주장하였으며, 지식을 부정하고 백성 가르치기를 버리고 백성이 '소박함을 드러내고, 사욕을 적게 한' 뒤에 인민이 '크게 따를' 수 있고, 자연의 천성에 순종하며, 백성의 풍속이 순박하며 사회가 玄德의 경계에 나아간다"(羅光, 『中國哲學思想史—先秦篇』, 臺北: 臺灣學生書局, 1982, 214쪽)라고 하였다.

마음은 고요함을 잘 유지하며, (사람들과) 함께함에는 인仁을 잘하고, 말에는 믿음이 있게 잘하고, 정치(正=政)는 다스림을 잘하고, 일을 함에는 유능함을 잘하고, 행동함에는 때맞춤을 잘한다. 무릇 오직 다투지 않기 때문에 근심이 없다.(『老子』 8장)

노자는 물을 도에 비유하였다. "최상의 선은 물과 같다"라는 말에서 물은 도에 가까운 것이다. 진경원陳景元(1024~1094)은 다음과 같이 해석하였다.

물의 특성은 평정이며 모든 사물에 흩뿌려져 윤택하게 한다. 하늘에 물이 없으면 가뭄이 되고, 땅에 물이 없으면 메말라 먼지가 날린다. 만물을 이롭게 하고 혜택을 주기 때문에 잘 이롭게 한다고 하니, 이것이 첫째 능력이다. 세상에서 유약함은 물보다 나은 것이 없으니 실實을 버리고 허虛로 돌아가며, 높은 곳을 등지고 아래로 가며, 막히면 머물고, (막힘이) 열리면 흐르고, 사람에게 따르므로 다투지 않는다고 하니, 이것은 두 번째 능력이다. 사람의 성정은 아래쪽에 처하게 됨을 싫어하고, 높은 곳에 있기를 좋아하지만, 물은 낮은 곳으로 나아가고 탁한 것을 받아들이며, 나쁜 곳에 처함을 사양하지 않고, 만물을 결백하게 씻어 주고, 홀로 오욕汚辱을 받아들이며, 뭇사람이 싫어하는 곳에 처하니, 이것은 세 번째 능력이다. '기幾'는 '가까움'(近)이다. 무릇 물은 만물을 이롭게 하니 그 인仁함은 광대하고, 다투지 않으니 그 덕이 자신을 낮추어도 빛이 나며, (뭇사람이) 싫어하는 데 처하므로 그 도량으로 모욕을 참는다. 물의 세 가지 능력을 받듦에 오직 지인至人의 일관된 덕행이 이와 같으며, 도를 버림이 멀지 않으므로 가깝다고 할 뿐이다…… 지인의 거소居所는 겸허하게 아래로 잘 정하며, 사물의 자연에 순응하며, 변화가 마을에 미치는 것이 마치 물이 땅에 하는 것처럼 아래로 내려가기를 잘하며, 온갖 사물을 적셔 윤택하게 하는 것과 같으므로 거주함에는 조용하고 그윽한 땅 고르기를 잘하니, 이것이 첫 번째 잘함이다. 지인의 마음은 허정을 잘 지키며, 심오함을 잘 통찰하며, 담연하게 막힘없이 통하니(通徹), 마치 물이 깊고 맑으며, 파도치며 흐르고 아홉 번을 변해도 그 밝고 고요함을 잃지 않음과 같으므로 마음이 고요함을 잘 유지한다고 하니, 이것이 두 번째 잘함이다. 지인은 함께함에 인자仁慈함을 잘 행하며, 은혜가 천하에 미치지만 친애함을 품지 않으니, 마치 물이 윤택하게 적셔 주고 오르고 내리기를 능히 잘하며, 구제하지 않음이 없음과 같으므로, 함께

> 함에 인仁을 잘한다고 하니, 이것이 세 번째 잘함이다. 지인의 말은 성실함과 믿음을 잘 지키니, 사물과 더불어 기약하지 않고, 자연으로 들어맞으니, 마치 물이 시절 따라 경치를 변하게 하고, 예쁨과 추함이 차이가 없으며, 흘러가 채우고 문득 이동하며, 험한 곳을 가도 (본성을) 잃지 않음과 같으므로 믿음을 잘한다고 하니, 이것은 네 번째 잘함이다. 지인이 정치를 함에 백성 다스리기를 잘하며, 용모를 단정하게 하고 물리를 깨달으며 사물이 스스로 순종하니, 마치 물이 맑고 평평하며, 높고 낮음에 장소 정하기를 잘하며, 뭇 사물을 씻어 내고, 먼지와 더러움이 없도록 함과 같으므로 정치를 함에 다스림을 잘한다고 하니, 이것은 다섯 번째 잘함이다. 지인은 일함에 능히 사물에 맡기기를 잘하며, 사람됨의 그릇에 따라 직분을 주며 그 재능을 잃지 않게 하니, 마치 물의 부드러운 특성이 만물을 원만하도록 일을 잘하고, 그릇의 형체에 잘 따르고, 쓰임이 이루지 않음이 없도록 하는 것과 같으므로 일을 함에 그 능한 바를 잘한다고 하니, 이것이 여섯 번째 잘함이다. 지인이 동정함에 그 때를 관찰함을 잘하고 출처에 따라 기회에 응하며 그 도를 능히 온전하게 하는 것이 마치 물이 움직임에 때에 따라 변하기를 잘하며, 겨울에는 얼고 여름에는 흐르고 그 절기를 어긋나지 않게 하는 것과 같아서 행동함에는 때맞춤을 잘한다고 하니, 이것은 일곱 번째 잘함이다.(陳景元, 『道德眞經藏室纂微篇』, 권2)[14]

지인의 마음은 깊은 물이 통철하고 깨끗하며, 맑고 평평하고 그윽하며 고요한 것과 같다. 만약 "그 욕심을 비운다"라는 말이 강조하는 것이 심의 허虛(無欲 · 中庸)라고 하면, "마음은 고요함을 잘 유지함"(心善淵)이라는 말이 강조하는 것은 마음의 '순수하고 차분함과 평온함'(淸平明靜)이다. 심성의 '순수하고 차분함과 평온함'을 추구하는 것은 도가의 기본적 정신의 추구이다.

물로써 덕을 비유함은 유가도 이러한 비유가 있지만, 그 비유는 매우 다르다. 공자는 "지혜로운 자는 물을 즐기고, 어진 자는 산을 즐긴다"(『論語』, 「雍也」)라고 하였다. 유향劉向(B.C.77?~B.C.6)은 다음과 같이 해석한다.

---

14) 『中華道藏』 제10책(北京: 華夏出版社, 2004), 414~415쪽.

무릇 물은 군자의 덕에 비유된다. 두루 주고 사심이 없으니 덕을 닮았다. 이르는 것은 살아가게 하니 인人을 닮았다. 낮은 곳으로 흐르고 굽이굽이 돌아서(句倨) 모두 그 이치를 따름은 의義를 닮았다. 얕은 물은 흘러가고, 깊은 물은 헤아릴 수 없으니 지智를 닮았다. 백 길 깊은 계곡을 의심 없이 나아가니 용勇을 닮았다. 유약하면서도 미세한 곳까지 도달하니 관찰함을 닮았다. 양보하지 않음도 받아들이니 포용을 닮았다. 흐릿하고 깨끗하지 않은 상태로 들어가서는 깨끗해져서 나오니 착하게 깨우쳐 변화함(善化)을 닮았다. 지극하게 헤아려 반드시 공평하니 정확함을 닮았다. 가득 차도 일체를 구하지 않으니 예탁(計度)함을 닮았다. 그것이 만 번 구부러져도 반드시 동쪽으로 흐르니 의지意志를 닮았다. 이런 까닭에 군자는 큰물을 보면 반드시 이처럼 관찰해야 한다.(『說苑』, 「雜言」)

도가가 중시하는 것은 덕이며, 덕을 깊이 감추고 드러내지 않으며, 유가가 중시하는 것은 인仁과 의義다. 인과 의는 드러나 밝은 것이다. 유·도 두 학파는 모두 물로써 덕을 비유하는데, 그들이 말하는 덕은 서로 다르다. 유가가 말하는 덕은 인仁·의義·지智·용勇이며, 도가가 말하는 덕은 허虛·정靜·청淸·평平이다. 이것은 인생의 이상과 인생의 추구가 다르기 때문이다.

심지心志의 허·정과 청·평을 추구하는 것은 『문자文子』에서도 논한 것이 있다.

그러므로 심은 형체의 주인이며, 신神(心神)은 심의 보배이다. 형체가 힘써 일하고 쉬지 않으면 쓰러지며, 정精(靜力)이 사용됨이 멈추지 않으면 고갈되니 이런 까닭에 성인은 그것을 지키며 감히 넘지 않는다.(『文子』, 「九守·守虛」)

사람에게는 심에서 생기는 따름과 거스름의 기氣가 있으며, 심이 다스려지면 기는 순응하고, 심이 어지러우면 기는 거역한다. 심의 치治와 난亂은 도에 있고, 도를 얻으면 심은 다스려지고, 도를 잃으면 심은 어지러워진다. 심이 다스려지면 곧 서로 겸양하고, 심이 어지러우면 곧 서로 다툰다. 양보하면 덕이 있게 되고, 다투면 나쁜 생각이 생긴다.(『文子』, 「符言」)

"심의 치治와 난亂은 도에 있다." 도는 자연이며 무위이다. 따라서 사람도 당연하게 자연·무위해야 한다. 자연·무위는 심이 평온하고 기氣가 안정安靜되는 것일 뿐이다. 그러나 『문자』와 노자도 또한 구별이 있다. 노자가 말한 사람의 자연·무위는 사회정치적 면에 착안한 것이며, 일종의 정치적 수단으로 제출된 것이다. 『문자』가 논한 사람의 심은 정치적 색채를 포함하지 않으며, 개체의 사람이 본래 이처럼 해야 하는 것이라고 보았다. 따라서 욕심을 비우고, (교활한) 심지를 약하게 하는 것은 노자의 심론이 갖춘 소극적 의미이다. 그러나 심이 도와 부합해야 함을 강조하였으며, 『문자』가 논한 심론에서는 적극적 의미가 있다.

> (만약 네가) 너의 몸을 단정하게 하고, 너의 시선을 하나로 (집중)하면, 자연(天)의 화기和氣가 이를 것이며, 너의 심지心智를 수렴(攝)하고, 사려(度)를 집중(一)하면, 정신이 돌아와서 머물 것이다. 덕이 장차 너를 위하여 꾸밀 것이며, 도가 장차 너의 (마음에) 머물 것이다. 어리석게 보여라! 만약 갓 태어난 송아지처럼 하면, 그 '(外在의) 사물(故)'을 구함이 없을 것이다. 형체는 고목과 같고 심은 '타고 남은 재'(死灰)와 같게 된다. 참으로 그 진실을 알고 왜곡된 사리로 스스로 고집하지 않고, 어두침침하게 무엇을 도모할 마음이 없다. (그렇게 되면) 명백함이 사방에 통달하게 되는데 지혜가 없을 수 있겠는가?(『文子』, 「道原」)

> 예전에 도를 행하는 자는 리理·성性·정情이며, 심술을 다스리고, 길러서 화합하고, 지켜서 적합하며, 도를 즐기며 천박함을 잊으며, 덕을 안돈安頓하여 가난함을 잊는다. 성이 욕망을 가지지 않으면 무욕하여 얻는 것이 없다. 심이 즐기려 하지 않으면 즐거움이 없어 작위하지 않는다. 성에 무익한 것은 덕에 걸림이 되지 않으며, 생명에 치우지 않으면 화합을 어지럽히지 않는다. 몸이 제멋대로 방종하여 제도하지 않으면 천하의 의칙儀則이 될 수 있다.(『文子』, 「九守·守易」)

> 신神은 지혜의 연못이며, 신神이 맑으면 지혜가 밝다. 지혜는 심의 곳집(府)이며, 지혜가 공변되면 심이 평온하다.(『文子』, 「九守·守淸」)

"너의 몸을 단정하게 하고, 너의 시선을 하나로 (집중)함", "길러서 화합하고, 지켜서 이름", "성에 유익함", "생명에 치우침"과 같은 말들이 강조하는 것은 곧 개인이며, 그 착안점도 또한 사회적 치治·란亂이 아니며, 개체의 생존상태이다. 이것은 노자와는 매우 다르다. "길러서 화합함"(養以和)에서 "화和"의 관념은 중국에서 매우 일찍 출현하였다. 사백史伯[15]은 다음과 같이 말한다.

> 무릇 (다른 사물과) 화합이 실현되면 사물이 생겨나고, 같으면 계속되지 못한다. 다른 것으로 다른 것을 화평和平하게 하는 것을 화和라고 하며, 그러므로 만물이 풍부하게 자라서 사물이 제자리로 되돌아갈 수 있다. 만약 같은 것으로 같은 것을 보조하면 모두 모두 다 폐기廢棄될 것이다. 그러므로 선왕은 토土를 금金·목木·수水·화火와 섞어서 온갖 사물을 이루게 하였다. 이에 따라 다섯 가지 맛을 화합하여 입과 화합하게 하고, 사지四肢를 강하게 하여 신체를 보위하고, 육률六律을 화합하여 귀를 밝게 하고, 칠체七體(사물을 이루는 핵심 7가지 부분)를 바르게 하여 마음을 부리고, 팔색八索(팔괘의 생성원리)을 고르게 하여 사람을 이루고, 구기九紀(아홉 가지 자연법칙)를 세워서 순수한 덕을 확립하고, 열 개의 수(十數. 1~10까지의 수)를 합하여 온 몸(百體)을 훈련한다.(『國語』, 「鄭語」)

"다른 것으로 다른 것을 화평和平하게 하는 것을 화和라고 한다"라는 말에서 화和는 서로 다른 사물 사이의 상호 협조이다. "토土를 금金·목木·수水·화火와 섞어서 온갖 사물을 이루게 하였다"라는 말에서 온갖 사물을 이룰 수 있는 까닭은 섞음이다. 서로 다른 사물이 서로 교잡하여 서로 협조하는 것이 곧 화和이다. 화의 반면反面은 동同이다. 동同은 동일한 사물이 간단히 서로 더해지는 것이다. "소리가 한결같다면 들을 것이 없고, 사물이 한결같다면 문채文彩(특징)가 없고, 맛이 한결같다면 다른 맛이 없으며, 일(物)이 한결같다면 더 말할 것이 없다."(『國語』, 「鄭語」) 여기서 '들을 것이 없음', '문채가 없음', '다른 맛이 없는' 까닭은 그것이 하나이고 같고

---

15) 史伯은 西周 말기의 사람으로, 주나라의 太史이다. 일설에 史伯은 伯陽父(甫)라고 한다. 백양보는 서주의 宣王과 幽王 때의 太史이다.

동일한 사물이 단순히 더해진 것이기 때문이다. 안영晏嬰[16]은 다음과 같이 말한다.

> 화합은 국을 끓이는 것과 같다. 물 · 불 · 식초 · 젓갈 · 소금 · 매실로 물고기나 고기를 삶고, 땔감으로 밥을 짓는다. 요리사(宰夫. 周의 官名)가 그것을 화합시키고, 그 맛(의 간)을 맞추되 모자라면(싱거우면) (간을) 더하고, 지나치면(짜면) (물을 더 부어 짠맛을) 감한다. 군자는 그것을 먹고서 그 심을 평온하게 한다.(『春秋左傳』, 昭公 20年)

가장 좋은 국은 반드시 신맛 · 찬 맛 · 매운맛 · 단맛 등 각종의 맛을 종합해야 한다. 요리사가 국을 만들 때 반드시 "모자라면(싱거우면) (간을) 더하고, 지나치면(짜면) (물을 더 부어 짠맛을) 감하여" 중화中和의 수준에 도달하도록 해야 한다.

화합은 일종의 심리 태도로서, 외부의 사물에 대하여 자신의 독립적 견해를 가지며, 타인의 관점에 대하여 긍정 또는 부정의 견해를 가지는 것으로, 털끝만큼의 주관도 없이 남이 말하는 대로 따라 말하거나 또는 남이 하는 말을 덮어 놓고 찬동하는 것은 아니다. 그러므로 공자는 "군자는 화합하되 동화되지 않으며, 소인은 동화하되 화합되지 않는다"(『論語』, 「子路」)라고 하였다.

화합은 일종의 심리상태로서 자신의 주관적인 정서와 주관적 감정에 대한 자기조절을 통하여 평화 · 안정 · 유익함을 달성하려는 것이며, 심신의 건강한 상태를 해치려는 것이 아니다. 공자는 "관저關雎는 즐기되 음란하지 않았으며, 슬퍼하되 마음을 상하게 하지 않았다"(『論語』, 「八佾」)라고 하였다. 군자도 결코 즐거움이 없고, 슬퍼함이 없는 것이 아니지만 즐기되 음란함에 이르지 않고 슬퍼하되 마음을 상하게 하는 데 이르지 않는다. 즉 "즐기되 음란하지 않았으며, 슬퍼하되 마음을 상하게 하지 않는 것"이 바로 화和(調和)이다.

"지켜서 적합適合하다"(持以適)라는 말에서 무엇이 "적합함"(適)인가? 『문자』에서는 아직 분명하게 논하지 않았다. 『여씨춘추呂氏春秋』에서는 '적適'을 언급한 한

---

16) 晏嬰(?~B.C.500)은 齊나라 大夫이며 자는 平仲이다.

편의 전문적 문장이 있는데 「적음適音」이라고 하며 다음과 같이 논한다.

> 귀의 본성(情)은 소리를 욕구함인데, 심이 즐기지 않으면, 오음五音을 앞에서 연주해도 귀에 들어오지 않는다. 눈의 본성은 색채를 욕구함인데, 심이 즐기지 않으면, 오색이 눈앞에 펼쳐져 있어도 눈에 들어오지 않는다. 코의 본성은 향기를 욕구함인데, 심이 즐기지 않으면, 향기가 앞에 있어도 냄새를 즐기지 않는다. 입의 본성은 맛을 욕구함인데, 심이 즐기지 않으면, 다섯 가지 맛이 앞에 있어도 먹지 않는다. 그것을 욕구하는 것은 귀·눈·코·입이며, 즐기거나 즐기지 않음은 심이다. 심이 반드시 화평한 뒤에 즐기며, 심이 (반드시) 즐긴 후에 귀·눈·코·입이 그것을 욕구함이 있게 된다. 그러므로 즐거움의 형세는 마음을 화합함에 있으며, 마음을 화합함은 적합함(行適)에 있다.(『呂氏春秋』, 「仲夏記·適音」)

심은 즐기지 않아 오음이 앞에 있어도 듣지 않고, 오색이 앞에 있어도 보지 않고, 오미가 앞에 있어도 먹지 않는다. 심은 왜 즐기지 않는가? 심이 화합하지 않기 때문이다. 심은 왜 화합하지 않는가? 심이 적합하지 않기 때문이다. "그러므로 즐거움의 형세는 마음을 화합함에 있으며, 마음을 화합함은 적합함을 행함에 있다." 무엇이 적합함인가? 어떻게 적합함을 얻는가? 심에 적합함이 있어야 또한 음音의 적합함이 있다.

> 무릇 즐거움에 적합함이 있으면 심도 또한 적합함이 있다. 사람의 정은 장수長壽를 욕구하고 요절夭折을 싫어하며, 안전함을 욕구하고 위태로움을 싫어하며, 영광을 욕구하고 치욕을 싫어하며, 안일함을 욕구하고 힘쓰는 것을 싫어한다. 네 가지 욕구함을 얻고 네 가지 싫어함을 제거하면 심은 적합하다. 네 가지 욕구를 얻는 것은 '사리를 준수함(勝理)에 있다. 사리를 준수하여 몸을 다스리면 생명이 온전하며, 생명이 온전하면 장수한다. 사리를 준수하여 나라를 다스리면 법法이 확립되고, 법이 확립되면 세상이 복종한다. 그러므로 심을 적합하게 하려면 사리를 준수하는 데 힘써야 한다.(『呂氏春秋』, 「仲夏記·適音」)

"네 가지 욕구함을 얻고 네 가지 싫어함을 제거하면 심은 적합하다"라는 말과 "네 가지 욕구를 얻는 것은 '사리를 준수함'(勝理)에 있다"라는 말에서 '사리를 준수함'(勝理)은 또한 '이치에 모두 맞음'(理勝)이며, 이치에 모두 맞음은 또한 '이치에 맞게 욕구함'이며, 이치로써 욕구를 제어制御하는 것이다. 이치에 맞게 욕구하면 이치도 있고 욕구도 있으며, 욕구가 이치를 이기면 욕구는 있지만, 이치는 없다. 따라서 심이 적합하게 되는 관건은 욕구가 있거나 욕구가 없음에 있지 않으며, 이치와 욕구가 협조와 적합함에 도달하는가에 달려 있다. 이치는 규범이며, 욕구는 감성의 충동이며, 감성의 충동이 규범의 안에 있으면 즉 적합한 감성이며, 규범을 벗어나면 적합하지 않은 감성이다. 적합하지 않은 감성은 개체 생명에게는 해롭고 무익하다.

> 무릇 음音에도 적합함이 있으니 너무 크면 심지가 방탕해지고, 방탕한 마음으로 큰소리를 들으면 귀가 받아들일 수 없고, 귀가 받아들이지 못하면, 귀가 꽉 막히며, 꽉 막히면 심이 진동한다. (음이) 너무 작으면 심지가 싫증을 느낀다(嫌). 싫증을 느끼면서 작은 소리를 들으면 귀에 차지 않게 되고, 귀에 차지 않으면 넉넉하지(詹) 않고, 넉넉하지 않으면 더 불만이 커진다. (음이) 너무 맑으면 심지가 위태롭게 되고, 위태로운 마음으로 맑은소리를 들으면 귀가 공허해지고(溪極), 공허해지면 살피지 않게 되고, 살피지 않으면 심이 고갈된다. (음이) 지나치게 탁하면 심지가 하락下落하며, 하락하는 마음으로 탁한 소리를 들으면 귀가 받아들이지 못하고, 받아들이지 못하면 집중이 되지 않고(不摶), 집중되지 않으면 분노한다. 그러므로 지나치게 크고, 지나치고 작고, 지나치게 맑고, 지나치게 탁한 음은 모두 적합한 음이 아니다. 무엇을 적適(적합)이라고 하는가? 균형 있는 음(衷音)[17]이 적합하다. 무엇을 균형(衷)이라고 하는가? 크기는 균鈞을 넘지 않고, 무게는 한 석石을 넘지 않는 것이 대소大小와 경중輕重의 충衷(균형)이다. 황종黃鍾의 궁음宮音이 음의 기본이며 청탁의 균형이다. 균형(衷)이 곧 적합適合함이며, '이 균형'(適合)으로 적합한 음을 들으면 마음이 화합하게 된다.(『呂氏春秋』, 「仲夏記 · 適音」)

17) 역자 주: 음률에 맞는 정확한 소리(雅正)와 다른 음과 잘 조화된(和諧) 음을 가리킨다.

심의 적합함은 욕구하여 얻음에 있고, 음의 적합함은 음이 도량에 합치함에 있다. "지나치게 크고, 지나치고 작고, 지나치게 맑고, 지나치게 탁한 음은 모두 적합한 음이 아니다." 음의 적합함은 또한 음의 균형(衷)이며, 균형은 중용이며, 적합한 정도(適度)이다. 평온하고 적합한 마음으로 적합한 음을 들으면 심지가 평화롭다. 심지의 평화와 쾌적함(恬適)을 유지하는 것이 도가가 심신의 생명에 대하여 가지고 있는 기본적인 태도이다. 『문자』에서는 다음과 같이 말한다.

예전에 도를 행하는 자는 리理·성性·정情이며, 심술心術을 다스리고, 길러서 화합하고, 지켜서 적합適合하며, 도를 즐기며 천박함을 잊으며, 덕을 안돈安頓하여 가난함을 잊는다.(『文子』, 「九守·守易」)

가난과 천함은 사람이 태어나서 생존하는 상태이며, 보통의 사람들 대다수의 기본적인 생존 상태이다. 천해도 그 도를 지킬 수 있고, 가난해도 그 덕을 평안하게 여길 수 있으며, 가난을 평안하게 여기고 도를 즐긴다. '가난해도 편안한 마음으로 도道를 즐김'(安貧樂道)은 하나의 심리 상태일 뿐만 아니라 정신 상태이기도 하며, 또한 이상적 정신을 잃지 않은 상태이다. 이 이상적 정신 상태를 취득하고 지킴이 곧 "길러서 화합하고, 지켜서 적합適合함"이다. '길러 화합함'과 '지켜서 적합함'이 도가가 '도모하는 계책'(心術)이다.

『문자』와 『여씨춘추』에서 논하는 심은 심의 화합과 적합을 강조하였으며, 『관자』에서 논한 심은 심의 중中과 정正을 강조하였다.

형체가 바르지 않은 자는 덕이 오지 않으며, 심중이 정교하지 않으면 마음이 다스려지지 않는다. 바른 형체로 덕을 꾸미면 만물을 모두 얻는다.(『管子』, 「心術下」)

마음이 평안함은 나라가 평안함이며, 마음이 다스려짐은 나라가 다스려짐이다. 다스리는 것은 마음이며, 평안해짐도 마음이다. 마음을 다스림은 중中에 있고 말을 다스림은 입에서 나오며 일을 다스림은 백성에게 더해진다. 그러므로 공을 이루면 백성이 따르니 백성이 다스려진다.(『管子』, 「心術下」)

마음이 평안하면 나라가 평안하고, 마음이 다스려지면 나라가 다스려지니, 『관자』에서 논한 마음은 또한 노자와 서로 같고 또한 사회의 치란에 착안하였지만, 결코 인심의 근본을 토론하지는 않았다. "마음을 다스림은 중中에 있다"라고 할 때 중中은 치우침과 모자람이 없음을 말한다. 『역전易傳』 「문언文言」의 건괘乾卦 구이九二에서는 "용龍의 덕은 중정中正이다"라고 하였고, 구삼과 구사에서는 "굳셈(剛)이 거듭하여 중절하지 못한다"라고 하였고, 구이는 구일과 구삼의 중간이므로 중中이라고 하며, 구삼의 순위는 하괘의 상효上爻이며, 구사의 순위는 상괘의 하효下爻이므로 적중하지 않음(不中)이라고 한다.[18] 공자는 "지나침은 모자람만 못하다"(『論語』, 「先進」)라고 하였다. 지나침과 모자람은 모두 부중不中이며, 지나침과 모자람이 없는 것이 곧 중中이다. "마음을 다스림은 중中"에 있다는 말은 또한 심리와 심리상태 방면의 화순和順과 적중適中을 강조한 말이다.

주의할 필요가 있는 것은 『관자』는 심을 논하며, 또한 심은 당연히 지각의 주재主宰가 된다고 보았다.[19]

사람의 몸에서 심은 임금의 위치이며, 구규九竅(몸의 아홉 구멍)는 직책이 있고, 기관器官의 직분職分이다. 이목耳目은 보고 듣는 기관이며, 심은 보고 듣는 일과는 무관하지만,

---

18) 장립문은 "八卦가 서로 중첩하여 64괘가 되는데, 매 괘의 2효와 5효 두 괘가 하괘와 상괘의 中爻가 된다. 만약 하괘의 2효가 陰爻이고, 상괘의 5효가 陽爻이면 자기 위치를 얻고 또 中을 얻었으며, 마치 觀卦(䷓)의 九五爻와 같으며, 『周易集解』에서는 虞翻의 말을 인용하여 '도를 얻어 중에 처하므로 군자는 허물이 없다'라고 한 구절은 吉祥의 상징이며, 중을 숭상하는 관념의 표현이다"(張立文, 『中國哲學範疇發展史—人道篇』, 北京: 中國人民大學出版社, 1995, 148쪽)라고 하였다.

19) 지각적 의미에서 논한 심은 중국 고대에서는 결코 많지 않다. 왜냐하면 중국 고대에서는 유가는 물론 도가도 결코 외재적 사물에 대한 인식을 중시하지 않았고, 단지 사람의 내재적 心意와 정감의 體認을 중시하였다. 따라서 서양이 본체론에서부터 인식론으로 가는 철학의 구제와 철학적 진행 과정과는 다르며, 중국 고대에서는 엄격한 의미에서의 본체론은 없었으며, 자연히 또한 엄격한 의미에서의 인식론도 없었다.

그 기관이 지켜야 할 직분이다.(『管子』, 「心術上」)

심이 인체에서는 임금의 지위에 있으며, 구규九竅는 각각 그 직책이 있는 기관이다. "나의 마음이 다스려지면 기관器官도 다스려지고, 나의 마음이 편안하면 기관도 편안하다. 다스리는 것은 심이며, 편안해하는 것은 심이다."(『管子』, 「內業」) 수심修心, 치심治心, 안심安心은 곧 감각기관에 대한 심의 통제작용을 보증하는 말이다.

그 기관을 깨끗하게 하고, 그 문을 연다.(潔其宮, 開其門[20]) 궁宮은 심을 말하며, 심은 지혜의 집이므로 궁宮이라고 한다. 그것을 깨끗하게 하는 자는 과거를 버리기를 좋아하는 사람이다. 문은 이목을 가리킨다. 이목은 그로써 듣고 본다.(『管子』, 「心術上」)

심이 지혜의 집이며 궁이다. 이목은 보고 듣는 기관이며 문이다. 심을 어지럽게 하고자 함은 심을 허虛하지 않고, 고요하지 않고, 깨끗하지 않도록 하는 것이다. 오직 그것을 깨끗하고 고요하게 하고, 오직 그 궁을 깨끗하게 해야만 비로소 그 문을 열 수 있다.

사람은 모두 지식을 원하지만, 알게 되는 까닭을 모색하지는 않는다. 알고자 하는 것은 저것(彼. 대상)이며, 알게 되는 까닭은 이것(此. 心)이다. 이것(심)을 수양하지 않고 어떻게 저것(대상)을 알겠는가? 이것(심)을 수양하는 것은 허虛보다 나은 것이 없다. '허'는 함장含藏(편향된 지식의 축적)함이 없는 것이다.(『管子』, 「心術上」)

---

20) 張佩綸은 "'宮'은 마땅히 '官'으로 써야 하며, 글자의 오류다. 『孟子』의 '心之官則思'라는 구절에 대하여 趙岐는 '官은 精神이 있는 곳이다'라고 하였다"고 하였다. 郭沫若은 이 설에 반대하여, "'宮'은 오류가 아니며, '宮'과 '門'은 詩文의 對句이다. 아래 문장에서 이것을 해석하기를 '심은 지혜의 집이므로 宮이라고 한다'(心也者智之舍也, 故曰宮)라고 하였는데, 곧 '舍'로써 '宮'을 해석하였다. 『爾雅』「釋宮」에서 '宮은 (居)室을 말하며, (居)室은 宮을 말한다'(宮謂之室, 室謂之宮)라고 하였는데, 옛날에는 좋든 나쁘든 모두 宮이라고 부를 수 있었다. 만약 '官'이라면 마땅히 館으로 읽어야 하는데, 도리어 매우 복잡해진다"(郭沫若·聞一多·許維遹, 『管子集校』 下, 北京: 科學出版社, 1956, 637~638쪽)라고 하였다.

그 아는 바가 저것이라는 것은 인식대상이며, 그 알게 되는 까닭이 이것이라는 것은 인식주체이다. 오직 인식주체에 대하여 수양을 통한 자기 확립(修持)을 더해야만 비로소 정확하게 대상을 인식할 수 있다. 그리고 인식주체의 자기 수양의 확립은 "주관적 편견을 비움" 그 이상도 아니다. 심은 이목 등 감각기관의 주재자이며, "무릇 심에 욕심이 있으면, 사물이 지나가도 눈은 보지 못하고, 소리가 이르러도 귀는 듣지 못한다."(『管子』, 「心術上」) 심중에 욕망과 잡념이 있으면 곧 보아도 보지 못하고, 들어도 듣지 못한다.

무릇 심의 형체는 스스로 충만하고 스스로 가득하며 스스로 생겨나 스스로 이루어지며, 그것(심)이 상실되는 것은 반드시 근심·즐거움·기쁨·분노·욕망·이욕利慾이며, 근심·즐거움·기쁨·분노·욕망·이욕을 버리면 심은 곧 되돌아가서 가지런해진다. 저 심의 실정은 잘 안돈함으로써 안녕安寧하며, 번민하지도 말고 혼란되게도 하지 않아야 화평함이 스스로 이루어진다.(『管子』, 「內業」)

근심·즐거움·기쁨·분노·욕망·이욕 등은 주관적인 좋아함과 싫어함으로 심의 평화와 안녕에 영향을 끼친다. 사물을 정확하게 반영하기 위해서는 반드시 이욕利慾 관념을 없애야 하며, "번민하지도 말고 혼란되게도 하지 않음"의 평화적인 심리상태로써 모든 것에 대응한다.

욕심을 버리면 떳떳하고, 떳떳하면 고요하며, 고요하면 정밀하고, 정밀하면 (편견의 간섭을 받지 않고) 홀로 서며, 홀로 서면 총명해지고, 총명해지면 신령해진다. 신神은 지극히 귀하다. 그러므로 관사館舍가 깨끗이 청소되지 않으면 귀인이 거기서 살려고 하지 않는다. 그러므로 깨끗하지 않으면 신령이 거처하지 않는다.(『管子』, 「心術上」)

여기서 이른바 "허"는 이미 물욕의 심을 세척한다는 의미를 포함하고 있으며, 또한 본래 가진 선입견(成見)을 배제한다는 의미를 포함하고 있다. 오직 물욕의 심을 세척해야만, 오직 본래 가진 선입견을 배제해야만, 비로소 정확하게 사물의 진면목을 인식할 수 있다. 이에 "심술心術은 무위하여 규竅(물욕)를 제어하는 것이다"(『管子』, 「心術上」)라고 하였다. 무위는 곧 비워 냄을 할 수 있는 것이다.

비워 냄 외에 또 모름지기 "일一"을 말해야 한다. 이른바 "일一"은 심지心志의 전일專一을 가리킨다.

> (하나의) 의意에 전심專心하며, 이목耳目을 단정하게 하면 멀리 있는 일을 가까이에 있는 일처럼 알 수 있다.(『管子』, 「心術下」)

> 하나에 집중하여 잃지 않는다면 능히 만물의 임금이 될 수 있다.(『管子』, 「內業」)

> 사지四肢가 이미 바르고 혈기가 이미 고요하며, 하나의 뜻으로 심을 단속團束하고 이목이 혼란되지 않으면 비록 멀리 있는 일도 가까이 있는 일처럼 안다.(『管子』, 「內業」)

정신을 한데 모으고 주의력을 집중하는 것이 인식 과정에서 매우 중요한 부분이다.

> 생각하고 또 생각하고 거듭 생각하라. (그렇게) 생각해서 통하지 않으면 귀신이 그것을 통하게 한다. 그것은 귀신의 힘이 아니라, 정기精氣의 지극함이다.(『管子』, 「內業」)

여기서 말하는 "정기의 지극함"은 곧 심지心志의 전일專一함이다. 오직 심지의 전일함을 견지하고 주의력을 집중해야만 비로소 사물에 대한 정확한 파악과 인식을 할 수 있다.

전일함 외에 또 반드시 고요해야 한다. 이른바 "고요함"(靜)은 곧 심령의 평온함(寧靜)을 유지하는 것이다.

> 먼저 사물을 움직이지 말고 그 법칙을 살펴야 한다. 움직이면 제자리를 잃으므로 고요하면 곧 스스로 얻는다.(『管子』, 「心術上」)

> 무릇 사람이 태어남에 반드시 그 기쁨으로 함께한다. 근심하면 기강紀綱을 잃고, 분노하면 단정함을 잃는다. 근심 · 슬픔 · 기쁨 · 분노에는 도가 머물지 않는다. 애욕은 그것을 고요하게 해야 하며, 어지러움을 만나면 그것을 바로잡아야 하며, (물욕에) 이끌리지도 말고 추구하지도 말아야 복福이 장차 스스로 돌아온다. 저 도는 저절로 오기 때문에 도에 의지(藉)하여 함께 모색할 수 있으며, 고요하면 그것을 얻고 조급하면 그것을 잃는다. 영기靈氣가 심에 있고, 한 번 오면 한 번 가고, 그 세밀함은 속이 없고, 그 큼은 밖이 없으며, 그것을 잃게 되는 까닭은 조급함으로써 해를 끼치기 때문이다. 심이 고요함을 지키면 도는 장차 저절로 안정될 것이다.(『管子』, 「內業」)

심령의 평온함은 인식 과정에서도 항상 냉정한 태도를 유지하고 있어야 정확한 인식을 얻는 중요한 부분이다. 『관자』는 사욕을 씻어 버림이 심령의 평온함을 지키는 중요한 전제로 보았다.

> 욕심을 버리면 (욕심이) 과소寡少하게 되며, 과소하게 되면 안정되고, 안정되면 정밀해지고, 정밀하면 (인식 편견의 간섭을 받지 않고) 홀로 되고, 홀로 되면 총명해지고, 총명해지면 신령해진다.(『管子』, 「心術上」)

사욕을 제거하여 욕망이 아주 적도록(寡少) 해야 비로소 심령의 안정을 유지할 수 있으며, 오직 심령의 안정을 유지해야 비로소 심지心志를 전일專一하게 할 수 있다. 따라서 심령의 비움(虛) · 안정(靜) · 전일(一)은 서로 연관되어 있으며, 또한 서로 영향을 주며, 서로 촉진하는 것이다.

『관자』는 인식 이론에 관하여 중국인식론사에서 중요한 위치를 차지하고 있으며, 또한 본질적(深刻) 이론의 의미가 있다. 순자의 "허일이정虛壹而靜"(虛는 공평함, 壹은

專一, 靜은 고요함)의 이론은 곧 분명히 도가의 허정론虛靜論과 관련이 있으며, 더 직접적으로 『관자』의 "심술心術"과 관련이 있다. 순자는 다음과 같이 말한다.

> 사람은 어떻게 도를 아는가? 심으로 안다. 심은 어떻게 아는가? 허虛(편견을 비움)와 일壹(專一함)과 정靜(고요함)이다. 심은 일찍이 (감각기관을 통하여) 받아들여 축적하지 않음이 없으니, 이른바 (편견을) 비움이 있어야 한다. 심은 일찍이 양쪽을 보지 않을 수 없으나 또한 이른바 전일專一함이 있어야 한다. 심은 일찍이 움직이지 않은 적이 없으나 이른바 고요함이 있어야 한다. 사람이 태어나면 지각이 있고, 지각이 있으면 뜻이 있다. 뜻은 (마음에) 저장된 것이다. 그러나 이른바 비움(虛)이 있다. 그 저장된 것으로 인하여 새로 받아들임을 방해하지 않음을 비움이라고 한다. 심이 생겨나면 지각이 있고, 지각이 있으면 다름을 구별하고, 다른 사물을 구별하는 것은 피차彼此를 동시에 이해하고 구분하는 것이다. 그러나 이른바 전일專一이 있다. 차此로 인하여 피彼를 이해하는 것을 방해하지 않음을 전일이라고 한다. 심은 누워 자면 꿈을 꾸며, 꿈속에서 (몸을 벗어나) 자유롭게 다니며, 모색을 하게 한다. 그러므로 심은 일찍이 움직이지 않을 수 없다. 그러나 이른바 고요함이 있다. 꿈속의 혼란스러움이 지각을 어지럽히지 않도록 하는 것을 고요함이라고 한다.(『荀子』, 「解蔽」)

순자는 심의 "허일이정而靜而靜"을 강조하였으며, 그 해석은 『관자』와 비교하면 더욱 상세하지만, 그 본래의 의미는 여전히 일치한다.

허虛에 이르러 고요함을 지키며, 화합을 길러서 적중適中해야 한다는 주장은 그 후 『회남자』에서 계승하고 발전시켰다. 『회남자』에서는 다음과 같이 말한다.

> 무릇 심은 오장의 주인이므로 그로써 사지를 제어하며, 혈기血氣를 유행시키며 옳고 그름의 경계를 질주하며, 만사의 문호를 넘나든다. 이런 까닭에 심에서 얻지 못하고 세상을 경륜하는 기가 있다는 것은 마치 귀가 없는데 종고鐘鼓를 조화시키려고 하는 것과 같고, 눈이 없이 문장을 즐기려고 하는 것과 같으며, 또한 반드시 임무를 다하지 못한다.(『淮南子』, 「原道訓」)

심은 형체의 주인이며, 신神은 심의 보배이다.(『淮南子』, 「精神訓」)

심은 일신의 주재主宰이며, 따라서 마땅히 심성수양(養心)을 중시해야 한다.

무릇 성인이 마음을 씀에 성性을 지팡이 삼고 신神(혼)을 의지하고, 서로 도와서 그 처음과 끝을 얻는다. 이런 까닭에 침상에 잠을 자도 꿈꾸지 않고, 잠에서 깨어날 때도 근심이 없다.(『淮南子』, 「俶眞訓」)

그러므로 심이 근심하지도 즐거워하지 않는 것은 덕의 지극함이며, 통하되 변하지 않음은 고요함의 지극함이며, 기욕嗜欲이 있지만 염두에 두지 않음은 비움의 지극함이며, 좋아함과 증오함이 없는 것은 평온함의 지극함이며, 사물과 뒤섞이지 않음은 순수의 지극함이다. 이 다섯 가지에 능하면 신명神明에 통한다. 신명에 통하는 사람은 그 내면을 얻는 사람이다.(『淮南子』, 「原道訓」)

심이 항상 사리사욕이 없이 평안하고 고요하다(恬淡)고 한다. 형체形體(몸)가 항상 일삼음이 없으면 안일(佚=逸)하다고 할 수 있다. 마음을 평안하고 고요함에 지내도록 하고, 몸을 안일함에 머물도록 하며 천명을 기다리며, 내심에서 스스로 즐거워하고 밖으로 (번잡한 일에) 조급함이 없으면, 비록 세상의 어떤 큰일도 그의 (생활의) 절조를 바꿀 수 없다. 해와 달을 감추고 있어도 그의 뜻을 방해할 수 없으니 그러므로 비록 천해도 귀하게 보이며, 비록 가난해도 부자처럼 보인다.(『淮南子』, 「詮言訓」)

욕구가 없음, 욕구하지 않음, 마음 비우기에 힘씀(致虛[21]), 고요함을 유지함, 마음이 평안하고 고요함, 조화로움(和適) 등은 도가가 심을 대하는 기본적인 태도라고 할 수 있다. 마음 비우기에 힘씀(致虛)과 고요함을 유지함, 마음이 평안하고 고요함은 결코 비우기 위한 비움이 아니라 적합함 그 자체를 위한 것이며, 그 비움과 그

21) 역자 주: "致虛"의 의미를 풀어서 보면, "마음에 있는 욕망 · 편견 등을 비우기에 힘씀"으로 해석할 수 있다. 여기서는 간단히 "마음 비우기에 힘씀"으로 해석한다.

적합함 자체가 가치를 지닌다. 이처럼 "침상에 잠을 자도 꿈꾸지 않고, 잠에서 깨어날 때도 근심이 없다"라는 말과 같으면, "도를 즐기며 천함을 잊고, 덕을 안돈하며 가난함을 잊는다." 곧 "비록 천해도 귀하게 보이며, 비록 가난해도 부자처럼 보인다." 이것은 일종의 정신이며 정신 상태이며, 일종의 정신적 풍모이며, 숭고한 정신생활이며, 사람들이 동경하고 매우 추구할 가치가 있는 정신생활이다.

심의 허정虛靜과 염담恬淡[22], 조화로움(和適) 등 두드러진 개념들은 후대에 큰 영향을 주었다. 도교道敎는 사람들에게 도를 수양하고 도를 얻는 방법을 가르치며, 도를 수양하는 공부는 모름지기 마음에서 실현되어야 하며, 따라서 도교는 심을 매우 중시한다. 『태평경太平經』에서는 다음과 같이 말한다.

> 심은 오장五臟의 왕이며, 신神의 근본이다. 한 몸의 지존至尊이다. 주관하는 의지가 선하고, 심이 내면이 망령되고 사악함을 좋아하지 않는다. 무릇 사람이 능히 선을 지키고 청정하게 자처하며, 밖으로 망령되이 단정함을 구하지 않고, 내면으로 스스로 뱃속의 왕과 서로 알아보는 것을 밝게 그 마음을 볼 수 있다고 말한다.[23]

심은 오장의 왕이며 한 몸의 주인이다. 심이 확립되면 몸도 확립되며, 심이 밝으면 신神도 밝다. 따라서 "무릇 만법萬法은 사람을 주인으로 삼으며, 사람은 심을 으뜸으로 삼는다. 주인이 없으면 법은 생기지 않으며, 심이 없으면 몸도 서지 않는다"(『上淸黃庭內景經 · 梁丘子註釋敘』, 『雲笈七籤』, 권11)라고 하였다. 『황정경黃庭經』[24]에서는 "마음과 정신(心神)은 단원丹元이며 그 자字가 수령守靈[25]이다"(『太上黃庭內景玉經』, 「心神章 第八」)라고 하였다. 심은 오장육부(臟腑)의 으뜸이며, 신神이 사는 집이다.

---

22) 역자 주: "虛靜"은 "成見(혹은 편견)을 비운 맑고 평온한 마음 상태"를 의미하며, 恬淡은 "사리사욕이 없이 평안하고 고요함"을 뜻한다.

23) 王明, 『太平經合校』(北京: 中華書局, 1960), 687~688쪽.

24) 『黃庭經』은 『黃庭內經』과 『黃庭外經』 두 종류를 포괄하며, 『雲笈七籤』은 『上淸黃庭內景經』과 『太上黃庭外景經』으로 썼으며, 『道藏』은 『太上黃庭內景玉經』과 『太上黃庭外景玉經』으로 썼으며, 文物出版社 · 上海書店 · 天津古籍出版社의 影印本 『道藏』 제5책에 수록되었다.

25) 역자 주: 喪中에 관 옆에서 죽은 사람을 밤새워 지킴.

"심부心部의 궁은 연蓮이 꽃을 품었고, 그 아래에는 동자童子 단원丹元의 집이 있다"(『太上黃庭內景玉經』, 「心部章 第十」)라고 하였다. 심장心臟의 바탕은 아직 피지 않은 연꽃과 같으며, 이것이 곧 공부를 해야 하는 곳이다. 『태상노군내관경太上老君內觀經』[26]에서는 "도는 존재하되 형체가 없으며, 무無이지만 정情이 있으며, 변화를 예측할 수 없고 뭇 생명체에 신神을 통한다. 사람의 몸에서는 신명神明이 되는데 이것이 이른바 마음이다. 사람들에게 그로써 도의 수양을 가르치니 곧 수심修心이며, 사람에게 '수심'을 가르치는 것이 수도修道이다"[27]라고 하였다.

어떻게 마음을 수양해야 하는가? 먼저 그 요체는 심의 허정과 조화로움이다. 당나라의 백리충白履忠(?~729)은 "심은 신령스러운 곳(靈臺)으로 신령神靈이 거기에 있음을 말하며, 고요하면 전일함을 지키고, 움직이면 신령함을 보존하며, 신령함이 갖추어지면 몸이 편안하며, 쇠약하여 고갈되지 않는다"(『黃庭內景玉經注』, 「黃庭章 第四」)라고 하였다. 『태상노군내관경』에서도 "도라는 것은 말로써 전하고 입으로 전해 받을 수 없는 것을 얻고서 항상 허심虛心과 심(의 편견)을 비우고 정신을 고요하게 하면 도는 저절로 와서 있게 된다. 어리석은 사람은 알지 못하고 그 형체를 피로하게 하며, 그 심을 수고스럽게 하며, 그 마음을 부리며, 그 신神을 조종하게 되면 도는 더욱 멀어지고 신神은 더욱 슬퍼진다. 도를 등질 것인가 도를 구할 것인가는 마땅히 신중하게 선택해야 한다"라고 하였으며, 또 "도는 심으로써 얻으며, 심은 도로써 분명해진다. 심이 분명하면 도가 내려오며, 도가 내려오면 심이 통달한다"라고 하고, 또 "사람이 항상 그 마음을 청정하게 하면 도는 저절로 와서 있게 되며, 도가 저절로 와서 있게 되면 신명神明이 몸에 보존된다. 신명이 몸에 보존되면 생명이 죽지 않는다"[28]라고 하였다. 따라서 도를 얻는 관건은 또한 심의 허정·조화로움에 있으며 또한 심의 명징明澄함에 있다.

당나라 사마승정司馬承禎(639~735)은 "심이 밖으로부터 받아들이지 않으니 욕심을

26) 『太上老君內觀經』은 도교의 內修 經典이며, 三家影印本 『道藏』 제11책에 수록되었다.
27) 『道藏』 제11책(文物出版社·上海書店·天津古籍出版社, 1988), 397쪽.
28) 『道藏』 제11책(文物出版社·上海書店·天津古籍出版社, 1988), 397쪽.

비움(虛心)이라고 부르며, 심이 밖을 좇아 나가지 않으므로 안심安心이라고 한다. 심이 밖을 좇지 않고(安), 밖으로부터 받아들이지 않으면(虛) 도는 저절로 와서 있게 된다. 그러므로 경전에 이르길 사람이 능히 허심虛心으로 무위한다면 도를 구하지 않아도 도는 저절로 돌아온다. 내심이 이미 집착함이 없으면, 밖으로 나가 행함도 또한 작위함이 없다. 고요하지도 않고 더럽지도 않으므로 폄훼함과 영예도 따라서 생기지 않으며, 지혜롭지 않고 우매하지도 않으므로 이롭고 해로움이 그로 말미암아 오지 않는다. 실實이 있어 중中에 순응함이 일상적이고, 권형權衡이 때와 더불어 운행하면(消息) 진실로 여러 가지 허물(累)을 면할 수 있으니 이것이 그 지혜이다"(『坐忘論』, 「收心」)라고 하였다. 마음이 염담恬淡하고 허정虛靜하면 (정)신을 보존할 수 있다.

당의 오균吳筠(?~778)은 "도는 욕심이 있기를 원하지 않으며, 욕심이 있으면 진기眞氣는 모이지 않으며, 또한 애써 '분별심'(忘心)을 갖지 말아야 하며, 애써 분별심을 가지면 외부의 나쁜 기운(客邪)이 몸 안(舍)으로 들어오게 된다"라고 하였다. 그리고 수도의 요체는 마음의 담담함에 있으니 "(마음이) 평화롭고 염담하며, 깨끗하고 고요하며 정미하고, 허명虛明하여 원초元初와 합하여, 감촉이 있으면 반드시 응하고, 응하되 취하지 않으면 참과 거짓이 여기서 구분된다. 그러므로 내 마음이 기울어지지 않으면 사물은 바르지 않음이 없으며, 생각(動念. 마음)이 예속隸續되면 사물은 사악하지 않음이 없니, 사악함과 바름이 도래하는 것은 나에게 있을 뿐이다"[29](『宗玄先生玄綱論』, 「虛明合元章 第十三」)라고 하였다. 마음이 고요하면 정신이 응집하고, 마음이 고요하여 정신이 응집하면 정신은 맑고 기는 평온하며, 정신은 맑고 기가 평온하면 정신을 보존할 수 있고, 정신을 보존하면 신선이 될 수 있다. 마음이 고요하고 무위하면 정신이 왕이 된다. "정신이 왕이 되는 것을 양기가 이긴다고 한다. 양기가 이긴다는 것은 도가 그 이웃이 될 것인저!"(『宗玄先生玄綱論』, 「虛明合元章 第十三」)라고 하였다. 오균은 정신의 보존을 매우 강조하였다. "정신이 보배임을 모르는 사람은 비록

---

29) 『宗玄先生玄綱論』의 본래 이름은 『玄綱論』으로, 吳筠의 주요 저작이며, 文物出版社 · 上海書店 · 天津古籍出版社의 影印本 『道藏』 제23책에 수록되어 있다.

수명이 거북이나 학鶴처럼 길더라도 끝내 신선을 기대할 수 없다"(『宗玄先生玄綱論』, 「學則有序章 第十一」)라고 하였다. "정신이 보배"라는 말은 곧 정신을 보배로 여기는 것이며 이것이 곧 정신을 보존함이다. 정신을 보존하는 관건은 "양기가 이김"에 있다. "음기陰氣가 이기면 양기가 고갈되어 죽게 되고, 양기가 이기면 음기가 용해되어 신선이 된다."(『宗玄先生玄綱論』, 「陽勝則仙章 第十二」) 그러면 어떻게 양기가 이기게 할 수 있는가? 주된 요점은 여전히 심경心境을 허정하고 염담恬淡하게 유지하는 것이다. "마음이 담담하고 허虛하면 양기가 조화롭게 엄습하며, 의지가 조급하고 욕심을 가지면 음기가 들어온다"(宗玄先生玄綱論』, 「陽勝則仙章 第十二」)라고 하였다.

심경의 허정과 염담을 보존하고 지킴은 도교의 내단파內丹派 수행에서 하나의 근본이 된다. 마음의 허정 · 염담 · 화적和適을 강조하는 것은 또한 도가와 도교의 한 맥으로 서로 전승해 온 전통이다.

2. 자유롭게 노니는 마음(游心)

노자가 생각하는 문제의 중점은 여전히 사회의 치란治亂이다. 사회적 관점, 사회의 치란의 관점에서 이론을 확립하여 사람을 관찰함에 노자는 자연적 인간(人之自然)을 중시하였고, 이에 따라 "욕심을 비움"을 강조하였다. 장자가 내세운 이론의 출발점은 개체의 인간이다. 장자도 비록 자연적 인간을 긍정하였지만, 장자가 더욱 높이 받들어 강조한 것은 인간의 자유이다.[30] 인간의 자유를 강조함으로써 장자는 "자유롭게 노니는 마음"(游[31]心)을 표방하였다.

장자는 다음과 같이 말한다.

---

30) 蒙培元은 "장자철학의 근본 목적은 심령의 자유의 경지를 실현하는 것이다"(蒙培元, 『心靈超越與境界』, 北京: 人民出版社, 1998, 208쪽)라고 하였다.

31) 역자 주: 『莊子』書에서는 "遊"와 "游"를 섞어서 쓴다. 그러나 본 번역서의 原著인 『虛靜與逍遙』는 "游"로 통일하여 쓰고 있으므로 본 번역서에서도 "游"로 통일한다.

무릇 본성을 잃는 다섯 가지가 있는데, 첫째는 오색이 눈을 혼란하게 하여 눈이 밝지 못하게 한다. 둘째는 오성五聲이 귀를 어지럽혀서 귀가 밝지 못하게 한다. 셋째는 다섯 가지 냄새가 코에 스며들어 코를 마비시키고 정수리까지 바로 도달한다. 넷째는 다섯 가지 맛이 입을 탁하게 하여 입맛을 해친다. 다섯째는 취하고 버림의 판단이 심성을 어지럽혀서 본성이 (욕망을 따라) 멋대로 날뛰게 한다.(趣舍滑心, 使性飛揚) 이 다섯 가지는 모두 생명을 해친다.(『莊子』, 「天地」)

여기서는 색과 눈을 대응시키고, 소리와 귀, 냄새와 코, 맛과 입, 심과 성을 대응시켰다. 이른바 "하고 버림의 판단이 심성을 어지럽혀서 본성이 (욕망을 따라) 멋대로 날뛰게 한다"(趣舍滑心, 使性飛揚)에서 "취사趣舍"는 곧 취사取捨이며, "활滑"은 혼란(迷亂)이다. 성현영은 "취趣는 취함(取)이며, 활滑은 혼란(亂)이다. 심에 순응하면 취하고, 정情에 위반되면 버리며, 그 심을 요란擾亂하게 하면 자연지성自然之性이 (욕망을 따라) 치달리며 쉬지 않고, 경망스럽고 조급하게 행동하게 되니 날뛴다(飛揚)고 한다"(『莊子疏』, 「天地」)[32]라고 하였다. 인간의 좋아함과 싫어함, 옳고 그름의 정情이 인간의 정신을 어지럽히면, 그에 따라 사람의 자연적인 청정淸靜한 성이 조급하게 움직이고 날뛴다. 정情이 심을 혼란하게 하여 심이 성을 흔드니, 마땅히 심으로부터 성의 허정하고 청평함을 회복해야 한다.[33]

장자는 다시 노자의 입을 빌려 다음과 같이 말한다.

무릇 머리가 있고 발은 있어도 심이 없고 귀가 없는 것들이 많으며, 형체를 가진 것이 무형無形·무상無狀과 함께 존재하는 것은 전혀 없다.(『莊子』, 「天地」)

"머리가 있고 발은 있음"(有首有趾)은 곧 나의 형체가 있음이며, "심이 없고

32) 郭慶藩, 『莊子集釋』(北京: 中華書局, 1961), 54쪽.

33) 나광은 "장자는 맹자와 마찬가지로 특히 '心'을 중시하지만, 두 철학자가 심을 논한 의도는 다르다. 맹자가 논한 심은 심으로부터 성을 알고 또 심으로부터 성을 기르는 것이다. 장자가 논한 심은 심이 성을 손상할 수 있으니 심을 버리고 성을 회복해야 한다"(羅光, 『中國哲學思想史—先秦篇』, 臺北: 臺灣學生書局, 1982, 538쪽)라고 하였다.

귀가 없음"은 곧 인간의 실체實體가 없는 것이며, "형체가 있는 것"은 곧 인간의 형체이며, "무형무상"은 곧 심이며, 또한 인간의 정신이다. 세상의 사람들 가운데 형체는 있으나 인간으로서의 실체가 없는 사람이 매우 많으며, 심신을 온전하게 갖춘 인간은 이 세상에서는 극히 드물다.

장자는 개인들의 생활 상태에 매우 관심이 많았기 때문에 인심의 현실적 상황을 매우 중시하였다. 왜냐하면 사람이 (사람다운) 사람이 되는 것은 사람이 이 마음을 가지고 있는가에 달려 있기 때문이다. 장자는 다음과 같이 본다.

> 무릇 슬픔은 마음의 죽음(心死)보다 더 큰 것이 없으며, 사람이 죽는 것은 그다음이다. (『莊子』, 「田子方」)

임운명林云銘(1628~1697)은 해석하기를 "심사心死라는 말은 곧 「제물론」에서 '그 형체가 변화하면 그 마음도 그와 같이 그렇게 되리니 어찌 크게 슬프다고 하지 않겠는가?'라는 말과 같다. 심이 보존되면 사람도 보존되며, 심이 죽으면 사람도 죽는다. 사람이 죽으면 비록 슬프지만 심이 죽는 것만큼 또한 더 큰 슬픔이 없다"(林雲銘, 『莊子因』, 「田子方」)라고 하였다. 사람이 죽는 것은 개체 생명의 종결이다. 세상에서 가장 소중한 것이 생명이기 때문에 사람이 죽으면 슬프다. 그러나 사람이 사람다운 사람이 되는 것은 곧 사람에게 이 마음이 있기 때문이며, 마음이 죽었는데 단지 하나의 몸뚱어리(軀殼)만 남았다면 사람 같기는 하나 사람이 아니며, 사람의 형체는 있으나 사람의 실상은 아니니 더욱 슬플 수밖에 없다.[34]

---

34) 곽상은 "무릇 마음이 죽음으로 여기는 죽음이 곧 그 죽음을 앞당긴다. 그 죽음을 앞당기는 것은 슬픔으로 말미암아 스스로 기운을 잃어버리는 것이다. 슬픔이 없으면 (죽음이) 그치고, 슬픔이 있으면 심이 죽는 것은 곧 슬픔이 크기 때문이다"라고 하였다. 성현영은 "무릇 정이 쌓인 것으로 심의 변화와 바뀜(變易)보다 더 심한 것은 없으며, 變易이 생겨남과 없어짐 때문에 깊이 애통해할 수 있고, 삶과 죽음으로 애통해함은 그다음이다"(郭慶藩, 『莊子集釋』, 北京: 中華書局, 1961, 707쪽)라고 하였다. 심의 죽음을 심의 변화와 바뀜, 슬퍼하고 가슴 아파함이라고 보는 것은 아마도 장자의 본의는 아닐 것이다. 임희일은 "마음이 죽는 것은 드러내 보일 수 없다. 살아 있지만 드러내 보일 수

심의 죽음은 슬퍼할 일이며, 심령心靈의 부자유不自由도 또한 슬퍼할 만한 일이다.

대지大知는 넓고 활달豁達하고, 소지小知는 사소하게 일일이 분별하며, 대언大言은 기염氣焰을 토하고, 소언小言은 자질구레하다. (대부분 사람은) 잠을 잘 때는 심령心靈이 치달려 정신과 넋이 교접하고, 잠에서 깨어나서는 또 욕망이 외부로 열리니, 외계환경과 접촉하여 날마다 옥신각신 다툰다. 때로는 말이 태만하고 게으르며, 때로는 말의 수준이 높아 헤아릴 수 없으며, 때로는 사람은 말과 글이 삼가고 근신하며, 적게는 두려워 벌벌 떨고, 크게는 깜짝 놀라 혼을 잃기도 한다. 그들이 내뱉는 말은 마치 쇠뇌처럼 빠르고 뾰족하며, 그 말은 끊임없이 옳고 그름을 만들어 내며, 마음속에 맹세와 서약을 하고 줄곧 승리의 기회를 기다린다. 쇠패衰敗하는 것은 가을과 겨울의 초목과 같으며, 이것은 그들이 날로 더욱 쇠약해짐을 말하며, 일에 빠졌다가 어려움에 부닥치면 다시 회복할 수 없으며, 그것이 짓눌려 묶이게 되면 그것이 노쇠하고 쇠퇴하였음을 말하며, 거의 죽은 마음으로는 양기陽氣(생명)를 회복시킬 수 없다. 그들은 희喜 · 노怒 · 애哀 · 락樂, 사려 · 탄식 · 변통 · 두려움, 경박 · 방종 · 장광長廣 · 조작을 한다. 음악은 (악기의) 빈 곳에서 나오고, 증기蒸氣가 버섯을 키운다. 이것들은 하룻밤 사이에 눈앞에서 서로 바뀌며, 도리어 어떻게 싹이 생기는지 알 수가 없다. 그만두어라! 그만두어라! 하루 만에 발생한 모든 도리를 깨닫는 것은 이러한 정황이 발생하고 형성하는 원인을 명백하게 알기 때문이리라!(『莊子』, 「齊物論」)[35]

없는 것은 오히려 죽음보다 심하다"(林希逸, 『南華眞經口義』[『中華道藏』 제13책, 北京: 華夏出版社, 2004], 권22, 841~842쪽)라고 하였다. 저백수는 "성인의 심은 고요한 물처럼 담담하며, 사물이 오면 곧 꿰뚫어 보며, 가만히 감응하니 이것을 일러 사물과 더불어 봄을 맞는다고 하며, 밤낮으로 물러남이 없는 것이다. 만약 그 심이 죽으면 시들어 죽으며, '지각 · 감각 · 사고 · 행위가 전혀 없음'(頑空)에 불과하며, 쓸쓸하고 적막함에 빠져서 다시 양기를 회복할 수 없으니 그러므로 哀痛함이 이보다 더 큰 것이 없다"(褚伯秀, 『南華眞經義海纂微』[『中華道藏』 제14책, 北京: 華夏出版社, 2004], 권63, 341쪽)라고 하였다. 장자는 "거의 죽은 심은 양기를 회복하게 할 수 없다"라고 하였고, 또 "그 형체가 변화하면 그 마음도 그와 같이 그렇게 되리니 어찌 크게 슬프다고 하지 않겠는가?"(『莊子』, 「齊物論」)라고 하였다. 양기는 감촉하여 움직이며 영명하게 응한다. 그러므로 심이 죽은 것은 사물에 감촉이 없고 영묘함이 없고 응함도 없는 것임을 알 수 있다.

35) 역자 주: 이 책에서 인용한 『莊子』 원문의 번역은 주로 張耿光의 『莊子全譯』(貴州人民出版社, 1995)을 참고한다.

인간의 심령은 시시각각 강렬한 위압危壓을 받는다.[36] 큰 지혜는 광박廣博하며, 작은 지혜는 정밀하고 세밀하다. 대언大言은 기세氣勢가 사람을 능가하고, 소언小言은 쉴 새 없이 지껄인다. 잠을 잘 때 신神과 혼魂이 교착하고, 깨어 있을 때 신체는 불안정하다. 외물과 감응하여 온종일 아옹다옹한다. 때로는 말이 느려 마치 생각하는 바가 있는 것처럼 보이고, 때로는 말 속에 함정을 두어 오직 다른 사람이 걸려들기를 기다리며, 때로는 사용하는 말이 주밀周密하고 근엄하여 한 치의 꼬투리도 남기지 않는다. 작게 두려워하면 고개를 숙이고 의기소침하며, 크게 두려우면 혼비백산魂飛魄散한다. 말을 내뱉을 때는 마치 쇠뇌를 쏘는 것과 같고, 오로지 타인의 시비를 기다려서 공격하며, 말을 하지 않을 때는 맹세를 한 듯 묵묵히 말없이 승리의 시기를 기다리며, 퇴락頹落할 때는 마치 가을과 겨울의 시들고 말라버린 초목처럼 하루하루 쇠락하고, 어려움을 만나면 그 본래의 면목을 회복할 방법이 없으며, 심령은 진흙에 막혀서 억압을 받는 것이 마치 꽁꽁 묶여 있는 것과 같으니 이것은 곧 노후하여 쇠패함의 표현이며, 심령은 이로부터 곧 점점 더 죽음으로 향하며 그 본래의 활력을 회복할 방법이 없다. 때로는 기뻐하고, 때로는 분노하며, 때로는 비통해하고, 때로는 즐거워하고, 때로는 우려하고, 때로는 탄식하고, 때로는 공포에 떨며, 때로는 경박하고(浮躁), 때로는 방종하고, 때로는 나쁜 기운으로 날뛰며(囂張), 때로는 표정을 꾸민다. 마치 텅 빈 퉁소와 피리에서 음악소리가 나오는 것과 같고, 마치 지기地氣가 상승하여 버섯 종류를 키우는 것과 같다. 갖가지 사단事端과 상황이 밤낮으로 바뀌어 눈앞에 드러나지만, 그런 것들이 결국 어떻게 발생하는지 알

36) 명나라 釋德清(1546~1623)은 "이 한 구절은 고금을 막론하고 어떤 사람도 아직 대도를 밝히지 못하고 아직 無心을 얻지 못함을 형용한 말이다. 그러므로 그 小知를 옳다고 긍정하고, 또 그 말이 仁義롭고 시비를 구별한 것처럼 여기므로 내뱉는 말은 모두 간교한 심보(機心)에서 나오는 것인데, 모든 사람이 그것을 고집하여 죽을 때까지 깨닫지 못한다. 그 사람의 형체(形器)를 말하면 비록 '이목구비 등 일곱 구멍'(衆竅)이 다르고, 그 음성도 사람마다 다르지만, 저 땅이 울리는 갖가지 소리(地籟)는 無心이며, 사람의 말은 有心이다. 그러므로 그 뒤 문장에서 '말은 입으로 바람 불기가 아니다'라고 하였으며, 이 때문에 각각 자신의 견해를 막았기 때문에 是非가 가려지게 되었다"(釋德清, 『莊子內篇注』. 陳鼓應, 『莊子今注今譯』, 北京: 中華書局, 1983, 42쪽 참고)라고 하였다.

수가 없다. 그만두어라! 그만두어라! 하루아침에 이 모든 것을 깨닫게 된다면 이러한 상황이 발생하는 근본적 이유를 잘 알게 된다.

심령이 이와 같이 침중沈重한 억압과 심한 손상을 받으면 이 또한 인류의 불행이다. 장자는 다음과 같이 말한다.

> 사물들과 서로 베고 서로 비비며 닳아 없어지고 행하여 없어짐이 마치 말을 달리는 것처럼 그것을 멈추게 할 수가 없으니 어찌 슬프지 않겠는가? 일생 수고하면서도 그 성공을 볼 수 없고, 고달프게 고생해도 그 돌아갈 바를 알지 못하니 어찌 애처롭지 않겠는가? 사람들이 죽지 않는다고 하지만 무슨 이익이 있겠는가? 그 형체가 변화하면 그 마음도 그와 같이 그렇게 되리니 어찌 크게 슬프다고 하지 않겠는가? 사람으로 태어나서 진실로 이처럼 '어리석고 우둔'(芒, 闇昧)한가?(固若是芒乎) 그것이 나만 홀로 암매暗昧하고 남들은 또 암매하지 않은 사람이 있는가?(『莊子』, 「齊物論」)

성현영은 "망芒은 암매闇昧(暗昧)함이다"(『莊子疏』, 「齊物論」)[37]라고 하였다. 왕방王雱(1044~1076)은 "망芒은 매昧이다. 사람이 태어남에 진재眞宰(도의 본체, 天)로부터 형체를 받았는데, 어찌 무지無知라 하겠는가? 오직 스스로 깨닫지 못하고 점점 더 미혹되어 무지에 빠진다"(王雱, 『南華眞經新傳』, 권2)[38]라고 하였다. "망芒"은 곧 망茫이며, 곧 미망迷茫이다.[39] 심心이 밖으로 치달리고 심이 사물로 치달리는데 멈추게 할 것이 없고, 되돌아가게 할 것이 없고, 피로하고 미망하고 또한 멈출 수가 없다. 이처럼 마치 망가진 심령은 실재로 인류에게는 가장 큰 슬픔이다.

> 심지心志의 발발勃勃(왕성하게 일어남)을 다스리고(徹), 마음이 그릇됨(謬)을 풀며[40],

---

37) 郭慶藩, 『莊子集釋』(北京: 中華書局, 1961), 61쪽.
38) 『中華道藏』 제13책(北京: 華夏出版社, 2004), 572쪽.
39) 위정통은 "'芒'은 불교에서 말하는 '無明'과 서로 비슷하며, 이것은 인류의 모든 조작과 모든 죄악의 근원이다"(韋政通, 『中國思想史』, 臺北: 大林出版社, 1982, 183쪽)라고 하였다.
40) 역자 주: 陸德明과 張耿光과 등은 '謬'를 '繆'(속박)로 보아야 한다고 하고, 또 '勃'을 '悖'

덕德에 누가 됨을 제거하고, 도가 막힘을 통달하게 한다. 부富·귀貴·현달顯達·존엄尊嚴·명성名聲·이익利益 여섯 가지는 심지를 발발시키는 요인이며, 용모容貌·거지擧止·미색美色·사리辭理·기조氣調·정의情意는 마음을 그릇되게 하는 요소이며, 증오憎惡·욕념欲念·흔희欣喜·분노憤怒·비애悲哀·환락歡樂 여섯 가지는 덕에 누를 끼치는 요인이며, 이거離去·고발靠拔·탐취貪取·시여施與·지려智慮·기능技能의 여섯 가지는 도를 막히게 하는 요소이다. 이 네 가지 부분의 여섯 가지 종류가 흉중에서 몹시 울려서 뒤흔들리지(震蕩) 않으면 (내심이) 평정平正하게 되며, (내심이) 평정하면 안정安靜되며, 안정되면 명철明徹하게 되고, 명철하면 허령虛靈하게 되며, 허령하면 무위無爲하되 작위하지 않음이 없게 된다.(『莊子』, 「庚桑楚」)

부富·귀貴·현달顯達·존엄尊嚴·명성名聲·이익利益과 증오憎惡·욕념欲念·흔희欣喜·분노憤怒·비애悲哀·환락歡樂이 흉중에서 진탕震蕩하기를 멈추지 않을 것이 곧 "망芒"이며, 또한 심이 그릇됨이며, 덕에 누가 되는 것이다. 심의 청정淸靜과 명증明證함을 유지하려면 이 모든 일체를 모두 버리고 제거해야 한다.

한편으로 장자는 심령이 위압을 받는 것을 반대하였고, 심이 밖으로 치닫는 것을 반대하며, 심이 외물의 부림을 받아 무기력해지고 피로하게 되는 것도 반대하였다. 다른 한편으로 장자는 또한 심이 죽은 듯 감각이 없음도 반대한다. 표면적으로 보면, 장자는 매우 모순적인 것 같지만 사실은 결코 모순은 아니다. 심이 밖으로 치닫는 것을 반대하고, 심이 외물의 부림을 받는 것도 반대하였는데, 이것은 결코 심이 적막하고 대응이 없는 상황에 처하도록 하려는 것이 아니며, 심이 허虛·정靜·청淸·명明의 경계에 처하도록 하려는 것이다. 외물의 부림을 받지 않는 것은 또한 곧 명성名聲과 이익利益, 증오와 욕념이 흉중을 진탕하지 않는 것이다. "흉중에서 진탕하지 않으면 (내심이) 평정平正하게 되며, (내심이) 평정하면 안정安靜되며, 안정되면 명철明徹하게 되고, 명철하면 허령虛靈하게 되며, 허령하면 무위하되 작위하지 않음이 없게 된다." 허정하고 청명한 경계야말로 장자가 추구하는 정신의 경계이다.

로 보아야 한다고 하였다. 그러나 여기서는 '謬'와 '勃'을 이 책 저자의 해석에 따라 글자 그대로 해석한다.

심령이 위압과 속박을 받으면 자유롭지 못하게 되며, 이것은 인류의 비애이다. 그렇다면 어떻게 이러한 비애에서 벗어날 수 있는가? 장자가 제시한 방법은 "어지러움이 없음"(無攖)이다.

최구崔瞿(가공의 인물)가 노담老聃에게 "천하를 다스리지 않고 어떻게 사람들을 착하게 할 수 있겠습니까?"라고 물었다. 노담은 "그대는 근신하고 사람들의 마음을 흔들지 않도록 하라. 사람의 마음은 남을 아래로 밀어 내리고(排下) 자신을 올리려고 하며, 상·하의 사람이 서로 압박하여 죽이려 하는데, 오직 유약柔弱으로 순응하면 굳세고 강한 것을 부드럽게 할 수 있다. 방정함(廉)으로 (외부의) 상해(劌: 傷害)와 가혹한 착취(雕琢)를 따르지 않고, 그 열기熱氣는 타오르는 불길 같고, 그 한기寒氣는 얼어붙은 얼음과 같다. 그 빠르기는 고개를 숙였다 드는 순간에 세상의 밖을 두 번이나 돌고, 그것이 머물러 있을 때(居)는 깊은 물처럼 고요하고, 그것이 움직일 때는 하늘 높이 뛰어오른다. 이처럼 교만하고 제멋대로여서 매어 둘 수 없는 것은 오직 인심人心일진저!"라고 대답하였다. 옛날 황제黃帝가 처음으로 인의로써 사람들의 마음을 흔들었고, 요堯와 순舜은 이 때문에 넓적다리 살이 다 빠지고, 정강이의 털이 없어지도록 고되게 노력하여 천하의 만물(形: 形體)을 길렀다. 온몸(五藏)을 수고롭게 하여 인의를 행하고, 심혈을 기울여 법도를 만들었다. 그러나 오히려 '잘 다스리지 못함'(不勝)이 있었다. 요임금은 결국 간신奸臣 환두讙兜(顓頊의 아들)를 숭산崇山으로 추방하고, 삼묘三苗(요임금 때의 國名)를 삼위三峗(서북지방의 山名)에 몰아내고, 공공共工(水官)을 유도幽都(북방의 幽州)로 유배 보냈으니, 이는 천하를 잘 다스리지 못한 것이다. 삼왕(夏·殷·周)으로 이어져서는 더욱 크게 천하를 놀라게 하였다. 아래로는 걸桀과 같은 폭군과 도척盜跖 같은 도적이 나타나고, 위로는 증삼曾參과 사추史鰌 같은 인물이 있었고, 유가儒家와 묵가墨家가 전면적으로 일어났다. 이로부터 기뻐함과 분노함이 서로를 의심하며, 어리석음과 지혜로움이 서로를 속이며, 선함과 악함이 서로를 비난하며, 허망함과 신의信義가 서로를 풍자하며, 이로부터 세상은 점점 쇠퇴하였다. (본래 하나인) 대덕大德이 달라지고, 자연본성이 어지러워졌으며, 세상 사람들이 (세속적) 지혜를 좋아하고, 백성들이 그것을 갈구渴求하였다. 이에 모두 좋아하고 욕심을 끝까지 부리게 되었다. 이에 (목수의 도구인) 도끼와 톱이 (형벌을 가하는 도구로) 제정되고, (직선을 긋는) 먹줄(繩)과 (수직을 재는)

노끈(墨=纆)으로 사람을 죽이고, (나무의 구멍을 뚫는) 몽치(椎)와 (나무를 파내는) 끌(鑿)로 (사람을 죽이는) 판결判決을 하였다. 천하가 서로를 짓밟으며 크게 어지러워졌으니 그 죄는 인심人心을 흔든 데에 있다.[41](『莊子』, 「在宥」)

"영攖"은 요擾이다. "무영無攖"은 어지러움이 없음(無擾)이며, 방해하지 말라는 것이다. 임희일은 "무영無攖은 심을 교란함과 저촉됨이 없는 것이다. 아래로 밀어 내림(排下)은 뜻을 얻지 못하였을 때는 갈수록 무너지고, 뜻을 얻었을 때는 (남이) 나아가지 못함을 좋아한다"(林希逸, 『南華眞經口義』, 권13)[42]라고 하였다. 이것이 이른바 "상·하의 사람이 서로 압박하여 죽인다"는 말이며, 곽숭도郭嵩燾(1818~1891)는 "상·하의 사람이 서로 압박하여 죽이는 것은 위를 속이고 아래도 속임을 말하며 심을 구금하고 촉급하게 하여 자적自適하지 못하게 하는 것이다. 오직 유약柔弱으로 순응하면 굳세고 강한 것을 부드럽게 할 수 있으면, 강剛한 것을 부드럽게 할 수 있으며, 방정함(廉)과 (외부의) 상해(劌: 傷害)는 단도직입적이며, 한기와 열기가 온 갖가지로 변하며, 물과 불이 함께 베풀어지면, 그것을 흔드는 것이 결국은 막을 수 없는 지경에 이른다"[43]라고 하였다.

성은 심의 객관적 기초이며, 심은 성의 주관적 표현이다. 성의 본원本原과 본진本眞은 허정虛靜과 염담恬淡이며, 이 때문에 심에 대해서도 또한 마땅히 그것을 어지럽히는 것을 최선을 다해 최소화해야 한다. 사람의 마음은 그 뜻을 얻지 못하였을 때는 더욱 의기소침해지고, 뜻을 얻었을 때는 쉽게 흔들리니, 이것은 모두 심령을 구속하고 상해를 입히는 것이다. 황제黃帝는 인의仁義로써 사람의 마음을 어지럽혔고, 후세의 임금은 예법禮法으로 백성을 손상시켰다. "이에 (목수의 도구인) 도끼와 톱이 (형벌을

---

41) 역자 주: 이 마지막 구절의 해석은 문자적 의미를 따르기보다는 비유적으로, '본래 목수가 유용하게 쓰는 여러 도구들이 그 본래의 목적보다는 사람을 해치는 도구로 쓰임'을 의미한다. 즉 인간사회를 위한다는 법률제도가 오히려 사람을 해치는 결과를 초래한다는 의미이다.

42) 『中華道藏』 제13책(北京: 華夏出版社, 2004), 779쪽.

43) 郭慶藩, 『莊子集釋』(北京: 中華書局, 1961), 372쪽 인용.

가하는 도구로) 제정되고, (직선을 긋는) 먹줄(繩)과 (수직을 재는) 노끈(墨=纆)으로 사람을 죽이고, (나무의 구멍을 뚫는) 몽치(椎)와 (나무를 파내는) 끌(鑿)로 (사람을 죽이는) 판결判決을 하였다"(於是乎斤鋸制焉, 繩墨殺焉, 椎鑿決焉)라는 구절에 대하여 왕선겸은 "목수는 승묵繩墨으로 나무를 바르게 하고, 임금은 예법으로 사람을 바르게 한다. 목수는 도끼와 톱으로 나무를 깎고 잘라 나무를 해치며, 임금은 형법刑法으로 사람을 해친다"[44]라고 하였다. 그러므로 천하가 어지러워지는 "죄가 심을 어지럽힘에 있다."

사람의 심은 본래 허정하며, "사람의 마음을 어지럽힘이 없음"은 곧 사람의 마음을 가장 잘 보호하는 것이다.

> 운장이 "저는 선생님을 만나 뵙기가 매우 어렵습니다. 바라건대 한마디 가르침을 주십시오"라고 말했다. 홍몽鴻蒙은 "아! 마음을 길러라. 그대가 단지 무위에 머물기만 하면 만물이 저절로 화육化育될 것이다. 너의 형체를 잊어버리고, 너의 총명을 제거하고(黜), 윤리와 만물을 함께 잊어버려라. 혼돈한 원기와 크게 함께하고, 심려를 벗어나고 정신을 풀어 놓고 고즈넉이 혼이 없는 것처럼 하라. 만물이 번잡하고 성대해지며, 각각 그 근본을 회복한다. 각각 그 근본을 회복해도 도리어 그 근본을 유지할 줄 모르고, 혼연한 자연본성을 종신토록 떠나지 않는다. 만약 그것을 지각함이 있다면 곧 본진本眞을 떠나게 된다. 그 실정을 엿보려 하지 말라. 만물은 진실로 자연으로 생장한다"라고 하였다.(『莊子』, 「在宥」)

"단지 무위에 머물기만 하면 만물이 저절로 화육化育될 것이다"(徒處無爲, 而物自化)라는 말에 대하여 곽상은 "무릇 마음을 쓰다 상하게 되면 마음을 양생하는 사람은 오직 마음만 쓰지 않아야 하는가?"(『莊子注』, 「在宥」)[45]라고 하였다. 성현영은 "몸과 마음을 다 잊고 사물과 나를 함께 버리는 것이 심성수양(養心)이다"(『莊子疏』, 「在宥」)[46]

---

44) 王先謙, 『莊子集解』(北京: 中華書局, 1987), 92쪽.
45) 郭慶藩, 『莊子集釋』(北京: 中華書局, 1961), 390쪽.
46) 郭慶藩, 『莊子集釋』(北京: 中華書局, 1961), 391쪽.

라고 하였다. "만물이 번잡하고 성대해지며, 각각 그 근본을 회복한다"(萬物云云, 各復其根)라는 말은 『노자』 16장의 "무릇 만물은 무성하게 자라나지만, 각각 그 뿌리로 되돌아간다"(夫物芸芸, 各復歸其根)라는 구절에서 나왔다. "그 뿌리로 되돌아감"(歸其根)은 곧 그 본근本根으로 되돌아가는 것이며, 도로 복귀하는 것이다. 도로 복귀하는 것은 곧 자신의 마음을 무지無知와 무각無覺의 상태에 머물도록 하는 것이다. 임희일은 "지각이 있자마자 도와 나누어져 둘이 된다"(林希逸, 『南華眞經口義』, 권13)[47]라고 하였다. 장자가 보기에 무위無爲와 쓰임이 없음(無以爲)은 외물 때문에 그 몸에 내상內傷을 입히지 않는 것이며, 실제로 마음수양의 가장 좋은 방법이다.

장자는 "기심機心"을 부정하는데 그 까닭은 "기심"이 인간의 자연적 본심을 어지럽히는 작용을 하고 있기 때문이다.

> 자공子貢(B.C.520~B.C.453)이 남쪽 초楚나라를 여행하고 진晉으로 돌아갈 때 한음漢陰(漢水의 남쪽)을 지나면서 한 노인이 채마밭에서 일을 하는 것을 보았다. 그는 밭에서 우물까지 땅을 파 물길을 내고, 항아리를 안고 물을 퍼서 물길에 부었는데, 매우 힘을 많이 쓰지만, 효과는 적었다. 자공이 노인에게 "여기에 기계가 있는데 하루에 백 이랑이나 물을 댈 수 있습니다. 힘은 아주 조금 들이고도 효과는 크게 얻을 수 있으니 어르신은 그걸 원하지 않으십니까?"라고 하였다. 밭일하던 노인이 얼굴을 들어 자공을 보고는 "어떻게 하는 건가?"라고 물었다. 자공이 "나무에 구멍을 뚫어 기계를 만들되 뒤쪽은 무겁고 앞쪽은 가볍게 하여, 우물에 넣고서 물을 뽑듯이 끌어올리기를 자꾸 하면 마치 물이 용솟음치듯 빠르게 올라오니, 그 이름을 방아두레박이라고 합니다"라고 하였다. 밭일하던 노인이 벌컥 화를 내며 얼굴을 붉혔다가 웃으며 "내가 나의 스승에게 '기계가 있으면 반드시 기계로 인한 일이 생기고, 기계로 인한 일이 있으면 반드시 간교한 심보(機心)가 생긴다'라고 들었네. 기심機心이 가슴속에 있으면 순수 결백함이 갖추어지지 못하고, 순수 결백함이 갖추어지지 못하면 '신묘한 본성'(神生)이 안정을 잃게 되며, 신묘한 본성(神生)이 안정되지 않은 자에게는 도가 갈무리되지 않네. 내가 (기계의 효용을) 모르지는

47) 『中華道藏』 제13책(北京: 華夏出版社, 2004), 783쪽.

않지만, 부끄럽게 여겨 쓰지 않는다네"라고 하였다.(『莊子』, 「天地」)

성현영은 "무릇 기계장치가 있는 기물器物은 반드시 기동機動의 임무가 있으며, 기동의 임무가 있는 것은 반드시 임기응변(機變)이 있다. 기변機變이 가슴에 있게 되면 순수하고 결백한 (마음의 본체가) 원만하게 갖추어지지 않는다. 순수하고 결백한 마음의 본체가 갖추어지지 않으면 정신의 영역에서 생멸生滅이 안정되지 않는다. 안정되지 않으면 지극한 도는 갈무리되지 않으니 이런 까닭에 부끄러워서 하지 않는다"(『莊子疏』, 「天地」)[48]라고 하였다. "기심機心"은 사람이 "순백純白함을 갖추지 못하도록" 하고, "신생神生이 안정되지 못하도록" 하며, "기심"은 인간의 자연적 순박함을 파괴한다. 장자는 "공명과 이욕과 기교機巧는 반드시 저 인간의 마음을 잃어버리게 한다"(『莊子』, 「天地」)라고 하였다. 이것은 인간의 심령을 가장 크게 해치는 것이며, 따라서 우리는 마땅히 부정해야 한다.[49]

오직 "다만 무위에 처하고", 오직 인심을 "어지럽힘이 없고"(無攖), 오직 심의 허정과 영활하고 현묘함(空靈)을 유지해야만, 인심이 비로소 외부의 각종 요소의 위압과 속박을 받지 않을 수 있으며, 자유자재로 활동할 수 있다.

장자는 심령의 자유자재함을 "유游"라고 한다. "소요유逍遙游"에서의 "유游"도 실제로는 다른 것이 아니라 곧 심유心游이며, 또한 신유神游이며, 정신의 해방과 자유이다.[50] "유游"라는 글자는 『장자』서에서 모두 113차례 나타나는데, 세 차례

48) 郭慶藩, 『莊子集釋』(北京: 中華書局, 1961), 434쪽.

49) 장자는 機心을 부끄럽게 여겼으며, 맹자도 기심을 부끄럽게 여겼다. 맹자는 "때에 따라 변하는 技巧를 부리는 사람은 부끄러움이라는 말이 필요가 없다"(『孟子』, 「盡心上」)라고 하였다. 鍾泰(1888~1979)는 "대개 機巧로서 사람을 이롭게 하는 것은 곧 사람을 해칠 수 있으니, 당시에는 사람을 조금 이롭게 하지만 그것을 이용해서 사람을 해치는 것이 많다. 그러므로 성인의 밝은 학문을 하는 지식인은 매양 그것을 위험하다고 여기고, 사람의 사악한 마음(賊心)을 막고자 하여 그 부끄러워함을 啓導하였으니, 또한 마땅히 시기에 맞는 약이 되는 말이다"(鍾泰, 『莊子發微』, 上海: 上海古籍出版社, 2002, 271쪽)라고 하였다.

50) 진고응은 "장자철학에서 '游'는 매우 특수한 것이다. 그는 '游'라는 개념을 매우 많이 사용하였으며, '游'를 이용하여 정신의 자유로운 활동을 표현하였다. 장자는 정신의 자

나오는 「제물론」의 "자유子游"라는 인명을 제외하면 나머지 모두 110차례이고, 모두 동사動詞 용법으로 합계 89곳에 이른다.

하늘과 땅의 바른 기를 타고 육기六氣의 변화를 다스려 무궁의 경지에 노니는 사람이라면, 그가 또 무엇에 의존하겠는가!(「逍遙游」)

구름의 기운을 타고 비룡飛龍을 다스려 사해四海의 밖에서 노닌다.(「逍遙游」)

사슴은 사슴 종류와 교미하고 미꾸라지는 물고기와 함께 헤엄치며 노닌다.(「齊物論」)

그러한 사람(至人)은 구름을 타고 해와 달을 몰고 사해의 밖에서 노닌다. 죽음과 삶도 자신을 변화시키지 못하는데, 하물며 이해利害의 단초에 따라 변하겠는가?(「齊物論」)

성인은 세속적인 일(실무)에 종사하지 아니하며, 이익을 추구하지 않으며, 해로움을 피하지 않으며, 구함을 기뻐하지 않으며, 도道에 연연하지 않으며, 무언無言을 유언有言으로 삼고('無謂有謂'에서 '謂'는 '言'이다), 유언有言을 무언無言으로 삼으며, 세속의 밖에 노닌다.(「齊物論」)

넓고 넓어 칼날을 놀리는 데 반드시 여지餘地가 있다.(「養生主」)

만약 새장(衛나라 경내. 禮教)에 들어가 노닐면서도 명성名聲에 감응하지 않을 수

유를 구하여 얻으려면 한편으로 사람은 '격리된 지혜'를 배양하여 정신이 현실의 갖가지 속박으로부터 벗어나야 한다고 보았으며, 또 다른 한편으로 개방된 심령을 배양하여 사람이 꽉 막힌 심령으로부터 벗어나고, 자아중심의 구조에서 벗어나야 한다고 생각하였다"(陳鼓應, 『老莊新論』, 上海古籍出版社, 1992, 231쪽)라고 하였다. 그리고 "노자와 장자가 보기에 '游心'은 곧 심령의 자유 활동이며, 심령의 자유는 사실 '道'의 생활을 體認한 것이며, 곧 '도'의 자유성 · 무한성 · 整體性을 체인한 것이다. 종합하면, 장자의 '游心'은 무한적으로 확대된 생명의 內涵이며, '小我'를 '宇宙我'로 끌어올린 것이다"(위의 책, 231쪽)라고 하였다.

있으면, (위나라 군주가 游說를) 받아들이면 말을 하고, 받아들이지 않으면 멈추어라.(「人間世」)

또 무릇 만물을 타고 (자유롭게) 노니는 마음을 그렇게 하지 않을 수 없음에 맡겨서 중中을 기르면 지극할 것이다.(「人間世」)

남백자기南伯子綦가 상구商丘(의 폐허)에서 노닐었다.(「人間世」)

지리소支離疏는 팔뚝을 걷어붙이고 그 사이를 휘젓고 돌아다녔다.(「人間世」)

공자가 초나라에 갔을 때 초나라 미치광이 접여接輿가 그 문 앞에서 노닐며 말하기를…… (「人間世」)

노魯나라에 월형刖刑(발을 자르는 刑)을 받은 왕태王駘가 있었는데, 그를 따라 노니는 사람의 수가 중니仲尼(공자)와 같았다.(「德充符」)

왕태王駘는 월형刖刑을 받은 사람이며, 그를 따라 노니는 사람이 부자夫子(공자)와 함께 노나라를 반분하고 있습니다.(「德充符」)

또한 이목耳目에 마땅한 바를 알려고 하지 않고(구애되지 않고) 마음을 덕의 조화 속에서 노닐게 한다.(「德充符」)

예羿가 활 쏘는 사정권射程圈 안에서 노닌다.(「德充符」)

나는 부자夫子와 19년 함께 노닐었다.(「德充符」)

지금 자네는 나와 형해形骸(육체)의 안에서 교유交游하고 있다.(「德充符」)

성인이 노니는 바가 있다.(「德充符」)

그러므로 성인은 장차 사물이 피할 수 없는 영역에서 노닐며 모든 것을 보존한다.(「大宗師」)

풍이馮夷는 그것을 얻어서 황하(大川)에서 노닐었다.(「大宗師」)

누가 하늘에 올라 안개 속에 노닐며, 한계가 없는 세계에서 자유롭게 다니며, 서로 생명을 잊고 궁극에 도달하여 끝냄이 없도록 할 수 있는가?(「大宗師」)

저들은 예법의 테두리 밖에서 노니는 사람들이고 나(공자)는 예법의 테두리 안에서 살아가는 사람이다.(「大宗師」)

저들은 바야흐로 조물주와 '벗이 되어'(爲人) 천지의 일기一氣로 노닌다.(「大宗師」)

그대는 장차 어떻게 '마음을 방종하게 하여'(遙蕩), 마음 내키는 대로 행동하고(恣睢) 끊임없이 변화하는 도정途程에서 노닐 수 있겠는가?(「大宗師」)

저는 그 울타리 언저리에서라도 노닐고자 합니다.(「大宗師」)

나의 스승이여! 나의 스승이여! 만물을 잘 다스려도 의롭다 여기지 않고, 은택恩澤이 만세萬世에 미쳐도 인仁하다 여기지 않고, 아주 오랜 옛날보다 더 오래되었으면서도 늙었다고 여기지 않고, 하늘을 덮고 땅을 싣고 있으며, 온갖 형체를 다 조각하고서도 교묘巧妙하다 여기지 않는다.(「大宗師」)

천근天根(가공인물 혹은 元氣)이 은산殷山의 남쪽에서 노닐었다.(「應帝王」)

나는 바야흐로 조물자造物者와 벗이 되었다가 싫증이 나면 또 아득히 멀리 나는 새를 타고 육극六極(上下四方)의 밖으로 나가서 어떤 것도 없는(無何有) 마을에서 노닐고, 끝없이 넓은 들판에 머물고자 한다.(「應帝王」)

그대가 마음을 담담한 곳에 노닐고, 기를 적막한 곳에 합하였다.(「應帝王」)

헤아릴 수 없는 경지에 서 있고, 아무것도 없는 세계에 노니는 사람이다.(「應帝王」)

무궁함을 모두 체득하여 조짐이 없는 곳에 노닌다.(「應帝王」)

심心을 견백론堅白論이나 동이론同異論[51] 등에 노닐게 하는 것은 하찮은 명예와 쓸모없는 말에 피폐해지게 하는 것이 아니겠는가?(「駢拇」)

인의仁義를 추구하는 사람들은 또 어찌하여 아교로 붙이고 노끈으로 동여매듯 이어 연결하여 도덕의 공간에 노닐려 하는가?(「駢拇」)

(家奴인) 장臧과 (童僕인) 곡穀 두 사람이 함께 양羊을 치다가 모두 양을 잃어버렸다. 장에게 무슨 일을 하고 있었느냐고 묻자 채찍을 옆구리에 끼고 글을 읽고 있었다 하고, 곡에게 무슨 일을 하고 있었느냐고 묻자 주사위 놀이를 하고 있었다고 대답했다. 이 두 사람은 하던 일이 다르지만, 양을 잃어버린 것은 마찬가지이다.(「駢拇」)

그 때문에 짐승들을 고삐로 묶어서 노닐 수 있었고, 새 둥지를 올라가서 엿볼 수 있었다.(「馬蹄」)

음식을 먹고 즐거워하며 배를 두드리며 놀았다.(「馬蹄」)

무궁無窮의 문으로 들어가 무극無極의 들판에서 노닐었다.(「在宥」)

운장雲將이 동쪽으로 놀러 나가서 거대한 신목(扶搖=扶桑) 아래를 지나가다 홍몽鴻蒙을 만났다. 홍몽이 막 넓적다리를 두드리며 새처럼 폴짝폴짝 뛰면서 놀고 있었다. 운장이 그를 보고 갑자기 발걸음을 멈추고 가만히 서 있다가 말하기를 "어르신께서

51) 역자 주: 堅白論은 公孫龍의 주장으로 堅白石처럼 견고함과 흰색과 돌은 동시에 성립되는 개념이 아니라는 논리이며, 同異論은 다른 것을 같다고 볼 수 있다는 惠施의 논리이다.

는 어떤 분이십니까? 어르신은 왜 이렇게 하고 있습니까?"라고 하였다. 홍몽이 계속해서 넓적다리를 두드리며 새처럼 폴짝폴짝 뛰면서 운장에게 "놀고 있다"라고 하였다.(「在宥」)

운장이 더 물을 수가 없었다. 다시 3년이 지나 동쪽으로 놀러 갔다.(「在宥」)

(나는) 이리저리 노닐면서 무엇을 찾는지도 알지 못하고, 미쳐 날뛰며, 머물 곳도 알지 못하고, 노니는 곳이라면 어디든 가리지 않고(鞅掌) 다니며 '만물의 진실한 실상'(無妄)을 관찰하였다. 오로지 바삐 놀기만 하면서 만물萬物의 거짓 없는 실상을 볼 뿐이니.(「在宥」)

천지사방(六合)을 출입하며 온 세상(九州)으로 노닐며 홀로 가고 홀로 오니 이것을 홀로 존재함(獨有)이라고 한다.(「在宥」)

그대들을 데리고 어지러운 세상(撓撓)을 가고 오며(適復), 조짐이나 자취의 끝이 없는 세상(無端)에 노닌다.(「在宥」)

자공이 남쪽으로 초楚나라에서 노닐다가 진晉으로 돌아갔다.(「天地」)

무릇 명철明徹하고 명백함으로 원시의 소박함으로 들어가고, 무위無爲로써 질박質樸함을 회복하며, 진성眞性을 체득하고 정신을 지키며, 세속의 공간에 노니는 사람을 보고, 네가 그렇게 놀랄 것까지야?(「天地」)

대해大海라는 물상物象은 아무리 많은 강물이 유입되어도 가득 차지 아니하며, 쉴 새 없이 퍼내도 마르지 않는다. 따라서 나는 장차 거기서 노니리라!(「天地」)

이 도리에 의지해서 물러나서 한가로이 강과 바다에서 노닌다.(「天道」)

공자가 서쪽 위衛나라로 두루 다녔다(游歷).(「天運」)

그 아래에서 (버린 천을 덮고) 한가하게 드러누워 지냈다.(「天運」)

옛날 지인至人은 인仁으로 길을 잠시 빌리고, 의義에 사는 집을 의탁하였지만, 소요의 경지(虛=墟)에서 노닐며, '간신히 구할 만한'(苟簡) 밭에서 먹을 것을 구해서 먹고, 남에게 (해로움을) 베풀 수 없는(不貸) '작은 공간'(圃)에 서 있었다. 소요逍遙는 무위無爲이며, 구간苟簡은 쉽게 기름(易養)이며, 부대不貸는 (자신과 남에게) 해로움을 드러내지 않음(無出)이다. 옛날에는 이것을 진실眞實을 거두는 노닒이라고 하였다. (「天運」)

유세游說하거나 물러난 학자가 좋아하는 바이다.(「刻意」)

공자가 광匡 땅에서 유세하였다.(「秋水」)

장자와 혜시가 호량濠梁의 다리 위에서 노닐었다.(「秋水」)

무릇 새를 기르는 방법으로 새를 기르는 자는 마땅히 깊은 숲속에 서식棲息하게 하고, 물가의 사주沙洲(壇陸)에 노닐게 하고, 강과 호수를 떠다니며, 미꾸라지와 피라미를 먹고 새들의 대열을 따라서 멈추고, 있는 그대로 만족하며(逶迤) 살게 한다.(「至樂」)

그는 장차 정도를 넘지 않도록 처신하며, 단서가 없는 강기綱紀를 함장含藏하고, 만물이 끝마치고 시작하는 경지에서 노닌다.(「達生」)

헤엄을 잘 치는 사람은 수많은 훈련으로 능하다.(善游者數能)[52](「達生」)

수영을 잘하는 사람은 수많은 훈련으로 가능하며, 물에 있음을 잊어버린다.(「達生」)

---

52) 역자 주: 數를 速으로 보고 '수영을 잘하는 사람은 매우 빨리 배울 수 있다'로 해석하기도 한다.

내가 듣기에 축신祝腎이 양생술을 학습하고 있다고 하던데, 그대는 축신과 더불어 교유하고 있다고 하니 또한 무슨 가르침을 들었겠지요?(「達生」)

공자가 여량呂梁에서 관상觀賞하는데, 30인仞(8尺)이나 되는 폭포에서 떨어지는 물살이 세차게 40리나 흐르는데, 자라(黿)·악어(鼉)·물고기(魚)·거북이(鱉)도 헤엄치며 노닐 수 없는 곳이었다. 문득 한 장부丈夫가 거기에서 헤엄을 치며 마치 억지로 죽으려고 하는 것 같았다. 제자들에게 물길을 따라가서 그를 건지도록 하였다. 그는 수백 걸음을 헤엄친 뒤 물에서 나와 머리를 풀어 헤친 채로 노래 부르며 걸어가다가 언덕 아래에서 노닐고 있었다.(「達生」)

마치 도道와 덕德을 타고 떠다니며 노니는 사람은 그렇지 않다.(「山木」)

만물의 시초(祖)에서 떠다니며 노닌다.(「山木」)

(市南子가 魯나라 임금에게) 임금께서는 임금이란 껍데기를 버리고, 마음을 씻고 욕심을 버리고 아무도 없는 들에서 노니시기를 바랍니다.(「山木」)

저는 임금께서 얽매인 것을 버리고, 임금으로서의 근심을 제거하고, 홀로 도道와 더불어 무한한 대막大莫의 나라에서 노니시기를 바랍니다.(「山木」)

사람이 능히 자신을 비우고 세상에 노닐 수 있다면 누가 그를 해칠 수 있겠는가?(「山木」)

교유交游를 사양하고 그 제자를 보낸다.(「山木」)

장주莊周가 조릉雕陵의 울타리에서 노닐다가 남쪽에서 온 한 마리 기이한 까치를 보았다.(「山木」)

오늘 나는 조릉雕陵에서 노닐다 나 자신을 잊었는데, 기이한 까치가 내 이마를 스치고 가서 밤나무 숲에서 노닐다가 나의 진면목을 잊어버렸다.(「山木」)

(노담이) 나는 만물의 시초에서 노닐고 있다네.(「田子方」)

공자가 "여기에 노닌다고 함은 무슨 뜻입니까"라고 물었다. 노담은 "무릇 얻는 것은 지극한 아름다움과 지극한 즐거움입니다. 지극한 아름다움을 얻어서 지극한 즐거움에서 노니는 사람을 지인至人이라고 합니다"라고 하였다.(「田子方」)

지知가 북쪽 현수玄水의 상류에서 노닐다가 은분隱弅의 언덕으로 올랐다가 마침 무위위無爲謂를 만났다.(「知北游」)

항상(嘗) 무하유無何有의 궁궐에서 노닐다.(「知北游」)

이 때문에 곤륜崑崙을 지나가지 못해서 태허에서 노닐지 못한다.(「知北游」)

안회가 감히 그 노닒을 묻습니다.(「知北游」)

저는 어릴 때부터 스스로 육합六合 안에 노닐었는데 제가 마침 눈이 흐려지는 병에 걸렸을 때 (도를 아는) 어떤 어른이 저에게 "너는 해 수레를 타고 양성襄城의 들에서 노닐도록 하라"라고 가르쳐 주었습니다. 지금 제 병이 조금 나았기에 저는 다시 육합 밖에서 노닐고자 합니다. 천하를 다스리는 일도 또한 이와 같을 뿐입니다.(「徐無鬼」)

내가 우리 자식들과 함께 노니는 것은 하늘과 땅에서 노닐고, 나는 자식들과 함께 하늘에서 즐거움을 찾고, 나는 자식들과 함께 땅에서 먹을 것을 찾습니다.(「徐無鬼」)

칙양則陽이 초楚나라에서 노닐었다.(「則陽」)

마음을 무궁한 경지에 노닐게 할 줄 알고, 돌이켜 사해四海 안(通達之國)에 있으면, 있는 듯 없는 듯한 존재가 되지 않겠습니까?(「則陽」)

천하에서 노닌다고 한다.(「則陽」)

내가 또한 남쪽으로 오吳·월越의 왕에게 유세游說하러 가려는데, 서강의 물로 그대를 맞이하려네.(「外物」)

(장자가) 누군가 (자유로이) 노닐 수 있는 능력이 있는데, 또한 노닐지 않게 할 수 있겠는가? 누군가 노닐 능력이 없는데 그를 노닐게 할 수 있겠는가?(「外物」)

오직 지인만이 세상에 노닐면서 사욕邪慾에 빠지지 않을 수 있다.(「外物」)

뱃속의 태 안에도 넓은 공간(重閬)이 있고, 심은 자연에서 노닒(天游)이 있다. 집 안에 비어 있는 곳이 없으면 며느리와 시어머니가 분노하여 다투고, 심에 자연에서 노닒이 없으면 육착六鑿(여섯 구멍. 혹은 六情)이 서로 다툰다.(「外物」)

안성자유顔成子游가 동곽자기東郭子綦에게 말했다.(「寓言」)

노담老聃이 서쪽으로 진秦나라에서 노닐었다.(「寓言」)

본래 논밭의 가운데 살다가 (갑자기) 요임금의 문 안에 노닐었다.(「讓王」)

공자가 울창한 숲속에서 노닐다가, 살구나무 그늘 행단杏壇에 앉아 쉬고 있었다.(「漁父」)

또 그대와 더불어 노니는 사람도 또한 아무도 그대에게 충고해 주지 않았다.(「列禦寇」)

배불리 먹고 자유롭게 놀면서 얽매임 없이 떠다니는 배와 같이 (심을) 비우고 자유롭게 노니는 사람이로다!(「列禦寇」)

위로는 조물자와 함께 노닐고, 아래로는 생사生死를 도외시하고, 끝도 시작도 없는 사람과 벗이 된다.(「天下」)

장자는 정말 “유游”를 추앙함이 지극하였다. “유游”의 본래 의미는 정기旌旗가 이리저리 나부낌이다. 『설문해자』에서는 “유游는 정기旌旗의 흐름이다”라고 하였고, 『춘추좌전』에서는 “허리띠 장식(鞶厲)과 깃발 장식의 끈(游纓)은 존비의 등급을 나타낸다”(『春秋左傳』, 桓公 12年)라고 하였는데, 그 후에 여기서 파생되어 유력游歷, 유희游戲, 유락游樂과 같은 말이 생겼다. 당나라 육덕명은 “소요유逍遙游는 하나의 편명篇名이며, 의미는 한가롭게 방임하여 구속하지 않고 유쾌하고 기분 좋게 스스로 얻음을 뜻한다”(陸德明, 『經典釋文』, 「莊子音義」)[53]라고 하였다.

공자 또한 매우 “유游”를 매우 추숭推崇한다. 말하기를 “도에 뜻을 두고, 덕에 근거하며, 인仁에 의지하고, 예藝에서 노닌다”(『論語』, 「述而」)라고 하였다. 주희는 주석하기를 “유游라는 말은 ‘사물을 완상玩賞하고 성정에 적응適應함’(玩物適情)을 말한다”(朱熹, 『論語集注』, 권4)[54]라고 하였다. 도에 뜻을 둠, 덕에 근거함, 인에 의지함 외에 다시 “예에서 노닒”이 필요하다. 예藝에 노닒은 생명의 생생한 활동의 구체적 표현이다. ‘예’에 노닒이 없으면 침체되어 활력이 없어진다. 따라서 공자는 또 “시詩를 일으키고, 예禮를 확립하고, 악樂을 이룬다”(『論語』, 「泰伯」)라고 하였다. 인격의 수립과 완성은 도덕적 신념의 확립과 자각에 의지해야 할 뿐만 아니라 개체 정신의 활발한 적극성(悅適)에도 의지해야 한다.

장자가 말한 “유游”의 개념을 살펴보면 세 가지 의미가 있는데, 첫째는 형유形游이고, 둘째는 신유神游이며, 셋째는 심유心游이다. ‘형유’는 신체의 유한游閑(유유자적 한가함)함으로 형체가 구속이 없는 상태이며, ‘신유’는 말을 이리저리 달리며 노는(游馳) 것처럼 정신이 만 리의 밖으로 노니는 것이다. ‘심유’는 심령이 즐겁게 노닒이며, 정신의 자유이다. 장자가 가장 추숭한 것은 심유心游이며, 심령의 해방이며, 정신의 자유이다.

---

53) 郭慶藩, 『莊子集釋』(北京: 中華書局, 1961), 2쪽.
54) 朱熹, 『四書章句集序』(北京: 中華書局, 1983), 94쪽.

> 공자가 노담을 만났을 때 노담은 새로 머리를 감고 난 뒤 바야흐로 머리를 말리고 있으면서 꼼짝하지 않고 있으니, 마치 사람이 아닌 것 같았다. 공자는 물러나 기다렸다. 잠시 후 "제가 눈이 먼 것일까요? 아니면 정말 그런가요? 좀 전에 선생의 형체는 마치 마른나무와 같아서 마치 유물遺物처럼 인간세계를 떠나 홀로 서 있는 것 같았습니다"라고 하였다. 노담은 "나는 심心이 사물의 근원(物之初)에서 노닐고 있었습니다"라고 하였다.(『莊子』, 「田子方」)

심유는 곧 심령의 자유이다. 이 심령의 자유는 성性의 허정虛靜과 영활하고 현묘함(空靈)에 근원하며 사람이 본래 타고나면서 가진 것이다. 이런 의미에서 또한 그것을 "자연에서 노닒"(天游)이라고 할 수 있다.

> 뱃속의 태 안에도 넓은 공간(重閬)이 있고, 심은 자연에서 노닒(天游)이 있다. 집 안에 비어 있는 곳이 없으면 며느리와 시어머니가 분노하여 다투고, 심에 자연에서 노닒이 없으면 육착六鑿(여섯 구멍. 혹은 六情)이 서로 다툰다.(『莊子』, 「外物」)

"심에 자연에서 노닒이 없으면 육착六鑿이 서로 다툰다"라는 말에서 "육착六鑿"은 여섯 구멍이다. "육착六鑿이 서로 다툰다"라는 말은 곧 여섯 구멍(감각기관)이 서로 다툰다는 뜻이다. 노자는 스스로 "나는 심心이 사물의 근원(物之初)에서 노닐고 있었습니다"라고 하였는데, "사물의 근원"(物之初)은 천지가 처음 시작할 때이며, 또한 이른바 도道이다. 도와 더불어 함께 노닒이 어찌 즐거움이 아니겠는가? 그러므로 노자는 그것을 "지미至美이며 지락至樂이다"라고 할 수 있었다. "지미至美를 얻어서 지락至樂으로 노니는 사람을 지인至人이라고 한다"(『莊子』, 「田子方」)라고 하였다. 지미至美라는 것은 아름다움이 지극한 것이며, 지락至樂은 즐거움이 지극함이며, 지인至人은 곧 사람의 지극함이다.

> 오직 지인만이 세상에 노닐면서 '사욕邪慾에 빠지지 않을'(不僻. 치우치지 않음) 수 있으며, 다른 사람을 따라도 자신의 본성을 잃지 않는다.(『莊子』, 「外物」)

또 무릇 만물을 타고 (자유롭게) 노니는 마음을 그렇게 하지 않을 수 없음에 맡겨서 중中을 기르면 지극할 것이다.(『莊子』, 「人間世」)

"만물을 타고 자유롭게 노니는 마음"(乘物以游心)에서 "물物"은 몸 밖의 사물이며, 몸 밖의 물사物事를 가리킬 뿐만 아니라, 인생에 대하여 중대한 영향을 끼치는 공功·명名·이利·록綠과 같은 것을 포괄하고 있으며, "승乘"이라는 것은 기댐(憑)이며, 임시로 빌림(假借)이다. "승물乘物"은 사물이 나를 위해 일하고, 사물이 나를 위해 쓰이는 것이며, 이와 같아야 비로소 "유심游心"을 할 수 있다. 그렇지 않으면 사물이 몸 밖의 사물을 위하여 바쁘게 뛰어다니고 또 내가 사물을 위하여 일하게 되면, "육착六鑿이 서로 다툰다." 그리고 "신묘한 본성(神生)이 안정되지 않았다." 외물은 단지 사람이 얻어서 심유心游하는 구실 혹은 도구이며, 심유가 곧 가장 소중하고 관건이 되는 것이며, 바로 목적이 되는 것이므로 당연히 도구를 위하여 목적을 희생할 수는 없다.

옛날의 이른바 뜻을 얻었다는 말은 '수레(軒)와 면류관(冕)'을 일컫는 것이 아니며, 그 즐거움을 더 보탤 것이 없음을 말할 따름이었다. (그러나) 오늘날의 이른바 뜻을 얻었다는 말은 수레와 면류관을 말한다. 몸에 있는 수레와 면류관은 자연이 부여한 진정한 본성(性命)이 아니며, 사물이 우연히 내 몸에 와서 기생寄生하는 것이다. (밖으로부터 들어와) 기생하는 것이 오는 것을 막을 수도 없고, 가는 것을 잡을 수도 없다. 그러므로 수레와 면류관을 위해 '자기 마음대로 할'(肆志) 수도 없고, 궁핍하다고 세속을 따라서도 안 되며, 그 즐거움을 저들이 나와 함께 즐기므로 근심이 없을 뿐이다.(『莊子』, 「繕性」)

"헌軒"은 수레이며, "면冕"은 (면류)관이며, 모두 사람의 부귀영화를 가리킨다. "수레와 면류관" 또한 사물에 불과하며, 또한 몸 밖의 사물이다. 몸 밖의 사물로서 홀연히 왔다가 우연하게 이르렀을 뿐이며, 잠시 나에게 기탁하였을 뿐이다. 그것이 오는 것을 물리칠 수도 없고 그것이 가는 것을 저지할 수도 없다. 따라서 '수레와 면류관'(부귀영화)을 위하여 결코 자기 마음대로 해서도 안 되며, 궁핍하다고 세속을 따라서도 안 된다. 이에 장자는 "오호라! 나는 사람들이 스스로 (타고난 본성을) 잃어버림을 슬퍼한다"(『莊子』, 「徐無鬼」)라고 하였다.

내가 나다우면 저절로 내가 있고, 사물이 사물다움도 물론 나를 위하여 있다. 내가 만일 사물을 위해 멋대로 행동하면, 사물을 위해 세속을 따른다면 또 어찌 자유를 얻을 수 있겠는가? 또 어떻게 지미至美와 지락至樂을 얻을 수 있겠는가?

> 그러므로 그러한 재지才智는 하나의 관직을 담당할 만하고, 품행은 한 고을 사람들의 명망名望에 부합하며, 도덕은 임금을 만족시킬 만하며, 능력은 한 나라 사람들의 믿음을 얻을 수 있다고 자기 자신을 이와 같이 생각하는데, 송영자宋榮子는 도리어 그런 것들을 빙긋이 조소하였다. 그리하여 그는 온 세상이 모두 그를 칭찬하더라도 더 힘쓰지 아니하며, 온 세상이 모두 그를 비난하더라도 더 기가 꺾이지 않았다. 그리고 그는 자기의 내면과 외물外物의 구분을 분명하게 하고, 영예와 치욕의 경계를 변별하기를 이처럼 하였을 뿐이었다. 그는 늘 사회에서 '급급하고 바쁘게 어떤 것을 추구'(數數然)하지는 않았다. 비록 그렇지만 그는 아직 최고의 경지에는 이르지 못하였다. 무릇 열자列子는 바람을 타고 다녔는데, 맑고 시원하게 좋았으며, 15일이 지나서야 돌아왔다. 그는 (세속적) 복福을 구하는 일에 급급하고 바쁘게 추구하지 않았다. 그는 이처럼 오가며 다니는 데는 힘들지 않았으나 여전히 의존하는 것이 있었다. 만약 저 천지의 정기正氣를 타고 육기六氣(陰·陽·風·雨·晦·朔)의 변화를 조종하여 무궁의 경지에 노니는 사람 같으면 그가 무엇에 의지하겠는가? 그러므로 지인至人은 사적私的 자아自我가 없으며(無己=忘我), 신인神人은 공명功名이 없으며, 성인聖人은 명예名譽가 없다.(『莊子』, 「逍遙游」)

이 부분에 대하여 곽상郭象은 다음과 같이 주석하였다.

> 천지天地는 만물의 총괄적 이름이다. 천지는 만물을 체體로 삼으며, 만물은 자연을 올바름으로 삼으며, 자연은 인위人爲를 하지 않고 저절로 그러한 것이다. 그러므로 대붕大鵬은 높이 날 수 있고, 메추라기는 낮게 날 수 있고, 춘목椿木은 오래오래

살 수 있고, (아침에 돋았다가 저녁에 시드는) 조균朝菌은 단명하며, 무릇 이 모든 것은 자연으로 그렇게 하는 것이며 인위로 하는 것이 아니다. 인위가 아니라 스스로 할 수 있으니 그것이 바르게 되는 까닭이다. 그러므로 천지의 정기正氣를 탄다는 것은 곧 만물의 본성에 따르는 것이다. 육기六氣의 변화를 다스린다는 것은 곧 변화의 도에 노니는 것이다. 이처럼 간다면 어디를 가도 다함이 있겠는가? 이렇게 바람을 탄다면 또한 장차 어찌 의지해야 할 것이 있겠는가? 이것이 곧 지덕至德을 갖춘 사람이 저와 나의 구별이 없이 소요逍遙함이다. 진실로 의지함이 있으면 비록 열자列子처럼 경쾌하고 신묘하더라도 오히려 바람이 없으면 다닐 수가 없으니 그러므로 반드시 그 의지하는 바에 기댄 연후에 소요할 수 있을 뿐이니 어찌 대붕과 같겠는가? 무릇 오직 사물과 구별 없이 큰 변화를 따를 수 있어야만 의지함이 없이 항상 통할 수 있으니 (그런 사람이) 어찌 혼자서만 통할 뿐이겠는가? 또한 의지할 것을 따르고 그 의지할 바를 잃어버리지 않도록 하고, 의지할 바를 잃지 않으면 대통大通으로 함께한다. 그러므로 의지하는 바가 없는 것을 기다리면 나는 아직 (우주의 본원과) 가지런할 수 없으며, 각각 그 성을 편안하게 하고, 천기天機가 스스로 길러지고, 그것을 받아도 받는 줄 모르면 내가 (우주의 본원과) 다를 수 없게 된다. 무릇 의지함이 없음은 오히려 의지함이 있는 것과 다르지 않을 수 없는데 하물며 의지함의 크고 작음이 있겠는가?(『莊子注』, 「逍遙游」)[55]

소요의 전제는 만물의 자연에 순응하는 것이며, 심유心游의 기초는 물욕으로 그 심을 가득 채우지 않는 것이다. "온 세상이 모두 그를 칭찬하더라도 더 힘쓰지 아니하며, 온 세상이 모두 그를 비난하더라도 더 기가 꺾이지 않는다." 심 밖의 사물이 심을 어지럽히는 데 충분하지 않으며, 온 세상이 비난해도 또한 움직이지 않음도 도덕수양이 지선至善의 경지에 도달하였다는 표현이다. 능히 이와 같아야 "덕이 온전하다"(德全)라고 할 수 있다.

55) 郭慶藩, 『莊子集釋』(北京: 中華書局, 1961), 20쪽.

도를 확고하게 잡으면 덕이 온전하고, 덕이 온전하면 형체가 온전하고, 형체가 온전하면 정신이 온전하다. 정신이 온전한 것이 성인의 도이다. 생명을 의탁하여 백성과 함께 가지만 가야 할 곳을 모르고 (이 聖人은) 자신의 삶을 세상에 맡겨서 백성들과 함께 나란히 걸어가지만 어디로 가는지 알지 못하고, 심원深遠하여 측량할 수 없이 순박한 본진本眞을 갖추었구나! 공리功利와 기교機巧가 반드시 저 사람의 심에 있도록 해서는 안 된다. 만약 그러한 사람이 있다면 자신의 마음과 달리 공리와 기교로 나아가지 않도록 하고, 그 마음이 공리와 기교를 가지도록 하지 말아야 한다. 비록 세상이 모두 그것을 칭송하고 그것을 옳다고 하더라도 오연傲然하게 돌아보지 말아야 하며, 비록 온 세상 사람들이 그것을 비난해도 그 비난을 잊어버리고 당연히 받아들이지 말아야 한다. 세상의 비난과 칭찬은 그에게 이익도 손해도 없으니 이것을 덕이 온전한 사람이라고 할 것이다!(『莊子』, 「天地」)

온전한 덕을 가진 사람은 무위의 일에 머물며, 공리와 기교로 심을 묶지 않는다. 그러나 그 사람도 결코 전혀 작위함이 없는 것이 아니라, "수레와 면류관을 위해 '자기 마음대로 할'(肆志) 수도 없고, 궁핍하다고 세속을 따르지도 않으며"(『莊子』, 「繕性」), 자기의 정신이 추구하는 것을 가지고는 있다. 그리고 "자신의 마음과 달리 공리와 기교로 나아가지 않도록 하고, 그 마음이 공리와 기교를 가지도록 하지 말아야 한다. 비록 세상이 모두 그것을 칭송하고 그것을 옳다고 하더라도 꿋꿋하게(傲然) 돌아보지 말아야 하며, 비록 온 세상 사람들이 그것을 비난해도 그 비난을 잊어버리고 당연히 받아들이지 말아야 한다."

전덕全德을 갖춘 사람의 정신은 무엇을 추구하는가? 그가 추구하는 것은 곧 개체의 정신적 자유이다.

혜자惠子(惠施)가 장자에게 말하기를 "나에게 큰 나무가 있는데 사람들은 그것을 가죽나무(樗)라고 한다. 그 큰 줄기(大本)는 구불구불(臃腫, 혹 울퉁불퉁)하여 직선을 그릴 수가 없고, 그 작은 가지도 말리고 꼬부라져 '걸음쇠(컴퍼스)나 곱자'(規矩) 등으로 재목材木을 취할 수 없었다. 큰길 옆에 서 있는데도 목수들은 돌아보지 않는다. 지금 그대의 말은 크지만, 쓸모가 없어 뭇사람들이 함께 떠나갔다"라고 하였다. 장자는 "선생은 어찌 살쾡이와 족제비를 보지 못했습니까? 몸을 낮추고 땅에 엎드려서 (먹잇감이 나타나기를) 기다리며 노닐고(候敖), 동분서주 펄쩍펄쩍 뛰어다니고, 높고 낮음을 피하지 않습니다. 그러다 덫에 걸리기도 하고 그물에 걸려 죽기도 합니다. 그런데 지금 저 검고 긴 털을 가진 고원高原의 소(斄牛)는 그 크기가 하늘에 드리운 구름과 같습니다. 이 소는 이처럼 크지만, 쥐 한 마리 잡을 수 없습니다. 이제 선생께서 큰 나무가 있는데, 그 나무의 쓸모없음을 걱정한다면, 왜 이 나무를 무하유無何有의 고장[56]인 광막廣漠한 들판에 심어 놓고 그 옆에서 자유롭게 거닐면서 무위하며 그 아래에서 잠이나 자지 않습니까? 도끼에 잘려 일찍 죽을 수도 없고, 그것을 해칠 것도 없고, 쓸모도 없을 것이니 어찌 곤란하고 고통스러운 것이 있겠습니까?"라고 하였다.(『莊子』, 「逍遙游」)

혜자는 이욕利慾 때문에 마음이 흐려져 기심(機心)으로 충만하여 있어 가죽나무(樗)를 "크지만, 쓸모가 없다"라고 하였는데, 장자는 맑은 마음으로 그것을 관찰하여 그 무용함 때문에 곧 소요逍遙함을 얻을 수 있다고 하였다. 성현영은 "무용無用의 용用이 있는데 왜 곤란하고 고통스럽겠는가? 또한 장자의 말과 같이 세속을 떠나 도리를 이해하면 몸을 보전할 수 있고, 진본眞本을 온전하게 할 수 있으니, 세속에 빠져 헛되지 않고, 어찌 익숙하지 않은 일(生分)에 곤란하고 고통스러움을 긍정하겠는가?"(『莊子疏』, 「逍遙游」)[57]라고 하였다. 나무는 그 무용함 때문에 오히려 천수天壽를 누릴 수 있으며, 사람은 그 심을 쓰지 않으면 그 심은 하나의 사물에 얽매이지 않고 소요하며 자재自在할 수 있다. 소요하고 자재하는 생활은 곧 인류의 이상 생활이다. 그러므로 무용無用이라는 것도 그 대용大用이 있다. 유용有用의 쓰임은 그 몸에서 쓰이며 그 쓰임은 적고, 무용無用의 쓰임은 심에서 쓰이며 그 쓰임은 크다.[58]

---

56) 역자 주: 無何有(之)鄕은 '아무것도 없는 無邊 無涯의 세계'를 말하며, 道家의 이상향인 虛無 · 無爲의 仙境을 가리킨다.

57) 郭慶藩, 『莊子集釋』(北京: 中華書局, 1961), 42쪽.

58) 당군의는 "큰 나무 아래에서 소요하고 방황한다는 이 일이 진실로 無用이지만, 이것이

장자가 보기에 인생의 가장 중요한 관건은 자기 생명의 근본을 지키는 것이며, 자신이 사물을 부리며, 사물이 자신을 부리지 않도록 하며, 또한 이른바 "사물을 사물답게 하되 다른 사물에 의해 그 사물로 규정 받지 않는다"(『莊子』, 「山木」, "物物而不物於物.")라는 말과 같다. "물물物物"이라는 말은 자신이 사물을 부린다는 말이며, "물어물物於物"은 사물이 자신을 부린다는 말이다. 이와 같아야 비로소 지인이라고 할 수 있으며, 이와 같아야 바야흐로 지극한 사람이 되며, 이와 같아야 비로소 "자유롭게 노니는 마음"(游心)이 될 수 있다.

> 어떤 사람이 자유로이 노닐 수 있는데, 그 사람을 노닐지 않게 할 수 있겠는가? 어떤 사람이 노닐 수 있는 능력이 없는데, 노닐게 할 수 있는가? 무릇 세상으로부터 도피하려는 의지가 있어 세상과 인연을 끊는 행동, 아! 그것은 지극한 지혜와 두꺼운 덕성에 맡길 일은 아닐진저!(『莊子』, 「外物」)

어떤 사람이 만약 유심游心하며 자적自適할 수 있는데 어찌 유유자적하지 않을 수 있겠는가? 어떤 사람이 만약 유심으로 자적할 수 없는데도 또한 어찌 유유자적할 수 있겠는가? 사람으로 유유자적할 수 없는데 또 어디서 무슨 지락至樂을 말할 수 있겠는가? 따라서 장자는 심령의 자유를 다른 어떤 모든 것보다 중요하게 여겼다. 장자가 차라리 빈천할지언정 초楚나라의 재상이 되는 부귀함을 원하지 않았던 원인이 바로 여기에서 나왔다.

성으로부터 심이 있음은 천天으로부터 사람을 향하여 내려오는 것이며, 또한

곧 소요하고 자득하는 생활이다. 이것은 곧 사람은 무용함의 무용에 맡겨 用을 구할 수 있으며, 그래서 사람이 소요하고 자득하는 생활을 할 수 있게 된다. 이러한 생활이 곧 사람이 마땅히 가져야 하며 또한 사람이 그것을 즐기지 않은 사람이 여태 없었다. 사람은 名聲이 없고, 功名이 없고, 자아가 없이 살 수 있으며, 이러한 의지함이 없이 소요하는 생활이 곧 至人·神人·至人의 생활이다. 이러한 생활을 할 수 있어야 진실로 이들의 생활의 用을 더 말할 필요가 없으며, 사람 또한 오직 용을 구하지 않고 무용함의 무용에 맡겨야 이러한 사람들의 생활이 있게 된다. 장자의 逍遙游의 종지에 따르면 곧 사람의 이상적 생활 혹은 인생의 이상을 이룰 수 있음을 또한 알 수 있다"(唐君毅, 『中國哲學原論—原道篇』, 권1, 臺北: 臺灣學生書局, 1976, 352쪽)라고 하였다.

사람의 현실에서 긍정이자 실현이다. 노자는 인성의 자연과 본성을 강조하였기 때문에 인심의 허정과 염담恬淡을 돌출시켰다. 장자는 인성의 자유와 본진本眞을 강조하였기 때문에 인심의 자재와 자유를 돌출시켰다. 자연 · 자재 · 자유는 도에 근원하며 도로부터 성을 이루고, 성으로부터 사람의 심을 이루며, 사람의 정신을 이루며, 사람 정신의 본진을 이루며, 사람의 정신생활을 이룬다. 이러한 정신생활은 곧 도가가 추숭하는 정신생활이다. 이 정신생활의 기본적 내용은 또한 자연 · 자재 · 자유이다. 따라서 도가의 심성론은 장자에 이르러서야 비로소 그 체계를 형성하였다.[59] 자연 · 자재 · 자유는 하나의 정체整體이며, 본래 또한 분리할 수 없다.

장자가 창도한 "유심游心"은 후대에 매우 큰 영향을 끼쳤다. 혜강嵇康의 "명교名敎를 넘어 심에 맡김"의 이론은 곧 분명히 장자의 영향을 받았다.[60] '명교를 넘어 심에 맡김'은 개체 정신의 자유에 대한 위진魏晉 명사들의 강렬한 동경과 추구를 나타내었다.

자연과 명교의 관계 문제는 위진현학魏晉玄學에서 토론한 중요한 문제 가운데 하나다. 명교名敎는 곧 봉건적 예교禮敎이며, 명분名分을 그 표현 형식으로 삼는 봉건적인 계급질서, 계급관념, 그리고 도덕규범이다. 자연은 줄곧 사람의 자연지성自然之性을 가리키며, 한결같이 천도의 자연自然 · 무위無爲를 가리킨다.

명교와 자연의 논쟁은 유가 · 도가 논쟁의 중요한 표현이다. 그 논쟁의 근원은 유가와 도가를 창시한 공자와 노자까지 거슬러 올라간다. 공자는 정명正名을 주장하고 예치禮治를 강조하였으며[61], 노자는 자연을 주장하고 무위無爲를 창도하였다.

---

59) 위정통은 "유가는 맹자에 이르러서 비로소 이른바 심성학이 발전하기 시작하였으며, 비로소 심성 개념이 중요한 지위를 차지하였다. 도가는 장자에게서부터 시작하였다. 맹자와 장자는 동시대 사람이지만 서로를 몰랐으며, 그들의 심성사상은 각자 자기 학파의 宗師의 기초에서 발전하였다. 이 두 봉우리는 함께 대치되어 발전하였고, 이후 중국의 사상사에서 매우 큰 관건이 되었다. 왜냐하면 맹자와 장자는 중국을 위해 다 같이 두 가지 불후의 그렇지만 형태는 서로 다른 생명철학의 전형을 확립하였기 때문이다" (韋政通, 『中國思想史』 上冊, 臺北: 大林出版社, 1982, 183쪽)라고 하였다.

60) 嵇康(223?~263?)은 "老子와 莊周는 나의 스승이다"(嵇康, 「與山巨源絶交書」)라고 하였다.

61) 『논어』에 기록하기를 "자로가 '衛나라 군주가 선생님을 기다려 정치를 한다면 선생님께

왕필王弼은 자연과 명교는 통일적이며 명교는 자연에 근본한다고 보았다.

> 도는 자연을 어기지 않고 그 성을 얻는다. 자연을 본받는다는 것은 네모에 있으면 네모를 본받고, 원에 있으면 원을 본받으며, 자연에서 어기는 바가 없다.(王弼, 『道德眞經注』, 권2)[62]

명교 또한 이러하며, 사람이 현명함·어리석음·귀함·천함이 있는 것은 마치 사물에 네모·원·길고·짧음이 있는 것과 같으며 또한 자연지성自然之性에서 나오며, 또한 마땅히 그것의 본분에 편안해한다. 명교는 자연에 근본하며 자연이 근본이 되며, 명교는 말단이다. 그러나 현실의 인생에 대하여 말하면, 자연은 이상이며, 명교는 도리어 현실이다. 위魏나라 말기 사마씨司馬氏(司馬炎)가 한편으로는 크게 명교를 제창하면서 다른 한편으로는 나라를 빼앗아 왕위를 찬탈하는 일을 공공연히 벌였다. 진晉나라가 건립되고 그 덕분(仰仗)으로 또한 "후안무치(寡廉鮮恥)하고, 탐욕스럽고, 교만하고 사치스러운 비루한 남자들"이 많았다.[63]

완적阮籍(210~263)도 이러한 이상과 현실의 분리와 대립을 통절하게 느꼈다. 「대인선생전大人先生傳」에서 그는 대인선생의 입을 빌려서 다음과 같이 말한다.

서는 장차 무엇을 먼저 하시겠습니까?'라고 하니, 공자는 '반드시 이름(과 實)을 바르게 할 것이다.…… 이름이 바르지 않으면 말이 순조롭지 못하고, 말이 순조롭지 못하면 일이 이루어지지 않으며, 일이 이루어지지 않으면 禮樂이 일어나지 않으며, 예악이 일어나지 못하면 형벌이 적중하지 않고, 형벌이 적중하지 않으면 백성은 손과 발을 둘 곳이 없게 된다'라고 하였다"(『論語』, 「子路」)고 하였다. 또 기록하기를 "안연이 仁을 물으니, 공자는 '자신(의 사욕)을 이기고 예를 회복함이 仁이다. 하루만 극기복례 하면 세상이 인으로 돌아갈 것이다'라고 하였다"(『論語』, 「顔淵」)고 하였다. 또 "공자가 季(孫)氏에 대해 말하기를, (천자의 舞樂인) 八佾舞를 자신의 뜰에서 추도록 하였으니, 이것을 용인할 수 있다면 무엇인들 용인하지 못하겠는가?"(『論語』, 「八佾」)라고 하였다.

62) 『中華道藏』 제9책(北京: 華夏出版社, 2004), 200~201쪽.

63) 王夫之(1619~1692)는 "晉의 武王이 처음 즉위하였을 때 그가 기용한 賈充·任愷·馮紞·荀勖·何曾·石苞·王愷·石崇·潘岳의 무리는 모두 후안무치(寡廉鮮恥)하고 탐욕스럽고 교만하고 사치스러운 비루한 남자들이었다"(王夫之, 『讀通鑑論』, 권11)라고 하였다.

> 옛날에 천지가 개벽할 때 만물이 함께 생겨났으며, 큰 것은 그 성을 편안하게 하고, 작은 것은 그 형체가 안정安靜되었다.…… 이제 너희들은 음악을 만들어 자연의 소리를 교란하고, 색채를 제작하여 외형적 형상을 바꾸고, 겉으로 각자의 용모를 바꾸고, 내심으로 각자의 감정을 감추고, 마음으로 사욕을 품고서 뭇 사물을 꾀하여 구하고, 기만으로 명성을 얻는다. 군주가 즉위하니 학정虐政이 일어나고, 신료臣僚가 설립되어 반역자가 생겼다. 이에 너희들은 예법을 만들고 하층의 민중을 속박하고, 우둔한 백성들을 업신여기고 기만하며, 지교智巧를 감추고 자신을 신비롭게 꾸민다. 강한 자는 눈을 부릅뜨고 포학하게 굴며, 약한 자는 정신이 초췌하게 그들을 섬긴다. 너희들은 청렴한 채 사칭하며 탐욕스러운 욕심을 실현하고, 내심은 험악하면서 겉으로는 인애仁愛로운 명성을 누리며, 죄는 극히 악하지만, 잘못을 인정할 줄 모르고, 요행히 좋은 일을 만나면 교만하게 자긍심을 가진다.

예의와 법도는 본래 사람의 행위를 규범하는 척도이지만, 명교의 예법이 된 뒤에는 실제로 이미 나라와 백성에게 재앙을 가져오는(禍國殃民) 법술이 되었는데, 이것은 곧 위魏·진晉 당시의 현실이었다.

혜강도 역시 명교에 대하여 부정적 태도를 유지하였다. 혜강이 보기에 근본적으로 말하면 명교는 사람의 자연적 본성을 속박하는 것이다.

> 무릇 백성의 본성은 안전함을 좋아하고 위험함을 싫어하며, 안일함을 좋아하며 피로함을 싫어하기 때문에 어지럽히지 않으면 원하는 것을 얻으며, 핍박하지 않으면 그 뜻을 따른다.…… 육경六經은 정욕을 억제함을 위주로 하며, 인성은 욕망을 따름을 기쁨으로 삼는다. 억제하면 그 소원을 거스르며, 욕망을 따르면 자연을 얻는다. 그러므로 자연을 얻는 것은 억제하는 육경으로부터 비롯되지 않으며, 온전한 성의 근본은 마땅히 정의 예율禮律을 해치지 않는다. 그러므로 인의는 허위를 다스리는 데 힘쓰고, 진성眞性을 함양하는 기술이 아니며, 염치와 양보는 쟁탈에서 생기며, 자연으로부터 나오는 것이 아니다.(嵇康, 「難自然好學論」)

육경과 인욕, 인의와 자연은 물론 근본적으로나 작용적으로도 모두 '서로 반대

방향으로 달려가는 것'(背道而馳)이다.

> 무릇 군자라고 하는 사람은 마음으로 시비를 처리함이 없으나 행동은 도를 어기지 않는 사람이다. 왜 그렇게 말하는가? 무릇 기운이 안정安靜되고 정신이 청허한 사람은 심이 교만하지 않으며, 품성이 충실하고(體亮) 심이 통달한 사람은 정情이 욕망에 매이지 않으므로 능히 귀천을 심사하여 사물의 실정에 통할 수 있다. 사물의 실정에 순응하여 통하기 때문에 대도를 위반함이 없으며, 명교를 넘어 심에 맡기기 때문에 옳고 그름에 집착하지 않는다.(嵇康, 『釋私論』)

유가가 말하는 군자는 인을 일으키고 의를 발양發揚함을 자신의 임무로 여기고, 규범을 준수하는 겸손한 지식인이다.[64] 혜강은 "마음으로 시비를 처리함이 없으나 행동은 도를 어기지 않음"을 군자로 보았다. "마음으로 시비를 처리함이 없음"은 곧 "심이 교만하지 않음"이며, 또한 인위적 규범의 제약을 받지 않는다. 명교는 또한 인위적 규범에 불과하며, 따라서 진정한 군자는 능히 "명교를 넘어 심에 맡김"과 "명교를 넘어 자연에 맡김"을 할 수 있다. "명교를 넘음"은 결코 명교를 부정하거나 명교를 위배함이 아니라 명교의 위로 초월하는 것이다. 곧 명교와 자연으로 말하면, 명교가 말단이라면 자연은 곧 근본이 된다. 그러므로 "명교를 넘어 자연에 맡겨야" 한다. "사람은 마음으로 시비를 처리함이 없음"(心無措乎是非)과 "심이 교만하지 않음"(心不存乎矜尙)도 단지 "자연에 맡김"(任自然)에 불과하다. 따라서 "마음에 맡김"(任心)도 또한 "자연에 맡김"에 불과하다. "자연에 맡김"은 곧 자연을 으뜸으로 삼는 것이며, "정情이 욕망에 매이지 않음"(情不繫於所欲)이다. "정情이 욕망에 매이지 않음"은 곧 "품성이 충실하고(體亮) 심이 통달함"이다. "품성이 충실하고(體亮) 심이 통달함"은 그 행위가 자연이어서 "도를 위반하지 않는다." 그러므로 (혜강은)

---

64) 공자는 "質(수양의 결과가 質樸함)이 文(외양을 꾸밈. 文飾)을 이기면 촌스럽고, 文이 質을 이기면 수다스럽다(史). 문과 질이 조화를 잘 이룬(彬彬) 후에 군자가 된다"(『論語』, 「雍也」)라고 하였고, 또 "군자는 義를 바탕으로 삼고, 禮로써 행하며, 겸손으로 드러내며, 믿음으로 이룬다. 군자여!"(『論語』, 「衛靈公」)라고 하였다.

"무릇 군자라고 하는 사람은 마음으로 시비를 처리함이 없으나 행동은 도를 어기지 않는 사람이다"라고 하였다. 이것이 곧 혜강의 인생의 이상이다.

혜강은 '마음에 맡김'을 창도하였다. '마음에 맡김'이 추구하는 것은 곧 마음(心意, 의향)의 만족과 쾌적함이며, 혜강은 이것을 곧 인생에서 가장 진귀한 것으로 생각하였다.

> 그러므로 세상에서 얻기 어려운 것은 재물도 아니고 영화도 아니라, 뜻을 만족하지 못할까 하는 근심일 뿐이다. 뜻을 만족함은 비록 밭고랑을 경작하며 칡으로 만든 옷을 입고 콩죽을 먹고도 자득自得하지 못함이 없다. 만족하지 못하는 사람은 비록 천하로써 기르고 만물로써 위탁해도 오히려 만족하지 못한다.(嵇康, 『答難養生論』)

그러므로 혜강의 이상적 인물은 곧 이러한 심의心意를 자족自足하는 사람이다. 혜강은 「여산거원절교서與山巨源絶交書」에서 여러 번 자신이 일을 맡지 못하는 원인으로 "감당할 수 없는 일곱 가지"와 "두 가지 불가함"을 말했는데, 개괄하면 역시 자기 심의의 자유와 적절한 만족에 집착하기 때문이다. 따라서 혜강의 '임심任心'은 곧 임자연任自然이며, 곧 심령의 자유를 추구함이다. 이 심령의 자유는 그 사상적 연원을 따라 말하면 곧 장자의 심성학에 근원한다.

제4장 정론

정情의 본의는 사람의 정서와 정감이다. 『설문해자』에서는 "정은 사람의 음기陰氣가 가진 욕망이다. 회의문자會意文字로 마음 심 변(忄)과 푸를 청靑(소리 부분)으로 이루어진 글자이다"라고 하였다. 정情이라는 글자는 매우 일찍 출현하였다.

『상서尙書』에서는 정情을 다음과 같이 설명한다.

천명天命을 경외敬畏하면 성심誠心을 가진 사람을 도와주니, 그것은 백성의 정서에서 크게 드러날 수 있으나, 어린 사람(小人, 武王의 어린 아들 成王)은 다스리기 어렵다.(『尙書』, 「周書·康誥」)

『춘추공양전春秋公羊傳』에 나타난 정情은 다음과 같다.

그 사정私情에 이끌리지 않고 주살하는 것은 친친親親의 도이다.(『春秋公羊傳』, 閔公 元年)

내가 보기에 자네는 군자이기 때문에 실정實情을 고하겠다.(『春秋公羊傳』, 宣公 25年)

『춘추좌전春秋左傳』에서는 정情을 다음과 같이 설명한다.

크고 작은 옥사獄事는 비록 다 살피지 못하였지만, 반드시 그 실정實情에 따랐다.(『春秋左傳』, 莊公 10年)

백성들의 실정과 허위를 모두 알았다.(『春秋左傳』, 僖公 18年)

궁핍窮乏함을 구제하고, 선사善事를 경하慶賀하고, 재난을 위안하며, 제사에는 공경하며, 상사喪事를 슬퍼함과 같은 일은 실정은 비록 다르지만, 그 인애仁愛를 끊을 수 없는 것은 친친親親의 도리이다.(『春秋左傳』, 文公 15年)

내가 그대를 잘 아는데, 감히 실정을 속이겠는가?(『春秋左傳』, 襄公 18年)

노魯나라는 비록 이름은 있으나 실정實情은 없는 것이나 마찬가지니 공벌攻伐하면 반드시 뜻을 얻을 것입니다.(『春秋左傳』, 哀公 8年)

『시경詩經』에서는 정情을 다음과 같이 설명한다.

진실로 심정心情이 그러한가? 그러나 바라는 바는 아니네.(『詩經』, 「國風 · 陳風 · 宛丘」)

『주례周禮』에서는 정情을 다음과 같이 설명한다.

육악六樂[1]으로 만민의 실정을 방비하고 그들을 화목하도록 교화敎化한다.(『周禮』, 「地官司徒」)

오성五聲[2]으로 옥사獄事와 송사訟事를 듣고 백성을 실정을 구제한다.(『周禮』, 「秋官司寇」)

『국어國語』에서는 정情을 다음과 같이 설명한다.

---

1) 역자 주: 六樂은 黃帝 이래 6대의 고대 음악을 가리킨다. 鄭玄은 雲門(黃帝의 음악), 咸池(堯임금의 음악), 大韶(舜임금의 음악), 大夏(禹임금의 음악), 大護(湯王의 음악), 大武(武王의 음악)라고 설명하였다. 이와 달리 鍾 · 鏄 · 錞 · 鐲 · 鐃 · 鐸 여섯 가지 악기를 가리키기도 한다.

2) 역자 주: 五聲은 言辭 · 神情 · 呼吸 · 神色 · 氣息 다섯 가지를 말한다.

내가 옥사獄事를 듣고 비록 다 살필 수는 없었지만, 반드시 실정實情으로 판결하였다.(『國語』, 「魯語上」)

무릇 외모는 정서情緖의 색깔이다.(『國語』, 「晉語5」)

이상에서 열거한 정情은 혹 사람의 감정感情을 가리키거나, 일의 정황情況을 가리킨다.

무엇을 정情이라 하는가? 순자는 "성性은 천天을 따르고, 정은 성性의 바탕이며, 욕欲은 정의 응대이다"(『荀子』, 「正名」)라고 하였다. 『예기』「예운」에서는 "무엇을 인정人情이라고 하는가? 희喜·노怒·애哀·구懼·애愛·오惡·욕欲 일곱 가지는 배우지 않아도 할 수 있는 것이다"라고 하였다. 엄준嚴遵은 "성性으로 인하여 움직이고, 사물에 접촉하여 느끼고 깨달으며, 사랑하고 미워하고 좋아하고 증오하고, 놀라고 두려워하고 기뻐하고 분노하고, 슬퍼하고 즐거워하고 걱정하고 성내고, 나아가고 물러나고 가지고 주는 것을 정情이라고 한다"[3]라고 하였다. 왕충王充(27~104)은 "정이란 사물에 접촉하여 그러한 것으로, 밖으로 드러난다. 밖으로 드러나면 양陽이라고 하고, 드러나지 않은 것을 음陰이라고 한다"(『論衡』, 「本性」)라고 하였다. 한유韓愈(768~824)는 "성이라는 것은 태어나면서 함께 생기는 것이며, 정이라는 것은 사물과 접촉하여 생기는 것이다"(『原性』)라고 하였다. 간단하게 말하면, 외부에 있는 사물과 일에 대하여 주관적으로 발생하는 정서의 반응이며, 이것이 곧 이른바 정情이다.

심·성·정 세 가지는 연계되어 있으면서도 구별된다. 성은 인간의 선천적 본성을 가리키며, 특히 인간의 선천적인 요소이며, 심은 인간의 내재적 정신을 가리키며, 특히 사람이 사람다운 사람이 되는 주체적 요소이다. 정은 인간의 주관적 정감을 가리키며, 특히 내가 나답게 되는 정서와 감수성이다. 불교에서 이른바 "사람이 물을 마시는 것과 같이 차고 따뜻함은 스스로 안다"라는 말처럼 그 말은 곧 인간의 정이다. 성으로부터 심이 있고 정이 있으며, 갈수록 주관화되며 갈수록

3) 嚴遵, 『老子指歸』(北京: 中華書局, 1994), 45쪽.

개성화된다. 성이 비록 이미 인간이며 인간의 성이지만, 또한 인간의 천天(자연)이며, 따라서 성은 곧 천이다(性卽天). 사람이 사람다운 사람이 되는 것은 성에 있지 않고, 인간에게 내재한 정신에 있다. 그러므로 심이 곧 인간이다.(心卽人) 그리고 내가 나답게 되는 까닭은 근본적인 원인은 성에 있는 것이 결코 아니며, 또한 심에 있지도 않으며, 나의 정情에 있다. 따라서 정이 곧 나이다.(情卽我) 나의 성과 나의 심은 타인과 서로 같지 않음이 없으니, 이른바 성의 같음(同年)이며, 심의 같은 이치(同理)이지만, 그러나 나의 정은 도리어 어떤 타인과도 서로 같을 수가 없다. 나의 희·노·애·락은 오직 나만 알 수 있는 것이며, 오직 나이여야만 비로소 진정으로 체험할 수 있다.

정情과 욕欲은 서로 연관되어 있지만, 또한 분별된다. 정은 인간이 사물에 감촉하여 자연적으로 촉발되는 것이며, 욕欲은 역시 정이기는 하지만 정의 일종이며, 다만 욕欲에는 부정不正과 부당不當의 성질을 포함하고 있으며, 함유含有와 점유占有의 의미가 있다.[4]

1. 물욕을 초월하고 자신의 본성을 회복함(遺物反己)

중국철학은 정情에 대하여 일반적으로 부정 혹은 억압적 태도를 보이고 있었다.

유가는 정을 억제해야 한다고 주장한다. 공자는 정에 대하여 분명하게 논한 것이 없다. 맹자는 정과 성은 연관이 있으며, 성은 본래 선善하지만, 정은 선도 있고 불선不善도 있다고 보았다.

4) 湯一介(1927~2014)는 "선진유가의 견해를 살펴보면, '情'과 '欲'은 비록 '性'이 사물에 감촉하고 움직임으로 인하여 생기며, 희·노·애·락 등의 감정도 비록 밖으로 드러나지만, '정'은 결코 함유·점유의 의미를 포함하고 있지 않고, '욕'은 점유 혹은 取得의 의미를 포함하고 있다. 이를 보면 '情感'과 '情欲'은 서로 다른데, '정감'은 '성'의 자연적으로 드러내는 요구이며, '정욕'(欲)은 흔히 '私心'의 추구로부터 나오는 취득의 욕구이다"(湯一介, 「"道始於情"的哲學詮釋」, 『學術月刊』 2001년 제7기)라고 하였다.

만약 그 실정과 같으면 선하게 될 수도 있으니 이것이 이른바 선이다. 만약 (정이) 불선하게 되는 것은 '본바탕'(才, 곧 性)의 죄가 아니다.(『孟子』, 「告子上」)

"재才"는 곧 사람이 선천적으로 타고난 재질이며, 이른바 성性이다. 맹자가 보기에 정에 불선함이 있는 것은 성의 불선으로부터 유래한 것이 아니라는 말이다. 주희朱熹는 주석하기를 "재才는 재질材質과 같으며, 사람의 재능이다. 사람이 이 성을 가지고 있으면 이 재능을 가지고 있으며, 성은 이미 선하니 재능도 또한 선하다. 사람이 불선함이 있으면 그것은 물욕物慾에 빠져서 그런 것이며, 재능의 죄가 아니다"[5](朱熹, 『孟子集注』, 「告子章句上」)라고 하였다.

순자는 정을 말하면서 자주 성과 합하여 말하였다. 순자가 보기에 성은 악하게 될 뿐만 아니라 정도 악하게 된다.

사람의 성을 따르고 사람의 정에 순응하면 반드시 쟁탈이 일어나고, 분수分數를 범하고 다스림을 어지럽히며 난폭함으로 돌아갈 것이다.(『荀子』, 「性惡」)

그러므로 사람이란 삼가 근신하여 (일상의 일을) 잘 처리할 줄 알아야 하며, 습속을 삼가며, 크게 습관이 몸에 배게 하면 군자가 된다. 성정을 따르고 학문이 부족하면 소인이 된다.(『荀子』, 「儒效」)

사람의 성정은 간사하기도 악하기도 하므로 마땅히 예의와 법도를 이용하여 그들을 인도하고 교정해야 한다. "이런 까닭에 예의를 일으키고 법도를 제정하여 사람의 성정을 그럴듯하게 꾸며서(矯飾) 그들을 교정해야 하며, 사람의 성정을 교화하여(擾化) 그들을 교도해야 한다"(『荀子』, 「性惡」)라고 하였다.

묵가는 정情을 버려야 한다고 주장하였다.

---

5) 朱熹, 『四書章句集注』(北京: 中華書局, 1983), 328쪽.

묵자선생은 말하기를 "반드시 여섯 가지 편벽함(辟=僻)을 버려야 한다. 침묵하면 생각하고, 말을 하면 뉘우치고, 움직이면 일을 하는 이 세 가지를 대신하여 사용하면 반드시 성인이 되리라! 반드시 희喜·노怒·락樂·비悲·애愛·오惡를 버리고 인의를 써라! 손·발·입·코·귀·(눈)은 의義를 행하는 데 마음과 힘을 다해야 하리라!"라고 하였다.(『墨子』, 「貴義」)

묵자가 보기에 희喜·노怒·락樂·비悲·애愛·오惡 여섯 가지 정은 모두 반드시 제거해야 한다. 이 외에 묵자에게는 또 이른바 "비락非樂"의 이론이 있다. 묵자는 다음과 같이 보았다.

어진 사람이 하는 일은 반드시 천하의 이로움을 일으키고 천하의 해로움을 없애는 일에 힘쓰고, 장차 (그것을) 천하의 법도(法度)로 삼는다. 사람에게 이로우면 곧 행하고, 사람에게 이롭지 않으면 곧 멈춘다. 또한 어진 사람이 천하를 위하여 헤아림에 눈이 아름답게 여기는 것을 하지 않으며, 귀가 즐거워하는 바를 하지 않으며, 입이 달게 여기는 것을 하지 않으며, 신체가 편안해함을 얻기 위하여 하지 않는다. 이런 것들은 백성이 입고 먹는 재화財貨를 축내고 빼앗는 일이기 때문에 어진 사람은 하지 않는다. 그러므로 묵자가 음악을 반대하는 까닭은 대종大鐘·명고鳴鼓·거문고(琴瑟)·생황(竽笙)과 같은 악기의 소리가 즐겁지 않아서가 아니며, 훌륭한 조각과 화려한 무늬 장식의 색깔이 아름답지 않다고 여기기 때문이 아니며, 소·양·돼지·개의 고기를 삶고 구운 맛이 달지 않다고 여겨서가 아니며, 높은 누대, 큰 정자, 넓은 집에서 사는 것이 편안하지 않다고 여겨서가 아니다. 비록 몸은 그 편안한 것을 알고, 입은 그 단맛을 알고, 눈은 그 아름다운 것을 알고, 귀는 그 즐거움을 알지만, 위로 그것을 고찰하면 성왕들의 일과 부합되지 않고, 아래로 헤아려 보면 만민의 이익과 적중하지 않는다. 그러므로 묵자는 "음악을 하는 것을 반대한다!"라고 하였다.(『墨子』, 「非樂上」)

묵자가 제창한 음악을 반대함은 비록 통치자들이 "백성이 입고 먹는 재화財貨를 축내고 빼앗음"을 반대하는 의미도 있지만, 그 사상의 밑바닥에는 금욕주의의 색채가 있다.

묵자는 곳곳에서 "천하의 이익을 일으키고, 천하의 해로움을 제거해야 한다"라고 선전하였다. 천하의 이익은 묵자에게 있어서 두 가지 방면의 내용을 가지고 있는데, 하나는 천하의 다스림이며, 둘째는 백성의 입고 먹는 재화이다. 이른바 천하의 다스림은 곧 세상 사람들이 각각 그 직분(分事)을 지키는 일이며, "함께 서로를 사랑하고, 서로 이익을 교환함"이며, "다른 사람의 나를 마치 자신의 나를 보는 것처럼 하고, 다른 사람의 집안을 마치 자신의 집안을 보는 것처럼 하고, 다른 사람의 몸을 마치 자신의 몸을 보는 것처럼 하는 것"(『墨子』, 「兼愛中」)이다. 묵자가 보기에 왕공대인王公大人·사군자士君子·농부農夫·부인婦人은 모두 마땅히 온 힘을 다하고, 한마음 한뜻으로 자신의 본업에 전념해야 하며, 다른 어떤 일도 해서는 안 되며, 그렇지 않으면 반드시 자신의 본분을 방해할 것이며, 국가와 사회에 대하여 불리한 영향을 끼칠 것이다. 백성이 입고 먹는 재화財貨는 묵자가 보기에 또한 쉽게 얻고 만족할 수 있는 것이 아니므로, 농부와 부인은 마땅히 온 힘을 다하여 생산하는 일을 해야 한다. 묵자는 "백성에게는 세 가지 근심이 있는데, 굶주린 사람이 먹을 것을 얻지 못하고, 추운 사람이 입을 것을 얻지 못하고, 피로한 사람이 휴식을 얻지 못하는 것이다"(『墨子』, 「非樂上」)라고 보았다. 그러나 노동자가 진정으로 휴식을 원할 때 묵자는 도리어 "일에 방해가 됨"을 이유로 용납하지 않았다.

어떤 사람은 묵자는 한 사람의 순수한 공리주의자라고 생각하는데[6] 사실은 결코 모두 그렇지는 않다. 묵자가 주창한 "음악을 반대함"(非樂)은 비록 공리주의에서 출발하였지만, "비락非樂"의 제출은 도리어 사람들이 이러한 쓸데없는 추구를 버리고 오직 물질적 향유에만 전념하라는 요구는 결코 아니었다. 오히려 묵자가 보기에 사람들은 의식주衣食住와 교통(行) 즉 생활의 기본 요소 등 물질적 생활에 대하여

6) 馮友蘭은 "유가는 '그 올바른 도리를 바르게 하고 그 이익을 도모하지 않으며, 그 도를 밝히고 그 공을 헤아리지 않는다.' 반면에 묵가는 오로지 '利'를 중시하고 '功'을 중시한다"라고 하였다. 또 "'功'과 '利'는 묵가철학의 근본 생각이다"(馮友蘭, 『中國哲學史』 上冊, 上海: 華東師範大學出版社, 2000, 71쪽)라고 하였다.

마찬가지로 지나치게 추구해서는 안 된다. “후대의 묵가들로 하여금 대부분 검소한 의복(갖옷과 褐衣)을 입고, 나막신과 짚신(跂蹻)을 신고 밤낮으로 쉬지 않고 스스로 고난스럽게 하는 것을 최고의 규율(極)로 삼게 하고, ‘이와 같이 할 수 없으면 우임금의 도가 아니며 묵가墨家라고 할 수 있다’라고 하였다.”(『莊子』, 「天下」) 바로 이러한 이유 때문에 순자는 “묵자는 실용에 가려서 문식文飾을 몰랐다”(『荀子』, 「解蔽」)라고 하였다. 따라서 묵자가 제출한 “비락非樂”은 비록 실용적 공리를 출발점으로 삼았지만, 그러나 그것이 실용적 공리를 위한 것은 결코 아니었다. 묵자는 한 사람의 순수한 공리주의자가 결코 아니며, 한 사람의 금욕주의 · 고행주의자이다. 묵자가 비록 “겸애兼愛”를 창도하였지만, 그러나 『장자』 「천하」에서 평론한 것처럼 그는 “타인을 사랑함”도 아닐 뿐만 아니라, “자신을 사랑함”도 아니었으며, 따라서 장자는 “그들은 살아서는 근면勤勉하며, 그들이 죽어서는 소박한 장례로 허술하게 떠나니, 그 도道는 매우 고생스럽다. 사람을 근심하게 하고, 사람을 슬프게 할 뿐 그것은 실행하기 어려우니, 아마도 그것은 성인의 도가 될 수 없을 것이다”(『莊子』, 「天下」)라고 하였다. 묵가의 도가 행하기 어렵고 쓸모가 없었기 때문에, 비록 그것이 당시에는 사회적으로 유명한 학문이기는 하였지만, 끊어져 소멸하는 운명으로 향할 수밖에 없었으며, 동시에 그것은 후세에 어떤 중대한 영향을 전혀 끼치기 어려웠다.

묵가와는 달리 도가가 힘써 반대하는 것은 결코 사람의 정이 아니라 사람의 욕망慾望이었다.

노자는 자연 · 무위를 근본으로 삼았다. 노자에게서 자연 · 무위는 천지만물의 이치 즉 도리이다. 또한 군왕이 나라를 다스리고 백성을 어거馭車하는 수단 즉 도술道術이다. 사회적 통치에 착안하여 노자는 “욕망할 만한 것을 드러내지 않는다면 백성의 마음을 어지럽히지 않는다”라고 하고, 또 “항상 백성들이 무지無知 · 무욕無欲하도록 한다”(『老子』 3장)라고 주장하였다. “백성들이 무지 · 무욕하도록 한다”라는 것은 곧 하나의 통치술이자 또한 우민화愚民化의 수단이다. 따라서 노자철학에는 음모학陰謀學으로 발전할 가능성이 포함되어 있다.[7] 노자는 다음과 같이 말한다.

오색五色(青赤黄白黑)은 사람의 눈을 멀게 하고, 오음五音(宮商角徵羽)은 사람의 귀를 먹게 하며, 오미五味(酸苦甘辛鹹)는 사람의 입을 잘못 놀리게 하고, 마구 말을 몰아 수렵과 사냥하는 일은 마음을 발광發狂하게 만든다. 얻기 어려운 재화는 사람이 남에게 손해를 입히게 한다. 그러므로 성인은 배부르게 먹되 눈으로 하지 않으며(사치스러운 음식을 탐욕하지 않으며), 따라서 이것(쾌락과 탐욕)을 버리고, 저것(소박하고 검소함)을 취한다.(『老子』 12장)

노자가 여기서 말한 "인人"은 "민民"이 아니다. 민民은 정치적 통치에 착하고 임금의 처지에서 논의한 것이며, 인人은 사람이 사람다운 사람이 되는 본질에 착안하고 철학적 입장에서 논의한 것이다. "오색五色", "오음五音", "오미五味", "말을 몰고 사냥함" 등은 모두 사람이 욕구할 만한 일이다. 이러한 일들과 이러한 욕구는 인간의 자연적 순박한 성을 파괴하고, 사람들이 몸 밖의 일과 몸 밖의 사물을 분주하게 쫓아다니게 하니 마땅히 부정해야 한다.

노자는 다음과 같이 말한다.

---

7) 張舜徽(1911~1992)는 "이것은 임금 노릇을 잘하는 사람은 마땅히 자신의 좋아함과 싫어함을 버리고(드러내지 않고), (자신의) 정을 감추고 단서를 숨기며, 신하가 군주를 침범하지 않도록 해야 함을 말한다. 여기서 말하는 '民'은 신하를 가리켜 한 말이다. 어진 사람을 숭상함(尙賢)은 군주가 자신의 才智를 자랑하는 사람을 자신의 신하와 그 길고 짧음을 경쟁시키는 것을 말한다. 『한비자』 「二柄篇」에서는 '군주가 어진 이를 좋아하면 뭇 신하가 행실을 꾸며서 임금의 욕구에 따르고자 하니, 뭇 신하의 실정은 드러나지 않는다. 뭇 신하의 실정이 드러나지 않으면, 군주는 그 신하들을 분별할 것이 없게 된다'라고 하였다. 『한비자』 「主道篇」에서는 '군주는 자신이 원하는 것을 드러내지 않아야 한다. 군주가 자신이 원하는 것을 드러내면 신하는 장차 자신을 지나치게 수식(雕琢)할 것이므로, 군주는 자신의 의지를 드러내지 말아야 한다. 군주가 자신의 의지를 드러내면 신하는 장차 자신을 남과 다르게 드러내려고 할 것이다. 그러므로 군주는 좋아함과 싫어함을 드러내지 않으면 신하는 곧 소박함을 드러내며, 군주가 기교와 지혜를 버리면 신하는 이에 스스로 갖출 것이다'라고 하였다. 이와 같은 議論은 모두 『노자』의 종지를 충분하게 드러내었다"(張舜徽, 『周秦道論發微』, 北京: 中華書局, 1982, 165쪽)라고 하였다. 韓非는 오로지 제왕의 權術을 다루는 학문이다. 노자학의 요지가 제왕의 권술학이라고는 말할 수 없지만, 단지 그것이 제왕의 권술학으로 발전할 가능성은 갖추고 있다고 할 수 있다.

현명함을 숭상하지 않음으로 백성이 서로 다투지 않게 하고, 얻기 어려운 재화를 귀하게 여기지 않음으로 백성이 도둑질하지 않게 하고, 욕망을 드러내지 않도록 하여 백성의 마음이 어지러워지지 않게 한다. 그러므로 성인의 치세는 백성의 욕심欲心을 비우게 하고, 그 배를 채워 주고, 백성의 (교활한) 심지心志를 약하게 하고, 그 신체를 튼튼하게 하여 항상 백성이 무지無知·무욕無欲하도록 하며, 지자智者들이 감히 작위作爲하지 못하도록 해야 한다.(『老子』 3장)

송宋의 휘종徽宗 조길趙佶(1082/1100~1126/1135)은 이 구절에 대하여 다음과 같이 주석하였다.

인간이 가진 욕구가 성명의 정을 끊음으로써 서로 다투며, 빼앗고 방종함이 이르지 않는 데가 없다. 백이伯夷(생몰 미상. B.C.2300년 전후)는 명예를 원할 만하다고 보고 수양산首陽山에서 굶어 죽었다. 도척盜跖(생몰 미상. 춘추 魯나라)은 이익을 탐낼 만하다고 보고 동릉東陵의 아래에서 이익을 위해 죽었다. 그 열기는 불꽃으로 타오르고, 그 한기寒氣는 얼음으로 응결하므로 그 심은 어지럽고 매우 드세어 도로써 억제할 수 없었다. 성인聖人으로 말하면 이익을 취하지 않고, 해를 끼치지 않으며, 장수함을 기뻐하지 않고, 요절함을 슬퍼하지 않고, 통달함을 영예롭게 여기지 않고, 궁벽함을 누추하다 여기지 않으니 누가 그렇게 하려고 할 수 있겠는가? 욕망이 텅 비어 싹트지 않으니 내 마음이 담연湛然하여 감촉이 있어 곧 응해도 멈추어 장애가 됨이 없으며, 움직여도 추종하는 것이 없으니 누가 그것을 흔들 수 있겠는가?…… 마음이 (욕망이 없이) 비워지면, 여러 방면의 말을 공평하게 듣고 객관적으로 관찰할 수 있으니 좋아함과 싫어함의 정이 없으며, 배가 부르면 안정되고 풍족하고 태평하여 탐욕이 생기지 않으니 어찌 현명하다고 숭상하겠으며 그것을 재화로 보고 귀중하다고 하겠는가? 성인이 배를 채우는 것을 눈으로 하지 않은 것은(맛있는 음식으로 배불리 먹지 않고) 배는 선택함이 없이 받아들이기 때문이다. 의지라는 것은 심이 아는 바이며, 뼈는 몸통을 서게 해 준다. 의지가 강하면 명예를 위해 목숨을 바치고(殉名) 쉬지 않으며, 혹은 재화를 좇아 만족할 줄 모르며, 혹은 그 공을 위해 공격하고, 혹은 그 능력을 자랑하며 도를 버림이 점점 더 멀어진다. 뼈가 약하면 유랑하여 흩어지고, 사물과 부딪히고 서로 닳아버리며, 모두 사라지고 다시 돌아오지 않는다. 성인의 의지는 항상 자신을 스스로 낮추고 남을 높인다. 항상 자신을 뒤로하고 타인을 먼저 둔다. 그 수컷을 알면 그 암컷을 지키며, 그 영예를 알면 그 욕됨을 지키는 것을 그 의지를 약하게 한다고 부른다. 바로 이에 그치면, 만물은 능히 옮길 수 없다. 진실로 이것을 잡으면 만변萬變에도 기울어지지 않는다. 무너지지 않는 모습은 마치 광성자廣成子처럼 1200세가 되어도 형상이 아직 쇠퇴하지 않으니 이를 일러 그 뼈를 강하게 한다고 말한다. 『장자』는 "함께 무지無知하니 그 덕을 떠나지 않았다. 함께 무욕無欲하니 이를 소박素樸함이라 이른다. 소박하면 백성의 성이 유지된다"(『莊子』, 「馬蹄」)라고 하였다. 성인의 다스림은 백성이 그 성을 유지하도록 하는 것일 뿐이며, 많은 지식으로 성명의 직분을 해치고, 다욕多欲으로 자연이 부여한 진정한 본성(性命)의 정을 매몰시키는 것을 다스림이라고 한다면 어지럽기가 이보다 심하겠는가? 그러므로 항상 백성을 무지·무욕하도록 해야 한다.(『宋徽宗御解道德眞經』, 권1)[8]

"성인의 다스림은 백성이 그 성을 유지하도록 하는 것일 뿐" 그 성을 유지하고 소박함으로 돌아가며, "소박하면 백성의 성이 유지된다." 그 성을 유지하면 자연에 따르며, 자연에 따르면 무위하고, 무위하면 무욕한다. 욕망은 마음을 해치고, 마음은 성을 상하게 하고, 성이 상하면 몸이 상한다. 그러므로 무위로써 다스리면 백성이 무지·무욕하게 되며, 잘 다스려질 뿐만 아니라 또한 백성을 이롭게 할 것이다.[9]

---

8) 『中華道藏』 제10책(北京: 華夏出版社, 2004), 668~669쪽.

9) 『노자』 제3장에서 말한 "어진 사람을 숭상하지 않음"(不尙賢)과 "항상 백성을 무지·무욕하게 함"(常使民無知無欲)은 그 해석의 방점이 서로 다르다. 이 책 제3장의 "心論"은 당나라 玄宗 李隆基(685/712~756/762)의 주석을 인용하였고, 그 중점은 정치권술에 있으며, 백성을 무지·무욕하게 하면 쉽게 다스려짐을 강조하였다. 이 장에서 "情論"은 송나라 徽宗 趙佶의 주석을 인용하였고, 그 중점은 도리어 정치에 있지 않고, 욕구가 성을 해치고 몸을 상하게 함을 강조하였다. 玄宗과 徽宗은 모두 제왕으로, 정치 환경도 달랐고 심리와 심리 상태 또한 매우 달랐다. 현종은 뛰어난 재능과 원대한 계략을 가졌고 항상 왕자의 기상을 잃지 않았다. 휘종은 늘 애수에 잠기고 감상적이었으며, 자못 文人의 정감을 갖추고 있었다. 다시 그들을 명나라 태조 朱元璋(1328/1368~1398)의 주석과 비교해 보자. 주원장의 주석에서는 "노자의 뜻이 더욱 깊으니, 무릇 어진 사람을 숭상하는 나라는 병이 많고, 얻기 어려운 물건을 귀하게 여기면 백성은 도둑을 걱정한다.…… 대개 백성이 어질고 귀함을 알지 못하고, 얻기 어려운 재화를 몰라야 세상이

『문자文子』에서 보기에 인간의 성은 본래 화평한데, 기욕嗜欲이 그것을 해치면 화평을 얻을 수 없다.

> 사물을 다스리는 사람은 사물로써 조화하지 않고, 조화를 다스리는 사람은 단지 조화로써만 사람을 대하지 않고, 인간을 다스리는 사람은 사람으로써만 임금을 대하지 않으며, 임금을 다스리는 사람은 임금을 욕망으로 대하지 않고, 욕망을 다스리는 사람은 욕망으로써 성을 대하지 않으며, 성을 다스리는 사람은 성으로써 덕을 대하지 않으며, 덕을 다스리는 사람은 덕으로써 도를 대하지 않는다. 도를 인간의 근본으로 삼으면 사악하고 추악함이 없으며, 사물에 오래 탐닉하면 그 근본을 잊게 되고, 그 근본을 잊게 되면 '어릴 적부터 형성된 습관이 천성처럼 된 성'(若性)이 된다. 의식衣食과 예속禮俗은 인간의 성이 아니며, 외부로부터 받은 것이다. 그러므로 인간의 성을 화평하고자 하나 기욕嗜欲이 그것을 해친다. 오직 도를 가진 사람만이 외물에 초연하고 성으로 돌아올 수 있다. 자신을 거울로 삼고 사물의 실정을 잃지 않으며, 자신을 거울로 삼지 않으면 움직이자마자 미혹되고 현혹된다. 무릇 욕구를 따라 성을 잃어버리면 행동에 바름이 없으며, 생명을 다스리면 몸을 잃게 되고, 나라를 다스리면 사람을 어지럽힌다. 그러므로 도를 듣지 않은 사람은 성을 회복할 수 없다.(『文子』, 「下德」)

서영부徐靈府(생몰 미상. 唐末 五代)는 "도는 정신을 안정시키고, 사물은 성을 기른다. 성은 내적이며, 사물은 외적이다. 내적인 성으로써 외적 사물을 구함에 그 성에

편안하다. 이런 까닭에 성인은 항상 스스로 맑고 담박하며, 그 몸을 살찌도록 하지 않으며, 백성을 부유하게 하고 곧 배를 부르게 하였으며, 백성이 부유하면 나라의 대본이 견고해진다. 그러나 더욱 백성의 부유함에 의지하지 않고 나라가 튼튼해지는 것이 그가 야기한 일이었다. 그것은 배는 부르게 의지는 약하게 뼈는 강하게 함이다"(『大明太祖高皇帝御注道德眞經』[『中華道藏』 제12책, 北京: 華夏出版社, 2004], 권상, 678~679쪽)라고 하였다. 명 태조 주원장은 곧 개국의 군주로서 천하의 강산을 얻기가 쉽지 않음을 잘 알고 있었으며, 그가 깊이 염려하고 있는 것은 社稷의 영원한 안정이다. 그러므로 그가 가진 뜻은 국가의 대본이며, 천하의 오랜 안정이다. 역사적으로 노자를 주석한 군주는 세 사람이다. 세 명의 군주는 그 기상이 서로 다르며, 심리상태도 다르며, 가진 뜻도 또한 다르다.

이르고 응함을 성의 '자연지성'(常然)으로 삼는다. 그러므로 도가 있는 사람은 외물에 초연하고 본성을 회복할 수 있다. '본성을 회복함'(反己)은 본성의 깊은 속마음(衷欲)이 드러나며 만물이 모두 살아 숨을 쉰다"(徐靈府, 『通玄眞經注』, 권9)[10]라고 하였다.

도는 덕의 근본이며, 덕은 성의 체이며, 성은 욕망의 근원이다. 도가 확립되면 덕이 충족되고, 덕이 충족되면 성이 고요해지며, 성이 고요해지면 욕구가 생기지 않으며, 욕구가 생기지 않으면 정신이 안녕하고, 정신이 안녕하면 기가 조화롭고, 기가 조화로우면 이로움이 생긴다. 생명을 기르는 것은 기를 기름이며, 기를 기름은 정신을 기름이며, 정신을 기름은 욕구를 기름이며, 욕구를 기름은 성을 기름이며, 성을 기름은 덕을 기름이며, 덕을 기름은 도를 기름이다. 도를 기름은 사물을 잘 다스림이다. 사물은 성을 기름이며 성이 길러지는 까닭은 아니다.

사람의 성은 평화롭고자 하지만 물욕이 그것을 해치면 그 근본을 잊고 '어릴 적부터 형성된 습관이 천성처럼 된 성'(若性)과 부합한다. 오직 "물욕을 초월하고 자신의 본성을 회복함"(遺物反己)이 있어야만 비로소 본래의 성을 회복할 수 있다.

"유물반기遺物反己"에서 "물物"은 곧 물욕의 마음이며, "기己"는 개체의 참모습(本眞)이다. "물욕을 초월하고 자신의 본성을 회복함"과 본래의 성을 회복함은 결코 정이 없는 것이 아니라 물욕으로 심을 어지럽히고 (본래의) 성을 잃어버리지 않음이다. 나와 사물의 사이에 내가 사물을 다스리고 사물을 이용하고 사물을 부리는 것은 사물이 나를 위하여 다스려지고 이용되고 부려지는 것이며, 이러한 본말의 관계는 뒤바뀔 수 없으며, 이것이 곧 "사물을 다스림"이며 곧 "물욕을 초월하고 자신의 본성을 회복함"이다. 따라서 "사물을 다스리는 사람은 사물로써 조화하지 않는다"라고 하고, "사물에 오래 탐닉하면 그 근본을 잊게 된다"라고 하였다.

나와 사물의 관계에서 나는 목적이며 사물은 도구이다. 이와 같은 논의는 비록 매우 간단하지만, 인류는 지금까지 늘 이를 이해하지 못하였다. 그러므로 이른바 "물신숭배교"(商品拜物教), "화폐숭배교"(貨幣拜物教)가 있고, "인간소외"(人之異化)가 있

10) 『中華道藏』 제15책(北京: 華夏出版社, 2004), 493쪽.

어 그 해로움이 미치는 바가 사회의 여러 영역까지 충만해 있다.

진晉나라 시대 노포魯褒(생몰 미상. 西晉)는 『전신론錢神論』을 지어서 사람들의 금전숭배를 매우 잘 묘사하였다. 돈이라는 것은 마치 천지신명天地神明과 같다. "그것 곧 돈을 잃으면 가난하고 힘이 없게 되며, 돈을 얻으면 부유하고 창성한다. 날개가 없어도 날고, 다리가 없어도 달리며, 근엄하고 강직한 얼굴(嚴毅之顔)도 풀리게 하며, 열리기 어려운 입도 열리게 한다. 돈이 많은 사람이 앞에 있고, 돈이 적은 사람이 뒤에 있다"라고 하고, "관직이 높고 명성이 드러남은 모두 돈으로 말미암는다"라고 하고, "위험함을 안전하게 할 수 있고, 죽는 사람도 살릴 수 있고, 귀한 사람도 비천하게 할 수 있고, 산 사람도 죽일 수 있다. 이런 까닭에 원분怨憤과 다툼도 돈이 아니면 이길 수가 없으며, 깊이 은둔한 유능한 인물(幽滯)도 돈이 아니면 발탁할 수 없으며, 원한怨恨과 원수怨讎도 돈이 아니면 해결되지 않으며, 좋은 명성(令問)도 돈이 아니면 드러나지 않는다"(『晉書』, 「列傳」 제64)라고 하였다.

영국의 극작가 셰익스피어(William Shakespeare, 1564~1616)는 『아테네의 타이몬』(*Timon of Athens*) 가운데서 금전의 작용에 대하여 생생하게 묘사하였다. "박학한 지식인도 모름지기 돈이 많은 어리석은 남자에게 허리 굽혀 절하고 경의를 표하는데, 아! 이것이 무엇인가? 황금은 누렇게 빛나는 귀중한 황금이다. 이것은 단지 아주 조금만 가져도 검은 것을 희게 변화시키고, 추醜한 것을 아름답게 변화시키고, 잘못된 것을 맞다고 변화시키며, 천賤한 것을 귀하게 변화시키며, 노인老人을 소년으로 변화시키며, 겁쟁이를 용사로 변화시킨다.…… 이 황색의 노예는 이교도異教徒를 동맹으로 만들고, 같은 종교를 분열시키고, 저주詛呪받은 사람이 복을 얻게 할 수 있고, 문둥이(癩子)도 사랑받게 하고, 도적盜賊이 높은 자리를 얻게 할 수 있으며, 얼굴이 누런 과부도 다시 새신부로 만들 수 있다."

금전을 포함한 사물은 인간에게 막대한 작용을 하지만, 이러한 작용은 결국은 사람이 하는 일이다. 사물은 인간을 위하여 쓰일 수 있지만, 인간은 사물을 위하여 쓰일 수 없다. 인간은 사물에 대하여 마땅히 일종의 주체적 의식을 길러야 하며, 마땅히 초월적인 지혜를 갖추어야 한다.

내가 사물을 부리는 입장에서 출발하여 『문자文子』는 인간의 정욕에 대하여 부정적 태도를 유지한다.

> 무릇 지인至人의 다스림은, 귀와 눈의 밝음을 버리고, 문식文飾과 문장을 소멸시키고, 도에 의지하여 지모智謀를 폐지하고, 지켜야 할 바를 간략簡略하고, 욕구할 바를 적게 하며, 유혹과 탐욕을 버리고, 기호와 욕구嗜慾를 제거하고, 사려를 덜어낸다. 그 지켜야 할 바를 간략하면 곧 명찰明察해지고, 구하는 바를 적게 하면 곧 얻는다. 그러므로 '안'으로써 '밖'을 다스리면, 뭇 일들이 폐기廢棄되지 않으며, 안이 그것을 얻을 수 있으면 밖은 그것을 다스릴 수 있다. 안이 얻으면 오장五臟이 안녕하고, 사려思慮가 평온하며, 근육과 뼈대가 강해지고, 눈과 귀가 밝아진다. 큰 도는 넓고 평탄하며, 몸과 떨어짐이 멀지 않으며, 먼 것을 구하러 간 사람은 갔다가 다시 돌아온다.(『文子』, 「道原」)

"지인의 다스림"을 목표(的鵠)로 삼는 것은 또한 사회 · 정치에 따른 입론이다. 사회 · 정치에 착안하였으므로 이른바 "버림"(棄), "소멸"(滅), "폐지"(廢), "간략"(約), "적게 함"(寡), "버림"(去), "제거"(除), "덜어냄"(損)의 논의는 노자가 말한 "그 마음을 비우고, 그 배를 채우며, 그 뜻을 약하게 하고, 그 뼈를 강하게 함"을 한 걸음 더 발전시킨 것이다. 그러나 『문자』에서 논의한 것은 또한 노자와 차이가 있으며, 그 차이는 『문자』의 이론이 결코 사회 · 정치에 착안하지 않았다는 데 있다. 즉 "귀 밝음과 눈 밝음을 버림"과 "유혹과 탐욕을 버림"은 곧 "안이 그것을 얻을 수 있음"이다. "안이 그것을 얻을 수 있으면 밖은 그것을 다스릴 수 있다. 안이 얻으면 오장五臟이 안녕하고, 사려思慮가 평온하며, 근육과 뼈대가 강해지고, 눈과 귀가 밝아진다." '오장이 안녕하고, 사려가 평온하며, 근육과 뼈대가 강해지고, 눈과 귀가 밝아짐'은 개인을 겨냥하여 한 말이며, 이것은 또한 하나의 가치를 추구함을 잃지 않은 것이며, 줄곧 제창하여야 할 정신생활이기도 하다.

이 정신적 추구로부터 출발하여 『문자』가 추숭한 진인眞人은 곧 욕구로써 정情을 어지럽히지 않고, 외물에 의해 '화합을 어지럽히지'(滑和) 않고, 심과 정이 평온하게 도를 얻은 고인高人이다.

진인眞人은 허무虛無 · 평이平易 · 청정淸靜 · 유약柔弱 · 순수純粹 · 소박素朴함으로써 그것(도)을 체득하고, 사물과 섞이지 않고, 덕과 천지의 도에 이르므로 진인眞人이라고 한다. 진인은 자신이 크고 천하가 적음을 알고, 자신을 다스림을 귀하게 여기고 남을 다스림을 하찮게 여기며, 외물에 의해 화합을 어지럽히지 않고, 욕망으로 정을 혼란하게 하지 않는다. 자신의 명성을 숨기고, 도가 있으면 숨기고, 도가 없으면 드러낸다. 행위하되 인위로 함이 없고, 일삼되 인사人事로 함이 없고, 알되 세속적 지식으로 하지 않는다. 천도天道를 품고 천심天心을 포용하며, 음양의 기를 호흡하고, 낡은 공기를 내뱉고 신선한 공기를 마시며, 음과 함께 닫고, 양과 함께 열며, 강유剛柔와 함께 굽히고 펴며, 음양과 함께 굽어보고 우러러보며, 천天과 함께 동심同心이 되며, 도와 함께 동체同體가 된다. 즐기는 바도 없고, 고통스러운 것도 없고, 기뻐할 바도 없고, 분노할 바도 없으며, 만물과 하나로 합치며(玄同), 옳고 그름도 없다. 무릇 형체는 추위 · 더위 · 건조함 · 습기의 재앙에 손상되지 않으며, 형체가 다하면 정신이 막히며, 정신이 즐거움 · 분노 · 사려의 근심에 손상되면 정신은 소진되고 형체만 남는다. 그러므로 진인은 마음을 쓰고 성을 회복함에 정신에 의지하여 서로 도우며 그로써 처음과 끝이 있게 되며, 이런 까닭에 침상에 누워 자도 꿈꾸지 않고, 깨어도 근심이 없다.(『文子』, 「道原」)

이런 까닭에 성인은 인위로 자연(天)을 바꾸지 않으며, 밖으로는 사물과 함께 변화하나 안으로는 정情을 잃지 않는다. 그러므로 도에 통한 사람은 청정함으로 돌아가고, 사물의 이치를 궁구한 사람은 무위에서 끝마친다. 담박함으로 지혜를 기르고, 무관심(漠)으로 정신과 합하여 곧 문이 없는 곳으로 나아간다. 하늘을 따르는 사람은 도와 더불어 노닐고, 인간을 좇는 자는 세속과 교유한다. 그러므로 성인은 인간의 일로 하늘을 어지럽히지 않고 욕심으로 정情을 교란하지 않으며, 도모하지 않아도 마땅하고, 말하지 않아도 신뢰받으며, 사려하지 않아도 얻고, 인위로 하지 않아도 이룬다.(『文子』, 「道原」)

무릇 슬픔과 즐거움은 덕의 사악함이다. 좋아함과 증오는 마음의 누적累積이다.

기뻐함과 분노함은 도의 지나침이다.(『文子』, 「九守·守虛」)

두도견杜道堅(1237~1318)은 "도는 무형이므로 만물을 닦아서 기르고(陶冶), 도는 무명無名이므로 모든 존재를 총괄할 수 있다. 진인은 도를 체인하며 심을 비우고 정신을 고요하게 하여 천지의 도를 얻는다"11)(杜道堅, 『通玄眞經纘義』, 권1)라고 하였다. 사람의 성은 본래 허정하며, 사람의 심도 또한 본래 슬픔과 즐거움, 좋아함과 증오, 기쁨과 분노의 정이 없다. 정이 발동함은 일에서 기인하고 사물에 응한다. 심과 성의 바름에 따라서 말하면, 희喜·노怒·애哀·락樂은 바르다고 할 수 없다. 왜냐하면 "슬픔과 즐거움은 덕의 사악함이다. 좋아함과 증오는 마음의 누적累積이다. 기뻐함과 분노함은 도의 지나침"이기 때문이다. 따라서 마땅히 기뻐하는 바가 없고 분노하는 바도 없으며, 무위無爲로써 하며, 일삼음이 없음으로 일삼아야 한다. '기뻐함이 없음', '무위함', '일삼음이 없음'은 결코 전혀 좋아함과 싫어함이 없는 것은 아니며, 결코 전혀 정情이 없는 것이 아니며, 다만 "밖으로는 사물과 함께 변화하나 안으로는 정情을 잃지 않는 것"이며, "인간의 일로 하늘을 어지럽히지 않고 욕심으로 정情을 교란하지 않는다." 노자와 마찬가지로 『문자』가 반대하는 것은 역시 사람들의 성을 교란하고 심을 미혹하게 하는 정이며, 또한 이른바 정욕이며, 또한 속물俗物과 속정俗情이다. "무릇 성인이라는 사람은 정을 정합하게 할 뿐이며, 배의 크기를 요량하여 먹고, 형체를 도량度量하여 옷을 만들고, 사욕을 절제함과 불법으로 이익을 얻으려는 마음이 말미암아 생겨나게 하지 않는다"(『文子』, 「九守·守眞」)라고 하였다.

세속의 사물이 마음을 교란하고 성을 미혹한다고 보고 『관자』에서도 다음과 같이 말한다.

무릇 심의 형태는 저절로 채우고 저절로 가득 차며, 저절로 생기고 저절로 이루어지며, 그것을 잃게 되는 것은 반드시 근심·즐거움·기쁨·분노·욕망·이익 때문이

11) 『中華道藏』 제15책(北京: 華夏出版社, 2004), 591쪽.

며, 근심·즐거움·기쁨·분노·욕망·이익을 버릴 수 있으면 본심의 정명精明함을 회복할 수 있다. 저 심의 (여섯 가지) 정은 이롭고 편안하게 고요하며 번거롭지도 교란되지도 않으며 조화롭고 저절로 이룬다.(『管子』, 「內業」)

욕망은 성을 해친다고 보고 욕망을 성의 사악함으로 보는 것은 또한 도가의 기본적 이론이다. 그 뒤에 『회남자淮南子』는 이를 한 걸음 더 발전시켰다.

사람이 태어남에 고요함은 천성天性이며, 감촉한 후에 움직임은 성의 해로움이며, 사물에 이르면 정신이 응하는 것은 지식의 움직임이며, 지식과 사물이 교접하면 좋아함과 증오함이 여기서 생긴다. 좋아함과 증오함이 형성되면, 지식은 외부에 유혹되어 (본래의) 자신(己)을 회복할 수 없어 천리天理가 소멸한다. 그러므로 도에 통달한 사람은 인위로 자연(天)을 바꾸지 않으며, 밖으로는 사물과 함께 변화하나 안으로는 정情을 잃지 않는다.(『淮南子』, 「原道訓」)

사람의 천성은 본래 청정하며, 외물과 서로 접촉한 후 좋아함과 싫어함의 정이 생겨난다. 좋아함과 싫어함의 정은 곧 인간의 욕망이다. 그러므로 욕망은 결코 성의 본원은 아니며, 성의 곧고 바름(貞正)도 더욱 아니며, 성의 사악함이며 성의 해로움이다.

무릇 기뻐함과 분노함은 도의 사악함이다. 근심과 슬픔은 덕의 상실이며, 좋아함과 증오함은 심의 지나침이며, 기호와 욕구(嗜慾)는 성의 누적累積이다. 인간의 큰 분노는 음기陰氣를 파괴하고, 큰 기쁨은 양기를 추락墜落시키며, 엷은 기는 목소리를 잠기게 하고, 놀람과 공포는 미치게 만들며, 근심과 슬픔은 화를 많이 내게 하여 이에 병이 쌓이며, 좋아함과 증오함이 점점 더 많아지고 재화災禍가 서로 이어진다. (『淮南子』, 「原道訓」)

기호와 욕구는 사람의 기를 넘치게 하고, 좋아함과 증오함은 사람의 마음을 피로하게 하며, 빨리 버리지 않으면 지기志氣가 날로 소모된다.(『淮南子』, 「精神訓」)

무릇 슬픔과 즐거움은 덕의 사악함이며, 기쁨과 좋아함은 도의 지나침이며, 좋아함과 증오함은 심의 (난폭한) (累積)이다.(『淮南子』, 「精神訓」)

욕망은 성을 해치고, 욕망은 성의 사악함이며 성의 해로움이다. 따라서 마땅히 정을 버리고 욕망을 멈추어서 성의 청정함과 영명靈明함을 지켜야 한다.

물의 본성(性眞)은 맑지만, 흙이 그것을 흐리게 하고, 인성人性은 편안하고 고요하지만, 기호와 욕구가 그것을 교란한다. 무릇 인간이 하늘로부터 받은 것은 귀와 눈은 소리와 색을 받았으며, 입과 코는 맛과 냄새를 받았으며, 피부는 차가움과 따뜻함을 받았는데 그 실정은 한결같다. 신명에 통할 수 있고, 어리석음과 미치광이를 면할 수 있는 것은 왜인가? 그것은 제어制御하는 바가 다르기 때문이다. 이런 까닭에 신神은 지혜의 연못이며, 연못이 맑으면 지혜도 밝으며, 지혜는 심의 곳집이니, 지혜가 공평하면 심이 평안하다. 인간은 흐르는 물거품에는 비춰 보지 않으나 고요한 물에 비춰 보는 것은 그 물이 고요하기 때문이다. 거친 무쇠에는 비춰 볼 수 없으나 명경明鏡에 비춰 보는 것은 그 변화를 분별하기 때문이다. 무릇 오직 변화하고 또 고요함은 형체 있는 사물의 성이며, 이로써 관찰하면 쓰임은 반드시 그 쓰이지 않음에서 빌린 것이다. 이런 까닭에 잡념이 없으면(마음을 비우면) 스스로 진리에 도달하며(虛室生白), 길상吉祥이 머문다. 무릇 거울이 밝은 것은 먼지와 티끌이 더럽히지 않았기 때문이며, 신神(정신)이 맑은 것은 기호와 욕구가 교란할 수 없기 때문이다. 정신이 이미 밖으로 넘어 갔는데 그것을 되돌리고자 일삼으면, 이것은 근본에서 잃고 말단에서 구하는 것이다. 밖과 안이 부합符合함이 없어 욕망이 사물과 교접하여 '내재한 타고난 지혜'(玄光)를 버리고 이목에서 지혜를 구하니 이것은 그 밝고 밝음을 내버리고 그 어두컴컴함을 말하는 것이니 이것을 일러 도를 잃었다고 한다. 심에 도달한 것은 정신에도 위연喟然(그대로) 남아 있으니 그것을 허虛로 돌이켜서 녹아 없어지게 하는 것이니, 이것은 성인의 노닒이다.(『淮南子』, 「俶眞訓」)

성인과 세속 사람은 같은 정을 가지고 있지만, 그 다른 바는 제어하는 바가 같지 않을 뿐이다. 성인은 성性으로써 정情을 제어하기 때문에 정신이 맑고 지혜가 밝으며 심이 평온하며, 세속 사람은 정으로써 성을 제어하기 때문에 정신이 밖으로 넘어가고 그 근본을 잃는다. 따라서 마땅히 그 성을 잘 길러야 한다. 왜냐하면 정이 성을 해치기 때문에 그 성을 잘 기르는 것은 허정보다 나은 게 없다.

위진현학魏晉玄學의 주제는 이른바 "유有와 무無, 본本과 말末"의 문제이다. 이와 함께 하나의 문제를 서로 연결하였는데, 현학가들도 "정情"에 대하여 깊이 토론하였다. 이러한 토론은 그 깊이에서나 넓이에서나 선진先秦·양한兩漢과는 비교도 할 수 없으며, 또한 후대에서도 기대할 수 없는 정도였다.

『삼국지三國志』「위서魏書·종회전鍾會傳」은 하소何劭(236~301)의 『왕필전王弼傳』을 인용하여 주석하였다.

> 하안何晏(?~249)은 성인은 희喜·노怒·애哀·락樂이 없으므로 그 이론은 매우 정밀하고, 종회鍾會(225~264) 등이 그것을 서술하였다.

하안의 이론은 그 상세한 내용은 지금까지 이미 고찰할 수는 없다. 다만 『논어집해論語集解』 속에서 그 일부의 내용을 탐지할 수 있다.

공자는 일찍이 안연顏淵(B.C.521~B.C.481)에게 "안회는 거의 (道에) 가깝지만, 자주 (쌀독이) 비었다"(『論語』, 「先進」)라고 하였다. 왜 "자주 비었다"(屢空)라고 하는가? 하안은 『논어집주』에서 주석하기를 "누屢는 매번(每)과 같으며, 공空은 속이 비었다는 말과 같다. 성인이 선善으로써 여러 제자를 가르쳤으나 (제자들이) 거의 도를 아는 사람에는 이르지 못하여 각각 안으로는 이와 같은 해로움이 있었다. 그 가운데 매번 그 속을 비움에 가까운 사람은 오직 안회만이었고, 도를 품음이 심원深遠하였다. 마음을 비우지 못하면 도를 알 수가 없다"(何晏, 『論語集解』, 권6)[12]라고 하였다. 여기서 "중中"은 곧 심心을 말한다. "허중虛中"은 그 심을 허정虛靜하게 한다는 말이다.

---

12) 『論語』(四部要籍註疏叢刊, 北京: 中華書局, 1998), 48쪽.

공자가 안회를 "누공屢空"이라고 한 말은 칭찬하는 말이지만, 그러나 안회는 단지 "누공屢空"(자주 가난을 즐김)만 할 수 있으나, "상공常空"(항상 가난을 즐김)은 할 수 없었다. "항상 가난을 즐김"(常空)과 "자주 가난을 즐김"(屢空) 사이의 차이는 곧 성인聖人과 현인賢人의 차이이다.

후대에는 항상 "성현聖賢"이라고 하여 함께 열거하는데, 어찌 한漢·위魏의 시대에 "성聖"과 "현賢"을 매우 크게 분별하였음을 알지 못하는가? 공자는 일찍이 "중인中人 이상의 사람은 상성上聖을 말할 수 있지만, 중인 이하의 사람은 상성을 말할 수 없다"(『論語』, 「雍也」)라고 하였으며, 또 "오직 최고로 지혜로운 사람(上智)과 가장 어리석은 사람(下愚)은 변화하지 않는다"(『論語』, 「陽貨」)라고 하였다. 반고班固(32~92)는 그것을 해석하기를 "함께 선하게도 될 수 있고, 악하게도 될 수 있는 사람을 중인이라고 한다"(『漢書』, 「古今人物表序」)라고 하였다. 남조南朝 양梁나라의 황간皇侃(488~545)은 이에 대하여 더욱 자세하게 설명하였다.

> 사람의 인품과 식견을 따르면 크게 세 가지로 판별할 수 있는데 상·중·하로 말한다. 그것을 세분하면 아홉 가지가 있다. 즉 상상上上·상중上中·상하上下가 있고, 중상中上·중중中中·중하中下가 있고, 또 하상下上·하중下中·하하下下의 아홉 가지 등급이 있다. 상상은 성인이며 성인은 가르칠 필요가 없으며, 하하는 어리석은 사람으로 어리석은 사람은 변화시킬 수 없으므로 가르칠 필요가 없다. 가르칠 수 있는 사람은 상중 이하 하중 이상의 모두 일곱 등급의 사람이다.(皇侃, 『論語義疏』, 권3)[13]

위·진시대 관리들의 선발제도(察擧)에 이른바 "구품九品"이 있는데, 그 정세와 형편이 대략 이와 같았다. 제1품인 "상상上上"은 성인이며, 제9품인 "하하下下"는 우인愚人이다. "상지와 하우는 변하지 않는다." 그러므로 상지와 하우는 모두 가르칠 수 없다. 제2품인 "상중"에서 제8품인 "하중"까지가 "중인"이다. 그리고 "상중"

13) 『論語』(四部要籍註疏叢刊, 北京: 中華書局, 1998), 200쪽.

품위는 "중인"의 우두머리이며, 또한 거의 성인에 버금가며, 따라서 "아성亞聖" 혹은 "대현大賢"이라고 부른다. 성인은 하늘과 땅이 만들며, 배우지 않아도 아는 것은 사람의 힘으로 할 수 있는 것은 아니다. 사람이 능히 할 수 있는 것, 그 기량器量은 "아성"만 충족充足할 수 있을 뿐이다. 안회는 결코 성인이 아니며 "아성"이다. 반고가 『한서漢書』「고금인물표古今人物表」에서 1등급인 "상상"으로 열거한 사람은 복희伏羲·신농神農·황제黃帝·소호少昊·전욱顓頊·요堯·순舜·우禹·탕湯·주문왕周文王·주무왕周武王·주공周公·공자孔子였으며, 이들은 한대漢代 사람들의 마음속 성인들이었다. 제2등급인 "상중"으로 열거한 사람은 여왜女媧·공공共工·미자微子·기자箕子·비간比干·백이伯夷·숙제叔齊·사상부師尙父·소공召公·관중管仲·자산子産·안연顔淵·자사子思·맹자孟子 등이며, 이들은 한대 사람들의 마음속 "아성"들이다.

성인과 현인은 품위에서 구별이 있으며, 정情과 상대한 문제에서는 또한 차이와 고하가 드러난다. 고환顧歡(420~483)은 다음과 같이 말한다.

> 무릇 무욕함을 무욕하는 것은 성인의 일상이며, 무욕을 욕망하는 것은 현인의 직분이다. 두 욕구는 함께 무無이니 완전히 비었으므로 성인이라 지목하며, (욕망이) 때로는 있고 때로는 없으니 매양 비어 있으므로 현인賢人이라고 칭한다. 현인이 유욕有欲으로부터 본다면 유욕有欲에서 무욕하며, 무욕으로부터 본다면 무욕에서 유욕하고자 한다. 비워서 다 비우지 못하면 그것이 매번(屢)이 아니면 무엇이겠는가?(皇侃, 『論語義疏』, 권6에서 인용)14)

태사숙명太史叔明(474~546)은 다음과 같이 말한다.

> 안자顔子는 상현上賢이며 몸에 갖추되 미묘하니 정밀精密하다. 그러므로 나아가고 물러나는 일이 없으며, 곧 의義에서 빈번하게 명성을 확립하였다. 살펴보면 인의仁義를 잃어버리고, 예악을 망각하며, 지체肢體를 훼손하고, 총명함을 물리치고, 대통大通

14) 『論語』(四部要籍註疏叢刊, 北京: 中華書局, 1998), 238쪽.

을 앉아서 잊어버리니 이것은 존재의 망각함의 의미이다. 존재를 망각함이 일시에 완전히 없어짐이 공空이 아니면 무엇이겠는가? 만약 성인이 그것을 징험徵驗하면, 성인은 잊고 또 잊으며, 대현大賢은 잊고 또 잊을 수 없다. 잊고 또 잊을 수 없다면 심이 거듭해도 아직 다하지 못하다. 하나는 '완전히 비우지 못함'(未盡)이고 하나는 전혀 없음(空)[15]이므로 매번이라는 이름이 여기서 생겼다.(皇侃, 『論語義疏』, 권6에서 인용)[16]

대현은 능히 비우고(虛) 능히 전혀 없게(空) 할 수 있으나 완전히 할 수 없으며, 성인은 잊고 또 잊을 수 있으나 대현은 잊고 또 잊을 수 없다. 현인도 능히 유有를 망각할 수 있고 능히 완전하게 비움(空)을 할 수 있으나, 도리어 잊고 또 잊을 수는 없으며, 능히 완전하게 비움(空)을 할 수 없으며, 따라서 반드시 "매번 완전하게 비움"을 해야 한다.

하안은 "성인은 희·노·애·락이 없고" 현인은 여전히 희·노·애·락의 정이 있다고 보았다. 공자가 일찍이 안회는 "분노를 옮기지 않고, 잘못을 두 번을 하지 않는다"(『論語』, 「雍也」)라고 하였는데, 하안은 주석하기를 "무릇 사람이 정에 맡기면 기쁨과 분노로 예를 위반하는데, 안연은 도에 맡기기 때문에 분노해도 정도를 지나치지 않았다. 천遷은 옮김(移)이며, 분노는 마땅히 다스려서 움직여 바꾸지(移易) 않아야 한다"(何晏, 『論語集解』, 권3)[17]라고 하였다. "분노해도 정도를 지나치지 않음"과 "분노는 마땅히 다스려야 한다"라는 말은 비록 예를 위반함이 없더라도 여전히 그 분노가 있다는 뜻이다.[18]

---

15) 역자 주: 빌 '虛'와 빌 '空'은 서로 다른 뜻도 있으나 '비다', '비우다'라는 공통의 의미로 쓰인다. 이 책에서는 문맥에 따라 "비움"(虛)과 "전혀 없음"(空) 혹은 "완전하게 비움"(空)의 의미로 구분하여 표현한다.

16) 『論語』(四部要籍註疏叢刊, 北京: 中華書局, 1998), 238쪽.

17) 『論語』(四部要籍註疏叢刊, 北京: 中華書局, 1998), 22쪽.

18) 羅宗強(1931~2020)은 "하안이 성인은 희·노·애·락이 없다고 주장하였는데, 그 본의를 추측하면, 성인이 결코 정이 없다고 하는 말이 아니라, 성인은 그 도덕수양으로 말미암아 희·노·애·락에 모두 禮로 절제할 수 있다는 말이다"라고 하였다. 또 "하안은 성인이 일반인과 같지 않다고 본 것은 성인이 정이 없기 때문이 아니라 성인도 정이

하안의 성인은 정이 없다는 것에 관한 논의는 위 · 진시대에 매우 큰 영향을 끼친 대표적인 관점이다. 『진서晉書』 「왕연전王衍傳」에 의하면 다음과 같다.

왕연王衍(256~311)이 일찍이 어린 아들을 잃었는데, 산간山簡(253~312)이 그를 조문하였다. 왕연이 슬픔을 스스로 이길 수 없었다. 산간이 "아이는 품속에 있는 아이일 뿐인데, 어찌 이렇게 슬퍼하십니까?"라고 하니 왕연이 "성인은 정을 망각하고, 최하最下는 정에 이르지 못합니다. 그러니 정이 집중하는(鍾) 바는 곧 나의 무리에게 있습니다"라고 하니 산간이 그 말에 탄복하고, 다시 그를 위하여 통곡하였다.[19]

『세설신어世說新語』에도 다음과 같은 구절이 있다.

장현지張玄之(340?~400? 전후)와 고부顧敷는 고화顧和(288~351)의 외손과 손자였으며, 모두 어려서부터 총명하고 지혜로워 고화도 함께 그것을 알고 있었으나 항상 고부가 더 낫다고 하고 더 친애하고 편애하였는데, 장현지는 조금도 싫어하지 않았다. 이때 장현지는 9살, 고부는 7살이었다. 고화가 이들과 함께 절에 가서

있으나 禮로 절제하기 때문이다. 성인의 정은 도덕화된 정이며, 사물에 응하여 움직이는 인간 본성의 자연적 감정이 아니다"(羅宗強, 『玄學與魏晉士人心態』, 杭州: 浙江人民出版社, 1991, 78쪽)라고 하였다. 이 논의는 매우 큰 추측의 요소가 있다. 성인이 정을 가지고 있다는 말은 예로써 절제할 수 있고, 현인도 또한 이와 같다. 이와 같다면, 성인과 현인은 분별이 없다. 그러나 성인과 현인은 인간의 눈에는 매우 크게 구별된다. 성인은 바랄 수 없지만, 현인은 인간이 도달할 수 있다. 九品 가운데 "上上"의 성인이 최상이며, "下下"의 愚人은 최하이며, "上中"의 현인과 다른 6품은 모두 중인이며, 그 사이의 구별은 짐작하여 알 수 있다. 또 하안의 이론은 당시에 매우 큰 영향을 끼쳤으며, 찬동하고 맞장구치는 사람이 매우 많았지만 결코 이렇게까지는 (추측)하지는 않았다.

19) "王衍이 일찍이 어린 아들을 잃었는데, 山簡이 그를 조문하였다"(衍嘗喪幼子, 山簡吊之)라는 구절에 대하여 『世說新語』 「傷逝」는 "王戎(234~305)이 아들 萬子를 잃었을 때 山簡이 그를 위로하러 갔다"라고 기록하였고, 나머지 구절은 서로 같다. 劉孝標(463~521)는 주석하기를 "일설에는 王夷甫(256~311)가 아들을 잃어 산간이 그를 조문하였다"(一說是王夷甫喪兒, 山簡吊之)라고 하였다. 顔之推(531~597?)도 "왕이보가 아들을 애도하여 슬픔을 이길 수 없었고, (『열자』에 나오는) 東門吳의 豁達함과 다르다"(『顔氏家訓』, 「勉學」, "王夷甫悼子, 悲不自勝, 異東門之達也.")라고 하였다. 王夷甫는 곧 王衍이며, 틀림없이 『世說新語』가 잘못 기록한 것이다.

> 불반니원상佛般泥洹像(부처의 入寂圖)을 보았다. (그것을 보는 부처의) 제자들 가운데 우는 사람도 있고 울지 않는 사람도 있었다. 고화가 두 손자에게 물었다. 장현지는 "친애함을 받았기 때문에 울고, 친애함을 받지 못했기 때문에 울지 않습니다"라고 하였다. 고부는 "그렇지 않습니다. 정을 잊어버렸기 때문에 울지 않고, 정을 잊어버릴 수 없어서 웁니다"(『世說新語』, 「言語」)라고 하였다.

고부의 회답은 분명히 장현지의 회답에 비해 분명 더 의미가 있다. 『세설신어』에는 또 다음과 같은 기록이 있다. 승의僧意가 왕수王修(334~357. 王荀子의 자)에게 묻기를 "성인은 정이 있습니까 없습니까?"라고 물으니, 왕수가 대답하기를 "없습니다"라고 하였다. 승의가 묻기를 "누구를 성인이라고 하는가?"라고 하니 왕수가 대답하지 못했다.(『世說新語』, 「文學」) 성인은 정이 없으며, 간혹 성인은 정을 잊었다고도 하는데, 위·진시대에 매우 영향이 큰 관점이었다.

하안은 성인은 정이 없다고 생각하고, 왕필은 이런 관점을 반대하였다. 왕필은 다음과 같이 말한다.

> 성인이 보통 사람보다 뛰어난 것은 영명英明한 정신상태(神明)이며, 보통 사람과 같은 것은 다섯 가지 정이다. 정신이 훌륭하기 때문에 성정이 부드럽고 온화함(沖和)을 체인하여 무無에 통할 수 있으며, 다섯 가지 정이 같으므로 애哀·락樂이 없이 사물에 응할 수 없다. 그렇기 때문에 성인의 정은 사물에 응하되 사물에 얽매이지(累) 않는다. 이제 그 얽매임이 없기 때문에 다시 사물에 응하지 않는다고 하면 잃는 것이 많다.(何劭, 『王弼傳』)

왕필은 성인이 결코 완전히 일반 사람과 같지 않은 다른 종류는 아니라고 생각하였다. 성인도 보통 사람의 일상적 정이 있고 또 사물에 대한 감정도 있으며, 슬픔과 즐거움도 있으니, 이것은 성인과 보통 사람이 같은 점이며, 성인은 보통 사람과 다르거나 혹은 성인이 성인다운 성인이 되는 까닭은 고결한 정신을 갖춘 데 있다. 왜냐하면 그 고결한 정신이 "사물에 응하되 사물에 얽매이지" 않을 수 있는 까닭이기 때문이다. "성정이 부드럽고 온화함(沖和)을 체인體認하여 무無에 통할 수 있음"은 또 자연에 나아가서 무위함이다. "소박함을 간직하여 무위하며, 사물 때문에 그 참모습에 방해가 되지 않고, 그 정신을 욕망으로 해치지 않으면 사물이 저절로 손님이 되고 도는 저절로 얻는다"(王弼, 『道德眞經注』, 권2)[20]라고 하였다. 성인은 신명을 가진다. 『삼국지』「종회전鍾會傳」에서는 왕필의 『희답순융서戲答荀融書』를 인용하여 다음과 같이 말한다.

> 무릇 지극히 그윽하고 미묘한 것을 찾는 데 밝고 충분하지만, 자연지성自然之性은 버릴 수 없다. 안자顔子의 역량力量은 공자가 즐겁게 여기는 바이지만 만남에 즐거움이 없을 수 없으며, 잃음에 슬픔이 없을 수 없다. 또 항상 이 사람들만 편협하게 같이하면, 정으로써 이치를 따를 수 없다고 생각한다. 이제 자연은 변혁할 수 없음을 안다.

공자는 성인이며 안회는 대현이다. 공자가 안회를 만남에 또한 즐거움이 있었고, 공자가 안회를 잃었을 때는 또한 슬픔도 있었고 그 슬픔과 즐거움은 보통 사람과 다름이 없었다. 이것은 성인과 보통 사람의 다른 점이 결코 정이 있음과 정이 없음에 있는 것이 아니라 (정에) 얽매임이 있음과 없음에 있다. 성인은 어떻게 정의 얽매임을 받지 않는가? 그 원인은 성인이 정으로써 정을 제어할 수 있음에 있다. 왕필은 "그 정을 성으로 제어하지 않으면 어찌 그 바름을 오래 행할 수 있겠는가?"(『周易』, 乾卦 注)라고 하였다. 성으로 정을 통제統制하면 정은 그 바름을 얻으며, 성이 정을 통제하지 못하면 정은 비뚤어지고 치우침(邪僻)으로 흐른다.

『수서隋書』「경적지經籍志」의 도가류道家類의 "부자符子"에 관한 주석의 기록으로 『성인무정론聖人無情論』 6권이 있으나 저술한 사람은 없다. 요진종姚振宗(1842~1906)은 "『중용』장구에서는 '희喜·노怒·애哀·락樂은 정이다'라고 하였다. 성인이 희·노·애·락이 없다는 이론은 아마도 성인무정론에 따른 것 같다. 대개 하안에서 시작하여

---

20) 『中華道藏』 제9책(北京: 華夏出版社, 2004), 362쪽.

종회 등이 그것을 서술하였고 왕필은 그것을 부정하였다. 그 후에 '고인의 이론을 평론'(尙論)하고 또 부연 설명하여 더한 것이 6권이 되었다"(姚振宗, 『隋書經籍志考證』)라고 하였다. 『성인무정론』 6권은 양梁나라 때도 여전히 존재하였으나 수隋나라 때 없어졌다. 그렇지 않았다면 위·진시대 이 문제에 관한 토론을 마땅히 한 걸음 더 고찰할 수 있을 것이다.

2. 자연에 말미암는다

일반적으로 장자는 무정론자無情論者이거나 비정론자非情論者라고 여긴다. 여기에는 확실한 근거가 있어 보이는데, 그 가장 주요한 근거는 당연히 「덕충부德充符」의 장자와 혜자惠子의 대화이다.

> 혜자가 장자에게 "인간은 본래 정情이 없는가?"라고 물었다. 장자는 "그렇다"라고 하였다. 혜자가 "사람이면서 정이 없다면 어떻게 사람이라 할 수 있겠는가?"라고 하였다. 장자는 "도道가 모습을 주었고 하늘이 형체를 주었으니 어찌 사람이라고 말할 수 없겠는가?"라고 하였다. 혜자가 "이미 사람이라고 하였다면 어찌 정이 없을 수 있겠는가?"라고 하였다. 장자는 "이것은 내가 말하는 정이 아니다. 내가 말하는 정은 사람들이 좋아함과 싫어함으로 안으로부터 그 몸을 상하게 하는 것이 아니라, 항상 자연으로 말미암고 억지로 그 본성(生)에 (다른 것을) 보태지 않는 것이다"라고 대답하였다. 혜자는 "억지로 그 본성(生)에 (다른 것을) 보태지 않고 어떻게 그 몸을 보존할 수 있는가?"라고 물었다. 장자는 "도가 모습을 주었고 하늘이 형체를 주었으면, 좋아함과 싫어함으로 안으로부터 그 몸을 상하게 하지 말아야 한다. 이제 선생은 그대의 신神을 밖으로 향하게 하며, 선생의 정精을 피로하게 하여, 나무에 기대어 신음하고, 마른 오동나무 궤안机案에 의지하여 눈을 감고 졸고 있다. 하늘이 선생의 육체를 잘 갖추어 주었는데, 선생은 '딱딱함'과 '흰색'의 관계나 논하면서(堅白論) 잘난 체 떠들고 있다네!"라고 하였다.(『莊子』, 「德充符」)

장자는 무정無情을 주장하였는데, 이것은 위 인용문으로 다툴 수 없는 사실인 것 같다. 그러나 장자가 반대하는 정은 구체적인 정이며, 그것은 특정한 함의를 가진 정이다.

성현영은 "장자가 말하는 무정無情은 나무나 돌과 같다고 생각하는 것이 아니며, (행동을) 멈춤과 말함이 좋아함과 싫어함 때문에 분수에 넘치는 일을 하려고 하지 않음이며, 그것이 성性이 되어 내면으로 그 몸을 다스림을 의미한다. 왜 그러한가? 허령虛靈하고 청랑淸朗한 지혜를 온축한(蘊虛照)[21] 지혜이며, 정이 없는 정이다"(『莊子疏』, 「德充符」)[22]라고 하였다.

종태鍾泰(1888~1979)는 "정情이 바름을 성정性情이라고 하고, 정이 사악함을 정욕情欲이라고 한다. '무위의 정'은 정욕이 없는 정이며, 성정이 없는 정이 아니므로 여기서 그것을 변별하였다. 누군가는 '좋아함과 싫어함은 성정의 정이 아닌가? 아니면 성정의 정만 홀로 좋아함과 싫어함이 없는가?'라고 묻는다. 대답하면 '좋아함과 싫어함은 성정을 해치고, 그로써 그 몸을 해치게 됨을 드러내면 성정의 바름이 아니며, 정욕이다. 정욕과 성정이 어찌 두 가지가 있겠는가? 작용의 지나침과 지나치지 못함일 뿐이다'"[23]라고 하였다.

장자가 반대하는 정은 사람에게 상심傷心과 고뇌苦惱를 주고, 사람들을 각축角逐하게 하고, 분망하게 하는 것이며, 그로 인하여 마음을 피로하게 하여, 성을 해치는 정이며, 또한 좋아함과 싫어함으로 안으로부터 그 몸을 상하게 하는 정이다. 이와 같은 정은 또한 이른바 세상의 형편이나 인심(物情)이다. "사람이 관여할 수 없는 바가 있으니 모두 사물의 실정實情이다."(『莊子』, 「大宗師」) 이러한 정에 대하여 장자는 부정적 태도를 유지하고 있다. 왜냐하면 이러한 정은 사람이 외물에 의하여 부림을 당하도록 하며, 생명의 참모습(本眞)을 상실하게 한다. 이와 같은 정은 실로 인간의

---

21) 역자 주: '蘊虛照'의 의미는 성현영이 만든 개념으로 사전적 의미를 찾아보기 어렵다. 이 책의 저자는 '蘊'은 포함(包含)의 뜻이며, '虛照'는 '虛靈淸朗'을 뜻한다고 설명하였다. 즉 허령하고 청랑한 지혜를 포함한 지혜로 이익과 욕구에 따르지 않는 정을 의미한다.

22) 郭慶藩, 『莊子集釋』(北京: 中華書局, 1961), 222쪽.

23) 鍾泰, 『莊子發微』(上海古籍出版社, 1988), 126~127쪽.

정감이 아니며, 인간의 정욕이다.

> 또한 성을 잃어버리게 하는 다섯 가지가 있는데, 첫째는 다섯 가지 색깔(五色)이 눈을 교란하여 눈이 밝지 못하게 함이며, 둘째는 다섯 가지 소리(五聲)가 귀를 교란하여 귀가 총명하지 못하게 함이며, 셋째는 다섯 가지 냄새(五臭)가 코를 마비시켜 이마를 아프게 함이며, 넷째는 다섯 가지 맛(五味)이 사람의 입을 혼탁하게 하여 입맛을 해치게 함이며, 다섯째는 취하고 버림(取捨)이 마음을 혼란하게(滑心) 하여 성性을 경박하게 움직이도록 함이다. 이 다섯 가지는 모두 성(生)을 해친다.(『莊子』, 「天地」)

오색五色·오성五聲·오취五臭·오미五味·취사取捨는 외재적인 사물이지만, 독립적이고 자존하는 외적 사물이 아니며, 그것들은 인간에게 매우 큰 영향을 끼치고, 사람의 심을 미혹하고 성을 교란하며, 사람의 정욕을 불러일으키는 것이다. 따라서 사람으로 말하면 오색·오성·오미의 정이 있다. 장자가 부정하고 반대하는 것은 곧 이처럼 사람의 심을 교란하고 성을 미혹시키는 정이며, 또한 인간의 정욕이다.

외재적 사물은 인간의 정욕을 불러일으키고, 인간이 심을 미혹시키고 성을 교란하도록 하며, 인간이 외물을 위하여 사역하도록 한다. 따라서 이러한 정을 당연히 버려야 한다.

> 사물이 우연히 내 몸에 와서 기생寄生하는 것이다. (밖으로부터 들어와) 기생하는 것은 오는 것을 막을 수도 없고, 가는 것을 잡을 수도 없다. 그러므로 수레와 면류관을 위해 자기 마음대로 할 수도 없고, 궁핍하다고 세속을 따라서도 안 되며, 그 즐거움을 저들이 나와 함께 즐기므로 근심이 없을 뿐이다. 그런데 이제 기생하던 외물을 버리면 즐겁지 않으니, 이로부터 살펴보면, 비록 (높은 벼슬을 누림이) 즐겁다 하더라도 일찍이 황망荒亡하지 않은 적이 없었도다! 그러므로 "자신을 외물外物에 잃고, 세속에 자신의 본성을 상실한 사람을 일러 본말本末이 도치顚倒된 인간이다"라고 한다.(『莊子』, 「繕性」)

사물이 사물이 되는 것은 인간을 위한 물건이며 인간이 만든 물건이 아니다. 성현영은 "오늘날 인간은 식견이 경박하고 얕아서 이 때문에 사물이 와서 기생하면 흔연欣然하고 기뻐하며, 그것이 떠나면 근심하고 즐겁게 여기지 않는다. 어찌 피차彼此의 일이 나가고 갑자기 들어오며, 기생한 것이 가고 옴에 항상 근심하고 기뻐한다. 그러므로 비록 즐거움을 알지만 심은 황망하고 교란되지 않은 적이 없다"(『莊子疏』, 「繕性」)[24]라고 하였다.

사물로 인하여 정을 상하고, 사물이 오고 감으로 인하여 근심하고 즐거워하는데, 그 근심은 진실로 취할 수 없으며, 그 즐거움은 뜻이 그것을 황망하다고 여기고 본받을 만한 것이라고 보지 않는다. 그러므로 사물로 인해 정을 상하고 사물에 자신을 상실하는 것은 본말이 도치된 것이다. 그러므로 그것을 "(본말이) 도치된 백성"이라고 하였다. 장자는 "산과 숲이여! 늪지의 땅이여! 이들이 나를 흔쾌하고 즐겁게 하는가? 즐거움이 아직 끝나지도 않았는데, 슬픔이 또 이어지는구나! 슬픔과 즐거움이 오는 것을 내가 막을 수가 없으니 그것이 가는 것도 멈출 수가 없구나! 슬프다. 세상 사람들은 사물을 직설直說하여 여관(逆旅)이라고 하는구나!"(『莊子』, 「知北游」)라고 하였다. 슬픔과 즐거움은 모두 사물로 말미암으며, 나로 말미암지 않으며, 그 즐거움을 또한 어찌 만족하다고 할 수 있겠는가? 즐거움이 아직 끝나지 않았는데 또 슬픔이 이어지니 즐거움이 또한 슬픔이 아니겠는가? 따라서 이와 같은 슬픔과 즐거움은 모두 도道가 되기 부족하다.

> 지사知士는 사려의 변화가 없으면 즐거워하지 않으며, 변사辯士는 담화와 유세의 단서가 없으면 즐거워하지 않으며, 명변가明辯家(察士)는 능욕하고 책망할 일이 없으면 즐거워하지 않으니 이들은 모두 사물에 얽매인 사람들이다. 현량賢良으로 초청된 사람은 조정朝庭에서 일어나고, 중민의 인물은 관료로 영달하고, 신체가 강건한(筋國)[25] 인물은 위난危難 극복을 자랑하고, 용감한 인물은 환란患亂에 분기奮

24) 郭慶藩, 『莊子集釋』(北京: 中華書局, 1961), 560쪽.
25) 역자 주: "筋國"은 여러 『장자』서에는 "筋力"으로 표현하였다.

起하고, 무기를 잘 다루는 인물은 전쟁을 즐기고, 은둔隱遁생활로 초췌한 사람은 명예를 취하고, 법률을 따지는 사람은 법치法治를 확대하고, 예의禮儀 절차를 좋아하는 사람은 의례儀禮적 행동을 중시하고, 인의仁義를 좋아하는 사람은 사람 간의 교제를 중시한다. 농부는 잡초를 뽑는 일이 없으면 즐거워하지 않고, 상인은 시장에서 장사하는 일이 없으면 즐거워하지 않는다. 서민은 시간을 단축할 수 있는 일이 있으면 근면勤勉하고, 기술자는 기계의 정교함이 있어야 성과가 높다. 돈과 재물이 쌓이지 않으면 탐욕스런 인간은 근심하고, 권세가 남보다 높지 않으면 권세와 욕망이 왕성한 인간은 슬퍼한다. 권세와 외물 획득을 좋아하는 사람은 변고를 즐거워하고, 지위가 높게 등용될 기회를 만나면 (청정하게) 무위無爲할 수가 없다. 이들은 모두 세월의 추이推移에 따라서 외물外物의 구속으로부터 벗어날 수 없는 사람들이다.(此皆順比於歲, 不物於易者也)[26] 자기의 육체와 정신을 지나치게 내몰아 만물에 매몰시켜서 평생토록 반성反省하지 않으니 슬프다!(『莊子』, 「徐無鬼」)

위에서 서술한 19가지 종류의 사람들은 지사知士에서부터 시작하여, 변사에서 용사와 인의의 인물까지, 농부와 상인에서부터 탐욕스럽고 과시적 사람까지 본업에 탐닉하지 않는 사람이 없으며, 물욕의 부림을 받아 그 자연이 부여한 진정한 본성(性命)을 잃지 않은 사람이 없다. 사물이 있고 없음에 따라서 걱정과 즐거움의 정이 생기고, 각자는 하나의 사물에 사로잡혀 바꾸고 변화시킬 수 없어서 평생토록 미혹되어 반성하지 않으니 슬프다고 하지 않겠는가?

장자는 사물의 정을 부정하였는데, 그것은 이러한 정은 사람을 외물에 의해 부림을 받도록 하고, 사람을 도구로 전락시키고, 외물의 노예로 전락시키기 때문이다. 장자는 다음과 같이 말한다.

사람의 육체를 가지고 있지만, (희·노·애·락 같은) 인간의 정은 없다. 사람의 육체를 가지고 있으므로 타인과 무리지어 살며, (희·노·애·락 같은) 정이 없으므

26) 역자 주: 장경광은 '不物於易'은 '不易於物'의 誤記로 보았다. 張耿光, 『莊子全譯』(貴州: 人民出版社, 1995 4차), 3437쪽 참조.

로 옳고 그름의 분별을 자신이 할 수 없다.(『莊子』, 「德充符」)

여기서 말한 "인간의 정"은 곧 속인의 정이며, 또한 사물의 정이며, 곧 정욕情慾이다. 이러한 정을 제외하면 장자는 결코 인간이 다른 어떤 정이 없다고 보지는 않았으며, 그는 또한 사람으로서의 상정常情이 있다고 보았다.

내가 말하는 정은 사람들이 좋아함과 싫어함으로 안으로부터 그 몸을 상하게 하는 것이 아니라, 항상 자연으로 말미암고 억지로 그 본성(生)에 (다른 것을) 보태지 않는 것이다.(『莊子』, 「德充符」)

"항상 자연으로 말미암고 억지로 그 본성(生)에 (다른 것을) 보태지 않는 것" 이것이 바로 진정한 정이며, 이것이 곧 인간의 상정이다. 이와 같은 정이 곧 장자가 말한 "자연이 부여한 진정한 본성(性命)의 정"이다. 『장자』서에는 "자연이 부여한 진정한 본성(性命)의 정"이 모두 아홉 군데서 나타난다.

저 지극히 바른 것은 그 자연이 부여한 진정한 본성(性命)의 정을 잃지 않는다.(『莊子』, 「騈拇」)

불인不仁한 사람은 자연이 부여한 진정한 본성(性命)의 정을 보존하지 않고(決) 부귀를 탐한다.(『莊子』, 「騈拇」)

내가 말하는 훌륭함은 이른바 인의를 말하는 것이 아니라, 자연이 부여한 진정한 본성의 정에 맡기는 것을 말할 뿐이다.(『莊子』, 「騈拇」)

삼대三代 이후의 위정자들은 요란하게 앞다투어 끝내 상벌賞罰을 일삼으니 저들이 어느 겨를에 자연이 부여한 진정한 본성의 정을 편안하게 하겠는가?(『莊子』, 「在宥」)

세상 사람들이 타고난 자연이 부여한 진정한 본성(性命)의 정을 편안히 누릴 수 있다면, 이 (위 구절의 위에서 열거한 明·聰·仁·義·禮·樂·聖·知) 여덟 가지는 있어도 그만이고 없어도 그만이다. 세상 사람들이 자연이 부여한 진정한 본성의 정을 편안히 누리지 못한다면, 이 여덟 가지는 곧 서로 얽히고설켜 번거롭기 시작하여 세상을 교란할 것이다.(『莊子』, 「在宥」)

무위한 이후에 비로소 그 자연이 부여한 진정한 본성(性命)을 편안하게 한다.(『莊子』, 「在宥」)

삼황의 지혜는 위로는 해와 달의 밝음을 어그러뜨리며, 아래로는 산천의 정기精氣를 등지며, 중간으로는 사계절의 운행을 무너지게 한다. 삼황의 지혜는 전갈(蠣蠆) 꼬리의 독보다 참혹하여, 작은 벌레 같은 것들의 자연이 부여한 진정한 본성(性命)의 정도 온전히 편안하게 할 수 없는 사람들인데, 오히려 성인으로 자처하니 어찌 부끄럽지 않은가?(『莊子』, 「天運」)

임금께서 기호嗜好와 욕망欲望을 가득 채우고, 좋아함과 싫어함을 잘 기르면, 자연이 부여한 '진정한 본성'의 정이 병들 것이며, 임금께서 장차 기호와 욕망을 물리치고 좋아함과 싫어함을 (억지로) 견제牽制하면 귀와 눈이 병들 것입니다.(『莊子』, 「徐無鬼」)

『주역』 건乾 「단전彖傳」에서 "건도乾道가 변화하여 각각 그 성명性命을 바르게 한다"(乾道變化, 各正性命)라는 구절에 대하여 공영달孔穎達(574~648)은 "성性은 자연으로 타고 난(天生) 바탕이며, 굳세고 부드럽고 늦고 빠른 구별이 있는 것과 같으며, 명命은 사람이 (자연으로부터) 품수한 것으로 귀하고 천하고 요절하고 장수하는 것들과 같다"(孔穎達, 『周易正義』, 권1)라고 하였다.[27)]

성명性命은 하늘(자연)이 하사해 준 것을 받은 것이다. 인간은 성명性命에 대하여 단지 분수分數를 편안히 여기고(安分) 자신을 지키려고 노력해야 할 뿐이며, 어떤

27) 역자 주: 역자는 이 구절에 근거하여 이 책에서 말하는 도가적 의미의 "性命"을 "자연이 부여한 진정한 본성"(性命)으로 해석하였다. 이후 주로 "性命", "성명"으로 표기하고, 때로 문맥에 따라 "자연이 부여한 진정한 본성" 등으로 표기한다.

분수에 맞지 않는 것을 구해서도 안 되며 분수가 아닌 것을 생각해서도 안 된다. 이와 같은 정이 곧 성명의 정이다.

임의독林疑獨(생몰 미상. 북송시기)은 "성명의 정은 곧 정성正性 · 정미正味 · 정색正色 · 정성正聲이며 만물이 말미암아 존재하는 것이다"(褚伯秀, 『南華眞經義海纂微』, 권25에서 인용)[28]라고 하였다.

저백수褚伯秀(1216?~1297?. 남송시대)는 "성이 태허太虛와 같아서 모두 비어(窮) 남음이 없으나 존재하지 않음이 없다. 하나 소속됨이 있으면 편견에 치우쳐 도덕의 바름이 아니다.…… 성명의 정에 맡겨진 선善함이 도덕의 바름에서 나오면 억지로 편견에 치우치는 잘못이 없다. 소리 · 색깔 · 맛에 대한 귀 · 눈 · 입은 아직 억지로 통하거나 억지로 가로막힌 적이 없으며, 자연에 맡겨서 사욕을 용납함이 없으니, 이것이 세상의 지극한 바름이니, 어떤 것이 그것을 흔들 수 있겠는가?"(褚伯秀, 『南華眞經義海纂微』, 권25)[29]라고 하였다.

"성명의 정"은 인간 본성의 정에 근본하는 것이다. 장자가 보기에 인간의 본성은 허정 · 염담하며 적막 · 무위하며, 따라서 인간의 성명의 정도 허무 · 염담하여 항상 자연에서 말미암는다.

> 생명의 실정에 통달한 사람은 생명을 위해 하지 말아야 할 것에 힘쓰지 않으며, 명운命運의 실정에 통달한 사람은 어떻게 할 바가 없는 것을 알려고 힘쓰지 않는다.
> (『莊子』, 「達生」)

생명의 실정에 통달하면 생명에 꼭 필요한 것이 아니면 추구하지 않는다. 생명이 필요로 하는 것과 모자라서는 안 되는 것은 인간 생명의 연속이자 한 걸음 더 나아간 발전이며, 인간의 정신생활의 자유와 자주이다. 명운의 실정에 통달하면 생명이 어떻게 할 수 없는 것을 추구하지 않는다.

---

28) 『中華道藏』 제15책(北京: 華夏出版社, 2004), 153쪽.
29) 『中華道藏』 제15책(北京: 華夏出版社, 2004), 154쪽.

인간세상은 항상 이렇게 저렇게 어쩔 수 없는 일이 있고, 항상 어쩔 수 없는 일이 있으니 이것이 곧 인간의 명命이다. 인간은 명운 앞에서는 아무 일도 할 수 없다. 이미 아무 일도 할 수 없는데, 어찌 초월적 태도를 보이지 않겠으며, 어찌할 도리가 없다는 태도를 보일 수밖에 없다. 따라서 생명의 실정에 통달하고, 명운의 실정에 통달함도 또한 성명의 실정이다.[30] 왜냐하면 이러한 실정이 인간의 정신적 자유·자재와 심성의 평온함(寧靜)·담박淡泊함을 지키는 데 도움이 되고, 정신의 자재와 심성의 평온함·담박함은 곧 장자가 노력하며 추구하는 것이며, 또한 장자의 이상적인 정신생활이기 때문이며, 따라서 장자는 그에 대하여 긍정적 태도를 보인다.[31] 이로써 정에 대한 장자의 인식과 태도는 또한 그의 인성에 대한 인식 및 그의 인생 추구와 긴밀하게 함께 연결되어 있음을 알 수 있다.

인간의 본성은 허정·염담하며, 세속의 사물과 세속의 정은 성을 미혹시키고 심을 교란하며, 인간이 그 참모습을 상실하게 한다. 이 논리는 그 후 『여씨춘추』에서 한 걸음 더 발휘한다.

---

30) 당군의는 "장자가 말한 그 性命의 정을 회복한다는 말의 실제적 의미는 곧 밖으로 향해 나가 구하는 심의 지식을 외재화하지 않고, 혹은 이 心知를 회수하거나 인생이 당면한 곳에서 만나고 감응하는 心中에 내재화하는 것을 말한다. 이것을 일러 지식과 안정되고 적합함(恬愉)이 교대로 서로 기름을 말한다. 인간이 감동함이 있어 정이 생기며, 인간은 한때는 단지 이 감동한 바를 느낀다는 것은 다른 것이 아니라 命이 된다. 인간이 감동한 것을 느낌으로써 정이 생기는 것은 곧 우리의 生命인 성이다. 성과 명을 합하여 하나의 성명의 정이 된다. 성명의 정이 있는 곳은 곧 생명의 '恬愉'가 있는 곳이다. 人心이 밖으로 내달리지 않고 여기에 머무는 것을 일러서 心으로써 심을 회복하고, 성명의 정을 회복한다"(唐君毅, 『中國哲學原論—原性篇』, 臺北: 學生書局, 1984, 44~45쪽)라고 하였다.

31) 羅光은 "왜 성명의 정은 마땅히 보전하고 人心의 정은 마땅히 버려야 하는가? 성명의 정과 만물의 정은 한결같이 모두 생명 원리(生理)의 경향이 있으며, 이것을 天이라 하고, 性이라 한다. 곧 인생의 자연법칙이다. 人心의 정은 도리어 인간이 자신의 지식으로 심을 움직이게 하는 것이며, 이러한 움직임이 곧 '사람이 天을 이김'이며, 인간은 天然을 방해하는 경향이 있어 성명의 정이 유행할 수 없도록 하며, 생리적인 손상을 입고, 곧 자신의 생명을 해친다. 왜냐하면 인심의 정은 사람이 정신을 낭비하게 만들고 인간의 기가 손상을 입는다. 이 때문에 장자는 '(聖人은) 인간의 형체가 있고, 인간의 정은 없다'"(羅光, 『中國哲學思想史—先秦篇』, 臺北: 學生書局, 1982, 543쪽)라고 하였다.

성은 천天에서 받은 것이며, 인간이 어떻게 할 수 있는 것이 아니다.(『呂氏春秋』, 「孟秋紀 · 蕩兵」)

무릇 물의 본성은 맑은데 흙이 그것을 어지럽히므로 맑을 수가 없다. 인간의 성은 장수長壽인데 사물이 그것을 어지럽히므로 장수할 수가 없다.(『呂氏春秋』, 「孟秋紀 · 本生」)

외재적인 사물은 인간의 성을 기를 수 있고, 또한 인간의 본성을 미혹시킬 수도 있는데, 어떻게 사물이 인간을 기르고 인간을 해롭게 하지 않을 수 있도록 하며, 사물이 인간의 본성을 기르고 인간의 성을 미혹시키지 않도록 하는가 하는 이 사이는 곧 법률과 제도의 문제이다.

그러므로 성인이 만물을 통제하여 그 하늘을 온전하게 한다. 하늘이 온전하면 신神이 조화롭고, 눈은 밝고, 귀는 총명하며, 코는 냄새를 잘 맡고, 입은 민감하며, 360 뼈마디는 모두 통한다. 이와 같은 사람이라면 말하지 않아도 믿음이 있고, 꾀하지 않아도 마땅하며, 사려하지 않아도 얻으며, 정精은 천지에 통하고 신神은 우주를 덮으며, 그것을 사물에서는 받아들이지 않음이 없으며 포함하지 않음이 없어서 천지가 그러함과 같고, 위로는 천자가 되어도 교만하지 않고, 아래로는 필부이더라도 우매하지 않으니 이를 덕을 온전하게 갖춘 사람이라고 한다.(『呂氏春秋』, 「孟秋紀 · 本生」)

옛날 선성先聖과 선왕先王이 동물원(苑囿)과 정원과 연못을 만들 때는 경관을 즐기고 피로함을 쉬는 것으로 만족하였고,…… 마시고 먹고 술을 마시는 일도 입맛에 맞고 허기를 채우는 것에 만족하였을 뿐이며, 가무와 여색, 음악을 즐길 때는 본성을 편안하게 하고 스스로 즐김을 만족하였을 뿐이다. 위 다섯 가지는 성왕이 성을 기르는 까닭이며 검소함을 좋아하고 낭비를 싫어하는 것으로서가 아니라 성을 절제하는 것으로 하였다.(『呂氏春秋』, 「孟秋紀 · 重己」)

성을 절제함과 성을 기름은 자신이 하고자 하는 것을 법도에 맞게 하는 것이니 이것이 곧 이른바 적합함(適)이다. 적합함이 있으면 자신(의 본성)을 잃지 않으며, 이와 같으면 그 하늘을 온전하게 할 수 있고, "하늘이 온전하면 신神이 조화롭다"라고 하며, 하늘이 온전하면 신神이 조화롭다는 것은 "덕을 온전하게 갖춘 사람"을 말한다. 덕을 온전하게 갖춘 사람이 덕을 온전하게 할 수 있는 까닭은 곧 그가 하늘을 손상하지 않고 하늘을 해치지 않는 것 곧 그가 자연을 얻는 데 있다.

『여씨춘추』는 비록 매우 심의 조화와 적합함을 중시하였지만, 욕망에 대해서는 결코 전적으로 부정적 태도를 보이지는 않았다.

> 하늘이 인간을 태어나게 하고 탐심貪心과 욕망慾望을 주었다. 욕망은 정이 있고, 정情에는 절도節度가 있다. 성인은 절도를 닦아 욕망을 통제함으로써 행동에서 정을 과도하게 드러내지 않는다. 그러므로 귀는 다섯 가지 소리를 욕망하고, 눈은 다섯 가지 색깔을 욕망하며, 입은 다섯 가지 맛을 욕망하는 것이 정이다. 이 세 가지는 귀·천, 우매함·지혜, 현賢·불초不肖와 상관없이 욕망하는 것은 한결같으며, 비록 신농神農·황제黃帝 같은 성인이라도 그것은 걸桀·주紂와 같은 폭군도 마찬가지다. 성인이 다른 점은 그 실정을 얻은 것이다. 생명을 귀하게 여기는 마음으로 행동하면 그 실정을 얻으며, 생명을 귀하게 여기지 않는 맘으로 행동하면 그 실정을 잃는다. 이 두 가지는 삶과 죽음, 생존과 사망의 근본이다.(『呂氏春秋』, 「孟秋紀·情欲」)

인간이 태어남에 욕망이 있고,[32] "그들은 사물에서 얻을 수 없는 것을 원하고

---

32) 『여씨춘추』의 정욕론은 荀子와 일정 부분 관련이 있다. 순자는 "무릇 인간의 정은 눈은 '가장 좋은'(綦) 색을 보려고 하고, 귀는 가장 좋은 소리를 듣고자 하며, 입은 가장 맛있는 음식을 원하고, 코는 가장 좋은 냄새를 맡고자 하며, 심은 가장 편안하기를 원한다. 이 다섯 가지 가장 좋은(綦) 것은 인간의 정으로 반드시 면할 수 없는 것이다"(『荀子』, 「王霸」)라고 하였다. 또 순자는 "인간이 태어나면 욕망이 있고, 욕망을 얻지 못하면 욕구가 없을 수 없으며, 욕구는 한도 없고 끝도 없으므로 다툼이 없을 수 없으며, 다투면 교란되고, 교란되면 궁벽해진다. 선왕은 그 교란됨을 싫어하였으므로 禮義를 제정하여 그것을 분별하였다. 그로써 인간의 욕망을 기르고, 인간이 요구하는 것을 제공하였다"

만족할 수 없는 것을 구한다.”(『呂氏春秋』, 「孟秋紀·情欲」) 인간이 가진 욕망은 성인과 보통 사람은 같으며, “성인이 다른 까닭은 그 실정을 얻었기 때문이다.” 그 실정을 얻으면 사물을 인간을 위해 쓰이고 인간이 목적이 되며, 그 실정을 잃으면 인간이 사물을 위하여 분주하게 되며, 이와 같으면 인간은 수단으로 전락한다.

> 귀의 정욕은 소리며, 심은 즐기지 않고, 오음五音이 앞에 있어도 들으려 하지 않는다. 눈의 정욕은 색깔이며 심은 즐기지 않고 오미五味가 앞에 있어도 먹으려 하지 않는다. 욕망하는 것은 귀·눈·코·입이며, 즐기거나 즐기지 않은 것은 심이다. 심은 반드시 화평한 이후에 즐기며, 심이 (반드시) 즐거운 뒤에야 귀·눈·코·입이 그것을 욕망한다. 그러므로 즐기려 함이 힘쓰는 것은 심을 조화롭게 함에 있고, 심을 조화롭게 하는 것은 적합하게 행함에 있다. 무릇 (그것을) 즐거워함에 적합함이 있고, 심은 (또한) 적합함이 있(는 것은 아니)다. 인간의 정은 장수를 바라고 요절함을 싫어하고, 편안하기를 원하고 위태로움을 싫어하며, 영광을 원하고 치욕을 싫어하며, 안일함을 좋아하고 얽매임을 싫어한다. 네 가지 욕망을 얻고 네 가지 싫어하는 것을 제거하면 심이 적합해진다. 네 가지 욕구를 얻는 것은 훌륭하게 처리함(勝理)에 있다. 훌륭하게 처리함으로써 몸을 다스리면 생명을 온전하게 하며, 생명을 온전하게 하면(함으로써) 장수한다. 훌륭하게 처리함으로써 나라를 다스리면 법이 확립되고, 법이 확립되면 세상 사람들이 복종한다. 그러므로 심을 적합하도록 힘쓰는 일은 훌륭하게 처리함에 있다.(『呂氏春秋』, 「仲夏紀·適音」)

“심은 반드시 화평한 이후에 즐긴다”와 “즐기려 함이 힘쓰는 것은 심을 조화롭게 함에 있고, 심을 조화롭게 하는 것은 적합하게 행함에 있다”라는 말은 적합함이 있어야 비로소 조화가 있으며, 조화가 있어야 비로소 즐거움이 있다는 말이다. 무엇으로 적합하게 하는가? “네 가지 욕망을 얻고, 네 가지 싫어하는 것을 제거하면 심이 적합해진다.”

여기서 특별히 지적할 것은 『여씨춘추』는 결코 욕망을 마땅히 싫어할 수 있는

(『荀子』, 「禮論」)라고 하였다.

것으로 보지 않았으며, 또한 그것(욕망)에 대하여 억압적인 태도를 취하지 않았다. 이러한 것은 노자·『문자』·『관자』와 그 이후의 『회남자』와는 모두 서로 다르며, 유가의 "천리를 보존하고, 인욕을 제거함"과도 또한 매우 다르며, 이것이 곧 특별히 주목해야 할 것이다. 사실, 사람이 사람다운 사람이 되려면 반드시 욕망이 있어야 하고, 사람으로서 욕망이 없으면, 어찌 이를 사람이라고 할 수 있겠는가?[33]

정욕이 심을 미혹시키고 성을 교란하지 않음을 강조하는 이 이론은 또한 도교道敎에 의해 계승되었다. 도교는 장생불로長生不老를 구하기 위하여 한편으로는 내단內丹과 외단外丹의 수련을 중시하고, 다른 한편으로는 또한 인간의 내재적 감정의 통제와 조양調養을 매우 중시하였다. 갈홍葛洪(283~363)은 다음과 같이 보았다.

> 무릇 장생長生을 구하고 지극한 도를 수련하는 요결은 의지에 있으며 부귀에 있지 않다. 진실로 그런 사람이 아니라면 지위가 높고 돈이 많음은 거듭 얽매이는 까닭이 될 뿐이다. 왜 그런가? 선仙을 배우는 방법은 욕망이 안정되고 적합(恬愉)하고 담박淡泊해야 하며, 기욕嗜慾을 씻어 버리고, 내면으로 성찰하고 남의 충고를 들으며(內視反聽), 시체처럼 가만히 무심으로 살아야 한다.(『抱朴子』, 「內篇·論仙」)

안정되고 적합(恬愉)하고 담박淡泊함은 선仙을 배우는 기본 조건이다. 왜 그렇게 말하는가? 갈홍이 보기에 "무릇 사람이 죽는 까닭은 모든 욕망을 잃었기 때문이다. 늙으면 온갖 병으로 해침을 받고, 독하고 나쁜 것이 안으로 들어오고, 사기邪氣에 손상당하고, 찬바람에 침범을 당한다. 이제 도인導引하여 막힌 기를 통하게(行氣)하고,

---

33) 데카르트(Descartes, 1596~1650)의 이성주의 명제인 "나는 존재한다. 고로 나는 존재한다"(cogito ergo sum)라는 말에 대하여 포이어바흐(Ludwig Andreas Feuerbach, 1804~1872)는 "인간의 가장 큰 본질은 感性이며, 환상적 추상인 '精神'이 아니다"(『費爾巴哈哲學著作選集』 上卷, 北京: 生活·讀書·新知三聯書店, 1959, 213쪽)라고 하였고, 또 "인간의 가장 내밀한 본질은 '나는 생각한다. 고로 나는 존재한다'라는 명제 가운데 표현되지 않고, '나는 욕망한다. 고로 나는 존재한다'라는 명제에서 표현된다"(위의 책, 519쪽)라고 하였다. 어떤 의미에서는 인간이 인간다운 인간이 되는 것은 인간이 생기와 활력을 가지고 있음에 있고, 곧 인간은 七情과 六欲의 감정을 가진 존재임에 있다.

정기精氣를 되돌리고 뇌를 보정補正하며, 식욕을 제도하고, 기거함에 절도가 있고, 약물을 복용하며, 정신을 가다듬어 전일專一하게 지키며, 하늘을 기둥삼아 계율을 지키고, 부인符印은 늘 지니고 다니며, 생명을 손상하는 무리는 일체 멀리하고, 이와 같이 하면 통하고 이 여섯 가지 해로움을 면할 수 있기"(『抱朴子』, 「內篇 · 至理」) 때문이다. 생명을 손상하는 도구는 멀리 떨어져 있어야 바야흐로 장생할 수 있다. "그러므로 선경仙經에서는 생명을 기름(養生)은 손상하지 않음을 근본으로 삼는다. 이것이 요지의 말이라고 하였다."(『抱朴子』, 「內篇 · 極言」)

생명을 기름은 손상하지 않음을 근본으로 삼고, 심을 기름은 사리사욕이 없이 평안하고 고요함(恬淡)과 욕심을 적게 하는 것보다 더 좋은 것은 없다.

> 인간은 담박淡泊하고 조용하며 안정되고 유쾌愉快하게 지낼 수 있어 세속에 물들지 않고 변하지 않으며, 그 심을 수양하여 무욕하며, 그 정신을 길러서 순수하고 소박하며, 유혹과 흠모함을 제거하고, 바름으로써 수렴하고, 어려운 것을 구하려는 생각을 버리고, 참된 것을 해치는 얽매임을 버리고, 기쁨과 분노의 바르지 못함을 적게 하고, 사랑하고 싫어함의 단서를 없애면 복을 청하지 않아도 복이 오며, 화를 좇지 않아도 화가 물러간다. 왜 그런가? 명命이 그 가운데 있고, 외물에 얽매이지 않고, 도는 거기(심)에 보존되어 저것을 기다릴 필요가 없다.(『抱朴子』, 「內篇 · 道義」)

사물에 무욕하며, 일에 무욕함이 곧 그 실정을 성으로 삼은 것이며, 곧 염담恬淡으로 진본眞本을 지키는 것이다. 인간의 진본은 곧 염담과 자연이다. 그 반대로 심이 밖으로 치달리고, 정이 사물에 얽매이면 영원히 해탈은 없다.

> 정은 사물에 감촉하여 (심의) 밖에서 일어나고, 지혜는 일에 접하여 사방으로 흘러넘치며, 욕망에 유혹되어 천리天理가 소멸되며, 보고 들은 것에 미혹되어 순일純一함이 변한다. 심은 사치와 놀이에 통제를 받고, 정은 격랑에 탁하고 교란되며, 이에 기울어 무너지는 재난이 있게 되며, 구제할 수 없는 화禍가 있게 된다.

단지 살진 가축을 삶고 요리하며, 맛있고 귀한 술을 따라 제사를 지내고, 징을 치며 전투를 벌이고, 뛰고 구르며 노래하며, 엎드려 이마가 닿도록 절하고, (세속적) 정을 지키며 빈둥거리고, 복과 소원을 구걸하며, 반드시 얻기를 기대하며, 죽어도 깨닫지 못하니 또한 슬프지 않겠는가?(『抱朴子』, 「內篇 · 道義」)

염담恬淡과 자연을 강조하는 것은 또한 도가 심성론의 기본적 이론이다.

선진시대 유가 · 도가 · 묵가는 정에 대하여 기본적으로 모두 억압적인 태도를 가졌다. 이 상황은 위 · 진시대에 이르러 비로소 변하였다. 위 · 진시대 정을 중시하고 정에 맡겨 움직이는 것이 이미 하나의 시대적 풍조가 되었다.[34] 정의 합리성도 이로 인하여 보편적으로 인정되었다. 유소劉劭(424~453)는 "인간과 사물의 근본은

34) 정을 중시하는 풍조는 위 · 진 문인의 시 가운데 매우 잘 표현되었다. 曹丕(187/220~226, 魏文帝)는 "오늘의 환락을 잊을 수 없는 것은 환락이 아직 다 하지 않았기 때문이며, 환락은 항상 아쉽게도 시간이 부족하며, 세월이 가면 홀연히 날아가 버리는데 무엇 때문에 스스로 고통을 자초하는지 내 마음을 슬프게 한다"(曹丕, 『大牆上蒿行』)라고 하였다. 또 (조비의 동생) 조식은 "천지는 궁극이 없고, 음양은 서로 말미암아 변화한다. 인생은 세상 속에 한바탕 바람에 날아가누나"(曹植, 『薤露行』)라고 하였다. (建安七子의 최고 시인) 王粲(177~217)은 "바람은 소슬하게 함께 불어오고, 하늘은 점점 어두워져 간다. 들의 짐승들도 바삐 무리를 찾아가고, 새들도 분분히 지저귀며 둥지로 날아간다. 들판은 어느덧 적막하고 아무도 없고, 오직 외로운 나그네 갈 길을 재촉하네"(王粲, 『登樓賦』)라고 하였다. 이 시대의 사람들은 앞 시대에 비하면 감정이 풍부하고 표현이 섬세함이 많다. 봄꽃과 가을 달, 한 포기 풀과 한 그루 나무가 사람의 감정적 파란을 불러일으키지 않은 것이 없다. 『三國志』「荀彧傳」에서는 何劭의 『荀粲傳』을 인용하여, 荀粲(209?~238?)이 사랑에 빠진(鍾情) 일을 기록하였는데, 정을 중시한 그 시대 인사들의 대표로 볼 수 있다. 순찬은 曹洪(?~232)의 딸과 혼인하였는데, 타고난 용모가 매우 아름답고, 부부간의 감정도 매우 돈독하였다. "몇 년 후 부인이 병으로 사망하였는데도 염을 하여 관에 안치(殯)하지 않았다. 傅嘏(209~255)가 가서 순찬에게 조문하였다. 순찬은 울지도 못하고 신색이 초췌하였다. 부하가 묻기를 '부인의 和色이 이렇게 훌륭하기 어렵다. 자네가 혼인한 것이 재능보다는 美色을 좋아하였네. 이러한 미인은 또 쉽게 만날 수 있는데, 어찌 애통해함이 심한가?'라고 하였다. 이에 순찬이 '佳人은 다시 얻기 어렵도다. 故人을 생각하면 이러한 傾國之色이 있을 수 없으니 쉽게 만날 수 있다고 할 수 없다네'라고 하며 몹시 애통해함을 그치지 않았고, 1년여 만에(歲餘) 죽었으니, 그때가 29세였다"라고 하였다. 『世說新語』에도 또 "荀奉倩(奉倩은 순찬의 자)은 부인과 사이가 매우 돈독하였는데, 겨울에 부인이 병으로 열이 나자, 정원에 나가서 자신의 몸을 차갑게 한 후 돌아와 자기 몸으로 부인의 열을 식혔다. 부인이 죽자 봉천도 얼마 후 죽었다"(『世說新語』, 「惑溺」)라고 하였다.

정과 성에서 나오며 정과 성의 이치는 매우 미묘하고 오묘하다"(『人物志』)라고 하였다. 환범桓範(?~249) 또한 다음과 같이 말한다.

> 인간이 태어나면 정이 있고, 정이 발동하면 욕망이 된다. 사물이 밖으로 드러나면 정이 심중에서 움직이며, 사물이 인간을 감촉함이 무궁하며, 정이 욕망하는 것도 무궁하니 사물이 이르면 인간이 변화한다는 것이다. 인간이 변화하는 것은 천리天理를 없애는 것이다. 무릇 욕망은 끝이 없고, 극히 얻기 어려운 사물을 찾고, 비록 성현의 자질이 있더라도 쇠하여 패망하지 않은 사람이 드물다. 그러므로 몸을 수양하고 나라를 다스리는 요결은 절욕節慾보다 더 큰 것이 없다.(『世要論』, 「節慾」)

환범의 이론은 유가의 입장에서 출발하여 절욕을 주장하였으나 그는 또한 정의 합리성을 인정하였다.

정을 중시하는 것에서 나아가 정에 맡겨 움직임으로 발전하였으며, 향수向秀(227?~272)가 곧 이 방면을 대표하는 사람이다. 향수는 다음과 같이 말한다.

> 생명이 있으면 정이 있고, 정은 곧 자연을 말하며, 만약 (정이) 다하여 밖으로 나가면 생명이 없는 것과 같으니 어찌 생명이 있는 것보다 귀하겠는가?(向秀, 『難養生論』. 『嵇康集校注』 附)

사람이 사람다운 사람이 되는 것은 곧 사람이 정을 가진 데 있으며, 사람이 정이 없으면 초목과 다름이 없는데 또 어찌 사람이겠는가? 향수는 "무릇 인간은 다섯 가지 정을 포함하여 태어나며, 입은 다섯 가지 맛을 생각하고, 눈은 다섯 가지 색깔을 생각하며, (정에) 감응하여 결혼을 생각하며(思室), 배고프면 먹을 구하는 것은 자연의 이치다"(向秀, 『難養生論』)라고 하였다. 정은 사람이면 누구나 가진 것이며, 또한 인간의 즐거움이다. 이에 향수는 "또한 생명의 즐거움이 되는 것은 은혜·사랑·상접相接이다. 천륜은 인륜이며, 정숙하고 아름다움은 마음을 즐겁게 하며(燕婉娛心), 영화榮華는 의지를 즐겁게 하며, 향응을 즐기는(服饗) 재미로 다섯 가지 정을 베풀며,

말소리와 얼굴색을 감추고 통제하여 성미(性氣)를 (능숙하게) 다룬다. 이것은 천리의 자연이며, 인간의 마땅함이며 (요·순·우와 같은) 삼왕도 바꿀 수 없는 것이다"(向秀, 『難養生論』)라고 하였다.

정은 인간의 생명을 관섭關涉하며, 생명을 기르는(養生) 문제는 위진현학의 주요한 주제였다.[35] 향수는 이미 정의 합리성을 인정하였으며, 양생의 문제에서 욕구를 따라 양생하기를 주장하였다. 향수가 보기에 인간이 태어나면 정이 있고, 정은 반드시 사물에 응하고, 반드시 갖가지 욕망을 나타내는데, 이것은 천리의 자연이다. 만약 인간이 인위적으로 자신의 욕망을 억제하려고 하면, 가능하지도 않을 뿐만 아니라 신체에도 해롭고 무익하다.

> 이제 만약 오색五色이 진열陳列되어 있더라도 눈으로 감히 보지 못하고, 오미五味가 있더라도 입으로 맛볼 수 없으며, 언쟁으로 이기면 된다. 어찌 작약芍藥(모란)을 늪의 잡초로 여기며, 시이광施夷光(西施)을 모모嫫母(黃帝의 넷째 부인. 醜女의 대표)처럼 보고, 홀연한 욕망이 없겠는가? 진실로 마음은 욕망함을 알고 있는데, 따를 수 없다면 성미가 꽉 막혀 곤란해지고 (喜·怒·憂·思·悲·驚·恐 등의) 칠정(情志)이 막혀 통하지 않는데, 조화로써 기른다는 말을 아직 듣지 못하였다.(向秀, 『難養生論』. 『嵇康集校注』 附)

이제 만약 오색이 진열되어 있더라도 눈으로 감히 보지 못하고, 오미가 있더라도 입으로 맛볼 수 없다면, 칠정이 막혀 통하지 않는데 무슨 양생을 말하는가? 향수가 보기에 정욕을 억제하면, 하기 어려울 뿐만 아니라 신체에도 해롭다. 만약 억제할 수 있더라도 또한 인생의 재미를 잃어버리고 인간은 살아 있어도 어떤 재미도

---

35) 『世說新語』 「文學」에서는 "옛말에 王丞相이 양자강 동남쪽(江左)을 건너갈 때 한 말은 '말소리는 哀樂이 없음', '養生', '생각을 충분히 말함' 세 가지 이치에 그쳤다. 그러나 생명에 관해서는 이리저리 몸을 뒤척이며 관여하지 않은 것이 없었다"라고 하였다. "양생"은 이른바 도가사상의 이론(玄談)의 세 가지 이치이며, 이로부터 그 중요성을 알 수 있다.

없게 된다.

> 이제 만약 성자의 길을 버리고 구덩이에 의존하고, 혈육의 정을 버리고 기쁨을 포기하고, 자신을 구속하여 마음을 고통스럽게 하며, 티끌과 이슬을 쌓아 산과 바다를 이루기를 바란다면 아마도 이러한 공功은 죽은 뒤에도 실제로는 기대할 수 없을 것이다. 끊임없이 구하기를 노력하여 조금씩 수확함이 있고, 자신의 그림자를 보고 시체처럼 살며, 나무와 돌을 이웃으로 삼고, 이른바 병들지는 않았지만 스스로 침針을 놓고 걱정이 없어도 스스로 침묵하며, 상사喪事가 없어도 거친 음식을 먹고, 죄가 없는데도 스스로 은둔한다.…… 그러므로 사마상여司馬相如(B.C.179~B.C.118)는 "반드시 이와 같아야 오래 살고 죽지 않는다고 하면 비록 만세를 살더라도 기뻐할 수 없다"라고 하였다. 곧 인간의 실정을 어그러뜨리고 본성을 잃게 하는 것은 천리에 근거하지 않음을 말한 것이다. 장생長生해도 오히려 즐거움이 없는데, 하물며 짧은 생명으로 (즐거움이 없는) 그것을 지키랴?(向秀, 『難養生論』. 『嵇康集校注』 附)

자신을 구속하여 마음을 고통스럽게 하고, 인생의 환락을 포기하고 시체처럼 살고 나무와 돌을 이웃으로 삼는다면, 이것은 이른바 산다는 것은 실로 죽음과 결코 다르지 않은데, 이와 같은 장생을 구한다는 것이 또 무슨 의미가 있겠는가? 성性은 사람이 사람다운 사람이 되는 까닭이며, 정情은 내가 나다운 내가 되는 까닭이다. 나의 정을 버리면, 나 또한 나다운 나를 회복할 수 없으며, 인간의 성을 버리면 나 또한 다시 인간이 될 수 없다. 내가 이미 나다운 나를 회복할 수 없고, 내가 이미 인간다움을 회복할 수 없는데 다시 무슨 생生이 있겠으며 또 무슨 양생養生이 있겠는가? 또 인생의 환락을 버리면 인간의 삶이나 나의 삶은 한바탕 고역苦役에 불과하다. 이와 같은 인생이 이미 환락이 없다면 또한 아무 미련이 없으며, 다만 빨리 (인생이) 끝나기를 바랄 뿐, 또 어찌 장생하기를 구하겠는가?

이처럼 정에 맡겨 움직이는 관점에 대하여 혜강嵇康은 반대의 태도를 유지하였다. 혜강도 사람이 태어나면 정이 있음을 인정하였다. 그는 "무릇 내면에 비통한 마음이 있으면 격렬하고 애절하게 말을 하고, 그 말은 시로 간주되고, 그 소리는 음악으로 간주되고, 섞어서 읊으면 사람들이 모여서 듣는다. 마음은 화성和聲에서 움직이고 정은 고언苦言에 감동하며, 찬탄이 끊이지 않고, 흐느끼는 울음이 그치지 않는다.…… 무릇 기쁨(喜)·분노(怒)·슬픔(哀)·즐거움(樂)·사랑(愛)·증오(憎)·부끄러움(慚)·두려움(懼) 이 여덟 가지는 백성들이 사물과 접촉하여 느끼는 감정을 전달하는 정이며, 종류로 구별되며 함부로 사용해서는 안 된다"(嵇康, 『聲無哀樂論』)라고 하였다. 또 "무릇 사려하지 않아도 욕구하는 것은 성의 움직임이다"(嵇康, 『答難養生論』)라고 하였다. 혜강은 정욕의 존재를 부인하지는 않았지만, 정욕이 생명을 해친다고 보았다.

> 무릇 기욕은 사람에게서 나오지만, 도의 바름은 아니다. 마치 나무에 사는 전갈은 비록 나무에서 생겨나지만, 나무의 마땅함은 아니다. 그러므로 전갈全蠍이 왕성하게 생기면 나무는 썩고, 욕망이 이기면 몸이 생기가 없다. 그러므로 욕망과 생명은 함께 오래가지 못하며, 명예와 몸(세속적 영화)은 공존할 수 없음은 간단히 알 수 있다. 그러나 세상 (사람)은 그것을 깨닫지 못하고 욕망을 따름이 생명을 얻는 것으로 여기면 비록 태어난 이후의 정이 있더라도 생겨나고 또 생겨나는 이치(生生之理)를 인식하지 못하기 때문에 사지死地로 움직인다.(嵇康, 『答難養生論』)

혜강은 나무의 전갈로서 인간의 정을 의인화하였는데, 실제로는 잘못된 종류의 비유이다. 인간은 고유의 정이 있으나, 나무는 고유의 전갈이 없다. 인간은 정이 있어야 비로소 인간이 되지만, 나무는 전갈이 있어야 비로소 나무가 된다고 할 수 없다. 그러나 혜강은 정이 생명을 해친다고 생각하였는데, 이것은 하나의 전통적 관념으로 『노자』·『문자』·『관자』·『회남자』 등도 모두 같은 논리다.

왜냐하면 정이 생명을 해치기 때문에 혜강이 보기에 양생을 위해서는 우선 당연히 욕망을 버리고 절욕節慾해야 한다.

> 이런 까닭에 군자는 형체가 정신에 의지하여 확립되고, 정신은 반드시 형체로 보존됨을 알고, 생명원리(生理)의 도가 쉽게 잃어버리지 않도록 관리하고(司. 혹은

悟), 하나의 잘못이 생명을 해침을 알며, 그러므로 성을 수양하여 정신을 보존하고, 심을 편안하게 하여 몸은 온전하게 하며, 사랑과 증오가 정에 머물지 않으며, 우려와 기쁨이 의지에 남아 있지 않으며, 무욕 · 염담(泊然)으로 감동이 없이 심신(氣體)이 화평하게 한다. 또한 호흡呼吸으로 나쁜 기를 토하고 신선한 기를 마시며(吐納), 단약丹藥을 먹고(服食) 몸을 길러서 육체와 정신이 서로 친하게 하며, 속과 겉을 모두 구제한다.(嵇康, 『養生論』)

양생의 요결은 "사랑과 증오가 정에 머물지 않으며, 우려와 기쁨이 의지에 남아 있지 않음"에 있으며, 또한 기쁨과 분노가 속마음을 충동衝動함이 없어야 한다. 그러나 혜강이 보기에 욕망을 버림과 욕망을 절제함은 결코 정욕이 발동하여 일어난 후에 다시 예로써 억제하는 것이 아니라 정욕이 아직 발동하지 않았을 때 내심의 용량에 의지하여 그것이 발전하지 않도록 하는 것이다.

양생을 잘하는 사람은 그렇지 않으며, 청허하고 조용하고 태연하고, 사사로움을 적게 하고 욕망을 적게 하며, 명예와 지위가 덕을 훼손함을 알기 때문에 소홀하게 경영하지 않고, 욕망하고 또 억지로 금지하는 것은 아니다. 맛이 생명을 해침을 매우 잘 알기 때문에 버리고 돌아보지 않으며, 탐한 후에 억제하지는 않는다. 외물이 마음을 얽매이게 함이 없으며, 신령한 기운神氣(정신)이 순수하고 독창적이며, 활달하여 근심과 걱정이 없으며, 적연寂然하여 사려思慮가 없으며, 또한 전일專一함을 지키고, 조화로써 기르고, 일 처리가 화합하고 날로 정제整濟되고, 대순大順(綱常天道)과 함께한다.(嵇康, 『養生論』)

대화大和를 지락至樂으로 여기면 영화榮華를 돌볼 겨를이 없으며, 염담恬淡을 지미至味로 여기면 주색酒色을 즐길 겨를이 없다.(嵇康, 『答難養生論』)

허정虛靜 · 광연曠然 · 적연寂然을 제창하고, 지락至樂 · 지미至味를 추구함이 도가의 전통적 관점이다. 장자에게서 허정 · 광연 · 적연은 외물에 의해 움직이지 않는 초월적 의미를 갖추고 있다. 그러나 혜강은 인간의 내심 깊은 곳에 미추美醜와 선악의 구별을 없애는 데 두고자 하였다. 마치 시각장애인이 실내에서 부인을 찾고(遇室), 서시西施를 모모嫫母와 같은 감정으로 보는 것과 같고, 청각장애인이 맛있는 (음식이 있다는 말을) 듣지 못하고, 지게미와 쌀겨(糟糠)를 백미白米(精稗=精米)처럼 달게 여기는 것과 같다. 혜강은 "이제 눈을 시각장애인(이 미인을 보는 것)처럼 같게 하는 공효功效로, 입은 맛있는 음식이 있다는 말을 듣지 못한 청각장애인처럼 생명을 해치는 도구를 멀리하고, 성을 유익하게 하는 사물을 제어하면 비로소 성명을 기른다고 말할 수 있을 것이다"(嵇康, 『答難養生論』)라고 하였다. 이와 같다면 "성명性命을 기름"은 아마도 자신을 속이고 남을 속이는 데로 흐를 것이다.[36)]

---

36) 『世說新語』「德行」에서는 王戎이 "혜강과 20년 동안 살면서 여태 기뻐하거나 성낸 기색을 드러내지 않았다"라고 하였다. 劉孝標(463~521)가 『嵇康別傳』을 인용하여 주석하기를 "혜강의 성격은 잘못 포용하고 결점을 감추고(성품이 너그럽고 도량이 넓음), 사랑과 증오를 품고 다투지 않으며, 기쁨과 분노를 안색에 드러내지 않았다"라고 하였다. 그는 『家誡』에서도 아들에게 이를 지향하고 또 남에게 조심할 것을 훈계하였다. 그러나 혜강의 언행을 자세하게 관찰하면, 그는 「與山巨源絶交書」에서 스스로(자신에 벼슬을 권유한 친구 山濤에게 보낸 絶交書에서) "(벼슬을) 감당할 수 없는 일곱 가지"에서 또 말하기를 "매번 湯王과 武王을 비난하고 周公과 孔子를 깔보았다"라고 하고, 또 "강직한 성격으로 악을 미워하여, 경솔하게 직언을 하고 일마다 발동하였다"라고 하였다. 또 "阮嗣宗(阮籍)은 입으로 다른 사람의 허물을 말하지 않았고, 내가 늘 그를 스승으로 삼고자 하였으나 따를 수가 없었다"라고 하였다. 『三國志』「魏書·王粲傳」에서는 『魏氏春秋』를 인용하여 주석하기를 "鍾會(225~264)가 대장군이 되어 애착이 있어 혜강의 이름을 듣고 그를 찾아갔다.…… 혜강은 마침 다를 뻗고 단련하는 자세로 있었는데, 종회가 도착하니 예로 맞이하지 못하였다"라고 하였다. 顔之推(531~579?)도 또 "嵇叔夜(叔夜는 혜강의 자)는 욕망을 물리치고 禍를 취하였는데 어찌 '자기의 뛰어난 재주를 감추고 세속을 따르는(和光同塵) 무리이겠는가?"(『顔氏家訓』, 「勉學」)라고 하였다. 이로써 보면, 혜강은 결코 기쁨과 분노를 얼굴색으로 드러내지 않는 사람이 아니며, 愛憎이 분명한 인사임을 알 수 있다. 종회가 혜강의 죄명을 나열한 주요 내용은 "혜강은 위로는 천자의 신하가 되지 않고, 아래로는 王侯를 섬기지 않고, 시속을 경시하고 세상에 오만하며, 어디에도 쓸모가 없으며, 현세에 무익하고, 세속을 손상시킨다"(『世說新語』, 「雅量」. 『文士傳』을 인용한 주석)이다. 종회의 말은 마땅히 참작해야 하지만 그러나 완전히 그르다고 할 수는 없다. 대략적으로 말하면 혜강이 한 말과 그의 행동 사이에는 매우 깊은 모순이 있다. 그가 한 말은 본래 이와 같고 또 그것이 인간으로서의 이상이지만, 그가 한 행위는 도리어 자아의 진실이다. 이것은 곧 시대의 비극이며, 또한 혜강이 처한 심각한 상황이었다. 이에 대하여 魯迅(1881~1936)도 매우 심각하게 평론하였는데, "무릇 인간의 언론·사상·행위가 만약 자기 스스로 틀리지 않았다고 생각하면, 곧 세상의 다른 사람들도 그러하기를 원하고 자신의 친구들도 모두 그렇게 해야 한다. 그러나 혜

정情을 중시하는 풍조는 동진東晉에서 더욱 강렬하게 표현되었다.

대안도戴安道(326~396. 본명 戴逵)가 중년에 '부처상을 안치하는 종교의식'(行象)을 그린 그림이 매우 정묘하였다. 유도계庾道季(316~?)[37]가 그것을 보고 대안도에게 말하기를 "신상神像이 너무 세속적이어서 그대(卿)의 세속적 정이 아직 다 없어지지 않았네"라고 하니, 대안도는 "오직 무광務光[38]만이 경卿의 이 말을 면할 수 있을 뿐이다"(『世說新語』, 「巧藝」)라고 대답하였다.

대규戴逵(대안도)는 본래 은사隱士였는데, 유도계가 "세속적 정이 아직 다 없어지지 않았다"라는 말은 풍자의 의미를 포함하고 있으나 대규는 결코 그렇게 여기지 않았다.

강과 완적은 그렇지 않고, 다른 사람들이 그들을 모방하기를 원하지 않았다. 竹林七賢 가운데 阮咸은 완적의 조카이며 함께 술을 마셨다. 완적의 아들 阮渾이 거기에 가입하기를 원했는데, 완적은 도리어 가입할 필요가 없다고 하고, 우리 가족 가운데 이미 완함이 있으니 충분하다 하였다. 만약 완적의 행위가 옳다면 당연히 그의 아들을 거절하지 말아야 하는데, 완적은 도리어 자신의 아들을 거절한 것은 완적이 결코 그 자신의 방법이 자연적이라고 할 수 없다. 혜강에 관해서는, 그의 「絶交書」를 보면 그의 태도가 매우 교만하고 오만함을 알 수 있다.…… 그러나 내가 혜강이 그의 아들에게 준 『家誡』를 보면—혜강이 피살될 때 그 아들은 겨우 10세였으며, 그가 이 문장을 쓸 때를 계산하면 그의 아들은 10세 미만이었다.— 곧 (혜강이라는 사람이) 완전히 두 사람으로 느껴진다. 그가 『가계』에서 그의 아들에게 조심하라고 가르쳤으며, 또 하나의 교훈을 주었다.…… 우리가 보기에 혜강은 매우 희귀한 사람이다. 혜강은 그와 같이 아주 오만한 사람인데, 그가 아들을 가르칠 때는 이와 같이 평범하기(庸碌) 때문이다. 왜냐하면 우리는 혜강은 자기 자신의 거동에 대해서도 만족하지 않았던 사람임을 알기 때문이다. 그러므로 한 사람의 언행을 비난하는 것은 매우 어려우며, 사회적으로도 아들이 부친을 닮지 않은 것을 '아버지만큼 못됨'(不肖)이라고 하며, 이것을 나쁜 일로 여기는데, 뜻밖에도(殊不知) 세상에는 자신의 아들이 자신을 닮지 않기를 원하는 아버지가 있었다. 곧 혜강과 완적이 이와 같았다. 이것은 그들이 난세에 태어나서 어쩔 수 없이 이와 같이 행동한 것이며, 결코 그들의 본래 태도가 아니다. 그러나 또 여기서 위진시대 禮教를 파괴한 사람들이 실재로는 서로 예교를 믿고 고집이 극에 달한 사람이었음을 알 수 있다"(魯迅, 『魏晉風度及文章與藥及酒之關係』. 『而已集』에 수록됨)라고 하였다.

37) 역자 주: 본명은 庾龢이며 庾亮(289~340)의 아들.

38) 역자 주: 고대의 隱士로 전설에 의하면 湯王이 그에게 讓位하려고 하였으나 그는 받아들이지 않고 石沉水에 몸을 던져 죽었다.

왕장사王長史(생몰 미상. 東晉後期. 본명 王廞. 자 伯輿)가 모산茅山에 올라 크게 통곡을 하며 "낭야琅琊(山東省 臨沂)의 왕백여王伯輿가 마침내 정을 위해서 죽는다"라고 하였다.(『世說新語』, 「任誕」)

어떤 정경을 접하여 어떤 감개가 일어나(觸景生情) 통곡을 하는 데 이르고, 다시 "정을 위해 죽는다"라는 말을 하며, 그 정이 치열하고 호방함을 여기서 일부 볼 수 있다.

환자야桓子野(생몰 미상. 東晉시대)가 매번 반주 없이 부르는 맑은 노래(淸歌)를 들을 때마다, 맞장구를 치며 "얼씨구!"(奈何)를 외쳤다. 사공謝公(320~385)이 그것을 듣고 "환자야는 항상 정이 깊다"라고 하였다.(『世說新語』, 「任誕」)

환자야는 곧 환이桓伊이며, 『진서晉書』 「환이전桓伊傳」에서 그를 "음악을 잘하고 한때의 정묘함을 다함이 강좌江左[39]에서 제일이다"라고 하였다. 환이는 음악을 절묘하게 잘 해석하고, 맑은 목소리의 노래를 들을 때마다 맞장구를 치며 얼씨구! 라고 외쳤는데, 왜냐하면 그가 듣는 노래가 반드시 듣는 순간에 깊은 정에 의지하였고 따라서 사안謝安은 그를 가리켜 "항상 정이 깊다"라고 하였다.

왕헌지王獻之(344~386. 자 子敬)가 병이 위독하여 도가道家에서 거행하는 상장上章[40]에 자신의 잘못을 고백하는 것(首過)에 응하였는데, 자경子敬에게 묻기를 "전부터 무슨 동이同異와 득실得失이 있는가?"라고 물으니, 자경이 "나머지 일은 깨닫지 못하겠는

39) 역자 주: 揚子江 하류 동남쪽 현재 江蘇省 지역으로 東晉·宋·齊·梁·陳의 南朝의 왕조가 지배하던 지역.

40) 역자 주: 왕헌지는 王羲之(303~361)의 일곱 번째 아들로, 왕희지의 필법을 가장 잘 계승 발전시켰다. 그는 五斗米道를 신봉하였는데, 임종 무렵에 조직의 우두머리를 청하여 환자의 이름과 죄를 고백한 내용을 적은 章表를 만들고, 우두머리가 대신 하늘에 기도하여 죄를 소멸하도록 하는 의식을 "上章"이라고 한다. 한편 上章은 중국 고대에서 12간지의 하나인 庚을 부르는 이름이기도 하다. 甲은 閼逢, 乙은 旃蒙…… 등으로 불렀다.

데 오직 치가郗家와의 이혼離婚을 기억한다"(『世說新語』, 「德行」)라고 하였다.

왕헌지가 일찍이 치담郗曇(320~361)의 딸과 결혼을 하였는데 후일 가족 간의 갈등으로 이혼을 하였지만, 감정적으로는 도리어 잊을 수가 없었다.[41] 죽음에 임했을 때 유일하게 그를 매우 마음 아프게 한 것은 여전히 이혼을 한 일이었다.

진晉나라로부터 위진남북조魏晉南北朝에 이르러 정을 중시하는 풍조는 문예文藝이론에서 더욱 두드러지게 표현되었으며, 이로써 정이 문학의 근본이 되는 관점이 확립되었다. 한나라 초기 『시대서詩大序』[42]는 먼저 이러한 목소리를 드러내었다.

> 시詩는 의지意志가 가리키는 바이며, 심에서는 의지이며, 말로 드러나면 시이다. 정은 마음속에서 움직여서 말로써 표현되며, 말로써는 부족하므로 감탄하였으며, 감탄으로 부족하므로 노래로 부르며, 노래로 부족하면 부지불식간에 손으로 춤추고 발로 뛴다.

『시대서』에서는 정을 말하고 또 지志를 말하였지만 지志를 정에 비해 더 중요하게 여겼으며, 이것은 『시대서』가 유가의 "시교詩教"의 입장에서 논의를 출발하였음을 나타내었다.

위·진 이후 이러한 상황은 매우 크게 변했고, 정의 지위는 이미 지志의 지위를

41) 여가석(1884~1955)은 "『淳化閣帖』 권9에 있는 王獻之帖에서 '비록 여러 해를 섬기더라도 (매일) 온종일 기뻐할 수 있다. 항상 고생만 하고 일마다 순조로움을 다하지 못하고, 이제야 언니와 한창때(當年)의 만족을 누리고 함께 늙어 가려고 하는데, 어찌 이렇게 이별을 해야 하나요? 화나고 슬프고 낙심함이 실로 깊습니다. 다시 어느 날 저녁 누님을 뵈올 수 있겠습니까? 우러러보고 굽어보며 슬퍼서 목이 메어 그치지 않고 오직 숨이 막힐 뿐입니다!'라고 하였다. 黃伯思(1079~1118)는 『東觀餘論』의 「上謂當是與郗家帖」에서 『세설신어』의 이 조항을 증거로 인용하였는데, 옳다"(餘嘉錫, 『世說新語箋疏』, 北京: 中華書局, 1983, 41쪽)라고 하였다.

42) 역자 주: 『毛詩序』라고도 하며, 兩漢시대 詩學의 중요 문헌이며, 중국 고대 시의 본질적 특징에 대한 문학 이론가들의 이해를 기록한 책이며, 儒家의 관점에서 쓴 『詩言志』에 비해 체계적이고 자세하다.

훨씬 멀리 초과하였다. 육기陸機(261~303)는 "시는 정에 인연하여 문사文詞가 화려하다"(『文賦』)라고 하였다. "연정緣情"은 곧 정에 말미암아 드러나며, 정에 인연하여 드러나며, 이것은 시의 기원을 따라서 한 말이다. 그러므로 유협劉勰(465?~532)은 "정이 움직이면 언어로 나타나며, 이치가 드러나 문장으로 나타나며, 대개 은밀함에서 환이 드러남에 이르며, 안으로 말미암아 밖으로 부합하는 것이다"(『文心雕龍』, 「體性」)라고 하였다. 종영鍾嶸(468?~518?)도 "기가 사물을 움직이면, 사물은 인간에 감동을 주므로, 성정性情을 흔들고, 춤과 노래로 나타난다"(『詩品』, 「序」)라고 하였다. 인간은 고유의 정이 있고, 사물이 사람을 감동하게 해 드러나는 것이 정이며, 정이 움직여 언어로 드러나며, 그것이 춤과 노래로 나타나며, 정이 있어야 비로소 시가 있고 문장이 있고 춤과 노래가 있다.

문장은 정으로 말미암아 드러날 뿐만 아니라 문장이 표현한 것이 곧 인간의 사상과 감정이다. 소자현蕭子顯(487~537)은 "문장은 대개 정과 성의 취향이며, 신명神明의 율려律呂(六律과 六呂. 음악 일반)이다"(『南齊書』, 「文學傳論」)라고 하였다. 유협은 "무릇 흰 분과 눈썹 먹(鉛黛)으로 얼굴을 단장하지만 아름다운 눈매와 입 모양은 아름다운 자태에서 생기며, 문채文彩로써 말을 꾸미지만, 화려하고 아름다운 말들은 성정에 근본하며, 그러므로 정情은 문장의 날줄(經)이며, 언사言辭는 이치의 씨줄(緯)이다. 날줄이 바른 후에 씨줄이 이루어지며, 조리가 정연한 후에 언사가 통달한다. 이것이 문장이 확립되는 본원이다"(『文心雕龍』, 「情采」)라고 하였다. 정은 바탕이며 언사는 문장이며, 정은 문장의 내용이지만, 문장은 정을 표현하는 도구와 형식에 불과하다. 문장의 동기나 문장의 내용을 따지지 않고 말하면, 정이 모두 가장 우선적이다. 이로부터 정이 곧 문학예술의 생명임을 알 수 있다.

제5장 인간론

중국철학은 인간을 중심으로 전개되었으며, 인간이 처음부터 끝까지 중국철학의 중심이다. 중국의 유학과 도학은 모두 주로 인간을 위한 학문이다. 묵가가 주장한 "겸애兼愛", "비공非攻"과 법가가 주장한 형명刑名과 법술法術도 인간학人間學으로 볼 수 있다.[1)]

선진先秦의 유儒·도道·묵墨·법法 네 학파의 인간론(人論)은 유가를 한편으로 삼고, 도가·묵가·법가를 또 다른 한편으로 삼는다. 도가·묵가·법가의 인간론은 모두 유가의 인간론을 겨냥하여 출발하였다. 유가는 인仁·의義·예禮·지智를 제창하였고, 도가는 자연·무위를 제창하였으며, 유가는 "복례復禮"와 "정명正名"을 세상구제의 방법으로 삼았으며, 묵가는 "겸애"와 "비공"을 나라를 다스리는 도로 삼았으며, 유가는 본심을 발양하고 "성을 변화시키고 인위적 노력을 일으킴"(化性起僞)을 인간의 길을 이루는 것으로 삼았고, 법가는 인성의 근본은 변화시킬 수 없고 오직 "법", "술術", "세勢"로만 다스릴 수 있다고 보았다. 그러나 도가·묵가·법가의 사이에는 비록 서로 다르고 서로 따를 수는 없지만, 결코 다른 쪽을 적으로 여기지는 않았다.

선진시대 유가와 도가의 분별은 한 사람만 말하거나 하나의 천天을 말하는 데 있지 않다. 유가는 한 사람만 언급하는 데 이의가 없으며, 도가가 말하는 천도

---

1) 중국철학은 "人學"(인간학)이라고 할 수 있으며, "人本主義"(humanism) 혹은 "人道主義"(humanitarianism)라고는 할 수 없다. 왜냐하면 이러한 말들은 서양의 말에서 왔으며 특정한 의미를 내포하고 있기 때문이다. 인본주의는 서양 중세의 神學에 대한 반동으로 인간의 주체성을 강조하며, 인간을 중심으로 강조하며, 인간의 존엄성과 인생의 가치를 고양했다. 중국철학은 유가든 도가든, 비록 인간을 강론하였지만, 도리어 결코 인간의 주체 정신을 宗旨로 여기지 않으며, 이것은 유럽의 문예부흥시기의 인문주의 사조와 함께 논할 수는 없다.

마찬가지다. 그리고 공자 · 맹자 · 노자 · 장자가 말하는 인간과 천은 도리어 매우 큰 차이가 있다. 공자는 대부분 인간에게 나아가서 인간을 말하며, 천에 대해서는 적게 언급하였다.[2] 맹자가 말하는 인간은 이미 타인으로 말미암아 인간의 천(人之天)으로 지향한다.[3] 노자도 인간을 말하고 또 천을 말하였으나 그것은 자주 천으로부터 인간을 언급하는 것이며, 그가 논한 인간은 또 주로 거시적 사회를 따라 착안한 것이다. 장자가 논한 인간도 '인간의 천'으로부터 출발하였지만, 그러나 장자가 논한 인간은 이미 노자와는 구별되며, 그의 주요 착안점은 이미 사회적 인간은 아니며, 개체적 인간이며, 인간의 정신 영역이며, 인간의 정신생활이다. 비록 맹자와 장자가 모두 '인간의 천'을 언급하였지만, 그러나 맹자는 인간으로부터 인간의 천을 지향하였으며, 장자는 인간의 천으로부터 인간을 언급하였으며, 여기서 노선상에서 분명한 차이가 있다. 더욱 중요한 것은 맹자와 장자는 '인지천人之天'에 대하여 전혀 다른 이해를 하고 있다는 점이다. 맹자는 "사심四心"을 '인간의 천'으로 보며, 장자는 허정虛靜과 염담恬淡을 '인간의 천'으로 본다.

1. 마음으로 만족하다(心意自得)

도가의 인간론은 유가의 인간론을 직접적으로 겨냥하여 발전한 것이다.

유가학파가 볼 때 인간은 동물과 다르고 높은 종족이다. 인간이 동물과 다르고 높은 까닭은 인간이 인간답게 됨에 엄격한 인륜의 절조節操를 가지고 있기 때문이다.

---

2) 공자가 보기에 "아직 삶을 모르는데 어찌 죽음을 알겠는가?"(『論語』, 「先進」)라고 하였고, 따라서 "夫子의 문장은 들을 수 있으나, 부자께서 性과 天을 말한 것은 들을 수 없었다"(『論語』, 「公冶長」)라고 하였다.

3) 이른바 "그 心을 다하면 그 성을 알며, 그 성을 알면 천을 안다"(『孟子』, 「盡心上」)라고 한 말에 곧 이 뜻이 있다.
역자 주: "人之天"은 『莊子』「達生」의 "不開人之天, 而開天之天"에 나오는 말로 의미는 '천의 깊은 지혜'(天之天)에 비하여 '인간의 얕은 지혜'를 비유하는 말이다. 즉 사려하지 않아도 아는 것이 '開天'이며, 알고 난 후에 느낌이 '開人'이다.

맹자는 "인간이 금수와 다른 까닭은 매우 적으며(幾希), 보통 사람은 그것을 버리고 군자는 그것을 보존한다"(『孟子』, 「離婁下」)라고 하였다. 여기서 버리는 것과 보존하는 것은 곧 인간의 인륜적 절조이다. 순자는 "인간이 인간다운 인간이 되는 까닭은 단지 두 다리와 털이 없는 것이 아니라 그들이 변별辨別이 있기 때문이다"(『荀子』, 「非相」)라고 하였다. 인간이 가진 변별은 인간이 갖춘 옳고 그름, 그러함과 아님을 밝게 변별하는 능력을 가리킨다. 순자는 또 "물과 불은 기氣는 있고 생명은 없으며, 초목은 생명은 있으나 지각은 없고, 금수는 지각은 있으나 의義는 없으며, 인간은 기도 있고 생명도 있고 지각도 있고 또 의도 있으므로 세상에서 가장 귀하다"(『荀子』, 「王制」)라고 하였다. 인간이 귀하게 되는 것은 인간이 의를 가짐에 있다. 무엇이 의인가? 한유韓愈는 "행함에 마땅함으로 하는 것이 의이다"(『原道』)라고 하였다. 의는 그 마땅히 해야 할 바를 함이며, 그 마땅히 행해야 할 바를 행함이다. 인간이 인간다운 인간이 되는 까닭은 인간이 지각하고 생명을 가진 것에 있지 않고, 인간이 마땅히 무엇을 해야 하고 무엇을 하지 말아야 하는 바를 깨달음에 있다. 더 나아가서 말하면, 인간이 인간다운 사람이 되는 것은 먼저 사회의 구성원이 되는 것이다. 인간이 사회적 구성원이 되면 마땅히 인간의 일련의 행위규범을 준수하고 이행해야 한다. 이러한 행위규범은 유가에서 볼 때 곧 이른바 예禮이다.

무엇을 예라고 하는가? 『춘추좌전』에는 "예는 국가를 경영하고 사직을 안정시키고 백성을 질서가 있게 하며 후대를 이롭게 하는 것이다"(『春秋左傳』, 隱公 11年)라고 하였으며, 『예기禮記』「곡례상曲禮上」에서는 "무릇 예는 친親·소疏를 정하며, 혐의嫌疑를 판결하고, 동同·이異를 구별하고, 시是·비非를 밝히는 것이다"라고 하였다. 예는 사회 구성원의 행위 준칙이며, 또한 사회질서 유지하는 데 믿음직한 보장이다. 사회 구성원으로서 어떤 인간이든 모두 자기 멋대로 예를 위반해서는 안 된다. 계씨季氏(魯의 季平子, ?~B.C.505)가 뜰에서 팔일무八佾舞를 추었는데, 공자는 "이것을 참을 수 있다면 무엇인들 참지 못하겠는가?"(『論語』, 「八佾」)라고 하였다. 공자가 보기에 계씨는 한 사람의 신하로써 마땅히 하지 말아야 하며 이것은 절대로 용인할 수 없는 것이다. 인간다운 인간으로서 마땅히 자기의 인륜적 절조를 엄수해야 하며, 마땅히 무엇을 해야 하고 무엇을 하지 말아야 할 것인가를 깨달아야 할 뿐만 아니라 마땅히 해야 할 일을 하고 마땅히 행해야 할 바를 행해야 한다. 따라서 순자는 "군자라는 사람은 예의를 다스리는 사람이며 예의가 아니면 다스리지 않는다"(『荀子』, 「不苟」)라고 하였다. 『예기』에서는 좀 더 명확하게 설명하기를 "무릇 인간이 인간다운 인간이 되는 까닭은 예의이다"라고 하고 또, "효孝 · 제弟(恭敬) · 충忠 · 순順의 행위가 확립 후 사람다운 사람이 될 수 있다"(『禮記』, 「冠義」)라고 하였다. 인간은 결코 일평생 어떤 한 사람으로만 사는 것이 아니라, 한 개인으로서 무엇을 마땅히 해야 하고 무엇을 마땅히 하지 말아야 할 것을 알아야 하고, 아울러 그 마땅히 해야 할 바를 절실하게 하고 마땅히 행위해야 할 것을 행할 때 비로소 진정한 의미에서의 인간이 된다.

인간은 인간으로서 당연히 각종 욕망이 있는데, 유가의 처지에서 보면 인간은 마땅히 자신의 인륜적 절조를 지키는 것을 자신의 가장 큰 욕망으로 삼아야 하며, 심지어 마땅히 이를 위하여 모든 것을 희생하는 일도 아끼지 말아야 한다. 공자는 "아침에 도를 들으면, 저녁에 죽어도 좋다"(『論語』, 「里人」)라고 하였다. "도를 들음"(聞道)은 곧 무엇을 마땅히 해야 하고, 마땅히 무엇을 하지 말아야 하는가를 깨닫는 것이다. 아침 일찍 마땅히 무엇을 해야 하고, 마땅히 무엇을 하지 말아야 하는가를 알면, 저녁에 죽어도 유감을 느끼지 않는다는 말이다. 맹자는 "생명은 나 역시 원하는 바이며, 의義 역시 내가 원하는 것이지만, 두 가지 다 얻을 수 없다면 생生을 버리고 의를 취한다"(『孟子』, 「告子上」)라고 하였다. 인생 의의와 인생 가치의 근본은 곧 인간의 사회적 책임을 다해야 함을 깨닫는 데 있다.

개인에게 사회에 대한, 단체에 대한 책임감과 사명감을 강조하는 것은 유가 인문정신의 근본이다. 제齊나라 경공景公이 공자에게 정치에 관하여 물으니 공자는 대답하기를 "임금은 임금답고, 신하는 신하답고, 부모는 부모답고, 자식은 자식다워야 한다"(『論語』, 「顔淵」)라고 하였다. 임금이 임금다운 임금이 되려면 마땅히 임금이 해야 할 일을 해야 하고, 신하가 신하로서 신하다워지려면 마땅히 신하가 해야 할 일을 해야 하고, 부모가 부모로서 부모다워지려면 마땅히 부모가 해야 할 일을 해야 하며, 자식이 자식으로서 자식다워지려면 마땅히 자식이 해야 할 일을 해야 한다. 모든 사람은 마땅히 자신의 사회적 역할을 잘하도록 노력해야 하며, 모든 사람은 사회집단의 한 구성원이다.

모든 사람이 마땅히 자신의 사회적 역할을 잘하도록 노력해야 한다는 이런 가치 관념이 어느 정도 발전하면 하나의 구속이 된다. 한 사람으로서 동시에 여러 가지 신분을 가지게 되면 한 개인은 다른 장소에서는 다른 신분을 가지게 되며, 오직 그 신분에 반드시 해야 하는 일만 할 수 있으며, 자기 신분에 허락되지 않은 일을 해서는 안 된다. 이른바 인간은 유가의 처지에서 볼 때 여러 신분의 집합으로 시시각각 자신의 사회적 역할을 잘하도록 노력해야 한다. 개인으로서의 인생 의의와 인생 가치는 틀림없이(不折不扣) 인의를 행하고 자신의 사회적 역할과 의무를 완성함에 있다.[4] 이 밖에도 공자와 유가학파는 개인으로서 또한 독립된 개인적 추구나 개인의 독립적 생존 가치와 생존 의의를 절대 인정하지 않았다. 이로부터 공자는 특히 자아의 최선을 다한 자기 억제를 강조하고, "자신의 사욕私慾을 극복하고 예를 회복함"(克己復禮)을 강조하고, 거듭 밝히기를 "예가 아니면 보지도 말고, 예가 아니면 듣지도 말고, 예가 아니면 말하지도 말고, 예가 아니면 행동하지 말라"(『論語』, 「顔淵」)라고 하였으며, "자신의 의견만 고집하지 말고, 꼭 그렇게 되어야 한다고 기대하지 말고, 자신의 방식만 고집하지 말고, 자기중심적 고집을 하지 말라"(『論語』, 「子罕」, "毋意, 毋必, 毋固, 毋我.")라고 하였다. 종합하면, 자아를 소멸시키고, 진정으로 자신의 것으로 속한 모든 것을 없애야 한다. 인간은 갖가지 신분의 집합으로, 이 각각의 신분을 제외하면 인간은 소유한 것이 하나도 없다. 공자가 보기에, 인간은 어떤 것도 진정으로 개인으로 자신에게 속한 것은 없으며, 또한 없어야 한다.

그러나 신분은 한 장의 덮개, 하나의 겉옷, 허리를 두르는 한 장의 수건에 불과하지만, 그것들은 결국 인간을 부호화하고, 인간을 어떤 관념의 부호와 상징이

4) 成復旺(1939~)은 "유가 인격론의 근본적 宗旨는 인간을 '禮'의 화신 즉 사회화 윤리규범의 화신으로 만드는 것이다"(成復旺, 『中國古代的人學與美學』, 北京: 中國人民大學出版社, 1992, 44쪽)라고 하였다.

되게 하며, 인간을 기계로, 부품으로, 조각으로, 하나의 나사못으로 만든다. 인간은 늘 연극에서 자신의 역할을 연기하지만, 그로부터 인간은 도리어 자신을 잃어버리고 자신이 누구인지 알지 못한다. 인간은 무엇이든 연기할 수 있지만 혼자서는 자신을 찾을 수 없으며, 혼자서는 자신을 연기할 수 없다. 따라서 유가에게서는 비록 지극히 강한 이성적 인격을 갖추고 있더라도, 비록 매우 뛰어나게 적극적으로 사회적 활동을 하는 사람으로 인간의 강건한 행위를 강조하지만, 진정한 개체적 인격은 없다. 집단을 부각하는 것은 개성적 행위를 소멸함을 기본적 전제로 한다.

유가는 인륜 관계를 강력하게 제창하지만, 그러나 군신君臣·부자父子·장유長幼·붕우朋友의 오륜五倫 가운데 붕우의 윤리 하나를 제외하면 다른 것은 쌍방이 불평등한 지위에 있다. 신하는 임금에게, 자식은 부모에게, 부인이 남편에게, 나이 어린 사람이 어른에게 이 모두는 근본적으로 독립적 인격이 없다고 할 수 있다. 곧 이른바 "임금이 신하에게 죽으라고 하면 신하는 죽지 않을 수 없으며, 부모가 자식에게 죽으라고 하면 자식은 죽지 않을 수 없다"라는 말이다. 공자는 "부모가 살아계실 때는 그 뜻을 잘 살펴야 하며, 부모가 돌아가셨을 때는 그 행적을 잘 살펴야 한다. 3년 동안 부모의 도를 바꾸지 않으면 효자라고 할 수 있다"(『論語』, 「學而」)라고 하였다. 그런데 효의 관건은 준명遵命·종명從命·공순恭順·복종服從이다. 자식은 부모에 대하여 단지 명령을 준수하고 복종하는 의무만 있고, 어떤 독립적 의지는 없다고 할 수 있다. 인륜과 강상綱常, 도덕과 정치는 본래 사회의 정상正常적 질서를 유지하여 인간이 충분하게 발전하고, 자신의 조건과 수단을 실현할 수 있도록 하는 것이지만, 유가에게서는 수단이 도리어 유일한 최고 목적이 되고, 본래 마땅히 목적이 되어야 하는 인간 자체는 단지 굴복하여 아래로 내려가서, 단순히 비열한 수단으로 전락할 수밖에 없었다.

유가가 인간을 도구적으로 대하는 것과는 강렬한 대비가 되는 도가는 인간의 자주성과 독립성을 강력하게 고양하고, 인간의 자주와 자유 및 자존自尊을 강조하였다. 도가가 볼 때 인간 자체가 최고의 목적이며, 도가가 적극적으로 반대하는 것은 곧 인간을 도구적으로 대하는 것이다.

노자는 다음과 같이 말한다.

> 자신의 몸을 천하를 위해 이바지함을 귀하게 여기는 사람에게 기꺼이 천하를 맡길 수 있으며, 자신을 천하를 위해 이바지함을 사랑하는 사람에게 천하를 부탁할 수 있다.(『老子』 13장)[5]

왕필은 "자기 몸을 바꾸지 않으므로 귀하다고 한다. 이와 같으면 천하를 맡길 수 있다. 어떤 사물도 자기 몸을 훼손할 수 없으므로 아낀다고 한다. 이와 같으면 곧 천하를 맡길 수 있다. 총애寵愛 · 욕辱됨 · 영화榮華 · 우환憂患 때문에 자기 몸을 훼손하거나 바꾸지 않아야 천하를 부탁할 수 있다"(王弼, 『道德眞經注』, 권1)[6]라고 하였다.

황무재黃茂材는 "인간이 자기 몸을 귀하게 여길 줄 모르는 것은 천하를 귀중하게 여기고 자기 몸을 가볍게 여기기 때문이며, 따라서 그 몸이 귀한 줄 모른다. 인간이 자기 몸을 사랑할 줄 모르는 것은 천하를 크게 여기고 그 몸을 작게 여기기 때문이며, 따라서 자기 몸을 사랑할 줄 모른다. 노자의 도는 자기 몸을 천하로 여기고 귀하게 여기고 사랑하는 것은 모두 몸에 두고, 저 천하를 단지 외물로 본다. 그러므로 그에게 기탁할 수 있다"(彭耜, 『道德眞經注』, 권4에서 인용)[7]라고 하였다.

자신의 신체를 세상의 어떤 사물보다 진귀하게 여기는 것, 곧 천하만물이 몸 밖의 사물이라고 강조하는 것은 단지 인간 자체(人才)가 그 본래의 목적이기 때문이다. 인재 그 자체가 목적이므로 신심身心의 건강을 위해하는 모든 것은 마땅히 다 제거해야

---

5) 왕필본은 이와 같다. 이 구절은 『장자』 「재유」편에도 썼는데, "그러므로 자기 몸을 천하를 위하는 것보다 더 귀하게 여기면 천하를 부탁할 수 있으며, 자기 몸을 천하를 위함보다 더 사랑하므로 천하를 맡길 수 있다"(故貴以身於爲天下, 則可以託天下; 愛以身於爲天下, 則可以寄天下)라고 하였다. 郭店楚墓竹簡乙本에는 "故貴以身爲天下, 若可以託天下矣; 愛以身爲天下, 若可以去天下矣"라고 하였고, 帛書 『老子』 甲乙本은 모두 "故貴爲身於爲天下, 若可以託天下矣; 愛以身爲天下, 女可以寄天下"라고 하였고, 傅奕本에는 "故愛以身爲天下者, 則可以託天下矣; 愛以身爲天下者, 則可以寄天下矣"라고 하였다.
역자 주: 위 구절의 해석은 거의 내용상 구별이 없으므로 일일이 해석하지 않는다.

6) 『中華道藏』 제9책(北京: 華夏出版社, 2004), 195쪽.

7) 『中華道藏』 제11책(北京: 華夏出版社, 2004), 350쪽.

한다.

> 오색五色(青赤黃白黑)은 사람의 눈을 멀게 하고, 오음五音(宮商角徵羽)은 사람의 귀를 먹게 하며, 오미五味(酸苦甘辛鹹)는 사람의 입을 잘못 놀리게 하고, 마구 말을 몰아 수렵과 사냥하는 일은 마음을 발광發狂하게 만든다. 얻기 어려운 재화는 사람이 남에게 손해를 입히게 한다. 그러므로 성인은 배부르게 먹되 눈으로 하지 않으며(사치스러운 음식을 탐욕하지 않으며), 따라서 이것(쾌락과 탐욕)을 버리고, 저것(소박하고 검소함)을 취한다.

"오색五色", "오음五音", "오미五味" 등은 인간의 자연적 순박함을 파괴할 뿐만 아니라 인심을 밖으로 치달리게 하며, 인간의 몸을 외물의 부림을 받게 하는 것이다. "그러므로 성인은 배를 채우기를 위하며 눈을 위하지 않는다."

왕필은 "배를 위하는 사람은 사물로 자신을 기르고, 눈을 위하는 사람은 사물의 부림을 받기 때문에 성인은 눈을 위하지 않는다"(王弼, 『道德眞經注』, 권1)[8]라고 하였다.

오징吳澄(1249~1333)은 "성인은 다만 배를 채워서 기를 기르고, 눈을 즐겁게 하려고 사물에 목숨을 바치지 않는다"(吳澄, 『道德眞經注』, 권1)[9]라고 하였다.

사물로써 자신을 기르고 사물이 나를 위해 쓰이면 내가 목적이 되며, 사물로써 나를 부리고 내가 사물에 의해 부림을 당하면 나는 하나의 공구로 전락한다.

『여씨춘추』는 다음과 같이 말한다.

> 사물로써 성을 기르며, 성이 (사물을) 기르는 것은 아니다. 지금 세상의 어떤 사람은 성으로써 사물을 기르는데 일의 경중輕重을 모르는 것이다.(『呂氏春秋』, 「孟春紀 · 本性」)

사물이 인간의 성을 기르는 데 쓰이는 것이지, 인간의 성이 사물을 기르는

8) 『中華道藏』 제9책(北京: 華夏出版社, 2004), 195쪽.
9) 『中華道藏』 제12책(北京: 華夏出版社, 2004), 582쪽.

데 쓰이는 것은 아니다. 이 사이의 본말 관계가 전도되어서는 안 된다. 그런데 세속의 사람들은 자주 이 양자 간의 관계를 뒤집어서 몸을 훼손하고 명命을 해치게 된다. "이런 까닭에 성인은 성聲 · 색色과 재미(滋味)에 대하여 성性에 이로우면 취하고 성을 해치면 버리니 이것이 성을 온전하게 하는 도이다. 세상의 부귀한 사람, 성 · 색과 재미에 많이 미혹된 사람은 밤낮으로 구하고, 요행히 얻으면 회피한다. 회피하면, 성이 어찌 손상을 당하지 않겠는가?"(『呂氏春秋』, 「孟春紀 · 本性」)라고 하였다. 사물로써 성을 기르고 성으로써 사물을 기르는 것이 아니며, 사물로써 나를 기르며 사물이 나를 부리는 것이 아니다. 반대되는 것은 곧 인간을 도구적 상대로 대하는 것이며, 오직 인간 자체가 최고의 목적임을 강조한 것이다.

칸트(Kant)는 세계의 모든 사물은 공구 혹은 수단에 불과하며, 오직 인간만이 유일한 목적이라고 보았다. "인간은 실로 모두 이성을 가진 존재인 것은 자신이 목적이라는 데서 말미암으며, 결코 이러저러한 의지에 따라 임의로 이용할 수 있는 도구가 결코 아니다"[10]라고 하였다. 오직 인간 자체가 목적이며, 인간을 도구적 대상으로 볼 수 없는 것, 이것은 도가의 기본적 사상이다. 그리고 장자는 이러한 사상을 전면적으로 발전시켰다.

장자가 보기에 인간 자신의 존재와 발전은 곧 인간의 최고의 목적이다. 만약 이러한 최고 목적을 떠나 단편적으로 공명功名과 이록利祿을 구하는 것은 모두 단지 인간을 무정하게 훼손하고 못쓰게 할 뿐이다. 장자는 다음과 같이 말한다.

> 삼대 이후로 세상 사람들은 외물外物로 자기 본성을 바꾸지 않은 이가 없었네! 소인小人은 자기 몸을 이익에 바쳤고, 사인士人은 자기 몸을 명예에 바쳤으며, 대부大夫는 자기 몸을 가家에 바쳤으며, 성인聖人은 자기 몸을 천하에 바쳤다. 그러므로 이 몇 부류의 사람들은 하는 일이 다르고, 세상에 알려진 이름도 다르지만, 그 본성을 훼손하여 몸을 죽게 한 것은 한결같다.(『莊子』, 「駢拇」)

10) 칸트(Kant), 『道德形而上學探本』(北京: 商務印書館, 1957), 42쪽.

세상에는 소인에서 군자까지 모두 단지 자신의 생명을 도구적으로 대하고, 자신의 생명을 정情이 없는 찌꺼기로 대하고, 모두 자신을 몸 밖에 있는 어떤 사물을 위한 노예로 만든다. 군자 · 소인 · 백이 · 도척은 세상 사람들의 눈에는 하늘과 땅과 같은 차별이 있지만, 장자의 눈에 그들은 결코 어떤 차이의 구분이 존재하지 않는다.

> 백이伯夷는 수양산首陽山 아래에서 명예를 위해 죽었고, 도척盜跖은 동릉산東陵山 위에서 이익을 탐하다가 죽었다. 이 두 사람이 죽은 까닭은 다르지만, 생명을 해치고 본성을 훼손한 것은 마찬가지이다. 어찌 꼭 백이가 옳고 도척이 그르겠는가? 세상 사람은 모두 목숨을 바친다. 그런데 저들이 인의仁義를 따라 죽으면 세인世人은 군자君子라고 하고, 그가 재화財貨를 따라 죽으면 세인은 소인이라 부른다. 따라 죽은 것은 한 가지인데, 거기에 군자가 있고, 거기에 소인이 있다. 생명을 해치고 본성을 훼손한 것은 도척이나 백이 또한 그러했을 뿐인데, 또 어찌 그 사이에서 군자와 소인을 고르겠는가?(『莊子』, 「騈拇」)

명예를 위해 죽었든 아니면 이익을 위해 죽었든 상관없이 모두 "생명을 해치고 본성을 훼손함"이며, 이익을 위해 목숨을 바쳤든 명예를 위해 목숨을 바쳤든 가문을 위해 목숨을 바쳤든 또 천하를 위해 목숨을 바쳤든 모두 "본성을 훼손하여 몸을 죽게 한 것"이다. "생명을 해치고 본성을 훼손함"과 "몸을 죽게 함"의 측면에서 위에서 말한 사람들은 어떤 차별이 없다. 임의독林疑獨(생몰 미상. 北宋시대)은 다음과 같이 말한다.

> 백이는 청명淸名을 위하여 죽었으며, 도척은 이익을 탐하다 죽었다. 두 사람은 모두 명예와 이익 어느 것과 친했는지, 몸과 재화 어느 것이 많은지 아직 알지 못하지만, 좇아간 것은 오직 몸 밖의 먼지와 하찮은 물건(粃糠 쭉정이와 겨)뿐이구나! 무릇 수양산의 이름이 오래 남지만 백이의 몸은 어디에 남았으며, 동릉산의 재화는 항상 쌓이지만 도척의 혼백은 어디에 있는가? 그러므로 생명을 해치고 본성을 훼손함은 같다고 하였다. 이와 같다면 백이가 어찌 반드시 옳고, 도척은 어찌

반드시 그르겠는가? 이것이 도가 한결같은 까닭이다. 백이는 청명淸名의 성인으로 보지만 장자가 깊이 그를 욕하는 것은 그가 세상에 종적을 드러냄이 도척과 짝이 되기 때문이다. 그러므로 이 말로 당시에 백이를 답습하는 폐단을 바로잡고 온 힘을 다하여 수행을 숭상하려는 것이다. 그 이름은 비록 도척과 짝이 되어 있지만, 그 정신은 공자와 함께 누렸음을 학자가 몰라서는 안 된다. 무릇 세상 사람이 다 따라 죽는(徇=殉. 이하 여섯 군데의 徇은 모두 殉과 같다) 것이 진실로 인의仁義를 따라 죽으며 명예를 구하지 않으면, 반드시 재화를 따라 죽으며 욕망을 채운다. 세상이 대체로 이욕과 명예의 사이에 머물고 있으며, 인의를 따라 죽으면 세속에서는 군자라고 부르는데, 자신이 천하의 소인임을 모른다. 재화를 따라 죽으면 세속에서는 그를 소인이라고 부르는데, 세속에서 말하는 군자와 한결같음을 모른다. 인의를 따라 죽는 사람은 그 분별을 해치고 그 성을 더해 주며, 재화를 따라 죽는 사람은 그 성을 해치고 그 분별을 보태 준다. 모두 그 성명의 정을 안정하게 하면 천생天生(自然)의 군자는 세속의 군자가 아니며, 세속의 소인은 이른바 인생人生(世俗)을 거친 그 소인이다.(褚伯秀, 『南華眞經義海纂微』, 권24에서 인용)[11]

세상 사람들은 모두 백이를 군자로 여기고 도척은 소인으로 여기지만, 도가의 관점에서 보면 명예를 위해 죽거나 이욕利慾을 위해 죽거나 비록 차이는 있지만, 그 따라서 죽음은 한가지며, 생명을 해치고 성을 훼손함은 똑같다. 도척은 이욕을 위해 죽었기 때문에 진실로 따를 수는 없으며, 백이는 명예를 따라 죽었으므로 또한 칭찬할 가치가 없다. 군자의 행위는 또한 소인의 행위이며, 세속에서 군자라고 해도 실제로는 또한 소인에 불과하다. 곧 이른바 "천생天生의 소인은 세속(人)의 군자이며, 세속의 군자는 천생의 소인이다."(『莊子』, 「大宗師」) 백이를 비난하는(詆訾) 것은 도척의 행위를 칭찬할 가치가 있다고 여기는 것이 아니라, 세상 사람들이 백이를 칭송하고, 그를 표준으로 삼고 온 힘을 다하여 행하고, 자신의 생명을 도구적으로 대하는 것에 유감이 있기 때문이다. 그렇다면 도척이 생명을 해치고 성을 훼손한 것과 (백이는) 무엇이 다른가? 저백수는 다음과 같이 말한다.

11) 『中華道藏』 제14책(北京: 華夏出版社, 2004), 151~152쪽.

> 무릇 백이의 청명과 도척의 오명汚名은 만세토록 백과 흑처럼 분명할 것이다. (그러나) 칠원漆園(장자)이 섞어서 하나로 본 것은 어떤 관점을 따른 것으로 말한 까닭은 그 흔적을 거론하지 않을 수 없기 때문이며, 성인도 오히려 평의評議를 벗어날 수 없는데 하물며 도척이겠는가? 세상에 치도治道가 있으니, 만약 권력으로 저것을 누르고 이것을 부양浮揚시키는 까닭은 그 형세가 어쩔 수 없기 때문이며, 오직 그 공평함을 구할 뿐이다. 세상에 순사殉死함이 없고 생명을 해치고 본성을 훼손하는 근심을 면하게 하면 성인과 도척은 진실로 차이가 있다. 그러나 그것이 선이 되고 악이 되는 까닭은 또한 당연히 인의와 성인의 지식의 밖으로 초월하여 보아야 한다.(褚伯秀, 『南華眞經義海纂微』, 권24)[12]

장자가 보기에 개인의 생존 의미와 목적은 분명히 어떤 인간의 외재적인 것에 있지 않다. 개인은 결코 마음대로 부릴 수 있는 도구가 아니며, 타인의 마음대로 부릴 수 있는 도구도 아닐 뿐만 아니라, 심지어 또한 자신의 정욕이나 혹은 의지의 도구도 아니다. 개체 생명 자신은 원만한 자족성을 갖추고 있다. 개인의 존재는 타인을 위한 존재가 아니며, 또한 어떤 집단이나 사회적 존재를 위한 것도 아니며, 더욱이 살이 있을 때의 이익이나 죽은 후의 명성을 위한 것도 아니다. 개체 자신은 곧 독립적 가치와 의미를 갖추고 있으며, 존재 자체가 존재의 최고 가치이다. 인간 자신의 존재와 발전은 곧 인간의 최고 목적이며, 곧 인생의 궁극적 의미이다.

중국 역사에서 장자는 가장 일찍 개체 존재의 독립성과 주체성을 발견하고 확립한 사람이다. 그러나 개체 의식의 혼돈과 개성의 결핍은 곧 중국의 전통문화의 기본적 특징이며, 또한 그것의 난치병이고 타성이다.[13] 서로 비교해서 말하면, 장자는 개성을 부각하고 개체의 독립성과 자주성을 부각했는데 분명히 매우 귀하게 여길 수 있다.

---

12) 『中華道藏』 제14책(北京: 華夏出版社, 2004), 152쪽.

13) 高清海(1930~2004)는 "개인의 주체적 특성이 속박당하여 자유로운 발전을 하지 못하는 것은 마땅히 우리나라 사회의 장기적으로 정체되고 발전이 더딘 주요한 요인으로 보아야 한다"(高清海, 「主體呼喚的歷史根據和時代內涵」, 『中國社會科學』 1994년 제4기)라고 하였다.

설명해야 할 것은 장자가 개체의 독립과 자주를 부각하고 개체의 생명 가치를 강조한 것은 양주楊朱가 "사물을 경시하고 생명을 중시함"과 무엇이 다른가 이다.

양주라는 인물과 그의 사적에 관하여 역사적으로 완전한 기록은 전혀 없다. 전하는 바로는 묵자와 맹자 사이에 생활하였다고 보는데, 왜냐하면 『묵자』서에는 양주라는 인물을 언급하지 않았고, 맹자시대에 양주는 이미 명성이 자자한 인물이었기 때문이다. 맹자는 "양주와 묵적墨翟의 말이 세상을 가득 채우고, 세상의 말은 양주로 돌아가지 않으면 묵자로 돌아간다"(『孟子』, 「滕文公下」)라고 하였다. 양주는 선진시대와 한漢나라 초기 자료에는 많이 언급되어 있다. 『장자』에는 양자陽子 혹은 양자거陽子居로 지칭하였고, 『여씨춘추』에는 양생陽生이라고 하고, 『회남자』에서는 양자楊子라고 하였다. 『사기』와 『한서漢書』에는 모두 양주를 언급하지 않았다. 양주사상의 기본과 특징은 "사물을 경시하고 생명을 중시함"이다.

맹자는 다음과 같이 말한다.

> 양자楊子는 나만을 위함에 의지하고, (내 몸의) 털 한 올을 뽑아서 세상을 이롭게 한다고 해도 하지 않았다.(『孟子』, 「盡心上」)

> 양씨의 나만 위함(爲我)은 임금이 없는 것이며, 묵씨의 겸애는 아비가 없는 것이다. 아비가 없고 임금이 없으면 짐승이다.(『孟子』, 「滕文公下」)

『여씨춘추』에서는 "양생陽生(楊朱)은 자신을 귀하게 여긴다"(『呂氏春秋』, 「審分覽 · 不二」)라고 하였다. 맹자는 "나만 위함"을 양주사상의 기본적 특징으로 여겼는데, 장황하고 과장한 성질이 있는 것 같다. 맹자는 "양자는 나만을 위함에 의지하였다"라고 한 말의 증거가 "털 한 올을 뽑아서 세상을 이롭게 한다고 해도 하지 않았다"라고 말이라고 하였다. 후세에도 대부분 "나만을 위함"과 "털 한 올을 뽑아서 세상을 이롭게 한다고 해도 하지 않았다"라는 말로 양주의 사상을 개괄하였다. 그러나 이 개괄은 아마도 전혀 정확하지 않다. 왜냐하면 선진시대 문헌에서 오직 맹자만이 양주사상을 이처럼 개괄하였고, 기타 『장자』·『한비자』·『여씨춘추』는 모두 양주를 언급하고 양주의 사상을 논하였지만 그 상황은 전혀 맹자가 한 말과 다르기 때문이다. 또한 맹자가 양주는 "나만을 위한다"라고 하고 "털 한 올을 뽑아서 세상을 이롭게 한다고 해도 하지 않았다"라고 하였는데, "털 한 올을 뽑아서" 세상을 이롭게 하는데 왜 하지 않았을까? 맹자는 또한 어떤 설명도 하지 않았다. 따라서 그 실제 상황은 또한 알 수가 없다. 그런데 『한비자』에는 이와 관련한 하나의 재료가 있는데, 아마도 양주사상의 실제를 이해하는 데 도움이 될 것이다.

> 이제 여기에 어떤 사람이 있는데 결연하게(義) 위험한 성城에는 들어가지 않고, 전쟁에는 나가지 않고, 세상의 큰 이익도 자기 다리의 털 한 올과도 바꾸지 않는다면, 세상의 군주는 반드시 그를 따라 예우禮遇하고, 그 지혜를 귀하게 여기고 그 행동을 드높이고, 사물을 경시하고 생명을 중시하는 인사人士로 여길 것이다.(『韓非子』, 「顯學」)

여기서 한 말은 양주의 사상 경향을 대표할 수 있다. 맹자가 "털 한 올을 뽑아서 세상을 이롭게 한다고 해도 하지 않았다"라고 한 말의 진실한 의미는 원래 "세상의 큰 이익도 자기 다리의 털 한 올과도 바꾸지 않는다"에 불과하다. "세상의 큰 이익도 자기 다리의 털 한 올과도 바꾸지 않는다"라는 말을 한비는 "사물을 가볍게 보고 생명을 중시함"(輕物重生)이라고 보았다. 이 "경물중생輕物重生"이 양주의 사상을 개괄한 것이며, 『회남자』에서 양주에 대하여 개괄한 설명과 매우 흡사하다. 『회남자』 「범론훈氾論訓」에서는 다음과 같이 말한다.

> 성은 온전하게 하고 진상眞相을 보존하며, 사물에 의해 몸(形)이 얽매이지(累) 않음이 양자가 한 말이며, 맹자는 그것이 그르다고 하였다.

"성은 온전하게 하고 진상眞相을 보존하며, 사물에 의해 몸(形)이 얽매이지(累)

않음"과 한비가 말한 "경물중생"은 의미가 서로 일치한다. 『회남자』는 양주를 평론하고 또 맹자도 언급하였는데, 도리어 "위아"와 "세상의 큰 이익도 자기 다리의 털 한 올과도 바꾸지 않는다"라는 말로 양주의 사상을 개괄하였고, 양주사상의 특징은 "성은 온전하게 하고 진상眞相을 보존하며, 사물에 의해 몸(形)이 얽매이지(累) 않음"이라고 보았다. 이로부터 두 가지 결론을 얻을 수 있는데, 1. 양주의 사상에 대한 맹자의 개괄이 전혀 정확하지 않으며, 2. 이 개괄은 단지 한 측면의 말이자, 단지 양주에 대한 맹자 개인의 견해일 뿐이며, 혹은 본래 일종의 정서적 표현이다. 따라서 "사물을 가볍게 보고 생명을 중시함"으로 양주의 기본 사상을 개괄하는 것이 아마도 더 정확할 것이다.[14)]

"사물을 가볍게 보고 생명을 중시함"은 생명을 근본으로 삼아야 한다는 것이며, 세상에서 가장 귀한 것은 생명보다 더 나은 것은 없다는 관념을 확립해야 한다는 것이다.

> 지금 나의 생애가 나를 위하여 있으므로 나를 이롭게 함이 또한 큰일이다. 그 귀하고 천함을 논하면 작위가 천자天子가 되어도 (나의 이로움보다) 견줄 수 없으며, 그 가볍고 무거움을 논하면 세상을 다 가진 만큼 부유해도 (나의 이로움과) 바꿀 수 없으며, 그 안위를 논하면 하루아침에 그것을 잃어버리면 종신토록 회복할 수 없다. 이 세 가지는 도를 가진 사람이 신중하게 하는 것이다.(『呂氏春秋』, 「孟春記·重己」)

---

14) 黃釗는 "맹자는 양주의 논적이었으며, 그가 양주에게 붙여 준 죄명을 우리는 비록 믿지 않을 수는 없지만, 그러나 완전하게 믿을 수는 없다. 양주의 '한 올의 털을 뽑아서 천하게 이롭게 되더라도 하지 않는다'라는 말은 아마도 과장된 말일 것이다. '털 한 올 뽑는다'라는 말에 관하여 『韓非子』 「顯學」에 이와 비슷한 구절이 있는데 '세상의 큰 이익도 자기 다리의 털 한 올과도 바꾸지 않는다'라고 하였다. 이 말은 틀림없이 양주를 겨냥하여 한 말이다. 그러나 한비는 전혀 이러한 행위가 '나만을 위함'이라고 보지 않고, 단지 '사물을 가볍게 보고 생명을 중시하는' 士人의 주장이라고 보았다. '사물을 가볍게 보고 생명을 중시함'(輕物重生)으로 양주의 사상을 개괄하는 것이 분명하게 문제의 실질을 파악하였다"(黃釗 主編, 『道家思想史綱』, 長沙: 湖南師範大學出版社, 1991, 82쪽)라고 하였다.

이것을 "경물중생"의 구체적인 설명으로 볼 수 있다. 자신의 신체를 천하 전부보다 더 진귀하다고 보는 이 사상은 『열자列子』에도 반영되었다.

> 금자禽子(禽滑釐, 字 愼子)가 양주에게 "선생의 몸에서 털 한 올을 뽑아서 세상을 구제한다면 그대는 하겠습니까?"라고 물었다. 양자楊子는 "세상은 진실로 한 올의 털로 구제할 것이 아닙니다"라고 하였다. 금자가 "만약 구제할 수 있다고 하면 그렇게 하겠습니까?"라고 하자, 양자는 응하지 않았다. 금자가 밖으로 나가 (양주의 제자인) 맹손양孟孫陽에게 말했다. 맹손양은 "당신은 선생님의 마음을 깨닫지 못합니다. 내가 청컨대 말하겠습니다. 만약 그대의 피부를 침해하여 만금萬金을 얻는다면 그대는 하겠습니까?"라고 하였다. 금자가 "하겠습니다"라고 하였다. 맹손양이 "당신의 몸(四肢 가운데) 한 마디를 끊어서 하나의 나라를 얻는다면 당신을 그렇게 하겠습니까?"라고 하였다. 금자가 말이 없이 잠깐 있었다. 맹손양이 "털 한 올은 피부보다 미미하고, 피부는 몸 한 마디보다는 미미함이 분명합니다. 그러나 털 한 올을 모아서 피부가 되고, 피부가 모여서 몸 한 마디를 이룹니다. 한 올의 털도 진실로 한 몸 신체의 만분의 일 가운데 하나이니 어찌 그것을 가볍게 보겠습니까?"(『列子』, 「楊朱」)라고 하였다.

자신의 신체를 전체 천하보다 더 귀하다고 여기는 것은 노자의 "자신의 몸을 천하처럼 귀하게 여긴다", "자신의 몸을 천하처럼 사랑한다"라는 사상에 대한 계승과 발전이다. "사물을 가볍게 보고 생명을 중시함"(輕物重生)과 "성은 온전하게 하고 진상眞相을 보존하며, 사물에 의해 몸(形)이 얽매이지(累) 않음"을 『여씨춘추』에서는 "자신을 귀하게 여긴다"라고 하였다. 그러나 양주는 "자신을 귀하게 여긴다"(貴己), "생명을 중시한다"(重生)라고 하였지만, 그것을 전혀 탐내어 구하지는 않았다. "귀기貴己"와 "중생重生"을 한다고 해서 결코 세속의 이록利祿을 탐내지 않았다.

> 양주는 "백성자고伯成子高는 한 올의 털로도 (다른) 사물을 이롭게 하지 않았으며, 나라를 버리고 은거하며 경작하였다. 대우大禹는 자신의 몸을 이롭게 하지 않다가

한 몸이 반신불수半身不隨가 되었다. 옛사람들은 한 올의 털을 뽑아서 세상을 이롭게 할 수 있어도 뽑아 주지 않았으며, 세상 모든 것으로 한 몸을 받든다고 해도 취하지 않았다. 사람마다 한 올의 털도 훼손하지 않고, 사람마다 모두 세상을 이롭게 하지 않지 않으면 세상은 다스려진다"(『列子』, 「楊朱」)라고 하였다.

한 올의 털을 훼손하여 세상을 이롭게 해도 뽑아 주지 않았으며, 세상 모든 것으로 한 몸을 받든다고 해고 받아들이지 않았다. 이미 타인에게 주지 않으면 또한 취하지도 않으며, 이미 타인을 이롭게 하지 않았으면 타인이 나를 이롭게 하지 않도록 한다. 이것은 한 개인의 자위적自爲的 사회이며, 이것은 옛사람들의 원시자연의 순박한 생활을 나타낸다. 나의 것은 곧 나의 것이며, 나는 타인의 것을 구하지 않으며, 타인 또한 나에게 구함이 없으며, 나 또한 타인에게 주는 것이 없으며, 타인 또한 나에게 주는 것이 없다. 이러한 것은 일종의 자위적 사회이며, 곧 양주의 이상이다.

양주는 "사물을 가볍게 보고 생명을 중시한다"라는 말에서 가볍게 보는 것은 외재적 사물이며, 중시하는 것은 자신의 생명이다.

장자가 구하는 것은 이와 다르다. 장자에게도 또한 경중輕重이 있다. 장자가 가볍게 보는 것도 역시 외재적 사물이며, 이른바 외재적 사물은 단지 이록利祿과 같은 것은 전혀 아니라, 공명功名과 같은 부류를 포함한다. 장자가 중시하는 것은 개체의 생명이 아니라 개체의 정신생활, 개체의 정신상태이다.

장자莊子가 해져서 기운 헐렁한 베옷을 입고, 삼줄로 묶은 신발을 신고 위魏나라 왕 앞을 지나가고 있었다. 위왕이 "선생께서는 어찌하여 이처럼 고달프게 사십니까?"라고 하였다. 장자는 "가난한 것이지 고달픈 것이 아닙니다. 사인士人에게 도덕을 실행하지 못함이 고달픈 일입니다. 옷이 해지고 신발이 째진 것은 가난이지 고달픔이 아니니, 이것이 이른바 때를 만나지 못한 것입니다"라고 하였다.(『莊子』, 「山木」)

가난함은 물질이 충분하고 여유가 있지 못함이며, 고달픔은 정신이 통달하지 않음이다. 장자는 고달픈 사람이 아니라 가난하다.

장자가 추구한 것은 개체 인격의 자재自在·자유·쇄탈灑脫 함이며, 개체 정신의 소요와 속박이 없음이다. 장자는 명예를 구하지도 않았고, 이록을 좇지도 않았다. 왜냐하면 명예를 구하고 이록을 좇는 것은 생명을 해치고 성을 손상하고 반드시 외물의 부림을 받고, 반드시 내재정신에 대하여 강렬한 위압이 되기 때문이다. 외재적 사물에 대한 장자의 태도는 "외물을 사물로 보아 외물을 부리고 외물의 부림을 받지 않음"(『莊子』, 「山木」, "物物而不物於物.")이다. "물물物物"이라는 말은 사물이 나에 의해 사용되고 내가 사물을 부리는 것으로 내가 목적이 되는 것이며, "물어물物於物"은 내가 사물을 위하여 분주하게 하고 내가 사물에 의하여 부림을 받는 것으로 내가 도구로 전락하는 것이다. 장자가 중시하고 아울러 노력하여 구하는 것은 개체 정신의 자유와 쇄탈함이다. 장자는 인간의 정신적 자유와 쇄탈함을 (사회적) 지위와 성망聲望, 물질적 부유함과 만족과 비교하여 더 중요하게 보았다. 『사기』 「노장신한열전老莊申韓列傳」에는 다름과 같이 기록되었다.

> 초楚나라 위왕威王이 장주莊周가 현명하다는 말을 듣고 사신을 보내어 후한 예물로 영접하여 재상이 되어 줄 것을 부탁하였다. 장주가 웃으면서 초나라 사자에게 말하기를 "천금千金은 큰 재물이며, 재상은 존귀한 자리입니다. 그대는 어찌 교외에서 제사 지낼 때 희생犧牲으로 쓰는 소를 보지 못하였습니까? 수년간 음식을 먹여 기르고 수를 놓아 꾸민 옷을 입혀서 태묘로 끌고 들어갑니다. 그때를 당하여 하찮은 돼지가 되려고 한들 어찌 가능하겠습니까? 그대는 바로 돌아가고 나를 더럽히지 마세요. 나는 차라리 더러운 도랑에서 놀며 스스로 즐길지언정 나라를 가진 사람에게 얽매이지 않고 평생 벼슬하지 않음으로써 나의 뜻을 즐기겠습니다" 라고 하였다.[15)]

---

15) 이 하나의 일은 『장자』에도 기록이 있다. "장자가 濮水에서 낚시를 하고 있었는데, 楚나라 왕이 두 사람의 大夫를 使者로 먼저 보내어 말하기를 '우리나라를 맡기고자(累) 합니다'라고 하니, 장자는 낚싯대를 잡은 채 돌아보지도 않고 '내가 듣기에 초나라에는 神龜

육경六卿과 삼상三相의 지위는 얼마나 많은 사람이 꿈속에서 구하는 것인가? 공자가 여러 나라를 두루 돌아다닌 것은 자기의 나라를 다스리는 방략을 펼칠 수 있는 지위와 권세를 찾은 데 불과하다. 그러나 장자는 이와 같은 존귀한 지위를 도리어 거들떠볼 가치도 없다(不屑一顧)고 보았으며, 관리로 재상이 되는 것을 교외에서 제사에 희생되는 소에 비유하였다. 그 원인은 더러운 도랑에 있는 작은 돼지는 근심 걱정이 없이 소요·자재하는데, 교외의 제사에 희생되는 소는 도리어 조금도 자유가 없기 때문이다. 차라리 가난하고 천하게 살더라도 소요·자제할지언정, 육경과 삼상처럼 귀하게 되어 외물에 얽매여 살기를 원하지 않았다. 이것이 곧 장자의 성정性情이며, 곧 장자의 인생 추구였다.

> 혜자惠子가 양梁나라의 재상이 되었는데 장자莊子가 가서 만나고자 하였다. 어떤 사람이 혜자에게 "장자가 와서 당신을 대신해서 재상이 되고자 합니다"라고 하였다. 이에 혜자가 두려워서 온 도성都城 안을 사흘 밤낮 동안 (장자를 찾아) 수색하였다. 장자가 가서 그를 만나 "남쪽에 새가 있는데 그 이름이 원추鵷鶵라고 하는데, 자네는 아는가? 무릇 이 원추는 남쪽 바다에서 날아올라 북쪽 바다로 날아가는데, 오동나무가 아니면 머물지 않고, 먹구슬나무 열매(練實)가 아니면 먹지 않고, 예천醴泉(甘露泉)이 아니면 마시지 않는다네. 그런데 그때 솔개가 썩은 쥐 한 마리를 얻었는데, 마침 원추가 그곳을 지나가자, 솔개가 위를 보고 '꽥!' 소리를 질렀다네. 이제 그대는 그대의 양梁나라 (재상 자리)를 가지고 나에게 꽥 소리를 지르는가?"라고 하였다.(『莊子』, 「秋水」)

장자는 초나라의 재상을 인정하지 않았는데, 또 어찌 양梁나라의 재상직을

가 있는데 죽은 지 이미 삼천 년이나 되었고, 왕은 이것을 상자에 넣고 비단보로 싸서 나라의 廟堂의 위에 간직하고 있다지요. 이 거북이는 죽어서 뼈를 남겨 귀하게 되기를 바랐을까요? 아니면 살아서 진흙 속을 꼬리를 끌며 다니기를 바랐을까요?'라고 하였다. 두 사람의 大夫는 '그거야 차라리 살아서 진흙 속을 꼬리를 끌며 다니기를 바랐을 테지요'라고 하였다. 장자가 '돌아가세요! 나도 진흙 속에서 꼬리를 끌며 살겠소'라고 하였다."(『莊子』, 「秋水」)

좋아하겠는가? 초나라는 대국이며, 양나라는 소국이다. 그런데 어찌 큰 것을 버리고 작은 것을 취하겠는가? 이 일은 아마도 꼭 진실이라고는 할 수 없지만, 장자의 속마음을 조금은 나타내었다고 할 수 있다.

요임금이 천하를 그 스승인 허유許由에게 양위讓位하려 하자 허유는 다음과 같이 말하였다.

> 그대가 천하를 다스려 천하가 이미 잘 다스려지고 있는데, 그런데도 나를 오히려 그대의 대를 이으라고 하면, 나더러 장차 (천자라는) 명예名譽를 구하라는 것인가? 명예는 실상實相의 (虛相인) 손님이니, 그러면 나더러 장차 손님이 되라고 하는가? 뱁새와 개개비가 깊은 숲속에 둥지를 짓는 데는 나뭇가지 하나에 지나지 않고, 두더지가 황하黃河의 물을 마시는 양은 배를 채우는 데 지나지 않는다네. 돌아가 쉬게나 임금이시여! 천하를 내게 주어도 그것으로 할 일이 없다네! (제사 음식을 만드는) 요리사가 비록 주방을 다스리지 않더라도 (祭司 때 神主를 대신하는) 시동尸童과 축관祝官이 술잔과 (제사 음식을 담은) 그릇을 넘어가서 요리사를 대신하지 않는다네.(『莊子』, 「逍遙游」)

뱁새와 개개비가 깊은 숲에서 구하는 것은 나뭇가지 하나에 불과하며, 두더지는 길고 긴 황하의 물도 배부르게 마시면 그것으로 끝이다. 사람의 욕망은 무한적이지만, 인간의 생명과 인간의 물질적 소비는 항상 유한하다. 물질적 재부財富에 대한 탐욕은 만족할 수 없고, 공명과 이록에 대한 무한한 추구는 하나의 자연적 경향이다. 그러나 이 자연적 경향은 결코 심사숙고하는 성질을 갖추고 있지 않으며 매우 큰 맹목적 움직임을 동반한다. 인간은 항상 정신생활에 여유를 두어야 하고, 정신생활을 할 수 있는 공간이 있어야 한다. 추구함은 오직 새로운 추구를 생겨나게 하고 그 추구로 인하여 또 추구하며, 조바심은 단지 새로움을 조바심을 불러일으키며, 조바심이 또 조바심을 만든다. 이처럼 인생은 일종의 먼 길을 고생스럽게 가는 것일 뿐만 아니라, 또한 끝없는 고역이기도 하다. 장자가 사람들에게 가르친 것은 인간은 일종의 감당해 낼 수 있는 정회情懷를 가져야 한다는 가르침이다. 허유는 명예를 구하지 않았고 이록을 따르지도 않았으며, 천하를 그에게 주어도 이용할 것이 없었으므로 (임금 자리를) 받지 않았다.

순임금은 천하를 선권善卷(요순시대 隱士)에게 양위讓位하려 하자, 선권은 다음과 같이 말한다.

> 나는 우주 한가운데 서서 겨울에는 모피 옷을 입고 여름에는 갈포 옷을 입고 지내며 봄에는 밭 갈고 씨 뿌리고 몸은 충분히 노동할 수 있으며, 가을에는 수확하여 저장하여 몸이 휴식하기에 충분합니다. 해가 뜨면 일하고 해가 지면 쉬면서 천지간에 자유로이 노닐면서 마음이 흡족합니다. 내가 어찌 천하를 다스리려고 하겠습니까? 슬픕니다! 당신이 나를 알지 못함이여!(『莊子』, 「讓王」)

선권은 봄에 밭 갈고 씨 뿌리며 가을에는 수확하여 저장하고, 해가 뜨면 일하고 해가 지면 쉬면서 "천지간에 자유로이 노닐면서 마음이 흡족하다"라고 하였다. 이것은 하나의 생활이자 인생의 경지이다. 여기서 "마음이 흡족함"이 가장 중요하다. 인간은 노동하지 않을 수 없지만, 노동하되 지치지는 말아야 하며, 인간은 추구함이 없을 수 없으나 추구함이 맹목적 추종에 이르지 말아야 한다. 인간은 찬란한 내일을 기대하면서 도리어 오늘 밤 만월滿月의 휘영청 밝은 빛은 보이지 않으며, 인간은 먼 곳의 풍경을 찾아가면서 가까이 있는 꽃의 아름다움은 주의하지 않는다. 무문화상無門和尙(1183~1260, 慧開禪師)은 "봄에는 백화白花가 피고 가을에는 달이 있네, 여름에는 시원한 바람 겨울에는 눈이 내리네. 마음속에 사소한 일도 걸려 있지 않으니, 곧 인생살이 호시절이라네"[16]라고 하였다. "마음이 흡족함"은 하나의 경지이다. 이 경지에 도달하는 여부는 물질적 재부의 점유량과는 직접적 관계는 없다. 어떤 사람은 천하를 가진 것처럼 부유해도 욕망을 따라가게 되면 평생토록 이 경지에

16) 역자 주: 俗姓은 梁氏이며, 자는 無門. 臨濟宗 楊岐派의 고승으로 "無"자를 화두로 삼아 대오각성하였다고 한다. 많은 禪詩를 남겼다. 참고로 이 시의 원문은 다음과 같다. "春有百花秋有月, 夏有涼風冬有雪. 若無閒事掛心頭, 便是人間好時節."

도달할 수 없고, 어떤 사람은 송곳 하나 꽂을 땅이 없고 입고 먹을 것도 없지만 도리어 하늘의 수많은 별을 헤아릴 마음이 있다. "동쪽 울타리 밑에서 한 송이 국화를 꺾어 여유롭게 남산을 보네", "길 가다 물이 다하는 곳에 이르면, 앉아서 구름이 일어나는 때를 바라보네"[17]라는 시가 보여 주는 경지이며, 이것이 곧 "마음이 흡족함"의 경지이다.

전자방은 그의 스승인 동곽순자東郭順子를 가리켜 "그분의 사람됨이 진실하고, 인간의 모습이지만 내심은 자연과 합일하며(天虛), 외물에 순응하며 진성眞性을 보존하며, 심경이 청허하며 외물을 포용합니다. 사물은 도道와 부합함이 없으나, 엄정한 모습으로 그것을 각성하게 하며, 사람의 미혹함을 소멸하게 합니다"(『莊子』, 「田子方」)라고 하였다. 위魏나라 문후文侯(B.C.472/445~B.C.396)가 그 말을 듣고 감탄하여 말하기를 "내가 전자방의 스승 이야기를 듣고 나니, 내 몸이 나태懶怠해져 움직이고 싶지 않았으며, 입은 재갈이 물린 것처럼 말하고 싶지 않다. 내가 지금까지 배웠던 것은 단지 흙으로 만든 인형 같을 뿐이었으니, 위魏나라는 참으로 나를 얽어매는 물건이로다"라고 하였다. 위문후가 움직이고 싶어 하지 않고, 말하고 싶지 않았던 것은 바로 그가 결국 자신의 진실한 존재를 깨달았고, 자신의 생명의 진실한 가치를 깨달았기 때문이며, 따라서 그는 위나라가 바로 자신을 얽어매는 군더더기임을 절실하게 느꼈다. 마치 "요임금이 천하의 백성을 다스려서, 온 나라 안의 정치를 평정하고서, (어느 날) 막고야산藐姑射山과 분수汾水의 북쪽으로 가서 신인神人을 만나보고는 망연자실하여 자기가 천하를 다스리는 지위에 있음을 잊어버렸다"(『莊子』, 「逍遙游」)라는 말과 같다. 요임금이 신인神人을 만난 뒤 그 마음이 세속 밖으로 나가 노닐며 현명玄冥(심원하고 그윽하고 적막함. 道)의 경지에 들어가서 황홀하게 자기가 다스리는 천하를 잊어버렸다. 이 몇 선생의 행위가 곧 장자가 심리적으로 추구하는 것이다. 장자는 이러한 사람들에 대하여 당연히 매우 찬양하였으며, 세속적인 이록利祿을

17) 역자 주: "採菊東籬下, 悠然見南山"은 陶淵明(365~427)의 「飮酒」 제5수의 구절이며, "行到水窮處, 坐看去起時"는 王維(701~761)의 「終南別業」의 구절이다. 그리고 '坐看去起時'에서 '去'자는 '雲'의 오기이므로 '雲'으로 해석하였다.

따르는 인사들에 대해서는 지극히 멸시하고 조소하였다.

> 송宋나라에 조상曹商이란 사람이 있었는데, 송나라 왕을 위하여 진秦나라에 사신으로 갔다. 그가 갈 때는 수레 몇 대만 얻었는데, (진나라 왕이) 그를 좋아하여 수레 백 대를 더 주었다. 조상이 송나라로 돌아와 장자를 보고 "무릇 가난하고 누추한 마을에서 짚신을 짜서 궁색하게 살면서 깡마르고 누런 얼굴(槁項黃馘)로 사는 것은 이 조상이 잘하지 못하는 일이네. 한 번만 승 대국의 군주를 깨닫게 하여 따르는 수레가 백 대나 되게 하는 것은 내가 잘하는 일이라네"라고 하였다. 장자가 "진왕秦王이 병이나 의사를 부르니, 종기를 터뜨리고 부스럼을 없애 주는 자는 수레 한 대를 얻고, 치질을 혀로 핥아 고쳐 준 자는 수레 다섯 대를 얻었다고 하던데, 이는 치료해 준 부위가 아래로 내려갈수록 수레를 더 많이 얻는 것이다. 그대는 그래 진왕의 치질이라도 핥아 주었다는 말인가? 어떻게 그렇게 수레를 많이 얻었는가? 자네는 가 보게!"라고 하였다.(『莊子』, 「列禦寇」)

이록을 따르는 인사의 행위는 더럽고 자신은 마음이 흡족하다고 여긴다. 그의 흡족함이 어찌 처참하지 않은가! 혹은 도가 다르면 서로 같이 도모하지 않는다고 하는데, 어찌 서로 도모하지 않은 것에만 머물겠는가? 또한 같이 말도 하지 않는다. 왜냐하면 추구하는 가치가 다르고 가치 취향이 다르므로 함께 대화하지 않을 뿐만 아니라 근본적으로 언어로 서로 교류를 할 방법도 없다. 중국의 지식인들은 "배움이 넉넉하면 벼슬길에 나아간다"(出仕)라는 말의 영향을 깊이 받았으며, 늘 재능이 있는 데도 벼슬을 할 기회를 얻지 못하고, 살아서 때를 만나지 못함을 한탄한다. 얼마나 많은 사람이 벼슬길에서 실의失意하여 도가와 불교로 도망하지만, 그러나 또 몇 사람이나 진정하게 장자의 본심을 깨달았는가? 중국 지식인들은 자신의 독립적 인격이 모자란다. (西曆 紀元의) 상·하 수천 년 동안 또 얼마나 많은 사람이 지위·권세·명리에 흔들리지 않고 오직 예술과 과학에 심취하였는가? 이것은 곧 예술과 과학의 불행이며, 또한 중국 지식인들의 불행이다. 중국에서 지식인의 출로와 귀결은 오직 한 길이며, 곧 정치에 투신하여 벼슬길에 나가는 것뿐이다. "배움이 넉넉하면 출사出仕한다." 벼슬을 하지 않으면 또 무엇이 우수하겠는가? 사회도 이렇게 보고 지식인 자신도 또한 이렇게 본다. 이른바 재능이 있는데도 벼슬을 할 기회를 얻지 못하고, 살아서 때를 만나지 못함은 단지 벼슬길이 순탄하지 않고 벼슬길에서 실의하게 되는 대명사에 불과하다.[18] 정치적 실의 때문에 출현한 굴원屈原

---

18) "배움이 넉넉하면 出仕한다"라는 말은 『論語』「子長」의 "벼슬에 나가서 우수하면 학문을 하고, 배움이 넉넉하면 벼슬길에 나아간다"(仕而優則學, 學而優則仕)라는 말에서 나왔다. "學"이라는 글자는 유가의 사상체계에서 특히 『논어』라는 책의 구체적인 용법에서 특수한 의미가 있는데, 주로 사람됨을 배움, 사람됨의 도리를 배움, 사람됨의 규범을 배움을 가리킨다. 그리고 "배움이 우수함"(學而優)의 "優"의 본의는 넉넉함(充裕)이다. 『설문해자』에서는 "優, 饒也"라고 하였고, 『小爾雅 · 廣詁』에서는 "優, 多也"라고 하였다. 皇侃은 "優는 행동에 餘力이 있음을 말한다"(『論語義疏』, 권10)라고 하였으며, 朱熹는 "優는 餘力이 있음이다"(『論語集註』, 권10)라고 하였다. 후세 사람들이 "學而優"의 "優"를 '劣'(못함)과 상대가 되는 優秀의 "優"로 본 것은 실제로는 하나의 오해이다. 우수의 "優"는 비교적 늦게 출현하였으며, 구체적으로 말하면 秦나라 이후의 일이다. 예를 들면, 『漢書』「王貢兩龔鮑傳贊」에는 "王吉(?~B.C.48)과 貢禹(B.C.124~B.C.44)는 龔勝(B.C.68~A.D.11)이나 龔舍(B.C.60~A.D.7) 그리고 鮑宣(B.C.30~B.C.3)보다 우수하다"(王 · 貢之材, 優於龔 · 鮑)라고 하였고, 諸葛亮(181~234)의 『出師表』에서는 "優劣에 알맞은 자리를 얻었다"(優劣得所)라고 하였고, 『晉書』「束晳傳」에서는 "이름을 참고하고 명예를 비교하면 누가 열등하고 누가 우수한가?"(參名比譽, 誰劣誰優)라고 하였다. 이를 보면, 先秦의 문헌에는 (優를 優秀의 優로 보는) 이러한 용법은 없다. 공자가 보기에 "學"은 무엇보다 먼저 '德을 확립하고 몸을 수양하는'(立德修身) 學이다. 立德과 修身이 곧 學者의 急先務이며 또한 그 본래의 책무다. 이 "學"은 곧 유가에서 말하는 "內聖之學"이다. 이 "內聖의 學"은 필연적으로 또한 필수적으로 밖을 향해 나와야 하며, 반드시 구체적 결과로 나타나야 한다. "內聖"에 근본하고 "內聖"으로 말미암아 자연적으로 떨치고 드러나는(開顯) 것이 곧 이른바 "外王之道"이다. "學而優則仕"의 "學"은 "內聖之學"이며, "仕"는 "外王之道"이다. 황간은 "학업은 관료가 되는데 해당이 없고, 관료가 되어서는 공부하지(治) 않을 수 없으므로 학업이 만족스러우면 반드시 벼슬길에 나아간다"(『論語義疏』, 권10)라고 하였다. 邢昺은 "학업과 德業이 우수한 사람이라면 마땅히 벼슬길에 나아가 君臣의 義를 행해야 한다"(『論語義疏』, 권19)라고 하였다. 여기서 "배움이 넉넉하면 출사한다"라는 말은 곧 유가의 정치적 口號(號召, Slogan)이며, 또한 유가의 內聖 · 外王사상의 발로이다. 漢 이후 封建大一統의 정치국면이 형성되고, 封建 專制가 정치적으로 사상적으로 끊임없이 강화됨에 따라 춘추 · 전국시대 士人들이 가졌던 독립성 · 자주성 · 초월성은 이미 다시는 존재하지 않았다. 사인들은 더는 정치를 자유롭게 평론할 수 있는 권력을 가질 수 없었고, 그들이 정치에 참여할 수 있는 기회도 오직 권력자에게 의지하는 하나의 길만 남았다. 특히 隋 · 唐 이후 과거제도가 실행됨에 따라 통치자는 "배움이 넉넉하면(여기서는 '우수하면') 출사함"을 미끼로 삼았다. 과거시험의 과목은 비록 儒家經典이지만, 그러나 그 "學"은 이미 "爲己"(오직 순수한 자기

(B.C.340?~B.C.278)의 「이소離騷」는 중국 시가의 중요한 주제이며, 곧 정치적 실의의 감정 토로다. 마찬가지로 이백李白(701~762) 또한 시인으로 만족하지 않고, 자신의 정치적 재능을 발휘하기 위하여 진력하였고, 조서를 받아 입경入京하여 "하늘을 보고 크게 웃으며 문을 나가니, 나 같은 무리가 어찌 초야에 묻혀 살 사람이겠는가?"(「南陵別兒童入京」)[19]라고 하였다. 비교하여 말하면 장자의 인생 추구가 분명 매우 얻기 어렵다.

장자는 결코 정치적 추구가 없었던 것은 아니지만, 그러나 인간은 먼저 마땅히 자립해야 함을 강조하였다. 장자는 "옛날의 지인至人은 먼저 도를 자기 안에 보존한 뒤 다른 사람에게 도를 보존하게 하였다. 자기 안에 보존되어야 할 도가 아직 안정되지 않았는데, 어느 겨를에 포악한 사람(魏王)의 소행을 바로잡는 데에 이를 수 있겠는가!"(『莊子』, 「人間世」)라고 하였다. 장자는 결코 당시의 정치와 대립하거나 결렬하려고 하지 않았으며, 개체의 정신적 자유를 다른 어떤 것보다 더 중요하게 여겼다. 장자의 이러한 심기心機를 줄곧 다른 사람들은 이해할 수 없었다.

혜강은 벼슬길에 나가는 일을 거절하였는데, 여기서 또한 장자의 정신을 추구한 것을 볼 수 있다.

수양을 위한 학문)의 학이 아니었으며, 이미 修身과 治世의 학도 아니었으며, 이미 "內聖"의 학도 아니었다. 그것은 "爲政"을 위한 학이었고, "出仕"를 위한 학이었으며, "學"은 이로 인하여 더 이상 목적성의 의미를 갖추지 않았고, 겨우 관원으로 입문하는 통로가 되고 말았으며, "優"는 더는 넉넉함의 優가 아니며, 優秀함의 優로 변화되었다. "배움이 넉넉하면 출사한다"라는 말은 공자시대에도 여전히 하나의 정치적 구호였으며, 과거제도의 실행은 통치자가 士人에게 던지는 유혹이 되었고, 이 유학은 결국 사인들의 보편적 심리 추구로 변화 발전하였다. 전제정치와 함께 동시에 병행하여 전통적 사인들은 철저하게 독립성·자주성·초월성을 상실하였고, 완전히 권력을 장악한 정치적 예속이 되고 말았다. "배움이 넉넉하면 출사한다"라는 말은 공자와 선진시대 유가의 사상체계에서는 "內聖外王" 정신의 발로였으며, 과거제도 하에서는 사인들이 벼슬길에 오르고, 관직이 오르고 부자가 되고, 조상을 빛내는 데 반드시 거쳐야 하는 통로가 되었다.

19) 유소풍은 "군자의 정치적 失意는 詩人의 訴歌(남의 아픔을 자신의 아픔으로 보는 以心傳心으로 만든 노래)를 생겨나게 하였으며, 이것은 곧 유가 도덕철학이 중국 시인에게 부여한 기본적 특색이었으며, 士人과 詩人 신분의 기묘한 결합이 중국시인의 기본적 이미지이다. 詩는 무엇보다 먼저 역사적으로 정치의지의 실패에 대한 자기 위안이다"(劉小楓, 『拯救與逍遙』, 上海三聯書店, 2001, 106쪽)라고 하였다.

위·진시대 죽림竹林의 인물들은 노자와 장자의 영향을 받지 않은 사람이 없었는데, 혜강이 그 영향을 가장 깊이 받았다. 스스로 말하기를 "노자와 장주는 나의 스승이다"(「與山巨源絶交書」)라고 하였다. 산도山濤(205~283)는 본래 혜강의 좋은 친구였다. 위魏의 원제元帝(246/260~266/302) 경원 2년(서력 261년)에 산도는 이부吏部 선조랑選曹郎에서 대장군종사중랑大將軍從事中郎으로 승진하였으며, 선조랑의 자리가 비자 산도는 혜강을 천거하여 이부랑吏部郎의 관직을 맡겼다.[20] 일은 비록 이루어지지 않았으나 혜강은 이 때문에 한 통의 장문 편지를 써서 자신이 벼슬을 원하지 않은 이유를 진술하고, 아울러 이 때문에 산도와 절교를 선언하였다. 이 편지에서 혜강은 먼저 "내가 성격이 솔직하고 마음이 좁아서 감당할 수 없는 것이 많음을 족하足下와 만나면서 서로 잘 알 것입니다"라고 말한 후 다시 "성격이 감당할 수 없는 바가 있는 것은 정말 억지로 할 수 없습니다"라고 하고 이어서 자신에 대하여 "방종하고 제멋대로 산 지 오래되어 마음은 오만하고도 산만하고, 예의를 소홀히 하여 어긋나기 일쑤이며, 게으름과 오만함이 어우러졌건만 어울리는 무리가 너그러이 봐 주는 까닭에 허물을 과히 트집잡히지는 않았을 따름입니다. 그리고 『장자』와 『노자』를 읽어 그 방자함이 더욱 심해지니, 고로 벼슬길에 나아가 영광을 보려는 마음은 나날이 쇠퇴하고 타고난 본성을 따르려는 마음은 더욱 두터워집니다. 이것을 사로잡은 사슴에 비유하자면, 어려서부터 훈육을 받으면 가르침과 통제에 잘 따르지만, 커서 재갈을 물리면 미친 듯 사방으로 날뛰며 고삐를 끊고 끓는 물이나 불도 가리지 않고 뛰어 들어가는 법입니다. 비록 금으로 된 굴레를 씌우고, 맛있는 고기를 먹이더라도 마음은 항상 숲을 그리며 풍성한 들판의 풀에 뜻을 둡니다"라고 하였으며, 또 이어서 "완적은 (말을 조심하여) 다른 사람의 허물을 논하지 않으니, 제가 그를 본받으려 하나 미칠 수가 없습니다"라고 한 후 구체적으로 자신이 벼슬을 맡을 수 없는 이유를 진술하였다.

20) 吏部 選曹郎의 관등은 6품으로 등급이 결코 높지는 않았지만, 전국의 縣級 이상의 관원 선발과 임면을 담당하는 만큼 권력이 매우 크며, 당시에 가장 중요하고, 가장 선망의 대상인 관직의 하나였다.

나는 사종嗣宗(阮籍)처럼 현명하지도 않고 나태하고 게으른 과실이 있으며, 또 인정을 알지 못해 사무처리의 시의時宜에 어둡고, 만석萬石의 무게와 같은 신중함도 없으며, 남의 허물을 다 들추기를 좋아하고, 만약 오랫동안 다른 인사와 접촉하면서 남의 미움을 사는 일이 매일 일어나는데, 비록 우환이 없기를 바라지만 그것이 가능하겠습니까? 또한 인륜에는 예禮가 있고 조정에는 법도가 있음을 스스로 잘 알고 있지만, 반드시 감당할 수 없는 일곱 가지와 뭐라고 해도 해서는 안 되는 이유 두 가지가 있습니다. 나는 늦잠 자기를 좋아해서 문지기가 깨워 외치는 소리에 맞출 수가 없는 것이 첫 번째 감당할 수 없는 일이며, 거문고를 안고 다니면서 읊조리고, 주살과 낚싯대를 들고 초야草野를 다니면서 새를 잡고 낚시를 하며, 이졸吏卒이 항상 신변을 따라다니는데 내가 맘대로 행동할 수 없으니 이것이 두 번째 감당할 수 없는 일이며, 단정하고 꼿꼿하게 한동안 앉아서 다리가 마비되어도 함부로 흔들지 못하고, 신체에 이가 많아 가려울 때 긁어야 하는데, 관복을 두껍게 둘러 입고 상관에게 배읍拜揖을 해야 하니 이것이 세 번째 감당할 수 없는 일이며, 평소 편지 쓰기에 서툴고, 또 편지쓰기를 좋아하지 않은데, (벼슬을 하게 되면) 세상에는 처리해야 하는 많은 일이 있고, 공문서와 서신이 책상에 가득한데 답장하지 않으면 예교를 범하고 의례를 해치게 되며, 억지로 하게 되면 오래 갈 수 없으니, 이것이 네 번째 감당할 수 없는 이유입니다. 나는 조문과 문상하기를 좋아하지 않는데, 세속은 인간의 도리로 이것은 매우 중요하게 여깁니다. 사람들은 이러한 나를 이해하지도 용서하지 않고, 심지어는 중상中傷하기도 합니다. 비록 놀라서 자책하기도 하지만 천성을 변화시킬 수가 없고, 억지로 마음을 낮추어 세속을 따르고자 해도 이것은 나의 천성을 위배하는 일이라 원할 수가 없으며, 또한 끝내 허물이 될 수도 없고 명예가 될 수도 없으니 이것이 다섯 번째 감당할 수 없는 일입니다. 나는 세속의 사람들을 좋아하지 않는데 (벼슬을 하면) 당연히 그들과 함께 일을 해야 하고, 혹은 손님들과 가득 자리에 앉아서 떠들썩한 소리로 소란스럽고 더럽고 냄새나는 곳에 앉아서 천태만상의 온갖 기행奇行이 늘 눈앞에 펼쳐지는 것을 보아야 하니 이것이 감당할 수 없는 여섯 번째 일입니다. 나의 심정은 번거로움을 견디지 못하는데, 관청의 일은 매우 바쁘고(鞅掌) 기밀의 사무가 내 마음을 얽매고, 세속의 잡일이 생각을 번잡하게 하니, 이것이 감당하지 못하는 일곱 번째 이유입니다. 또한 매번 탕왕과 무왕을 비난하고 주공周公

과 공자孔子를 가볍게 보았는데, 세속에서도 이러한 태도를 버리지 못하면 세상 밖으로 드러나고, 세속의 예교禮敎에 용납되지 않을 것이니 이것이 감히 (벼슬을) 할 수 없는 첫째 이유입니다. 강직한 의지와 악을 미워하고, 가볍고 함부로 직언하거나, (거슬리는) 일이 생기면 바로 화를 내기 때문에 이것이 벼슬을 할 수 없는 두 번째 이유입니다. 나는 마음이 편협한 성격과 모두 (위에서 말한) 아홉 가지 결점이 있어 외부는 곤란함이 없더라도 당연히 내심의 병이 있는데, 어찌 인생 세간에 머물겠습니까? 또한 도사들이 남긴 말에 따라 식이食餌(瓊團)와 황정黃精(죽대의 뿌리, 강장제)을 먹으면 오래 산다고 하는데 마음으로 깊이 믿습니다. 또 산수山水를 유람하며 감상하고, 자연의 물고기와 새들을 구경하는 것을 마음으로 매우 즐거워합니다. (그런데) 일단 벼슬을 하게 되면 이러한 일들은 곧 그만두어야 하는데, 어찌 이런 즐거움을 버리고 두려워하는 일을 따르겠습니까?(「與山巨源絶交書」)

이 "감당할 수 없는 일곱 가지 이유"와 "두 가지 불가함"에서 한 말은 다른 사람을 이해시킬 수 있는 이유가 아니라, 모두 자신의 나태하고 산만함, 낚시를 좋아함, 늦잠 자기를 즐김, 세속의 사람과 교제하기를 좋아하지 않는다는 내용이다. 그러나 이와 같은 사무는 어떤 사람에게는 아마도 있어도 좋고 없어도 좋지만, 혜강에게는 없어서는 안 된다. 일단 관리가 되면 자신이 애호하는 것을 장차 할 수 없으며, 애호하지 않는 것을 장차 부득불 하지 않을 수 없다. 또한 거기에 더하여 자신의 "강직한 의지와 악을 미워함, 가볍고 함부로 직언하거나, (거슬리는) 일이 생기면 바로 화를 내는" 개성은 일단 관리가 되면 "겉보기에 어려운 일이 없더라도, 당연히 내심에 병이 있다." 따라서 혜강이 출사出仕를 거절한 것은 결코 세상을 깜짝 놀라게 한(驚世駭俗) 것이 아니라, 단지 자아의 정신적 자유를 추구하기 위하였을 뿐이다.

과거에는 많은 사람은 혜강이 산도의 추천을 거절한 것은 그가 조위曹魏(당시 魏 元帝, 曹奐)의 인척姻戚[21]이었고 마음속에 위魏나라 종실宗室이 남아 있었고, 사마씨司

21) 司馬懿(179~251)의 부인인 張春華(189~247)가 山濤(205~283)의 부친과 姑從四寸이므로 사마의는 산도의 五寸 堂姑母夫이다. 산도는 사마의의 둘째 司馬昭(211~265)의 부름

馬氏에게 머리 숙이기를 하려고 하지 않았기 때문이라고 보았다. 방홍정方弘靜(1516~1611)의 『천일록千一錄』에서는 "하나라의 환제桓帝·영제靈帝 이래, 세상은 끓는 솥이 된 지 오래되었으며, 한 가지로 정할 수 있는 사람이 있어 모든 백성이 곤경에 처하니 또한 해결해야 하지 않겠는가? 산공山公(山濤)이 중산대부中散大夫(혜강)를 천거(引)하였다. 그러나 사마씨는 하늘의 순리에 응하지 않는 사람들이었으며, (혜강은) 은의 탕왕과 주의 무왕조차도 가벼이 보았던 것은[22], 차라리 바늘 도둑으로 비유한 것인가? 이러한 뜻은 산도는 정녕 몰랐던가?"라고 하였다. 여조희呂兆禧는 『여석후필기呂錫侯筆記』에서 또 "혜숙야嵇叔夜(叔夜는 嵇康의 자)는 (魏나라) 종실과 혼인을 하고, 한 번 중산대부中散大夫를 배수拜受하였으나 장수章綬(印章과 綬帶. 즉 벼슬)에 전혀 뜻이 없었고, 진실로 (魏나라) 군주가 유약하고 나라가 위태로움을 보고 사마씨에게 머리를 숙이고 싶지 않았을 뿐이다. 그러므로 산도가 자신의 자리를 잇도록 천거하므로, 즉시 그와 절교하였다. 그가 쓴 편지(「與山巨源絶交書」, 산거원에게 보내는 절교 편지. 巨源은 山濤의 자)에서 '탕왕과 무왕을 비난한다'라는 말을 보면 진실로 가리키는 바가 있으며, 또 황보밀皇甫謐(215~282)이 『고사전高士傳』에서 공승龔勝(B.C.68~A.D.11)을 취한 일을 쓴 것은 어찌 그가 신망新莽에게 출사하지 않음[23]을 말한 것이 아니겠는가?

으로 벼슬을 하였고, 이때는 曹魏는 거의 망하기 직전이었다. 그리고 사마소의 맏이 司馬炎(235/265~289, 晉武帝)이 曹魏를 멸망시키고 삼국을 통일하여 晉을 건국하였다. 그런데 嵇康(223~262)은 曹操(155/216~220)의 10번째 아들 曹林(?~256, 沛穆王)의 손녀 長樂亭公主와 결혼하여 中散大夫의 벼슬에 임용되었으나 정치에는 전혀 관여하지 않고 대장간을 운영하며 살았다.

22) 역자 주: 曹丕(187/220~226)가 後漢의 獻帝를 핍박하여 양위를 받아 220년 魏를 건국하고, 다시 265년 魏의 4대 元帝 曹芳에게서 양위를 받아 司馬炎이 晉을 건국하였다. 그런데 과거 夏의 暴君 桀王을 정벌하고 殷을 세운 湯王과 殷의 폭군 紂王을 정벌한 武王은 前 왕조를 정벌하는 名分을 天命에 順應하는 것이라고 하였고, 이를 '湯武革命'이라고 한다. 혜강은 탕왕과 무왕 그리고 周公도 비난하였다. 그런데 曹丕와 司馬炎의 찬탈은 하늘에 순응하지 않았다는 비난이다. 즉 혜강은 사마소가 湯·武의 역성혁명을 본받으려고 하였기 때문에 아예 湯·武도 비난하였다. 결국 혜강은 司馬昭에게 반란의 누명을 받아 처형당했다.

23) 역자 주: 龔勝은 前漢의 관료였지만, 王莽(B.C.45/A.D.8~A.D.23)이 新을 건국하자 귀향하였다. 왕망이 그에게 억지로 太子師友와 祭酒로 불렀으나 이를 거부하고 굶어 죽었다.

『세설신어』에서는 혜강은 군사를 일으킨 관구검毌丘儉(?~255, 魏의 장군, 司馬師를 討伐)에 호응하려고 하였다고 하는데, 말은 비록 무함誣陷에 가깝지만, 요컨대 숙야叔夜(혜강)의 의중에 있는 일이었다"라고 하였다. 서고완徐高阮(1911~1969)은 한 걸음 더 나아가 "이부랑吏部郞의 임명은 산도의 제의에 더하여 혜강을 자신의 자리를 대신하도록 한 것으로 대략 추상할 수 있는 것은 양 파의 정치적 역량 사이의 협상이다. 산도는 그가 개인적으로 통제를 받거나 거래가 없었다는 것을 행동으로 분명하게 사람들에게 보여 주었다"라고 보았다. 그리고 혜강의 「절교서」는 "실재하지 않는 의미의 사절謝絶(의 말)을 빌려서 추천한 제목으로 당시 눈앞에서 벌어지는 시대의 추세를 겨냥하여 나타낸 하나의 반항적 선언"이다.(『山濤論』, 『中央研究院歷史語言所集刊』 제40본 제1분책)

나종강羅宗強(1931~2020)은 이런 관점에 동의하지 않았으며, "만약 혜강이 산도의 추천을 거절한 일을 정치적 원인으로 돌린다면, 그것은 사인士人의 생활 태도부터 생활방식까지에 대한 영향을 과소평가한 것이다. 어떤 학자는 산도가 혜강을 추천한 것을 전체 명사집단名士集團으로 보거나 혹은 조曹씨의 위魏나라 쪽의 정치세력과 사마씨 사이의 힘겨루기로 보기도 한다. 이것은 죽림竹林 명사의 정치 색채가 매우 농후하다고 보는 것일 뿐만 아니라, 그들의 정치적 일치성을 지나치게 절대적으로 보는 것이다"라고 하였으며, 또 "곧 혜강과 같이 그의 행위가 비록 항상 정치와 관련되어 있었지만, 그가 주관적으로 추구한 것을 말하면, 곧 정치적 견제에서 벗어나려고 힘써 노력하였다"라고 하고, 또 "혜강은 결코 사마씨를 반대하기 때문에 관료가 되지 않으려고 한 것이 아니다. 분명한 사실은 그가 세속적 영화榮華와 명리名利를 매우 싫어하는 정서를 가졌기 때문이다"[24]라고 하였다.

나종강의 논리는 매우 타당성이 있어 보이는데 정리하면 다음과 같다.

(1) 산도가 혜강을 추천한 것은 정치적 원인에서 나온 것이 아니다. 『세설신어』 「정사政事」에는 "산사도山司徒(산도)가 (혜강을) 전후로 선발한 관리가 두루 100여 관직에 이르지만, 천거에 실패한 인재가 없었다. 무릇 그가 품평한 인물은 모두

24) 羅宗強, 『玄學與魏晉士人心態』(杭州: 浙江人民出版社, 1991), 108~114쪽.

그의 말과 같았다"라고 기록하였다. 산도가 임용한 선조랑選曹郞은 정직함으로 일을 처리함을 준칙으로 삼았으며, 그는 이부랑吏部郞을 임용함에 가장 중요한 조건을 즉 정직이라고 보았다. 이와 같아야 비로소 자신을 바르게 하고 타인을 바르게 할 수 있다. 그는 두묵杜默·최량崔諒·진준陳準 등을 이부랑으로 선임하였는데 그 이유는 그들이 정직하였기 때문이다. 그가 혜강을 천거한 것도 한편으로는 혜강이 재주가 있었기 때문이었다. 『세설신어』「현원賢媛」에 다음과 같은 기록이 있다. 산도의 부인 한씨韓氏가 혜강과 완적을 본 후 산도에게 말하기를 "낭군의 재능은 그들만 못하니 마땅히 식견과 도량으로 서로 친구가 되어야만 합니다"라고 하였으며, 산도는 대답하기를 "저 사람들도 항상 나의 도량이 (자기들보다) 낫다고 여기고 있소"라고 하였다. 여기서도 산도가 혜강의 재능을 긍정하였음을 알 수 있다. 다른 한편으로 혜강은 정직하고 아첨하지 않았기 때문에 (산도의) 마음속에 있는 이부랑의 기준에 부합하였다.

(2) 혜강이 출사를 거절한 것은 또한 정치적 원인이 아니었다. 혜강은 장락정공주長樂亭公主와 결혼하여 낭중郞中의 직무를 제수받았고, 머지않아 7품의 중산대부中散大夫로 승진하였다. 이때는 곧 조씨 집단이 정권을 잡았을 때로, 마침 혜강이 청년이었을 즈음인데, 혜강은 또 벼슬에는 뜻이 없어, 머지않아 곧 하내河內 산양山陽으로 돌아갔다. 관구검이 군사 반란을 일으켰을 때 혜강이 그를 도왔다고 하는 말은 더욱 황당무계荒唐無稽한 말이다. 혜강은 재물로 그를 도울 힘도 없었을 뿐만 아니라, 재물로 도울 뜻은 더욱 없었다. 『진서晉書』「혜강전嵇康傳」에는 다음과 같은 기록이 있다. "(鍾會가) 문제文帝(司馬昭)에서 '혜강은 와룡臥龍이니, 일어나지 못하게 해야 합니다. 공께서는 (지금은) 세상에 근심이 없으나 혜강을 주의하여 보아야 합니다'라고 하였다. 이어서 참소讒訴하기를 '혜강은 관구검을 도우려고 산도에게 의뢰했으나 거절당하였습니다'라고 하였다."[25] 여기서 "참譖"(讒)이란 글자가 이미 본래 이런 일이 없음을 밝히고

25) 역자 주: 鍾會(225~264)는 자가 士季이며, 일찍이 曹魏의 조정에 소년등과 하였다가 후일 司馬師가 毌丘儉을 토벌하는데 從軍하였고, 사마사가 관구검에게 사망하자 司馬昭를 섬겼으며 '사마소의 張子房'으로 불렸다. 그러나 후일 사마소의 눈 밖에 나자 반란을

있으며, 종회가 혜강을 "와룡臥龍"이라고 한 것도 또한 지나치게 치켜세운 말이며, 또한 무슨 근거가 있는지 알 수 없다. 혜강은 죽을 때까지 직접 조씨 집단에 대하여 동정적 말을 표명하거나 사마씨 집단에 대하여 증오憎惡하는 말을 표명한 적이 없었다. 혜강은 사실 줄곧 정치적 견제에서 벗어나기 위하여 힘써 노력하였다. 그가 추구한 것은 정치적 권리權利가 아니라 정신적 자유·자재였다. 혜강은 "영화榮華를 누린다고 방자하지 않고(肆志), 은근히 세속을 따르지도 않습니다. 만물과 뒤섞여 함께 살아가며, 총애하거나 모욕할 수 없습니다. 이것이 진실로 부유함과 귀중함을 가진 것입니다"(嵇康, 『答難養生論』)라고 하였다. 그가 벼슬을 거절한 가장 직접적인 원인은 여전히 "감당할 수 없는 일곱 가지 이유"와 "두 가지 불가함" 뒤의 한 구절 "산수山水를 유람하며 감상하고, 자연의 물고기와 새들을 구경하는 것을 마음으로 매우 즐거워합니다. (그런데) 일단 벼슬을 하게 되면 이러한 일들은 곧 그만두어야 하는데, 어찌 이런 즐거움을 버리고 두려워하는 일을 따르겠습니까?"(嵇康, 「與山巨源絶交書」)라는 말이다.

(3) 혜강이 산도와 절교한 것은 또한 정치적 원인 때문이 아니다. 두 사람 사이의 모순도 또한 사람들이 상상하는 것만큼 깊지도 않았다. 산도는 정시正始(曹芳의 연호, 240~249) 연간에 출사하였다가 정국이 불온不穩함을 살펴보고 은퇴하여 혜강과 완적 등과 더불어 죽림의 교유를 하였다. 따라서 산도의 교유와 혜강과 완적의 교유는 매우 크게 다르다. 산도는 결코 정치적 포부를 포기하지 않았으나, 혜강과 완적은 정치적 포부가 없었다. 이에 대하여 서로 간의 심리는 당연히 모두 매우 분명하다. 비록 그렇다고 해도, 이 때문에 서로 간의 우의가 영향을 받지는 않았다. 고평릉정변高平陵政變[26] 이후 산도는 매우 신속하게 사마씨에 의탁하여 중용되었지만,

---

일으켰으나 부하 장수들의 공격을 받고 죽었다. 종회는 권력이 커지자 司馬炎의 晉에 협력하지 않는 많은 지식인을 살해하였는데, 혜강도 그중의 한 사람이다. 혜강이 向秀와 대장간에서 일하고 있을 때 종회가 찾아갔는데, 혜강이 예를 갖추지 않고 일을 계속하였다. 이에 종회는 혜강에 대해 악감정이 생겼다.

26) 역자 주: 嘉平 원년인 249년에 司馬懿(179~251)가 당시 정권을 농단하던 조씨 일가의 曹爽(?~249) 등을 몰아내고 정권을 잡은 정변.

혜강(曹氏가의 사위)은 이 때문에 산도와의 우정을 단절하지 않았다. 혜강이 산도와 절교하려는 원인은 주로 산도를 지기知己로 보았는데 실제로는 지기가 아니었기 때문이다. 「여산거원절교서與山巨源絶交書」의 첫 부분에서 "족하足下께서 지난번 (그대의 族父인) 영천태수潁川太守 산금山嶔에게 (출사하지 않는) 저를 칭찬하셨다 하기에, 저는 항상 그것이 지기知己의 말이라고 말해 왔습니다. 그런데 이 괴이하다 한 것은 제가 일찍이 족하와 깊이 사귄 적이 없는데, 어떻게 내 마음을 아셨습니까? 지난해 하동河東에서 돌아왔을 때 현종顯宗과 아도阿都가 제게 말하기를, 족하께서 저를 추천하여 족하의 직무를 대신하도록 하려는 의론을 하였다고 하였습니다. 그 일은 비록 성사되지 않았지만, 족하께서 본디 저를 잘 모르신다는 것을 알게 되었습니다"라고 하였다. 군자의 교유는 마음에서 교유한다. 마음으로 교유하지 않는다면 절교함만 못하다. 비록 이와 같더라도 혜강은 여전히 산도를 믿을 만한 사람으로 생각하였다. 그러므로 세상을 떠날 때도 그 아들 혜소嵇紹(253~304)에게 "거원巨源(산도)이 있으니 너는 외롭지 않다"(『晉書』, 「山濤傳」)라고 하였다.

장자와 혜강이 추구한 것은 정신생활의 자유·자재이며, 개체정신의 소요逍遙와 얽매임 없음이다. 왜냐하면 정신의 자유·자재를 추구하기 때문에 외재적인 공명과 이록이 정신적 자유의 굴레와 속박이 될 때는 그 공명과 이록을 헌신짝 버리듯 버린다.

2. 거울과 같이 마음 쓰다

『장자』에서는 여러 차례 진인眞人·지인至人·신인神人·성인聖人 등을 말하는데, 이러한 설명 가운데 장자의 인생추구가 무엇인가를 알 수 있다. 먼저 진인을 살펴보자.

> 또한 진인眞人이 있고 난 뒤 진지眞知가 있다. 어떤 사람을 진인이라고 하는가? 옛날의 진인眞人은 적다고 거절하지 않고(不逆寡), 공功을 이루어도 자랑하지 않고(不

> 雄成), 사인士人을 모략謀略하지 않았다(不謨士). 그와 같은 사람은 실패해도 후회하지 않고, 합당하게 이루어져도 우쭐대지 않는다. 그와 같은 사람은 높은 곳에 올라가도 두려워 떨지 않고, 물속에 들어가도 젖지 않으며, 불에 들어가도 뜨거워하지 않았다. 이것은 지식이 도道에 오름이 이와 같기 때문이다. 옛날의 진인은 잠을 자도 꿈을 꾸지 않았고, 깨어 있을 때는 근심이 없었으며, 음식을 먹을 때는 맛을 따지지 않았으며, 호흡은 길고 길었다. 진인의 호흡은 발뒤꿈치까지 미치는데, 보통 사람의 호흡은 목구멍까지 미칠 뿐이다. 남에게 비굴하게 복종하는 사람은 아첨하는 목소리가 마치 토하듯 하고, 기호嗜好와 욕망欲望이 두터운(深) 사람은 타고난 근기根機가 얇다(淺). 옛날의 진인眞人은 생生을 기뻐할 줄 모르고, 죽음을 싫어할 줄도 몰라서, 태어남을 기뻐하지도 아니하며 죽음을 거부하지도 않으며, 자유자재하게(翛然) (세상을) 떠나며, 자유자재하게 태어날 뿐이다. 삶의 시작을 잊지 않지만, 그 종말을 알려고 하지 않는다. (생명을) 받으면 기뻐하고 죽으면 (자연으로) 돌아간다. 이것을 일러 심心으로 도道를 손상하지 않고 인위로 천天(자연)을 조장助長하지 않는다고 하며, 이런 사람을 진인眞人이라고 한다. 만약 그러한 사람이라면 그 심지心志는 좌망座忘하며, 그 용모는 적막하며, 이마는 넓고 시원하다. 처연悽然함은 가을과 비슷하고, 따스함(煖然)은 봄과 같아서, 기뻐함과 노함이 사계절과 통하며, 사물과 어울림이 적합하여 그 끝을 알지 못한다.(『莊子』, 「大宗師」)

이 일단은 "옛날의 진인은"(古之眞人)으로 시작하는 구절로 구별해서 말하면 세 가지 의미가 있다. 1. 진인은 몸을 일 밖에 둔다.(세속의 일에 전혀 관여하지 않는다.) "불역과不逆寡"는 적고 모자라도 거절하지 않음이며, "불웅성不雄成"은 공功을 이루어도 자랑하지 않음이며, "불모사不謨士"에서 모謨는 모謀이며, 사士는 사事이며, 곧 일을 계획하지 않는다는 뜻이다.[27] 이와 같은 사람은 시기를 놓쳐도 후회하지

27) 임희일은 "寡는 부족함이다. 不逆은 순응함이다. 부족할 때는 곧 남의 말을 듣고 따라야 한다. 공은 비록 이루었으나 또한 誇示하지 말아야 한다. 雄은 자랑함(誇)이다. 士는 事와 같으며, 古字에서는 통용하였다. 예를 들면 (『詩經』「國風·豳風」의) 東山의 시에서 '더 이상 군사를 통제하지 않으리'(勿士行枚)라는 구절과 같다. '謨'는 '謀'이다. 無心으로 그것을 하므로 일을 계획(謨)하지 않는다고 한다"(林希逸, 『南華眞經口義』[『中華道藏』 제13책, 北京: 華夏出版社, 2004], 권8, 751쪽)라고 하였다.

않고, 시기에 따라 마땅함을 얻어도 스스로 만족하지도 않는다. 이른바 "높은 곳에 올라가도 두려워 떨지 않고, 물속에 들어가도 젖지 않으며, 불에 들어가도 뜨거워하지 않았다"라고 한 말은 또한 몸을 일 밖에 두는 것에 대한 구체적인 표현이자 외물에 의해 움직여지지 않는다. 2. 진인은 기호와 욕망이 적으며, 그 심은 고요하고 담박하다. 그 심이 고요하고 담박하기 때문에 잠을 자도 꿈꾸지 않고, 깨어 있어도 근심이 없으며, 음식을 먹음에 그 맛있고 보기 좋음(精美)을 구하지 않으며, 호흡할 때는 역시 깊숙하게 할 수 있다. 기호嗜好와 욕망欲望이 엷은(淺) 사람은 타고난 근기根機가 두터우며(深), 기호와 욕망이 두터운 사람은 타고난 근기가 엷다. 3. 진인眞人은 삶을 기뻐할 줄 모르고, 죽음을 싫어하지 않는다. 이른바 "출出", "내來", "시始", "수受" 등은 태어남을 가리키며, "입入", "왕往", "종終", "복復" 등은 죽음을 가리킨다. 태어남과 죽음을 몸 밖에 두며, 태어남을 기뻐하지 않고, 죽음을 거부하지 않는다. 오직 이와 같기 때문에 속세의 밖으로 초연할 수 있으며, 기뻐함과 분노함은 사계절과 통하며 사물과 더불어 적합함이 있다.

> 옛날의 진인眞人은 그 모습은 (사물들 가운데) 높고 크며(義然, 峨然) 패거리를 만들지 않으며(其狀義而不朋28)), 부족함이 있더라도 남에게서 받지 않으며, 태도가 자연스럽고 한가로우며 홀로 뛰어나지만(觚), 고집을 부리지 않으며, 마음이 크고 너그러워 공활空豁하고 겉치레를 하지 않았다. 환희하는 모습은 마치 기쁜 일이 있는 듯하구나! 임박하여 행동하지 않으면 안 되기 때문이도다! 마음의 화평과 기쁨을 얼굴에 나타내어 사람들이 기쁜 마음으로 자신에게 다가오도록 하며, 타인과 덕성으로 교유하여 자신에게 기꺼이 귀의하도록 하며, 정신이 광대하고 도량이 넓어 세상을 품은 듯하도다! 높이 스스로 만족하며 제한을 받지 않으며, 면면히 심원하여 자신을 감추기를 좋아하는 듯하고, 마음에 두지 않고(悗乎) 해야 할 말을 잊어버린 듯하다.……

28) 역자 주: 이 구절의 "狀義而不朋"에 대한 여러 가지 해석이 있는데, 兪樾·馬敍倫·余培林 등은 義는 峨, 朋은 崩으로 보고 '높고 큰 산처럼 무너지지 않는다'라고 해석하였고, 郭象은 義를 宜, 朋은 朋黨으로 보고, '의연하고 붕당을 만들지 않는다'라고 해석하였다. 역자는 문맥과 의미상 곽상의 해석이 타당하다고 보았다.

그러므로 (眞人이) 좋아하는 것도 하나(곧 자연)이며, 그가 좋아하지 않는 것도 하나(곧 자연)이다. 그 좋아하는 하나도 한결같고, 그 좋아하지 않는 하나도 한결같다. 그 좋아하는 하나는 천天과 같은 무리이며, 그 좋아하지 않는 하나는 인간과 같은 무리이다. 천과 인간은 서로 대립하거나 초월하는 관계로 여기지 않는다. 이런 사람을 진인이라고 한다.(『莊子』, 「大宗師」)

이것은 진인의 형상에 대한 한 걸음 더 나아간 설명이며, 진인의 신태神泰는 높은 산과 같아 비견할 만한 것이 없으며, 성性을 따라 움직이므로 다른 것을 품부 받음이 없으며, 온화하고 점잖아서 스스로 만족하며, 고고하고 뛰어나지만, 고집을 부리지 않으며, 심지心志는 탁 트이고 겉치레를 하지 않으며, 시원하고 적합하여 기쁜 듯하고, 임박하여 행동함은 마치 부득이해서 그런 것 같으며, 내심은 충실하여 상냥하고 친할 만하며, 덕행은 관대하고 후하여 사람들을 자신에게 귀의하도록 하고, 마음이 관대하고 넓어 모든 것을 포용할 수 있고, 높고 심원하며 초월적이어서 한도를 지을 수 없으며, 침묵하여 말하지 않음은 마치 감각을 닫아버린 것 같고, 생각하기를 좋아하지 않은 것은 마치 무無로써 말하려는 것 같다. 그러므로 그가 좋아하는 것도 하나(곧 자연)이며, 그가 싫어하는 것도 하나이다. 동일함도 한결같고 동일하지 않음도 한결같다. 동일함은 천과 같은 부류이며, 동일하지 않은 것은 인간과 같은 부류이다. 하늘과 인간은 합일이며, 둘은 대립하지 않는다. 임희일林希逸(1193~1271)은 "인간으로 천天을 이기는 것은 불가능하며, 천으로 인간을 이기는 것도 또한 불가능하다. 진인은 좋아함도 없고 싫어함도 없으며, 다름도 없고 같음도 없으며, 천과 인간을 구분함이 없으며, 단지 자연을 따를 뿐이다"(林希逸, 『南華眞經口義』, 권8)[29]라고 하였다. 자연을 법으로 삼을 수 있는 사람을 일러 진인이라고 한다.

견오肩吾가 손숙오孫叔敖에게 묻기를 "당신은 세 번이나 초楚나라의 영윤令尹(宰相)이 되었는데도 그것을 영예로 여기지 않았으며, 세 번이나 면직免職되었는데도 우울한

29) 『中華道藏』 제13책(北京: 華夏出版社, 2004), 753쪽.

기색이 없습니다. 나는 처음에 (사실일까) 당신을 의심했는데, 지금 당신의 얼굴 모습이 활발하고 생동감 있으니, 당신의 마음가짐이 유독 그러합니까?"라고 하였다. 손숙오는 "제가 어찌 다른 사람보다 뛰어나겠습니까! 저는 (令尹 자리가) 오는 것을 물리칠 수도 없었으며, 그 자리가 가는 것도 막을 수도 없었습니다. 저는 그 자리를 얻고 잃음은 저로부터 비롯되는 것이 아니라 생각해서 근심하는 기색이 없었을 뿐입니다. 제가 어찌 다른 사람보다 뛰어나겠습니까! 하물며 제가 어찌 그 자리가 다른 사람에게 가는지 나에게 있는지 어찌 알겠습니까? 또한 그 자리가 다른 사람에게 가면 저와는 상관없으며, 저에게 오면 또한 다른 사람과는 상관없습니다. 그러므로 저는 느긋하고 만족스럽게 다니며(躊躇) 늘 사방을 돌아볼 수 있는데, 어느 겨를에 (세속적 인간의) 존귀함과 비천함을 고려하겠습니까?"라고 하였다. 공자가 그 이야기를 듣고 "옛날의 진인眞人은 지혜 있는 사람도 그를 설득하지 못했으며 미인美人도 그를 유혹하지 못했으며, 도둑도 그를 겁박하지 못했으며, 복희伏羲나 황제黃帝도 그를 친구로 삼을 수 없었다. 죽고 사는 것은 물론 중대하지만, 그럼에도 그를 변하게 할 수 없었는데, 하물며 작위爵位나 봉록俸祿으로 할 수 있겠는가? 그러한 사람은 그 정신이 태산을 지나가도 방해받지 아니하고, 깊은 연못에 들어가도 물에 젖지 아니하며, 미천한 신분에 머물더라도 고달파하지 않고, 천지 사이에 (그 정신이) 충만하여, 모든 것을 남에게 주어도, 자신은 도리어 더 부유하다고 느낀다"라고 하였다.(『莊子』, 「田子方」)

손숙오가 세 번 영윤이 되어서도 영화롭게 여기지 않고, 세 번 면직되어서도 근심하는 기색이 없었던 것은, 그가 영윤令尹 자리가 오는 것을 거부할 수도 없고 그 자리가 떠나는 것도 제지할 수 없었던 것처럼 얻고 잃음이 자신의 소관이 아니었기 때문이다. 이러한 사람은 삶과 죽음으로도 그를 변화시킬 수 없는데, 하물며 작위와 봉록으로 하겠는가? 바로 이러한 사람을 진인이라고 부른다.

순수하고 소박素朴한 도道라야만 오직 정신精神을 지키니, 이것을 지켜서 잃어버리지 않으면 정신과 일체一體가 되니, 일체가 된 정신이 만물에 통하면 천륜天倫(자연의 질서)과 합일한다. 세속에 전하는 말에 "보통 사람들은 이익을 중시하고, 청렴한

> 사람은 명예를 중시하고, 현인은 뜻을 숭상하고, 성인聖人은 정신을 중시한다"라고 한다. 그러므로 소박素朴이란 함께 섞임이 없음을 말하고, 순수純粹란 그 정신을 손상하지 않음을 말한다. 순수·소박함을 체득할 수 있으므로 진인眞人이라고 말한다.(『莊子』, 「刻意」)

순수·소박은 사물의 참모습(本眞)이며, 순수·소박함을 체득할 수 있는 사람을 진인이라고 한다. 진인이 진인인 까닭은 그가 인간의 참모습을 지킬 수 있는가에 있다. 진경원陳景元은 "물의 특성은 섞이지 않으면 맑고, 흔들지 않으면 평평하며, 몸의 안의 진정한 물도 또한 이처럼 순수하고 한결같이 고요하여 움직임에 천리와 부합하며, 비록 몸을 수련하지 않더라도 정신은 왕과 같다.…… 바탕이 티끌에 오염되지 않으며, 소박하며, 정신이 사물에 흔들리지 않으면 순수하다. 몸이 순수하고 소박함을 갖추었는데, 진眞(眞人)이 아니면 무엇이겠는가?"(褚伯秀, 『南華眞經義海纂微』, 권48에서 인용)[30]라고 하였다.

지인至人에 대하여 장자는 다음과 같이 말한다.

> (王倪는) "지인至人은 신통하도다! 큰 연못가의 수풀이 불타도 뜨겁게 할 수 없으며, 황하黃河와 한수漢水가 얼어붙더라도 그를 춥게 할 수 없으며, 격렬한 우레가 산을 쪼개고, 거센 바람이 바다를 진동시켜도 그를 놀라게 할 수 없다. 그러한 사람(至人)은 구름을 타고 해와 달을 몰고 다니며 사해의 밖에서 노닌다. 죽음과 삶도 자신을 변화시키지 못하는데, 하물며 이해利害의 실마리에 따라 변하겠는가?"(『莊子』, 「齊物論」)라고 대답하였다.

여기서 말한 바는 어느 점에서는 신묘하지만, 그 의미 또한 매우 분명하다. 이른바 "큰 연못가의 수풀이 불타고" "황하黃河와 한수漢水가 얼어붙고" "격렬한 우레가 산을 쪼개고, 거센 바람이 바다를 진동시킨다"라고 한 말들은 지인이 외물에

---

30) 『中華道藏』 제14책(北京: 華夏出版社, 2004), 271쪽.

의해서 움직이지 않음을 말한 데 불과하다. 성현영은 "호冱는 동凍이다. 벌판의 연못이 불타고, 황하와 한수漢水의 물이 얼어붙고, 천둥 벼락이 크게 일어 산을 파괴하고, 거센 바람이 큰 파도를 만들어 바다를 진동시킨다. 그러나 지인의 정신이 응결한 조짐도 없으며, 몸과 사물이 아득하며, 물과 불이 이미 (至人에게) 재앙이 되지 않으니, 바람과 우레가 어찌 놀라게 하겠는가?"(『莊子疏』, 「齊物論」)31)라고 하였다. (지인의 정신이) 외물에 의해서 움직이지 않기 때문에 따라서 "삶과 죽음도 자신을 변화시키지 못하는데, 하물며 이해의 실마리에 따라 변하겠는가?"와 같은 말이 있게 되었다. 이른바 "구름을 타고, 해와 달을 몰고 다니며 사회의 밖에서 노닌다"라는 말은 당연히 형체의 타고·몰고·노니는 것이 아니라 정신의 타고·몰고·노닒이다.

> (마음을) 허명虛名에 연루되도록 하지 말고, 모략을 짜는 장소가 되도록 하지 말며, 일의 책임자가 되도록 하지 말며, 지혜의 주인이 되도록 하지 말라. (마음이) 도를 체험함이 무궁하여 종적이 없이 노닐며, 하늘에서 받은 것을 극진히 하되 드러내지 말고, 심경을 담박하게 비울 뿐이다. 지인至人의 마음 씀씀이는 마치 거울과 같아서, (거울 앞으로 사물이) 떠나면 (거울 속에) 남기지 않고, 다가오면 비추며, 사물에 합하도록 스스로 응하되 몸에 감추어 두지는 않는다. 그러므로 능히 외물을 반영하되 마음을 상하게 하지 않는다.(『莊子』, 「應帝王」)

성현영은 "시屍는 주主이다. 몸은 항상 잊어버리고, 명예는 장차 편안하게 맡기기 때문에 다시 명예의 주인이 될 수 없다. 청허淸虛하고 담박淡泊하며 무심無心으로 사물에 임해서는 잊어버리기 때문에 마음속(靈府)에서 다시 고려하지 않을 뿐이다"(『莊子疏』, 「應帝王」)32)라고 하였다. 지인의 마음 씀은 거울과 같으므로 작위함이 없다. 작위함이 없으므로 능히 사물을 이기고 훼손하지 않으며, 외물을 위하여 마음을 쓰고 근심하지 않는다.

---

31) 郭慶藩, 『莊子集釋』(北京: 中華書局, 1961), 96쪽.
32) 郭慶藩, 『莊子集釋』(北京: 中華書局, 1961), 307~308쪽.

무릇 지인이라는 사람은 위로 푸른 하늘을 살피며, 아래로 황천黃泉을 잠행하며, 우주를 호방하게 다니면서도 정신(神氣)은 변하지 않는다.(『莊子』, 「田子方」)

지인의 정신이 변하지 않은 것은 역시 외물에 의해 움직이지 않기 때문이다. 여기서 고요함을 지키며 외물에 의해 움직이지 않는 것이 지인의 근본임을 알 수 있다. (발가락이 잘려서 없는) 숙산무지叔山無趾(叔山은 無趾의 자라고 함)가 노담에게 “공자는 지인에 아직 이르지 못하지 않았습니까? 저 사람은 어찌하여 빈번히 선생에게 배우려 합니까? 저 사람은 또 기이하고 공허하고 괴상한 것으로 명성을 구하려 하는데, 지인은 그것을 자신을 속박하는 질곡桎梏(차꼬나 수갑)으로 여긴다는 것을 모르고 있습니다”(『莊子』, 「德充符」)라고 하였다. 공자는 항상 학자로 자임하였으며, 항상 기이하고 허황한 명성으로 세상에 알려지기를 바랐다. 이 때문에 무지無趾가 공자는 결코 지인이 아니라고 보았다.

신인神人에 대하여 장자는 다음과 같이 말한다.

막고야산에 신인이 살고 있는데, 피부는 얼음눈 같고, 부드럽고 연약하기가 처녀와 같았다. 오곡五穀을 먹지 않고, 바람을 호흡하고 이슬을 마시며, 구름을 타고 비룡飛龍을 어거馭車하여 세상의 밖에서 노닌다. 그가 신묘한 정기를 응집하여 사물이 재해가 생기지 않게 하여 곡식이 풍성하게 한다.(『莊子』, 「逍遙游」)

신인은 “오곡五穀을 먹지 않고, 바람을 호흡하고 이슬을 마시며, 구름을 타고 비룡飛龍을 어거馭車하여 세상의 밖에서 노닌다”라는 말은 당연히 신묘한 말이며, 이 때문에 견오肩吾는 광란의 말로 생각하여 진실이라고 믿지 않았다. 연산連山은 다음과 같이 말한다.

장님은 문장과 색깔을 볼 수 없고, 귀머거리는 종과 북의 음악 소리를 들을 수 없다. 어찌 오직 육체에만 귀머거리와 장님이 있겠는가? 무릇 지혜도 이와 같은 (귀머거리와 장님이) 것이 있다. 이 말은 마침 딱 당신을 말한다. 이 사람과 이 사람의 덕은 장차 광대한 만물을 하나로 보니, 세상 사람들은 난세를 다스려 주기를 바라지만, 무엇 때문에(孰) 번잡스럽고 고생스럽게 천하를 (다스림을) 일로 삼겠는가? 이 사람은 사물에 의해서 손상되지 않으며, 하늘까지 닿은 대홍수가 나도 물에 빠지지 않으며, 큰 가뭄으로 쇠와 돌이 녹아 흘러 산과 들이 다 타 버리더라도 뜨거움을 느끼지 않는다. 이 사람 (즉 神人은) 먼지 · 때 · 쭉정이 · 겨와 같은 찌꺼기로도 장차 요 · 순과 같은 사람을 빚어낼 수 있는데, 무엇 때문에 기꺼이 세상사(物)를 일삼겠는가?(『莊子』, 「逍遙游」)

장님은 당연히 문장과 색채를 볼 수 없으며, 귀머거리도 당연히 종과 북의 음악 소리를 들을 수 없다. 육체가 귀머거리나 장님인 사람도 있지만, 마음과 지혜에도 귀머거리와 장님이 있다. 연산連山은 견오肩吾가 곧 마음과 지혜에서 귀머거리나 장님이므로 그는 진정한 신인을 이해할 수 없다고 보았다. 이른바 "오곡五穀을 먹지 않고, 바람을 호흡하고 이슬을 마시며, 구름을 타고 비룡飛龍을 어거馭車하여 세상의 밖에서 노닌다"라는 말은 하나의 형용사에 불과하며, 단지 그 글자의 함의만 지나치게 추구해서는 안 된다. 신인의 마음과 정신(心神)은 늘 고요하므로 사물이 그것을 손상할 수 없으니 이것이 곧 그 근본이다. 이른바 "대홍수가 나도 물에 빠지지 않으며, 큰 가뭄으로 쇠와 돌이 녹아 흘러 산과 들이 다 타 버리더라도 뜨거움을 느끼지 않는다"도 신인은 외물에 의해서 움직여지지 않으며, 기꺼이 세상을 (다스림을) 일삼지 않으므로 속세의 밖(物外)으로 초연할 수 있다는 말이다.

성인聖人에 관하여 장자는 다음과 같이 말한다.

성인은 세속적인 일(실무)에 종사하지 아니하며, 이익을 추구하지 않으며, 해로움을 피하지 않으며, 구함을 기뻐하지 않으며, 도道에 연연하지 않으며, 무언無言을 유언有言으로 삼고('無謂有謂'에서 謂는 言이다), 유언有言을 무언無言으로 삼으며, 세속의 밖에 노닌다.(『莊子』, 「齊物論」)[33]

---

33) 이 단락의 전후 문장은 다음과 같다. "瞿鵲子가 長梧子에게 묻기를 '나는 선생님(夫子)에게서 이런 말을 들었습니다. 성인은 세속적인 일(실무)에 종사하지 아니하며, 이익을

추구하지 않으며, 해로움을 피하지 않으며, 구함을 기뻐하지 않으며, 道에 연연하지 않으며, 無言을 有言으로 삼고(無謂有謂에서 謂는 言이다), 有言을 無言으로 삼으며, 세속의 밖에 노닌다고 합니다. 선생님(夫子)은 이를 孟浪한 말이라고 여기지만, 저는 이를 妙道의 실행이라고 생각하는데, 선생(吾子)은 어떻게 생각하십니까?'라고 하였다. 長梧子는 '이것은 黃帝가 들어도 의혹으로 여기는데(熒惑) 丘가 어찌 잘 알 수 있겠는가? 또한 그대도 또한 매우 조급하게 생각하는데, 마치 달걀을 보고 닭(時夜)을 구하고, 활(彈)을 보고 새 구이를 찾는 것과 같다. 내가 자네를 위하여 잠시 터무니없는 말을 해 본 것이니, 자네도 대충 알아듣게나'(予嘗爲女妄言之, 女以妄聽之)…… 라고 하였다."(『莊子』, 「齊物論」) 이곳에서의 사람과 사물의 관계는 계속 그렇게 분명하지 않으며, 주로 "夫子"가 도대체 누구인가에 관한 문제이다.

성현영은 夫子를 長梧子로 보았는데, "瞿鵲은 長梧의 제자이다. 그러므로 스승을 夫子라고 불렀다"(『莊子疏』, 「齊物論」. 郭慶藩, 『莊子集釋』, 北京: 中華書局, 1961, 98쪽)라고 하였다. 李頤는 "높은 오동나무(長梧) 아래에 살았기 때문에 이를 이름으로 삼았다"라고 하였다. 崔譔은 "長梧子는 이름을 丘라 하였다"라고 하였다. 兪越은 夫子는 孔子이며 長梧子는 아니라고 보았다. 兪越은 "瞿鵲子는 반드시 70 노인(七十子)의 후인으로, 夫子라고 부르는 것을 듣고 그것을 공자라고 들었다고 하였다. 그 아래 문장에서 長梧子가 '이것은 黃帝가 들어도 의혹으로 여기는데(熒惑) 丘가 어찌 잘 알 수 있겠는가?'(丘也何足以知之也)라고 한 구절에서 丘는 곧 공자의 이름이며, 따라서 瞿鵲子가 그것을 공자의 말이라고 서술하였기 때문에 丘가 어찌 잘 알 수 있겠는가?(丘也何足以知之也)라고 하였다. 그리고 독자들은 그 뜻을 어기지 않고, 丘也를 長梧子가 자신을 부르는 이름이라고 잘못 읽었고, 그러므로 『釋文』에서 '長梧子를 崔譔은 이름이 丘라고 하였다'라고 하였는데, 이것은 매우 그렇지 않다. 그 아래 문장에서 '丘도 그대도 모두 꿈이고, 내가 그대도 꿈꾼다고 한 것도 또한 꿈이다'(丘也與女皆夢也, 予謂女夢, 亦夢也)라고 하였다. 夫子는 곧 長梧子가 자신을 일컫는 말이다. 이미 '丘도 그대도 모두 꿈이다'라고 하고, 또 '나 역시 꿈이다'라고 한 말로 어찌 丘를 長梧子의 이름이라고 여길 수 있겠는가?"(郭慶藩, 『莊子集釋』, 北京: 中華書局, 1961, 98쪽에서 인용)라고 하였다. 長梧子는 瞿鵲의 스승이며, 공자가 아님은 진실로 그러하다. 그런데 이곳에 두 군데서 夫子를 말하였고, 두 夫子는 사실 같은 사람을 가리키지 않는다. "나는 부자에게서 들었다"(吾聞諸夫子)라는 말에서 夫子는 長梧子이다. "부자가 맹랑한 말이라고 여겼다"(夫子以爲孟浪之言)라는 구절의 夫子는 孔子이다. 瞿鵲이 長梧子의 말을 인용하여 공자에게 말하였고, 공자는 맹랑한 말이라고 보았으며, 瞿鵲은 妙道의 실행이라고 보고 瞿鵲은 긍정하지 않았으므로 長梧子에게 물었다. 그리고 長梧子는 대답하기를 "이것은 黃帝가 들어도 의혹으로 여기는데(熒惑) (孔)丘가 어찌 잘 알 수 있겠는가?"라고 하였다. 그러므로 林希逸은 "夫子는 공자를 가리킨다. 내가 성인의 일로써 부자를 말하였다고 한 말은 그 말이 妙道가 있어 부자가 실질을 드러낸 말이 아니라고 여겼는데, 吾子가 어떻게 말하겠는가? 吾子는 곧 長梧子이다"(林希逸, 『南華眞經口義』[『中華道藏』 제13책, 北京: 華夏出版社, 2004], 권3, 726쪽)라고 하였다. 林希逸이 말한 夫子는 "夫子가 맹랑한 말이라고 여겼다"(夫子以爲孟浪之言)라고 하는 구절의 夫子이며, "내가 夫子에서 들었다"(吾聞諸夫子)라고 하는 구절의 夫子가 아니다. "내가 夫子에서 들었다"라는 구절의 夫子는 곧 長梧子이며, 그러므로

그러므로 성인은 사물이 없어서는 안 되는 곳에 노닐며 함께 공존한다.(즉 만물과 공존한다.) 요절함도 좋다고 여기고, 장수함도 좋게 여기며(善夭善老[34]), 시작이 좋으면 마침도 좋다고 여긴다. 사람들이 이것조차도 본받는데, 하물며 만물이 연계되어 있고 모든 변화가 의지하는 것 (곧 道)임에랴!(『莊子』, 「大宗師」)

성인聖人이 고요함은 고요함을 좋아해서가 아니라, 고요함을 추구하기 때문이다. 만물도 (성인의) 그 마음을 흔들 수 없으므로 고요하다. 물이 고요하면 그 (水面을 바라보는 사람의) 수염이나 눈썹까지도 밝게 비추며, 그 평평함이 수준기水準器에 적중하여 목수가 기준으로 선택한다. 물의 고요함도 이처럼 밝은데, 하물며 (성인의) 정신임에랴! 성인의 마음의 고요함임에랴! (聖人의 정신과 마음을) 천지도 거기에 비추어 보며, 만물도 그 거울에 비추어 본다. 무릇 허정虛靜 · 염담恬淡 · 적막寂漠 · 무위無爲[35]는 천지의 근본이며, 도덕의 지극함이므로 제왕과 성인이 거기에서 머문다.(『莊子』, 「天道」)

무릇 (마음에) 뜻을 새기지 않고서도 고결하며, 인의仁義가 없어도 수양修養이 되고, 공명이 없어도 다스려지고, (은둔할) 강江이나 바다에 가지 않아도 한가할 수 있고, (經絡과 혈기를 수련하고 조절하는) 도인道引을 하지 않아도 장수하며, 망각하지 않음이 없으며, 소유하지 않음도 없으며, (편견으로 한쪽에 쏠림이 전혀 없는) 담연淡然함이 무궁하여 세상의 모든 아름다운 것들이 그를 따른다. 이것이 천지의 도이며, 성인의 덕이다. 그러므로 '사리사욕이 없이 평안하고 고요함(恬淡),

---

뒤에서 長梧子가 瞿鵲에게 "내가 자네를 위하여 잠시 터무니없는 말을 해 본 것이니, 자네도 대충 알아듣게나"라고 하였다. 그러므로 두 곳의 부자는 실제로는 같은 사람을 가리키는 것이 아니다. 만약 兪越이 한 말과 같이 "내가 夫子에게 들었다"라고 한 말에서 夫子가 공자라고 하면, 공자가 또 어찌 자신이 한 말이 그르다고 하겠는가? 長梧子는 또 어떻게 "그리고 丘가 어찌 그것을 잘 알 수 있겠는가?"라고 하겠는가? 또 "성인은 세속적인 일(실무)에 종사하지 아니한다"라고 운운한 것도 또한 도가의 사상이며, 유가의 사상이 아니며, 이른바 "聖人"도 또한 도가에서 말하는 성인이며, 유가에서 말하는 성인이 아니다. 이와 같아야 비로소 바야흐로 文脈이 통한다.

34) 역자 주: "善夭善老"에서 '夭'는 뒤의 '老'와 대응하여 '夭'로 본다.

35) "虛靜"은 "成見(혹은 편견)을 비운 맑고 평온한 마음 상태"를 의미하고, 恬淡은 "사리사욕이 없이 평안하고 고요함"이며, 寂漠은 물리적으로 "깨끗하고 고요함"이고, 無爲는 "人爲가 아닌 자연에 따라 행위함"의 의미다.

깨끗하고 고요함(寂漠), 마음을 속박하는 것이 전혀 없음(虛無), 자연을 따르고 인위人爲가 없는(無爲) 이것이 천지의 근본이며, 성인의 덕이다'라고 한다. 또 그러므로 '성인聖人은 이러한 경지에 머물며 마음이 편하고 고요하다'(平易)라고 한다. 마음이 편안하고 고요하면 사리사욕이 없이 평안하고 고요하며(恬淡), 평이平易하고 염담恬淡하면 근심과 걱정이 (마음속에) 들어올 수 없으며, 사악한 기운이 엄습할 수 없으므로 그 덕이 온전하고 정신은 이지러지지 않는다. 그러므로 '성인은 살아 있을 때는 하늘의 운행을 따르고, 죽으면 사물의 변화를 따르고, 고요할 때는 음陰의 덕을 함께하고, 활동할 때는 양陽과 함께 물결치듯 번져 간다'라고 하였다. 앞선다고 복福이 되지도 않고, 처음이라서 화禍가 되지 않으며, 다그침을 받은 뒤에 움직이는 것은 어쩔 수 없이 그렇게 된 후 비로소 일어난다. 지혜와 작위를 버리고 하늘의 이치를 따른다. 그러므로 천재지변도 없으며, 사물에 얽매임도 없고, 타인의 비난도 없고, 죄악을 징계하는 귀신의 벌(鬼責)도 없다. 살아 있을 때는 마치 물 위를 떠다니는 듯하고, 죽을 때는 마치 피곤하여 쉬러 가는 것 같았다. (그는) 사려 하지 않고, 예상하고 계획하지 않는다. 밝게 빛나도 눈을 자극하지 않으며, 믿음을 주지만 기약하지 않는다. 잠잘 때는 꿈꾸지 아니하며, 깨어서도 걱정하지 않으며, 정신은 순수하며, 혼魂은 지치지 않는다. 허무虛無하고 염담恬淡하여 하늘의 덕과 부합한다.(『莊子』, 「刻意」)

무릇 성인에게는 처음부터 자연(天)도 없고, 처음부터 사람도 없으며, 처음부터 시작도 없고, 처음부터 사물도 없었다. 세상과 더불어 행동하며 거리낌이 없었고, 행동하는 바는 완비되어 부실함(洫, 濫)이 없어 그것과 부합함이 이와 같으니 어쩌겠는가?(『莊子』, 「則陽」)

성인은 (자연이) 안배한 바에 안주하고, (자연이) 안배하지 않은 것(人爲로 한 것)에 안주하지 않으며, 일반 사람은 (자연이) 안배하지 않은 것(인위로 한 것)에 안주하며, (자연이) 안배한 것에 안주하지 않는다.(『莊子』, 「列禦寇」)

성인聖人은 필연적인 일을 두고 타인과 반드시 그렇게 되어야 한다고 고집하지 않으므로 분쟁(兵, 紛爭)을 벌이지 않는다. 일반 사람들은 반드시 그렇게 될 수 없는 일을 두고 반드시 그렇게 되어야 한다고 고집하므로 늘 분쟁이 많다. 분쟁에 따르므로 행동에 구함이 있다. 분쟁을 벌이고 그것에 의지하면 결국은 망하고 만다.(『莊子』, 「列禦寇」)

'성인의 마음은 허무虛無하고 무위無爲하며,…… 세속적인 일에 종사하지 아니하며, 이익을 추구하지 않으며, 해로움을 피하지 않으며, 앞선다고 복福이 되지도 않고, 처음이라서 화禍가 되지 않으며, 다그침을 받은 뒤에 움직이는 것은 어쩔 수 없이 그렇게 된 후 비로소 일어난다. 지혜와 작위를 버리고 하늘의 이치를 따른다. 그러므로 천재지변도 없으며, 사물에 얽매임도 없고, 타인의 비난도 없고, 죄악을 징계하는 귀신의 벌(鬼責)도 없다. 살아 있을 때는 마치 물 위를 떠다니는 듯하고, 죽을 때는 마치 피곤하여 쉬러 가는 것 같다'라는 말에서 성인의 마음은 대단히 염담恬淡하고 평온함을 알 수 있다. 이 모든 것은 또한 의도적으로 추구하는 것이 아니며, 완전히 자연으로 그렇게 나온 것이다. "성인聖人이 고요함은 고요함을 좋아해서가 아니라, 고요함을 추구하기 때문이다. 만물도 (성인의) 그 마음을 흔들 수 없으므로 고요하다"라고 하였는데, 고요함은 의도적 추구의 결과가 아니며, 외물에 의해서 움직인 결과도 아니다.

진인眞人·지인至人·신인神人·성인聖人은 그 이름은 비록 다르지만, 그 실질은 같으며, 특징은 모두 심령의 담박함과 평온함(寧靜)이다. 진인의 특징인 인간의 참모습(本眞)이다. 지인의 특징은 인간이 도달하는 경계가 되며, 신인神人의 특징은 그가 일반 사람과 구별됨이며, 성인의 특징은 그의 인격이 숭고하고 위대함이다.[36] 장자는 다음과 같이 말한다.

---

36) 당군의는 "至人은 역시 인간의 지극함으로 곧 사람됨으로부터 지극함의 한도에 도달한 사람을 말한다. 眞人은 僞善을 대하여 한 말이다. 진인은 그 이면의 거짓됨과 망령됨(僞妄)이 없으며, 곧 그 인간으로서의 바탕이 순수함을 말한다. 神人은 인간으로서의 心知의 神明함이 운행하지 않은 곳이 없음이 마치 神과 같음을 말하며, 天人은 이러한 사람은 곧 天과 같고 또한 五帝와 같음을 말한다"(唐君毅, 『中國哲學原論—原道篇』, 권1, 臺灣學生書局, 1984, 345~346쪽)라고 하였다.

지인은 사적 자아가 없으며(無己=忘我), 신인은 공명이 없으며, 성인은 명예가 없다.(『莊子』, 「逍遙游」)

성현영은 "지至는 그 형체를 말하고, 신神은 그 쓰임을 말하며, 성聖은 그 명예를 말한다. 그러므로 그 형체에 나아가서 지극하다(至)고 하고, 그 쓰임에 나아가서는 신묘하다고 하고, 그 명예에 나아가서는 성聖이라고 하며, 그 실상은 하나다. 조예가 영명하고 극에 이르렀으므로 지극하다고 하며, 음양이 예측할 수 없으므로 신神이라고 하며, 모든 사물을 정확하게 이름을 지을 수 있으므로 성聖이라고 한다. 한 사람의 신상에 이러한 세 가지가 공효功效와 작용의 차이를 분명하게 드러내려고 하므로 세 사람의 구별이 있다"(『莊子疏』, 「逍遙游」)라고 하였다.

왕방王雱(1044~1076)은 "지인至人은 도를 알며, 안으로는 마음에 그윽하며, 널리 자득自得하여 사물에 얽매이지 않는다. 그러므로 '사적 자아가 없다'(無己)고 한다. 신인神人은 도道를 다 실천하며 잘못하는(屈性) 바가 없으며, 만물을 이루고 묘용妙用하여 깊이 감춘다. 그러므로 공功이 없다고 한다. 성인은 도를 체득하고 적막하며 무위하며, 신묘한 변화가 광대하여 측량할 수가 없으므로 명예가 없다고 한다"(『南華眞經新傳』, 권1)[37]라고 하였다.

인간은 모두 사적 자아와 사욕이 있으며, 지인이 도달한 경계는 이 사적 자아와 사욕이 없으며, 인간은 모두 공명功名과 업적을 이루려는 의지가 있으나 신인은 공명과 업적을 이루려는 의지가 없으며, 인간이 숭고하고 위대하게 여겨지는 것은 모두 그 사업 때문이며, 모두 그 명예 때문이지만, 성인이 숭고하고 위대함은 (그러한 사업이) 없음을 명예로 삼기 때문이다. 진인·지인·신인·성인과 보통 사람의 구별은 곧 그들이 심령의 담박함과 온전함을 능히 지킬 수 있는가에 달려 있다. 장자가 보기에 심령의 담박함과 온전함을 지키는 것이 곧 인생 최대의 쾌락이다.

---

37) 『中華道藏』 제13책(北京: 華夏出版社, 2004), 567~568쪽.

> 이제 세속 사람들이 행하는 바와 그들이 즐거워하는 바를 나는 또한 즐거워함이 과연 즐거워할 만한 것인지 과연 즐거워하지 말아야 할 것인지 아직 알지 못한다. 내가 저 세속 사람들이 즐거워하는 바를 살펴보면, 앞다투어 달려가지 않을 수 없으나 모두 즐겁다고 하는 것이 나는 아직 그것이 즐거운 것인지 또한 즐겁지 않은 것인지 알지 못한다. 과연 정말 즐거움이란 게 있는가, 없는가? 나는 무위無爲를 진정한 즐거움이라 생각하는데, 세속에서는 (무위를) 큰 고통으로 여긴다. 그러므로 "지극한 즐거움(至樂)은 즐거움이 없음(無樂)이며, 지극한 명예는 명예가 없음이다"라고 한다. 세상에서 옳고 그름은 결국 결정할 수 없다. 비록 그렇지만 무위로서 옳고 그름을 결정할 수 있다. 지극한 즐거움은 자신의 몸을 살리는데, 오직 무위라야만 거의 보존할 수 있다.(『莊子』, 「至樂」)

임의독林疑獨은 "무릇 세상에서 존중하는 것은 부富·귀貴·장수長壽·선행이며, 세상에서 하급으로 보는 것은 가난·천함·요절·악행이며, 몸의 편안함(身安), 좋은 맛(厚味), 아름다운 옷(美服), 가무와 여색(聲色)을 즐거움으로 삼으며, 구하되 얻지 못하면, 고통스럽게 여기며 근심하고 두려워하는데, 이것으로 형체를 길러도 역시 어리석다. 부자는 재물에 얽매이고, 귀한 사람은 지위에 얽매이고, 몸은 장수할수록 근심은 더 커져서 성명性命의 리와 더욱 멀어진다"(褚伯秀, 『南華眞經義海纂微』, 권56에서 인용)[38]라고 하였다.

세속에서 말하는 고통은 당연히 즐거움이 아니며, 세속에서 말하는 즐거움은 또한 진정한 즐거움이 아니며, 이른바 "즐거움이 다하면 슬픔이 생긴다"라는 말에서 즐거움은 항상 잠깐이며, 즐거움 뒤에는 또한 고통이 있고 슬픔이 있다. 따라서 장자는 무위가 진정한 즐거움이라고 보고 "무위가 진정한 즐거움이다" "지극한 즐거움은 즐거움이 없음이다"라고 하였다. 나쁜 일은 진실로 좋은 일이 아니며, 좋은 일도 또한 진정한 좋은 일이 아니며, 아무런 일이 없음(無事)이 곧 진정한 좋은 일이다. 무위를 행하고 무사無事를 일삼고 즐거움이 없음을 즐긴다. 무위하면

---

38) 『中華道藏』 제13책(北京: 華夏出版社, 2004), 301쪽.

피로하지 않고, 일삼음이 없으면 얽매이지 않고, 즐김이 없으면 근심하지 않는다. 마음 씀이 거울과 같고, 그 자연을 따르고, 무위에 안주한다.

어떤 사람은 장자의 이상인격이 곧 이른바 진인·지인·신인·성인이라고 여기는데[39] 이것은 편파적이다. 진인·지인·신인·성인들의 특징은 오직 심성이 고요하고 담박한 일면이며, 이 외에 또한 정신적 자유 한 가지다. 장자의 인생 추구는 정신의 자유와 심성의 고요함과 담박한 두 가지 면을 포함한다.

혹은 어떤 사람은 장자의 이상인격은 곧 자연·무위이며, 곧 "인간의 모습이지만 내심은 자연과 합일한다(天虛)"(『莊子』, 「田子方」)라고 하고, 곧 "인간의 형체를 가지고 있지만, 인간의 정情은 없다"(『莊子』, 「德充符」)라고 하며, 곧 "몸은 시든 나뭇가지와 같으며, 마음은 불 꺼진 재와 같다"(『莊子』, 「庚桑楚」)[40]라고 하였다. 이것은 단지

---

39) 崔大華(1938~2013)는 "장자의 인생철학에 담긴 이상적 인격의 정신경계가 바로 困境에 대한 초월적 정신 상태를 실현하는 것이다"(崔大華, 『莊學硏究』, 北京: 人民出版社, 1992, 149쪽)라고 하였다. 또 "『장자』에는 내외의 형벌이나 혹은 生死·命運(時命)·情欲의 한계를 초탈하는 이상적 인격의 호칭이 많은데, '眞人', '至人', '神人', '聖人', '德人', '大人', '天人', '全人' 등이다"(위의 책, 150쪽)라고 하였다. 邵漢明(1959~)은 "장자는 物我·主客·天人의 동일한 경계에 도달하는 사람이 곧 이른바 진인·지인·신인·성인이라고 보았다. 이런 몇 사람은 이름은 다르지만 실질은 동일하며, 모두 장자의 마음속 이상적 인물 혹은 이상적 인격이다"(邵漢明, 『莊子物我同一的境界說和人格說』. 黃山文化書院 編, 『莊子與中國文化』, 合肥: 安徽人民出版社, 1990, 139~140쪽 참고)라고 하였다. 孫以楷·甄長松은 "『장자』 「소요유」는 첫머리에 도가의 이상인격—지인·신인·성인의 요지를 밝혀서 제출하였다"(孫以楷·甄長松, 『莊子通論』, 北京: 東方出版社, 1995, 108쪽)라고 하였다.

40) 馮友蘭은 "莊周는 인간의 주관적 능동성을 완전히 부정하고, 자연과 사회의 바로 앞에서 인간은 단지 굴복할 수밖에 없고, 항거할 수도 없고, 도피할 수도 없다"(馮友蘭, 『中國哲學史新編』, 北京: 人民出版社, 1998, 427쪽)라고 하였다. 劉笑敢은 "天命에 따라 분수에 맞게 삶(安命)과 무위는 장자학파의 기본적 주장이다"(劉笑敢, 『莊子哲學及其演變』, 北京: 中國社會科學出版社, 1988, 147쪽)라고 하였다. 또 "장자가 말한 무위는 그 형식은 '평온하게 천명을 따름'(安命無爲)이며, 그 실질은 不動心과 추구함이 없음이며, 그 목적은 그 적합함을 스스로 얻음과 逍遙하고 자신의 일을 자기 스스로 결정하는 삶(自在)이다"(위의 책, 153쪽)라고 하였다. 崔大華는 "장자의 인생 이상은 짝이 없음(無待), 얽매임이 없음(無累), 근심이 없음(無患)의 정신을 추구하는 절대적 자유이다"(崔大華, 『莊學硏究』, 北京: 人民出版社, 1992, 171쪽)라고 하였으며, 또 "장자의 이상적 인격의 처세 태도는 『장자』 가운데 여러 차례 분명하게 표현된 것으로 속세를 벗어난 초연한 태도이다"(위의 책, 185쪽)라고 하였다.

표면적 현상일 뿐이다. 장자는 결코 순수하게 자연에 맡기지는 않았으며, 그는 자신의 길을 추구하고 있다. 그는 "비록 온 세상이 모두 그것을 칭송하고 그것을 옳다고 하더라도 오연傲然하게 돌아보지 말아야 하며, 비록 온 세상 사람들이 그것을 비난해도 그 비난을 잊어버리고 당연히 받아들이지 말아야 한다. 세상의 비난과 칭찬은 그에게 이익도 손해도 없으니 이것을 덕이 온전한 사람이라고 할 것이다!"(『莊子』, 「天地」)라고 하였다. 장자는 명예를 추구하고 이록을 따름을 반대하였고, 외물에 부림을 당함을 반대하였으며, 개체의 정신적 자유와 초탈超脫을 추구하였고, 개체의 심성의 평온함과 담박함을 중시하였다. 자연은 심성의 본연 상태를 지켜 주는 것이며, 무위는 물욕에 무위함이다. "몸은 시든 나뭇가지와 같으며, 마음은 불 꺼진 재와 같다"라는 말도 물욕에 마음이 흔들리지 않음에 불과하다. 이와 같은 것이 곧 이른바 "세속적인 일(실무)에 종사하지 아니하며, 이익을 추구하지 않으며, 해로움을 피하지 않으며, 구함을 기뻐하지 않으며, 도道에 연연하지 않는다"(『莊子』, 「齊物論」)라고 하였으며, 또 "장수長壽도 즐거워하지 않고, 요절夭折함도 슬퍼하지 않고, (벼슬이) 통달함도 영예로 여기지 않고, 곤궁함도 부끄럽게 여기지 않는다"(『莊子』, 「天地」)라고 하였으며, "명예名譽의 주인이 되지 말며, 모략을 짜는 창고가 되지 말며, 일의 책임자가 되지 말며, 지혜의 주인이 되지 말라"(『莊子』, 「應帝王」)라고 하였으며, 이와 같아야 비로소 이른바 자연·무위라고 할 수 있다. "무위한 이후라야 그 성명性命의 정에 안주할 수 있다."(『莊子』, 「在宥」)

맹자는 인간의 본성은 본래 선善하며, 인간적 성명性命의 정情은 곧 인仁을 일으키고 의義를 행함에 있다고 보았다. 맹자와는 다르게 장자는 인간의 본성은 자유自由와 자재自在이며, 인간적 성명의 정은 곧 자연이 영명英明하게 드러남과 허정과 염담이며, 곧 외물에 얽매이지 않음이며, 외물에 부림을 받지 않음이며, 곧 우주 운행의 기틀(天機)이 열림이며, 천성天性대로 활발하게 움직임(飛揚)이라고 보았다.

> 연못가에 사는 꿩은 열 걸음에 한 번 먹이를 쪼아 먹고, 백 걸음에 물을 한 모금 마시면서도, 새장 속에 길러지기를 바라지 않는다.(『莊子』, 「養生主」)

말은 발굽으로 서리나 눈을 밟을 수 있고, 털로 바람과 추위를 막을 수 있다. 풀을 뜯고 물을 마시며, 다리를 내디뎌 뛰어다니는데, 이것이 말의 참된 본성이다. 비록 높은 누대樓臺나 호화로운 저택이 있다 하더라도 쓸 곳이 없다.(『莊子』, 「馬蹄」)

야생의 꿩은 자연 속에서 태어나 환경이 힘들고 어려우며, 늘 배부르게 먹지도 못하지만, 한가롭게 거닐고 마음대로 움직이며, 천성대로 활발하게 움직이며, 결코 새장 속에 갇혀 살기를 원하지 않는다. 말에 대하여 말하면, 높은 누대나 호화로운 저택(義臺路寢)도 "풀을 뜯고 물을 마시며, 다리를 내디뎌 뛰어다니는 것"에 비하면 환경이 분명 좋은 점은 많다. 그러나 후자는 한가롭게 거닐며 구속됨이 없으며, 풀을 먹고 싶을 때는 풀을 먹고, 물을 마시고자 하면 물을 마시고, 달리고 싶으면 달리고, 울고 싶으면 울며, 그 가운데서 자유롭고 마음대로 함이 또한 어찌 "높은 누대나 호화로운 저택"과 비교할 수 있겠는가? 동물도 하물며 이와 같은데 인간이라면 어찌 그렇지 않겠는가? 사회적 속박, 세속의 편견, 개인의 허영은 개인이 강렬한 위압감을 느끼게 할 뿐 아니라, 인간이 사물보다 못하다는 탄식을 자아내기에 충분하다. "장자와 혜자惠子가 큰 교량에서 노닐면서" 유영游泳하는 물고기를 보고 감탄하였다. 장자가 진정으로 추구한 것은 곧 유영하는 물고기, 들판의 야생마, 큰 기러기의 타고난 성품(生性)이다. 그는 얼마나 물고기의 노닒, 들의 야생마와 같은 생활을 하기를 원하였는가? "옛날에 장주莊周가 꿈에 나비가 되었다. 생생하게 날아다니는 나비가 되어 자기 뜻대로 날아다니며 자신이 장주임을 알지 못했다."(『莊子』, 「齊物論」) 그는 얼마나 생생하게 날아다니는 한 마리의 나비가 되고 싶었을까? 얼마나 야생마처럼 질주하고 싶고, 호랑나비처럼 펄펄 날아다니고, 유영하는 물고기처럼 유유히 다니고 싶었을까? 유영하는 물고기, 들판의 야생마, 호랑나비의 천성이 곧 자유이며, 마음대로 다니는 자재이며, 또한 소요逍遙이다. 장자의 유영하는 물고기, 들판의 야생마, 호랑나비 등에 대한 찬송은 곧 자유·자재·소요에 대한 찬송이다. 「소요유」는 『장자』라는 책의 첫 편으로 일종의 인생 경계境界를 창도하였으며, 여기에 곧 은미隱微한 구절에 포함된 큰 뜻(微言大義)이 존재한다.[41]

장자가 보기에 인류의 번뇌와 불행은 결코 자연계가 조성하는 것이 아니라, 완전히 인류 자신이 만드는 것이다. 실제로 장자는 개성의 자유와 소요를 다른 어떤 모든 것보다 더 중요하다고 보았다. 장자는 차라리 빈천할지언정 육경과 삼상(卿相)을 귀하게 여기지 않았는데, 그 근본 원인은 여기에 있다. 따라서 장자가 창도하고 추구한 인격은 결코 순수한 무위가 아니며, 또한 좋아함과 싫어함이 없고 추구하는 바가 없는 자연도 아니었다. 자연·무위는 명예와 이록(名利)을 겨냥하여 한 말이며, 자연은 사실 결코 자연이 아니며, 무위 그 자체는 곧 유위有爲였다. 이러한 유위는 물욕을 위하거나 명리名利에 의해 움직임이 아니며, 정신의 자유·자재·초탈이었으며, 심성의 평온함과 담박함이었으며, 우주 운행의 기틀(天機)이 열림과 천성대로 활발하게 움직임(飛揚)이었다. 곧 "외물을 사물로 여기고 외물을 부리되 외물에 의해 부림을 받지 않으며"(『莊子』, 「山木」, "物物而不物於物."), 곧 "외물을 이기고 부리되 마음을 상하게 하지 않으며"(『莊子』, 「應帝王」), "외물로 인하여 뜻이 꺾이지 않으며"(『莊子』, 「天地」), "외물로 인하여 자신을 해치지 않는다."(『莊子』, 「秋水」)

실러(Johann Christoph Friedrich von Schiller, 1759~1805)는 "오직 인간이 충분한 의미에서 인간일 때에 비로소 유희游戲할 수 있으며, 오직 인간이 유희할 수 있을 때에 비로소 완전한 인간이 된다"[42]라고 하였다.

문명사회에서 외물은 인간의 통치에서 이미 더는 더할 수 없는 정도에 도달하여 개성도 없고 사상도 없으며 온종일 공명功名과 이록利祿을 위하여 괴롭힘을 당하여 해탈할 수 없다. 인간은 물건을 창조하였으니 본래 마땅히 물건이 인간을 위하여

---

41) 蒙培元은 "장자철학의 근본 목적은 마음의 자유 경지를 실현하는 것이다. 『장자』 내편의 「소요유」는 곧 장자철학의 주제가 거기에 있다. 이러한 의미에서 말하면, 그는 의지자유론자이다. 이른바 '逍遙'는 일체의 주관과 객관의 한계와 속박을 벗어나 진정한 정신의 자유를 실현하는 것이다"(蒙培元, 『心靈超越與境界』, 北京: 人民出版社, 1998, 208쪽)라고 하였다.

42) Schiller, 『美育書簡』(北京: 中國文聯出版公司, 1984), 90쪽.
역자 주: 이 책의 원제는 *Briefe uber die asthetische Erziehung des Menschen*이며, 한국에서는 일반적으로 『미학편지: 인간의 미적 교육에 관한 실러의 미학이론』으로 번역한다.

봉사해야 하는데, 현재는 인간이 도리어 물건을 위하여 분주하게 움직여야 한다. 물건과 인간의 관계가 뒤바뀌었다. 또한 인간 자신도 시계의 태엽을 감는 기계가 되어, 단지 자신도 마음대로 하지(由己) 못하고, 멈추지도 못하고, 생각할 겨를도 없이 기계적 운동을 하고 있다. 물건은 인간을 통치하는 것일 뿐만 아니라 인간 자신이 물건이 되었고, 기계의 한 부품이 되었다. 장자가 소요유逍遙游의 기치를 높이 든 근본적 의미는 사물이 인간을 통치하는 것에 대항하려는 데 있다.

천지만물과 화해할 뿐만 아니라 일체의 모든 외물의 속박과 제한을 받지 않는, "외물을 사물로 여기고 외물을 부리되 외물에 의해 부림을 받지 않으며", 또 개체 정신의 자유·자재·초탈을 그리고 개체 심성의 평온함과 담박함을 최고의 추구로 삼는 것이 바로 장자가 추구한 인생의 경지이며, 이것이 곧 장자가 인간을 위하여 확립한 정신의 고향이다. 장자가 추구한 인생의 경지는 바로 인생 최고의 경지이다. 이러한 인생의 경지에 도달함은 인격의 진정한 의미에서의 원만함과 완전함을 의미한다.[43]

장자의 인생 추구와 정신의 품격은 후대에 매우 큰 영향을 미쳤다. 가장 직접적으로 위진魏晉시대 사인士人들이 추구한 세속에 구애받지 않음(放達)에 영향을 미쳤다. 한漢나라 말에 외척과 환관이 교대로 권력을 전횡함에 사인들이 차례로 상소上疏하여 항쟁하다 도리어 당인黨人으로 몰려 참혹하게 살신殺身의 화禍를 당하였다. 한漢에서부

---

43) 풍우란 선생은 인생의 경지를 '자연의 경지, 功利의 경지, 도덕의 경지, 天地의 경지' 등 네 차원으로 나누었다. "자연 경지의 특징은 이러한 경지에 바탕을 둔 사람은 그 행위가 재능을 따르고 학습을 따르는 데 기초한다", "공리 경지의 특징은 이러한 경지에 바탕을 둔 사람은 그 행위가 '이익을 위함'에 근거한다", "도덕 경지의 특징은 이러한 경지에 바탕을 둔 사람은 그 행위가 '義를 행함'에 기초한다", "천지 경지의 특징은 이러한 경지에 바탕을 둔 사람은 그 행위가 '하늘을 섬김'(事天)에 기초한다", "우리가 말하는 天地의 경지를 도가의 말을 이용하여 말하면 마땅히 도덕의 경계라고 해야 한다. 『莊子』「山木」편에서는 '도덕을 이용하여 떠돌아다닌다'라고 하고, '만물의 근원에서 떠돌아다니며, 사물을 사물답게 하되 다른 사물에 의해 그 사물로 규정 받지 않는다'(物物而不物於物)라고 하였는데, 이것이 이른바 '도덕의 本鄕이며, 곧 우리가 말하는 천지의 경지이다'"(馮友蘭, 『新原人』[『貞元六書』 下], 上海: 華東師範大學出版社, 1996, 554~557쪽)라고 하였다.

터 위魏와 진晉을 거치면서 수십 년 사이에 결국은 이른바 두 차례 황권皇權의 "선양禪讓"이 출현하였는데, 두 번의 상황은 그렇게 사람을 놀라게 하는 데는 서로 비슷하였다. 이 모든 것은 사인들의 마음에 강렬한 충격을 주었다. 사람들이 사색하고 따져 물은 것은 '생명의 의미는 도대체 어디에 있는가?'의 문제였다. 한편으로 "평생 백 년도 못사는데, 항상 천년의 근심을 품고 산다. 낮은 짧고 밤은 길어 괴로우니, 어찌 촛불 밝혀 놀지 않으랴!"(「古詩十九首」)[44]라고 하였으며, 당시 위세가 당당한 조조曹操(155/213~220)도 또한 "술을 마주하고 마땅히 노래하세, 인생 그 얼마나 되는가?"라고 감탄하였다. 이것은 개인의 생명이 빈번하게 유린당하던 시대였으며, 개인의 마음을 졸이도록 하는 시대였으며, 사람의 개성이 감분感憤하여 각성覺醒하던 시대였다.

이때의 시국은 요동치고 안정되지 않았으며, 세태는 어둡고 혼탁하여 내가 비록 각성하였다고 해도 세상이나 사람을 구할 힘이 없으며, 심지어는 자신을 보호할 힘이 없는 시대였으며, 사대부는 장자철학에 의지하여 위안을 찾고, 그들이 할 수 있는 것은 오직 형세를 따라 방랑하고 거리낌없이 술에 빠진 시대 같았다.[45] 이것이 곧 이른바 위·진시대의 풍속이었다.

『세설신어』에는 다음과 같이 기록하였다.

> 진류陳留의 완적阮籍(210~263), 초국譙國의 혜강嵇康(224~263, 223~262), 하내河內의 산도山濤(205~283) 세 사람의 나이는 모두 비슷하고 혜강이 조금 적다. 이들의

---

44) 역자 주: 古詩十九首는 南朝 梁나라 昭明太子가 편찬한 『文選』에 수록된 시로서 작자는 분명하게 알려지지는 않지만 대개 漢·魏·晉시대(140~190)에 창작된 시로서 人生無常과 남녀 간의 사랑 등이 주요 주제이다. 이 시기는 後漢과 魏·晉의 정치적 격변이 일어났던 시기로 사회가 매우 혼란스러웠다.

45) 『晉書』「阮籍傳」에 "완적은 본래 세상을 구제할 뜻을 가지고 있었는데, 魏·晉시대로 접어들면서 세상에 변고가 많았고, 名士 가운데 온전한 사람이 적었으며, 완적은 이 때문에 세상사에 관여하지 않았으며, 그리하여 즐겁게 술 마시는 일을 일상으로 삼았다. 魏文帝가 처음 魏武帝를 위하여 완적에게 求婚하려고 하였는데, 완적이 60일 동안 취해 있으니, 말을 하지도 못하고 그만두었다. 鍾會가 時務의 일로 삼아 묻고서 可否에 따라 죄를 주려고 하였는데, 모두 술에 취해서 한 일로 보고 죄를 면하였다"라고 하였다.

모임에 참가한 사람이 패국沛國의 유령劉伶(221~300), 진류陳留의 완함阮咸(생몰 미상), 하내河內의 향수向秀(227~272), 낭야琅琊의 왕융王戎(234~305)이다. 일곱 사람은 항상 대나무숲 속에서 모여서 자유롭고 호방하게 놀았으므로 세상에서는 죽림칠현竹林七賢이라고 불렀다.(『世說新語』, 「任誕」)

"죽림칠현竹林七賢"은 위·진 풍속의 대표적 인물로, 그들이 공통적 특징은 "자유롭고 호방함"(肆意酣暢)이었고, 대부분 세속의 예의禮儀와 법도를 준수하지 않았다. 『진서晉書』「완적전阮籍傳」에는 다음과 같이 기록하였다.

(완적은) 지극히 효성스러웠는데, 어머니가 죽었을 때 때마침 다른 사람과 바둑을 두고 있었고, 상대는 그만두기를 바랐지만, 완적은 만류하며 승패를 결정짓자고 하였다. 그런 뒤 두 말의 술을 마신 뒤 소리 내어 한바탕 곡을 하다 몇 되의 피를 토했다. 장사를 지내면서 한 점의 찐 돼지고기를 먹고 두 말의 술을 마신 후에 영결식에 임하였으며, 끝까지 직언하였다. 소리 내어 한바탕 곡을 하다 몇 되나 피를 토하였기 때문에 몸이 상하여 뼈가 앙상하였으며, 거의 슬픔으로 생명이 꺼질 지경이었다.

완적의 형수兄嫂가 일찍이 친정에 가는데, 완적이 만나보고 송별하였다. 그것을 보고 누군가 그를 비난하였는데[46], 완적이 "예禮가 어찌 나를 위하여 만들어졌겠는가?"라고 하였다. 이웃집에 미색美色인 젊은 부인이 술집을 열고 술을 팔았다. 완적이 어느 날 거기 가서 술을 마시고 취하여 (그 미인의) 옆에 누워 잤다. 완적 자신도 거리낌이 없었고, (그 부인의) 남편이 그것을 보고도 또한 의심하지 않았다. 어떤 병법가의 딸이 재색才色을 갖추었으나 시집을 가지 않고 죽었다. 완적이 그 부형父兄을 알지 못했는데, 직접 가서 곡을 하며, 애도를 다한 뒤 돌아왔다. 그는 겉으로 거리낌이 없으며 안으로 지극히 순박함(淳至)이 모두 이와 같았다.

46) 『禮記』「曲禮上」에서는 "兄嫂와 시동생은 問安을 하지 않는다"(嫂叔不通問)라고 하였으므로, 그를 비난하였다.

완적이 한 행위는 확실히 체통을 잃었지만, 결코 예법을 배반할 의도는 없었으며, 누가 뭐라고 하든 자신의 방식대로 한 것이며, 마음속에 본래 예법이라는 관념이 없었다. 다른 사람이 예를 저버렸다고 지적하지만, 그는 도리어 예를 지키면서 자신의 언행을 제한하고 구속하기를 원하지 않았다. 그의 마음속에는 진실하고 거리낌이 없는(坦蕩) 자아가 먼저 있었으며, 이러한 자아는 솔직하고 또한 자연적이며, 예의와 법도를 고려하지는 않았지만, 의도적으로 저버리려고 하지는 않았다. 그러므로 그가 한 기풍은 "겉으로는 거리낌이 없으며 안으로는 지극히 순박함"이었다.

동진東晉의 도연명陶淵明(365~427)은 더욱 물아합일物我合一과 심경화합心境和合의 정신세계를 추구하였다. 자연세계의 모든 것이 도연명의 눈에는 전부 그처럼 맑고 새롭고(淸新) · 깨끗하고 밝고(洗亮) · 해맑음(明淨)이었다. 한 포기 풀과 한 그루 나무, 하나의 산, 하나의 바위 모두가 삶의 활기(生意)로 충만하지 않은 것이 없으며, 사람들에게 편안함(適意)과 따뜻함을 느끼도록 하지 않은 것이 없다.

> 멀리 마을이 아스라이 보이고, 동네에선 밥 짓는 연기가 하늘하늘 피어오른다. 깊은 골목에서 개가 짖고, 뽕나무 꼭대기에서는 닭이 운다. 뜰에는 더럽거나 잡스러운 것이 없고, 빈방에는 한가로움이 넘친다. 오랫동안 새장 속에 있다가, 다시 자연으로 돌아올 수 있게 되었음이여!(「歸田園居」 다섯 수의 첫째 수)

> 남산 아래의 밭에 콩을 심었는데, 잡초만 무성하고 콩의 싹은 드물다. 새벽같이 일어나 황무지를 일구다가, 달빛 속에 괭이 메고 집으로 돌아간다. 길은 좁고 풀은 높게 자라, 저녁 이슬이 나의 옷깃을 적신다. 옷 적셔지는 건 아까울 것 없지만, 다만 바라는 건 농사가 잘되는 것이네.(「歸田園居」 다섯 수의 셋째 수)

> 오두막집 엮어 짓고 세인들과 사는데도, 수레나 말의 소란스러움이 들리지 않는다네. 그대에게 어떻게 그럴 수가 있는지를 묻노니, 마음이 멀어지면 사는 곳도 저절로 치우친다네. 동쪽 울타리 아래서 국화 한 송이를 꺾어 들고, 유유히 멀리 남산을 바라보네. 산 기색은 해가 저물 무렵에 더 아름다우니, 날아다니던 새들도

무리 지어 돌아오누나. 이 가운데 참뜻이 있어, 무어라 말하고 싶은데 금방 잊어버렸네.(「飮酒」 25수의 다섯째 수)

아스라이 보이는 마을, 밥 짓는 연기, 산 기색의 아름다움, 날아다니던 새들의 귀환, 그 가운데 참뜻이 있는 것 같은데, 나는 도리어 변별할 수도 없고 말할 수도 없다. 왜 변별할 수 없고 말할 수 없는가? 왜냐하면 나는 여태껏 자연의 일원으로, 나와 자연은 분리될 수 없고 또한 분리되어서도 안 되기 때문이다. 내가 곧 구름이며, 꽃이며, 새이며, 구름 · 꽃 · 새 또한 단순히 구름 · 꽃 · 새가 아니라 그것들도 또한 곧 나이다. 한 편의 평안하고 조용함(恬適), 한 편의 평온함(寧靜), 한 편의 화목과 화해이다. 이것이 곧 도연명의 정신세계이다.[47] 도연명도 일찍이 벼슬길에 들어섰다가 또 귀향하여 은둔하였다. 그러나 벼슬길에서나 은둔생활에서나 결코 어떤 차이도 없었다. 소식蘇軾(1037~1101)도 말하기를 "도연명은 벼슬을 하고자 해서 벼슬하였지만 욕구하였다는 혐의는 없으며, 은둔하고자 해서 은둔하였지만 벼슬을 버리고 돌아감을 고귀하게 여기지는 않았다. 배고프면 문을 두드려 걸식하고, 배부르면 음식을 만들어 친구를 초대하였다(飽則鷄黍以延客)[48]"(「卜算子 · 黃州定惠院寓居作」)라고 하였다. 청결하고 순정함(淸淳), 솔직하고 진실함(率眞), 자연스러움으로 한 올도 세속의 기운에 물들지 않았다. 세상을 피하지도 않았고, 세상일에 분노하지도 않았으며, 수행도 하지 않았다. 내생來生에 희망을 걸지도 않았고, 세상을 비탄하고 백성의 고통을

47) 羅宗強(1931~2020)은 "도연명과 그들(士人들)이 다른 점은 곧 그와 자연의 사이에 거리가 없다는 것이다. 중국문화사에서 그는 마음이 경지(心境)와 사물의 경지(物境)가 혼돈하여 하나가 된(冥一) 최초의 사람이었다. 그는 자연 가운데의 일원이었으며, 방관자가 아니었으며, 감상하는 사람이 아니었으며, 더욱이 점유한 사람도 아니었다. 자연은 이처럼 새롭게 가까이 왔으며, 그는 완전히 대자연 속에 생활하면서 그는 전문적으로 山川의 아름다움을 묘사하지 않았으며, 또한 그가 산천의 아름다움 속에서 얻은 감수성을 전문적으로 서술하지도 않았다. 산천과 田園은 곧 그의 생활 속에 있었으며, 저절로 그러하게 그의 喜 · 怒 · 哀 · 樂 속에 존재하였다"(羅宗強, 『玄學與魏晉士人心態』, 杭州: 浙江人民出版社, 1991, 343쪽)라고 하였다.

48) 鷄黍는 "닭요리를 만들고, 기장으로 밥을 지어 손님을 대접한다"라는 뜻으로 "손님을 접대한다"와 같은 의미다. 延客도 招待 · 迎接의 뜻이다.

불쌍하게 여기지도 않았으며, 또한 때맞추어 즐기지도 않았다. 이것이 인간의 진실함이며, 인간의 성실함이며, 거리낌없음(放)이며, 통달함이며, 또한 세속에 구애받지 않음(放達)의 극치이다.[49]

완적과 도연명의 정신세계를 따라 분명하게 장자의 그림자를 볼 수 있다.

---

49) 湯一介(1927~2014)는 "위 · 진 현풍에 대해서 일종의 인생의 태도로 구별한다면, 어떤 사람은 '행위의 거리낌없음'(放)이며, 단지 '放達'의 겉모습만 얻은 사람으로 王衍(269~311)과 胡毋輔之(269~318)와 같은 부류로서 이들은 부유함을 긍지로 여기고 부질없고 허황됨(矜富浮虛)을 세속에 구애받지 않음(放達)으로 삼는다. 또 어떤 사람은 '도량의 放'이니 '放達'의 뼈대를 얻는 사람이며, 혜강과 완적 같은 사람이며, 이들은 세상을 가볍게 보고 시절을 오만하게 여김(輕世傲時)을 放達로 본다. 어떤 사람은 '자연과 일체가 되는 放'으로 '放達'의 精髓를 얻었으며, 작은 봉록(五斗米)에 허리를 굽히지 않았던 陶潛이 바로 그 사람이다"(湯一介, 『郭象與魏晉玄學』, 北京: 北京大學出版社, 2000, 34쪽)라고 하였다.

제6장 운명론

명命은 인생의 귀貴·천賤·화禍·복福을 결정하는 것이며, 필연성과 신비적 색채를 가진 어떤 색다른(異己) 역량이다. 사람의 힘으로 좌우할 수 없는 색다른 역량으로서 명은 또한 천명이라고도 한다.[1]

한漢의 엄준嚴遵은 "덕을 베풀어 주고, 부富·귀貴·빈貧·천賤, 요夭·수壽·고苦·락樂, 마땅함과 마땅하지 않음을 천명天命이라고 한다"[2]라고 하였다.

남조南朝 양梁나라 유준劉峻(463~521)은 "이른바 명命이란 사死·생生이며, 귀貴·천賤이며, 빈貧·부富이며, 치治·난亂이며, 화禍·복福이니 이 열 가지는 하늘이 부여한 것이다"(「辨命論」)라고 하였다.

한漢나라 사람들은 명에는 세 가지 과科가 있다고 보았는데, 수명受命·조명遭命·수명隨命이 그것이다. 조기趙岐(?~201)는 "명命에는 세 가지 이름이 있는데, 선善을 행하고 선한 결과를 얻음을 수명受命이라고 하고, 선을 행하고 악한 결과를 얻음을 조명遭命이라고 하며, 악을 행하고 악한 결과를 얻음을 수명隨命이라고 한다. 오직 수명受命에 순응하여 그 바름을 얻을 뿐이다"[3]라고 하였다.

---

1) "天"이라는 글자는 중국의 고대철학에서 여러 가지 뜻을 포함하고 있다. 馮友蘭은 "중국문자 가운데 이른바 天에는 다섯 가지 의미가 있는데, ①물질적 天으로 땅과 상대하는 천이다. ②주재적 천은 이른바 皇天上帝이며, 인격적 天·帝를 말한다. ③운명적 천으로 인간이 살아 있을 때 어찌할 수 없는 것을 말하며, 맹자가 '만약 저것이 성공하면 곧 天이다'라고 할 때의 天이 이것이다. ④자연적 천으로 자연의 운행을 가리킨다. 예를 들면 『荀子』 「天論篇」에서 말한 天이 이것이다. ⑤의리적 천으로 우주의 최고 원리로서 『中庸』에서 말하는 '天命之謂性'의 천이 이것이다"(馮友蘭, 『中國哲學史』 上冊, 上海: 華東師範大學出版社, 2000, 35쪽)라고 하였다. 숫자 번호는 역자의 임의 표기임.

2) 嚴遵, 『老子指歸』(北京: 中華書局, 1994), 45쪽.

3) 『十三經注疏』(北京: 中華書局, 1980), 2764쪽.

중국에서 천명관념은 일찍이 하夏·은殷시대에 이미 매우 유행하였으며, 역사 자료에서도 또한 매우 많이 보인다. 예를 들면, 아래와 같다.

> 하夏나라가 죄가 많아 천명天命으로 (湯王이 桀王을) 죽였다.(『尙書』, 「商書·湯誓」)

> 천명으로 현조玄鳥(제비)를 보내니, 내려와 상商(殷)나라 사람을 낳았네.(『詩經』, 「商頌·玄鳥」)

여기서 하나라가 멸망하고 상나라가 일어난 것은 천명에 의해서 결정된 것이라고 말한다. 주周나라 사람들도 또한 이러한 관점을 이어받아 다음과 같이 말한다.

> 하늘이 이에 문왕에게 대명大命을 내리시어 융戎과 은殷을 멸망시키고자 하였다.(『尙書』, 「周書·康誥」)

> 문왕文王과 무왕武王이 크게 밝아 황천皇天이 그 덕을 매우 좋아하여(弘厭) 융戎을 주周가 상대하게 하여 대명大命을 맡겼다.(『尙書』, 「召誥·毛公鼎」)

여기서도 상나라를 멸하고 주나라가 일어나는 것은 또한 천명의 지배를 받은 것이라고 설명한다. 그러나 주나라 사람들이 천명관을 발전시켰는데, 곧 천명은 결코 고정불변이 아니며, 또한 이른바 "천명은 일정하지 않다"(『詩經』, 「大雅·文王」, "天命靡常.")라는 것을 인정하였다. 마치 "그 덕을 존경하지 않고, 곧 그 덕을 일찍 잃었다"(『尙書』, 「召誥」)라고 한 말과 같다. 오직 덕을 공경하고 백성을 지켜야만 비로소 "하늘로부터 영원한 명을 받을"(『尙書』, 「周書·召誥」) 수 있다. 이것이 곧 이른바 "덕德으로써 하늘과 짝함"의 사상이다. 이런 까닭에 주周의 대부 유강공劉康公(B.C.?~B.C.544)은 "나는 들었다. 백성은 천지의 중정中正을 받아서 태어나니 이른바 명이다. 이런 까닭에 동작에 예의禮義와 위의威儀의 준칙이 있으니 이로써 명命을 결정한다. 유능한 사람은 그것을 길러서 복福이 되고, 무능한 사람은 훼손해 화禍를 얻는다. 이런 까닭에 군자는 예禮에 근면하고, 소인은 (육체적) 힘을 다한다"(『春秋左傳』, 成公 13年)라고 하였다. 정鄭나라 대부 비심裨諶(생몰 미상)도 "선善이 불선을 대신함은 천명이며, 그것이 어찌 정권이 자산子産에게 돌아가지 않겠는가?"(『春秋左傳』, 襄公 29年)라고 하였다. 천명은 존재하며, 천명은 사람의 힘으로는 어떻게 할 수 없는 것이며, 사람이 할 수 있는 것은 천명을 배반하지 않도록 온 힘을 다하는 것이다.

1. 명命을 어길 수는 없다

유가는 명은 어길 수 없다고 보고 "지명知命"을 강조한다. 그러나 동시에 또 인간은 운명 앞에 마땅히 적극적으로 맞서야 한다고 주장하였다. 공자는 다음과 같이 말한다.

> 군자는 세 가지를 두려워해야 하는데, 천명을 두려워해야 하고, 대인大人을 두려워해야 하며, 성인의 말을 두려워해야 한다.(『論語』, 「季氏」)

> 크도다! 요의 임금 됨이여! 높도다! 오직 하늘만이 크며, 오직 요임금만이 그것을 본받았도다!(『論語』, 「太伯」)

공자는 요임금이 성군이 되는 까닭이 곧 요임금이 하늘을 모범으로 삼고 하늘을 본받아 행동하였기 때문이라고 생각하였다. 동시에 공자가 보기에 천도天道의 유행이 자연이고 객관적이다.

> 도가 장차 행해짐도 명命이며, 도가 장차 폐廢하여짐도 명이다. 공백료公伯寮가 장차 명을 어떻게 하겠는가?(『論語』, 「憲問」)

도가 실행됨과 폐하여짐은 늘 사람의 힘으로는 항거할 수 없는 것이다. 명을 두려워함으로부터 공자는 천명을 알기를 강조하였고, 자신도 "50에 천명을 안다"(『論語』, 「爲政」)라고 하였고, "명을 알지 못하면 군자가 될 수 없다"(『論語』, 「堯曰」)라고 여겼다. 비록 공자가 마땅히 명을 두려워해야 하고, 명을 알아야 한다고 보았지만, 그러나 결코 인간이 천명의 앞에서 오직 아무런 작위도 하지 말아야 한다고 생각하지 않았으며, 도리어 인간은 마땅히 강해지도록 분발하여 적극적으로 나아가야 하며, "하늘을 원망하지도 말고, 인간을 걱정하지도 말라"라고 하고 "안 되는 줄 알면서도 그것을 한다"(『論語』, 「憲問」)라고 하였다. 즉 마땅히 천명을 알고 사람의 일을 다 하기를 강조하였다.

맹자는 명에 대하여 순명順命 · 입명立命 · 정명正命을 설명하였다.

> 하늘이 (임금의 자리를) 현인賢人에게 주려고 하면 곧 현인에게 주고, 하늘이 (임금의 자리를) 아들에게 주려고 하면 자식에게 준다.…… 하려고 하지 않아도 (그렇게) 되는 것은 천天이며, 이르고 하려 하지 않아도 이르게 되는 것은 명命이다.(『孟子』, 「萬章上」)

> 그 심心을 다하는 사람은 그 성性을 안다. 그 성을 알면 천天을 안다. 그 심을 보존하여 그 성을 기르고 그로써 하늘을 섬긴다. 요절夭折과 장수長壽는 둘이 아니며 수신修身으로 기다려서 입명立命(修身과 養性으로 天命을 받듦)한다.

따라서 "천天(天命 · 天理)에 순응하는 사람은 존립하고, 천天을 거스르는 사람은 망한다"(『孟子』, 「離婁上」)라고 하였다. 천명은 비록 어길 수는 없지만, 그러나 사람도 적극적으로 나아가 일을 이룩해야 한다. 맹자가 보기에 한 개인이 그 장수와 요절, 거역하든 순응하든 상관없이 모두 수양으로 자신의 신심身心을 지켜서 적극적인 태도로 맞이하고 여러 가지 결과를 직면해야 하며, 이것이 곧 이른바 "입명立命"이다. 동시에 "명命이 아님이 없으며, 그 올바름에 순응하고 받아들여야 하며, 이런 까닭에 명을 아는 사람은 벼랑이나 담장 아래에 서지 않는다. 그 도를 다하고 죽는 것이 정명正命이며, 질곡桎梏 당하여 죽는 것은 정명이 아니다."(『孟子』, 「盡心上」) 정명은 지명知命을 전제로 삼지만, 지명은 결코 운명에 직면하여 아무런 작위를 하지 않는 것이 아니며, 마땅히 "그 도를 다해야 하며" 또한 자신이 할 수 있는 일을 다 해야 한다.

순자는 엄격하게 천天과 인간의 경계를 마땅히 구분해야 한다고 보았다.

> 하늘과 인간의 구분에 밝으면 지인至人이라고 할 수 있다.(『荀子』, 「天論」)

> 하늘의 운행에는 상도常道가 있는데, 요임금(과 같은 성인)을 위하여 존재하지 않고, 걸桀(과 같은 폭군) 때문에 없어지지도 않는다. 그것(상도)에 다스림으로 응하면 길吉하고, 그것에 혼란함으로 응하면 흉凶하다.(『荀子』, 「天論」)

> 하늘은 인간이 추위를 싫어한다고 겨울을 그만두지 않고, 땅은 인간이 멀고 넓음을 싫어한다고 광활함을 그만두지 않으며, 군자는 소인 흉폭하다고 해서 행위를 그만두지 않는다. 하늘에는 상도가 있으며, 땅에는 일정한 운수(常數)가 있으며, 군자는 고정된 격식(常體)이 있다.(『荀子』, 「天論」)

순자가 보기에 하늘에 상도가 있으므로 곧 하늘에 천명天命이 있다. 그러나 인간은 천명에 직면하여 결코 무능해서 아무 일도 못하는 것이 아니라, 마땅히 "천명을 다스려서 그것을 이용해야 한다."

> 하늘에는 그 때가 있고, 땅에는 그 재물이 있으며, 인간에게는 그 다스림이 있으니 무릇 이것을 '능참能參'이라고 한다.(『荀子』, 「天論」)

> 하늘을 위대하게 여기고 사모하는데, 어떻게 그것을 물자物資로 축적蓄積하여 다스릴 수 있겠는가? 하늘을 따르며 그것을 칭송하는데, 누가 천명을 다스려 그것을 이용할 수 있겠는가? 때를 바라보고 기다리면 누가 때에 응하여 그것을 부리겠는가? 사물을 따라서 그것을 많게 하려고 한다면 누가 그것을 다스려 그것을 변화시키려고

하겠는가? 사물을 좋아하여 그것을 나를 위해 쓰여야 한다고 생각한다면 누가 사물을 관리하여 (더 잘 자라도록 하여) 잃지 않도록 하겠는가? 사물이 생겨나는 원인을 알고 싶어만 한다면, 누가 사물이 잘 생성하도록 돌보겠는가? 그러므로 인간의 노력을 버리고(錯人) 하늘에만 맡기고자 하면 만물의 실정實情을 잃어버린다.(『荀子』, 「天論」)

"천명을 다스림"은 당연히 "천명을 앎"을 전제로 하며, 다만 만약 "인간의 노력을 버리고 하늘에만 맡기고자 하면 만물의 실정을 잃어버린다." "착錯"은 폐기廢棄의 뜻이다. "착인錯人"은 곧 인간의 노력을 폐기한다는 말이다. "만물의 실정實情"은 곧 자연계 만물은 인간을 위하여 이용될 수 있는 본성이다. 순자는 천명을 홀시하지는 않았지만, 인간의 적극적인 행동을 강조하였다. 묵자사상의 핵심은 "겸애兼愛"와 "비공非攻"이다. 묵자는 전쟁을 반대하고 전쟁을 세상의 가장 큰 해로움이라고 보았다. 전쟁의 근원은 묵자가 보기에 사람과 사람 사이에 "서로 사랑하지 않음"이었다. 그러므로 묵자는 강력하게 "겸애"를 창도하였으며, 아울러 "겸애"를 하늘의 의지라고 보았다.

하늘의 뜻(天意)에 순응함이 겸兼이며, 하늘의 뜻을 반대함이 별別이다.(『墨子』, 「天志下」)

하늘의 뜻에 순응하는 사람은 '두루 서로를 사랑하고'(兼相愛), 서로 이익을 나누며, 반드시 상을 받는다. 하늘의 뜻을 거스르는 사람은 구별하여 서로를 미워하며, 서로를 적대시하여 반드시 벌을 받는다.(『墨子』, 「天志上」)

비록 하늘은 지각이 있고, 의식이 있고, 의지가 있지만, 묵자는 인간의 빈궁貧窮·영달榮達·가난·부유함은 하늘이 미리 먼저 잘 안배한 것이라고는 결코 생각하지 않았다. 묵자가 보기에 인간과 금수禽獸는 다르며, "그 힘에 의지해야 생겨나며, 그 힘에 의지하지 않으면 생겨나지 않는다"(『墨子』, 「非樂上」)라고 하였다. 인류는 단지 적극적으로 행동하고 여러 종류의 사람들은 각각 그 분배받은 일을 지켜야만 비로소 입고 먹을 것을 충족한다. 그러나 묵자는 다음과 같이 말한다.

> 명命이 있다고 고집하는 사람은 '윗사람에게서 벌을 받는 것은 명이 진실로 벌을 받게 되어 있기 때문이며, 난폭하기 때문에 벌을 받는 것은 아니다. 윗사람에게서 상을 받는 것은 명命이 진실로 상을 받게 되어 있기 때문이며 어질기 때문에 상을 받는 것은 아니다'라고 한다. 이런 생각으로 임금이 되면 의롭지 않으며, 신하가 되면 충성스럽지 않으며, 부모가 되면 자애롭지 않으며, 자식이 되면 효성스럽지 않으며, 형이 되면 어질지 않으며, 동생이 되면 공경하지 않는다. 그러므로 이것(운명)을 강하게 집착하는 것은 이로부터 특히 흉한 말이 생겨나는데, 이것은 흉포한 사람의 도이다.(『墨子』, 「非命上」)

> 옛날에 걸桀이 하夏나라를 어지럽히니 탕왕湯王이 그를 다스렸으며, 주紂가 은殷나라를 어지럽히니 무왕武王이 그를 다스렸다. 이것은 세상이 변화하지 않으면 백성도 변화하지 않고, 위에서 정치를 변화하면 백성은 쉽게 교화할 수 있다. (나라에) 탕왕과 무왕이 있으면 다스려지고 걸桀과 주紂가 있으면 어지러워진다. 편안함·위태함·다스려짐·어지러움은 윗사람의 올바른 정치에 달려 있는데 어찌 명命이 있다고 하겠는가?(『墨子』, 「非命中」)

따라서 묵자는 비록 하늘의 존재를 인정하고 천의天意와 천지天志의 존재를 인정하였지만, 천명의 존재는 인정하지 않았으며, 그는 '천지'를 견지하는 동시에 또한 강력하게 비명非命을 주장하였다. 묵자가 말한 '천지'는 겸애를 실행하기 위한 것이며, 비명을 말한 것은 인간의 노력을 강조하기 위함이며, 이 두 가지는 표면적으로 보면 모순으로 보이지만 묵자의 입장에서는 하나로 통일된다.[4]

---

4) 章太炎은 "유가는 귀신을 믿지 않지만 命이 있다고 말하며, 묵가는 귀신을 존중하고 믿으면서 命이 없다고 말하는데, 이것은 스스로 서로 모순인 것 같다. 묵자의 非命을 모르고 바로 종교를 결성하여 그들이 하늘을 존중하고 귀신을 숭상하는 것을 그들이 선하면 복을 주고 음란하면 화를 내릴 수 있다고 할 뿐이다. 만약 명이 있다고 하면

도가와 유가, 묵가의 명론命論은 같은 점도 있고 다른 점도 있다.

노자는 명命에 대하여 언급한 것이 적고, 다만 이 대신에 이른바 "본성으로 돌아감"(覆命)을 언급하였다.

> 무릇 만물이 다투어 무성하게 자라다 각각 자기의 근본으로 돌아간다. 그 근본으로 돌아감을 정靜이라 하며, 이것을 본성으로 돌아간다(覆命)라고 한다. 복명覆命을 상도常道라고 하고 상도를 아는 것을 명明이라고 한다. 상도를 모르고 경거망동하면 흉凶하게 된다.(『老子』 16장)

여기서 말하는 "명命"은 실제로는 성명性命(人性 · 本性)의 "명命"이며, 운명의 "명"이 아니다. "복명覆命" 또한 성명의 본래 상태를 회복함이다.

진경원은 "초목의 뿌리가 두껍고 안정된 곳에 뿌리를 내리면 오래 산다. 꽃잎이 가볍고 위로 움직이면 시들어 떨어진다. 사물이 또한 이와 같은데 하물며 사람이랴! 그러므로 성인이 깨우쳐서 백성들이 애욕의 마음을 멈추고 허정虛靜의 근본으로 돌아가면 그 성명의 근원을 회복할 수 있도록 하였다. 성명의 근원은 곧 묘연杳然하고 아득하여 보아도 볼 수 없고 들으려 해도 들을 수 없는 것이다. 이것은 오직 명철明哲한 자기 깨달음일 뿐이다. 능히 깨달을 수 있는 사람은 일거일동이 허정虛靜 · 적막寂寞과 떨어지지 않으며, 변화에 응하여 바뀌지 않으며 이로써 상도常道를 얻으며, 본성으로

하늘과 귀신은 권능이 없다. 생을 마침에 盜跖은 천수를 다하고 죽고, 伯夷는 굶어서 요절하였는데, 묵자의 설은 그것이 부합하지 않은 것이 매우 많다. 이러한 종교가 오래 전할 수 없는 까닭이다. 또 종교를 세우는 사람은 반드시 장엄한 음악을 갖추고 사람의 마음을 감촉하여 그들이 싫어하지 않도록 하는데, 묵자는 검소함을 귀하게 여기고 음악을 부정하였기 때문에 그 가르침은 200년을 넘기지 못하였다.(秦 · 漢시대에는 이미 묵자가 없었다.) 비록 묵자의 학문이 진실로 공자와 노자에 미치지는 못한다고 해도 그 도덕은 공자와 노자가 감히 엿볼 수 있는 것은 아니었다"(章太炎, 『諸子學略說』)라고 하였다. 장태염은 非命을 종교와 연계하여 봄으로써 묵학의 근본을 제대로 파악하지 못한 것 같다. 묵학은 귀신을 경배할 뿐만 아니라 또한 인간의 노력을 강조하였다. 그러나 유학은 천명을 신봉하였을 뿐만 아니라 또 人事를 강조하였다. 양자는 결코 통일될 수 없었다.

돌아가는 사람이다”(陳景元, 『道德眞經藏室纂微篇』, 권3)[5]라고 하였다.

성명의 관건은 성性이며, 명命이 아니다. 따라서 노자가 말한 명命은 우리가 논의할 명운命運과는 실로 아무런 관계가 없다.[6]

장자는 명에 대하여 기본적으로 어찌할 도리가 없다(無可奈何)는 태도를 보인다.

> 땅에서 명命을 받는 것은 오직 소나무와 잣나무만 (正)이며, 사계절 모두 푸르다. 하늘에 명을 받은 것 가운데 오직 (요)순임금 만이 올바르며, (만물의 으뜸이 되었다).[7](『莊子』, 「德充符」)

만물은 모두 천지의 기를 품수稟受하여 생겨나며, 소나무와 잣나무는 특별하게 천지의 바른 기를 품수하였으므로 사계절 항상 푸르며, 요순은 특별히 천지의 바른 기를 품수하였으므로 만인의 본보기가 될 수 있었다. 요순이 송백松栢과 함께 명을 받아 생겨났으며, 명을 받아 내려오는 것은 사람의 힘으로 할 수 있는 일이 아니며, 사람의 힘으로 좌우할 수 있는 일도 아니다. 운명이 운명일 수 있는 것은 사람의 힘으로 결코 할 수 없다는 데 있다.

---

5) 『中華道藏』 제10책(北京: 華夏出版社, 2004), 424쪽.

6) 당군의는 “노자가 말한 覆命은 命을 사물의 고요함 가운데 존재하는 생명의 근원(命根)으로 본다. 이것은 곧 사물이 能動·能生할 수 있는 功能을 직접 가리킨 것이며, 흔히 말하는 우리의 생명이 그 내재적인 精力에 근본하는 것과 같은 종류이다”(唐君毅, 『中國哲學原論—導論篇』, 臺北: 學生書局, 1984, 533쪽)라고 하였다.

7) 受命於地, 唯松柏獨也(正), 在冬夏青青; 受命於天, 惟(堯)舜獨也正, (在萬物之首)
“땅에서 명을 받음”(受命於地)의 여섯 구절에서 “正”, “堯”, “在萬物之首”라는 일곱 글자는 본래 없었는데, 陳景元의 『莊子闕誤』에서 ‘張君房本’을 인용한 것에 근거하여 增補하였다. 褚伯秀는 “‘땅에서 명을 받았다는 말에서부터 순임금만이 홀로 바르다’라는 구절까지는 문구가 가지런하지 않아 탈락이 있는 것 같다. 진원경은 장군방의 교정본을 참고하여, ‘受命於地, 惟松柏獨也正, 在冬夏青青; 受命於天, 惟堯舜獨也正, 在萬物之首’라고 하여, 없었던 일곱 글자를 보충하여 문장이 순리적이고 뜻이 온전하게 하였다. 곽상의 주석을 참고하면, 아래 구절의 첫머리에는 오직 松栢만 있고, 위 구절의 첫머리에는 오직 聖人만 있다. 그러므로 元本의 經文은 마땅히 ‘萬物之首’라는 글자가 있었는데, 傳寫하는 과정에서 없어졌다”(褚伯秀, 『南華眞經義海纂微』[『中華道藏』 제14책, 北京: 華夏出版社, 2004], 권11, 83쪽)라고 하였다.(원문 인용문은 역자가 보충함)

자여子輿와 자상子桑은 벗이었는데, 장맛비가 열흘 동안 내리자, 자여는 "자상이 아마도 배가 고파서 고통을 당하고 있을 터이다!"라며, 밥을 싸서 가지고 가서 먹도록 하려고 하였다. 자상의 집 문 앞에 이르렀는데, 집안에서 마치 노래를 부르는 듯, 또한 곡哭을 하는 듯 거문고를 타면서 "아버지 탓인가? 어머니 탓인가? 하늘 탓인가? 사람 탓인가?"라는 노래를 들었다. 노랫소리는 미약하여 마치 감정의 표현을 억누르는 듯, 촉급하게 대충 읊조리는 듯한 시가詩歌였다. 자여가 들어가서 "그대가 노래하는 시가가 어찌 이와 같은가?"라고 하였다. 자상은 "내가 나를 이토록 극도로 궁핍하게 한 사람이 누구인가를 생각해 봤으나 찾지를 못했네. 부모님이 어찌 나를 가난하도록 바라셨겠는가? 하늘은 사사로이 덮어 줌이 없고, 땅은 사사로이 실어 줌이 없으니, 하늘과 땅인들 어찌 사사로이 나만 홀로 가난하게 하였겠는가? 그래서 나를 이렇게 만든 존재를 찾아보았지만 알 수 없었다네. 그러니 내가 이렇게 극도로 궁핍하게 된 것은 운명일진저!"라고 하였다.(『莊子』, 「大宗師」)

자상이 매우 가난하였는데, 10일간 계속 비가 내리자 거의 아사餓死할 위험이 있었고, 이에 자여가 밥을 싸서 들고 가서 살펴보았다. 이때 자상이 마침 거문고를 타면서 노래를 하고 있었고, 노래 가운데 슬픔과 원망의 소리가 담겨 있는 듯하였다. 자상과 자여는 모두 도를 깨우친 사람들이었으며, 따라서 자여가 자상에게 어찌 이처럼 하늘을 원망하고 사람을 탓하는가를 물었다. 자상이 대답하기를 "자신은 결코 하늘을 원망하지는 않지만 자신의 운명을 한탄한다고 하였다. 설마 부모님이 내가 이처럼 빈곤하도록 바라겠는가? 하늘과 땅은 사사로움이 없는데, 하늘과 땅이 설마 나만 홀로 이처럼 빈곤하게 하겠는가? 그렇다면 내가 이처럼 빈곤한 것은 무슨 까닭인가? 이것은 아마도 이른바 명命일 것이다"라고 대답하였다.

명命은 일종의 필연적으로 작용하는 색다른 역량이며, 장자는 이것은 사람으로서 거역할 수 없다고 생각하였다.

(공자는 말하기를) "세상에는 대계大戒(반드시 지켜야 할 大法)가 둘이 있는데, 하나는

천명天命이고 다른 하나는 의義(인륜 규범)이다. 자식이 어버이를 사랑해야 함은 천명天命으로 마음속에서 버릴 수 없으며, 신하가 임금을 섬김은 의이며, 세상 어디에도 임금의 통치가 미치지 않은 곳이 없으므로 세상 어디로 도망갈 틈이 없다. 이것을 대계大戒라고 한다.…… "라고 하였다.(『莊子』, 「人間世」)

성현영은 "계戒는 법法이다. 세상에서 교법敎法은 매우 많으나 그 요점을 논하면 두 가지 일에 지나지 않는다"(『莊子疏』, 「人間世」)[8]라고 하였다. 계율이든 법이든 인간이라면 준수하지 않으면 안 되고, 계율이든 법이든 인간이라면 또한 오직 좇아서 행하고 준수함을 일삼아야 한다. 장자가 보기에 자식이 어버이를 사랑함도 명命이며, 신하가 임금을 섬김도 또한 의義이다. 그 반대로 말해도 마찬가지다. 자식이 어버이를 사랑함도 '의'이며, 신하가 임금을 섬김도 또한 '명'이다. 의는 인간세상에서 마땅히 해야 하는 바이며, 명은 인생에서 피할 수 없는 것이다. 인간은 반드시 부모가 있고, 신하는 반드시 임금이 있다. 어떤 사람은 어떤 사람의 자식인데, 어떻게 그 어떤 사람의 자식이 되고, 다른 사람의 자식이 되지 않은 것인지는 곧 명이다. 명이 이러하므로 그 어버이를 사랑하지 않을 수 없으며, 자식의 책임을 다하지 않을 수 없으며, 아울러 사람의 자식으로서의 책임을 자각하고 절실하게 이행해야 하는데, 이것이 곧 '의'이다. 어떤 사람이 어떤 사람의 신하가 되면, 사람의 신하로서 마땅히 신하의 책임을 다해야 하며, 이것이 곧 의이다. 의가 이러하므로 그 책임을 회피할 수 없으며, 자각적으로 이행하고 자각적으로 준수하지 않을 수 없다. 이처럼 회피할 수 없고 하지 않으면 안 되는 것이 곧 명이다. 따라서 "부모가 자식에게 동서남북 어디로 가게 하든 오직 명령을 따라야 할 뿐이다"(『莊子』, 「大宗師」)라고 하였다. 부모와 자녀 사이의 관계는 일종의 혈육 간의 정(親情)일 뿐 아니라 일종의 운명적 관계이며, 예측할 수 없는 가운데 일종의 운명으로 정해져 있는(命裏注定) 관계이다.

어떤 일이 반드시 일어나려고 해도 아직은 명이 아니다. 어떤 일이 어떤 시간에

8) 郭慶藩, 『莊子集釋』(北京: 中華書局, 1961), 155쪽.

반드시 발생하려고 하고, 어떤 방식으로 발생하려고 하고, 또한 이 발생이 그 당사자에게 매우 중요한 영향을 가지고 있어야 비로소 이른바 명이 된다.

(활을 매우 잘 쏘는) 예羿가 활을 쏘아 맞히는 곳(彀中)에서 노니는데, 중심이 되는 곳(中央)은 활을 쏘아서 적중하는 곳이며, 그러나 쏘아서 적중하지 않는 것은 명命이다.(『莊子』, 「德充符」)

예羿는 백발백중의 명사수名射手로, 예의 사정권 내에 들어온 새가 있어 마땅히 적중하려는 정확한 곳을 반드시 맞히려고 쏘았는데, 그러나 도리어 맞지 않는다면 그것이 이른바 명이다.

장자가 보기에 인간세상의 갖가지 큰일과 대사건(大端)은 운명으로 정해지지 않은 것이 없다.

삶과 죽음, 생존과 사망, 궁핍窮乏과 영달榮達, 가난과 부유함, 재주 있음과 모자람, 폄훼貶毁와 칭찬, 굶주림과 목마름, 추위와 더위는 사물事物의 변화이며, 운명의 유행이다.(『莊子』, 「德充符」)

이 모두가 큰일이자 대사건이며, 사물의 객관적 변화이며, 또한 운명의 자연적 유행이다.

곽상은 "그 이치는 진실로 합당하여 도망칠 수가 없다. 그러므로 사람이 태어남은 실수로 태어나는 것이 아니다. 생명이 소유하는 것도 함부로 소유하는 것이 아니다. 천지가 비록 크고 만물이 비록 많지만, 그러나 내가 바로 여기서 마침 만나는 것은, 비록 천지의 신명이나 나라의 성현이나 절대적 힘과 지극한 지능을 가졌다고 해도 어길 수가 없다. 무릇 만나지 못하는 것은 만날 수가 없고, 그 만나게 됨은 만나지 못하게 할 수 없으며, 해서 안 되는 것은 할 수가 없고, 해야 할 바를 하지 못하도록 할 수는 없다. 그러므로 그에 의지하는 것은 당연하다"(『莊子注』,

「德充符」)[9]라고 하였다.

인생의 큰일과 대사건을 명命이라고 하고, 이미 명이라고 했으면 사람의 힘으로 어떻게 할 수 없는 것이며, 또한 인간의 힘으로 개변改變할 수 없는 것이다. 인생의 가난과 부유함, 귀함과 천함, 삶과 죽음, 생존과 사망은 완전히 명으로 귀결시키고, 인간의 역량을 초월하는 것에 대해서는 어떻게 할 수 없다는 태도를 드러내었다.

명과 관련 있는 또 다른 범주는 시時(時運)이다. 만약 명은 일종의 항거할 수 없고, 색다르며, 필연적인 역량과 추세라면, 시時는 인간의 힘으로 어떻게 할 수 없는 특정한 사회적 발전 상태이며, 또한 이른바 세상 형편(時局)·시대의 추세(時勢)라고 하는 것이다. 명은 인간에게 매우 큰 영향과 작용을 끼치며, 시도 인간에게 또한 매우 큰 영향과 작용을 끼친다.

> 요·순의 시대에는 세상에 곤궁한 사람이 없었는데, 그것은 지혜로 얻은 것이 아니다. 걸·주의 시대에는 세상에 통달한 사람이 없었는데, 그것은 지혜를 잃어서가 아니다. 시대의 추세(時勢)가 우연히 그러하였을 뿐이다.(『莊子』, 「秋水」)

요·순의 시대는 걸·주의 시대와 다르다. 시세가 사람을 결정하는데, 시세가 다르고 사람의 상태도 매우 서로 다르다. 사람의 귀천貴賤은 시대의 변화에 따라 변한다. 오늘의 왕후장상王侯將相이 내일에는 영어囹圄의 몸이 될 수 있다. 자신조차도 보장하기가 어려운데 어떻게 자손을 음우陰佑하겠는가? 세간에서 말하기를(有道是) "(秦淮河에 걸쳐 있는) 주작교朱雀橋 주변에는 들꽃이 피었고, 오의항五衣巷 입구에는 저녁 해가 기울였네. 그 옛날 (六朝시대 晉의 望族인) 왕씨王氏와 사씨謝氏의 대청 앞을 날던 제비는 평범한 백성의 집으로 날아드네"(劉禹錫, 「五衣巷」)라고 하였다. 따라서 장자는 "귀천貴賤에는 때가 있어 평상으로 여길 수가 없다"(『莊子』, 「秋水」)라고 하였다. 상常은 경상經常(日常) 혹은 항상恒常이다. 귀한 사람이 끝까지 귀할 수 없고,

---

9) 郭慶藩, 『莊子集釋』(北京: 中華書局, 1961), 213쪽.

비천한 사람도 끝까지 비천하지는 않으며, 귀천貴賤의 부침浮沈을 알 수 있는 것이 아니다.

서한西漢의 문제文帝 연간에 주아부周亞夫(?~B.C.143)가 하내태수河內太守가 되었는데, 하루는 (許負라는 여자) 관상쟁이가 그 관상을 보고서 말하기를 "그대는 3년 후에 후侯(侯爵)가 될 것입니다. 제후가 된 후 8년 뒤 장상將相이 되어 나라의 권력을 잡고, 그 존귀함이 거듭될 것이며, 신하로서 둘도 없게 될 것입니다. 그 후 9년 뒤에 그대는 굶어 죽을 것입니다"(『史記』, 「絳侯周勃世家」)라고 하였다. 이와 같이 구체적이고 확실한 말은 진실로 사람이 믿기 어렵게 하였다. 그러므로 주아부는 "나의 부친이 세상을 떠난 후 나의 형이 이미 부친의 봉후封侯를 이었고, 설령 형이 돌아가시더라도 당연히 그 아들이 계승하게 될 것인데, 내가 어찌 후가 되겠는가? 만약 내가 정말 후侯가 된다면, 후侯라는 사람이 또 어찌 굶어 죽을 수 있겠는가?"라고 하였다. 그러나 그 후 상황의 발전은 결국 관상쟁이의 말처럼 되었다. 3년 후 주아부의 형인 주승지周勝之(생몰 미상. 西漢시대)가 죄를 지어 작위를 삭탈당하고 주아부가 그를 계승하였다. 주아부는 그 후 거기장군車騎將軍이 되고 많은 군공軍功이 있었고, 경제景帝(B.C.199/157~B.C.141) 때에 더욱 승진하여 승상丞相이 되었다. 그러나 세상사는 수시로 변화하여, 그의 직언과 꼿꼿한 행동(耿行) 때문에 경제에게 죄를 얻어 그로 인해 옥에 갇혔다. 주아부는 단식한 지 닷새 만에 피를 토하고 죽었다. 만약 주아부가 후侯가 되지 않았으면 장군이나 승상이 되지 않았을 것이며, 승상이 되지 않았다면 자연히 경제에게 죄를 얻지도 않았고 또한 옥에 갇히지도 않았고, 단식으로 죽음에 이르지도 않았을 것이다. 이 모든 것은 우연偶然처럼 보이지만 우연 가운데 또한 필연必然이 있다.

송대의 장재張載(1020~1077)는 "명命"과 "우遇"를 구분하기 시작하여 다음과 같이 생각하였다.

> (인간이 氣를 따라) 품수받는 명命은 성性과 같으며, (태어나면서 가지는 명을) 조우遭遇(幸·不幸을 만남)는 곧 우연일 뿐이다.…… 행위는 같은데 보응報應이 다른

것은 오히려 명命이라고 말하기 어렵고, 차라리 (우연한) 조우遭遇라고 할 수 있다. (『正蒙』, 「乾稱」) 하늘이 부여한 명命은 본성本性과 상통함이 지극하며, 조우遭遇하는 길흉吉凶이 그것(하늘이 부여한 명)을 해칠 수 없다.(『正蒙』, 「誠明」)

"명命"과 "우遇"의 구별은 필연성의 유무有無에 있는데, 그 필연성이 있으면 "명"이며, 우연성만 있는 것은 "명"이 아니라 "우遇"이다. 정이程頤는 이와 같은 말에 동의하지 않고 우遇와 불우不遇[10]는 모두 명命이라고 보았다.

명命과 우遇가 무엇인지 여쭈니 선생께서는 "인간의 우遇와 불우不遇는 곧 명命이다"라고 하였다. 다시 "장평長平의 전쟁에서 40만 명의 사람이 죽은 것이 어찌 명命 하나뿐이겠습니까?"라고 물으니, 선생님은 "이 또한 명이다. 오직 백기白起를 만난 것이 곧 명命이 이와 같을 뿐이다.[11] 또 하물며 조趙나라의 병졸은 모두 같은 나라 사람들이다. 곧 오호五湖와 사해의 사람들이 동시에 죽는 것도 또한 일상의 일이다"라고 하였다. 또 "혹은 형벌을 내리는 왕이거나, 혹은 재상으로 굶어 죽거나, 혹은 먼지 귀하게 되었다가 뒤에 비천하게 되거나, 혹은 먼저 비천하였지만 뒤에 귀하게 되기도 합니다. 이와 같은 것은 모두 명입니까?"라고 물으니, 대답하기를 "명이 아님이 없다. 이미 명이라고 하면 곧 다르고 괴이한 것이 없다"라고 하였다. (『河南程氏遺書』)

때를 만남과 만나지 못함은 모두 명이다. 우연으로 보일 수 있지만 실제로는 우연이 아니라 곧 명이다. 이러한 명은 노력할 수 없는 것이다. 바로 명은 노력으로 할 수 없기 때문에 그 두려움이 나타난다.

『열자列子』에서는 명에 대하여 더욱 자세하게 논술한다.[12]

---

10) 역자 주: "遇"는 偶然의 뜻도 있지만, 사람이 태어나서 자신의 능력을 발휘할 수 있는 사회적 지위를 얻거나, 권력자가 능력을 인용하여 등용되는 것 등을 의미한다. 즉 "때를 만남"으로 보아야 한다.

11) 역자 주: 白起(B.C.?~B.C.257)는 秦의 名將이며 用兵과 兵法에 조예가 깊었다. B.C.260년 趙나라와의 長平戰鬪에서 승리한 후 포로 40만 명을 산 채로 매장하여 죽였고, 후일 이를 후회하여 자살하였다.

인력人力이 천명天命에게 "그대의 공로가 어떻게 나보다 나은가?"라고 물었다. 천명이 "자네가 만물에 대하여 무슨 공로가 있다고 나와 비교하려고 하는가?"라고 대답하였다. 인력이 "인간의 장수長壽와 단명短命, 곤궁困窮함과 현달顯達함, 존귀함과 비천함, 빈궁함과 부유함은 나의 힘으로 충분히 결정할 수 있다"라고 대답하였다. 천명은 "옛날 팽조彭祖의 지혜는 요·순임금보다 못했지만 800살을 살았다. 안연顏淵의 재주는 보통 사람들보다 못하지 않았지만 32살에 죽었다. 공자의 덕은 여러 제후들보다 못하지 않은데도 진陳나라와 채蔡나라 사이에서 곤경을 당했다. 은殷나라의 주왕紂王의 행동은 세 사람의 어진 사람(微子·箕子·比干)보다 못했지만[13] 임금 자리에 있었다. 계찰季札은 오吳나라에서 벼슬을 하지 못했고, 전항田恆은 제齊나라에서 전권專權을 휘둘렀으며, 백이伯夷와 숙제叔齊는 수양산에서 굶어 죽었고, 노나라의 계손씨季孫氏는 전금展禽보다 부자로 살았다. 자네가 만일 이런 일들이 사람의 힘으로 결정할 수 있다고 보면, 어째서 저 사람(彭祖)은 오래 살고 이 사람(顏淵)은 단명하며, 성인을 궁지로 몰고 (순리를) 거스르는 자를 현달하게 하며, 현인을 비천하게 하고 어리석은 자를 존귀하게 하며, 착한 사람을 빈곤하게 하고 악인을 부유하게 하는가?"라고 하였다. 인력人力이 "만약 자네의 말과 같다면 나는 진실로 사물에 공로가 없으나 사물은 왜 이러한가? 이것이 자네가 다스릴 수 있는 일인가?"라고 하였다. 천명은 "이미 천명이라 말했는데 어떻게 그것을 다스리는 자가 있겠는가? 나는 곧은 것은 곧은 대로 두고 굽은 것은 굽은 대로 둘 뿐이다. 저절로 장수하고 저절로 단명하며, 저절로 곤궁하고 저절로 현달하며, 저절로 존귀해지고 저절로 비천해지며, 저절로 부유해지고 저절로 가난해지니,

12) 『列子』라는 책의 篇·章을 漢의 劉向은 의심하였다. 유향은 『列子新書目錄』에서 일찍이 "「力命篇」에서는 한결같이 命을 지켜 安分하고, 「楊子」편에서는 오직 마음대로 거리낌 없이 노닒(放逸)을 귀중하게 여긴다고 하였는데, 두 뜻이 서로 사리에 어긋나서 한 사람이 쓴 책인 것 같지 않다"라고 하였다. 최근의 사람인 馬達은 "우리는 「力命篇」이 楊朱의 사상을 반영한 것이지 열자의 사상을 반영한 것이 아니며, 그것이 열자의 사상을 대표할 수 없다고 생각한다. 「力命篇」은 楊子의 학문과 墨子의 학문이 '상호 비난한 것'의 산물이며, 또한 楊子가 묵자의 '非命'의 학설을 비판한 유력한 증거이다. 그러므로 그것이 열자의 사상을 대표할 수 없다"(馬達, 『列子眞僞考辨』, 北京: 北京出版社, 2000, 358쪽)라고 하였다.

13) 세 사람의 仁者는 곧 殷나라 말의 세 군자이다. 『論語』「微子」에서는 "微子는 떠나고, 箕子는 노예가 되었고, 比干은 간언하다 죽었다. 공자는 '은나라에 세 사람의 인자가 있었다'라고 하였다"고 하였다.

내가 어찌 그것을 알 수 있겠는가? 내가 어찌 그것을 알 수 있겠는가?"라고 하였다.
(『列子』, 「力命」)

노중현盧重玄은 "명命은 천天이며, 역力은 인人이다. 명命은 그것을 이룰 수 있고, 역力은 그것을 옮길 수 있으므로 운명運命(命을 옮긴다)이라 한다"(『列子解』)[14]라고 하였다. "성인을 궁지로 몰고 (순리를) 거스르는 자를 현달하게 하며, 현인을 비천하게 하고 어리석은 자를 존귀하게 하며, 착한 사람을 빈곤하게 하고 악인을 부유하게 하는 것"은 어느 사회 어느 시대에도 보편적으로 존재하는 현상이다. 이와 같기 때문에 그 사이에 명이 존재한다. 사람이 세상에 태어나서, 장수하는 사람도 있고, 단명短命하는 사람도 있고, 궁핍한 사람도 있고, 현달顯達하는 사람도 있는데, 그 장수·단명·궁핍·현달은 각각 저절로 명이 있다.

(楊朱의 동생인) 양포楊布(B.C.440?~B.C.360?)가 (楊朱에게) 묻기를 "여기에 두 사람이 있는데, 나이 차이도 많지 않고, 자질도 차이가 많지 않으며, 재주에도 차이가 많지 않고, 모습도 차이가 많지 않습니다. 그러나 장수와 단명이 크게 다르며, 존귀함과 비천함이 크게 다르며, 명예도 크게 다르며, 사랑과 미움을 받는 것도 크게 다릅니다. 저는 이것이 의혹입니다"라고 하였다. 양자楊子가 "옛사람이 한 말 중에 내 일찍이 그것을 알고 있는 것이 있으니, 너에게 말해 주겠네. 그렇게 되는 까닭을 알지 못하는데도 그렇게 되는 것은 명命이다. 지금 어둡고 모호한 상태에서 쉴 새 없이 많은 일이 일어나고, 하는 것을 따르기도 하고, 하지 않는 것을 따르기도 한다. 날마다 사라지고 날마다 생겨나는데 누가 능히 그 까닭을 알 수 있겠는가? 모두가 명命일진저!"라고 하였다.(『列子』, 「力命」)

인간세상에는 항상 허다하고 무한히 괴이한 일이 있으며, 허다하게 불평등하고 허다하게 불공평한 일들이 있으며, 사람들은 알고 싶어 하고 이해하려고 하지만, 그러나 최종적으로 여전히 알 수도 없고 이해할 수도 없어서, 이로부터 "명命"의

14) 楊伯峻, 『列子集釋』(北京: 中華書局, 1979), 194쪽에서 인용.

관념이 생겨났다. 명命을 이용하여 이 모두를 해석하려고 한 것은 처음부터 마지못해 그런 것이지만, 그러나 바로 이런 이유로 결국 이해할 수 없는 일들을 해석한 셈이다. 이러한 해석이 있으므로 겨우 우리의 마음은 약간의 평온함을 얻을 수 있는 것 같았다.

북궁자北宮子가 서문자西門子에게 "나와 그대는 같은 시대에 살고 있는데 사람들은 그대를 영달榮達하게 하였고, 같은 일가 종족인데 사람들은 그대를 공경하고, 용모가 별 차이가 없는데 사람들은 그대를 좋아하고, 같은 말을 해도 다른 사람들은 도리어 그대의 의견을 따르고, 같은 일을 하는데 사람들은 그대를 신임하고, 같이 벼슬을 하는데도 사람들은 그대를 귀하게 여기고, 같이 농사를 지어도 사람들은 그대를 부유하게 하고, 같이 장사를 하여도 사람들은 그대가 돈을 더 벌게 한다. 내가 입고 있는 옷은 거친 베옷이요, 먹는 음식은 거친 밥과 찬이며, 거처하는 집은 띠풀로 덮은 집이며, 외출할 때는 걸어 다닌다. 그대가 입은 옷은 수繡놓은 비단 옷이요, 먹는 음식은 잘 쓿은 밥과 고기반찬이며, 살고 있는 집은 높고 화려한 집이며, 외출할 때는 사두마차를 탄다. 집에 있을 때는 즐거이 웃으며 나를 안중眼中에 두지 않고, 조정에서는 큰소리치며 나를 무시하는 얼굴빛을 나타낸다. 손님을 청하고 안부를 묻고 해도 나에게는 하지 않고, 밖으로 놀러 나가도 나와 동행하지 않은 지가 이미 여러 해가 되었다. 그대는 자신의 덕이 나보다 뛰어나다고 생각하는가?"라고 물었다. 서문자는 "나도 진실한 원인을 알 수 없네. 그대는 일을 하면 늘 난관에 부딪히고, 나는 일을 하면 늘 순조로우니, 이것이 곧 덕의 두터움과 엷음이 다른 징험徵驗이 아니겠는가? 그런데도 자네는 도리어 나와 같다고 생각한다면 그대의 얼굴이 매우 두꺼운 것이네"라고 대답하였다. 북궁자는 대답할 말이 없어 넋을 잃고 돌아갔다. 도중에 동곽東郭선생을 만났다. 선생이 묻기를 "자네는 어디 갔다가 돌아오는 길인데 혼자 외롭게 걸으면서 깊이 부끄러운 기색을 하고 있는 것인가?"라고 하였다. 북궁자가 겪었던 사실을 말하니 이를 듣고 동곽선생이 "내 자네의 부끄러움을 없애 주고자 하니 나와 함께 다시 서문씨西門氏 집으로 가 물어보세"라고 하였다. 그리고 서문자에게 묻기를 "자네는 어찌하여 그리도 심하게 북궁자를 모욕하였는가? 우선 그 까닭을 말해 보게"라고 하였다. 이에 서문자가 "북궁자가 자신의 시대, 가족, 나이, 외모, 언론, 행동 모두가 나와 같은데, 천함과 존귀함, 빈곤과 부유함이 나와 다르다고 하였습니다. 그래서 제가 그에게 '나도 그 까닭을 알 수 없다. 그대는 일을 하면 늘 난관에 부딪히고, 나는 일을 하면 늘 순조롭다. 이것이 아마 덕이 두텁고 엷음의 증거가 아니겠는가? 그러니 모두 나와 같다고 하는 것은 그대의 얼굴이 매우 두꺼운 것이네'라고 하였습니다." 동곽선생이 "자네가 말하는 두텁고 엷음은 재능과 덕의 차이일 뿐, 내가 말하는 두터움과 엷음은 이와 다르다. 북궁자는 덕은 두텁지만 명命은 박薄하고, 자네는 명은 두텁지만 덕은 박하네. 자네의 현달顯達은 지혜로 얻은 것이 아니며, 북궁자가 빈곤한 것은 어리석음의 허물이 아니네. 모두가 하늘이 하는 것이지 사람이 한 것이 아니네. 그런데도 자네는 명命이 두텁다고 스스로 자랑하며, 북궁자는 덕이 두터운데도 스스로 부끄러워하고 있으니, 모두가 저 본래의 도리를 알지 못하네"라고 하였다.(『列子』, 「力命」)

북궁자는 덕이 두텁고 명이 박하고, 서문자는 명이 두텁고 덕이 박한 것은 세상일이 이와 같으니 사람의 힘으로 할 수 있는 일이 아니다.

생과 사는 명으로 말미암고, 빈궁貧窮함은 시時(時運)로부터 말미암는다. 요절함을 원망하는 사람은 명命을 모르는 사람이다. 빈궁함을 원망하는 사람은 시時를 모르는 사람이다. 죽음에 임해서 두려워하지 않고, 빈궁함에도 슬퍼하지 않으면 명을 알고 시운時運에 안돈安頓한다(安時).(『列子』, 「力命」)

장담張湛(B.C.25?~A.D.44?)은 "만약 그것이 명命이 아니라면 인자하고 지혜로운 사람은 반드시 장수하고, 흉악하고 어리석은 사람은 반드시 요절하겠지만, 꼭 그런 것은 아니다. 만약 그것이 시時(時運)가 아니라면 근면하고 검약한 사람은 반드시 부자가 되고, 사치奢侈하고 나태한 사람은 반드시 빈궁하겠지만 또한 꼭 그렇지는 않다"(『列子注』, 「力命」)라고 하였다.

명命이 있으므로, 사람의 명이 각각 다르므로, 그 때문에 인자하고 지혜로운 사람이 반드시 장수하지는 않고, 흉악하고 어리석은 사람이 반드시 요절하지도 않으며, 근면하고 검약한 사람이 반드시 부자가 되지는 않고, 사치奢侈하고 나태한 사람이 반드시 빈궁하지는 않다. 만약 인자하고 지혜로운 사람이 반드시 장수하고, 흉악하고 어리석은 사람이 반드시 요절하고, 근면하고 검약한 사람이 반드시 부자가 되고, 사치하고 나태한 사람이 반드시 빈궁하게 되고, 만약 모든 것이 자기 스스로 만드는 것이고, 모든 것이 자신이 한 노력의 결과라면, 사람들은 당연히 명이 있음을 믿지 않는다. 그러나 사실적으로나 역사적으로나 또한 현실의 생활에서 사람들은 인자하고 지혜로운 사람이 꼭 장수하지는 못하고, 흉악하고 어리석은 사람이 반드시 요절하지 않음을 더 많이 볼 수 있기 때문에, 사람들이 명을 믿지 않도록 하는 것도 실제로는 매우 어렵다.

오직 그 사람에게 모든 일이 순탄할 때만 그는 명을 믿으려 하지 않으며, 그는 자신의 모든 것이 자신이 한 노력의 결과라고 느낀다. 그러나 어떤 사람에게 많은 일이 순탄하지 않을 때 그는 명을 믿지 않을 수 없다. 오직 명이 있다고 인정하고, 오직 명이 있다고 믿을 때, 그는 비로소 스스로 마음의 안돈安頓을 느낄 수 있다. 그렇지 않으면 이 모든 불평등한 일을 설명할 수 없을 뿐만 아니라, 자신의 마음도 또한 안녕을 얻을 수 없다. 그런데 인간세상에서 모든 일에서 순탄한 사람은 적고 일마다 순탄하지 않은 사람이 많으므로, 따라서 명을 믿는 사람이 많고 명을 믿지 않는 사람이 적다.

유우석劉禹錫(772~842)은 다음과 같이 말한다.

> 무릇 유하濰河 · 치하淄河 · 이수伊水 · 낙수洛水를 다니는 배가 빠르고 느림은 사람에게 의존하며, 머무는(次舍) 것도 사람에게 의존한다. 바람이 부는 세찬 소리로 북을 두드려 파도를 만들 수 없고, 물의 흐름이 거슬러 올라가도 험준한 산(峭)을 작은 흙 언덕(魁)으로 만들 수는 없다. 가는 것이 빨라도 안전한 것도 사람이 하는 일이며, 가다가 전복하여 좌초함도 사람이 하는 것이다. 배에 탄 사람들이 천(명)을 말하지 않는 것 무엇 때문인가? 이치가 분명하기 때문이다. 저 배가 강江 · 하河 · 회淮 · 해海를 다니는 것이 빠름과 느림은 알 수가 없으며, 머무는

> 것도 반드시 그러할 필요는 없다. 바람 부는 소리가 '파도를 크게'(沃日) 만들 수 있고, 수레 지붕의 구름이 괴이하게 보일 수 있다. 태연하게 건너는 것도 천(명)이며, 암연黯然하게 침몰함도 또한 천天(天命)이며, 위험하나 겨우 존재함도 또한 천天(天命)이다. 배 안의 사람들이 일찍이 천天(天命)을 말하지 않은 것은 무엇 때문인가? 사리에 어둡기 때문이다.(『劉夢德集』, 권12, 「天論」 중)

인간세상에는 매우 많은 일이 있고, 사람들은 매우 명확하지 않으며, 사람들은 그 가운데의 도리에 분명하지 않으므로, 그것을 천天(天命)으로 귀결시키지 않을 수 없다.

묵자는 귀신은 인정하였지만, 명은 부정하였다. 묵자와는 반대로 왕충은 귀신은 부정하였지만 도리어 천명은 인정하였다. 왕충이 보기에 "왕공王公에서 서인에 이르기까지 성현聖賢과 가장 어리석은 사람(下愚) 등 모두 머리와 눈이 있고 혈기를 지닌 동물이라면 운명을 가지지 않을 수 없다. 빈천貧賤할 명을 만나면 비록 부귀가 주어지더라도 도리어 화와 근심을 만나 (그 부귀를 잃)고, 보귀寶貴해질 운명이면 비록 빈천하게 하려 해도 복과 선善한 결과를 만나 (그 빈천함을 벗어난다). 그러므로 명이 존귀하면 비천해도 저절로 부귀에 이르고, 명이 비천하면 부귀한 지위에 있어도 저절로 위태로워진다. 그러므로 부귀함에는 마치 신령神靈의 도움이 있는 것 같고, 빈천함에는 귀신의 재앙이 있는 것 같다"(王充, 『論衡』, 「命祿」)라고 하였다. 왕충이 천명天命을 인정하지 않을 수 없었던 것은, 만약 천명을 인정하지 않으면 인간세상의 갖가지 불평등한 괴이한 일을 설명할 방법이 없었기 때문이다.

명이 있음을 인정하면, 인간은 운명에 직면하여 무능력하고, 인간이 할 수 있는 일은 단지 운명에 안주하고, 단지 명을 알고, 시時(시운)에 안돈하고, 단지 시에 안돈하고 순종해야 할 뿐임을 인정해야 한다. 노중현盧重玄(생몰 미상. 당나라)은 "명을 알고, 시에 안돈함이 덕의 큼이다. 시時(時運)가 옴을 거부할 수 없고 명이 이름을 물리칠 수 없다. 그러므로 시에 안돈하여 순종하면 근심과 걱정이 들어올 수 없다. 비슷하게 닮아 생겨남에 미혹되고, 그 시를 알지 못하고 태어남을 슬퍼한다"

(盧重玄, 『列子解』)[15]라고 하였다. 인간은 운명에 대하여 일정한 의미에서는 무능력하다는 말이다.

> 삶은 그것을 귀하게 여긴다고 생존하게 할 수 없으며, 몸은 그것을 소중하게 여긴다고 해서 건강하게 할 수 없다. 삶은 또한 그것을 비천하게 여긴다고 요절하게 할 수 없으며, 몸은 또한 그것을 경시輕視한다고 허약하게 할 수 없다. 그러므로 그것을 귀하에 여겨도 혹 생존할 수 없으며, 그것을 소중하게 여겨도 건강하지 않으며, 그것을 경시해도 혹 허약하지도 않다. 이것은 상반되는 것 같지만 반대되는 것은 아니며, 이것은 저절로 생기고 저절로 죽고, 저절로 강건하고 저절로 허약해진다. 혹 그것을 귀하여 여겨서 생존하고, 혹은 그것을 비천하게 여겨서 죽기도 하고, 혹 그것을 소중하게 여겨서 강건하기도 하고, 혹 그것을 경시하여서 허약하기도 하다. 이것은 순리順理인 것 같지만 순리는 아니다. 이 또한 저절로 생존하고 저절로 죽고, 저절로 강건하고 저절로 허약하다.(『列子』, 「力命」)

"삶은 그것을 귀하게 여긴다고 생존하게 할 수 없으며, 몸은 그것을 소중하게 여긴다고 해서 건강하게 할 수 없다"라는 말에서 그 생존, 그 요절, 그 강건함, 그 허약함은 사람의 힘으로 할 수 있는 것이 아니며 이 또한 단지 명命일 뿐이다. 『열자』에는 "농사는 절기를 따르고, 상업은 이익을 추구하며, 공업은 기술을 따라야 하고, 벼슬살이는 형세를 좇아야 하는데 형세가 그러하게 한다. 그러나 농사에는 홍수와 가뭄이 있고, 상업에는 이익과 손해가 있으며, 공업에는 성공과 실패가 있고, 벼슬살이에는 (기회를) 만남과 만나지 못함이 있는데, 운명이 그러하게 한다"(『列子』, 「力命」)라고 하였다. 사람의 성공과 실패, 얻음과 잃음은 큰 의미에서는 또한 명命에서 결정된다는 말이다.

도교는 장생불사長生不死로써 도를 얻고 선인仙人이 됨을 종지로 삼는다. 그러나 인간이 선인이 되고 안 되고는 도교의 관점에서 보면 역시 운명적이다. 『태평경太平經』

---

15) 楊伯峻, 『列子集釋』(北京: 中華書局, 1979), 212쪽.

에 다음과 같이 말한다.

여섯 가지 인생에는 각자의 명이 있는데, 첫째는 신인神人이며, 둘째는 진인眞人, 셋째는 선인仙人, 넷째는 도인道人, 다섯째는 성인聖人, 여섯째는 현인賢人인데, 이는 모두 하늘의 다스림을 돕는다. 신인은 하늘을 주관하며, 진인은 땅을 주관하며, 선인은 바람과 비를 주관하며, 도인은 길흉을 교화함을 주관하며, 성인은 백성 다스림을 주관하며, 현인은 성인을 보조하여 만민의 기록을 관리하고, 천지와 사방의 부족함을 보조해 준다. 그러므로 인생은 각자의 명이 있고, 명이 귀하면 비천하게 될 수 없고, 명이 비천하면 귀하게 될 수 없다.[16]

대낮(白日)에 승천하는 사람은[17] 백만 명의 사람 가운데서도 얻은 사람은 아직 한 명도 없다. 그것을 얻을 수 있는 사람은 하늘의 대신大神이 지키고 믿는 바이다. 나머지 사람들은 비교할 수 없다. 죽었다 살아난 사람(尸解之人)[18]은 백만 명 가운데 한 사람이 나올 뿐이다.[19]

인간에게는 귀함과 천함이 있고, 수명壽命에는 장수와 단명이 있으며, 각각 품부받은 명命이 육갑六甲이다. 태어남에는 빠름과 늦음이 있고, 타고난 운명(祿命)에는 마땅한 직분이 있고, 선악善惡에는 다른 곳이 있으나 미세한 분별을 잃지 않는다. 속인俗人은 알지 못하고 오히려 진실함이 없다고 한다.[20]

---

16) 王明, 『太平經合校』(北京: 中華書局, 1960), 289쪽.

17) '白日之人'은 곧 대낮에 승천하는 사람이다. 이것은 선인이 되는 최고의 방식이다. 葛洪은 『仙經』을 인용하여 "최상의 士人은 형체를 허공에 오르게 하니 天仙이라고 한다. 중간급 士人은 名山을 유람하니 地仙이라고 하고, 하급의 士人은 먼저 죽은 후에 (몸뚱어리라는) 허물을 벗으니 몸에서 혼백만 빠져나와서 된 선인(尸解仙)이라고 한다"(葛洪, 『抱朴子』, 「內篇 · 論仙」)라고 하였다. '白日之人'은 곧 "형체를 허공에 오르게 하는" "天仙"이다.

18) '尸解之人'은 곧 죽은 후 다시 살아난 사람이다. "죽었다 다시 살아난 것은 尸解일 뿐이다"(王明, 『太平經合校』, 北京: 中華書局, 1960, 298쪽)라고 하였다. 尸解는 곧 변신하여 선인이 되는 것이다. '尸解之人'은 곧 "먼저 죽은 후 허물을 벗은" "몸에서 혼백만 빠져나와서 된 선인"이다.

19) 王明, 『太平經合校』(北京: 中華書局, 1960), 596쪽.

20) 王明, 『太平經合校』(北京: 中華書局, 1960), 567쪽.

도를 얻고 선인이 됨은 곧 사람마다 모두 구하는 바이지만, 선인이 되는 사람은 매우 적고 선인이 되지 못하는 사람은 매우 많은데, 왜 이와 같은가를 주관적 원인을 제외하면 또한 선천적이고 알 수 없는 요소가 있으며, 이 알 수 없는 요소가 곧 명命이다.[21]

명이 있다고 인정하지 않는다면(묵자와 같이) 몰라도, 일단 명이 있다고 인정하면, 명은 항거할 수 없음을 인정하며, (예를 들면, 공자 · 맹자 · 장자 · 열자와 같이) 인류의 초기 발전을 대표하는 사람들도 자신의 능력이 부족하므로 외재적인 자연의 힘을 기본적 인식과 기본적 태도로 취하고 있었다.

서양 문화에서도 이와 같은 이론이 있었다. 볼테르(Voltaire, François-Marie Arouet, 1694~1778)는 『철학사전哲學辭典』에서 고대의 우언寓言을 말하였다.

고대에 하나의 훌륭한 우언寓言이 있는데, 이야기한 것은 한 인간으로, 그는 처음에 많아야 20년을 살도록 명이 정해져 있었는데, 그가 여러 가지 생활을 하나하나 비교해 보니 결국에는 5년의 세월밖에 남지 않았다. 이 사람은 절망의 상태에 빠졌는데, 이때 그의 주변에는 모충毛蟲, 나비, 공작새, 말, 여우, 원숭이 등 여섯 종류의 동물이 있었다.

"나의 수명을 연장해 주세요." 그는 주피터(Jupiter, 고대 로마의 主神)에게 "나는 이들 동물보다 고귀합니다. 나와 내 가족은 마땅히 더 오래 살아서 그들을 통치해야 비로소 공정합니다"라고 하였다. "좋아." 주피터는 말하기를 "그러나 내가 생명을 준 모든 생물에게 내가 분배한 세월은 어느 정도 기준(數目)이 있고, 나는 단지 다른 생물에게 적게 주어야만 너에게 좀 더 줄 수가 있다네. 부탁하지만 너는 내가 주피터이기 때문에 무한하고 전능할 것이라고 바라지 말라. 나도 나의 본성과 한계가 있다. 내가 현재 너에게 몇 년의 수명을 더 주는 것은 네가 시기하는 그러한 동물들로부터 빌려 온 것이며, 따라서 이렇게 하는 조건으로 너는 생명을

21) 삶과 죽음에는 명이 있고, 선인이 됨과 안 됨에도 또한 명이 있으니, 이 점은 晉나라 이후에 수정되었다. 葛洪은 "나의 명은 나에게 있고 하늘에 있지 않으며, 또한 鍊丹으로 黃金을 만드는 데는 억만년이 더 걸린다"(葛洪, 『抱朴子』, 「內篇 · 黃白」)라고 하였다. 『西升經』에서도 또한 "나의 命은 나에게 있고, 天地에 속하지 않는다"라고 하였다.

빌려 준 동물의 생활방식을 순서대로 따라야 한다네. 인간이 맨 처음 해야 할 조건은 모충毛蟲과 같이해야 하는데, 처음 유년幼年 시기에는 기어서 가고 와야 한다네. 15살이 되기 전에는 인간은 반드시 나비처럼 경망스러워야 하고, 청년 시대에는 공작처럼 허영심이 있어야 하네. 성인成人이 된 후에는 인간은 말처럼 고역苦役을 담당해야 하네. 50세가 되면 인간은 여우처럼 교활한 계략을 할 줄 알아야 하고, 노년老年이 되면 원숭이처럼 누추陋醜하고 우스꽝스러워야 한다네. 이것이 일반적으로 말하는 인간의 운명이네"[22]라고 하였다.

옛날 사람들이 보기에 인간의 운명은 조물주가 사전에 안배하였기 때문에 개인이 운명에 저항하는 것은 헛수고일 뿐 아니라 현명하지도 않다. 오이디푸스(Oedipus)의 운명은 아버지를 죽이고 어머니를 처로 맞이하는 것이며, 비록 그 아버지인 라이오스(Laius)와 본인이 온 힘을 다해 이러한 끔찍한 운명으로부터 도피하고 벗어나려고 해도 그들의 행위는 곧 한 걸음 한 걸음 운명이 먼저 설계해 놓은 올가미 속으로 들어가고 있었다.[23] 이것이 곧 이른바 운명이며, 운명의 무시무시함이며,

---

22) 周輔成 主編, 『西方倫理學名著選輯』 下卷(北京: 商務印書館, 1987), 10~11쪽.

23) 오이디푸스는 고대 그리스의 비극작가인 소포클레스가 쓴 『오이디푸스 왕』이라는 연극의 주인공이다. 테베(Thebes) 성의 국왕 라이오스는 자기 아들이 장차 아버지를 죽이고 그 어머니를 아내로 맞이할 것이라는 신의 계시를 듣고, 태어난 지 얼마 안 된 아들 오이디푸스를 버렸다. 오이디푸스는 그 후 코린토스 국왕의 양자로 입양되었다. 오이디푸스는 장성한 후 자신이 장차 아버지를 죽이고 어머니를 아내로 맞이할 것이라는 신의 계시를 들었다. 오이디푸스는 이에 깊이 두려움을 느끼고 이 무서운 운명을 피해 집을 떠났다. 길에서 그는 일군의 사람들과 사소한 시비가 발생하여 그 우두머리 노인과 그 수행원을 때려죽였다. 그 노인이 사실 자신의 친아버지인 라이오스였다. 그는 계속 앞으로 걸어가서 테베 성 밖으로 나갔다. 테베 성은 이때 여태 한 번도 없었던 厄運을 만났고, 늙은 국왕이 외출하여 돌아오지 않았고, 사람의 얼굴과 사자의 몸을 가진 괴물 스핑크스(sphinx)가 산의 바위 위에 웅크리고 앉아서 지나가는 행인에게 "아침에는 네 다리로 다니고, 낮에는 두 다리로 다니고, 저녁에는 세 다리로 다는 동물이 무엇이냐?"라는 수수께끼를 제시하고 답을 못하는 사람은 바로 잡아먹었다. 오이디푸스는 이 수수께끼를 풀고 "이것은 곧 사람이다!"라고 외쳤다. 괴수 스핑크스는 부끄럽고 분하여 성을 내다 바위 위에서 떨어져 죽었다. 오이디푸스는 테베 성을 위하여 재난을 해결해 주었고, 이 때문에 테베 성의 사람들은 그를 새로운 국왕으로 옹립하였다. 그리고 당시의 법률에 따라 전 국왕의 모든 것이 새 국왕의 소유가 되었고, 오이디푸스는 결국 늙은 국왕의 아내 이오카스테(Jocasta)를 아내로 맞았다. 사실 이오카스테는 자신의 생모였

이것이 곧 운명의 피할 수 없음이며 싸워서 이길 수 없는 특성이다. 도가에서 말하는 명命은 먼저 명의 항거할 수 없음을 인정하는 것이다. 이 점에서는 도가와 유가 그리고 서양 초기의 운명에 대한 인식과 태도는 전혀 다르지 않다.

2. 안명安命과 달덕達德[24)]

도가 명론命論의 특징은 그 이론의 출발점과 입각점立脚点이 유가와는 크게 다르다는 데 있다.

유가는 지명知命을 말하고, 도가도 지명을 말하지만, 그 '알아야 하는 바'는 다르다. 공자가 강조한 '지명'은 그것을 군자의 덕으로 본 것이다.

> 명을 알지 못하면 군자가 될 수 없다.(『論語』, 「憲問」)

> 군자는 세 가지 두려움을 가지고 있는데, 천명을 두려워하고, 대인大人을 두려워하며, 성인의 말씀을 두려워한다.(『論語』, 「季氏」)

"지명知命"은 곧 명에 궁함과 통함이 있음을 아는 것이며, "명命을 두려워함"(畏命)은 곧 상제上帝를 경외하여 제멋대로 나쁜 짓을 해서는(胡作非爲) 안 된다. "지명"과

다. 오랜 세월 후에 테베 성에 심각한 역병이 발생하였다. 신의 계시로 말하기를 오직 늙은 국왕을 살해한 흉수를 엄벌해야만 재난을 해결할 수 있다고 하였다. 오이디푸스는 철저하게 추적조사하라고 명령을 내렸고, 결국 흉수는 다른 사람이 아닌 바로 자신임을 알았다. 신의 예언이 과연 사실로 실현되었다. 이오카스테는 진상을 안 후 목을 매어 죽었다. 오이디푸스 또한 슬프고 분하여 미쳐 버리고 싶었지만, 그는 죽을 수가 없었다. 왜냐하면 자신이 죽은 후에 자신에 의해 살해된 부친과 자신의 아내가 된 어머니를 대면해야 했기 때문이다. 오이디푸스는 할 수 없이 자신의 두 눈을 멀게 하고, 자신은 영원한 방랑자가 되었다.

24) 역자 주: 安命은 天命에 따라 분수에 맞게 산다는 뜻이며, 達德은 동서고금을 통하여 변함이 없는 도덕을 의미한다.

"외명"으로 주장하는 정신은 "하늘을 원망하지 않고, 인간을 탓하지 않음"(『論語』, 「憲問」)이다. 그러나 "하늘을 원망하지 않고, 인간을 탓하지 않음"은 결코 유가 명론의 근본은 아니다. 군자가 군자다운 군자가 되는 것은 도의道義를 책임지는 데 있고, 인仁을 행하고 정의를 실천함(行仁仗義)을 자신의 일생 사업으로 삼는 데 있다. 그러나 이 사업은 곧 위대한 사업이기 때문에 시時에는 순행順行과 역행逆行이 있으며, 사업에는 성공과 실패가 있다. 순행하여 성공하는 사람은 보기 어렵고, 역행하여 실패하는 사람은 항상 만난다. 공자는 "군자는 곤궁함을 잘 견디지만, 소인은 곤궁하면 (행동이) 분수에 넘친다"(『論語』, 「衛靈公」)라고 하였다. "군자는 곤궁함을 잘 견딘다"라는 말은 군자는 반드시 "곤궁함"으로 결정되었다는 것이 아니라 "군자는 곤궁해도 잘 견딘다"라는 뜻이며, 비록 곤궁함에 처해도 능히 덕과 지조를 잘 지킬 수 있다는 말이다.

> 자공이 말하기를 "가난하지만 아첨하지 않고, 부유해도 교만함이 없으면 어떠합니까?"라고 하니, 공자는 "옳다. 그러나 가난해도 (예를) 즐기고, 부유하면서 예禮를 좋아함만 못하다"라고 하였다.(『論語』, 「學而」)

> 공자는 "어질도다. 안회여! 한 그릇의 밥을 먹고 한 바가지의 물을 마시고, 가난한 마을에서 살게 되면 다른 사람들은 그 근심을 견디지 못하는데, 안회는 그 즐거움을 바꾸지 않았다. 어질도다. 안회여!"라고 하였다.(『論語』, 「雍也」)

> 공자는 "거친 밥을 먹고 물을 마시고 팔을 구부려 베고 누워도 즐거움은 또한 그 가운데 있다. 의롭지 않으면 부유함과 존귀함이 나에게는 뜬구름 같다네"라고 하였다.(『論語』, 「述而」)

공자는 "가난해도 즐김"을 주장하고, 공자는 스스로 "즐거움은 그(가난) 가운데 있음"을 깨달았으며, 공자는 안회顔回가 "그 즐거움을 바꾸지 않음"을 칭찬하였는데, 공자와 안회가 즐긴 것은 무엇인가? 가난함을 즐긴 것이 아니라 비록 가난하더라도 자신의 포부를 바꾸지 않는 것이며, 비록 가난해도 그 (예를) 즐김을 바꾸지 않는 것이며, 자신을 위하여 비록 가난함에 처해도, 곤궁함에 처해도, 역경에 처해도 오히려 포부를 바꾸지 않고 (예를) 즐기는 것이며, 곤궁하게 살아도 역경에 처했을 때도 또한 마땅히 갖추어야 할 정신이 있으며, 이러한 정신이 곧 "안 되는 줄 알면서도 그것을 한다"(『論語』, 「憲問」)라는 말이다. 곤란함이 있어도 좌절이 있어도 포기하지 않고 추구해야 한다.

> 공자가 광匡이라는 곳에서 유세할 때 송宋나라 사람들이 그를 몇 겹으로 포위하였는데도 공자는 거문고를 타고 노래를 멈추지 않았다. 자로子路가 들어와 뵙고 "어찌 선생님께서는 즐기고 계십니까?"라고 하니, 공자는 대답했다. "이리 오너라. 내 자네에게 말해 주겠노라. 나는 역경을 피하려 한 지 오래되었지만 피할 수 없었는데 이것은 명命이다. 통달하기를 구한 지가 오래되었지만 얻지 못하였는데, 이는 시세時勢이다. 요·순의 시대에는 세상에 곤궁한 사람이 없었는데, 그들의 지혜가 뛰어나서가 아니었다. 또 걸桀·주紂의 시대에는 세상에 통달한 사람이 없었는데, 그들이 지혜를 잃어서가 아니라 시세가 그렇게 맞았을 뿐이다. 무릇 물 위를 가면서 교룡蛟龍을 두려워하지 않음은 어부의 용기이고, 육지를 여행하면서 외뿔소나 호랑이를 두려워하지 않음은 사냥꾼의 용기이고, 칼날이 눈앞에서 교차하는 전투에서 죽음을 삶처럼 보는 것은 열사烈士의 용기이다. 곤궁함에 명命이 있음을 알고, 통달에 시세가 있음을 알고, 커다란 위난에 임해서도 두려워하지 않음은 성인의 용기이다. 유由야 네 자리를 지켜라! 내 명命은 정해진 바가 있다네."(『莊子』, 「秋水」)

어부의 용기, 사냥꾼의 용기, 열사의 용기는 필부의 용기다. 필부의 용기가 있고, 또한 성인의 용기도 있다. 공자는 "인자仁者는 반드시 용기가 있으며, 용자勇者는 꼭 인仁을 가지는 것은 아니다"(『論語』, 「憲問」)라고 하였다. "증자가 자양子襄에게 말하기를 '그대는 용기를 좋아하는가? 내가 일찍이 공자에게서 대용大勇을 들었다. 스스로 돌이켜보아 정직하지 못하면 비록 상대가 빈천한 사람이라도 내가 그를 두려워하지 않겠는가? 스스로 돌이켜보아 정직하면 비록 천만 명이라도 나는 (대적하러) 갈 것이다'라고 하였다."(『孟子』, 「公孫丑上」) 진정한 용자는 결코 단지 두려워하는 바가 없는 것이 아니며, 인의仁義로써 구하는 것이며, 그 마땅히 해야 하므로 하는 것이며, 그러므로 위험에 처해서도 근심하지 않으며, 큰 어려움에 임해서도 두려워하지 않는다. 공자는 곤궁함에 처함이 오래되었으나 면하지 못하였고, 통달하기를 구함이 오래였으나 얻지 못하였으니, 이것은 시세時勢이며, 명命이 그렇게 하도록 하는 것이다. 공자는 천명을 알고, 곤궁함에는 명이 있음을 알고, 통달함에도 '시세'가 있음을 알기 때문에 큰 어려움에 임해서도 두려워하지 않고 거문고를 타고 노래하기를 멈추지 않았는데, 이것이 곧 성인의 용기이다. 명을 알기 때문에 하늘을 원망하지 않고, 사람을 탓하지 않으며, 명을 알기 때문에 곤궁함에 처해도 (예를) 즐김을 바꾸지 않으며, 명을 알기 때문에 큰 어려움에 임해도 두려워하지 않고, 명을 알고, 명에는 곤궁함, 통달함이 있음을 알기 때문에 곤궁한 시세에 처해도 그 (예를) 추구함을 포기하지 않았다. 이것이 곧 공자가 주장한 정신이며, 이것이 유가의 운명에 대한 기본적 태도이다.

그러나 장자가 말하는 지명知命은 명을 알더라도 어찌할 도리가 없음을 아는 것이다. 명은 어찌할 수 없다는 것을 알면, 인간도 또한 어찌할 수 없는 태도로써 명을 대할 수밖에 없다.

> 어찌할 수 없음을 알고 명命에 안돈安頓함은 덕德의 지극함이다.(『莊子』, 「人間世」)

인간은 진실로 명이 있다. 인간이 이미 방법이 없고 또한 운명의 안배에 항거할 힘이 없는 이상 태연자약한 태도로 운명의 지배를 따를 수밖에 없다.

성현영은 "무릇 도道를 배우는 사인士人으로 스스로 그 심지心智를 안돈하는 사람은 위반함과 순리를 따름이 다르지 않음을 체인하고, 얻고 잃음이 하나임을 통달하므로 슬픔과 기쁨의 전경前景(前兆, 조짐)을 간섭할 수 있고, 쉽게 부림을 경시하지 않고, 곤궁함과 통달함의 필연성을 아는 것이 어찌 사람의 실정으로 제어制御할 수 있겠는가? 이런 까닭에 편안하게 명에 순응하여 천리天理에 어긋나지 않는다. 자신이 지인至人의 현덕玄德을 가지지 않았다면 누가 이와 같을 수 있겠는가?"(『莊子疏』, 「人間世」)[25)]라고 하였다.

명을 알고, 명에는 빈궁함과 통달함이 있음을 알지만, 인간은 이 빈궁함과 이 통달함에 대하여 어찌할 힘이 없다. 명은 거역할 수 없음을 알고, 인간은 운명 앞에 어찌할 힘이 없음을 알아 항거하지도 않고 또한 원망하고 분노하지도 않으며, 또한 퇴락하여 그만두지도 않고, 이런 까닭에 흔들리지 않고 안정되게(恬然) 달관하는 태도로, 또 어찌할 수 없다는 태도로 자신이 맞닥뜨린 모든 것을 대하는 것이 곧 정신수양이 극치에 다다른 표현이다.

신도가申徒嘉(생몰 미상)는 형벌로 다리 하나를 잘린 사람으로, 정鄭나라의 집정대부執政大夫인 자산子産(?~B.C.522)과 함께 당시 득도한 고인인 백혼무인伯昏無人(생몰 미상)을 스승으로 섬겼다. 자산은 신도가를 매우 무시하고 함께 앉거나 동행하기를 원하지 않았다.

> 자산이 신도가에게 "내가 먼저 나가면 자네가 남아 있고, 자네가 먼저 나가면 내가 남겠네"라고 하였다. 그다음 날 또 같은 집에 같은 자리에 앉았다. 자산이 신도가에게 "(어제) 내가 먼저 나가면 자네가 남아 있고, 자네가 먼저 나가면 내가 남아 있겠다고 말했는데, 지금 내가 나가려고 하니 자네가 남아 있을 수 있겠는가? 아니면 그렇게 할 수 없겠는가? 또 자네는 집정자執政者를 보고도 피하지 않으니, 자네가 집정자와 같은 신분인가?"라고 하였다.(『莊子』, 「德充符」)

자산의 세력은 흉흉하게 타인을 핍박하였는데, 신도가는 변론하기를 "선생의 문하에서 진실로 집정執政이 이와 같을 수 있는가?"라고 하였다. 자산은 한 걸음 더 나가서 "자네가 이처럼 되었는데도 오히려 요임금과 선善을 경쟁하려 하니, 자네의 덕을 헤아려 본다면 (그런 행동이 어떠한가를) 스스로 반성해도 부족하지

25) 郭慶藩, 『莊子集釋』(北京: 中華書局, 1961), 156쪽.

않겠는가?"라고 하였다. 신도가가 다리를 잘린 것은 형률을 위반했기 때문으로, 결코 태어나면서부터 절름발이가 아니었다. 이 때문에 자산이 그를 보고 덕이 없다고 하고, 깊이 반성해야 한다고 했는데, 그 말의 어투에는 비꼬는 뜻이 포함되어 있었다. 신도가는 다음과 같이 말했다.

> 스스로 자신의 허물을 (정직하게) 말하다 부당하게 (다리를 잘려) 없어지는 사람은 많지만, 자신의 허물을 정직하게 말하지 않고 부당하게 (다리를 잘리지 않고) 보존하는 자는 적다. 어찌할 수 없음을 알아서 마치 운명처럼 그것에 안돈하는 것은 오직 덕이 있는 사람만이 할 수 있다. (활을 매우 잘 쏘는) 예羿가 활을 쏘아 맞히는 곳(彀中)에서 노니는데, 중심이 되는 곳(中央)은 활을 쏘아서 적중하는 곳이며, 그러나 쏘아서 적중하지 않는 것은 명命이다. 사람들은 자신의 온전한 발을 가지고 온전치 못한 내 발을 비웃는 것이 많은데, 그때 나는 발끈하고 분노하다가도 선생님이 계신 곳에만 가면 분노가 가시고 정상을 회복한다(廢然而反). 선생님께서 선善으로 나를 인도해(洗) 주신 것을 모르는가? 내가 선생님과 노닌 지 19년이 되었지만, 지금까지 내가 절름발이임을 의식하지 않았다. 그런데 지금 그대는 나와 육체의 내면에서 교유하고 있는데도, 그대는 육체의 밖에서만 나를 찾고 있으니, 또한 잘못이 아니겠는가?(『莊子』, 「德充符」)

신도가의 회답은 매우 식견이 있었다. 인간세상에는 원망스럽고 기괴한 일들이 많으며, 또한 불평등하고 불공평한 일이 많다.

성현영은 "무릇 그 상황을 스스로 변명하며 타인에게 죄를 미루고 자신은 허물이 없으며 마땅히 죽지 않아야 한다고 말하는 이와 같은 사람이 세상에는 많다. 자신의 허물을 변명하지 않고 자신에게로 죄를 돌리고 자신의 허물이며 마땅히 생존해서는 안 된다고 말하는 이런 사람이 세상에는 매우 적다"(『莊子疏』, 「德充符」)[26]라고 하였다.

자신의 잘못을 각가지로 변명하고 자신은 마땅히 신체를 훼손당하는 처벌을

26) 郭慶藩, 『莊子集釋』(北京: 中華書局, 1961), 199쪽.

받지 않아야 한다고 생각하는 사람은 매우 많으며, 자신이 신체를 훼손당하더라도 자신을 위하여 어떤 변명을 하지 않고 자신이 마땅히 신체를 온전하게 보존해서는 안 된다고 생각하는 사람은 매우 적다. 이러한 모든 것이 어찌할 수 없음을 알고 태연하게 대처할 수 있는 것은 오직 수양이 높고 깊은 사람만이 충분히 이처럼 할 수 있다. 자신의 두 다리가 온전하다고 생각하며 나를 절름발이라고 비웃은 사람은 매우 많아서, 내가 그것을 듣고는 매우 화가 난다. 그러나 나를 기다리는 선생님이 계신 이곳에 오면, 나의 원망과 노기는 완전히 사라진다. 이것이 설마 선생님이 자선慈善으로 나의 정신을 씻어 주신 것이 아니란 말인가? 내가 선생님의 문하에 있은 지 이미 19년이 지났지만, 그는 여태 내가 다리를 잘린 사람이라고 느끼지 않았는데, 지금 너는 나와 몸체의 내면에서 정신적으로 교유하고도 도리어 몸체의 밖의 눈으로 나를 보다니 이것은 너무 심하지 않은가?

자산의 지위가 비록 집정대부였지만 그 정신적 경계는 결코 높지 않았다. 신도가는 비록 몸은 형벌의 고통을 받았지만, 도리어 태연하게 살았으며, 자신이 맞닥뜨린 운명에 대하여 어떤 변명도 하지 않았다. 위태하고 어지러운 시대를 맞이하여 위태하고 어지러운 고통을 받지 않으며, 고난의 세상에서도 고난의 일이 없다면 이러한 사람은 수치스럽다. 공자는 "나라에 도가 있는데, 빈궁하고 비천한 것은 수치지만, 나라에 도가 없는데, 부유하고 존귀하면 수치다"(『論語』, 「泰伯」)라고 하였다. 신도가가 살았던 세상은 도가 있다고 할 수 없으며, 그가 살았던 때가 위태함이 없고 어지러움이 없다고 할 수 없으므로 면하기 어려운 형벌을 받고, 말하기 어려운 고통을 받았다. 장자는 "요·순의 세상에서 빈궁한 사람이 없는 것은 지혜로 얻는 것이 아니며, 걸·주의 세상에서 통달한 사람이 없는 것은 지혜를 잃어서가 아니다. 시세時勢가 그러했기 때문이다"(『莊子』, 「秋水」)라고 하였다. 만약 이와 같은 고난이 없다는 것이 도리어 매우 정상이 아니다. 이러한 모두를 깨달았기 때문에 자신이 맞닥뜨린 고난에 대하여 어떤 변명도 하지 않았다. 이것을 수치로 여기지 않고 또한 이것을 영광으로 여기지도 않으며, 항거하지도 않고 또한 도피하지도 않으며, 원한을 가지지도 않고 또한 화가 나서 속을 끓이지도 않으며, 격앙激昂하지도 않고 의기소침하지도 않다. 이런 까닭에 평정平靜한 마음 상태로 자신이 만난 모든 것을 대하는 것은 오직 도덕수양이 최고의 경지에 도달한 사람만이 비로소 할 수 있는 일이며, 이와 같은 경지에 이를 수 있는 것은 정신적 수양이 극치에 도달했음을 보여 준다.

> 대명大命에 통달한 사람은 (능동적으로) 따르고, 소명小命에 통달한 사람은 (수동적으로) 맞닥뜨린다.(『莊子』, 「列禦寇」)

왕선겸은 "대명大命은 천명天命의 정미함을 말하며, 그것에 통달하면 자연에 맡겨 따를 뿐이다. 소명小命은 사람 각각이 가진 명命을 말하며, 그것에 통달하면 (수동적으로) 맞닥뜨린 것에 안주하고 또한 원망도 없다"[27]라고 하였다.

대명大命은 시時(時運)이며, 소명小命은 사事이다. 역경에 처하거나 순리順理에 처하거나를 막론하고, 어떤 일에 우연히 맞닥뜨리거나를 막론하고 모두 태연하게 대처한다. 하늘을 원망하지도 않고 사람을 탓하지도 않으며, 항거하지도 않고 도피하지도 않으며, 기뻐하지도 않고 근심하지도 않는다. 이것이 곧 장자가 시時와 명命을 대하는 기본적인 태도이며, 또한 장자가 인생을 대하는 기본적 태도이다.[28]

장자는 시와 명을 대하는 이러한 태도를 항상 명에 안돈하는 무위無爲로 간주하며, 소극적으로 세상에 순응하는 것으로 간주하며, 심지어 자신을 속이고 타인을 속이는 것이라고 간주하기도 한다.[29] 이처럼 장자를 이해하면, 표면에만 그친다.

---

27) 王先謙, 『莊子集解』(北京: 中華書局, 1987), 285쪽.

28) 서복관은 "장자가 말하는 명은 運命과 天命의 구별이 전혀 없으며, 그는 어짊과 모자람도 명에 속하게 하고, 유가가 人力의 범위로 포함한 것도 명의 범주로 속하게 하였는데, 곧 장자가 말하는 命은 그가 말한 德과 性과 같은 범주에 속하는 것이었으며, 덕을 구체화 되는 과정에서 드러난 '일의 변화'로 보고, 여러 가지 인생에서 人事의 서로 다른 현상으로 본 것이며, 마치 장수와 요절, 빈궁함과 부유함 등과 같은 것을 命이라고 하였다. 명은 곧 덕이 실현되는 과정에서 어떤 사람 어떤 사물이 나누어서 얻는 한도이며, 이러한 한도를 명이라고 부르며, 장자의 설명에 따르면 이것은 마땅히 복종해야 하는 명령이며, 바꿀 수 없다는 뜻이다"(徐復觀, 『中國人性論史』, 臺灣商務印書館, 1990, 376쪽)라고 하였다.

29) 장자를 이렇게 이해하고 대하는 태도는 그 유래가 오래되었다고 할 수 있으며, 심지어 간혹 일종의 전통적인 기본적 관점이라고도 할 수 있다. 20세기 60년대에 關鋒(1919~2005), 馮友蘭, 任繼愈는 많은 문제에서 의견의 불일치가 있었지만, 이 점에서는 서로 같다.

관봉은 "장자철학이 역사적으로 일으킨 사회적 작용은 기본적으로 반동적이었으며, 두 가지 방향으로 개괄할 수 있는데, 한편으로는 통치자들이 이를 이용하여 노동 인민의 기개를 소모하게 하고, 노동 인민의 계급의식과 투지를 마비시켰으며, 다른 한편으로는 일부 통치자와 지주계급의 失意한 문인과 정객의 정신적 타락이었으며, 스스로를 속이는 이상향이었다. 간단하게 말하면, 어떤 사람은 타인을 속이고, 어떤 사람은 자신을 속이고, 어떤 사람은 남도 속이고 자신도 속였다"(關鋒, 『莊子內篇譯解和批判』, 北京: 中華書局, 1961, 25쪽)라고 하였다.

풍우란은 "전국시대에 몰락한 노예 지주계급 가운데 일부의 사람들은 권력 쟁탈과 반권력 쟁탈의 투쟁에서 자신은 이미 실패하였고, 이미 잃어버린 天堂을 다시 회복할 수 없다고 생각하고, 단지 자신의 주관적인 환상 속에서 따로 자기 기만적이고 타인을 기만하는 천당을 건립하여 잠시 스스로를 위로하였다. 莊周의 철학은 이러한 계급의식의 이론화와 체계화였다"(馮友蘭, 『中國哲學史新編』 上卷, 北京: 人民出版社, 1998, 410쪽)라고 하였다.

임계유는 『장자』 내편은 장자의 사상이 아니라 장자 후학의 사상을 표현한 것이라고 보았는데, 이것은 일반인들의 관점과 다르다. 다만 임계유도 "內篇"에 대해서는 부정적인 태도를 보인다. "'후기 莊學'의 사상은 노자의 유물주의 철학의 약한 고리와 잘못된 관점을 따라 발전한 필연적인 결과이다. 이러한 사상은 노예 지주계급이 봉건적 세력이 강대해진 후에 앞길이 보이지 않고 자신감을 잃은 패배주의적 정신 상태를 반영한다. 그들은 곧 극단적으로 열악한 환경과 위험한 인물들이 함께 모여 최선을 다해 자신을 보전해야 한다고 생각하였다. 그는 '그가 갓난아이처럼 행동하면 그대도 그와 함께 갓난아이처럼 행동하고, 그가 절도 없이 멋대로 행동하면 그대도 그와 함께 절도 없이 멋대로 행동하고, 그가 터무니없는 행동을 하면 그대도 그와 함께 터무니없는 행동을 해야 하니, 이렇게 통달하면 허물이 없는 경지에 들어가게 될 것이다'(「人間世」)라고 하였는데, 이러한 말은 자기주장이 없이 남의 의견에 무조건 영합하는 것(隨聲附和)이며, 덩달아 대세를 따르고, 이렇게 하면 재해를 면할 수 있다는 뜻이다. 그는 갓난아이가 무지한 것처럼 자신이 그에 따라 무지하게 흉내 내고, 갓난아이가 규범을 지키지 않으면 자신도 그를 따라 규범을 지키지 않고, 갓난아이가 제멋대로 하면 자신도 그를 따라 제멋대로 한다. 여기서 묘사한 것은 자기만의 이익을 생각하는 이기적이고(自私自利) 옳고 그름을 따지지 않는 선량함을 가장한 위선자(鄕愿)와 같은 인물의 낯짝이다"(任繼愈, 『中國哲學史論』, 上海人民出版社, 1981, 331쪽)라고 하였다.

현대에도 여전히 장자를 이와 같은 관점으로 보는 사람이 있다.

유소감은 "(천)명에 안돈하며 無爲함은 장자철학이 逍遙游를 향하여 건너야 하는 기초이며, 명에 안돈해야 바야흐로 즐겁고 홀가분하며, 무위하면 悠然하며 스스로 만족하니(自得), (천)명에 안돈하며 無爲함은 인생의 자유를 얻는 유일한 방법이다. 현실을 바꿀 힘이 없고 또 정신의 자유를 추구하는 상황에서 장자도 오직 이 길을 선택할 수밖에 장자는 왜 시와 명에 대하여 이와 같은 태도로 대하려고 하였는가? 왜냐하면 단지 이러한 흔들리지 않고 안정된 달관된 태도로 모든 것을 대처해야 비로소 심령의 평온, 담박함과 자유를 지킬 수 있기 때문이다. 그리고 장자는 심령의 평온, 담박함과 자유를 다른 어떤 모든 것보다 더 중요하게 생각하였다.[30] 장자의 인생 추구는 곧 정신의 자유·자재와 심령의 평온과 담박함을 지키려는 것이다. 장자가 창도한 인생은 곧 자유·자재이며 담박한 인생이며, 장자가 창도한 생활은 곧 자유·자재이며 평범한 생활이다.

> 무릇 태어남(得)은 시時(時運)이며, 죽음(失)은 순리이다. 시에 안돈하고 순리에 따르면 슬픔과 즐거움이 (마음에) 들어오지 않는다. 이것이 곧 옛사람이 말하는 현해懸

없었다"(劉笑敢, 『莊子哲學及其演變』, 北京: 中國社會科學出版社, 1988, 149쪽)라고 하였다. 그리고 "장자가 (천)명에 안돈하며 無爲함을 주장하였고, 세속에 순응하기를 주장하였으며, 외재화에 안주하기를 주장한 것은 모두 그가 현실은 어떻게 할 수 없다는 것을 인정하였기 때문에 장자는 현실에 대하여 비관하고 절망하였으며, 인류가 현실을 인식할 가능성을 의심하고, 현실 생활에서 소극적이고 피동적인 것은 모두 그가 현실 생활에서 느낀 일종의 특이한 인간의 의지로 변화할 수 없는 필연적 역량이며, 현실 중에 번잡하고 복잡하고 시비와 혼란의 모순도 그로 하여금 자신도 자신을 어떻게 할 수 없다(身不由己)는 것을 느끼도록 하였다. 모든 것은 어쩔 수 없는 객관적 필연이며, 이것은 장자의 현실에 대한 가장 강한 느낌이며 가장 근본적인 인식이다"(위의 책, 209쪽)라고 하였다.

최대화는 "상상과 이상의 세계에 노닐고자 하는 장자는 현실 밖으로 나갔으며, 그는 또 세상 속에서 맴도는 順世의 태도를 주장하여 나타내었다"(崔大華, 『莊學硏究』, 北京: 人民出版社, 1992, 190쪽)라고 하였으며, 또 "장자의 인생철학은 세 가지 처세의 태도로 나타나는데, 超世·遁世·順世가 그것이며, 장자의 사상에서 이 세 가지 처세의 태도는 철학의 본체론적으로 동일한 것이며, 모두 장자사상의 인격을 나타내는 '道'를 얻음의 정신적 경지이다"(위의 책, 192쪽)라고 하였다.

30) 몽배원은 "만약 장자의 자유의 경지를 단지 소극적인 도피로 이해한다면 그것은 오해다. 선진시대에서 전체 중국철학사에서 어느 사상가도 장자와 같은 깊은 우환의식을 가진 사람이 없었으며, 또한 장자처럼 심각한 비판정신을 가진 사상가도 없었으며, 또한 장자처럼 자유에 대한 충만된 갈망을 가진 사상가도 없었다. 그의 우환정신은 현실의 관점에서뿐만 아니라 심령의 깊은 곳에 있었으며, 그의 비판정신은 역사적인 관점뿐만 아니라 생명의 존재방식에 자리 잡고 있었다. 그가 갈망한 '逍遙'는 심령의 자유에 대한 환호이며, 그가 제창한 '齊物'은 평등한 권리에 대한 추구이다"(蒙培元, 『心靈超越與境界』, 北京: 人民出版社, 1998, 225쪽)라고 하였다.

解[31])이다. 그러나 스스로 해결할 수 없는 것은 사물에 묶여 있기 때문이다.(『莊子』, 「大宗師」)

시운時運에 안돈安頓하며 순리를 지키는 뜻에도 여전히 슬픔과 즐거움이 (마음에) 들어오게 하지 않는 데 있으며, 슬픔과 즐거움이 들어올 수 없도록 하는 뜻은 또한 심령의 평온함, 담박함 그리고 자유를 지키려는 데 있다. 따라서 심령의 평온함, 담박함 그리고 자유가 뜻을 둔 바이며, 이것이 곧 최후의 목적이다.

심령은 어떻게 자유로운가? "사물에 묶여 있기" 때문에 또한 외재의 사물에 속박되어서 "현해懸解"를 할 수 없다. "현해"는 곧 속박된 바가 없다.

성현영은 "순리를 지키고 시운을 잊고, 적막하게 얽매임이 없음이 옛날의 지인至人이며, 이를 현해懸解라고 한다. 만약 마땅히 죽어야 함에 죽음을 고려하고 증오를 품고 있는 사람은 내심으로는 스스로 해결할 수 없으므로 외물에 결박된다"(『莊子疏』, 「大宗師」)[32]라고 하였다.

여혜경呂惠卿은 "생명이 오는 것을 알 수 없으니 태어남은 시운이며, 세상을 떠남도 제어할 수 없으니 죽음도 순리다. 시운에 안돈하고 순리를 지키면 슬픔과 즐거움이 (마음에) 들어오지 않으니 얽매인 바가 없어 이것으로 풀 수 있다. 만약 시운에 따라 구하지 않고 순리를 거스르면 사물에 묶여서 스스로 풀 수가 없다"(褚伯秀, 『南華眞經義海纂微』, 권17에서 인용)[33]라고 하였다.

시운에 안돈하고 순리를 지키면 슬픔과 즐거움이 (마음에) 들어올 수 없으며, 슬픔과 즐거움이 들어올 수 없으면 외물을 제어할 수 있으며, 외물을 제어할 수 있으면 심령의 평온함과 자유를 지킬 수가 있다. 그러므로 장자는 다음과 같이 말한다.

---

31) 역자 주: 장자의 정신적 최고 경지를 상징하는 개념으로, "天然의 解脫", "생과 사, 근심과 즐거움 등으로 흔들리지 않는 마음상태", "생사초월의 자유 경지" 등으로 해석할 수 있다. 불교적으로는 "解脫"이다.

32) 郭慶藩, 『莊子集釋』(北京: 中華書局, 1961), 261쪽.

33) 『中華道藏』 제14책(北京: 華夏出版社, 2004), 113쪽.

하늘이 운행하는 이치를 알고 인간이 해야 할 바를 아는 사람은 지극한 존재이다. 하늘이 하는 바를 아는 것은 사람은 자연을 따르며 살고, 인간이 해야 할 바를 아는 사람은 그 지식이 아는 바로써 그 지식으로 알지 못하는 것을 길러서, 결국에는 천수를 마치며 중도에서 요절하지 않는 사람은 앎이 극성極盛한 사람이다.(『莊子』, 「大宗師」)

곽상은 "하늘을 아는 사람이 하는 일은 모두 자연自然이며, 안으로 그 몸을 열고 밖으로 사물에 심오하며, 대중과 하나로 합치며(玄同), 임하되 이르지 않음이 없는 사람이다"(『莊子注』, 「大宗師」)[34]라고 하였다.

"하늘이 행하는 바"가 곧 자연이며, "인간이 행하는 바"가 곧 그 자연에 순응함이다. 인간의 지식은 유한하며, 그 알아야 할 바는 무한無限하며, 사람이 태어남에 곧 한계가 있으나 그 알아야 할 바는 한계가 없다.

내가 생명은 유한하지만, 알아야 할 것은 무한하다. 유한함으로써 무한함을 따르면 위태롭다. 그런데도 지知를 추구하는 것은 더욱 위태로울 뿐이다.(『莊子』, 「養生主」)

그러므로 인간도 마땅히 알지 못하는 바에 안돈해야 한다. 아는 바를 곤경으로 여기지 않고 알지 못하는 것을 상처로 여기지도 않는다. "그 지식이 아는 바로써 그 지식으로 알지 못하는 것을 기른다." 이와 같은 것이 곧 "앎이 극성함"이다. 이와 같아야 비로소 참다운 지식이다. 진지가 있고 난 뒤에 참다운 행위가 있고, 참다운 행위가 있고 난 뒤에 "현해懸解"를 얻을 수 있다. "현해"는 곧 근심함이 없고 속박됨이 없으니 곧 심령의 자유와 평온함이다.

심령의 자유와 평온함은 곧 장자가 추구하는 정신생활이며, 또한 명론命論이 확립되는 기초이며, 장자 명론의 출발점이다. 장자의 명론과 함께 그의 심성론을 연계하여 보지 않으면 공자와 장자의 명론의 차이를 구분할 방법이 없다. 장자의

34) 郭慶藩, 『莊子集釋』(北京: 中華書局, 1961), 224쪽.

명론을 그의 심성론과 연계하여 보지 않으면 장자의 명론의 진정한 함의를 이해할 방법이 없다.

루소는 "인간은 태어나면서부터 자유이지만 압박과 속박(枷鎖)이 없는 곳이 없다"[35]고 생각하였다. 장자가 추구한 인간의 정신의 자유는 다만 인간이 압박과 속박 가운데 있지 않을 때만 인정된다. 이러한 압박과 속박은 이미 현실의 공功·명名·이利·녹祿과 같은 종류의 사정이 있고, 또한 개체의 인력으로는 항거하고 제어할 수 없는 필연적인 역량이 있으니 이것이 곧 명命이다. 전자에 대하여 장자는 초월적 태도를 제창하였으며, "유심游心"을 주장하였다. 후자에 대하여 장자는 안연安然으로 그것에 대처하기를 제창하였다. "어찌할 수 없음을 알아서 마치 운명처럼 그것에 안돈함"은 명命의 면전에서 어찌할 수 없는 것이며, 또한 현실적 인생의 자유롭지 않음을 인정하는 것이다. 그러한 부자유를 인정하지만, 또한 마음으로 부자유를 달가워하지 않고, 또한 부자유를 만족스럽게 여기지 않음이 곧 장자의 고통이 존재하는 곳이다.

인간의 부자유를 인정하고, 그러나 또 적극적으로 인간의 자유를 추구하며, 자유와 필연의 사이에서 항상 긴장 관계가 존재함을 인정하는 것은 결코 장자가 심각하게 여기는 곳이 아니다. 장자가 심각하게 여기는 것은 그가 선택한 자유에 이르는 과정이며, 곧 부자유에 대한 인정을 기본 전제로 하는 것이며, 부자유가 자유에 도달하는 기본 방법임을 인정하는 것이다. "어찌할 수 없음을 알아서 마치 운명처럼 그것에 안돈安頓함"이라는 말에서 이 "안安"(安頓)이라는 글자가 깊은 뜻을 갖추고 있다. 어찌할 수 없는 후에 비로소 편안하게 그것을 대처할 수 있고, 이미 편안하게 그것을 대처하면 심령의 위압은 어느새 풀어진다. 심령의 위압이 이미 다시 존재하지 않으면 그것을 따라오는 것이 곧 자유와 자재自在의 상태이다. 따라서 어찌할 수 없다는 태도로써 운명을 대하는 것은 결코 어떤 무위無爲의 표현이 아니며, 퇴폐적 태도는 더욱 아니며, 곧 "덕의 지극함"의 표현이며, 정신수양이 극치에

35) 루소(Rousseau), 『社會契約論』(北京: 商務印書館, 1980), 8쪽.

도달함의 표현이다.

『회남자』에서는 다음과 같이 말한다.

> 인간은 (하늘처럼) 만들 수는 없지만 도울 수는 있으며, 도울 수는 있지만 완성할 수는 없다. 인간이 작위하면 하늘이 그것을 완성시킨다. 종신토록 선을 행하더라도 하늘이 아니면 실행되지 않으며, 종신토록 불선不善을 해도 하늘이 하지 않으면 망하지 않는다. 그러므로 선을 행할 것인가 아닌가는 내가 결정하지만, 화禍와 복福은 내가 결정하는 것이 아니다. 그러므로 군자는 자신에 있는 것에 순응할 따름이다. 성性은 하늘로부터 받는 것이며, 명命은 시時에 따라 만나는 것이다. 재능이 있더라도 그 세상을 만나지 못하는 것은 하늘이 하는 것이다. 태공망은 무슨 힘이 있었으며, 비간比干은 무슨 죄가 있었는가? 성을 따라서 행동해 나아가지만 혹은 해를 입고 혹은 이익을 얻는다. 구하는 것은 도道이며, 이루는 것은 명命에 있다. 그러므로 군자는 선을 행함이 능하지만, 그러나 반드시 복을 얻을 수 있는 것은 아니며, 나쁜 짓을 차마 하지 못하지만, 반드시 화禍를 피하지는 못한다.(『淮南子』, 「繆稱訓」)

인간은 할 수 없지만, 그것을 할 수 있는 것은 천天이다. 인간은 행하는 능력이 있고, 인간이 할 수 있는 것은 사업이며, 사업의 성공 여부도 또한 천天이다. "구하는 것은 도道이며, 이루는 것은 명命에 있다"라는 말과 "군자는 자신에 있는 것에 순응할 따름이다"라는 말과 "자기에게 있는 것"이라는 말은 곧 단지 자신에게 마땅히 무엇을 해야 하고, 마땅히 무엇을 하지 말아야 할 것인가를 물어보는 것이며, 성공할 것인가의 여부와 예상한 결과를 달성할 수 있는가는 그 자연을 받아들이고 그 자연에 순응해야 한다. 도가는 자연을 숭배하며, 명命에 대하여 도가는 마땅히 자연에 순응하는 것으로 생각한다.

유儒·석釋·도道는 모두 지명知命을 말하지만, 그 의미는 매우 크게 다르다.

불교 명론의 특징은 인과응보因果應報이다. 인광법사印光法師[36]는 "원인과 결과는

---

36) 印光(1861~1940)은 중국 현대 淨土宗의 고승이며, 蓮宗(정토종의 다른 이름)의 13조이

성인이 세상을 다스리고, 부처가 중생을 다스리는 대권大權이다"(「勸注重因果」, 『印光大師文鈔菁華錄』 6)라고 하였다. 인과응보에 대하여 또 이른바 "삼보三報"의 설이 있다. 혜원慧遠(334~416)은 "『경經』에서 말하는 업業에는 삼보三報가 있는데, 첫째는 현보現報, 둘째는 생보生報, 셋째는 후보後報이다. 현보는 선과 악이 이 몸에서 시작하여 바로 이 몸으로 받는 것이다. 생보는 내생來生에서 받는 것이다. 후보는 혹 이생二生, 삼생三生, 백생百生, 천생千生을 거친 후에 비로소 받는 업보다"(『三報論』)라고 하였다. 그 의미는 사람들에게 악을 버리고 선을 따르라고 가르치는 데 불과하지만, 이것이 가장 쉽게 할 수 있는 것이다.

공자는 지명知命을 말한 것 외에, 또 "안 되는 줄 알면서도 그것을 한다"라는 것을 힘써 선양하였다. 맹자도 지명을 말한 것 외에 "입명立命"과 "정명正命"을 강조하고, "요절과 장수는 두 가지가 아니라 수신修身으로 기다림"을 강조하였고, "명을 아는 사람은 담장 밑에 서지 않음"을 강조하였고, 앉아서 명을 기다림을 반대하고, 적극적인 노력을 추숭推崇하였다. 따라서 유가가 창도한 인생은 적극적으로 노력하는 인생이다. 도가는 이와 다르다. 장자는 지명知命을 말한 것 외에 단지 사람들이 안명安命하기를 가르쳤고, "시간에 안돈하고 순리를 지킬 것"을 가르쳤다. 표면적으로 보면 장자로 대표되는 도가는 소극적이고 퇴폐적인 것처럼 보인다. 그러나 장자가 창도한 것은 하나의 정신으로서 심령의 자유를 추구하는 정신이다. 장자에게서 특출한 것은 인간이 현실세계를 초월하는 것이다. 유가가 보기에는 그것이 불가능함을 알지만, 마땅히 해야 하는 것이다. 그러나 도가들이 보기에 '안 되는 줄 알면서도 그것을 한다'라는 말은 곧 "사역使役의 고통"(疲役)이며, "껄끄러운 가시"(芒)이다.

> 일생 수고하면서도 그 성공을 볼 수 없고, 고달프게 고생해도 그 돌아갈 바를 알지 못하니 어찌 애처롭지 않겠는가? 사람들이 죽지 않는다고 하지만 무슨 이익이

다. 陝西 郃陽 사람이며, 속성은 趙씨, 이름은 聖量이며, 자는 印光이며, 별호는 '常慚愧僧'(항상 부끄러운 중)이다.

있겠는가? 그 형체가 변화하면 그 마음도 그와 같이 그렇게 되리니 어찌 크게 슬프다고 하지 않겠는가? 인간의 일생은 진실로 이와 같이 껄끄러운 가시와 같을런가?(『莊子』, 「齊物論」)

따라서 장자가 창도한 인생의 경지는 아마도 공자와 맹자가 창도한 인생의 경지보다 더 고결하고, 또한 더 도달하기 어렵다. 왜냐하면 역경에 처하든 순경順境에 처하든 모두 예나 지금이나 다름없이(一如旣往) 적극적으로 노력하면, 결코 어려운 일은 아니니다. 그러나 자신이 만난 일체의 일에 대해, 공功·명名·이利·녹祿과 궁窮·달達·영榮·욕辱에 대해 모두 초월적인 견해를 취하며 달관한 태도를 보임으로써 모든 것을 흉금에 품어 두고서 얻어도 기뻐하지 않고, 잃어도 근심하지 않으며, "이익을 추구하지 않으며, 해로움을 피하지 않으며, 구함을 기뻐하지 않으며, 도道에 연연하지 않고"(『莊子』, 「齊物論」), 또한 "장수함을 기뻐하지 않고, 요절함을 슬퍼하지 않으며, 벼슬의 통달을 영예롭게 여기지 않고, 곤궁함을 나쁘게 여기지 않고"(『莊子』, 「天地」), 정신의 자유를 최고로 추구하는 것은, 일반 사람들은 하기 어렵기 때문이다.

제7장 생사론

인간은 태어남이 있으면 곧 죽음도 있으니 세상의 어떤 인간도 모두 삶과 죽음을 벗어날 수 없다. 인간은 어렴풋이 이 세상에 왔다가 그가 세상과 이별하기를 가장 아쉬워할 때 떠나야 하니, 이것은 인생의 영원한 비극이다.

죽음은 무엇인가? 죽음은 일종의 결과이며, 죽음은 인생의 최종적 결말이다. 그러나 죽음은 살아 있는 사람에게는 결코 미래의 시간 상태의 것이 아니다. 죽음의 공포는 그것이 발생할 수 있는 데 있지 않고 그것이 언제 어디서든 일어날 수 있다는 데 있다. 죽음은 살아 있는 사람에 항상 현존하는 상태이다. 마치 우리의 머리 위에 한 덩어리 커다란 바위가 달린 것과 같이, 바위가 떨어지면 우리는 곧 죽게 되지만, 언제 떨어질는지는 우리는 알 수가 없다.

죽음은 생명을 멈추게 하고, 죽음은 생명을 유한하게 한다. 그러나 또한 죽음이야말로 생명을 진귀하게 하고, 생명을 의미 있고 가치 있게 한다. 만약 죽음이 없다면 인간은 장차 참으로 나태하게 변할 것이다. 오늘 다 하지 못한 일을 내일 또 할 수 있고, 오늘 할 수 없는 일을 내일은 배울 수 있다. 어차피 죽은 후에 다시 또 무한한 영원함이 있어 곧 다시 100년 1000년이 지난 후 다시 변하지 않은 영원함이 있을 것이다. 어차피 시간이 무한하다면 인간은 아마 무엇이든 할 수 있을 것이다. 그러나 인간이 참으로 무엇이든 할 수 있을 때, 도리어 자신이 어떤 것도 할 수 없다는 것을 알게 된다. 왜냐하면 무엇을 해도 어떤 의미도 없기 때문이다. 바로 생명이 유한하기 때문에 사람들은 비로소 유한한 생명 속에서 생명의 광채를 최대한도로 드러내 보이며, 인간은 비로소 유한한 생명 속에서 무한함을 추구한다. 만약 죽음이 없다면 인간은 장차 꺼리고 망설임(顾忌)이 없게 되고, 사람들은 두려움이 없게 될 것이다. 사람들이 이것저것을 두려워하지만, 근본적으로 말하면 인간은 오직 한 가지만 두려워하는데, 곧 죽음을 두려워한다. 세상에는 어떤 상황도 거짓으로 할 수 있지만, 오직 죽음만이 진정으로 참된 것이며, 오직 죽음만이 진정으로 한 사람의 의지와 한 사람의 품행, 한 사람의 충정忠貞을 검험檢驗할 수 있다.

인간은 오직 한 번의 죽음이 있는데, 어떻게 죽음을 맞이할 것인가? 이것이야말로 진정한 문제이다. 어떤 사람이 진지하게 생사의 문제를 생각할 때 그는 실제로 이미 철학적 사고를 하고 있다. 대철학자는 모두 자신의 생명철학을 가지고 있다. 플라톤(Platon)은 "철학은 죽음의 연습이다", "진정한 철학자는 항상 죽음에 관한 일에 온 마음을 다 기울인다"(『파이돈』)라고 하였다. 쇼펜하우어(Arthur Schopenhauer, 1788~1860)는 "만약 죽음의 문제가 없다면 아마 철학도 철학이 아니었을 것이다"[1)]라고 하였다.

어떻게 죽음을 대해야 하는가? 죽음은 사실 매우 간단하며, 죽음은 오직 한순간의 일이다. 그러나 문제는 인간은 오직 한 번 죽으며, 죽은 후 다시 또 죽을 수 없으며, 죽은 후 다시 살아날 수도 없다는 것이다. 따라서 중요한 것은 죽음이 아니라 삶이며, 어떻게 죽음을 대해야 하는가는 사실 어떻게 삶을 대해야 하는가의 문제이며, 사실은 어떤 생활 태도를 확립해야 하는가의 문제이다.

1. 삶과 죽음은 밤과 낮의 변화와 같다

유가는 죽음을 매우 중시하였으며, 삶과 죽음을 인생의 대사大事라고 생각하였다. 공자가 보기에 효행孝行은 예禮가 일삼는 삶과 죽음의 일에 있었다. "생生은 예로써 섬기고, 죽어서는 예로써 장례를 지내고, 예로써 제사를 지낸다"(『論語』, 「爲政」)라고 하였다. 순자도 또한 "예는 삼가 삶과 죽음을 다스리는 것이다. 삶은 인간의 시작이며,

1) 쇼펜하우어(叔本華), 『愛與生活的苦惱』(北京: 中國和平出版社, 1986), 149쪽.

죽음은 인간의 종말이며, 시작과 끝남이 모두 좋으면 인간의 도리를 마치는 것이다"(『荀子』, 「禮論」)라고 하였다. 죽음이 인생의 큰일이므로 유가는 '많은 부장품을 묻는 성대한 장례'(厚葬)와 '오랜 상례'(久喪)를 제창하였다.2) 살아 있는 사람의 죽음에 대하여 공자는 객관적인 판단중지(懸置)의 태도를 가졌다.

> 계로季路가 귀신에 대하여 질문하니, 공자는 "아직 사람을 섬기지도 못하는데 어찌 귀신을 섬길 수 있겠는가?"라고 하였다. 다시 "감히 죽음에 대하여 여쭙니다"라고 물으니, 공자는 "아직 삶도 모르는데 어찌 죽음을 알겠는가?"(『論語』, 「先進」)라고 하였다.

공자는 죽음을 결코 두렵지 않다고 생각하였으며, 지사志士와 어진 사람(仁人)의 마음에서 생명보다 더 귀한 것이 있다고 생각하였다. 이 더욱 귀한 것이 곧 인仁과 의義이다. "지사와 인인은 인仁을 해치는 삶을 구하지 않고, 자신의 몸을 죽여 인仁을 이룬다"(『論語』, 「衛靈公」)라고 하였으며, "아침에 도를 들으면 저녁에 죽어도 좋다"(『論語』, 「里仁」)라고 하였다. 주희朱熹는 그것을 해석하여 "도는 사물의 당연한 이치이며, 민첩하게 그것을 들을 수 있으면, 삶이 순응하고 죽음이 편안하며, 다시 한을 남김이

---

2) 婚禮와 喪禮의 습속은 문화의 본질과 특징이 가장 잘 드러나는 일이다. 혼인은 인생의 시작이다. 『주역』에서는 "남녀가(음양이) 교합하면 만물이 변화하고 생성된다"(『周易』, 「繫辭下傳」)라고 하였다. 『禮記』에서는 "천지가 합해진 후 만물이 이에서 일어난다. 무릇 혼례는 萬世의 시작이다"(『禮記』, 「郊特牲」)라고 하였다. 인간이 태어남은 또한 삶과 죽음 두 가지에 불과하다. 중국에서 한 사람의 남자의 일생에서 가장 중대한 일이 두 가지가 있는데 하나는 자식을 낳기 위해 장가를 가는 것이며, 다른 하나는 부모를 위해 장례를 치르는 것이다. 소크라테스(Socrates, B.C.470~B.C.399)는 히피아스(Hippias, B.C.527~B.C.510, 아테네 2대 참주)에게 무엇이 아름다움인가를 물었는데, 히피아스는 "모든 사람에게 고금을 막론하고 모든 사람이 가질 수 있는 최고의 아름다움은 집안에 돈이 많고 신체가 건강하고, 모든 그리스 사람들이 존경하고, 오래 살다 늙으며, 자신이 부모를 대신하여 성대하게 장례를 지내며, 죽은 후에 또 자녀들이 자신을 대신하여 성대하게 장례를 치러 주는 것이다"(플라톤[Platon], 『文藝對話集』, 北京: 人民文學出版社, 1963, 187쪽)라고 대답하였다. 히피아스의 회답은 실제로 옛 그리스 시대의 하나의 행복을 대표하는 관념이며, 고대 그리스인이 매우 인간의 죽음을 중시하였음을 나타낸 것이다.

없다"[3]라고 하였다.

맹자와 순자는 공자의 이러한 사상을 계승하였다. 맹자는 "생生도 내가 원하는 바이며, 의義도 내가 원하는 바인데, 두 가지는 함께 겸할 수 없다면 생을 버리고 의를 취해야 한다"(『孟子』, 「告子上」)라고 하였다. 인간은 진실로 한 번의 죽음이 있는데, 태어남에 그 방소를 얻고, 죽음에 그 방소를 얻어야 비로소 인간이 된다. 순자는 "인간이 생명을 원하는 바는 왕성하며, 인간이 죽음을 싫어하는 바도 강하다. 그러나 인간은 생을 따르다 죽음을 이루는 존재이며, 삶을 원하지 않고 죽음을 원하는 것은 아니며, 살아 있을 수는 없고 죽을 수는 있다"(『荀子』, 「正名」)라고 하였다. "살아 있을 수는 없고 죽을 수는 있다"라는 말은 곧 인간의 절조節操이다. 유가는 인의를 고양하고, 인생의 가치로 삼았으며, 또한 인을 일으키고 의를 행함을 가장 귀하다고 보았으며, 따라서 삶과 죽음도 마땅히 그 방소를 얻어야 함을 강조하였다.[4]

묵가가 중시하는 것은 인간의 현실 생활이며, 인간의 종말과 죽음을 전혀 중시하지 않았다. 묵가는 한편으로는 "귀신의 존재를 밝힘"(明鬼)을 주장하면서, 다른 한편으로는 "장례를 간소하게 함"(節葬)을 제창하였다. 묵자는 귀신이 지각이 있으며, 선행에 상을 주고 난폭함을 벌할 수 있으며, 세상 사람들이 귀신의 존재를 믿으면 사회의 안정에 유익함이 있다고 보았다. "예나 지금이나 귀鬼는 다른 것이 아니니, 천귀天鬼가 있고, 또한 산수山水의 귀신도 있고, 사람이 죽어서 되는 귀鬼도 있다"(『墨子』, 「明鬼下」)라고 하였다. 관리가 청렴결백하지 않으면 백성이 도적이 되고, 임금과 신하 상하가 은혜와 충성을 하지 않고, 부모와 자식 형제가 자애와 효도를 하지 않는다는 것을 귀신은 모두 알고 있다. "귀신의 밝음은 으슥한 공간이나 넓은 연못이나 산림이나 깊은 계곡도 피할 수 없으며, 귀신의 밝음이 반드시 그것을 안다. 귀신의 징벌은 부귀나 큰 세력, 용맹함이나 강한 무력, 견고한 갑옷과 날카로운 병기로도 막을

---

3) 朱熹, 『四書章句集注』(北京: 中華書局, 1983), 71쪽.

4) 장대년은 "유가는 죽음을 의미 있게 보지 않고, 그 바름을 얻어 죽는 것을 중시한다. 즉 죽음에 임하여 죽음을 편안하게 여기고 아직 죽기 전에 일정한 원칙에 맞도록 최선을 다해 노력해야 한다고 강조하였다"(張岱年, 『中國哲學大綱』, 北京: 中國社會科學出版社, 1982, 481쪽)라고 하였다.

수 없으니, 귀신의 징벌이 반드시 그것을 이긴다"(『墨子』, 「明鬼」)라고 하였다. 유가는 예를 존중하게 친족을 중시하는 것으로 출발하였고, '많은 부장품을 묻는 성대한 장례'와 '오랜 상례'[5]를 제창하였다. 묵자는 실리實利에 착안하여 "절장節葬"을 주장하였다.

> '많은 부장품을 묻는 성대한 장례'(厚葬)를 자세하게 계산하면, 매장埋葬을 위해서 거두는 재물이 많다는 것이며, '오랜 상례'(久喪)를 계산하면, 일함을 오랫동안 금지하는 것이다. 이루어 놓은 재물을 거두어 묻어 버리면, 그 뒤에 태어난 사람은 오랫동안 그것을 쓸 수 없다. 이렇게 부富를 구하는 것을 비유하면, 마치 경작을 금지한 뒤 수확을 구하는 것과 같다.…… "이제 오직 후장厚葬과 구상久喪을 하는 사람이 정치를 하면"[6], 국가는 반드시 가난해지고, 백성들은 반드시 적어지며, 형벌과 정무는 반드시 어지러워질 것이다. 만약 그러한 말을 따르고 그러한 도道를 행하여 윗사람에게 그것을 실행하게 한다면, 받들어 다스릴 수 없을 것이며, 아랫사람이 이 일을 행하게 하면 일을 할 수 없을 것이다. 위에서는 받들어 다스릴 수 없고, 형정刑政이 반드시 혼란될 것이며, 아래에서 일할 수 없으면 의식衣食의 재물이 반드시 부족할 것이다.(『墨子』, 「節葬下」)

"명귀明鬼"를 제창한 것은 세상의 다스림에 착안한 것이며, "절장節葬"을 제창한 것은 세상의 이익에 착안한 것이다. 그러나 묵자가 창도한 "명귀"와 "절장"은 비록 세상의 다스림과 세상의 이익을 따라 착안하였지만, 두 가지 사이에는 오히려 극복할 수 없는 모순이 있다. 귀신이 있는데도 상례喪禮를 중시하지 않고 어떻게 귀신을 "밝히겠는가"? 박장薄葬의 방법으로 귀신을 섬기고서 또 어떻게 귀신을 경배할 수 있겠는가?[7]

---

5) 역자 주: '많은 副葬品을 묻는 성대한 장례'는 "厚葬" 혹은 "후장"으로, '오랜 상례'는 "久喪" 혹은 "구상"으로 표기한다.

6) 역자 주: 이 구절에 해당하는 이 책의 원문은 "今惟無以厚葬久喪者爲政"이다. 이 구절에서 "惟無"는 구본에는 "唯無"로 썼으며, 吳鈔는 "惟毋"로 주석하였다. "惟毋"는 '다만', '오직'의 뜻이다. 孫詒讓 校注, 『墨子閒詁』, 「節葬篇」(臺北: 成文出版社, 1975) 참고.

유가와 묵가와는 다르게 도가는 삶과 죽음에 대하여 일반적으로 자연적 태도를 취한다.

노자는 '자연 · 무위'를 창도唱導하였으며, 노자가 숭상한 인생도 또한 자연과 무위였다. 따라서 노자가 보기에 인간이 생명을 존중하고 생명을 귀하게 여기는 것은 무위無爲함만 못하다.

하늘과 땅은 길고 오래간다. 하늘과 땅이 그토록 길고 또 오래가는 이유는 저절로 생겨나지 않기 때문이다. 그러므로 길고 오래간다.(『老子』 7장)

그 방소를 잃지 않는 것은 오래가고, 죽더라도 (도를) 잃지 않는 사람은 장수한다.(『老子』 33장)

무릇 오직 삶을 귀중하게 여기지 않는 사람만이 삶을 귀중하게 여기는 사람보다 현명하다.(『老子』 75장)

"저절로 생겨나지 않음", "그 방소를 잃지 않음", "삶을 귀중하게 여기지 않음"은 모두 자연이며 무위이다. 노자는 결코 삶을 귀하게 여기지 않은 것이 아니며, 노자도 매우 삶을 중시하였다. 그러나 노자가 볼 때 삶을 중시함, 삶을 귀하게 여김, 삶을 잘 기름은 무위함만 못하며, "삶을 귀중하게 여기지 않음"만 못하다. "삶을 귀중하게 여기는"(以生爲) 사람은 반드시 그 얻는 바와 잃는 바를 따진다. 구하여 얻지 못하면 원망하고, 얻었다 다시 잃어버리면 후회하며, 타인은 얻고 내가 얻지 못하면 시기하며,

---

7) 이 모순에 대하여 王充은 일찍이 "묵가의 논의는 스스로 자신들의 진술을 어겼는데, 그들은 薄葬을 주장하고 또 귀신을 숭상(右)하였다. 杜伯(?~B.C.785)을 징험으로 귀신의 효험을 숭상하였다. 두백은 죽은 사람인데, 만약 두백이 귀신이 되었다고 하면 무릇 죽은 사람도 지각이 있음을 審問하여, 만약 지각이 있는데도 그를 薄葬한다면 죽은 사람을 분노할 일이다. 사람의 정서는 厚葬을 원하고 박장을 싫어하며, 박장으로 죽은 사람의 책망을 받는다면 비록 귀신을 숭상한다 해도 무슨 이익이 있겠는가? 만약 귀신은 죽은 사람이 되는 것이 아니라면 두백이 죽어 귀신이 되었다는 믿음은 잘못이며, 만약 죽은 사람이 귀신이 된다면 薄葬하는 것이 잘못이다"(『論衡』, 「薄葬」)라고 하였다.

타인이 얻는 것이 많고 내가 적게 얻으면 불평한다. 이와 같이 살면 그 몸은 반드시 피로하고 그 마음은 반드시 고통스럽고, 그 심지는 반드시 안녕하지 못하며, 이와 같으면 겉으로 피곤으로 지치고 안으로 고뇌하며, 낮에는 힘써 일하고 밤에는 마음 졸이게 된다. 이와 같은데 또 어찌 생을 귀하게 여긴다고 하겠는가? 또 어찌 양생한다고 하겠는가? 그러므로 생을 귀하게 여기는 사람은 생을 귀중하게 여기지 않으며, 스스로 생겨나지 않으므로 그 생을 장수할 수 있다. "그 방소를 잃지 않은 사람이 오래감"과 "그 방소"라는 것도 또한 단지 자연일 뿐이며, "그 방소를 잃지 않음"도 단지 그 자연을 잃지 않는 것이며, 또한 단지 자연을 모범으로 삼는 것일 뿐이다. "죽더라도 (도를) 잃지 않는 사람이 장수한다"라는 말에서 장수함과 장수하지 못함은 그 연령의 길고 짧음에 있는 것이 아니라 본인의 천수天壽를 누리느냐 아니냐에 달려 있다. 자연을 모범으로 삼으면 그 천수를 누리고, 간혹 그 천수를 누리지 못하더라도, 또 비록 천재天災와 인화人禍를 만나더라도 오히려 자연의 태도로 대할 수 있으면, 이 또한 하나의 정신이며, 또한 천지의 도이다. 인간은 죽을 수 있고, 인간은 또한 반드시 죽어야 하지만, 이 도와 이 정신은 영원히 "죽지 않으며" 세상의 사람들에게 길이 남을 것이다.

그러므로 왕필은 "비록 죽지만 삶의 도를 잃지 않았다면 곧 그 목숨을 온전하게 얻는다. 몸은 없어져도 도는 오히려 보존되는데, 하물며 몸이 보존된다면 도는 죽지 않을진저!"(王弼, 『道德眞經注』, 권2)[8]라고 하였다.

진경원陳景元은 "방소方所라는 것은 하늘로부터 받은 수요壽夭·궁달窮達·귀천貴賤·빈부貧富이다. 그 윤상倫常의 이치를 보존하고 명命에 편안하고, 얻고 잃음으로 그 심회를 바꾸지 않으면 능히 오래 할 수 있다. 만약 이와 같으면 현재의 삶에서 삶을 즐거움으로 여기지 않고, 유유자적하며(翛然) 올 줄 알고, 죽음을 만나면 죽음 때문에 근심하지 않고, 유유자적하며 갈 줄 알고, 운명을 곧게 순응하여 죽음을 맞이하고, 남은 생을 스스로 자발적으로 보낸다. 그러므로 장수한다고 한다"(陳景元,

8) 『中華道藏』 제9책(北京: 華夏出版社, 2004), 203쪽.

『道德眞經藏室纂微篇』, 권5)[9]라고 하였다.

노자가 창도한 인생은 자연에 순응함이며, 모든 것을 자연을 모범으로 삼았다. 노자는 다음과 같이 말한다.

(사람은) 출생해서 죽음으로 돌아간다. 섭생攝生하는 무리가 십 분의 삼이고, 죽음을 향하는 무리가 십 분의 삼이며, 사람들 가운데 본래 장수할 수 있는데 사지死地로 움직이는 사람이 또 십 분의 삼이 있다. 무릇 무슨 까닭인가? 그 생명을 기르고 즐김이 지나치기 때문이다. 일찍이 듣건대 섭생을 잘하는 사람은 육지를 다녀도 코뿔소나 호랑이를 만나지 않고, 전쟁터에 들어가도 병장기에 의해서 해를 입지 않는다고 한다. 왜냐하면 코뿔소는 그 뿔로 받을 곳이 없고, 호랑이는 그 발톱으로 움켜잡을 것이 없으며, 병장기는 그 칼날로 벨 것이 없기 때문이다. 무릇 어떤 까닭인가? 죽을 곳이 없기 때문이다.(以其無死也)[10](『老子』 50장)

왜 "세상에 태어나 죽음으로 들어간다"라고 하는가?

한비는 "인생은 태어남에서 시작하고 죽음에서 끝난다. 시작을 태어남(出)이라고 하고, 마침을 들어감(入)이라고 한다. 그러므로 세상에 태어나 죽음으로 들어간다"(『韓非子』, 「解老」)라고 하였다.

하상공河上公은 "출생出生은 정욕情慾이 오장五臟에서 나오고 혼魂이 정해지고 백魄이 맑아서 그렇게 태어난다. 죽음으로 들어감은 정욕이 마음속으로 들어가고 정신이 피로하고 현혹되어 그러므로 죽는다"(河上公, 『道德眞經注』, 권3)[11]라고 하였다.

왕필은 "살아갈 땅(生地)으로 나오고, 사지死地로 들어간다"(王弼, 『道德眞經注』, 권3)[12]라고 하였다.

세상에 태어나 죽음으로 들어감에 확립해야 한 것은 생명에 대한 태도이며,

---

9) 『中華道藏』 제10책(北京: 華夏出版社, 2004), 439쪽.

10) 역자 주: 이 글의 인용문 마지막 구절 "以其無死也"에서 "死" 뒤에 "地"자가 빠졌다. 이를 보충하여 해석하였다.

11) 『中華道藏』 제9책(北京: 華夏出版社, 2004), 152쪽.

12) 『中華道藏』 제9책(北京: 華夏出版社, 2004), 209쪽.

일종의 생활태도이며, 인정人情과 세태에 대하여 초연超然함과 초월적 태도를 취해야 한다는 것이다.

무엇을 "섭생攝生하는 무리"라고 하고, 무엇을 "죽음을 향하는 무리"라고 하는가?

진경원은 "도徒는 무리이다. 생지도生之徒는 섭생攝生하는 사람의 무리이다. 사지도死之徒는 죽음을 향하는 사람의 무리이다"(陳景元, 『道德眞經藏室纂微篇』, 권7)[13]라고 하였다.

무엇을 "십 분의 삼"이라고 하는가?

왕필은 "십유삼十有三은 십분十分 가운데 삼분三分을 말한다"(王弼, 『道德眞經注』, 권3)[14]라고 하였다.

한비는 "인간의 신체는 360개의 마디가 있는데, 사지四肢와 아홉 개의 구멍이 그 대구大具(중요한 器官)이다"(『韓非子』, 「解老」)라고 하였다.

하상공은 "삶과 죽음의 종류를 말하면 각각 13가지가 있는데, 아홉 개의 구멍과 네 개의 관절關節을 말한다. 그 섭생은 눈은 시력을 잃지 말아야 하며, 귀는 청력을 잃지 말아야 하며, 코는 냄새 맡기를 잃지 말아야 하며, 입은 말함을 잃지 말아야 하며, 손은 잡음을 잃지 말아야 하며, 발은 다니기를 잃지 말아야 하며, 정신은 베풀기를 잃지 말아야 한다. 그 죽음은 이와 반대이다"(河上公, 『道德眞經注』, 권3)[15]라고 하였다.

엄준嚴遵은 "허虛·무無·청淸·정靜·미微·과寡·유柔·약弱·비卑·손損·시時·화和·색嗇 이 열세 가지는 섭생의 무리이며, 실實·유有·탁濁·요擾·현顯·중衆·강剛·강強·고高·만滿·과過·태泰·비費 이 열세 가지는 죽음의 종류이다. 무릇 어떤 원인인가? 성인聖人의 도는 움직임에는 원인이 있고, 고요함에는 응하는 바가 있다. 사지四肢와 아홉 구멍 이 열세 가지는 죽음과 삶의 외부 기관(外具)이며, 허虛와 실實의 일과 강剛과 유柔의 변화는 생生과 사死의 내수內數(조건 변수)이다. 그러므로

---

13) 『中華道藏』 제10책(北京: 華夏出版社, 2004), 455쪽.
14) 『中華道藏』 제9책(北京: 華夏出版社, 2004), 209쪽.
15) 『中華道藏』 제9책(北京: 華夏出版社, 2004), 152쪽.

열세 가지로 그것을 열거하였다"[16]라고 하였다.

소철蘇轍은 "사물을 이용하고 그 정밀함을 취하여 스스로 영양을 공급하는 사람은 섭생의 무리이다. 성聲·색色·취臭·미味로 스스로를 해치는 사람은 죽음을 향하는 무리이다. 양자는 이미 생과 사의 도로 나누어진다. 나는 또 작업할 줄은 알고 쉴 줄은 모르며, 말할 줄은 알고 침묵할 줄 모르며, 사려함은 알고 망각할 줄 모르고 소진消盡함으로 나아가니 이른바 움직이되 죽음의 처지로 나아간다고 하는 것이다. 생과 사의 도를 열 가지로 말하면, 세 종류가 각각 그 셋을 가지는데, 어찌 생과 사의 도가 아홉 가지가 아니겠으며, 삶도 아니고 죽음도 아닌 도가 하나일 뿐이지 않겠는가? 삶도 아니고 죽음도 아니라면 『주역』에서 말하는 '매우 조용하여 움직이지 않음'(寂然不動)이다. 노자가 그 아홉 가지만 말하고 나머지 한 가지를 말하지 않은 것은 사람들이 스스로 얻도록 하여 사려함도 없고 작위함도 없음에 맡기는 교묘함이다"(蘇轍, 『道德眞經注』, 권3)[17]라고 하였다.

여러 설은 비록 모두 다 합치하지는 않지만, 그렇다고 결코 대립적이지는 않고, 경중을 분별하면 하나의 설은 될 수 있다. 경전經典이 경전이 되는 것은 곧 극히 큰 해석의 공간이 있다는 데 있으며, 다각도로 해석의 방향이 있을 수 있다는 데 있다.[18]

---

16) 嚴遵, 『老子指歸』, 「出生入死篇」(北京: 中華書局, 1994), 43쪽.

17) 『中華道藏』 제10책(北京: 華夏出版社, 2004), 393쪽.

18) 다시 『논어』의 두 구절을 들어 설명해 보겠다. 『論語』 「爲政」에 "子游가 孝를 여쭈었다. 공자는 '지금의 孝는 奉養能力을 말한다. 개와 말도 모두 봉양할 수 있지만 공경하지는 않는다면 (개나 말과) 무엇이 다른가?'라고 하였다. 여기서 "모두 봉양할 수 있다"(皆能有養)라는 한 구절은 곧 네 가지로 해석할 수 있다. 1. 개와 말이 사람을 봉양함을 말한다. 包咸(B.C.6~A.D.65)은 "개는 사람을 위하여 지키기를 잘하며, 말은 사람을 위하여 무거운 짐을 지고 사람을 실어 주니 모두 봉양은 할 수 있지만 공경을 행할 수는 없다"라고 하였다. 2. 사람이 개와 말을 기름을 말한다. 주희는 "개와 말은 사람을 기다려서 먹으니 또한 봉양함이 그러하다. 사람이 개와 말을 기른다고 하는 것은 모두 그것을 기를 수 있는 능력이 있어, 그 육친을 봉양할 수 있는 것과 같으나 공경함이 지극하지 않으면 개와 말을 기르는 것과 무엇이 다른가?"라고 하였다. 3. 부모의 개와 말을 기르는 것을 말한다. 包愼은 "개와 말 두 구절은 대개 기르는 일을 극단적으로 하는 말이다. 비록 부모의 개와 말이라도 이제는 그것을 기를 수 있어야 한다"라고 하였다. 4. 개와

노자는 무위로써 몸을 다스렸다. 무위로 몸을 다스림은 섭생의 무리이며, 유위有爲로써 몸을 다스림은 곧 죽음으로 향하는 무리이다.

한비韓非는 "무릇 사람(民)은 생명을 섭생攝生하며, 섭생이라는 것은 본래 활동이며, 활동이 다하면 생명이 손상損傷되지만, 활동이 멈추지 않으니, (이는 생명이) 손상되면서 멈추지 않는 것이다. 손상됨이 멈추지 않으면 생명이 다하며, 생명이 다함을 죽음이라고 하며, 열세 개의 기관器官은 모두 죽기 위하여 사지死地로 간다. 그러므로 '사람은 생명을 섭생하며 활동하고, 활동은 모두 사지로 가니, 또한 13개가 있다'라고 하였다. 이런 까닭에 성인은 정신을 아끼고 고요함에 처함을 귀하게 여긴다. (죽을 곳으로 가는) 이것은 코뿔소나 호랑이의 피해보다 심하기 때문이다. 무릇 코뿔소나 호랑이는 자신의 영역이 있고, 움직임과 고요함도 때가 있으므로 그들의 영역을 피하고, 그들의 (움직이고 고요한) 때를 성찰하면 코뿔소와 호랑이의 피해를 면할 수 있다. 그런데 사람은 단지 코뿔소와 호랑이만 발톱과 뿔이 있는 줄 알고, 만물이 모두 발톱과 뿔을 가지고 있는 줄을 모르기 때문에 만물이 끼치는 해를 면하지 못한다. 어찌하여 그렇게 말하는가? 시절에 맞게 비가 내려 모이면 광야는 한가하고 고요하지만, 해질녘이나 새벽녘에 산천을 쏘다니면, 바람과 이슬이라는 발톱과 뿔이 (생명을) 해칠 것이다. 윗사람을 섬기되 불충不忠하고, 금령禁令을 가벼이 범하면 형법이라는 발톱과 뿔이 그것을 해친다. 향리에 살면서 절도에 맞지 않고 증오와

말이 서로 기름을 말한다. 程友菊은 "개와 말의 새끼가 모두 그 육친을 기르는 일이 있으나, 다만 공경을 근본으로 하여 길러야 하며, 공경하지 않으면 개와 말의 새끼가 그 육친을 기르는 것과 무엇이 다르겠는가?"(程樹德, 『論語集釋』 1, 北京: 中華書局, 1990, 86~87쪽 참고)라고 하였다. 이 네 가지 의미는 비록 서로 다르지만, 어느 것이 옳고 어느 것이 그르다고 말할 수 없다. 또 『論語』 「八佾」에서는 "공자가 季氏를 탓하면서 말하기를, (64명이 추는 가장 큰 제례악인) 八佾舞를 추게 하였는데, 이를 용인할 수 있다면, 무슨 일인들 용인하지 못하겠는가?"라고 하였다. 여기서 "忍"도 두 가지로 해석할 수 있다. 1. 허용하다(容忍)로 해석한다. 皇侃(485~545)은 "忍은 忍耐와 같다. 공자는 이 八佾(8×8)의 춤을 僭濫하는 것을 용인할 수 있는 자라면, 무엇을 못할까? 라고 하였다."(皇侃, 『論語義疏』, 권2) 2. 잔인한 마음(忍心)으로 해석할 수 있다. 주희는 "공자가 그 일이나 이 일을 잔인하게 할 수 있다면 무슨 일인들 잔인하게 할 수 없겠는가를 말했다"(朱熹, 『書章句集註』, 北京: 中華書局, 1983, 61쪽)라고 하였다.

사랑이 법도가 없으면 싸움의 발톱과 뿔이 그를 해친다. 기호와 욕망이 한계가 없고 동정動靜이 절도에 맞지 않으면 부스럼과 종기(毒瘡)의 발톱과 뿔이 (생명을) 해친다. 그 사사로운 지모를 잘 쓰고 도리를 버리면 법망法網의 발톱과 뿔이 (생명을) 해친다. 코뿔소와 호랑이가 자신의 영역이 있듯이 만 가지 해로움은 근원이 있으니, 그 영역을 피하고 그 근원을 막으면 모든 해로움을 면할 수 있다. 무릇 전쟁무기(兵革)는 해로움을 대비하기 위한 것이다. 생명을 중시하는 사람은 비록 군대에 들어가더라도 화가 나서 다투는 마음이 없으며, 화가 나서 다투려는 마음이 없으면 해로움을 구제하는 준비가 필요 없다. 이것은 들판에 주둔하는 군대만을 말하는 것이 아니다. 성인은 세상에서 교유함에 남을 해치려는 마음이 없으며, 남을 해치려는 마음이 없으면 반드시 남의 해침을 받을 일도 없으며, 남의 해침을 받을 일이 없으면 타인(의 해침)을 방비하지 않는다. 그러므로 (『노자』에서는) '육지를 다녀도 코뿔소와 호랑이를 만나지 않는다'라고 하였다. 산속에 들어가더라도 해침을 방비함에 의지하지 하지 않는다. 그러므로 (『노자』에서는) '군대에 들어가서도 갑옷과 무기를 준비하지 않는다'라고 하였다. 갖가지 해를 멀리하므로 (『노자』에서는) '코뿔소는 그 뿔로 받을 곳이 없고, 호랑이는 그 발톱으로 할퀼 곳이 없으며, 병장기는 그 칼날로 벨 것이 없다'라고 하였다. 준비가 없어도 반드시 해로움이 없는 것이 천지의 도리이다. 천지의 도를 체득하므로 (『노자』에서는) '죽을 곳이 없다'라고 하였다. 활동하되 죽을 곳이 없으니 (『노자』에서는) 이를 일러 '섭생攝生을 잘한다'라고 하였다."(『韓非子』, 「解老」)

왕필은 "섭생을 잘하는 사람은 삶을 삶으로 여기지 않으므로 사지死地가 없다. 기구器具의 해로움은 병기兵器보다 더 심한 것이 없으며, 금수禽獸의 해로움은 코뿔소와 호랑이보다 더 심한 것은 없으며, 병기가 날카로움을 쓸 일이 없도록 하고, 호랑이와 코뿔소가 가 발톱과 뿔을 쓸 수 없게 되면, 이것은 진실로 그 몸을 욕망으로 얽매이지 않는 것이니 어찌 사지로 가는 것이 있겠는가?…… 그러므로 사물은 진실로 그 근본을 떠나려고 하지 않으며, 그 참다움을 변화시키려고 하지 않으니, 비록 군대에 들어가더라도 해침을 당하지 않으며, 육지를 다녀도 침범을 당하지 않는다. 갓난아이가 모범으로 삼을 수 있으니 귀하고 믿을 수 있다"(王弼, 『老子注』)[19]라고 하였다.

섭생을 잘하는 사람은 무위를 일로 삼으며, 물욕에 그 몸을 얽매이게 하지 않으며, 섭생을 잘하는 사람은 모든 해로움을 자신에게서 멀리한다. 해를 끼치는 것은 병기나 맹수와 같은 종류뿐만 아니라, 칠정七情과 육욕六慾과 같은 종류도 있다. 모든 해로움을 멀리하고 무위를 일로 삼으면 생지生地에 설 수 있으며 사지死地에 들어가지 않는다.

두광정杜光庭(850~933)은 "삶을 즐거움으로 여기지 않고 그 삶을 편안히 여기는 것, 이것은 섭생의 무리이다. 무릇 그 섭생에서, 이욕利慾으로 그 심心을 어지럽히지 않고, 지나친 양생으로 그 본성을 손상하지 않고, 욕심이 없고 말이 적음(澹默)에 안주하고, 그 성정이 부드럽고 온화함(沖和)을 따르면 정신은 형체를 지키고, 기氣는 정신을 보존하고, 의지意志는 기를 온화하게 하고, 심은 의지를 적연하게 하며, 고요함은 그 심을 안정시킨다. 이와 같이 하면 생生을 연장하기를 구하지 않아도 생은 저절로 연장된다. 도에 나아가기를 구하지 않아도 도는 저절로 다가온다. 죽음을 근심하지 않고, 그 죽음에 순응하니 이것은 죽음을 향하는 무리이다. 달인達人이 처세함에 유와 무를 깨닫고, 도의 운행·변화와 만물의 위화委和(천지로부터 부여받은 和氣), (기를) 품부받음에 두터움과 엷음이 있음을 안다. 양陽의 조화로운 기를 두텁게 가진 사람은 장수하고, 순박하고 순수한 기를 엷게 가진 사람은 요절한다. 장수와 요절이 모두 분수分數로 말미암는다는 것을 알면 생과 사가 가지런해진다. 생生의 만상萬狀이 이미 가지런해지면 근심과 즐거움이 (마음으로) 들어오지 않고, 태연하고 심신이 교란攪亂됨이 없다"(杜光庭, 『道德眞經廣聖義』, 권36)[20]라고 하였다.

무위無爲 외에도 노자는 또 유약柔弱을 강조한다.

> 인간이 본받아야 할 바를 나 또한 그것을 본받는다. 강하고 난폭한(強梁) 사람은 (올바른) 죽음을 얻지 못한다. 나는 장차 본받아야 할 아버지(教父)로 여길 것이다.(『老

19) 『中華道藏』 제9책(北京: 華夏出版社, 2004), 210쪽.
20) 『中華道藏』 제9책(北京: 華夏出版社, 2004), 760쪽.

子』 42장)

『회남자』「무칭훈繆稱訓」에서는 "상용商容(B.C.1161~B.C.1086)[21]에게 배웠으며, 혀를 살펴보고 부드러움을 지킬 줄 알았다"라고 하였다. 혀는 부드럽고 치아는 강건하지만, 인간이 늙으면 혀는 그대로 있으나 치아는 없어진다. 노자는 이로부터 부드러움을 지킬 줄 알았다. 강하고 난폭한 사람이 (올바른) 죽음을 얻지 못하는 까닭은 곧 그가 강함에 있고, 따라서 노자는 유약함을 추숭하고 아울러 이것을 자신을 위한 가르침의 근본으로 삼았다.

오징吳澄은 "교부敎父는 '가르침의 근본'이라는 말과 같으며, 부父는 존중하여 그 위로 더 나은 사람이 없음을 말한다. 사람이 가르침으로 삼는 것은 약弱함을 이용함을 가르침으로 삼고, 나 또한 이를 가르침으로 삼는다. 강하고 난폭하면 약할 수 없으므로 반드시 그 몸을 보존할 수가 없으며, 강하고 난폭함으로 타인을 이기는 이익이 있으나 올바른 죽음을 얻지 못하는 손상損傷이 있으며, 이른바 더하여 주어도 손해가 되는 것이라고 한다. 이것이 사람을 가르치는 첫 번째 의미이며, 그러므로 교부敎父라고 한다"(吳澄, 『道德眞經注』, 권3)[22]라고 하였다.

어떤 사람은 굳세고 강함을 추숭하였으나, 노자는 유약함이 굳세고 강함을 이긴다고 보았다.

> 세상에서 지극히 부드러운 것이 세상의 지극히 견고한 것을 몰아붙이며(馳騁), 유와 무는 (틈을) 들어갈 간격이 없으니, 나는 이 때문에 무위를 유익함으로 여긴다.
> (『老子』 43장)

---

21) 역자 주: 商容은 商나라 말기 폭군 紂王시대 禮樂을 관장하던 대신이자 賢者였다. 紂王의 황당하고 포학함을 여러 차례 간언하다가 퇴출되었다. 일설에 의하면 일찍이 禮樂으로 주왕을 교화하려고 하다가 실패하자 太行山에 은거하였다고 한다. 周의 武王이 殷商을 이긴 후 그를 三公에 봉하고자 하였으나 고사하고 받지 않았다. 무왕은 결국 "商容의 마을"이라는 이름으로 부르며 그를 충신이자 현자로 존중하였다.

22) 『中華道藏』 제12책(北京: 華夏出版社, 2004), 601쪽.

인간이 태어날 때는 유약하며, 그가 죽을 때는 견강堅強하다. 만물과 초목이 생겨날 때는 유약하지만, 그것이 죽을 때는 시들어 빳빳하다. 그러므로 견강한 것은 죽는 것의 무리이며, 유약한 것은 살아 있는 무리이다.(『老子』 46장)

세상에는 물보다 더 유약한 것은 없으며, 견강한 것을 공격하는 데 이기지 못함이 없으며, 그 약함을 이용하는 데 물과 바꿀 수 있는 것은 없다. 약한 것이 강한 것을 이기고 부드러운 것이 굳센 것을 이기는데, 세상 사람들은 이것을 모르는 사람은 없는데, 그렇게 할 수 있는 사람은 없다.(『老子』 78장)

유약한 것은 생生의 무리이며, 견강한 것은 죽음의 무리이다. 범응원范應元(생몰 미상. 南宋 理宗 연간)은 "무릇 두 가지 굳센 것이 서로 공격하면 둘 다 손상된다. 돌은 굳세지만 물은 그것에 구멍을 뚫을 수 있고, 돌은 손상이 있지만 물은 손상이 없으니, 이것이 곧 굳세고 강한 것을 공격하는 데 유약함보다 더 나은 것이 없다는 것이며, 그 (유약함을) 바꾸어 대신할 사물은 없다. 이로써 유추하면 부드러움이 굳셈을 이기고, 약함이 강함을 이긴다는 것을 알 수 있다"(范應元, 『老子道德眞經古本集注』 下)[23]라고 하였다.

타인을 위하여 일을 처리함에 마땅히 부드러운 것을 귀하게 여김을 근본으로 삼아야 하며, 이것은 또한 노자가 창도한 사람이 되는 기본적 원칙이다. 이 기본적 원칙은 후대에 매우 보편적 영향을 미쳤으며, 중국 국민성의 하나가 되었다.

장자는 생과 사에 대하여 더욱 상세하고 빠짐없이 논술을 하였다. 장자가 보기에 "죽음과 삶은 낮과 밤이다."(『莊子』, 「至樂」) 낮이 지난 후 밤이 되고, 밤이 지난 후 낮이 된다. 낮과 밤의 교대는 완전히 자연으로 그러한 것이며, 생과 사의 변경變更도 낮과 밤의 교대와 마찬가지며, 이는 또한 완전히 자연현상이다. 이에 장자는 "생이란 임시로 빌린 것이다. 빌려서 태어나고 태어난 것이 먼지와 때이다"(『莊子』, 「至樂」)라고 하였다. 생은 임시로 빌리는 행위이며 혹은 하나의 빌려 온 현상이며, 아마 그

---

23) 『中華道藏』 제11책(北京: 華夏出版社, 2004), 553쪽.

자체도 진실한 것이 아닐지 모른다.

> 순舜임금이 (諫官인) 후승後丞에게 "도는 얻어서 가질 수 있는가?"라고 물었다. 승丞이 "당신의 몸도 당신의 소유가 아닌데 당신이 어떻게 저 도를 얻어 가질 수 있겠습니까?"라고 하였다. 순임금이 "내 몸이 나의 소유가 아니라면 누구 소유하고 있는가?"라고 물었다. 승이 "그것은 천지가 형체를 위임한 것이며, 삶은 당신의 소유가 아니라, 천지가 부여한 화기和氣이며, 성명性命은 당신의 소유가 아니며, 천지가 부여한 화순和順한 기氣이며, 자손들도 당신의 소유가 아니며, 천지가 부여한 껍데기(委蛻, 육체)입니다. 그러므로 길을 가도 갈 곳을 모르고[24], 머물 때에도 지켜야 할 바를 모르고, 먹어도 맛을 알지 못합니다. 천지의 강건한 양기陽氣의 운동을 어떻게 얻어서 소유할 수 있겠습니까?"라고 하였다.(『莊子』, 「知北游」)

인간이 친한 바는 자신의 몸보다 더 친한 것이 없다. 그리고 내가 나를 소유함은 내가 몸을 소유함이며 본래 이것은 우연의 결과이다. 결코 할 수 있다고 생각해서 할 수 있고, 소유한다고 생각한다고 소유하는 것은 아니다. 인간은 부지불식간에 이러한 세상에 와 있으며, 오고 싶다고 올 수 있는 것이 아니며, 오고 싶지 않다고 오지 않을 수 있는 것도 결코 아니다. 바로 이와 같아서 우리는 모두 자신의 생명에 대하여 기껏해야(最多) 사용권만 가질 수 있고, 결코 소유권을 가지지 않는다.

> 삶도 죽음의 무리이며, 죽음도 삶의 시작이니 누가 그 벼리를 알겠는가? 인간이 태어남은 기의 응취이며, 응취하면 태어나고 흩어지면 죽음이다. 만약 죽음과 삶이 같은 무리임을 안다면 내 또 무엇을 근심하겠는가? 무릇 만물은 한결같다. 그 아름다운 것은 신기神奇한 것이고, 그 싫어하는 것은 냄새나고 썩은 것이다. 냄새나고 썩은 것이 다시 신기한 것으로 바뀌고, 신기한 것이 다시 변화하여 냄새나고 썩은 것이 된다. 그러므로 '천하를 통틀어 일기一氣일 뿐이다'라고 한다.

---

24) 역자 주: 이 구절의 본문을 이 책에서는 "故形不知所往"으로 썼으나, 원문은 "形"이 아니라 "行"으로 되어 있다. 원문에 근거하여 번역하였다.

성인은 그러므로 (동일한) 일기一氣를 귀하게 여긴다.(『莊子』, 「知北游」)

성현영은 “무릇 기가 응취하면 생겨나고 기가 흩어지면 죽는다. 응취와 흩어짐은 비록 다르지만, 기氣로서는 같다. 이제 이것이 죽음과 삶에 따라서 응취하고 흩어지니 도반徒伴(동료)이 될 수 있으며, 그 구별은 없으니 어찌 근심하는 기색이 있겠는가?”(『莊子疏』, 「知北游」)[25]라고 하였다.

자연에 대하여 말하면 생명의 출현은 단지 하나의 자연현상일 뿐이며, 결코 어떤 특별한 의미가 있는 것이 아니다. 개인에 대하여 말하면 개체 생명의 출현은 완전히 우연적인 결과이며, 또한 특별히 주의할 필요가 없다. 태어남은 진실로 기뻐하고 경사스럽게 여길 만한 가치가 없으며, 죽음도 슬퍼하고 애통해할 가치가 없다.

내 어찌 삶을 좋아함이 미혹된 것이 아님을 알 수 있는가? 내 어찌 죽음을 싫어함이 어려서부터 타향을 떠돌다 돌아갈 고향을 모르는 것과 같은 것이 아님을 알 수 있겠는가? 여희麗姬는 애艾 땅을 봉읍으로 받은 국경지방 관리의 딸이었다. 진晉나라가 처음 그 여자를 잡아 왔을 때는 흐느껴 울다 눈물이 옷섶을 적셨다. 왕궁에 들어와 왕의 처소에서 왕과 함께 넓은 침대에서 자고, 각종 고기 음식을 먹은 후에는 눈물을 흘리며 울었던 것을 후회하였다. 내가 어찌 저 죽은 사람이 그가 처음에 더 살기를 바란 것을 후회하지 않는다고 알 수 있겠는가? 꿈속에서 술을 마시던 사람이 아침이 되면 슬피 울고, 꿈속에서 슬피 울던 사람이 아침이 되면 사냥하러 나간다. 막 꿈을 꿀 때는 그것이 꿈임을 알지 못한다. 꿈속에서 그 꿈을 점치다가 꿈에서 깨어난 뒤에 그것이 꿈이었음을 알게 된다. 또한 큰 깨달음이 있고 난 뒤에 그것이 큰 꿈임을 알게 된다. 그러나 어리석은 사람은 스스로 깨어 있어 분명하고 확실하게 안다고 생각한다. ‘임금이시여’라고 하고, ‘하인들아’ 하여 (신분을 구별하니) 참으로 고루하다. 공자孔丘와 그대도 모두 꿈이고, 내가 그대에게 꿈꾼다고 말하는 것도 역시 꿈이다. 이러한 말은 무척이나 괴이하게 들릴

25) 郭慶藩, 『莊子集釋』(北京: 中華書局, 1961), 733쪽.

것이다. 만세萬世를 지난 후 큰 성인을 한 번 만나 그 도리를 깨닫는다면, 이는 아마 어느 아침이나 저녁에 일어난 우연한 만남일 것이다.(『莊子』, 「齊物論」)

인생은 한바탕 꿈에 불과하지만, 꿈속에 또 꿈이 있다.[26] 이미 꿈인데 삶을 진실로 애석하게 여길 필요도 없고, 죽음도 또한 슬퍼할 가치도 없다. 왜냐하면 살아 있는 사람은 누구도 죽지 않는 사람이 없고, 죽은 후의 상황은 누구도 알지 못하므로, 따라서 여희麗姬와 같이 울었던 것을 후회하는 것과 같이 "어찌 저 죽은 사람이 그가 처음에 더 살기를 바란 것을 후회하지 않는다고 알 수 있겠는가?"라고 하였다. 장자는 그 가운데의 도리를 매우 잘 알고 있었다. 바로 이 때문에 그는 부인의 죽음에 대해서도 "퍼질러 앉아 동이를 두드리며 노래를 부르고 있었다."

장자의 처가 죽자 혜자惠子가 조문을 갔는데, 장자는 퍼질러 앉아 동이를 두드리며 노래를 부르고 있었다. 혜자는 "아내와 함께 살면서 자식을 키우고 함께 늙어 세상을 떠났는데, 곡을 하지 않아도 괜찮을 수 있지만, 동이를 두드리며 노래를

---

26) 『列子』에 다음과 같은 기록이 있다. "주나라에 尹氏라는 사람이 재산을 크게 불리었고, 그 밑에 부리는 일꾼들은 새벽부터 저녁까지 쉴 틈이 없었다. 한 늙은 일꾼이 있었는데 근력이 다했으나 주인은 더 많이 일을 시켰다. 낮에는 신음하면서 일을 하였고, 밤에는 몸이 피로하여 곯아떨어졌다. 그는 정신이 아득하게 흩어지며 밤마다 꿈속에서 임금이 되었다. 인민의 위에 앉아 한 나라의 정사를 총괄하였다. 別宮에서 연회를 베풀고 놀며, 자기 하고 싶은 것을 마음대로 하니 그 즐거움을 비길 데가 없었다. 그러다 깨어나면 다시 일꾼이 되었다. 어떤 사람이 그의 고생스러움을 위로해 주었는데, 그 늙은 일꾼이 '사람의 삶이 백 년이라지만 낮과 밤으로 나누어집니다. 나는 낮에 남의 종이 되어 고생할 만큼 고생하지만, 밤에는 임금이 되니 그 즐거움이 비길 데가 없습니다. 무슨 원망하는 바가 있겠습니까?'라고 하였다. 윤씨는 세상일에 전심전력으로 경영하고, 집안일에 집중하였다. 마음과 몸이 모두 피곤하여 밤에 역시 잠자리에서 곯아떨어졌다. 그는 밤마다 꿈속에서 남의 하인이 되어 분주하게 다니면서 일을 하며 하지 않는 일이 없었다. 자주 욕을 먹고 매질을 당하면서 온갖 고초를 다 겪었다. 잠자는 동안 잠꼬대와 신음을 하다 아침이 되어서야 끝이 났다. 윤씨는 이것을 병으로 생각하여 그의 친구를 찾아가서 사정을 말했다. 그의 친구가 '자네의 지위는 일신의 영화로는 충분하고, 재산은 여유가 있으며 다른 사람들보다 훨씬 많네. 밤에는 꿈속에서 하인이 되니, 괴로움과 편안함이 반복되는 것은 運數의 常理이네. 만약 자네가 깨어 있을 때와 꿈꿀 때 모두 편안함을 누리려 한다면, 어떻게 이룰 수 있겠는가?'라고 하였다."(『列子』, 「周穆王」)

하는 것은 심하지 않은가?"라고 하였다. 장자는 "그렇지 않네. 이 사람이 처음 죽었을 때, 내가 홀로 어찌 슬프지 않았겠는가! 그 (삶의) 처음을 살펴보면, 본래 삶이 없었고, 다만 삶이 없었을 뿐만 아니라 본래 형체도 없었고, 형체가 없었을 뿐만 아니라 본래 기氣도 없었네. 뒤섞여 어수선하고 황홀한 순간에 변화하여 기가 있게 되고, 기가 변화하여 형체가 있게 되고, 형체가 변하여 삶이 있게 되고, 이제 또 변화해서 죽음으로 갔다네. 이것은 서로 함께 봄·가을·겨울·여름 사계절이 되어서 운행되는 것과 같네. 내 처(人)가 언연偃然하게 (천지라는) 큰 집에서 누워서 쉬고 있는데 내가 시끄럽게 큰소리로 습속을 따라 울어대는 것은 스스로 천명天命과 통하는 것이 아니라고 생각하였기 때문에 그만두었다네"라고 대답하였다.(『莊子』, 「至樂」)

생生은 기가 응취하는 것이며, 죽음은 기의 흩어짐이다. 기가 없음으로부터 기가 있어서 이르며, 무형無形에서 유형으로 이르며, 무생無生에서 유생有生으로 이른다. 얼마 되지 않아 유생有生에서 무생으로 되돌아가고, 유형에서 무형으로 되돌아가고, 유기有氣에서 무기無氣로 되돌아간다. 생과 사의 변화는 마치 봄·여름·가을·겨울 세 계절의 유행과 같다. 이미 이와 같으므로 또 하필이면 생을 즐거워하고 죽음을 싫어하겠는가? 또 하필이면 죽음 때문에 비통해하겠는가?

노담老聃이 죽자 진일秦失이 조문하러 가서 세 번만 호곡하고 나갔다. 노담의 제자가 "선생님의 친구분이 아니십니까?"라고 물었다. 진일이 "그렇네"라고 대답했다. 제자가 "그렇다면 조문을 이렇게 해도 됩니까?"라고 하였다. 진일이 "그렇다. 처음에 나는 그가 (내 친구 노담처럼 훌륭한) 사람이라고 생각했는데, 지금 보니 아니다. 조금 전 내가 들어가 조문하는데, 늙은이는 마치 자기 자식을 잃은 듯 울며, 젊은 사람은 마치 어미를 잃은 듯 울었다. 저 (곡하는 늙고 젊은) 사람들이 여기에 모인 까닭은, 본래는 반드시 어떤 위로의 말을 하려고 하지 않았지만 위로의 말을 하고, 본래는 곡哭을 하려고 하지 않았는데 곡을 하고 있다. 이처럼 (삶을 좋아하고 죽음을 싫어)하는 것은 천리天理를 저버리고 인정에 어긋나 하늘로부터 받은 바 곧 생명의 본질을 잃어버린 것이다. 옛사람들은 이것을 천리天理를 저버리는 죄(刑)라고 하였다."(『莊子』, 「養生主」)

"처음에 나는 그가 (내 친구 노담처럼 훌륭한) 사람이라고 생각했는데, 지금 보니 아니다"(始也吾以其人也, 而今非也)라는 구절에 대하여 성현영은 "기其"를 노자의 제자라고 보았다. "진일秦失이 처음으로 조문하러 들어가니 곡哭을 하는 사람은 (노자의 門徒가 아닌) 방외方外 문하의 사람이라고 하였는데, 애통해함이 지나침을 보고, 그가 노자의 제자가 아님을 알았다"(『莊子疏』, 「養生主」)[27]라고 하였다. 유무劉武(?~B.C.144)는 "기其"를 노자 본인으로 보았다. 그는 "기其는 노자를 가리키며, 인人은 세속의 사람이다. 처음이라고 말한 것은 내가 노자를 곧 세속의 사람으로 보았고, 세속의 사람과 마찬가지로 나도 당연히 세속 사람들이 조상弔喪하는 예로써 곡을 하였다. 그러나 이제 보니 세속적 사람이 아니라서 그의 죽음도 또한 죽음이 아니며, 이는 곧 (聖人인) 제왕의 현해懸解(生死超越의 자유 경지)인데 내가 어찌 세속의 예로 곡을 하겠는가?"[28]라고 하였다. 그러므로 애통하게 곡을 하는 사람은 "천리天理를 저버리고 인정에 어긋나 하늘로부터 받은 바 곧 생명의 본질을 잃어버린 것"이 되고 "천리를 저버리는 죄"가 된다. 유무는 "천연의 윤리를 어기는 것은 보통 사람의 정을 배가倍加하는 것으로 그가 하늘로부터 받은 천리를 잊어버린 것이다.…… 상정常情을 배가하고, 지나치게 슬프게 곡을 하는 것은 충분히 생生과 성性을 손상시키는 것이며, 이는 형벌을 받는 것과 다름이 없으므로 '천리天理를 저버리는 죄(刑)'라고 하였다. 둔천遁天이라는 말은 자연의 천성을 저버리는 것이다"[29]라고 하였다.

장자가 보기에 인간이 죽음을 대하는 관건은 마땅히 '내려놓을 수 있는'(放得下) 심경을 갖추는 데 있다.

자사子祀 · 자여子輿 · 자리子犁 · 자래子來 네 사람이 함께 모여서 이야기를 하다가

27) 郭慶藩, 『莊子集釋』(北京: 中華書局, 1961), 128쪽.
28) 劉武, 『莊子集解內篇補正』(北京: 中華書局, 1987), 82쪽.
29) 劉武, 『莊子集解內篇補正』(北京: 中華書局, 1987), 83쪽.

> "누군가 무無를 머리로 삼고, 생生을 등뼈로 삼고, 사死를 꽁무니로 삼을 수 있고, 누군가 생과 사, 존存과 망亡이 한 몸임을 아는 사람이 있다면, 나는 그와 사귀고 싶다"라고 하였다. 그러고는 네 사람이 서로 쳐다보면서 웃으며 마음에 거슬리는 것이 없자 마침내 서로 더불어 벗이 되었다. 얼마 후 자여子輿가 병에 걸리자, 자사가 문병問病하며 말하기를 "기이하구나! 조물자가 그대를 이처럼 구부러지게 하였구나!"라고 하였다. 구부러진 곱사등이 등에 생겨 오장이 위쪽에 붙고, 턱은 배꼽 아래에 숨고, 어깨는 이마보다도 높고, 상투(句贅)는 하늘을 가리키고 있으며, 음양의 기氣가 조화롭지 않아 출생 때부터 손상되었는데도, 도리어 그 마음은 한가로워 마치 조금도 (병에 걸린) 일이 없는 것 같았으며, (자여가) 비틀비틀 걸어가[30] 우물에 자기 모습을 비춰 보고는 말했다. "오호라! 저 조물자는 또 나를 이처럼 구부러지게 만들었구나!"라고 하였다. 자사子祀가 "그대는 그런 것이 싫은가?"라고 하니, 자여子輿는 "아니다. 내가 어떻게 싫어하겠는가! 가령(浸假) 나의 왼쪽 어깨를 변화시켜서 닭이 되게 한다면, 나는 그것을 따라 새벽을 알릴 것이며, 가령 나의 오른쪽 어깨를 변화하여 활(彈)이 되게 한다면 나는 그로 인하여 새구이를 구할 것이며, 가령 나의 엉덩이를 변화시켜서 수레바퀴가 되게 하고 나의 정신을 말(馬)이 되게 한다면, 나는 그로 인하여 수레를 탈 것이니, 설마 다른 수레를 타려고 하겠는가? 또한 생명을 얻는 것도 때를 따르는 것이며, 생명을 잃는 것도 때를 따르는 것이니, 태어나는 때를 편안히 맞이하고 죽는 때에 순응하면 슬픔이나 즐거움 따위의 감정이 나의 마음에 들어올 수 없다. 이것이 옛날의 이른바 '현해懸解'라는 말이다. 그러나 사람들이 스스로 현해하지 못하는 것은 사물이 그것을 얽매고 있기 때문이다. 또 사물이 천天(自然)을 이기지 못한 지 오래되었는데 내가 또 어찌 싫어할 수 있겠는가"라고 하였다.(『莊子』, 「大宗師」)

자여는 천생天生이 기형畸形이었으며, 형체가 오그라들어 뻗을 수가 없었다. 그러므로 "조물자는 또 나를 이처럼 구부러지게 만들었구나"라고 하였다. 그러나 비록 형체는 엄중하게 기형이었지만 자여는 결코 하늘을 원망하고 남을 탓하지

30) 역자 주: 이 책에서는 "跰'蹮'鮮"으로 기록하였으나, 다른 판본에는 "跰足"으로 기록되어 있다. 문맥상 "跰足"으로 보아도 무리가 없으므로 이에 따라 해석한다.

않았다. 죽음이 임박하자 자여는 마음으로 생각하기를 나의 이번 일생은 이러한데 나의 다음 일생은 또 이와 같을까? 이와 같다면 이와 같이 살 뿐이라고 여겼다. 이와 같은 기형적인 사람이 되기는커녕 더 심하게, 나의 왼쪽 어깨가 변화하여 닭이 되고, 나의 오른쪽 어깨가 변화하여 활(彈)이 되고, 나의 엉덩이가 변화하여 수레바퀴가 되더라도 또 안 될 것도 없지 않다. 인간의 삶은 살고 싶다고 생각하지 않아도 살 수 있고, 인간의 죽음은 죽고 싶지 않아도 죽지 않을 수 있다. 살아 있으면 편안해하고, 죽으면 그에 순응한다. 생을 즐거움으로 여기지도 않고, 죽음을 슬픔으로 여기지도 않는다.

도가의 죽음에 대한 이러한 태도는 흔히 일반인들은 이해하기 어렵다.

> 자상호子桑戶 · 맹자반孟子反 · 자금장子琴張 이 세 사람은 서로 친구였는데, 말하기를 "누가 서로 사귐이 없는 것을 서로 사귀는 것으로 여기며, 누가 서로 도와줌이 없는 것을 서로 도와주는 것으로 여길 수 있는가? 누가 하늘에 올라 (도의 세계인) 안개 속에 노닐며, 한계가 없는 세계에서 자유롭게 다니며, 서로 생명을 잊고 궁극에 도달하여 끝냄이 없도록 할 수 있는가?"라고 하였다. 세 사람이 서로를 바라보며 웃으면서, 마음으로 허물없이 매우 친밀해져 마침내 서로 벗이 되었다. 얼마 지나지 않아 자상호가 죽었고, 아직 장례를 치르지 않았다. 공자가 그 소식을 듣고, 자공子貢으로 하여금 가서 장사葬事를 도와주게 하였다. (자공이 가 보니 孟子反과 子琴張은) 한 사람이 노래를 부르면 다른 한 사람은 거문고를 타면서 서로 화답하면서 노래하기를 "아! 상호桑戶여! 아! 상호桑戶여! 그대는 이미 참된 세계로 돌아갔는데 우리는 아직 사람으로 남아 있구나. 아!"라고 하였다. 자공이 종종걸음으로 그들에게 다가가 "감히 묻겠습니다. 시신을 앞에 놓고 노래하는 것이 예禮입니까?"라고 하니, 두 사람이 서로 마주 보고 웃으면서 "우리 같은 사람이 어찌 예의 (진정한) 의미를 알겠는가?"라고 대답하였다. 자공이 돌아와 이 이야기를 공자에게 고하기를 "저들은 도대체 어떤 사람들입니까? (禮法의) 수행은 전혀 없고, 자신들의 몸도 도외시하며, 시신을 앞에 두고 노래를 부르면서도 얼굴빛이 조금도 변하지 않았습니다. 이들을 어떻게 설명할 방법 없으니, 저들은 도대체 어떤 사람들입니까?"라고 하였다. 공자는 "저들은 예법의 테두리 밖에서

노니는 사람들이고, 나는 예법의 테두리 안에서 살아가는 사람이다. 테두리 밖과 안은 서로 관여하지 않는데, 내가 너를 조문하러 가게 하였으니, 나야말로 생각이 얕았다. 저들은 바야흐로 조물자와 벗이 되어 천지의 (混一한) 원기元氣 가운데서 노닌다. 저들은 생生을 쓸모없는 군더더기 같은 사마귀 정도로 생각하고, 죽음을 종기腫氣가 터지는 것으로 생각한다. 그와 같은 사람들이 또 어찌 사생死生과 선후先後의 소재所在를 알려고 하겠는가! 다른 사물을 빌려 자기 몸을 의탁하여 (體內의) 간肝과 담膽을 잊어버렸고, (體外의) 귀와 눈의 감각을 버렸다. 시작과 마침을 되풀이하여 그들의 단서를 알 수 없으며, 아득하게 먼지와 때가 가득한 세속 밖에서 배회하며 무위無爲를 일삼아 소요한다. 저들이 또 어찌 번거롭게 세속의 예를 행하여, 세상 사람들의 귀와 눈을 어지럽게 하겠는가?"라고 하였다.(『莊子』, 「大宗師」)

자공은 맹자반과 자금장이 시신 앞에서 노래 부르는 것을 매우 이해할 수 없었다. 왜냐하면 그는 방내方內(세속, 세속의 예법)의 사람이며, 맹자반과 자금장은 방외의 사람이기 때문이다. 방외의 사람으로서 그들은 생을 쓸모없는 군더더기 같은 사마귀로 여기고, 죽음을 종기腫氣가 터지는 것으로 보며, 죽음은 원래의 본진本眞의 상태로 되돌아가는 것으로 생각하였다. 이러한 인식에 기초하여 그들은 당연히 친한 친구의 죽음으로 근심하고 슬퍼하지 않으며, 더욱이 세속의 예법에 얽매여 "세상 사람들의 귀와 눈을 어지럽히는" 일을 할 수 없었다.

안회顔回가 중니仲尼에게 "맹손재孟孫才는 그의 어머니가 돌아가셨는데, 곡읍哭泣할 때 눈물을 흘리지 않았으며, 마음속에 슬픔을 느끼지 아니하고, 상을 치르면서 애도哀悼하지도 않았습니다. 이 세 가지가 없었는데도 상례喪禮를 잘 치렀다는 명성이 노魯나라를 덮었습니다. 본래 (그 명성에 걸맞은) 실제의 행위가 없는데도 명성을 얻을 수 있습니까? 저(안회)는 실제로 그것이 이상합니다"라고 하였다. 중니는 "맹손씨孟孫氏는 상례의 도리를 극진하게 하였으며. 상례를 아는 것보다 더 나아갔다. 오직 상례를 간소하게 하려 했는데 뜻대로 하지는 못했지만, 이미 간소하게 한 바가 있다. 맹손씨는 (사람이) 태어나는 까닭을 모르고, 죽음의 까닭도 몰랐다. (태어나기) 이전을 알지 못하고 (죽은 난) 이후도 몰랐다. 다만 (자연의) 변화에 순응하여 (어떠한) 사물이 되지만, 알지 못하는 변화를 기다릴 뿐이다! 또 막 변화했을 때 아직 변화하지 않은 이전의 모습을 어찌 알겠는가? 아직 변화하지 않았을 때 이미 변화한 이후의 모습을 어찌 알겠는가? 나와 너는 다만 아직 처음부터 꿈에서 깨어나지 못하고 있는 사람일 것이다!"라고 하였다.(『莊子』, 「大宗師」)

진경원은 "곡하고 울면서 상을 치르는 것은 죽은 이를 섬기는 예인데, 눈물도 흘리지 않고 애도하지 않음은 죽음을 달관하는 도이며, 이것을 극진하게 하는 것은 상례를 아는 사람보다 더 나아간 것이다"(褚伯秀, 『南華眞經義海纂微』, 권18에서 인용)[31]라고 하였다. 무릇 사람은 생은 알고 죽음은 모른다. 그러므로 생을 섬길 줄은 알지만 죽음을 섬길 줄 모른다. 맹손씨는 태어나는 까닭을 모를 뿐만 아니라 죽음의 까닭도 모르기 때문에 삶과 죽음을 다름이 없다고 보았다. 그러므로 단지 곡만 하고 애도하지 않았고, 울기는 하지만 눈물을 흘리지는 않았다.

장자가 막 죽으려 할 때 제자들이 장례를 후하게 치르고자 했다. 장자는 "나는 하늘과 땅을 관곽棺槨으로 삼고, 해와 달을 한 쌍의 옥玉으로 삼고, 하늘의 별을 구슬과 옥으로 삼고, 만물을 저승길의 선물로 삼을 것이다. 그러니 어찌 나의 장례 준비가 되지 않았겠는가? 무엇을 여기에 더 보태겠는가?"라고 하였다. 제자들이 "저희는 까마귀나 솔개가 선생님의 시신을 쪼아 먹을까 두렵습니다"라고 하였다. 장자가 "땅 위에 두어 (風葬을 하면) 까마귀와 솔개의 먹이가 되고, (埋葬을 해서) 땅 속에 묻으면 땅강아지와 개미의 먹이가 될 것인데, 저쪽 것을 빼앗아 이쪽에다 주는 것이 얼마나 치우친 마음인가?"라고 하였다.(『莊子』, 「列禦寇」)

장자가 보기에 생과 사는 하나의 자연현상에 불과하다. 인간은 본래 생生이 없고, 이미 태어나서 죽으면 무생無生으로 돌아간다. 이것 또한 인간의 명命이다. "생과 사는 명이며, 거기에는 밤과 낮의 일정함이 있으니 천天(자연)이다"(『莊子』,

31) 『中華道藏』 제14책(北京: 華夏出版社, 2004), 122쪽.

「大宗師」)라고 하였다. 생과 사의 변화는 이미 명이며, 이미 천이며, 이미 밤과 낮의 자연적 교체와 같아서 "생이 온다면 물리칠 수 없고, 그 생이 간다고 멈추게 할 수 없다"(『莊子』, 「達生」)라고 하였다. 이미 이와 같으니 또한 자연적 태도로써 대할 수밖에 없다.

> (공자와 노자의 대담에서 노자는) "…… 세상에서 인간이 사는 기간은 마치 백구白駒(태양 혹은 준마)가 작은 틈 사이를 지나가는 것처럼 순식간에 끝날 뿐입니다. 물이 용솟음치듯이 드러나지(생겨남) 않음이 없으며, 뭉게구름이 저절로 일어나듯이 들어가지(죽음) 않음이 없습니다. 이미 변화해서 태어나고, 또 변화해서 죽게 되면, 살아 있는 사물은 그것을 애도하고, 사람들은 그것을 슬퍼합니다. 천연의 속박(天弢)을 풀고, 자연의 결박이 해체되어 이리저리 흩날리다 혼백魂魄이 장차 떠나감에 몸이 (혼백을) 따라가니, 바로 근본으로 돌아감(大歸)일진저! 형체를 갖추지 않은 것이 형체를 갖추고, 형체가 있는 것이 다시 형체를 갖추지 않음, 이것은 모든 사람이 다 알고 있지만, 이것은 지인至人의 급선무가 아니며, 이것은 일반 사람이 함께 논하는 것입니다. 저 지인至人은 의론하지 않으며, 의론하는 사람들은 (大道에) 이르지 못합니다"라고 하였다.(『莊子』, 「知北游」)

사람의 일생은 마치 태양 빛이 좁은 틈을 지나가는 것과 같이 눈 깜짝할 순간에 지나간다. 만물이 활기차게 발육하고, 발육하여 성장한 후에 점점 시들다가 마침내 소멸하여 없어진다. 이러한 모든 것은 대변화와 유행에 불과하며, 하나의 자연적인 고체에 지나지 않는다. 따라서 장자는 다음과 같이 말한다.

> 옛날의 진인眞人은 생生을 기뻐할 줄 모르고 죽음을 싫어할 줄도 몰랐다. 태어남을 기뻐하지도 아니하며, 죽음을 거부하지도 않았다. 유유자적(翛然)으로 갔다가 유유자적으로 올 뿐이다. 그 시작도 잊지 않고, 그 마침도 알려고 하지 않는다.(『莊子』, 「大宗師」)

"생生을 기뻐할 줄 모르고 죽음을 싫어할 줄도 몰랐다"라는 말은 죽음을 기다리는 태도이자 정신이며, 도가가 고양하는 정신의 경지이다.

사람의 삶에는 곤궁함도 있고, 통달함도 있고, 가난함도 있고, 부유함도 있으며, 부유함에는 부유함의 즐거움이 있고, 가난함에도 가난함의 즐거움이 있다.

공자가 태산泰山에서 노니는데, 영계기榮啓期가 성郕의 들을 지나가는 것을 보았다. 그는 사슴 가죽으로 만든 옷을 입고 허리에 새끼를 두르고 거문고를 연주하며 노래 부르고 있었다. 공자가 "선생이 즐거워하는 까닭은 무엇입니까?"라고 물으니, 영계기는 "나의 즐거움은 매우 많습니다. 하늘이 만물을 나게 함에 오직 사람만을 귀하게 하였는데, 나는 사람이 될 수 있었으니, 이것이 첫째의 즐거움입니다. 남·녀의 구별이 있고 남자가 존귀하고 여자가 비천하므로 남자를 귀하게 여기고, 나는 남자로 태어났으니 이것이 두 번째 즐거움입니다. 사람이 태어나서 해와 달을 보지 못하고, 강보에 싸인 채 죽는 사람이 있는데, 나는 이미 90세이니, 이것이 셋째의 즐거움입니다. 가난은 사인士人의 일상이며, 죽음은 인생의 끝입니다. 일상으로 살다가 죽음을 얻었으니, 마땅히 무엇을 근심하겠습니까?"라고 하였다. 공자는 "훌륭하십니다! 정말 자신을 관대하게 여기는 분입니다"라고 하였다.(『列子』, 「天瑞」)

가난하게 살면서 근심하지 않고 죽음에 임해서 두려워하지 않고, 가난을 일상으로 삼고, 죽음을 (本源으로) 돌아가는 것으로 여기니, 이것은 도가가 선양하는 인생 태도이다.

임류林類(생몰 미상. 춘추시대 魏人)의 나이가 거의 백 살이 다 되었는데, 봄이 되어도 갖옷을 입고 묵은 밭이랑에서 이삭을 주우면서 노래하며 다니고 있었다. 공자가 위衛나라로 가다가 들에서 그를 바라보다 제자들을 돌아보며 "저 노인은 함께 이야기할 만한 사람 같으니, 시험 삼아 누가 가서 그에게 물어보아라!"라고 하였다. 자공子貢이 자청하여 갔다. 그를 밭고랑 끝에서 만나 탄식하며 말하기를 "선생께서는 일찍이 후회할 일이 없어서 노래하고 이삭을 주우십니까?"라고 하였다. 임류는 걸음을 멈추지도 않고 노래를 그치지도 않았다. 자공이 묻기를 그만두지 않으니, 이에 노인이 머리를 젖히고 응답하기를 "내가 무엇을 후회한단 말이오?"라고 하였다. 자공이 "선생은 어려서는 부지런히 수행하지 않았고, 장성해서는 시운을 잡으려고 노력하지 않았고, 늙어서 처자도 없이 이제 죽을 때가 다가오고 있는데 무슨 즐거움이 있어서 이삭을 줍고 다니면서 노래를 부르십니까?"라고 하였다. 임류가 웃으면서 "내가 즐거움으로 삼는 이유를 사람이면 누구나 다 가지고 있건만 사람들은 도리어 그것을 근심으로 여긴다네. (내가) 어려서는 힘써 수행하지 아니하고, 장성하여 시운을 잡으려 노력하지 않았기 때문에 이처럼 오래 살 수 있다네. 늙어서 처자가 없고 죽을 때가 다가오고 있으니 그 때문에 이처럼 즐거워하고 할 수 있네"라고 대답하였다. 자공이 "장수를 바라는 것은 사람의 정이요, 죽음은 사람이 싫어하는 것인데, 선생께서는 죽음을 즐거움으로 여기는 것은 무슨 까닭입니까?"라고 하였다. 임류가 "죽는 것과 사는 것은 한 번 가고 한 번 되돌아오는 것이네. 그러니 여기에서 죽은 사람이 어찌 저세상에서 태어나지 않음을 어찌 알겠소? 그러므로 나도 (죽음과 삶) 그것이 서로 다르다는 것을 알고 있다오. 내가 또 악착같이 삶을 구하는 것이 미혹된 것이 아니라는 것을 어찌 알겠소? 또 내가 지금의 죽음이 전생의 삶보다 낫지 않다는 것을 어찌 알겠소?"라고 하였다. 자공이 그 말을 듣고도 그 말의 뜻을 깨닫지 못하고, 돌아와서 그 말을 공자에게 고하였다. 공자는 "내가 그와 더불어 이야기할 만하다는 것을 알았는데, 과연 그렇구나. 그러나 그는 도리를 깨닫고는 있지만 충분하지는 못한 사람이로다"라고 하였다.(『列子』, 「天瑞」)

임류는 "어려서는 부지런히 수행하지 않았고, 장성해서는 시운을 잡으려고 노력하지 않았고, 늙어서 처자도 없이 이제 죽을 때가 다가오고 있는데도" 그 즐거움을 바꾸지 않았다. 임류의 즐거움은 공자나 안회의 즐거움과 달랐다. 공자와 안회의 즐거움은 비록 가난해도 그 지향志向을 바꾸지 않는 것이며, 임류의 즐거움은 비록 가난하더라도 그 가난 때문에 원망하지 않고, 이 때문에 가난을 일상으로 삼고, 가난을 편안하게 여기고, 가난을 즐거움으로 삼았으니, 이것은 가난함 가운데서 가난함의 즐거움과 재미를 찾았다는 것이다. 유가가 가난해도 즐거움을 추구하는 정신은 곤경에 처한 어려움에도 자신의 지향志向을 바꾸지 않는 것이며, 도가는 가난해도 즐기는 정신을 추구하였고, 이는 곤궁困窮 · 통달通達 · 빈천貧賤 · 부귀富貴 · 생사生死를 초월적이고 초연한 태도로 대하는 것이다.

2. 삶은 노동이며 죽음은 휴식이다

삶과 죽음이 그렇게 낮과 밤과 같다면 사람은 또 왜 삶을 좋아하고 죽음을 싫어하는가? 삶을 좋아하고 죽음을 싫어하는 것은 곧 "자연의 천성을 저버리는 것"으로 자연의 도를 위반하는 것이다.

> 무릇 대자연(大塊)은 나에게 육체를 실어 주어, 살아서는 나를 수고스럽게 하며, 늙어서는 나를 편안하게 해주며, 죽음으로 나를 쉬게 한다. 그러므로 나의 생生을 좋다고 여기는 것은 바로 나의 죽음을 좋다고 여기도록 하기 위함이다.(『莊子』, 「大宗師」)

삶은 수고로움이며, 죽음은 휴식이다. 이런 의미에서 말하면 죽음은 일찍이 하나의 축하할 만한 일이자 사람을 기쁘게 하는 일이 아닐 수 없다. 장자는 "사람이 태어남에 근심과 함께 태어난다. 장수하는 사람은 우매하여 오래 근심하며 죽지 않으니 얼마나 괴로우랴!"(『莊子』, 「至樂」)라고 하였다. 태어나서 재미도 없고, 태어나서 단지 호흡만 할 수밖에 없고, 태어나서 이렇게 많은 근심과 우환이 있으니, 죽고 싶어도 또 죽지도 않고, 또한 죽을 수도 없다. 죽지도 않으니 태어나지 않은 것보다 더 괴롭고 더 고통스럽다.

> 장자가 초楚나라로 가다가 속이 빈 해골을 보았다. 장자는 말채찍으로 그 해골을 치면서 질문하기를 "그대는 과도하게 생生의 욕망을 추구하다가 도리道理를 잃어서

이 지경이 되었는가? 아니면 그대는 나라를 망하게 한 일이 있어 부월斧鉞의 주륙誅戮을 당해 이렇게 된 것인가? 또는 부모와 처자에게 수치스러움을 남기는 것이 치욕스러워 자살하여 이렇게 된 것인가? 아니면 그대는 추위와 배고픔의 환난을 만나서 이렇게 된 것인가? 아니면 그대의 수명이 다해서 이렇게 된 것인가?"라고 하였다. 이에 말을 끝마치고 해골을 끌어당겨 베개 삼아 베고 누워 잤다. 한밤중에 해골이 꿈에 나타나 말하기를 "그대의 이야기는 마치 변사辯士와 같아 그대의 말을 들어보니 모두 산 사람의 근심인데, 죽으면 이와 같은 괴로움이 없다. 그대는 죽은 자의 이야기를 한번 들어보겠는가?"라고 하였다. 장자가 "그러지요"라고 하였다. 해골이 "죽음의 세계는 위로 군주가 없고 아래로 신하가 없으며, 또한 사계절마다 해야 하는 일도 없으며, 자유롭게 천지를 봄과 가을로 삼으니, 비록 남면南面하는 왕의 즐거움이라 할지라도 이보다 더 즐거울 수가 없다"라고 하였다. 장자가 믿지 않고, "내가 수명을 관장하는 신이 다시 그대의 육체를 살아나도록 해서, 그대의 뼈와 살과 피부를 만들고, 그대의 부모와 처자와 동네의 지인들에게 돌려보내도록 한다면, 그대는 그것을 바라는가?"라고 하였다. 해골이 눈살을 심하게 찡그리고 이맛살을 찌푸리며 "내가 어찌 남면하는 왕의 즐거움도 버릴 수 있는데 다시 인간의 수고로움을 반복할 수 있겠는가?"라고 하였다.(『莊子』, 「至樂」)

세상 사람들은 죽음을 기다리면서 단지 생래적으로 죽음을 이해하고 죽음을 기다리며, 따라서 죽음은 두렵고, 슬프고, 애처롭다고 생각한다. 사람이 살아서 그렇게 많은 큰 우환과 큰 고통이 있으며, 죽은 후는 어떤 우환과 고통도 없다는 것을 어찌 알겠는가? 삶은 아마도 단지 "쓸모없는 군더더기 사마귀" 같은 것이며, 죽음은 아마도 "종기腫氣가 터지는 것"일 뿐이다.(『莊子』, 「大宗師」) "죽음의 세계는 위로 군주가 없고 아래로 신하가 없으며, 또한 사계절마다 해야 하는 일도 없다." 시간은 이미 죽은 뒤에는 어떤 의미도 없으며, 곧 다시 1만 년이 지나도 여전히 단지 하나의 죽음일 뿐이며, 이것은 아름답고 즐거운 일이 아닐 수 없으니, 따라서 "비록 남면南面하는 왕의 즐거움이라 할지라도 이보다 더 즐거울 수가 없다"라고 하였다.

장자의 사망死亡에 대한 설명은 한漢·위魏시대에도 표현되었다. 장형張衡(78~139)

은 『촉루부髑髏賦』에서 다음과 같이 말한다.

장평자張平子가 천하(九野: 『山海經』의 九域之野)를 두루 바라보며, 팔방八方(곳곳을 두루)의 변화를 관찰하였다.…… 돌아보니 해골이 길가에 버려졌다. 아래에는 흙탕물에 잠겨 있고, 위에는 검게 서리 모양을 하고 있었다. 장평자가 낙담하여 묻기를 "그대는 양식을 감추다가 벌을 받아 요절하였는가? 본래 흙 속에 묻혔다가 물에 떠내려왔는가? (살았을 때는) 최고의 지혜를 가진 사람(上智)이었는가 가장 어리석은 사람(下愚)이었는가? 여자였는가 대장부였는가?"라고 하였다. 이에 숙연한 영혼이 있어 다만 그 신비한 음향만 들리고 그 형체는 드러내지 않았다. 대답하기를 "나는 송宋나라 사람으로 성은 장莊 이름은 주周이다. 마음은 세속의 밖에서 노닐며, 자신을 수양할 수 없었다. 목숨이 다하자 여기에 와서 그윽하고 조용히 있다네. 공자는 왜 묻는가?"라고 하였다. 장평자가 대답하기를 "제가 오악五嶽에 고하고자 하여 천지의 신명神明에게 기도하고자 합니다. 선생의 소골素骨(뼈대)을 일으켜 세워, 선생의 사지四肢를 되돌리고, 귀는 북쪽의 감괘坎卦에서 취하고, 눈은 남쪽의 이괘離卦에서 구하며, 동쪽의 진괘震卦로 하여금 발을 바치게 하고, 서쪽의 곤괘坤卦에서 배를 회복하고, (뱃속의) 오장五臟을 되돌리고 (염통·허파·간장·콩팥·지라·쓸개 등) 육신六神을 모두 회복한다면 선생은 원하지 않으시겠습니까?"라고 하였다. 촉루髑髏(해골)가 말하기를 "공자의 말은 매우 어렵다. 죽음은 휴식이며, 삶은 노역勞役이네. 겨울 물의 결빙이 어찌 춘빙春氷이 녹는 것과 같겠는가? 몸이 영광스러운 지위에 있는 것은 먼지 털보다 가볍지 않겠는가? 바람에 비봉飛鋒(兵器)이 햇빛에 번득이며, 형벌을 내리고 칼을 지닌 것은 소부巢父와 허유許由가 치욕으로 여기는 바이며, 백성자고伯成子高(요임금 시대 인물)가 도망한 바이다. 하물며 나는 이미 기화氣化하여 도와 더불어 소요하고 있다네. 이주離朱(전설의 神眼通)도 볼 수 없고, 자야子野[32]도 들을 수 없네. 요순堯舜 (같은 聖君)도 상을 줄 수 없고, 걸주桀紂(와 같은 폭군)도 형벌을 내릴 수가 없다네. 호랑이와 표범도 해를 끼칠 수 없고, 칼과 창으로 상해를 입힐 수도 없다네. 음양과 함께 흐르며, 원기元氣와 함께 그 소박함이

32) 역자 주: 춘추시대 晉의 樂師인 師曠의 자. 소경이었으나 거문고를 잘 탔으며, 音을 변별하는 능력이 탁월하였다.

하나가 된다네.…… 몸은 자연과 하나가 되며, 정情도 없고 욕망도 없다네. 맑게 걸러도 더는 맑아지지도 않고, 흐리게 해도 더는 혼탁해지지 않는다네. 행하지 않아도 이르고 질주하지 않아도 빠르다네"라고 하였다. 이러고는 말이 끝나고 음향이 끊어지고, 신광神光이 소멸하였다. 주위를 돌아보고 수레를 출발하며 곧 마부에게 명령하여 흰 베를 빌려서 백골을 염(衾)하여 땅속에 묻게 하고, 그를 위해 상심하며 눈물을 흘리며 노변路邊에서 술잔을 올렸다.

조식曹植(192~233)은 『촉루설髑髏說』에서 다음과 같이 말하였다.

조자曹子(曹植)가 피당陂塘(인공으로 만든 호수)의 물가를 노닐며, 진흙의 풀숲을 거닐며 쓸쓸하게 은거하여 살며, 으슥한 곳을 지나 험한 곳을 걷다가 돌아보니 촉루髑髏(해골)가 망연히 홀로 있었다. 이에 수레의 식軾(가로대)을 짚고 묻기를 "선생은 목이 매달리거나 머리를 잘려 순국殉國한 임금인가?…… "라고 하였다. 유해를 두드리며 탄식하고 백골이 영혼이 없음을 애도하며, 장주가 초나라로 간 것을 매우 흠모하고, 비록 꿈속에서라도 정을 통하고자 하였다. 이에 하인과 같은 사람이 와서 마치 실제로 존재하는 것처럼, 정경이 감추어진 것을 드러내어, 성난 목소리(厲聲)로 "자네는 어느 나라 임금인가? 이미 제후에게 몸을 굽히고 그 말라 썩은 것을 가엾게 여기고 담론(咳唾)의 말소리를 애석하게 여기지 않지만, 마음속 생각(若言)으로 위로하고자 하니, 자네는 변명에 능하네 그려! 그러나 아직 유명幽冥(저승)의 정情을 아직 도달하지 않았음에도 삶과 죽음의 설을 알았네. 무릇 죽음을 돌아간다고 말한다. 돌아간다는 것은 도로 돌아가는 것이다. 도는 무형無形을 위주로 하기 때문에 변화와 함께 따라 움직인다. 음과 양은 바꿀 수 없으며, 사계절은 모자랄 수 없다. 이런 까닭에 미세한 영역까지 통철하며, 황홀한 장소에 통하여, 바라보아도 그 모습을 볼 수 없고, 들으려고 해도 그 소리를 들을 수 없다.…… 적막하고 까마득하게 멀고 넓으며, 도와 함께 서로 긴밀하며, 편안하게 오래 누워 잘 수 있으니 즐거움이 이보다 더 나은 것이 없다네"라고 하였다. 조식이 말하기를 "저는 상제上帝에게 청하고자 하는데,…… 선생의 몸을 되돌려 드리고 싶습니다"라고 하였다. 이에 해골은 길게 신음하며 확연廓然하게 탄식하기를 "심하도다! 어찌 자네는 어려운 말을 하는가? 옛날에 태소씨太素氏가 인仁하지 못하여 아무 까닭없이 수고롭게 나에게 형체를 주고 나를 태어나게 하여 고통스럽게 하였다. 이제야 다행히 변화하여 죽게 되었으니, 이것은 내가 진본眞本으로 되돌아가는 것이다. 어찌 자네가 수고로움을 좋아하는 것이 내가 안일安逸함을 좋아하는 것이 되겠는가? 자네는 가 보게! 나는 장차 태허로 돌아가겠네"라고 하였다. 이에 말이 끝나고 목소리도 끊어지고, 신광神光이 사라졌다.

살펴보면, 장형張衡과 조식曹植의 글은 장자와 매우 큰 관계가 있으며, 장형의 글은 더욱 장자가 현신顯身한 논법이다. 그러나 장형과 조식의 글은 모두 『장자』와 같은데, 비록 우언寓言의 말이기는 하지만, 모두 자신이 직접 겪은 언어이다. "장자가 초楚나라로 가다가 속이 빈 해골을 보았다"라는 말과 "장평자張平子가 천하(九野)를 두루 바라보며, 팔방八方(곳곳을 두루)의 변화를 관찰하였다.…… 돌아보니 해골이 길가에 버려졌다"라는 말, "조자曹子가 피당陂塘의 물가를 노닐며,…… 촉루髑髏(해골)가 망연히 홀로 있었다"라는 말은 왜 이렇게 말했는가? 그 사이의 전달 과정에 두 가지 중요한 내용이 있는데, 하나는 이 하나의 사건에 대하여 인정하는 태도이며, 다른 하나는 직접 해골의 입을 빌려 자신의 마음의 목소리를 전달한 것이다. 그들의 공통적 마음의 소리는 곧 삶은 수고롭고 죽음은 휴식이라는 것이다.

이탈리아 문예부흥기의 걸출한 화가 미켈란젤로(Michelangelo di Lodovico Buonarroti Simoni, 1475~1564)는 메디치 가(House of Medici)의 능묘陵墓를 위하여 네 사람의 조상彫像을 제작하였는데, 주제별로 나누어 보면 「새벽」(晨), 「저녁」(暮), 「낮」(晝), 「밤」(夜)이다. 그 가운데 「밤」은 한 사람의 깊은 잠에 빠진 여성이다. 화가는 이에 대하여 설명하기를 "수면은 쾌락적이며, 매우 단단한 돌로 이루어져 더욱 행복하다. 아! 이 만악萬惡이 부끄러운 시대에, 생명이 없고, 감각이 없는 것은 사람들이 선망하는 운명이다. 청하건대 조용히 해 주세요. 나를 잠을 깨우지 마세요!"라고 하였다. 쇼펜하우어도 "만약 분묘墳墓를 열고 시험 삼아 그 죽은 사람들이 여전히 다시 인간세상에 살아나고 싶지 않은지 물어보면, 나는 그들이 반드시 머리를 저으며 거절할 것이라고 믿는다"[33]

33) 쇼펜하우어, 『愛與生活的苦惱』(北京: 中國和平出版社, 1986), 151쪽.

라고 하였다.

고난의 시대에서 사는 것은 불행하며, 상서롭고 화목한 시대에 사는 것도 또한 마냥 행복한 일만은 아니다. 인간세상에는 고통도 있고 기쁨도 있다. 보통의 사람들에 대하여 말하면 기쁨은 결코 고통에 비하여 많지 않다. 그리고 기쁨은 잠시이고 고통은 지속적이다. 기쁨은 단지 과거의 기억 속에 머물며, 고통은 언제나 현재로 남아 있어 사방 모든 곳으로 퍼져서 아무리 떨쳐 버리려고 해도 없어지지 않는다. 고통은 항상 기쁨과 비교해 더욱 깊고 절박하며, 더욱더 오래 지속되며, 더욱 잊어버리기 어렵다.

『열자』에서는 다음과 같이 말한다.

백 년은 수명의 대제大齊(최고 한계)이다. 백 년을 사는 사람은 천 명에 한 명도 되지 않는다. 설령 한 사람이 있다고 해도 유아乳兒일 때와 늙어 정신이 흐린 때의 삶이 거의 그 반을 차지한다. 밤에 잠을 자면서 활동을 멈추는 시간, 낮에 깨어 있을 때도 헛되이 보내는 시간이 또 거의 그 반을 차지한다. 아프고 병들고 슬프고 괴로운 시간과 또 망연히 근심하고 두려워하는 시간이 또 거의 그 반을 차지한다. 십수 년에 달하는 시간에서 한가롭고 스스로 만족하여, 아주 작은 근심도 없을 때는 또한 한시도 없다. 그러니 인간이 살면서 무엇을 해야 하는가? 좋은 옷과 맛있는 음식을 취할 뿐이요, 음악과 여색을 즐길 뿐이다. 그러나 좋은 옷과 맛있는 음식이 항상 만족을 줄 수는 없으며, 음악과 여색은 언제나 즐기고 들을 수는 없으며, 또 형벌이나 상으로 금하기도 권장하기도 하며, 명예나 법률에 따라 나아가게도 되고 물러서게도 된다. 황급하게 한때의 헛된 명예를 다투고, 사후死後의 영예를 도모하기도 한다. 혼자 외롭게 귀로 듣고 눈으로 보는 것을 근신하고, 자기 생각(身意)의 옳고 그름을 소중하게 여긴다. 헛되이 현재의 지극한 즐거움을 누리지도 못하고, 한시도 자기 마음대로 행동하지 못한다. 중죄인重罪人이 얽매여 질곡된 것과 무엇이 다르겠는가? 태고太古의 사람들은 삶은 잠시 이 세상에 온 것임을 알고, 죽음은 잠시 떠난 것임을 알았으므로 마음에 따라서 움직이고, 자연이 좋아하는 바를 위반하지 않으며, 자산의 즐거움을 버리지 않았으므로 명예를 위하여 힘쓰지 않았다. 본성에 따라 노닐며 만물이 좋아하는 것을 거스르지 않았고,

죽은 뒤의 명예도 취하려고 하지 않았으므로 형벌로도 간섭할 수 없었다. 명예의 선후先後와 수명의 길고 짧음을 헤아리지 않았다.(『列子』, 「楊朱」)

인생에는 필연적으로 고통을 수반한다. 문제는 어떻게 고통을 벗어나는가가 아니라 어떻게 고통 속에서 생활할 것인가에 관한 문제이며, 어떻게 고통 속에서 생각하는가에 있다. 그리고 고통 속에서 생활의 참뜻을 찾아내고 생명의 의미를 깨달을 수 있는가의 문제다.

장자가 보기에 생명은 자연적일 뿐만 아니라 우연한 현상이며, 전체 우주에 대하여 말하면 생명은 또 얼마나 보잘것없는 것인가?

북해약北海若이 "우물 안 개구리에게 바다를 말할 수 없는 것은 (개구리가) 구릉에 갇혀 있기 때문이며, 여름벌레에게 얼음을 말할 수 없는 것은 시간의 한계가 있기 때문이며, 한 부분만 아는 사람(曲士)이 도道를 말할 수 없는 까닭은 교령敎令에 속박되어 있기 때문이다. 이제 그대는 황하의 한쪽 기슭에서 벗어나 큰 바다를 보고 마침내 자신의 고루固陋함을 알았으니, 그대와는 함께 대도大道를 담론할 만하다. 천하天下의 물은 바다보다 더 큰 것이 없으니, 모든 하천이 바다로 흘러들어 어느 때에 그칠지 모르지만, 가득 차지 않고, 미려尾閭(동해바다 가운데서 바닷물을 빨아들인다는 거대한 전설적 골짜기)로 빠져나가는데, 어느 때 그칠지 알 수 없지만 고갈되지 않으며, 봄이나 가을에도 변화하지 않으며, 수해水害나 한해旱害에도 (늘고 줄어듦을) 모른다. 이 바다가 장강長江이나 황하黃河의 흐름을 초월하는 것은 수로 헤아릴 수 없으며, 그런데도 내가 이로써 스스로 많다고 여기지 않는 것은, 내가 천지에서 형체를 얻고, 음양陰陽에서 기를 받고, 내가 천지 사이에 있는 것은 마치 작은 돌이나 작은 나무가 큰 산에 있는 것과 같기 때문이다. 바야흐로 존재가 작음이 드러나니 또 어찌 스스로 많다고 말할 수 있겠는가? 사해四海가 천지 사이에 있음을 헤아려 보면, 큰 소택沼澤가에 있는 개미구멍과 같지 아니한가? 중국이 해내海內에 있는 것을 따져 보면, 돌피의 낟알(稊米; 볍씨 한 알)이 커다란 창고에 있는 것과 비슷하지 아니한가? 사물의 수를 만萬이라고 일컫지만, 사람은 그중의 하나만 차지하며, 사람들이 구주九州에 많이(卒=衆) 살고,

곡식이 자라고 배와 수레가 소통하는 공간에 비하면, 인간은 그 한 부분에 살고 있다. 이것을 만물과 비견하면, 털끝 하나가 말 몸에 붙어 있는 것과 같지 않은가?'라고 하였다.(『莊子』, 「秋水」)

양자강과 황하에 비교하면 북해北海는 크다고 할 수 있지만, 북해도 하늘과 땅 사이에 있으며, 마치 작은 돌이 큰 산에 있는 것과 같으며, 중국이 천하에 존재하지만, 큰 곡식 창고의 낟알 하나와 같으며, 인간이 만물들 사이에 있지만, 소 아홉 마리의 털 가운데 하나와 같다. 장자는 "달팽이의 왼쪽 뿔에 나라를 세운 군주를 촉씨觸氏라고 하며, 달팽이의 오른쪽 뿔에 나라를 세운 군주를 만씨蠻氏라고 한다. 어느 때에 서로 영토를 다투어 전쟁을 일으켜, 쓰러진 시체가 수만이나 되었는데 패배한 적을 보름 동안 추격한 뒤에 회군하였다"(『莊子』, 「則陽」)라고 하였다. 나라를 천지와 서로 비교하면 달팽이의 크고 작음과 같다. 국가와 국가 사이 전쟁의 일은 천지 사이에 놓여 있는 것과 같으며, 마치 달팽이의 왼쪽에 있는 나라와 달팽이의 오른쪽 뿔에 있는 나라 사이의 쟁투와 같다. 국가도 또한 이와 같은데 인간이 또 어찌 도를 만족하겠는가? 장자는 "사람이 천지 사이에 태어나는 것은 빠른 말이 틈을 지나가는 것처럼 순식간에 지나갈 뿐이다"(『莊子』, 「知北游」)라고 하였다. 사람들은 팽조彭祖를 가장 장수한 사람으로 여기는데, 천지와 비교하면, 800년은 또한 얼마나 짧은 순간이며 또한 무엇을 충분하다고 헤아릴 수 있겠는가?

따라서 장자는 다음과 같이 말한다.

세상에 가을날의 털끝보다 큰 것이 없으니 큰 산도 작으며, 상자殤子(일찍 죽은 아이)보다 더 장수한 사람은 없고 (800년을 산) 팽조彭祖는 요절하였다.(『莊子』, 「齊物論」)

근본으로 살펴보면, 삶이란 기氣가 잠깐 모인 사물(喑醷)입니다. 비록 오래 살고 일찍 죽는 차이가 있으나 서로 간의 거리가 얼마나 되겠습니까? 잠깐 사이의 이야기에 지나지 않습니다. 어찌 요堯임금과 걸왕桀王의 시비를 따지기에 충분하겠습니까?(『莊子』, 「知北游」)

임희일은 "암의醅醷는 기가 순조롭지 않은 것이다. 사람 몸의 기에 순조롭지 않은 것이 있으면 사마귀가 되고 군더더기가 되며, 사물을 만드는 기가 생겨서 사람이 되면 또한 그것도 순조롭지 않은 것이다"(林希逸, 『南華眞經口義』, 권23)[34]라고 하였다.

나면도羅勉道(생몰 미상. 宋末元初)는 "태허로부터 보면 사람이 생겨나는 것은 암의醅醷와 같은 사물일 뿐이다. 『예기』의 주석에 의醷는 매실梅實의 장액漿液(즙)이다. 암醅은 그것(매실즙)을 오래 묵힌 것(久醞)이다. 즙은 비록 오래 묵혀도 어느 정도의 시간이 지나면 오래된 것은 장수하고, 오래되지 않은 것은 요절한다. 그러므로 무릇 세상 사람들이 여러 면으로 변론하는 것은 모두 잠깐의 말에 불과하니 어찌 요임금과 폭군 걸왕桀王을 옳다 그르다 따지겠는가?"(羅勉道, 『南華眞經循本』, 권21)[35]라고 하였다.

생명은 잠시의 것이며, 인생은 촉박한 것이며, 옳고 그름의 구별은 또한 매우 제한적이다.

인간이 이미 미미한 존재인데 지나치게 인간의 주관을 드러내려고 하면 당연히 매우 부적합한 것이다.

> (얼마 후) 자래子來가 병에 걸려 헐떡거리면서 막 죽게 되자 그 아내와 자식들이 빙 둘러싸고 울고 있었는데, 자리子犁가 가서 위문하며 "쉿! 비키시오! 이 (생과 사의) 변화 작용을 방해하지 마시오!"라고 하였다. 자리가 문에 기대어 자래에게 말하기를 "위대하도다. 조화여! 또 그대를 무엇으로 만들려 하는가? 그대를 어디로 데려가려고 하는가? 그대를 쥐의 간으로 만들 것인가? 그대를 벌레의 다리로 만들 것인가?"라고 하였다. 자래는 "부모가 자식을 동서남북 어디로 가게 하든 오직 명령을 따라야 할 뿐이다. 음양陰陽은 사람에게 단지 부모와 같을 뿐만이 아니다. 저 음양이 나를 죽음에 가까이 가게 하는데, 만약 내가 따르지 않는다면 나만 난폭한 자가 될 뿐이니 저 음양이 무슨 죄가 있겠는가? 대자연(大塊)은 나에게 육체를 실어 주어, 살아서는 나를 수고스럽게 하며, 늙어서 나를 편안하게 해

34) 『中華道藏』 제13책(北京: 華夏出版社, 2004), 850쪽.
35) 『中華道藏』 제14책(北京: 華夏出版社, 2004), 647쪽.

주며, 죽음으로 나를 쉬게 한다. 그러므로 나의 생生을 좋다고 여기는 것은 바로 나의 죽음을 좋다고 여기도록 하기 위함이다. 지금 대장장이가 쇠붙이를 주조鑄造하려는데, 쇠붙이가 뛰어 올라와 '나는 장차 반드시 막야와 같은 명검名劍이 되겠다'라고 말한다면, 대장장이는 반드시 상서롭지 못한 쇠붙이라고 여길 것이다. 이제 한 번 인간의 형체를 훔쳐서 세상에 태어나 '오직 사람이 되겠다! 오직 사람이 되겠다'라고 한다면, 저 조화자造化者도 반드시 상서롭지 못한 사람이라고 생각할 것이니, 지금 한 번 천지를 커다란 용광로로 삼고, 조화를 대장장이로 삼았으니, 가서 무엇이 된들 안 될 것이 있겠는가? 편안히 잠들었다가 깜짝 (인간으로) 깨어날 것이다"라고 하였다.(『莊子』, 「大宗師」)

성현영은 "대괴大塊는 자연이다. 무릇 형체(몸)는 구조를 이룬 것이며, 태어남은 낳아서 기름(誕育)의 시작이며, 늙음은 기애耆艾(50세 '艾', 60세 '耆')의 나이이며, 죽음은 기가 흩어지는 날이다. 그러나 (氣를 따라) 실려 와서 형체가 있게 되고, 삶은 반드시 노고勞苦가 있으며, 늙음은 이미 무능해져서 잠깐은 한가하며, 죽어 소멸하면 무無로 되돌아가서 이치에 따라 돌아가 쉰다. 이 네 가지는 비록 변화는 하지만 일찍이 내가 아님이 없으니 나는 담담하여 무엇을 아까워하겠는가?"(『莊子疏』, 「大宗師」)[36]라고 하였다.

유무劉武는 "인간은 모두 생生을 즐겁게 여기지만 대자연은 곧 태어나게 함으로 나를 수고롭게 한다는 것을 모른다. 모두 죽음을 싫어하지만, 대자연은 죽게 함으로써 나를 휴식하게 함을 모른다. 그러므로 태어남이 또한 어찌 반드시 즐거움이겠는가? 반드시 즐거운 것만은 아니라면 반드시 좋은 것만도 아니다. 삶과 죽음은 같으며, 좋은 삶은 곧 좋은 죽음일 뿐이다."[37]

삶은 진실로 즐거워할 필요는 없으며, 죽음도 근심할 필요는 없다. 사람이 천지 사이에 태어나는 것은 조물주의 눈에는 단지 보통의 한 사물일 뿐이며, 심지어 미미하여 잘 알기도 어려운 보통의 사물일 뿐이다. 모든 인류도 단지 이와 같을

36) 郭慶藩, 『莊子集釋』(北京: 中華書局, 1961), 243쪽.
37) 劉武, 『莊子集解內篇補正』(北京: 中華書局, 1987), 156쪽.

뿐인데, 나 한 사람이 또 어찌하겠는가?

『회남자』에서는 "처음 내가 아직 태어나지 않았을 때 어찌 삶의 기쁨을 알겠으며, 지금 내가 아직 죽지 않았는데 또 어찌 죽음이 즐거움이 아님을 알겠는가?"(『淮南子』, 「俶眞訓」)라고 하였다. 아직 태어나기 전에는 삶을 모르며, 아직 죽기 전에는 또한 죽음을 모른다. 또 우리 인간이 태어남은 천지 사이의 하나의 사물에 불과할 뿐이며, 죽음에 이르는 것도 또한 천지 사이 하나의 사물에 불과하다. 천지 사이 보통의 한 사물로서 삶과 죽음은 사실 결코 어떤 다름도 없다.

> 내가 천하에서 차지하는 것을 비유하면, 또한 하나의 사물일 뿐이다. 천하가 나로써 그 사물을 갖춘다는 것을 알지 못하고, 또 무無로써 사물이 갖추지 않음이 없음을 알지 못하는가? 그러므로 나 또한 사물이며, 사물 또한 사물이며, 사물이 사물과 함께하는데 또 어찌 서로 상대하는 사물이라고 하겠는가? 비록 그렇다고 해도 나를 태어나게 하는 것이 장차 무슨 도움이 되겠는가? 아니면 나를 죽이는 것은 장차 무엇을 덜어내는 것이겠는가? 무릇 조화자가 이미 나를 (담장을 쌓는데 필요한 하나의) 벽돌로 삼았으니 장차 어긋난 바가 없다. 내가 어찌 저 침과 뜸(鍼灸)으로 살고자 함이 미혹迷惑됨이 아님을 어떻게 알겠는가? 또 목을 매어 죽고자 하는 사람이 복이 아님을 어찌 알겠는가? 어떤 사람은 삶은 곧 요역徭役이며, 죽음은 곧 휴식이라고 한다. 세상이 넓고 넓음을 누가 알겠는가? 천하가 나를 생겨나게 하였는데 억지로 그만둘 수도 없고, 천하가 나를 죽이려 하는데 억지로 멈추게 할 수 없다. 살려고 하면서 삶을 섬기지도 않고, 죽음을 증오하면서도 사양하지 않으며, 천하게 여기면서도 미워하지 않고, 귀하게 여기면서도 기뻐하지 않으며, 하늘이 내릴 자품資稟을 따라서 급히 서두르지도 않는다. 내가 태어남에 7척의 형체를 가지고, 내가 죽음에 하나의 관을 메우는 흙이 있을 뿐이다. 내가 태어남은 형체가 있는 종류에 비견되고, 나의 죽음은 형체가 없는 것들 속으로 빠져들어 가는 것과 같다. 그러므로 내가 태어난다고 사물이 더 많아지는 것이 아니며, 내가 죽는다고 흙이 더 두터워지는 것이 아닌데, 내가 또 어찌 그 사이에서 기뻐하고, 미워하고, 이롭고, 해로운 바를 알겠는가?(『淮南子』, 「精神訓」)

"내가 태어남에 7척의 형체를 가지고, 내가 죽음에 하나의 관을 메우는 흙이 있을 뿐이다"라는 말은 살아 있을 때는 형체가 있는 종류와 비견되며, 죽은 후에는 형체가 없는 것들 속으로 빠져들어 가는 것과 같다. "내가 태어난다고 사물이 더 많아지는 것이 아니며, 내가 죽는다고 흙이 더 두터워지는 것이 아니다"라는 말에 어떤 마음속 생각이 있겠는가? 어떤 정신이 있겠는가?

장자는 왜 죽음에 대하여 이와 같은 순수자연적 태도를 보이려고 하는가? 노자는 "내가 가진 가장 큰 근심은 나를 위하여 몸을 가지고 있는 것이며, 만약 내가 몸이 없다면 내가 무슨 근심이 있겠는가?"(『老子』 13장)라고 하였다. 하상공은 "몸이 있으니 그 노동을 근심하고, 배고프고 추울까 염려하고, 감정의 자극으로 욕망을 따르면 재앙을 만난다. 내 몸이 없게 되면 도와 자연을 체득하여 가볍게 구름을 타고 들고 남이 간격이 없게 되고, 도와 더불어 신명에 통하니 마땅히 무슨 근심이 있겠는가?"(河上公, 『道德眞經注』, 권1)[38]라고 하였다. 인간이 가진 큰 근심은 인간이 자신을 지나치게 소중하게 여기고, 늘 이해 관념으로 모든 것을 대하는 데 있다. 자신을 지나치게 소중하게 여기고 이해 관념으로 모든 것을 대하면, 단지 인간의 정신에 매우 큰 위압을 줄 뿐이다. 장자는 정신적 자유自由와 자재自在를 추구하였고 따라서 그는 모든 것을 이해利害관계로 대함을 반대하였다. 이해 가운데 가장 중대한 것은 삶과 죽음보다 더 큰 것은 없다.

죽음과 삶도 나를 변화시키지 못하는데, 하물며 이해利害의 실마리에 따라 변하겠는가?(『莊子』, 「齊物論」)

삶과 죽음도 또한 크지만, 그래도 나를 변화시킬 수 없는데, 하물며 작록爵祿임에랴! (『莊子』, 「田子方」)

마침 태어난 것은 선생이 태어날 때였기 때문이며, (선생이) 세상을 떠난 것은

38) 『中華道藏』 제9책(北京: 華夏出版社, 2004), 133쪽.

선생이 (때에 순응하여) 갈 때가 되었기 때문이다. (가고 오는) 때에 안돈安惇하고 (자연에) 순응하고 살면 슬픔과 즐거움이 (마음에) 들어올 수 없다. 옛사람은 이를 제왕의 현해懸解라고 하였다.(『莊子』, 「養生主」)

삶과 죽음을 초월할 수 있다면 당연히 모든 것을 초월할 수 있다. "오는 것"은 곧 태어남이며, "가는 것"은 곧 죽음이다. 삶과 죽음을 안돈할 수 있으면 당연히 세속적인 슬픔과 즐거움으로 흔들리지 않는다. 세속적인 슬픔과 즐거움으로 흔들리지 않으면, 자연히 정신적 위압에서 풀려나서 해방과 해탈을 얻을 수 있도록 한다.

무엇을 "현해縣解"라고 하는가? "현縣"은 곧 현顯이다. 곽상은 "줄로 얽매임이 있음이 현懸이니 얽매임이 없음은 현해懸解이며, 현해는 성명의 실정을 얻는 것이다"(『莊子注』, 「養生主」)[39]라고 하였다.

성현영은 "제帝는 천天이다. 생과 사에 얽매이는 것이 현懸이니 죽음도 없고 삶도 없는 것이 현해懸解이다. 무릇 생과 사에 얽매이지 않고, 근심과 걱정이 마음속에 들어올 수 없는 사람이 먼 옛날 성인을 천연의 해탈이라고 한다"(『莊子疏』, 「養生主」)[40]라고 하였다.

임희일은 "현縣(懸)이라는 것은 마음에 근심(系著)이 있는 것이다. 제帝는 천天이다. 천리의 자연을 알면 천제天帝라도 생사로써 나를 근심스럽게 할 수 없다. 비록 천이라고 말하지만, 또한 나를 어떻게 할 수 없다. 그러므로 제帝의 현해懸解라고 한다"(林希逸, 『南華眞經口義』, 권4)[41]라고 하였다.

나면도는 "제帝는 곧 천이다. 제의 현해라는 것은 천이 음양과 오행으로 만물을 변화 생성함에 인간이 품수하여 생겨나면 곧 기쁨(喜)·성냄(怒)·슬픔(哀)·즐거움(樂)·길함(吉)·흉함(兇)·후회(悔)·인색함(吝)으로 얽매이게 되는데, 만약 (오고 가는) 시간에 안돈하고 (자연 변화에) 순응하여 머물면 슬픔과 즐거움이 (마음속으로)

---

39) 郭慶藩, 『莊子集釋』(北京: 中華書局, 1961), 129쪽.
40) 郭慶藩, 『莊子集釋』(北京: 中華書局, 1961), 129쪽.
41) 『中華道藏』 제13책(北京: 華夏出版社, 2004), 732쪽.

들어올 수 없으니 하늘이 얽매여 놓은 것이 풀어져 흩어진다”(羅勉道, 『南華眞經循本』, 권4)[42]라고 하였다.

“현해懸解”는 곧 해탈解脫이다. 해탈은 육체적 해탈일 뿐만 아니라 또한 정신적 해탈이기도 하다. 육체적 해탈은 곧 삶에서 죽음으로 가는 것이며, 곧 이른바 “자연(大塊)은 나에게 육체를 실어 주어, 살아서는 나를 수고스럽게 하며, 늙어서 나를 편안하게 해 주며, 죽음으로 나를 쉬게 한다”라는 말이다. 정신적 해탈은 생과 사를 염려하지 않고, 근심과 즐거움을 생각하지 않는 것으로 곧 “때에 안돈安惇하고 (자연에) 순응하고 살면 슬픔과 즐거움이 (마음에) 들어올 수 없는” 상태이다.

장자는 결코 죽음을 두려워하지 않았고, 또한 죽음을 거부하지도 않았다. 왜냐하면 죽음을 거부하는 것은 불가능하며, 죽음을 두려워하면 심령이 엄중한 압박을 받아서 자유롭지 않게 되며, 따라서 사람들이 더 좋게 살 수가 없기 때문이다. 장자가 진정으로 추구하자 한 것은 오직 정신의 자유와 자재自在 및 심성의 평온함과 담박함이다. 삶과 죽음에 대하여 가지고 있는 장자의 독특한 태도는 바로 이러한 기초에서 확립된 것이다.

고대 그리스 철학자 에피쿠로스(Epikuros, B.C.341?~B.C.270?)는 사람들에게 경고하기를 “당신은 죽음이 우리가 상간할 수 있는 일이 아니라는 믿음에 익숙해지려고 해야 한다. 왜냐하면 모든 선과 악, 길흉吉凶은 모두 감각 가운데 있기 때문이다. 그러나 사망은 감각의 상실에 불과하다.…… 사망은 우리에게 경중을 따질 수 없는 것이다. 왜냐하면 우리가 존재하고 있을 때 사망은 우리에게 아직 다가오지 않았고, 또 사망할 때 우리는 이미 존재하고 있지 않기 때문이다”[43]라고 하였다. 에피쿠로스의 의도는 사망에 대한 사람들의 공포를 제거하려는 데 있었고, 장자의 의도는 사망이 사람들에게 주는 심리적 압박을 제거하려는 데 있었다.

비록 장자도 양생養生을 말하였지만, 장자가 말한 양생은 일반적으로 말하는

42) 『中華道藏』 제14책(北京: 華夏出版社, 2004), 580쪽.
43) 『古希臘羅馬哲學』(北京: 生活・讀書・新知三聯書店, 1957), 5쪽.

양생과는 매우 큰 차이가 있다. 일반적인 양생은 모두 장수長壽를 추구하지만, 장자는 결코 장수를 추구하는 것이 아니라 단지 더 나은 삶의 방법을 추구할 뿐이다.[44)]

> 선을 행하되 명예를 가까이하지 말고, 악을 행하되 형벌에 가까이 가지는 말고, 중을 지켜 도와 합함(緣督)을 버리로 삼으면 몸을 보호할 수 있고, 생명을 온전하게 할 수 있으며, 육친을 봉양할 수 있으며, 주어진 수명을 다할 수 있다.

성현영은 "연緣은 순順이다. 독督은 중中이며, 경經은 상常(常道)이다. 무릇 선과 악 모두를 망각하고, 형벌과 명예도 다 버리기 때문에 중中의 도에 순응할 수 있고, 진정하고 영원한 도에 머물 수 있으며, 염담하고 무욕함(虛夷)으로 사물에 임하며, 세상과 더불어 변천한다. 양생의 묘미는 바로 여기에 있다"(『莊子疏』, 「養生主」)[45)]라고 하였다.

임희일은 "독督은 박迫이다. 곧 이른바 급박急迫한 뒤에 응하며, 어쩔 수 없는 후에야 일어난다. 이 세상에 마음을 두고 살면 선과 악으로 이름할 만한 흔적은 없으나, 천리와 자연에 순응함에는 급박한 후에 응하며, 응하되 무심으로 하니 이것을 상도常道로 삼을 뿐이다"(林希逸, 『南華眞經口義』, 권4)[46)]라고 하였다.

왕부지王夫之(1619~1692)는 "『기경奇經』의 팔맥八脈은 임맥任脈과 독맥督脈을 주로 하여 호흡하는 숨을 쉰다. 등뼈가 정수리로 관통하여 독맥이 되고 양陽이 된다. 몸의 앞부분의 중맥中脈을 임맥이라고 하며, 몸 뒤의 중맥을 독맥이라고 한다. 독督은 고요하게 머물고, 좌우로 가울지 않으며, 맥이 위치하는 곳은 형질이 없다. 연독緣督(중

---

44) 李澤厚는 "노자와 다른 철학자들과 다르게 장자가 '治國平天下'의 방략과 도리를 말한 것은 매우 드물며, 그가 말한 것은 주로 사물과 나의 가지런함, 생과 사의 동일함, 利害의 초월, 修身과 長生 등과 같은 별도의 한 묶음이다"(『中國古代思想史論』, 北京: 人民出版社, 1985, 177쪽)라고 하였다. 이러한 관점은 정확성을 잃었다. 장자는 진실로 "치국평천하"를 말하지 않았지만, 그러나 또한 長生도 말하지 않았으며, 더욱이 장생을 추구하지도 않았으며, 장자는 단지 현재의 삶에서 자유와 자재의 생활을 추구하였을 뿐이다.

45) 郭慶藩, 『莊子集釋』(北京: 中華書局, 1961), 117쪽.

46) 『中華道藏』 제13책(北京: 華夏出版社, 2004), 729쪽.

을 지켜 도와 합함)이라는 것은 깨끗하고 미묘하며 정미한 기氣가 허虛를 따라 순행循行하며, 순행할 수 없는 곳에서 멈추며, 스스로 순행順行하여 그 중도中道를 가서 얻는다"[47] 라고 하였다.

양생은 생명을 위하여 맡은 일이며, 그것을 자연에서 얻을 수밖에 없다. 삶도 자연이며, 죽음도 자연이다. 『열자』에서도 삶과 죽음에 대하여 일종의 자연적 태도를 보인다.

> 맹손양孟孫陽이 양자楊子에게 묻기를 "여기에 어떤 사람이 삶을 고귀하게 여기고 몸을 아껴서 죽지 않기를 구한다면 가능할까요?"라고 하였다. 양자가 "사람이 죽지 않는 이치는 없다"라고 대답하였다. (맹손양이 또) "오래 살기를 구함이 가능합니까?"라고 물었다. 양자가 "사람이 오래 사는 이치는 없다. 삶을 고귀하게 여긴다고 해서 생존할 수 있는 것이 아니며, 몸은 아낀다고 해서 튼튼해지는 것이 아니다. 그리고 오래 살아서 무엇을 하겠다는 것인가? 다섯 가지 감정이 좋아하고 싫어함은 옛날이나 지금이나 마찬가지이며, 사지의 편안함과 위태로움도 옛날이나 지금이나 마찬가지이며, 세상일의 괴로움과 즐거움도 옛날이나 지금이나 마찬가지이며, 세상이 변화하고 바뀌고 다스려지고 어지러워지는 것도 옛날이나 지금이나 마찬가지다. 이미 그러하다는 것을 들었으며, 이미 그러한 것을 보았으며, 이미 그러한 것을 경험하였으니, 백 년도 더욱 지겹고 많은데, 하물며 오래 사는 괴로움을 말해 무엇하겠는가?"라고 하였다. 맹손양이 "만약 그렇다면 빨리 죽는 것이 오래 사는 것보다 나을 것이니, 창끝이나 칼날을 밟고 끓는 물이나 뜨거운 불에 뛰어 들어가면 뜻한 바를 얻게 되겠군요"라고 하였다. 양자는 "그렇지 않다. 이미 태어났으니 죽으려 하지 말고 사는 대로 맡겨서, 자기가 하고자 하는 것을 다한 뒤 죽음을 기다려야 한다. 죽게 되면 죽음 그대로 내버려 두어 가고자 하는 바를 구하고, 바를 생명이 다하도록 놓아두어야 한다. 모든 것을 버려두고 모든 것을 맡기지 않는 것이 없는데, 어찌 그 사이에 느리고 빠름을 두려워하겠는가?"라고 하였다.(『列子』, 「楊朱」)

47) 王夫之, 『莊子解』(北京: 中華書局, 1964), 30~31쪽.

사람은 죽지 않을 수 없으며, 사람은 또한 오래 살 수가 없으니, 이것은 사실적으로 불가능한 일일 뿐만 아니라, 도리상으로도 불가능하고 불필요하다. 사람의 일생에는 얼마나 많은 과정이 있으며, 얼마나 많은 육체적 심리적 환락과 고통 그리고 유감스러운 일이 많은가? 죽음은 행복한 사람은 물론 불행한 사람에게도 일찍이 하나의 멈춤이며 해탈이며 심지어 해방이다.

풍자 작가인 루키아노스(Lukianos, 125?~180?)는 사망에 직면한 모든 사람은 평등하다고 보았다. 사람이 죽은 후에는 가난한 사람이나 부자를 막론하고 "모두 (해골) 대머리며 덮어 가릴 수 없다"라고 하고, "같은 모양으로 치아를 드러내고, 눈알을 잃어버리고, 코도 내려앉아 변한다"[48]라고 하였다. 이 말은 곧 사람은 죽은 후 모두 하나의 보기 흉한 해골로 변한다는 것을 의미한다.

> 자공子貢이 학문에 권태를 느껴 공자에게 "휴식을 취할 곳이 있었으면 합니다"라고 하였다. 공자가 "살아서는 휴식할 곳이 없다"라고 하였다. 자공이 "그렇다면 제게는 휴식할 곳이 없는 것입니까?"라고 하였다. 공자가 "있고말고. 저 무덤을 바라보아라. 불룩하고 우뚝하며 봉긋하게 불쑥 솟아오른 것이 네가 쉴 곳임을 알겠느냐?"라고 하였다. 자공이 "위대하군요, 죽음이라는 것은! 군자는 휴식하고 소인은 굴복하는 것이군요"라고 하였다. 공자가 "사賜(子貢)야! 네가 그것을 알았구나. 사람들은 모두 삶의 즐거움을 알고 있으나 삶의 괴로움을 알지 못한다. 늙음의 고달픔을 알고 늙음의 편안함을 모른다. 죽음이 나쁘다는 것을 알고 죽음이 휴식이라는 것은 알지 못한다"라고 하였다. 안자晏子가 "'훌륭하다, 옛날에 있던 죽음이여! 어진 사람은 휴식하고, 어질지 못한 사람은 굴복한다'라고 하였는데, 죽음은 덕의 순행이다. 옛날에 죽은 사람을 일러 돌아간 사람이라 하였다. 무릇 죽은 사람을 돌아간 사람이라고 말한다면, 곧 살아 있는 사람은 '행인行人'이라 한다. 길을 가면서 돌아갈 줄 모른다면 그는 집을 잃은 사람이다. 한 사람이 집을 잃으면 온 세상이 그를 비방하지만, 천하가 집을 잃으면 비난할 줄 모른다. 어떤 사람이 고향을 떠나 육친을 버리고 집안일을 내던지고 사방으로 유랑하면서 돌아가지

48) 『琉善哲學文選』(北京: 商務印書館, 1980), 120쪽.

않는 사람은 어떠한 사람이라 하겠는가? 세상에서는 반드시 그를 방탕한 사람이라 고 할 것이다. 또 어떤 사람이 육체적인 삶을 중히 여기고, 교묘한 능력을 뽐내고, 명예를 닦아 세상에 과장된 자랑을 하면서도 그칠 줄을 모르는 사람이 있다면 그 또한 어떠한 사람이라 하겠는가? 세상에서는 반드시 그를 지혜와 꾀가 있는 사람이라 여길 것이다. 이 두 사람은 모두 다 자신을 잃어버린 사람들이다. 세상 사람들은 한쪽만 편들어 주고, 다른 한쪽은 편들어 주지 않지만, 오직 성인聖人만이 줄 것을 알고 버릴 것을 안다"라고 하였다.(『列子』, 「天瑞」)

살아서 쉴 곳이 없는 것은 또한 인간의 숙명이다. 오직 죽음만이, 오직 무덤만이 곧 인류가 최후로 돌아가는 곳이다. 크도다. 죽음이여! 군자는 휴식하고 소인은 복종한다. 따라서 삶은 진정한 행복이 될 수 없으며, 죽음도 진실로 겁낼 필요가 없다. 죽음은 돌아감이며, 인생이 되돌아가는 곳이다. 사람마다 모두 반드시 죽어야 하며, 죽게 마련이다.

인간은 단지 한 번만 죽으며, 죽고 나면 다시 살아날 수 없다. 어떻게 죽음을 맞이하는가는 곧 가장 철학적인 문제이다. 하이데거(Martin Heidegger, 1889~1976)는 "죽음은 이승에서의 종결이며, 곧 이승에서의 가장 기본적이며, 아무런 관련이 없는 것이며, 확실하게 알 수 있는 것이며, 그 자체로서 불확정적이며, 뛰어넘을 수 없는 가능성이다"[49]라고 하였다.

사람은 모두 죽지만 사람은 또 한 번만 죽는다. 세계의 어떤 일도 모두 거짓으로 할 수 있지만, 오직 죽음만은 유일한 진실이다. 오직 죽음만이 가장 친밀하고 가장 이기적이며, 오직 죽음만이 진정의 한 사람의 의지, 한 사람의 품행, 한 사람의 충정忠貞을 검증할 수 있다. 죽음은 때로 사는 것보다 더 의미 있는 것이다.

살 수 있는데 사는 것은 천복天福이요, 죽을 수 있는데 죽는 것도 천복이다. 살 수 있는데 살지 못하는 것은 천벌天罰이요, 죽을 수 있는데 죽지 않는 것도 천벌이다.

---

49) 하이데거, 『存在與時間』(北京: 生活·讀書·新知三聯書店, 1999), 297쪽.

(『列子』, 「力命」)

살려고 하는데 살 수 없는 것은 천벌天罰이며, 죽으려고 하는데 죽을 수 없는 것도 또한 천벌이다. 죽음은 때로 하나의 축하할 만한 가치가 있는 일이다. 소크라테스(Socrates, B.C.470~B.C.399)는 자신에게 사형 판결을 내린 재판관에게 "헤어질 시간이 다가왔습니다. 나는 죽으러 가고 여러분은 생활하러 갑니다. 누가 가는 길이 좋은지는 오직 신神만이 알 것입니다"[50]라고 하였다.

죽음과 삶이 기왕에 낮과 밤이라면, 또 기왕에 하나의 자연적 현상이라면, 따라서 사람들은 죽음에 대하여 다만 달관적 태도를 가질 수밖에 없다. 인간만이 오직 할 수 있는 일은 곧 진실하고 성실한 수단이며, 곧 현실을 중시하는 인생이다. 『여씨춘추』는 다음과 같이 말한다.

자화자子華子는 "삶을 온전하게 함이 최상이며, 이지러진 삶(虧生)이 그다음이며, 죽음이 또 그다음이며, 굴욕적 삶(迫生)이 최하이다"라고 하였다. 그러므로 이른바 생生을 존중함은 삶을 온전하게 함을 말한다. 이른바 삶을 온전하게 한다는 것은 육욕六欲[51]이 모두 마땅하게 얻은 것을 말한다. 이지러진 삶은 존귀하게 여겨야 할 것을 소홀히 하는 것이며, 그 이지러짐이 점점 더 심해지면, 그 존중함도 점점 소홀해진다. 이른바 죽음이라는 것도 알 수 있는 까닭이 없으므로 아직 태어나지 않는 상태로 되돌아가는 것이다. 여기서 굴욕적 삶(迫生)이라는 말은 육욕六欲을 얻음이 마땅하지 않음이며, 모두 그것을 더욱 나쁜 방법으로 얻는 것이다. 굴복屈服이 바로 이것이며, 굴욕屈辱이 바로 이것이다. 굴욕은 불의不義보다 더 큰 것은 없으므로, 불의가 바로 굴욕적 삶(迫生)이다. 굴욕적 삶은 비단 불의일 뿐만 아니기 때문에, 굴욕적 삶을 죽음보다 못하다고 한다. 어찌 그것이 그러함을

---

50) 플라톤, 『에우튀프론, 소크라테스의 변명, 크리톤』(北京: 商務印書館, 1983), 80쪽. 역자 주: 에우튀프론(Euthyphro), 변명(Apology), 크리톤(Crito), 파이돈(Phaedo).

51) 역자 주: 六欲에 대해 儒·佛·道 각각 여러 가지 설이 있으나, 여기서는 인간의 육체가 가진 욕망을 말하므로, 生·死·耳·目·口·鼻 각 신체 器官이 가진 욕망을 의미한다고 보아야 한다.

아는가? 귀가 듣기 싫은 것을 듣는다면 듣지 않음만 못하며, 눈이 보기 싫은 것을 본다면, 보지 않는 것보다 못하다. 그러므로 우레가 들리면 귀를 막고, 번개가 번쩍이면 눈을 가리니 이것이 그 비유이다. 무릇 육욕이 모두 그 심하게 싫어하는 바를 알며, 반드시 (그 싫어함을) 면할 수 없다면, 차라리 모르는 것보다 못하다. 아는 바가 없다 라는 말은 죽음을 말한다. 그러므로 굴욕적 삶은 죽음보다 못하다. 고기를 좋아한다는 것이 썩은 쥐 고기도 좋아한다는 말이 아니다. 술을 좋아한다는 것이 패주敗酒(상한 술)도 좋아한다는 말이 아니다. 생生을 존중한다는 말은 굴욕적 삶(迫生)을 좋아한다는 뜻은 아니다.(『呂氏春秋』, 「仲春記 · 貴生」)

『여씨춘추』는 생生을 네 가지 상황 혹은 네 가지 경계로 구분하였는데, 전생全生 · 휴생虧生 · 사死 · 박생迫生이 그것이다. 그 사이의 구별과 차이는 욕망을 마땅하게 얻었는가에 있다. 『여씨춘추』는 결코 인간의 욕망을 부정하지는 않는다. 인간은 반드시 욕망이 있다. "하늘이 사람을 태어나게 함에 탐욕貪欲을 가지도록 하였다."(『呂氏春秋』, 「仲春記 · 情慾」) 사람이 욕망을 가지는 것은 인간이 현실적으로 살아 있다는 진실한 표현이다. 무욕無慾은 거의 죽었거나 죽음과 같으니 또한 이른바 살아 있는 송장(行屍走肉)이다. 인간은 반드시 욕망을 가지며, 인간이 인간다운 인간이 되는 것은 도리어 욕망을 가지는가에 있지 않고, 동물도 또한 욕망이 있다. 인간과 동물의 구별은 욕망의 유무에 있지 않고, 욕망을 얻음이 마땅한가 아닌가에 있다. "육욕六慾이 모두 마땅하게 얻는다"라는 말은 인생의 가장 좋은 상태를 말하며 또한 최고의 경지이다. 마땅함과 마땅하지 않음은 곧 부적합不適合함과 적합適合함의 함의를 갖추고 있을 뿐만 아니라 또한 예禮에 합하는가 합하지 않는가의 함의도 갖추고 있다. 자유와 자재, 자주와 자성적으로 생활하는 것은 "우러러보아 하늘에 부끄러움이 없으며, 굽어보아 사람에게 부끄러움이 없다"(『孟子』, 「盡心上」)라는 말이다. 안으로는 자신을 손상하지 않고, 겉으로 타인을 손상하지 않음이 곧 "육욕이 모두 욕망을 얻음이 마땅하다"라는 말이며, 이것이 곧 "전생全生"이다. "휴생虧生"은 "육욕이 부분적으로 그 마땅함을 얻은 것이다." 그 사이에는 마땅함도 있고 마땅하지 않음도 있으며, 또한 이른바 "이지러짐"(虧)이 있어 혹은 자신을 이지러지게 하고 때로 타인을 이지러지게 하는 것이다. 이것은 인생에서 두 번째 상태이며 또한 두 번째 경지이다. 인간은 오직 한 번 죽는데, 죽음은 완결完結 혹은 결말을 의미한다. 아름다운 인생에 대하여 말하면 죽음은 당연히 애석함을 의미하고 유감遺憾을 의미하지만, 불행한 사람에 대하여 말하면 죽음은 아마도 종결을 의미하거나 해탈을 의미하지 않을 수 없다. 죽어버리면 모든 것은 다시 존재를 회복할 수 없으며 때로는 이것이 좋은 일이 될 수도 있다. 이것은 인생에서 세 번째 상태이며, 또한 세 번째 경지이다. "굴욕적 삶"(迫生)은 "육욕이 모두 그 마땅함을 얻지 못한 것이다." "육욕이 모두 그 마땅함을 얻지 못한 것"은 혹 욕망하나 얻지 못하였거나, 욕망하되 법도가 없는 것이며, 그 만남과 얻음은 모두 오직 부정적 측면의 가치만 갖추고 있으며, 모두 생명을 손상하거나 학대하는 것이다. 바로 이 때문에 "박생은 죽음만 못하다." 이것은 인생의 가장 좋지 않은 상태이며, 또한 온 힘을 다해 피하고자 하는 상태이다.

생명을 존귀하게 여기는 사상은 도교에서 크나큰 발전을 이루었는데, 도교는 장생長生을 추구하는 종교[52]이므로 매우 생을 중시한다. 『태평경太平經』에서는 "사람

52) 탕일개는 "한나라 말 도교가 해결하고자 했던 중심 문제는 곧 생사의 문제였으며, 아울러 어떻게 '長生'을 할 수 있을 것인가가 그 목표였다"(湯一介, 『昔不至今』, 上海文藝出版社, 1999, 152쪽)라고 하였다. 경희태(1928~2017)는 "長生不死하고 도를 얻어 신선이 되는 것은 도교의 최고 목표였다"(卿希泰 主編, 『中國道敎史』 제1권, 成都: 四川人民出版社, 1996, 197쪽)라고 하였다. 도교의 전신은 이른바 方仙道이다. 方士들은 장생불사와 인간은 신선이 될 수 있음을 고취하고, 아울러 많은 신화를 만들어 내었는데, 劉向의 『列仙傳』에는 黃帝가 신선이 된 일을 구체적으로 기록하였다. "黃帝는 호를 軒轅이라고 하며, 百神을 통제할 수 있고, 조회를 받고 그들을 부릴 수 있었다. 약하지만 변론을 잘하며, 성스럽고 미리 아는 능력이 있었다. 사물의 벼리를 알고, 자신을 구름을 다스리는 신으로 삼았다. 龍의 형상이 있고, 스스로 떠날 날을 선택하여 여러 신하에게 작별하고 죽음에 이르렀다. 橋山에 장례를 지냈다. 산이 무너졌는데, 관은 비었고 시체가 없어지고 오직 검과 신발만 거기에 있었다. 仙書에서 말하기를 '황제가 首山의 구리를 채굴하고 荊山의 아래에서 솥을 주조하였다. 솥이 완성되자, 용이 수염을 늘어뜨리고 아래로 내려와 황제를 영접하니, 황제는 곧 升天하였으며, 뭇 신하들과 백관들이 모두 용의 수염을 잡고 황제를 따라 올라갔다. 황제의 활과 용의 수염을 잡고 (수염을) 뽑히고 화살이 떨어졌고, 나머지 일부 신하들은 따르지 못하고 황제를 우러러보며 슬피 통곡하였다. 그러므로 후세에 그곳을 鼎湖(河南 荊山에 있는 호수)라고 여겼으며 그 활의 이름을 烏號라고 불렀다'"라고 하였다. 전국시대부터 秦漢시대에 이르기까지 장생불사를 말한 사람은 매우 많으며, 적지 않은 제왕들이 그것을 깊이 믿었으며, 그 가운데 가장

이 태어남은 하늘을 닮고 하늘에 속하며, 사람이 죽음은 땅을 닮고 땅에 속한다. 천天은 아버지이며, 땅은 어머니이다. 어머니를 섬김이 아버지보다 더 나아서는 안 된다. 인간을 생겨나게 하는 것은 양陽이며, 인간을 죽게 하는 것은 음陰이다. 음을 섬김이 양보다 더 나아서는 안 된다. 양은 임금이며, 음은 신하이다. 신하를 섬김이 임금보다 더 나아가서는 안 된다"[53]라고 하였다. 단지 음양의 법으로 죽음을 섬기는 것이 생生보다 더 나아가서는 안 된다고 해석하는 것은 분명히 부족한 것이다. 따라서 『태평경』에서는 또 "생이 그 근본이며, 죽음은 거짓이다"[54]라고 하였다. 오직 생이 있어야 비로소 실재적으로 되고 그와 함께 죽음을 잘 대하는 것은 오히려 생을 잘 대하는 것만 못하다.

갈홍은 더 장생을 추구함이 마땅히 도교의 주요 목적이 되어야 한다고 보았다.

천지의 큰 덕을 생生이라고 하며, 생은 사물을 좋게 하는 것이다. 이런 까닭에 도가가 지극히 신묘하고 중요하게 여기는 것이며[55], 장생의 방법에 지나지 않는다. (『抱朴子』, 「內篇 · 勤求」)

장생의 도가 도의 지극함이며, 그러므로 옛사람들이 그것을 중시하였다.(『抱朴子』, 「內篇 · 黃白」)

장생을 강조함으로 인하여 갈홍은 장자를 화를 내며 꾸짖었고, 심지어 노자에 대해서는 또한 완곡하게 비판(微辭)하였다. "또 오천 글자가 비록 노자에게서 나왔지만, 그러나 모두 총론적이 비교적 소략할 뿐이다. 그 가운데 처음부터 끝까지 그

유명한 사람이 곧 秦始皇과 漢武帝였다. 진시황은 일찍이 方士의 말을 믿고, 사람들을 동해로 보내 長生의 仙藥을 찾도록 하였다. 한무제도 더욱더 黃帝처럼 몸을 날아다니는 신선이 되기를 羨慕하였다. 일찍이 탄식하기를 "오호라! 진실로 황제와 같이 될 수만 있다면, 나는 妻子를 신발을 벗듯 버릴 것이다"(『漢書』, 「郊祀志」)라고 하였다.

53) 王明, 『太平經合校』(北京: 中華書局, 1960), 49쪽.

54) 王明, 『太平經合校』(北京: 中華書局, 1960), 53쪽.

55) 여기서 갈홍이 말한 "道家"는 실제로는 先秦시대 도가가 아니라 후한의 도교이다.

일을 모두 열거하기를 수긍하지 않았으며, 어떤 것은 미루어 살펴본 것이다. 그러나 이 경전을 암송하더라도 그 중요한 도리를 얻지 못하면 곧 헛수고가 될 뿐이니, 또 하물며 언급하지 않은 것임에랴! 문자文子·장자莊子·관령윤희關令尹喜[56] 등의 무리는 그들이 쓴 글이 비록 황로黃老를 조술하고 현허玄虛를 준수하였지만 그 요지를 설명하면 지언至言은 전혀 없다. 혹은 다시 생과 사를 같이 보고 살아 활동함을 요역徭役으로 여기는 것은 다름이 없으며, 죽음(殂歿)을 휴식으로 보며, 그것이 죽어서 신선이 되었다면 이미 (그 신선의 수가) 천억이나 되었을 것이니 어찌 전심전력으로 연구할 가치가 있겠는가?"(『抱朴子』, 「內篇·釋滯」)라고 하였다. 여기서 또한 볼 수 있는 것은 도교와 도가는 생과 사를 대하는 문제에서 실제로 매우 큰 구별이 있다는 것이다.

도가가 생을 중시함을 선양하는 것은 하나의 정신이며, 도가는 결코 장생을 추구하는 것이 아니라 단지 자유롭고 자재적으로 활동하는 것이다. 도교도 역시 청심淸心과 과욕寡慾을 주장하지만, 도리어 장생을 제일로 추구한다. 도교의 내단內丹과 외단外丹은 모두 장생에 뿌리를 두고 있으며, 모두 장생을 구하기 위하여 준비된 것이다. 도가의 이론은 중심이 정신을 선양하는 데 있으므로 수행의 학문을 중시하지 않는다. 도가의 수양론은 도교의 수양론과 서로 비교할 수 없으며, 또한 유가의 수양론과 서로 비교하면 분명하게 박약하고, 도교의 이론은 심지어 주가 되는 수양론도 주로 어떻게 장생을 할 수 있는가에 대한 논의이다.

---

56) 역자 주: 노자가 세속을 떠날 때 函谷關을 지나는데 함곡관을 지키던 문지기가 노자에게 부탁하여 가르침을 얻었다. 그것이 5천여 글자의 『道德經』이며, 그 문지기의 이름을 關令尹喜라고 하였다.

제8장 수양론

심성론은 필연적으로 수양修養과 관련이 있다. 심성론의 요지는 어떻게 사람다운 사람이 되는가? 어떤 사람이 되는가의 문제이며, 어떻게 사람다운 사람이 되는가는 곧 사람의 수양 문제이다. 유가가 말하는 수양은 주로 적극적인 방향이며, 도가가 말하는 수양은 소극적인 방향이며 또한 일종의 부정적 방법, 감소의 방법이다. 마음 비우기에 힘씀(致虛)과 고요함을 지킴은 노자와 장자 수양론의 요지이다. 노자가 먼저 치허致虛와 수정守靜을 제창하였고, 장자는 치허와 수정을 "심재心齋"와 "좌망坐忘"으로 구체화하였으며, 다른 한편으로 치허와 수정을 본체론의 높이로 끌어올려 "제물齊物"(우주만물은 모두 평등함)으로 표명標明하였다.

1. 마음을 완전히 비워라

유가의 학문은 실질적으로 '사람다운 사람이 됨'(爲人)을 위한 학문이다. 유가가 표명하는 경계는 곧 이른바 "군자君子"이다. "군자"는 또한 유가의 이상 인격이다. 비록 유가도 이른바 "성인聖人"을 표명하였지만, 그러나 "성인"은 하늘이 나게 하여 이루어지며, 배워서 가능하지 않으며, 사람의 노력으로 할 수 있는 것이 아니다. 후유後儒[1]는 공자를 성인으로 여겼으나 공자 본인은 그렇지 않다고 여겼다.[2] 인간으

1) 역자 주: 글자 그대로는 "후일의 유학자"이지만, 학술사적으로 보면 주로 특정 시기의 유학자 집단이 아니라, 新儒學 · 性理學 등으로 부르며 유학을 새롭게 정립한 二程과 朱子 등을 지칭한다. 또 기존의 유학을 비판하고 새롭게 재해석한 20세기 계몽주의 유학자들을 가리키기도 한다.

로서 도달할 수 있는 것은 역시 군자에 불과할 뿐이다. 공자는 군자에 대하여 언급을 많이 하였으나 대부분 자세한 조목(子目)으로 되어 있는데, 종합적으로 말하면 이른바 "완성된 인간"(成人)이다.

자로子路가 완성된 인간(成人)에 대하여 여쭈었더니, 공자가 "만약 장무중臧武仲의 지식, 맹공작孟公綽의 욕심내지 않음, 변장자卞莊子의 용기, 염구冉求의 기예技藝를 예악禮樂으로 다듬으면(文) 또한 '성인成人'이 될 수 있을 것이다"라고 하였다.(『論語』, 「憲問」)

이것이 곧 경지이다. 공자는 스스로 "70에 마음이 하고자 하는 바를 따라도 법도를 넘지 않았다"(『論語』, 「爲政」)라고 하였는데, 이것 또한 하나의 경지이며, 또한

2) "太宰가 子貢에게 묻기를 '공자님은 聖者이신가요? 어찌 그렇게 다능하실 수 있습니까?' 라고 하였다. 자공이 '진실로 하늘이 장차 성자가 되게 할 분이고 또 다능하신 분입니다'라고 하였다. 공자가 그것을 듣고는 '태재가 나를 아는구나! 나는 젊어서 미천하였기 때문에 보잘것없는 일들에 많이 능하지만, 군자라고 다능하겠는가? 다능하지는 않다'라고 하였다."(『論語』, 「子罕」) 자공은 공자를 성인으로 보았기 때문에 "진실로 하늘이 장차 성자가 되게 할 분이다"라고 하여, 그 성인이 됨은 하늘로부터 얻었다고 여겼다. 그리고 공자는 자신이 聖人으로 자처하지 않고 다만 자신은 多能하다고 하였다. 『列子』에서는 이에 대하여 더욱 자세하게 논하였다. "商나라 太宰 공자를 뵙고 말하기를 '공구 당신은 聖者입니까?'라고 하니 공자는 '성인이라니 구가 어찌 감히 그렇겠는가? 그러나 나 구는 博學多識한 사람일 뿐입니다'라고 하였다. 商의 태재는 '三王은 성자입니까?'라고 물으니 공자는 '삼왕은 智와 勇을 잘 자임하였던 분이며, 성인인지는 구는 모릅니다'라고 하였다. 태자가 '五帝는 성자입니까?'라고 하니 공자는 '五帝는 仁과 義를 잘 자임한 분들이며, 성인인지는 구는 모릅니다'라고 하였다. 태재가 '三皇은 성자입니까?'라고 하니, 공자는 '三皇은 시절을 잘 따름을 자임한 분들이며, (그분들이) 聖人인지를 丘는 모릅니다'라고 하였다. 商의 태재는 크게 놀라서 말하기를 '그렇다면 누가 성인입니까?' 라고 하니, 공자는 감동한 얼굴(動容)로 잠시 후 '서쪽의 사람 가운데 성자가 있습니다. 다스리지 않아도 혼란하지 않고, 말하지 않아도 저절로 신망이 있고, 교화하지 않아도 스스로 행하며, 넓고 커서 백성들도 그 이름을 짓지 못합니다. 저는 아마 그가 성인이 아닐까 하지만 진실로 성인인지, 진실로 성인이 아닌지 모릅니다'라고 하였다. 商의 太宰가 묵묵히 마음으로 헤아려 말하기를 '孔丘가 나를 속이는구나!'라고 하였다."(『列子』, 「仲尼」) 聖者는 하늘이 태어나게 하여 이루어지며, 배우지 않아도 능하며, 사람의 힘으로 능히 할 수 있는 것이 아니니, 공자가 어찌 태재를 기만하였겠는가?

인간이 도달할 수 있는 최고의 경지이다. 그렇다면 어떻게 이 경지에 도달할 것인가? 공자는 한편으로 "네 가지 하지 말 것"(四毋)을 말하였는데, 즉 "선생께서는 네 가지를 끊었는데, (자신만의 생각으로) 억측臆測하지 않고, (꼭 그렇게 되어야 한다고) 장담壯談하지 않고, (고루한 생각으로) 고집하지 않고, (자신의 생각에만 집착하여) 아집을 부리지 않았다"(『論語』, 「子罕」)[3]라는 말이 그것이다. 다른 한편으로 또 "시詩를 일으키고, 예禮를 확립하고, 음악을 이룬다"(『論語』, 「泰伯」)라고 하였다. 후유들이 공자가 말한 성인成人의 학문에 대하여 해명한 내용은 대개 두 가지 방향을 벗어나지 않는데, 하나는 맹자학의 방향으로 인간이 선천적으로 가진 선심善心을 발양함을 중시하는 것이며, 다른 하나는 순자학의 방향으로 학습과 개인의 주관적 노력을 강조하는 것이다.

맹자는 인성人性은 선善하다고 보았다. 맹자에게 성선론性善論은 인의仁義의 도를 실행하는 선천적 근거이다. 다만 이 근거만으로는 부족하다. 맹자가 보기에 성선은 단지 선을 향하는 내재적 실마리일 뿐이다. 한 사람이 진정으로 인인仁人의 군자가 되기 위해서는 반드시 자신이 선천적으로 가진 선단善端을 널리 발휘할 수 있어야 한다. 맹자는 "무릇 내게 있는 사단四端을 확대하고 충족시킬 줄 알아야 한다"(『孟子』, 「公孫丑」)라고 하였는데, 확충擴充의 방법으로 주로 두 가지가 있다. 하나는 "마음의 정성을 다함"(盡心)과 "잃어버린 선천적 선심善心을 되찾음"(求其放心)이며, 다른 하나는 "원기元氣를 기름"(養氣)이다. "진심盡心"은 자신의 선천적 선심善心을 최선을 다해 발양發揚하는 것이며, 아울러 광범위하게 발양하도록 하는 것이다. 맹자는 "그 마음을 보존하고, 그 성을 기름으로 하늘을 섬긴다"(『孟子』, 「盡心上」)라고 하여, "진심" 외에 또 "잃어버린 선천적 선심善心을 되찾음"을 강론하였다. "학문의 도는 다른 것이 없으니 잃어버린 선천적 선심善心을 되찾는 일일 뿐이다"(『孟子』, 「告子上」, "學問之道無他, 求其放心而已矣.")라고 하였다. 여기서 "방放"은 곧 "방유放遺"(내버려 잃음), "방실放失"(흩어

3) 역자 주: 이 구절은 매우 짧지만 다양한 해석의 여지가 있고, 실제로 매우 다른 해석들이 있다. 그리고 매우 깊고 넓은 의미를 포함하고 있으므로 그 원문을 소개한다. "子絶四: 毋意, 毋必, 毋固, 毋我."

져 잃어버림)이다. "구기방심求其放心"은 곧 흩어져 잃어버린 (本有의) 선심을 되찾음이다. 정이程頤는 "성현聖賢의 수많은 말씀은 오직 사람이 이미 잃어버린 선심을 단속하여 되돌려 몸 안으로 다시 들어오도록 하고자 할 뿐이며, 스스로 위로 향해 가는 길을 찾고, 낮고 쉬운 것부터 배워서 상지上智를 통달(下學上達)할 수 있다"[4]라고 하였다. 만약 "진심盡心"이 안으로부터 밖으로 드러내는 것이며, 자신으로부터 사물에 이르는 것이라면, 그렇다면 "양기養氣"는 밖의 것을 모아서 내면에 응결하는 것이며, 사물에서부터 자신에게로 이르게 하는 것이다. 맹자는 "나는 말을 알며, 나는 나의 호연지기浩然之氣(진리를 알고 정의롭게 살 수 있다는 강한 자신감)를 잘 기른다"(『孟子』, 「公孫丑上」)라고 하였다. 이른바 "호연지기浩然之氣"는 곧 천지 사이에 있는 "지극히 크고 지극히 굳센" 바른 기운(正氣)이다. 이러한 정기正氣가 천지 사이에 흘러 다니는 것은 천지의 선善함의 구체적인 표현이다. "기를 기름"(養氣)이라는 말은 곧 이러한 정기를 몸과 마음에 응취凝聚하도록 하고 아울러 더욱 확대하여 빛나도록 하는 것이다.

순자는 인간의 본성은 악하다고 보았다. 맹자와는 달리 순자는 인간의 타고난 바탕(天生)은 인仁을 하고 선善을 향하는 경향(爲仁向善)을 갖추고 있다는 것을 결코 인정하지 않았다. 인仁을 하고 선善을 향하는 경향은 순자가 보기에 완전히 인간의 의도적 작위로부터 즉 "위僞"(의도적 작위), 특히 "성인聖人의 의도적 작위"로부터 나오는 것이다. 왜냐하면 인성은 본래 악한데, 만약 인간의 자연적 본성을 따른다면, 반드시 인간과 인간 사이의 상호 적대와 해침, 사회적 혼란을 초래하기 때문에 성인聖人이 "본성을 변화시켜 의도적 작위를 일으킴"으로 제정한 예의와 법도로써 인간의 성정을 규범화하고 인도해야 한다. 왜냐하면 인성은 본래 악하므로, 인간이 인인仁人의 군자가 되기 위해서는 반드시 끊임없이 향상하려 노력하고 끊임없이 단련해야 함이 마치 나무가 먹줄을 받아 곧게 되고, 쇠가 연마되는 것과 같아야 한다. 순자는 "흙을 쌓아 산을 이루면, 거기서 바람과 비가 일어나며, 물이 모여 깊은 연못을 이루면, 교룡蛟龍이 거기서 생겨난다. 선행을 쌓아 덕을 이루면, 하늘과

4) 朱熹, 『四書章句集注』(北京: 中華書局, 1983), 71쪽에서 인용.

땅의 신령함(神明)을 스스로 깨달아 얻으며(自得), 성인의 심성이 이에 갖추어진다"(『荀子』, 「勸學」)라고 하였고, 또 "(善을) 추구한 후에 얻으며, 그것을 행위한 후에 이루며, 그것을 쌓은 후에 높아지며, 그것을 다한 후에 성인聖人이 된다. 그러므로 성인은 인간이 (노력으로) 축적한 것이다"(『荀子』, 「儒效」)라고 하였다. 순자가 강조한 것은 곧 이러한 개인의 후천적인 주관적 노력이다.

유가가 인간의 적극적인 작위를 강조하고, 인간의 주관적 노력을 강조하는 것과는 다르게 도가의 수양론은 인간의 소극적 무위를 강조한다. 유가의 수양론은 일종의 더하기 방법이며, 도가의 수양론은 일종의 빼기 방법이다.

노자가 논하는 인간은 주로 집단에 착안한 것이며, 그 이론의 출발점은 사회의 다스려짐과 혼란함(治亂)이다. 사회의 치란治亂에 착안하여 노자는 자연·무위를 근본으로 삼았다. 자연·무위를 달성하기 위하여 노자는 허정虛靜을 제창하였다.

> 마음 비우기에 힘씀이 극에 이르고(致虛極), 고요함을 지키기가 돈독하면, 만물이 함께 일어날 때 나는 그 (처음으로) 되돌아감을 본다.(吾以觀其復[5]) 무릇 만물이 다투어 무성하게 자라다 각각 자기의 근본으로 돌아간다. 그 근본으로 돌아감을 정靜이라 하며, 이것을 본성으로 돌아간다(覆命)라고 한다. 복명覆命을 상도常道라고 하고 상도를 아는 것을 명明이라고 한다. 상도를 모르고 경거망동하면 흉凶하게 된다.(『老子』 16장)

고명高明은 "'허虛'는 무욕無慾이며, '정靜'은 무위無爲인데, 이것은 곧 도가의 가장 기본적 수양이다. '극極'과 '독篤'은 심령의 수련이 최고인 상태를 가리키며, 곧 이른바 극도極度와 정점頂點이다"[6]라고 하였다.

---

5) 王弼本에는 "觀"자 다음에 "其"자가 없다. 그러나 河上公注本과 다른 판본에는 모두 "其"자가 있다. 백서갑본과 백서을본의 두 판에도 또한 "其"자가 있으며, 『文子』「道原」에서는 인용하여 "吾以觀其復"으로 썼으며, 『淮南子』「道應訓」에서는 인용하여 "吾以觀其復也"라고 썼다.

6) 高明, 『帛書老子校注』(北京: 中華書局, 1996), 299쪽.

한비는 "작위함이 없고 사려함이 없고 마음 비우기를 귀하게 여기는 까닭은 그 의지가 제약됨이 없음을 말한다. 무릇 방법을 모르는 자는 작위함이 없고 사려함도 없이 마음 비우기로만 하기 때문이다. 무릇 작위함이 없고 사려함이 없고 마음 비우기로만 하는 사람은 그 의지가 항상 '마음 비우기'를 잊지 않는데, 이것이 마음 비우기에 제약이 되는 것이다. 마음 비우기는 그 의지를 제약하는 바가 없음을 말한다. 이제 마음 비우기를 함에 제약이 있으면 마음 비우기가 아니다. 마음 비우기는 무위이며, 무위해야 함을 항상 마음에 담아 두지 않는 것이며, 무위해야 함을 항상 마음에 담아 두지 않으니 마음이 비워지며, 마음이 비워지면 덕德이 왕성하며, 덕이 왕성함을 상덕上德이라고 한다"(『韓非子』, 「解老」)라고 하였다.

진경원은 "사람이 태어남에 고요함은 하늘의 성이다. 이제 마음 비우기에 힘씀이 궁극에 이르고(致虛極), 고요함을 지키기가 돈독한(守靜篤) 사람은 사람을 수양하게 하여 현묘함의 근본으로 돌아가게 한다. 사람에게만 그치는 것이 아니다. 대개 만물이 함께 움직임에 만들어지는 것은 일찍이 적연寂然에서 시작하지 않은 것이 없으며, 무형無形에서 시작하며, 화기和氣에서 생기며, 변화에 응하며, 그 처음으로 되돌아감을 살피며, 심오함으로 모두 되돌아가지만 아무 조짐兆朕이 없으므로 되돌아가서 그 형체의 참모습을 온전하게 한다. 『주역』에서는 '되돌아감은 천지의 마음(天地之心)으로 드러난다'라고 하였다. 천지지심天地之心은 적연하고 지극한 무를 말한다"(陳景元, 『道德眞經藏室纂微篇』, 권3)[7]라고 하였다.

"허虛"라는 것은 물욕의 마음을 비우는 것이다. "치허致虛"는 허虛(마음 비우기)하기를 생각함이며, 또한 마음 비우기에 뜻을 두는 것이며, 마음 비우기에 뜻을 두는 것은 아직은 유위有爲이며, 아직은 마음 비우기가 아니다.[8] 소철蘇轍은 "마음 비우기에

7) 『中華道藏』 제10책(北京: 華夏出版社, 2004), 423쪽.

8) 禪宗이 강조하는 "淨心"은 도가에서 말하는 "致虛"와 또한 비슷한 성질을 가지고 있다. "한 사람의 승려가 묻기를 '維摩經에서는 淨土를 얻으려고 하면 마땅히 그 마음을 淨潔하게 해야 한다고 하는데, 어떻게 淨心을 얻습니까?'라고 하니, 禪師가 대답하기를 '결국은 정결함을 정심으로 보아야 한다'라고 하니, 승려가 묻기를 '무엇이 결국은 정결함을 정심으로 보는 것입니까?'라고 하니, 대답하기를 '淨이 없음이며, 淨이 없음이 없음이니

도달함이 지극하지 않으면 아직 잊지 못한 것이 있다. 고요함을 지킴이 돈독하지 않으면 움직임이 아직 다 없어지지 않는다. 언덕과 산이 비록 제거되었더라도 미세한 먼지까지 다 없어지지 않았으면 아직 지극함과 돈독함이 되지 않는다. 대개 마음 비우기에 도달하되 마음 비우기를 할 것이 남았으면, 오히려 아직 떠나지 않은 것이 있는 것과 같으며, 고요함을 지킴에 고요함이 남았으면, 오히려 움직임에 빠져든 것과 같으니, 하물며 다른 것임에랴? 지극함도 아니고 돈독함이 아니어서 허정虛靜의 쓰임을 탓하기도 어렵다. 마음 비우기가 지극하고 고요함을 돈독하게 함으로써 만물의 변화를 관찰한 후에 변화를 어지럽히지 않는다. 모든 작위가 아직 회복하지 못함이 없는 것을 아는 것은 진실로 내가 바야흐로 만물과 모두 함께 작위하는 것이니 그것을 알기에는 충분하지 못하다"(蘇轍, 『道德眞經注』, 권1)[9]라고 하였다.

"복復"은 되돌아감(反還)이다. 오징吳澄은 "사물이 생겨나면 고요함으로부터 움직이므로 그 처음 고요함으로 되돌아감이 복復이다"라고 하였으며, "사물이 무성함은 생장生長하여 움직이는 모양으로, 무릇 나무를 심으면 봄과 여름에 생기生氣가 스스로 뿌리를 내리고 가지와 잎으로 상달하니, 이것을 움직임이라고 하고, 가을과 겨울에 생기가 위로부터 되돌아가서 아래의 뿌리에 저장되니, 이것을 고요함이라고 한다. 천天이 이 생기로써 사물을 만들어 내는 것을 명命이라고 하며, 처음 생겨난 곳으로 돌아가므로 복명覆命이라고 한다. 상常은 오래되어도 변하지 않음을 말한다. 이것을 알 수 있는 것을 명明이라고 한다. 어리석은 사람은 이것을 알지 못하니 고요함을 지킬 수 없어 망령되이 움직이며, 그 생명을 해치니 흉兇이라고 한다.…… 태殆라는 것은 대개 위험하여 장차 죽음에 가까이 가는 것이다. 죽는다는 것은 기력이 소진되어 끝나는 것이며, 대개 모자람(窮匱)이 결국에는 다 없어진다는 뜻이다. 몸이 없으면

곧 결국은 淨이다'라고 하였다. 또 묻기를 '무엇이 淨이 없음이며, 淨이 없음이 없음입니까?'라고 물으니, 대답하기를 '모든 것은 無心에 처함이 淨이다. 淨을 얻을 때 淨하려는 생각을 하지 않아야 함이 곧 淨이 없음이다. 無淨을 얻었을 때는 또한 無淨을 하겠다는 생각하지 말아야 하는 것이 곧 無淨이 없음이다'라고 하였다."(慧海, 『頓悟入道要門論』)

9) 『中華道藏』 제10책(北京: 華夏出版社, 2004), 378쪽.

위험도 없으니 이 몸이 끝나도 생장이 유지될 수 있다”(吳澄, 『道德眞經注』, 권1)[10]라고 하였다.

마음 비우기에 도달함과 고요함을 지킴으로써 만물의 변화를 살핀다. 사물은 비록 천 번 만 번 변하더라도 그 근본을 떠나지 않는다. 그 근본은 곧 고요함이므로 항상 고요함을 지켜야 함을 알아야 한다. 항상 고요함을 지켜야 함을 안다는 것은 사실 자연·무위이며, 항상 고요함을 지켜야 함을 안다는 말은 또한 나날이 덜어내고 나날이 줄인다는 뜻이다.

> 지식을 위한 학문은 나날이 늘어나며, 도를 위한 공부는 나날이 덜어내며, 덜어내고 또 덜어내어 무위無爲에 이른다.(『老子』 48장)

> (마음의 욕망을) 깨끗하게 씻어 버리고(滌除) 사물의 본질을 알면(玄覽), 하자瑕疵를 없게 할 수 있겠는가?(『老子』 10장)

“현玄”이라는 것은 깊음(深)이며 아득함(遠)이다. “람覽”은 곧 감鑒(거울에 비춰 봄)으로, 백서갑본帛書甲本에는 “현람玄藍”으로 썼고, 백서을본帛書乙本에는 “현감玄監”으로 썼는데, “감監”은 곧 고대에는 “감鑒”이라는 글자이다.[11]

하상공은 “마땅히 그 마음을 씻어 청결淸潔하도록 해야 한다. 마음은 심오하고 유현幽玄한 곳에 머물며, 만사를 살펴서 알기 때문에 현람玄覽이라고 한다”(河上公,

---

10) 『中華道藏』 제12책(北京: 華夏出版社, 2004), 584~585쪽.

11) 풍우란은 “‘玄覽’은 곧 ‘覽玄’이며, ‘覽玄’은 바로 도를 관찰함(觀道)이다. 도를 관찰하려면 먼저 ‘씻어 내고 제거해야’(滌除) 한다. ‘씻어 내고 제거함’은 바로 마음속의 모든 욕망을 모두 없애버리는 것이며, 이것이 곧 ‘나날이 덜어냄’(日損)이다. ‘덜어내고 또 덜어냄’으로써 無爲에 도달하며, 이것으로 도를 볼 수 있다. 도를 본다는 것은 도에 대한 體驗이며, 도에 대한 체험은 일종의 최고의 정신적 경지이다”(馮友蘭, 『中國哲學史新編』 上, 北京: 人民出版社, 1993, 342쪽)라고 하였다. 노자는 “이 두 가지는 같은 곳에서 나왔으나 다른 이름이며, 같으므로 玄妙하다고 한다. 현묘하고 또 현묘하여 모든 현묘함의 문이 된다”(『老子』 1장)라고 하였다. 여기서 玄은 道의 다른 이름이므로, “玄覽”이 곧 “覽玄”이라고 보며, 그 뜻도 또한 서로 통한다.

『道德眞經注』, 권1)[12]라고 하였다.

왕필은 "현玄은 사물의 지극함이다. 즉 사악한 수식을 씻어 내고 지극한 경지까지 도달할 수 있고, 사물로써 그 밝음을 가리지 않도록 할 수 있음을 말한다. 그 신묘한 것까지도 흠결로 여기면 마침내 현묘함과 같아진다"(王弼, 『道德眞經注』, 권1)[13]라고 하였다.

범응원은 "마음은 비워지지 않으면 밝지 않고, 밝지 않으면 통하지 않는다. 사욕을 씻고 본심을 청명하게 하는 것은 마치 옥玉이 하자가 없고 거울에 먼지 티끌이 없는 것과 같으니, 사물을 현묘玄妙하게 관찰하는 것은 모두 자연의 이치를 벗어나지 않으며, 인간이 할 수 있는 것이다"(范應元, 『老子道德眞經古本集注』 上)[14]라고 하였다.

고형은 "때를 씻어 내는 것을 세척洗滌이라고 하고, 먼지를 제거함을 소제掃除라고 한다. 『설문說文』에는 '자疵는 병病이다'라고 하였다. 사람의 마음속 욕망은 거울 위의 먼지나 때와 같으며, 또한 마음의 병病이다. 그러므로 '(마음의 욕망을) 깨끗하게 씻어 버리고(滌除) 사물의 본질을 알면(玄覽), 하자瑕疵를 없게 할 수 있겠는가?'라고 한 말의 뜻은 욕망을 버림에 있다"[15]라고 하였다.

이른바 씻어 버린다는 말은 또한 인심人心의 욕망을 씻어 버리는 것이며, 인심의 욕망을 씻어 버림은 또한 곧 인심의 허虛와 정靜을 보존하기 위함이다.

노자는 허·정을 제창하였다. 장자는 한 걸음 더 나아가 노자의 마음 비우기에 도달함(致虛)과 고요함을 지킴(守靜)의 사상을 발휘하여 "심재心齋"와 "좌망坐忘"을 주장하였다.

"심재"에 관하여 『장자』에서는 다음과 같이 말한다.

---

12) 『中華道藏』 제9책(北京: 華夏出版社, 2004), 131쪽.
13) 『中華道藏』 제9책(北京: 華夏出版社, 2004), 194쪽.
14) 『中華道藏』 제11책(北京: 華夏出版社, 2004), 505쪽.
15) 高亨, 『老子正詁』(北京: 古籍出版社, 1856), 24쪽.

안회가 "감히 여쭙습니다. 심재心齋(마음을 가지런히 함)가 무엇인지요?"라고 하니, 중니仲尼가 "만약 뜻을 한결같이 하여 귀로써 듣지 않고 마음으로 들으며, 마음으로 듣지 않고 기氣로써 듣는다. 들음은 귀에서 그치고, 마음은 부符(지각)에 그친다. 기라는 것은 (마음을) 비워서 사물을 기다림이다. 오직 도는 (마음을) 비움에 집중하니, 마음 비움이 곧 마음이 가지런함이다"라고 하였다.(『莊子』, 「人間世」)

"만약 뜻을 한결같이 함"은 곧 너의 취향趣向과 지향志向을 오로지 함이며, "귀로써 듣지 않고 마음으로 들음"은 곧 귀를 이용하여 들으려고 하지 않고, 마음으로 듣고자 함이며, 온몸과 마음으로 듣고자 함이며, 그러나 마음에 좋아함과 싫어함, 이해를 따지는 생각이 있으면, 그것을 들을 때 마땅히 이러한 생각들을 제거해야 한다. 성현영은 "마음에는 지각이 있으니 마치 붙잡고 기어오르는 것과 같으며, 기氣는 감정과 생각이 있으니 비움과 부드러움으로 사물에 임한다. 그러므로 저 지각을 버리고 이 비움과 부드러움을 취하고, 그것을 버리고 또 버리면 점점 현묘玄妙함의 계단을 올라갈 것인저!"(『莊子疏』, 「人間世」)[16]라고 하였다. 따라서 "마음으로 듣지 않고 기氣로써 들어야" 한다. 여기서 말하는 "기氣"는 곧 허虛이다. 따라서 "기라는 것은 (마음을) 비워서 사물을 기다림이다"라고 한 말은 오직 마음의 비움과 고요함과 영활하고 현묘함(空靈)을 보존해야만, 비로소 외물外物을 접응接應하고 받아들일 수 있다.

임의독은 "귀로써 듣는 것이 올바른 들음이며, 마음으로 들음은 들음을 반성함이며, 기氣로써 들음은 들음이 없는 것이다. 귀로써 올바르게 들음은 장차 그로써 궁리함이며, 정신으로써 듣고서 반성함은 장차 성性을 다하는 것이며, 마음 비우기로 들음이 없는 것은 장차 명命에 이르는 것이다. 귀에서 들음에 그치면 마음에서 듣는 것만 못하며, 마음에는 분별이 있고, (분별함이) 합당하면 분별하되 합당함이 있으며, 의지意志가 기에 이르면 다시 듣는 바가 없으며, 마음 비움으로써 사물을 상대할 뿐이다. 도道가 이로 말미암아 모이는 것이 심재心齋의 묘용妙用이다"(褚伯秀,

16) 郭慶藩, 『莊子集釋』(北京: 中華書局, 1961), 147쪽.

『南華眞經義海纂微』, 권8에서 인용)[17]라고 하였다.

진상도陳詳道는 "유有로써 작위하는 사람은 옛사람도 일찍이 어렵게 보았다. 생각이 있으면 반드시 가지런해야 하며, 유위有爲는 반드시 경계해야 한다. 그러므로 그 덕을 신명하게 하려면 반드시 마음을 가지런하게 해야 하며, 이것이 곧 중니가 안회에게 고지한 까닭이다. 『문자文子』에서는 '상학上學은 정신으로 듣고, 중학中學은 마음으로 듣고, 하학下學은 귀로써 듣는다'라고 하였다. 귀로만 듣는 데 그치면 귀가 듣는 것을 지극하게 여기며, 마음이 부합함에 그치면 마음이 합당한 바에 지극할 뿐이다. 기로써 들으면 존재하지 않은 곳이 없이 광대하게 유통하며, 따라서 형체를 이용하지만 형체에서 이용하는 것은 아니며, 사물을 대하지만 사물에서 대하는 것은 아니다. 비워서 막힘이 없고, 응하되 숨김이 없으므로 의지를 전일專一하게 하여 기를 온전하게 하며, 기를 전일하게 하여 비움에 도달하며, 비움에 도달하여 도를 모으니, 이것이 심재心齋의 뜻이다"(褚伯秀, 『南華眞經義海纂微』, 권8에서 인용)[18]라고 하였다.

임희일은 "귀로써 들으면 들음은 밖에 있는 것과 같고, 마음으로써 들으면 외물이 반드시 나와 서로 부합하는 것이 있으니 곧 사물과 내가 대립한다. 기氣는 자연에 순응하여 사물을 비움으로 기다리면, 비움이 곧 도이다. 허虛라는 것은 도가 존재하는 곳이므로 오직 도가 모여 비움이 된다고 한다. 그러니 이 허虛라는 글자가 곧 심재心齋이다"(林希逸, 『南華眞經口義』, 권5)[19]라고 하였다.

심성의 비움과 고요함과 영활하고 현묘함(空靈)을 보존함이 곧 이른바 "심재"라는 것이다. 곽상郭象은 "그 마음을 비우면 지극한 도가 마음(懷)에 모인다"(『莊子注』, 「人間世」)[20]라고 하였다. 성현영은 "오직 이 진정한 도는 욕심을 비움(虛心)에 모여 있다. 그러므로 허심과 같은 것이 심재心齋의 오묘한 도이다"(『莊子疏』, 「人間世」)[21]라고

---

17) 『中華道藏』 제14책(北京: 華夏出版社, 2004), 64쪽.
18) 『中華道藏』 제14책(北京: 華夏出版社, 2004), 64쪽.
19) 『中華道藏』 제13책(北京: 華夏出版社, 2004), 735쪽.
20) 郭慶藩, 『莊子集釋』(北京: 中華書局, 1961), 148쪽.
21) 郭慶藩, 『莊子集釋』(北京: 中華書局, 1961), 148쪽.

하였다.

심재의 요의要義는 물욕을 세척하고 제거한 마음에 있으니, 오직 물욕을 세척하고 제거한 마음이 있어야 비로소 마음의 비움과 고요함과 영활하고 현묘함(空靈)을 유지할 수 있으며, 오직 비움과 고요함과 영활하고 현묘함을 유지해야 비로소 "자유롭게 노니는 마음"(游心)에 이를 수 있으며, 비로소 심령의 자유와 자재自在를 유지할 수 있다.

> 재경梓慶[22]이 나무를 깎아서 거鐻(鍾과 비슷한 악기)를 만들었는데, 거鐻가 완성되자 그것을 본 사람들은 귀신같은 솜씨에 놀랐다. 노魯나라 임금이 보고 "어떤 기술로 이것을 만들었는가?"라고 하였다. 재경이 "신은 목수일 뿐, 무슨 특별한 기술이 있겠습니까! 비록 그렇지만 한 가지는 있습니다. 신이 거鐻를 만들 때에는 지금까지 체내의 기氣를 소모한 적이 없으며, 반드시 재계齋戒하여 마음을 고요하게 합니다. 3일간 재계하면 감히 하사품이나 작록爵祿 따위를 마음에 품지 않게 되고, 5일간 재계를 하면 작품의 정교함과 졸렬함에 대한 세상의 폄훼貶毁나 칭찬을 마음에 품지 않게 되고, 7일간 재계를 하면 문득 내가 사지와 육체를 가지고 있다는 것조차 잊어버립니다. 바로 이때는 조정에서 일을 맡았다는 생각도 없어집니다. 지교智巧가 전일하고 외부로부터의 교란이 완전하게 없어진 후에, 산림 속으로 들어가 (여러 나무의) 자연스러운 성질과 모양을 관찰하여 거鐻를 만드는 데 가장 합당한 것을 고른 후에 작업에 착수합니다. 그렇지 않으면 그만둡니다. 목수로서의 천성天性으로 나무의 천성과 부합하도록 하며, 이것이 제가 만든 기물器物(鐻)이 귀신같다고 여겨지는 까닭은 바로 이 때문일 것입니다!"라고 하였다.(『莊子』, 「達生」)

재경이 거鐻를 만듦에 그가 신묘한 경지(巧奪天工)에 이를 수 있는 까닭은 그가 능히 "심재心齋"를 이루어 낼 수 있는 데 있으며, 또한 그가 "하사품이나 작록"을 생각하지 않고, "작품의 정교함과 졸렬함에 대한 세상의 폄훼나 칭찬"을 생각하지

22) 역자 주: 梓慶은 사람 이름이다. "梓"는 본래 나무로 기구를 만드는 장인을 말하며, 이것이 冠名이 되고 이름 앞에 붙어 姓이 되었다. 여기서는 "재경"으로 번역한다.

않는 데 있으며, 그가 능히 "소아小我"를 모두 잊어버리고 천지와 일체로 합할 수 있음에 있으며, 그가 능히 "자신의 천성으로 나무의 천성에 부합"하도록 함에 있으며, 또한 자신의 자연의 마음으로 사물의 자연의 본성에 응하는 데 있다. 임희일은 "나의 자연으로 그 사물의 자연에 부합하므로 나의 천성으로 나무의 천성에 부합한다고 한다"(林希逸, 『南華眞經口義』, 권20)[23]라고 하였다.

> 송宋의 원군元君(元公, ?/531~B.C.517)이 화공畫工들에게 상세한 국토 지도(圖)를 그리게 하였는데, 여러 화공들이 모두 당도하여 송원군에게 명命을 받아 읍揖을 하고 시립侍立하고, 붓을 핥고 먹을 갈고 있는데, 아직 문밖에 있는 자가 절반이었다. 어떤 화공 한 사람이 뒤늦게 이르러 한가롭게 서두르지 않고, 명을 받아 읍을 한 뒤 시립하지는 않고 곧바로 관사官舍 밖으로 나갔다. 송원공이 사람을 시켜 살펴보게 하였는데, 그 화공은 옷을 벗고 맨 몸을 드러내고 책상다리를 하고 앉아 있었다. 송원공이 "좋아, 이 사람이 진정한 화공이다"라고 하였다.(『莊子』, 「田子方」)

다수의 화공들이 임금을 위하여 지도를 그리라는 명령을 받고 내심으로는 모두 매우 긴장하고 있었다. 그들 각각이 자리 잡고 있는 것이 매우 조심스러워 보였다. 그런데 오직 한 사람의 화공만이 다른 화공들과는 달리 가장 늦게 와서 아주 한가하고 자유로웠다. 임금을 알현하려면 본래 매우 급히 걸어가야 하는데, 그 사람은 도리어 여전히 천천히 느릿하게 행동하였다. 임금의 명을 받고 겸양의 예를 하고는 시립하는 데 서두르지 않았다. 자기 장소로 돌아가서 옷을 벗고 맨몸으로 책상다리를 하고 앉았다. 종합하면 이 화공은 아주 예절에 구애받지 않았다. 그러나 송원군으로부터는 도리어 그가 지도를 그리는 데 진정하고 유능한 화공이라는 판정을 받았는데, 그 원인은 곧 그 화공이 작품의 정교함과 졸렬함에 대한 세상의 폄훼貶毁나 칭찬, 공명功名과 이록利祿 등의 외재적 요소를 모두 완전히 도외시하고

23) 『中華道藏』 제13책(北京: 華夏出版社, 2004), 832쪽.

진정으로 "심재心齋"를 얻었고, 시경의 허정虛靜과 공명空明을 이루었다는 데 있다.

"좌망坐忘"에 대하여 「대종사」에서는 일단의 대화를 통하여 구체적으로 설명하고 있다.

> 안회顔回가 "저는 진보하였습니다"라고 하였다. 중니仲尼가 "무슨 말이냐?"라고 하니, 안회는 "저는 인의仁義를 잊어버렸습니다"라고 하였다. 중니는 "좋기는 하지만 아직은 멀었다"라고 하였다. 다른 날 다시 공자를 뵙고 "저는 진보하였습니다"라고 하였다. 중니가 "무슨 말이냐?"라고 하니, 안회가 "저는 예악禮樂을 잊어버렸습니다"라고 하였다. 중니가 "좋긴 하지만 아직은 멀었다"라고 하였다. 다른 날 다시 공자를 뵙고 "저는 진보하였습니다"라고 하였다. 중니가 "무슨 말이냐?"라고 하니, 안회는 "저는 좌망坐忘의 경지에 도달했습니다"라고 하였다. 중니가 깜짝 놀라 얼굴빛을 고치면서 "무엇을 좌망이라 하는가?"라고 물었다. 안회가 "사지백체四肢百體를 다 버리고, 이목耳目의 총명함을 물리치고, 형체를 떠나고 지혜를 버리고, 대통大通과 같아지면, 이것을 좌망坐忘이라 합니다"라고 하였다. 중니는 "(大通의 세계와) 같아지면 편향되게 좋아함이 없고, 변화(에 응)하면 상리常理에 집착함이 없으니, 과연 너는 현명하구나! 나도 청컨대 너의 뒤를 따르고자 한다"라고 하였다. (『莊子』, 「大宗師」)

이것은 안회의 도량度量의 과정에 대한 구체적인 설명이다. 여기서 두드러진 것은 곧 하나의 "망忘"이라는 글자이다. 좌망坐忘의 망忘은 일반적인 망각忘却이 아니라 대망大忘이며, 까닭에 대한 망각이며, 몸 밖의 사물에 대한 망각이며, 또한 자신이 가진 몸에 대한 망각이며, 자신의 마음에 대한 망각이다. 곽상은 "무릇 좌망坐忘이라고 하는데 어찌 잊지 못하는 바가 있는가? 그 종적을 잊어야 하고 그 종적을 남기게 되는 까닭도 잊어야 하며, 안으로는 그 한 몸을 자각하지 않아야 하고, 겉으로는 천지가 있음을 인식하지 않은 연후에 활달하게 변화와 한 몸이 되어 통하지 않음이 없다"(『莊子注』, 「大宗師」)[24]라고 하였다.

---

24) 郭慶藩, 『莊子集釋』(北京: 中華書局, 1961), 148쪽.

“망각”(忘)은 장자의 철학에서 두드러진 지위를 가진다. 장자는 두 가지 정신을 추숭하는데, 하나는 “망忘”의 정신이며, 다른 하나는 “유游”의 정신이다. “노닒”(游)은 하나의 정신일 뿐만 아니라, 또한 하나의 경지境地이다. 그리고 “망각”(忘)은 이 경지에 이르는 과정이다. “망忘”이라는 글자는 『장자』에 모두 87번 보인다. 몇몇 소수를 제외하고 대다수 상황에서 장자는 “망忘”에 대하여 긍정적 태도를 보인다.

> 한 번 그 이루어진 형체를 받으면, 잊어버리지 않으며 다하기를 기다린다.(「齊物論」)

> 나이를 잊어버리고 (是非를 가리는) 의義를 잊어버리고, 경계 없는 경지에서 소요하므로 경계 없는 경지에 머문다.(「齊物論」)

> 이것은 천리天理를 저버리고 인정에 어긋나 하늘로부터 받은 바 곧 생명의 본질을 잃어버린 것이다. 옛사람들은 이것을 천리天理를 저버리는 죄(刑)라고 하였다.(「人間世」)

> 일의 실정을 행하되 그 몸을 잊어버리고, 어찌 삶을 기뻐하고 죽음을 싫어하는 겨를이 있겠는가?(「人間世」)

> 그러므로 덕이 뛰어나면 형체는 잊어버리며, 인간은 잊어버려야 할 것은 잊지 않고, 잊지 말아야 할 것을 잊어버리니 이것을 진정한 잊어버림이라고 한다.(「德充符」)

> 그 시작한 바를 잊지 않고, 그 마치는 바를 구하지 않으며, (생명을) 받아서는 기뻐하고, 생명을 잃으면 (대자연으로) 되돌아가니 이것을 심心으로써 도를 훼손하지 않고, 인위로 자연 운행을 조장하지 않는다.(「大宗師」)

> 높이 스스로 만족하며(警乎) 제한을 받지 않으며, 면면히 심원하여(連乎) 자신을 감추기를 좋아하는 듯하다.(「大宗師」)

샘이 마르면 물고기는 서로 땅 위로 놓여서 서로 물을 내뿜어 습하게 하고, 거품으로 서로를 적셔 주지만, 강과 호수에서 서로 잊고 지내는 것만 못하다.(「大宗師」)

누가 하늘에 올라 (도의 세계인) 안개 속에 노닐며, 한계가 없는 세계에서 자유롭게 다니며, 서로 생명을 잊고 궁극에 도달하여 끝냄이 없도록 할 수 있는가?(「大宗師」)

다른 사물을 빌려 자기 몸을 의탁하여 (體內의) 간肝과 담膽을 잊어버렸고, (體外의) 귀와 눈의 감각을 버렸다.(「大宗師」)

물고기는 강과 호수 속에서 서로를 잊고, 사람은 도술道術의 세계에서 서로 잊고 산다.(「大宗師」)

안회顔回가 "저는 진보하였습니다"라고 하였다. 중니仲尼가 "무슨 말이냐?"라고 하니, 안회는 "저는 인의仁義를 잊어버렸습니다"라고 하였다. 중니는 "좋기는 하지만 아직은 멀었다"라고 하였다. 다른 날 다시 공자를 뵙고 "저는 진보하였습니다"라고 하였다. 중니가 "무슨 말이냐?"라고 하니, 안회가 "저는 예악禮樂을 잊어버렸습니다"라고 하였다. 중니가 "좋긴 하지만 아직은 멀었다"라고 하였다. 다른 날 다시 공자를 뵙고 "저는 진보하였습니다"라고 하였다. 중니가 "무슨 말이냐?"라고 하니, 안회는 "저는 좌망坐忘의 경지에 도달했습니다"라고 하였다. 중니가 깜짝 놀라 얼굴빛을 고치면서 "무엇을 좌망이라 하는가?"라고 물었다. 안회가 "사지백체四肢百體를 다 버리고, 이목耳目의 총명함을 물리치고, 형체를 떠나고 지혜를 버리고, 대통大通과 같아지면, 이것을 좌망坐忘이라 합니다"라고 하였다.(「大宗師」)

하늘께서는 저를 잊어버리셨습니까? 하늘께서는 저를 잊어버리셨습니까?(「在宥」)

그대의 몸을 잊어버리고 그대의 총명을 버리고, 세상의 규범이나 외물을 잊어버려라.(「在宥」)

다스림은 사람에게 있고, 만물萬物을 잊고 자연(天)까지 잊는 것은 '자신을 잊어버림'

이라고 부른다. 자신을 잊어버리는 사람, 이런 사람을 자연(天)의 경지에 들어갔다고 말한다.(「天地」)

그대는 지금이라도 그대의 신기神氣를 잊고 그대의 신체를 버리면, 거의 (道에) 가까워질 것이다!(「天地」)

공리功利와 기교機巧가 반드시 저 사람의 심에 있도록 해서는 안 된다.(「天地」)

공경恭敬으로 효孝를 실천하기는 쉬워도 사랑으로 효를 실천하기는 어려우며, 사랑으로 효를 실천하기는 쉬워도 육친肉親을 잊기는 어려우며, 육친을 잊기는 쉬워도 육친이 나를 잊게 하기는 어려우며, 육친이 나를 잊게 하기는 쉬워도 아울러 천하를 잊기는 어려우며, 아울러 천하를 잊기는 쉬워도 천하가 겸하여 나를 잊도록 하기는 어렵다.(「天運」)

샘이 마르면 물고기는 서로 땅 위로 놓여서 서로 물을 내뿜어 습하게 하고 거품으로 서로를 적셔 주지만, 강과 호수에서 서로 잊고 지내는 것만 못하다!(「天運」)

무릇 (마음에) 뜻을 새기지 않고서도 고결하며, 인의仁義가 없어도 수양修養이 되고, 공명이 없어도 다스려지고, (은둔할) 강江이나 바다에 가지 않아도 한가할 수 있고, (經絡과 혈기를 수련하고 조절하는) 도인道引을 하지 않아도 장수하며, 망각하지 않음이 없으며, 소유하지 않음도 없으며, (편견으로 한쪽에 쏠림이 전혀 없는) 담연淡然함이 무궁하여 세상의 모든 아름다운 것들이 그를 따른다. 이것이 천지의 도이며, 성인의 덕이다.(「刻意」)

이제 그대도 떠나지 않으면 그대의 지식(故)도 잊어버리고, 그대의 학업學業마저도 잃어버릴 것이네.(「秋水」)

헤엄을 잘 치는 사람이 빨리 배울 수 있는 까닭은 물을 잊어버리기 때문이다.(「達生」)

무릇 응축된 기氣가 흩어져서 돌아오지 않으면 (體內의) 기가 부족하게 되며, (기가) 올라가서 내려오지 않으면 사람이 잘 성내게 하고, 아래로 내려가서 올라오지 않으면 사람이 잘 잊어버리게 하며, 올라가지도 않고 내려가지도 아니하여 몸의 가운데에 있으면 병病이 된다.(「達生」)

7일간 재계를 하면 문득 내가 사지四肢와 육체를 가지고 있다는 것조차 잊어버린다.(「達生」)

공수工倕가 손으로 원이나 사각형을 그리면 대개 그림쇠와 곱자로 그린 것과 같았는데, 손가락이 사물에 따라 변화하여 마음으로 계고稽古하지 않았다. 그러므로 마음이 한결같아서 질곡桎梏되지 않았다. 발을 잊어버리는 것은 신발이 꼭 맞기 때문이고, 허리를 잊어버리는 것은 허리띠가 꼭 맞기 때문이다. 앎에 시是와 비非를 잊어버리는 것은 마음이 대상과 적합適合하기 때문이며, 안으로 변동變動이 없고, 밖으로 외물을 따라가지 않음은 일이 되어감이 적합하기 때문이다. 적합함에서 시작하여 여태 적합하지 않음이 없다는 것은 적합함도 잊어버린 적합함이다.(「達生」)

그대는 어찌 저 지인至人이 자유롭게 행동함을 듣지 못하였는가? (지인은) 자신의 간肝과 담膽을 잊어버리고, 귀와 눈의 감각작용을 잊어버리고, 망연茫然히 세속의 밖에서 배회하며, 일삼음이 없는 사업事業에 소요逍遙하니, 이것을 일컬어 '작위하면서도 (공로를) 자랑하지 않고, 길러주면서도 주재主宰하지 않는다'라고 한다.(「達生」)

장주莊周가 조릉雕陵의 울타리에서 노닐다가 남쪽에서 온 한 마리 기이한 까치를 보았는데, 이 까치는 날개 너비가 7척이고 눈의 크기는 지름이 1촌寸(3.3센티미터)으로 장주의 이마를 스쳐 지나가서는 밤나무 숲에 머물렀다. 장주가 "이 새는 어떤 새인가? 날개는 큰데도 제대로 날지 못하고, 눈은 큰데도 제대로 보지 못하는구나"라고 하였다. 그러고는 아랫도리를 걷어 올리고 살금살금 걸어가서 활을 잡고 기다렸다. 한 마리 매미가 막 시원한 그늘에서 자신을 잊고 있는데, 사마귀가 발을 들어 올려 매미를 잡으려 하며 매미만 보고 자신의 몸을 잊고 있었고, 그 이상한 까치가 그것을 좇아 이익을 노리며 이익만 보고 자신을 현재의 진상眞相을 잊고 있었다. 장주는 깜짝 놀라 "아! 사물事物은 이처럼 서로 얽매여 있어 두 가지 종류가 서로를 겨누는구나" 하고는 활을 버리고 달아나려 했는데 산지기가 쫓아와 장주를 (밤도둑이라고) 호되게 꾸짖었다.(「山木」)

장주가 "나는 외적 형체를 지키고 몸의 안위를 잊었으며, 탁수濁水만 보다가 맑은 연못을 잊어버렸다. 그리고 나는 부자夫子(노자)께서 '그 지방에 가서는 그 지방의 법령을 따라야 한다'라는 말을 들었다. 지금 조릉雕陵의 밤나무 숲에서 노닐다가 나의 처지를 잊어버렸는데, 마침 괴이한 까치가 내 이마를 스치고 지나갔고, 나도 율림栗林에서 노닐다가 나의 진상眞相을 잊었으며, 율림栗林의 산지기가 나를 (밤을 훔친 범죄자로) 처벌해야 한다고 꾸짖었기 때문에 내가 기분 나빠하는 것이다"라고 하였다.(「山木」)

나는 너에 관한 생각을 아주 완벽히 잊어버렸으니, 너도 나에 관한 생각을 또한 아주 완벽히 잊어버려라. 비록 그렇게 잊어버린들 네가 무슨 걱정할 필요가 있겠는가! 비록 옛날의 내 모습을 잊어버렸다 해도, 여전히 내가 잊어버릴 수 없는 것이 있기 때문이다.(「田子方」)

백리해百里奚는 작록爵祿이 마음에 들어가지 못하였다. 그러므로 소를 먹이는데 소가 살찌니, 진秦 목공穆公으로 하여금 백리해의 천한 신분을 잊어버리고 정사政事를 맡기게 하였다.(「田子方」)

말을 막 하려던 중에 말하고자 하던 것을 잊어버렸다.(「知北游」)

고지하려던 차에 그것을 잊어버렸다.(「知北游」)

이것(狂屈)이 그것(道)에 가깝다고 한 것은, 그가 그것(道)을 잊었기 때문이다.(「知北游」)

나는 뭐라 대답해야 할지를 잊어버려서 다시 뭐라고 물어야 할지도 잃어버렸다.(「庚桑楚」)

무릇 남에게 굴복(復謵; 伏慴)하고서도 부끄러워하지 않으면[25] 타인을 잊게 되며, 타인을 잊으면, 그로 인해 자연의 사람이 된다.(「庚桑楚」)

한 번 다른 사람의 허물을 들으면 종신토록 잊지 않는다.(「徐無鬼」)

그 사람됨은 위로 (군주를) 잊고 아래로는 (백성과) 함께하며, (德이) 황제黃帝만 못함을 부끄럽게 여기며 자기보다 못한 사람을 불쌍하게 여긴다.(「徐無鬼」)

그러므로 성인聖人은 그가 곤궁하여도 집안의 사람들이 그 가난을 잊어버릴 수 있도록 하고, 그가 영달榮達해도 왕공王公이 작록爵祿을 잊고 비천한 사람과 동화하도록 한다.(「則陽」)

요堯임금을 칭찬하고 걸桀을 비난하는 것보다는 양쪽을 다 잊고 그 칭찬하는 것 등을 단절함만 못하다.(「外物」)

통발(荃=筌)은 물고기를 잡는 도구인데 물고기를 잡고 나면 통발을 잊어버리며, 올무(蹄)는 토끼를 잡는 도구인데 토끼를 잡고 나면 올무를 잊어버리며, 언어言語는 뜻을 전달하는 도구인데 뜻을 전달하는 목적을 이루고 나면 언어를 잊어버린다. 내가 어떻게 저 언어를 잊은 사람을 찾아 얻어서 그와 함께 담론할 수 있을까?(「外物」)

그러므로 의지를 잘 기르는 사람은 형체를 잊고, 형체를 잘 기르는 사람은 이로움을 잊고, 도道를 이룬 사람은 마음마저 잊는다.(「讓王」)

탐욕을 내느라 육친도 잊었으며, 부모와 형제를 돌보지 않고, 조상의 제사도 지내지 않는다.(「盜跖」)

이제 그대만 오직 (세속적 가치에) 뜻이 없으니, 지능이 부족한 것인가? 뜻을

---

25) 역자 주: 이 구절의 원문은 "夫復謵不饋而忘人"이다. 여기서 "復謵"은 "伏慴"(굴복하다)의 假借이고, "饋"는 "魄"로도 쓰며 "愧"(부끄럽다)의 뜻으로 해석한다.

알지만 실행할 능력이 없는 것인가? 진실로 정도正道를 받들기를 잊지 않아서인가?(「盜跖」)

자신이 해야 할 일을 잊어버렸다.(「盜跖」)

잊어버리고 살필 줄 몰랐다.(「盜跖」)

(사람은) 타인에게 베풀고 잊지 않지만, 하늘의 베풂은 그렇지 않다.(「列禦寇」)

(군자는 굶주리더라도) 세상을 잊지 않고, 밤낮으로 (노력하기를) 쉬지 않는다.(「天下」)

잊음(忘)은 유망遺忘(잊어버림, 소홀히 함)도 아니고 방실放失(散失)도 아닌, 방기放棄(내버리고 돌보지 않음)이며, 초월超越이며, 마음에 두는 바가 없음이다. 『장자』는 "공수工倕가…… 발을 잊어버리는 것은 신발이 꼭 맞기 때문이고, 허리를 잊어버리는 것은 허리띠가 꼭 맞기 때문이다. 앎에 시是와 비非를 잊어버리는 것은 마음이 대상과 적합適合하기 때문이며, 안으로 변동變動이 없고, 밖으로 외물을 따라가지 않음은 일이 되어 감이 적합하기 때문이다. 적합함에서 시작하여 여태 적합하지 않음이 없다는 것은 적합함도 잊어버린 적합함이다"(『莊子』, 「達生」)라고 하였다. 그 망각이 있어야 그 적합함에 도달할 수 있으며, 적합함에 도달함은 망각을 그 과정으로 삼는다. 장자는 "물고기는 서로 앞다투어 물에서 나아가고, 사람은 서로 앞다투어 도道에 나아간다. 서로 앞다투어 물에 나아가는 것에게는 연못을 파서 넉넉히 기르고, 서로 앞다투어 도에 나아가는 자는 일삼음이 없이 삶이 안정된다. 그러므로 '물고기는 강과 호수에서 서로를 잊고, 사람은 도술道術에서 서로를 잊는다'라고 하였다"(『莊子』, 「大宗師」)라고 하였다. 또 "샘이 마르면 물고기는 땅 위로 놓여서 서로 물을 내뿜어 습하게 하고 거품으로 서로를 적셔 주지만, 강과 호수에서 서로 잊고 지내는 것만 못하다"(『莊子』, 「大宗師」)라고 하였다. 망각의 전제는 자급自給과 자족自足이며, 자족해야 비로소 자유롭다. 장자가 추구한 것은 자유이며, 자유는 곧 소요逍遙이다. 그리고 소요는 "무대無待"(어떤 것에도 의존함이 없음)에 근원한다.

> 무릇 열자列子는 바람을 타고 다녔는데, 맑고 시원하게 좋았으며, 15일이 지나서야 돌아왔다. 그는 (세속적) 복福을 구하는 일에 급급하고 바쁘게 추구하지 않았다. 그는 이처럼 오가며 다니는 데는 힘들지 않았으나 여전히 의존하는 것이 있었다. 만약 저 천지의 정기正氣를 타고 육기六氣(陰·陽·風·雨·晦·朔)의 변화를 조종하여 무궁의 경지에 노니는 사람 같으면 그가 무엇에 의지하겠는가?(『莊子』, 「逍遙游」)

왕부지는 "무대無待라는 것은 다른 사물에 기대지 않고 홀로 서는 것이며, 다른 일에 기대지 않고 홀로 공을 세우는 것이며, 다른 실질에 기대지 않고 홀로 명예를 세우는 것이며, 크고 작음이 일치一致하고 천균天均(天然의 공평한 도리)에서 휴식하니 소요逍遙(自由·自在·自得)가 아님이 없는 것이다. 소逍(거닒)는 소멸消滅함으로 나아감이며, 지나가며 망각함이다. 요遙(멂, 아득함)는 물러나 멀어짐이며, 심지心知의 영혼에 국한局限되지 않는 것이다. 그러므로 사물이 가지런함을 논할 수 있고, 삶은 양생養生을 주로 함을 논할 수 있고, 형체는 잊어버릴 수 있고 덕德을 충족할 수 있으며, 세상에 참여하여 해로움을 멀리할 수 있으며, 제왕은 응할 수 있어 천하가 다스려지니 대종大宗(사물의 근본)에 부합하여 삶과 죽음을 잊으며, 유游(逍遙)하지 못함이 없으며, 유游가 아님이 없다"[26]라고 하였다. 따라서 "무대無待"라는 것은 여전히 가는 것이며, 잊어버리는 것이다.

망忘과 관련된 것은 또한 이른바 "상喪"(죽음, 잃음)이다.

> 남곽자기南郭子綦가 팔을 안석案席에 기대고 앉아서 하늘을 우러러보며 천천히 숨을 내쉬는 모습이 멍하여, 마치 짝을 잃어버린 것 같았다. 안성자유顔成子游가 앞에서 모시고 서 있다가 "어쩐 일이십니까? 육체가 진실로 시든 나무와 같아지게 할 수 있으며, 마음은 진실로 불 꺼진 재와 같이 할 수 있습니까? 지금 안석에

26) 王夫之, 『莊子解』(北京: 中華書局, 1964), 1쪽.

기대고 계신 모습은 이전에 안석에 기대고 계시던 모습이 아니십니다"라고 하였다. 자기子綦가 "언偃아, 훌륭하구나. 너의 질문이여! 지금 나는 나 자신을 잃어버렸는데(吾喪我), 너는 그것을 알고 있느냐?"라고 하였다.(『莊子』, 「齊物論」)

"오상아吾喪我"(나는 나 자신을 잃어버렸다)라는 말에서 나(吾)는 객관의 나이며, 일반적인 나이다. 아我는 주관의 아我이며, 특수特殊의 아我이다.[27] 조덕趙德(생몰 미상. 唐 元和 시기)은 "'오吾'와 '아我' 두 글자에 대하여 학자들은 대부분 하나의 뜻으로 생각하며, 다만 자신이 누구인지 모르는 사람에게 말할 때는 '오吾'라고 하고, 타인을 두고 말하면 '아我'(자아)라고 하며, 내가 아는 것이 있다고 하는 것은 자신을 중심으로 하는 말이며, 어떤 비천한 사람이 나에게 묻는다는 것은 (나하고 같이 있는) 다른 사람이 묻는다는 뜻으로 하는 말이다"(『四書箋義』)[28]라고 하였다. "오상아吾喪我"(나는 나 자신을 잃어버렸다)라는 말에서 '오吾'는 편집적인 '아我'에 대한 배제와 제거이다. 임희일은 "오吾는 곧 아我이며, '아상아我喪我'라고 하지 않고 '오상아吾喪我'라고 한 것은 사람의 몸에서 털끝만큼의 사심私心이 아직 소화消化되지 않았다면 오吾와 아我의 사이에는 여전히 분별이 있게 된다. '오상아吾喪我'라는 세 글자는 매우 훌륭하다. 동산洞山이 '거渠(他)의 지금은 아我가 아니며, 아我의 지금이 곧 거渠이다'라고 한 말이 곧 이 말들의 요체要諦이다"(林希逸, 『南華眞經口義』, 권2[29])라고 하였다. "오상아吾喪我"라는 말은 편견과 아집을 가진 나를 버리고 배제하여 사물과 하나로 합쳐(玄同) "우주만물은 모두 평등하다"(齊物)라는 뜻이다. 진계천陳啓天(1893~1984)은 "우주만물은 모두 평등함(齊物)은 모름지기 먼저 나를 잊어야 하며, 나를 잊을 수 없으면

27) 王治心과 陳鼓應은 "吾"를 진정한 我(자아)로 보았다. 왕치심은 "吾가 진정한 我이며, 我는 형체의 我이다. '喪我'는 스스로 그 형체의 我를 잊어버림이다"(王治心, 『莊子硏究及淺釋』, 上海羣學書社, 1931, 58쪽)라고 하였다. 진고응은 "'喪我'의 '我'는 편견과 아집을 가진 我이다. '吾'는 진정한 我이다"(陳鼓應, 『莊子今注今譯』, 北京: 中華書局, 1983, 35쪽)라고 하였다. 여기에서 "吾"는 결코 특수로의 의미가 아니라 단지 일반적으로 지칭하는 것이며, 왕치심과 진고응의 설은 근거가 없다.

28) 陳鼓應, 『莊子今注今譯』(北京: 中華書局, 1983), 35쪽 참고.

29) 『中華道藏』 제13책(北京: 華夏出版社, 2004), 714쪽.

제물齊物할 수 없으며, 또한 사물에 맡겨 자연을 따를 수 없다. 그러므로 이 편(「제물론」)은 첫머리에서 요지를 밝혔는데, 곧 망아忘我(私的인 자신을 잊어버림)를 논설로 삼았다"(陳啓天, 『莊子淺說』)[30]라고 하였다.

"망忘"을 통과한 후에야 비로소 "대통大通과 같음"이 있을 수 있다. 성현영은 "대통大通은 대도大道와 같다. 도道는 만물을 생겨나게 하는데 달통達通하므로 도를 대통이라고 한다"(『莊子疏』, 「大宗師」)[31]라고 하였다. "같으면 (어느 것을 더) 좋아함이 없음"이며, "변화하면 일정함이 없음"이다. 좋아함이 없음과 일정함이 없음은 만물이 그 마음에 접근할 수가 없으며, 만사가 그 본성을 털어낼 수 없고, 그러므로 허정虛靜을 유지하고 지킬 수 없다.

「대종사」에서 여우女偊가 도를 얻는 과정에 대한 서술은 또한 "좌망坐忘"의 구체적인 설명이라고 볼 수 있다.

> 나는 여전히 (도를) 지키면서 그것을 일러 주었는데, 3일이 지난 뒤에 천하를 도외시할(外天下) 수 있었고, 이미 천하를 도외시하고, 내가 또 그것을 지켰으며, 7일이 지난 뒤 사물을 도외시할(外物) 수 있었고, 이미 사물을 도외시한 뒤는 내가 또 그것을 지켰으며, 9일이 지난 뒤에 삶을 도외시할(外生) 수 있었고, 이미 삶을 도외시한 후에 문득 묘도妙道를 깨달(朝徹)을 수 있었으며, 문득 묘도를 깨달은 후에 '도의 경지를 홀로 볼 수 있었고'(見獨), 도의 경지를 홀로 본 뒤에는 고금(의 시간 구별)이 없었고, 고금의 시간 구별이 없은 후에 죽음도 없고 삶도 없는 경지에 들어갈 수 있었다. 살아 있는 것을 죽이는 존재는 그 자신은 죽지 않고, 살아 있는 사물을 생성하는 존재는 그 자신이 생성되지 않는다. 사물이 된 것은 가지 않음이 없고, 맞이하지 않음이 없으며, 훼손되지 않음이 없으며, 이루지 않음이 없다. 그것을 영녕攖寧(심경의 평화)이라 한다. '영녕'이라고 하는 것은 얽히고 구속된(攖) 이후에 이루어지는 것이다.(『莊子』, 「大宗師」)

30) 方勇 · 陸永品, 『莊子詮評』(成都: 巴蜀書社, 1998), 36쪽에서 인용.
31) 郭慶藩, 『莊子集釋』(北京: 中華書局, 1961), 285쪽.

"외外"라는 것은 보내는 것이며, 또한 망각하는 것이다. "외천하外天下"(세상을 잊음), "외물外物"(사물을 잊음), "외생外生"(삶을 잊음)의 마지막 결과이며, 곧 "문득 묘도妙道를 깨달음"(朝徹)이다. 무엇을 "조철朝徹"이라고 하는가? 성현영은 "조朝는 아침(旦)이다. 철徹은 명明이다. 죽음과 삶을 하나로 보고, 사물과 나를 모두 잊어버리고 창으로 햇빛이 환하게 비추는(惠照豁然) 것이며, 마치 아침의 태양이 처음 떠오를 때와 같으므로 그것을 '아침의 밝음' 즉 '문득 묘도妙道를 깨달음'이라고 한다"(『莊子疏』, 「大宗師」)[32]라고 하였다. 임희일은 "조철朝徹은 마음속이 매우 밝아서 하늘에 있는 것과 같고 아침의 깨끗하고 맑은(澄徹)의 기氣이다"(林希逸, 『南華眞經口義』, 권9)[33]라고 하였다. "조철朝徹"은 일종의 맑고 깨끗하고 밝고 환하며, 구속됨과 막힘이 없는 정신 상태이다. 이러한 정신 상태에 도달하면 곧 "도의 경지를 홀로 봄"(見獨)에 이를 수 있다. "독獨"은 도道이다. 왜냐하면 도는 상대할 것이 없기 때문에 그것을 독獨이라고 한다.[34] 이미 "견독見獨"하면 "영녕攖寧"(심경의 평화)도 가능하다. "영攖"은 접接하다, 접촉接觸하다, 어지럽다(擾)의 뜻이다. "영녕攖寧"이라고 한 것은 비록 "구속됨"(攖)이 있어도 오히려 "안녕安寧"할 수 있는 것이다. 비록 외물과 서로 교왕하여도, 오히려 심성의 청명하고 평온함(寧靜)을 유지할 수 있다는 말이다. "구속됨"(攖)을 부인하지 않고 또 "구속됨"을 두려워하지 않는 것은 비록 "구속됨"이 있어도 "안녕"할 수 있는 것을 말하며, "구속됨"의 상태에서도 "안녕"을 추구하는 것을 말한다.

『회남자』에서는 "고요하고 적막하며 사리사욕이 없이 평안하고 고요함(恬淡)으

---

32) 郭慶藩, 『莊子集釋』(北京: 中華書局, 1961), 254쪽.

33) 『中華道藏』 제13책(北京: 華夏出版社, 2004), 756쪽.

34) 곽상은 "만나는 그곳에서 편안하여 접촉하는 바의 앞과 뒤를 잊어버리면 이것은 혼자서만 보는 것이다"라고 하였다. 성현영은 "무릇 지극한 도가 단정하고 점잖게(凝然) 절묘하게 그 모습을 언급하니, 無도 아니고 有도 아니며, 예도 아니고 지금도 아니며, 홀로 가고 홀로 오며, 결코 의지함도 상대함이 없다. 이러한 멋진 광경을 보는 것을 見獨이라고 한다"(郭慶藩, 『莊子集釋』, 北京: 中華書局, 1961, 254쪽)라고 하였다. 그러나 이 해석은 아마도 그 진실을 보지 못한 것 같다. 陳景元은 "見獨은 道가 짝이 없음을 보는 것이다"(褚伯秀, 『南華眞經義海纂微』[『中華道藏』 제14책, 北京: 華夏出版社, 2004], 권17, 112쪽에서 인용)라고 하였다.

로써 성性을 기르며, 온화하고 기쁘고 허무함으로써 덕德을 기른다. 외물이 내면을 어지럽히지 않으면 성이 그 마땅함을 얻으며, 성이 조화를 움직이지 않으면 덕이 사람의 자리를 편안하게 한다. 양생養生으로 세상을 경륜하고, 덕을 포용하여 향년享年(일평생)을 마친다면 도를 체득하였다고 할 수 있다. 만약 그와 같다면 혈맥에는 울결鬱結이 없고, 오장五臟은 울기蔚氣(病기운)가 없고, 길흉화복吉凶禍福이 교란할 수 없으며, 비난이나 칭찬으로 먼지나 때처럼 보이게 할 수도 없다. 그러므로 그 궁극에 도달할 수 있다"(『淮南子』, 「俶眞訓」)라고 하였다. 도道의 본성은 자연이며 무위이며, 인간은 도의 본성을 얻으므로 그 성은 또한 청정淸靜하다. "사람이 태어남에 고요함은 하늘의 본성이다."(『淮南子』, 「原道訓」) 그러므로 "고요하고 적막하며 사리사욕이 없이 평안하고 고요함(恬淡)으로써 성性을 기른다." 성을 잘 기르면 도를 체득할 수 있으며, 도를 체득할 수 있으면 반드시 성을 잘 기른다. 도를 체득함과 성을 기름에는 일종의 상호 관계가 있는데, 요약하면 허정虛靜과 염담恬淡에 있다. 또 "이런 까닭에 도에 통달한 사람은 청정함으로 되돌아가며, 사물을 궁구하는 사람은 무위에서 마친다. 염담으로 성을 기르고 적막한 곳에 정신을 두면 천문天門으로 들어간다"(『淮南子』, 「原道訓」)라고 하였다. 즉, 염담으로 성을 기르고, 고요함으로 수신修身하여, 도에 통달하고, 도에 합하며, 또한 도에 화합한다. 이것은 도가가 봉행하는 수양의 방법이며, 도가가 추구하는 정신생활이다.

2. 모든 사물은 평등하다

장자는 한편으로 노자의 '마음 비우기에 힘씀'(致虛)을 "심재心齋"와 "좌망坐忘"으로 구체화하였으며, 다른 한편으로는 또 '치허致虛'를 본체론의 고도로 높여서 "우주만물은 모두 평등함"(齊物)을 제창하였다.

장자가 보기에 세상의 모든 것은 본래 옳고 그름, 크고 작음의 구분이 없는데, "편향된 마음"(成心)[35]이 있기 때문에 곧 주관적인 편견이 있게 되고, 이로부터 차등과 구분이 나타났다. "아직 성심成心이 생기지 않았는데 시비是非가 있는 것은 '오늘 월越나라로 가서 어제 도착했다'라고 말하는 것과 같다."(『莊子』, 「齊物論」) 오늘 월나라로 간다면 당연히 어제 도착할 수가 없다. 성현영은 "오吳나라와 월나라의 거리는 매우 멀어 반드시 10일 정도 가야 비로소 도달하는데, 오늘 아침에 길을 떠나 어제에 어찌 도달하겠는가? 시비와 피아彼我를 밝히고자 하면, 저절로 허망하게 분별하는 마음(妄心)이 생긴다. 마음을 말하면 아직 정해지지 않았는데 시비가 어디서부터 생기겠는가? 그러므로 먼저 분별한 후에 시비를 가기며, 먼저 길을 떠난 후에 월나라에 도달한다"(『莊子疏』, 「齊物論」)[36]라고 하였다. 그러므로 일체의 시비는 모두 "성심成心"에 근원하며, 모두 자신의 편견에 근원한다.[37]

대도大道가 어디에 숨었기에 진眞과 위僞가 있는가? 언론이 어디에 숨었기에 시是와 비非가 있는가? 대도는 어디로 갔기에 존재하지 않는가? 언론은 어디에 있기에 (부당한 것을) 옳다고 하는가? 대도는 작은 성공에 숨어 버렸고, 언론은 실속 없는 화려한 말(榮華)에 숨어 버렸다. 그 때문에 유儒와 묵墨의 시비是非가 있게 되어, (상대가) 그르다고 하는 것을 옳다고 하고, 옳다고 하는 것을 그르다고 한다. (상대가) 그르다고 하는 것을 옳다고 하고 옳다고 하는 것을 그르다고 (판단)하려면 명明(사물의 본질을 정확하게 인식함)과 같은 것이 없다. 사물은 (자신과 상대하는)

35) 역자 주: 인식론에서 객관성에 대비되는 개념으로 "先入見", "偏見", "固定觀念" 등이 있는데, "成心"은 이러한 개념을 모두 포함하는 개념으로 볼 수 있다.

36) 郭慶藩, 『莊子集釋』(北京: 中華書局, 1961), 62쪽.

37) 몽배원은 "장자는 한편으로 '無心'을 주장하고, 다른 한편으로는 '슬픔은 마음의 죽음보다 더 큰 것이 없다'라고 하였다. 언어학적인 관점에서 보면 이것은 서로 모순적인 논법이지만, 장자의 심령철학의 관점에 따라 말하면 어떤 모순도 없다. 왜냐하면 그가 말한 心에는 서로 다른 층차가 있기 때문이다. '無心'의 심은 '成心' 곧 상대적이고 한계가 있는 심을 가리켜 한 말이며, '슬픔은 마음의 죽음보다 더 큰 것이 없다'라는 말에서 심은 '眞心' 곧 절대적이며 무한한 심을 가리켜 한 말이다. 그는 오직 '成心'을 초월하여 '眞心'을 실현해야 비로소 도와 합일할 수 있고 天과 합일할 수 있다고 보았다. 이것은 또한 자유와 자연의 합일이다. 자연은 자유의 원인이라고 할 수 있으며, 자유는 자연의 실현이라고 할 수 있다. 그러나 이것은 기계론적 인과론의 관계가 아니며, 생명의 유기론적 관계이다"(蒙培元, 『心靈超越與境界』, 北京: 人民出版社, 1998, 219~220쪽)라고 하였다.

저것(彼)이 아님이 없으며, 사물은 (저것에 상대하는) 이것(是)이 아님이 없다. 저것(彼)의 입장에서는 (이것이) 보이지 않고, 자신을 알면 그것을 안다. 그러므로 '저것은 이것에서 나오고, 이것 또한 저것에서 비롯되며, 저것과 이것이 함께 존재(方生)하는 설이라고 한다.' 비록 그렇지만, 삶이 태어나자마자 바로 죽음이 시작되며, 죽음에 이르자마자 바로 삶이 시작되며, 옳다고 하면 바로 옳지 않고, 옳지 않다고 하면 바로 옳으며, 옳음에 비롯하여 그름이 비롯되며, 그름에 비롯하여 옳음이 비롯된다. 이런 까닭에 그래서 성인聖人은 (바름과 그릇됨, 옳음과 그름의) 구분으로 말미암지 않고 사물의 본연을 관찰하고, 또한 사물 자체의 실정實情을 따른다. 이것이 또한 저것이며, 저것이 또한 이것이다. 저것은 또한 모두 비非이며, 이것 역시 모두 비非라면, 과연 또한 저것과 이것이 같이 존재할 수 있겠는가? 과연 또한 저것과 이것이 구분이 없겠는가? 저것과 이것이 대립이 없는 상태를 대도大道의 추뉴樞紐(지도리)라고 한다. 도의 지도리가 환중環中(시비를 초월한 絶對境)을 얻어서 응함이 무궁하니, 이것 또한 모두 무궁하며, 저것 또한 모두 무궁하다. 그러므로 명明과 같은 것이 없다고 한다.(『莊子』, 「齊物論」)

이 대목의 말은 장자 제물론의 사상을 구체적으로 드러내는 데 집중하였다. 도가 감추어짐이 있음은 '작은 성공'에 감추어져 있으며, 언론이 감추어짐이 있는 것은 "실속 없는 화려한 말"에 감추어져 있다. 성현영은 "작은 성공은 인의仁義와 오덕五德(溫和 · 良順 · 恭遜 · 儉素 · 謙讓)이다. 소도小道로서 성공한 바가 있는 것을 작은 성공小成이라고 한다. 세상이 야박하고 시속이 각박하여, 단지 인의만 행하고 대도大道를 행할 수 없기 때문에 도道가 작은 성공에 감추어졌다고 말하였지만 도는 폐기할 수 없다. 그러므로 노자는 '대도가 폐기되니 인의가 있게 되었다'라고 하였다. 영화榮華라는 말은 과장되고 교묘한 변론(浮辯)의 말을 이르며, 실속 없이 화려한 말이다. 단지 화려한 변론에 빠지게 되면 그로써 지극히 당연한 말(至言)을 은폐한다. 따라서 노자는 거듭 말하기를 '믿음 있는 말은 아름답지 않고, 아름다운 말은 믿음이 없다'라고 하였다"(『莊子疏』, 「齊物論」)[38]라고 하였다.

---

38) 郭慶藩, 『莊子集釋』(北京: 中華書局, 1961), 64쪽.

유가와 묵가의 시비는 각각 자신이 옳다고 여기는 것을 옳다고 하고 그르다고 여기는 것을 그르다고 하는 데 있다. 그러나 사물 자체에 나아가서 말하면, 본래 이른바 시是와 비非는 없다. 저것과 이것, 시와 비, 생과 사, 가可와 불가不可는 모두 서로의 비교와 서로의 대대待對로서 하는 말이다. 저것이 있어야 비로소 이것이 있고, 옳음이 있어야 비로소 그름이 있으며, 삶이 있어야 비로소 죽음이 있으며, 가可가 있어야 비로소 불가不可가 있다. 따라서 저것과 이것, 옳음과 그름, 삶과 죽음, 가와 불가는 모두 상대적 성질을 가지고 있으며, 절대적 의미를 지니지는 않는다. 한쪽 방면으로만 보면 옳고 그름이 있다. 따라서 이것 또한 저것이라고 할 수 있으며, 옳음도 그름이라고 할 수 있다. 저것은 자연히 한 번은 옳고 한 번은 그르며, 이것 또한 자연히 한 번은 옳고 한 번은 그르다. 만약 천도天道의 관점에서 보면 사실 결코 어떤 것도 같지 않은 것은 없다. "저것과 이것이 대립이 없는 상태를 대도大道의 추뉴樞紐(지도리)라고 한다"(彼是莫得其偶, 謂之道樞)라고 한 말에 대하여 성현영은 "우偶는 대對이다. 추樞는 요要(요체)이다. 저 이것과 저것이 모두 공空임을 체득하고, 옳고 그름이 둘 다 환영幻影이며, 정신을 모아서 홀로 봄이 세상에서 짝이 없는 것을 그 현극玄極(天頂, 지극히 玄妙하고 奧妙함)을 이해하고 그 대도의 추요樞要를 얻었다고 할 수 있다"(『莊子疏』, 「齊物論」)[39]라고 하였다.

이것과 저것은 모두 없으며, 짝이 되는 것도 없으며, 가可도 없고 불가도 없으니 이것이 이른바 "제물齊物"이며, 이것 또한 도의 추요樞要이다. 따라서 장자는 다음과 같이 말한다.

> 도道의 관점에서 보면 사물은 귀천이 없으며, 사물의 관점에서 보면 자신은 귀하고 상대는 천하며, 세속의 관점에서 보면 귀천貴賤이 자신에게 있지 않다. 차별의 관점에서 보면, 자신이 크다고 여기는 그것이 크다고 보기 때문에 만물은 크지 않은 것이 없으며, 자신이 작다고 여기는 그것이 작다고 보기 때문에 만물은 작지 않은 것이 없다. 천지가 돌피 알(稊米)처럼 작음을 알고, 털끝만 한 작은

39) 郭慶藩, 『莊子集釋』(北京: 中華書局, 1961), 68쪽.

것도 (더 작은 것과 비교하면) 언덕이나 산만한 것이 될 수 있음을 알면 차별과 수량을 분명하게 볼 수 있다. 공효功效의 관점에서 보면, 자신이 유용有用하다고 여기는 그것이 유용하다고 보면 만물은 유용하지 않은 것이 없으며, 자신이 무용無用하다고 여기는 그것이 무용하다고 보면 만물은 무용하지 않은 것이 없다. 동쪽과 서쪽이 서로 반대편에서 서로 없을 수 없음을 알면 공효와 본분이 확정될 것이다. (사물의) 취향趣向의 관점에서 보면, 사물이 그러한 바를 따라가면 만물은 그렇지 않음이 없으며, 그것이 그르다고 여기는 바를 그르다고 보기 때문에 만물은 그르지 않음이 없다.(『莊子』, 「秋水」)

도의 관점으로 보면 세상의 사물은 하나로 합쳐진(玄同) 것이 아님이 없으며, 따라서 귀천도 없다. 사물의 관점에서 보면 각각의 사물은 모두 자신을 귀하게 여기고 다른 사물은 천하게 여기며, 사물은 모두 자신을 귀하게 여기고 상대를 천하게 여기지만, 사물 자체는 원래 전혀 귀천이 없다. 세상의 모든 사물은 모두 그 자신에 비하여 더 비천한 것이 있으며, 자신이 귀하다고 여기는 것을 귀하게 여기기 때문에 만물은 귀하지 않음이 없다. 또한 자신과 비교해 더 귀한 것이 있고 자신이 천하다고 여기는 것을 천하게 여기기 때문에 만물은 천하지 않은 것이 없다. 같은 이치로 세상의 모든 사물은 모두 자신과 비교해 더 작은 물건이 있고 자신이 크다고 여기는 것이 크다고 보기 때문에 만물은 크지 않음이 없다. 또한 모든 사물은 자신과 비교해 더 큰 물건이 있고 자신이 적다고 여기는 것이 적다고 보기 때문에 만물은 적지 않음이 없다. "공효의 관점에서 봄"과 "취향趣向의 관점에서 봄"도 또한 마찬가지다. 따라서 모든 것에 대하여 모두 마땅히 가可함도 없고 불가함도 없다는 태도를 보여야 한다.

(그 때문에 이를 위해) 줄기(莛)와 기둥(楹), 문둥이(厲)와 서시西施, 천태만상千態萬象의 모든 사물까지(恢恑憰怪)[40] (예로 들어) 도道를 통하여 하나가 됨을 보여 주었다.

---

40) 역자 주: 줄기(莛)와 기둥(楹)은 미세하게 작은 것과 매우 큰 것의 비유이며, 문둥이(厲)와 서시(西施)는 추함과 아름다움의 비유이며, '恢恑憰怪'는 세상에 존재하는 千態萬象의

하나인 도가 분해하면 (새로운 사물이) 형성되고, 새로운 사물이 생기면 (이미 있는 사물을) 훼손한다. 무릇 사물은 새로운 형성과 훼손이 없어지면 다시 하나로 통일된다. 오직 통달한 사람만이 그것이 하나로 통일됨을 알고, 이 때문에 (成見을) 쓰지 않고, 평상의 도리(庸)에 의지한다. 용庸은 용用이며, 용用이라는 것은 통通이며, 통通은 득得(自得)이다. 적합하게 얻으면 (道에) 거의 가깝다.(『莊子』, 「齊物論」)

정莛은 초경草莖(풀의 줄기)이다.[41] 영楹은 집의 기둥(屋柱)이다. 사물의 관점에서 보면 정莛과 영楹, 여厲(醜)와 서시西施는 매우 크게 구별된다. 도의 관점에서 보면 도는 (모든 사물을) 하나로 통일하며 결코 구분이 없다.

손가락으로 손가락이 손가락 아님을 밝히는 것은 손가락이 아닌 것으로 손가락이 손가락 아님을 밝히는 것만 못하고, 말(馬)로써 말이 말 아님을 설명하는 것은 말이 아닌 것으로 말이 말 아님을 설명하는 것만 못하다. 천지도 한 개의 손가락이고, 만물도 한 마리의 말이다.(『莊子』, 「齊物論」)

왕방王雱은 "저 손가락이 이 손가락을 가리키고, 저 말이 이 말을 가리키는데, 그 다름은 형체이며, 그 아니라고 하는 것은 질質이니 어찌 평등하지 않음이 있겠는가? 천지는 비록 다르지만 모두 도에서 나오며, 만물은 비록 다르지만 또한 도에서 나온다. 그러나 천지는 높고 낮음의 형체가 다르며, 만물은 대소大小의 본체本體는

모든 사물을 비유한다.

41) 郭象과 成玄英은 '莛'을 대들보(屋樑)로 보았으며, 兪樾은 이 설이 옳지 않다고 보았다. 유월은 "사마천은 '莛'을 '屋樑'으로 보았고, '楹'은 '屋柱'로 보았으므로, 곽상은 '莛'을 가로목(橫)으로 '楹'은 세로목(縱)으로 보았다. 『說文』을 보면 '莛은 莖이다'라고 하였다. 따라서 屋樑의 설은 처음에는 本義가 아니었다. 『漢書』「東方朔傳」에서는 '莛으로써 鐘을 쳤다'라고 하였고, 『文選』「答客難編」에서는 '莛는 筳으로 쓴다'라고 하였다. 李注는 각주에서 『說苑』을 인용하여 '세상의 鳴鐘을 만들어 筳(종망치)으로써 그것을 치니 어찌 그 소리가 울리지 않겠는가?'라고 하였다. 여기서 筳과 莛은 서로 통용된다. 이것은 古書에서 말한 莛은 그 작음으로 말한 것이다. 莛과 楹은 크고 작음으로 말한 것이며, 厲와 西施는 좋고 나쁨으로써 한 말이다. 옛 설은 옳지 않다"(郭慶藩, 『莊子集釋』, 北京: 中華書局, 1961, 71쪽 참고)라고 하였다.

다르지만, 그것이 근본에서 같이 나오는 것인데, 어찌 평등하지 않음이 있겠는가? 그러므로 '천지는 하나의 손가락이며, 만물은 하나의 말이다'라고 한다"(王雱, 『南華眞經新傳』, 권2)[42]라고 하였다.

임의독林疑獨(생몰 미상. 北宋)은 "옳고 그름은 함께 도로 돌아가니, 비록 천지가 크고 만물이 많지만, 몸 가까이 있는 것을 취하면 하나의 손가락이며, 멀리 있는 사물에서 취하면 한 마리 말이다"(褚伯秀, 『南華眞經義海纂微』, 권3에서 인용)[43]라고 하였다.

진상도陳詳道는 "몸 가까이에서 사물을 취하여 천지를 밝히면 천지는 하나의 손가락이며, 멀리 있는 사물에서 취하여 만물을 밝히면 만물은 한 마리 말이다. 대개 천지는 비록 크지만 본체에서 분리되지 않으며, 만물은 비록 많지만 용用에서 분리되지 않는다. 본체에서 분리되지 않으면 공중空中에서는 하나의 손가락과 같을 뿐이며, 용用에서 분리되지 않으면 세상에서는 오히려 한 마리 말과 같을 뿐이다"(褚伯秀, 『南華眞經義海纂微』, 권3에서 인용)[44]라고 하였다.

도의 관점에서 보면 세상만물은 같지 않음이 없으며, 세상의 사물은 모두 하나로 돌아간다. "그 다름으로부터 보면 간과 쓸개는 초나라와 월나라만큼 멀고, 그 같음으로써 보면 만물은 모두 하나다."(『莊子』, 「德充符」) 일一은 사물의 근본이며, 이 하나의 근본을 아는 사람은 많지 않다. 만물이 이와 같으며, 인생人生도 마찬가지다. 삶과 죽음은 또한 인간의 대사大事이다. 그러나 도로부터 그것을 관찰하면 다음과 같다.

> 인간이 생겨남은 기의 응취이다. 응취되면 생겨나고 흩어지면 죽는다. 만약 삶과 죽음이 헛되다면 나는 또 무슨 근심을 하겠는가? 그러므로 만물은 하나이다. 그 아름다운 것이 신기神奇함이 되고, 그 싫어하는 것은 썩은 악취가 된다. 썩은 악취가 되는 것이 다시 신기함으로 변화하고, 신기함이 다시 변화하여 악취 나는 것이 된다. 그러므로 천하를 통합하는 것은 하나의 기일 뿐이다. 성인은 그러므로

42) 『中華道藏』 제13책(北京: 華夏出版社, 2004), 573쪽.
43) 『中華道藏』 제14책(北京: 華夏出版社, 2004), 26~27쪽.
44) 『中華道藏』 제14책(北京: 華夏出版社, 2004), 27쪽.

일一을 귀하게 여긴다.(『莊子』, 「知北游」)

삶과 죽음은 항상 이와 같으며, 장수하는 것과 요절하는 것이 또 무엇을 얻었겠는가?

세상에는 가을 털끝(秋豪)보다 큰 것이 없고[45], 대산大山이 작으며, 일찍 죽은 아이보다 장수한 사람이 없고, (팔백 년은 살았다는) 팽조彭祖는 요절한 것이다. 천지와 나는 함께 생존하며, 만물과 나는 하나이다.(『莊子』, 「齊物論」)

"대산大山"은 곧 태산泰山이다. 곽상은 "무릇 형상形相으로 상대하면 대산大山은 가을 털보다 크다. 만약 각각 그 성분性分에 의거하면, 사물은 그 궁극이 아득하여, 형체가 크다고 남음이 있지 않으며, 형체가 작다고 부족함이 있지 않다. (진실로 각각 충분하다면) 그 본성이 가을 털이라도 오직 그 작음을 작다고 여기지 않고, 대산도 그 큼을 크다고 여기지 않는다. 만약 그 성분이 충족이 크다면 세상의 충분함이 가을 털보다 더 족한 것은 없으며, 만약 성분의 충족이 크지 않다면 비록 큰 산도 또한 작다고 할 수 있다"(『莊子注』, 「齊物論」)[46]라고 하였다.

성현영은 "무릇 사물이 생겨남에 형기가 서로 다르며, 대소大小와 수요壽夭도 서로 다르다. 만약 성분으로 말하자면 충족하지 않음이 없다. 그러므로 성분의 충족이 크다고 여기면 세상은 털끝보다 크지 않음이 없으며, 남음이 없어 작은 것도 세상에는 대산보다 작은 것은 없다. 대산이 작다면 세상에는 큰 것이 없으며, 털끝이 크다면 세상에는 작은 것이 없다. 크고 작음이 이미 그러하며 장수와 요절도 또한 그러하다. 이런 까닭에 (음양의) 양의兩儀가 비록 크지만 각각 그 성분을 만족시키는 것은 균등하다. 만물이 비록 많지만 스스로 얻는 의는 하나이다"(『莊子疏』, 「齊物論」)[47]

---

45) 秋豪는 곧 秋毫이며, 『道藏』에 수록된 『南華眞經』의 白文本(주해본이 아닌 본문본), 林希逸本, 褚伯秀本, 吳澄의 訂正本에는 "豪"와 "毫"를 함께 썼다.

46) 郭慶藩, 『莊子集釋』(北京: 中華書局, 1961), 81쪽.

47) 郭慶藩, 『莊子集釋』(北京: 中華書局, 1961), 81~82쪽.

라고 하였다.

만물을 평등하게 보고, 생과 사를 평등하게 보는 것은 결코 평등을 위한 평등이 아니다. 평등함과 평등하지 않음은 하나의 관점이자 태도이며, 사물 자신은 결코 이러한 관점과 태도의 영향을 받지 않는다. 전혀 도로써 사물을 관찰하지 않고, 사물은 이로 말미암아 변화하여 하나로 돌아가며, 도로써 생과 사를 관찰하면 삶이 또한 곧 죽음이며, 죽음이 또한 곧 삶이다. 만물이 평등하다는 이론은 단지 일종의 정신적 고양高揚이며, 일종의 활달豁達·서방舒放(放縱, 편안함)·담박淡泊·광연曠然한 정신이다.

> 옛사람들은 그 지혜가 지극한 바가 있었다. 지극한 바가 무엇인가? (우주의 초기에) 아직 어떤 사물도 존재하지 않았다고 여기는 것이 지극하고 극진하며 더 나을 수가 없다. 그다음은 어떤 사물이 있다고 여기지만 아직 분별(封)이 있지 않은 것이다. 그다음은 분별이 있지만 아직 시비是非의 구별이 아직 있지 않은 것이다. 시비가 드러남은 도가 무너지는 원인이다. 도가 무너짐은 애정이 생기는 까닭이 된다. (도에) 과연 또 이루어지고 무너지는 것이 있겠는가? (도에) 과연 또 이루어지고 무너지는 것이 없겠는가? 이루어짐과 무너짐이 있으므로 소씨昭氏(昭文)의 거문고 연주가 있으며, 이루어짐과 무너짐이 없는 것은 소씨昭氏가 거문고를 연주하지 않은 것과 같다.(『莊子』, 「齊物論」)

장자의 이론으로써 인간의 지혜는 또한 네 가지 종류의 경계로 나눌 수 있다. 첫째는 "옳고 그름이 있음"이며, 둘째는 "구분이 있음"이며, 셋째는 "사물이 있음"이며, 넷째는 "아직 어떤 사물도 존재하지 않음"이다. 도는 있지 않은 곳이 없으며, 시작도 없고 끝도 없이(混冥) 널리 퍼져 다시 더할 수도 없다. 도로 말미암아 관찰하면 "아직 어떤 사물도 존재하지 않음"이며, "아직 어떤 사물도 존재하지 않음"을 알면 또한 도를 아는 것으로, 이것이 첫 번째 경계이다. 사물은 도로 말미암아 생겨나며, 도는 무한하고 사물 또한 무한하다. 사물이 극한이 없음을 아는 것이 두 번째 경계이다. 사물은 도로 말미암아 생겨나며 군체群體를 이루고, 사물은 한계가 없으며,

개체로서의 사물은 "유봉有封"(구분이 있음)이다. 봉封은 곧 영역의 한계이다. "구분이 있음"을 아는 것은 또한 단지 나무만 보고 삼림森林을 보지 못하는 것으로, 이것이 세 번째 경계이다. "구분이 있음"은 또한 단지 개별적인 국한성이고, "옳고 그름이 있음"은 전면적인 국한성이며, 또한 이른바 "그가 그르다고 여기는 바를 옳다고 보고 옳다고 여기는 바를 그르다고 보는 것"이며, 또한 대립적인 쌍방이 각각 한 끝단을 잡고 그 나머지는 미치지 않는 것이다. "옳고 그름이 있음"을 아는 것이 네 번째 경계이다. 그러므로 "옳고 그름이 드러나면 도가 무너지는 원인이다." 이루어짐과 무너짐이 상대가 되고 "소씨昭氏(昭文)의 거문고 연주가 있으며, 이루어짐과 무너짐이 없는 것은 소씨昭氏가 거문고를 연주하지 않은 것과 같다." 성현영은 "무릇 소씨의 거문고 연주는 비록 교묘巧妙하다고 하지만 상음商音을 치면 각음角音을 잃으며, 궁음宮音을 흔들면 치음(徵音)을 잃기 때문에, 마치 그대로 두고 퉁기지 않으면 오음五音이 저절로 온전해진다. 또한 그런데도 이루어짐도 있고 무너짐도 있으며, 정은 보존함으로써 도를 어그러뜨리게 된다. 이루어짐도 없고 무너짐도 없으며, 지혜를 잊음으로써 진본眞本과 합일한다"(『莊子疏』, 「齊物論」)[48]라고 하였다.

옛사람들은 그 지혜가 지극함이 있었다. 그 지극함은 "아직 어떤 사물도 존재하지 않음"이다. "아직 어떤 사물도 존재하지 않음"은 결코 진실로 그 사물이 없다는 것이 아니라, "사물로써 관찰함"이 아니며, "우주만물은 모두 평등함"(齊物)이다. "제물齊物"은 인간의 관점이며, 인간의 태도이며, 또한 인간의 정신적 경계이다. 임희일은 "사물을 논하는 것은 사람과 사물의 논의이며, 중론衆論을 말하는 것과 같다. 제齊라는 것은 균일함(一)이며, 중론衆論을 합하여 하나로 하려는 것이다. 전국시대에 학문學問이 다르고 더욱이 서로 옳고 그름을 다투었기 때문에 장자는 옳고 그름 모두를 잊고 자연으로 되돌아감만 못하다고 생각하였으며, 이것이 그가 명성을 얻게 된 뜻이다"(林希逸, 『南華眞經口義』, 권2)[49]라고 하였다. 만물을 평등하게 봄으로써

48) 郭慶藩, 『莊子集釋』(北京: 中華書局, 1961), 76쪽.
49) 『中華道藏』 제13책(北京: 華夏出版社, 2004), 714쪽.

도달하고자 하는 것은 결코 눈을 꼭 감고 만물을 평등하게 하려는 것이 아니라, 대범하게 자유자재自由自在하는 정신의 고양高揚이다.

마음 "비우기에 힘씀"(致虛)과 "우주만물은 모두 평등함"(齊物)을 통하여 마지막으로 도달하는 경지는 다음과 같다.

천지와 나는 함께 생존하며, 만물과 나는 하나이다.(『莊子』, 「齊物論」)

홀로(獨) 천지정신과 더불어 가고 온다.(『莊子』, 「天下」)

"홀로 천지정신과 더불어 가고 온다"라는 말에서 "독獨"은 독립적이고 독특한 행위이며 자주적이고 자유이다. 이러한 경계는 고도의 정신적 자주自主의 경지이며, 고도의 정신적 자유自由의 경지이다. 이것은 곧 장자가 추구하는 인생이며, 장자의 인생의 경지이다. 그리고 이러한 경지에 도달하는 방법은 다름 아닌 곧 버림이며, 덜어 냄이며, 잊어버림이며, 곧 일종의 뺄셈 방법이다.

장자가 창도한 이러한 방법은 역사적으로는 줄곧 평판이 좋지 않았으며, 항상 사람들로부터 혼세주의混世主義 혹은 활세주의滑世主義의 으뜸이라는 악명을 얻었다.[50] 사실 장자는 결코 혼세주의자가 아니라, 마음속에 비분悲憤을 가득 품은

---

50) 곽말약은 "항거하려고 해도 항거할 방법이 없고, 순종하려고 해도 또한 어리석어 양심을 속일 수도 없고, 단지 눈을 꼭 감고 무엇이든 모두 보지 않고, 무지몽매하고 흐리멍덩해야 난세에서 생명은 겨우 보전하며 인간세상에서 놀 수 있다. 이것은 본래 비분의 극단이지만 그러나 도리어 교활한 시작이 된다.…… 따라서 그의 처세철학의 결과는 일련의 능청주의(滑頭主義)라고 할 수 있다"(郭沫若, 「莊子的批判」, 『十批判書』, 北京: 東方出版社, 1996, 208쪽 참고)라고 하였다.
풍우란은 "'산림 속'의 지식인은 물론 莊周의 '세속을 초월하고 절연함'의 사상을 이용하여 자신을 위안하고자 하며, '廟堂에 오른'(벼슬에 나간) 지식인도 또한 늘 장주의 '混世'의 사상을 이용하여 자신을 보전하려고 하였다. 따라서 장주의 사상은 중국의 봉건사회에서 여전히 매우 유행했던 사상이었다"(馮友蘭, 『中國哲學史新編』 상권, 北京: 人民出版社, 1998, 435쪽)라고 하였다.
임계유는 "그의 목적은 사람들이 살고 있는 당시 세상의 浮沈에 따르기를 가르치는 능청주의가 아님이 없으며, '시절에 안돈하여 순리대로 대처하고 슬픔과 즐거움이 (마음

세상의 모든 불합리한 것을 분개하고 증오하는(憤世嫉俗) 사람이다.[51] 장자는 "제물齊物"을 강론하고 "허정"을 강론하였으나, 그것은 "제물"을 위한 "제물", "허정"을 위한 "허정"이 아닌, 정신의 자유와 자재를 위한 것이며, 심성의 평온함과 담박함을 유지하기 위한 것이었다. "제물"과 "허정"은 목적이 아니라 단지 수단이다.

도가의 수양론은 후대에 매우 큰 영향을 끼쳤다. 도교는 장생長生을 표방標榜하였다. 장생을 얻기 위하여 도교는 또한 수양을 매우 중시하였다. 초기의 도교는 주로 "수일守一"(오로지 정신을 통일하여 神明과 통합)을 강조하였다. "수일守一"은 노자의 "근원인 하나를 포용함"(抱一)과 장자의 "그 근원인 하나를 지킴"(守其一)에 근원한다. 노자는 "온 나라 백성들의 마음을 하나로 포용하여(抱一) 이것이 흩어지지 않게 할 수 있겠는가?"(『老子』 10장)라고 하였다. 장자는 "하늘과 땅은 맡은 바 직분(官)이 있고, 음과 양은 간직한 작용이 있다. 당신의 몸을 근신하여 지키면, 만물은 장차 저절로 생장할 것이다. 나는 그 근원인 하나(道)를 지켜서 그 조화調和 속에 머물고 있으므로 나는 몸을 수양한 지 1200년이 되었어도 내 몸이 아직 쇠약해지지 않았다"(『莊子』, 「在宥」)라고 하였고, 또 "근원인 하나(道)에 통달하면 만사가 잘 마쳐지며, 무심無心으로 하면 귀신도 감복한다"(『莊子』, 「天地」)라고 하였다. 무엇을 "하나"(一)라고 하는가? 왕필은 "하나(一)는 인간의 진상眞相이다. 인간이 일상적으로 거주하는 집에 있을 수 있으면 정신을 하나로 포용하여 항상 떠나지 않게 할 수 있는가?"(王弼, 『道德眞經注』, 권1)[52]라고 하였다. "일一"은 원래 천지가 아직 형체가 있기 전의 상태를 말하며,

---

속으로) 들어올 수 없도록 하는' 자아도취자였다"(任繼愈, 『中國哲學史論』, 上海人民出版社, 1981, 307쪽)라고 하였다.
관봉은 "현실세계를 虛無로 간주하지만, 그러나 도리어 '인간세상'을 떠날 수 없으니, 이에 일련의 능청주의의 처세철학을 취하였다"(關鋒, 『莊子內篇譯解和批判』, 北京: 中華書局, 1961, 5쪽)라고 하였다.

51) 서복관은 "장자는 당시의 변란에 대해 가장 깊은 영향을 받았으며, 따라서 그의 '엉터리 논설, 황당한 말, 근거 없는 논술'의 이면에는 실제로는 무한한 非情함을 포함하고 있어 한 줄기 처량한 분위기를 드러내었다"(徐復觀, 『中國人性論史』, 臺灣商務印書館, 1990, 412쪽)라고 하였다. 진고응은 "나는 개인적으로 장자가 전체 세계 사상사에서 가장 심각한 반항주의자(抗議分子)이며, 또한 고대의 자유성과 민주성을 가장 잘 갖춘 철학자라고 생각한다"(陳鼓應, 『老莊新論』, 上海古籍出版社, 1992, 3쪽)라고 하였다.

노자가 "도는 하나를 생生하고, 하나는 둘을 생하며, 둘은 셋을 생하고, 삼은 만물을 생한다"(『老子』 24장)라고 한 말과 같다. 장자는 "태초太初에 무無만 있었다. 유有도 없고 명名도 없었다. 하나가 일어나니, 하나가 있으나 형체는 아직 없었다"(『莊子』, 「天地」)라고 하였다. 그 뒤 또한 도를 가리키는 말로 전환되었으며, 마치 노자가 "천天은 하나를 얻어 맑고, 땅은 하나를 얻어 안녕安寧하다"(『老子』 39장)라고 한 말과 같다. 장자는 "하나이면서 바꿀 수 없는 것이 도이다"(『莊子』, 「在宥」)라고 하였다.

도교에서 말하는 수일守一은 몇 개의 함의를 가지고 있는데, 첫째는 수도守道이며, 곧 그 자연과 무위의 본성을 지킴이다. 두 번째는 마음으로 천지가 아직 형체를 가지기 이전, 즉 우주가 아직 발현하지 않은 상태를 체험함이다. 세 번째는 심령心靈의 전일專一함을 유지함이다.

『태평경』에서 보면, 인간은 형체와 정신이 서로 합쳐진 통일체이며, 정신이 있으면 생명이 있고, 정신이 없으면 죽는다. 왕명王明(1904~1974)은 "고금의 중요한 도리는 모두 수일守一하면 오래 살고 늙지 않는다고 말한다. 사람이 수일守一을 알아 무극無極의 도라고 이름 불렀다. 인간은 신체를 가지며 정신과 항상 합치되어 있다. 형체라는 것은 곧 죽음을 주도하며, 정신은 곧 삶을 주도한다. 항상 합하면 길吉하고 서로 떨어지면 흉하다. 정신이 없으면 죽은 것이고, 정신이 있으면 살아 있다. (정신과 육체가) 항상 합하여 곧 하나가 되면 오래 생존할 수 있다"[53]라고 하였다. "일一"은 정신과 형체의 합일合一이며, "수일守一"은 곧 수신守神이자 정신이 그 형체를 떠나지 않도록 유지함이다. 왕명은 "일一이라는 것은 심心이며, 의意이며, 지志이다. 이 한 몸속에서 생각하는 정신이다"[54]라고 하였다. 『태평어람太平御覽』 668장에서는 『태평경太平經』을 인용하여 "일一이란 숫자의 시작이며, 생명의 도이며, 원기元氣의 시작이므로, 일一을 지키고 생각한다. 자식이 노부모를 봉양하고자 하면, 수일守一로 가장 오래 살며, 숨을 고르고 천천히 눕고, 일一과 더불어 서로 지키면,

52) 『中華道藏』 제9책(北京: 華夏出版社, 2004), 369쪽.
53) 王明, 『太平經合校』(北京: 中華書局, 1960), 716쪽.
54) 王明, 『太平經合校』(北京: 中華書局, 1960), 369쪽.

기가 마치 샘물의 근원과 같으니, 그 몸이 어찌 허물이 있겠는가? 이것을 진보眞寶라고 하며 노쇠함은 저절로 멀어진다"라고 하였다. 오래 살려고 하면 먼저 마땅히 수일守一해야 하며, '수일'하면 장수할 수 있을 뿐만 아니라 다른 여러 가지 큰 쓰임이 있다.

진晉의 갈홍葛洪은 수일의 사상을 한 걸음 더 발전시켰다. 갈홍은 "무릇 현묘한 도(玄道)는 내면에서 얻으며, 외면으로 그것을 지키며, 그것을 이용하는 것은 정신이며, 그것을 다하게 하는 것은 기器(몸의 기관, 몸)이다. 이는 현묘한 도를 생각하는 중요한 말이다"(『抱朴子』, 「內篇 · 暢玄」)라고 하였다. 현도玄道는 지혜로워야 하고, 사려 깊어야 하며, 더욱 긴요한 것은 또한 지켜야 한다. 갈홍은 또 "수일守一을 생각하고, 도리어 몸을 지킴을 싫어하고, 항상 임금이 나라를 다스리듯 하며, 군대의 장수가 적을 대하듯 하면 곧 장생長生의 공을 이룰 수 있다"(『抱朴子』, 「內篇 · 地眞」)라고 하였다.

수일 이외에 도교는 또한 양기養炁(養氣)를 주장하였다. 도교는 기를 선천지기先天之氣와 후천지기後天之氣 두 종류로 나누었다. 선천지기를 기炁라고 하고, 후천지기를 기氣라고 불렀다.[55] 갈홍은 "신선이 되려고 하면 오직 마땅히 그 지극한 요체를 얻어야 하며, 지극한 요체는 정기精氣를 보배처럼 여기며 기炁를 운행하며, 하나의 큰 약을 먹기만 하면 족하며, 또한 많이 쓸 필요가 없다"(『抱朴子』, 「內篇 · 釋滯」)라고 하였다. 장생하여 신선이 되려면 한편으로는 내면적 수양(內修)을 해야 하고, 다른 한편으로는 외면적 수양(外養)이 필요하다. 외양外養은 주로 복식服食과 선약仙藥이며, 내수內修는 "정기를 보배처럼 여기고 기炁를 운행함"(寶精行炁)이다. "보정행기寶精行炁"는 보정寶精과 행기行炁 두 방면을 포함한다. 『황정경黃庭經』에서는 "방촌方寸(心) 가운데

---

55) 당나라 때 崔希範(1111~1191)은 "선천의 炁(氣)나 후천의 炁를 얻는 사람은 항상 술 취한 것 같다"(『入藥鏡』)라고 하였다. 元나라 때의 王道淵(본명 王雲朋. 元末明初 전진교 도사)은 "선천의 炁라는 것은 원래의 始祖가 되는 炁이며, 이 祖炁는 인간의 몸과 천지의 正中에 있고, 生門(九宮의 八白의 본자리의 吉의 방위)과 密戶(꼭 닫힌 문, 혹은 腎臟)의 높은 곳에 걸려 있으니 天心이 이것이다. 神仙의 수련은 단지 先天의 一炁를 취하여 丹母(鍊丹의 元母)로 여기는 것이다. 후천의 氣는 곧 한 번 내쉬고 한 번 들이쉬는 것이며, 한 번 가고 한 번 오는 것이며 안으로 운용하는 氣이다"(『崔公入藥鏡註解』)라고 하였다.

서 깊이 감출 것을 생각하고, 모나지도 둥글지도 않고 창문을 닫고, 삼신三神(인체의 세 丹田의 神)에 정기精氣가 돌아오면 노인이 곧 장년이 되고, 혼백은 안으로 지키고 다투지 않으며, 신神은 뱃속에서 생기고 옥으로 만든 귀고리(玉璫)를 간직한다. 혼령魂靈이 유궐幽闕(腎臟)로 집중되니 어찌 잃어버릴 수 있겠는가?"(『太上黃庭內景玉經』, 「上睹章第十六」)라고 하였다. 내수內修는 주로 내심의 사리사욕이 없이 평안하고 고요함(恬淡)과 평화를 유지하는 데 있다. "염담과 한가로운 시선으로 나면이 저절로 밝아지고 사물마다 서로 간섭하지 않아 크고 평안하다"(『太上黃庭內景玉經』, 「紫清章 第二十一」)라고 하였다. 염담과 무욕하며 다시 그것을 수양하면 곧 신선이 될 수 있다. 『황정경』에서는 "우주의 진리와 함께 유유자적하며 깊이 홀로 거주하며, 성명性命을 부양扶養하고 허무虛無를 지키며, 사리사욕이 없이 평안하고 고요하게 무위로써 사려思慮하며, 이미 이루어진 것을 도와주고 바르게 자라도록 하면(扶疏), 오래 살며 늙지 않고(長生久視) 곧 날아다닌다"(『太上黃庭內景玉經』, 卷上)라고 하였다.

도홍경陶弘景(456~536)은 내수內修를 "12가지를 적게 함"(十二少)으로 개괄하였다. "사려를 적게 함(少思), 염려를 적게 함(少念), 욕망을 적게 함(少欲), 일삼기를 적게 함(少事), 말을 적게 함(少語), 웃기를 적게 함(少笑), 근심을 적게 함(少愁), 즐김을 적게 함(少樂), 기뻐함을 적게 함(少喜), 분노를 적게 함(少怒), 좋아함을 적게 함(少好), 미워함을 적게 함(少惡), 이 12가지를 적게 하기를 행함이 양생의 모든 총괄이다. 사려를 많이 하면 정신이 위태해지고, 염려를 많이 하면 뜻이 흩어지고, 욕망을 많이 하면 뜻을 손상損傷하고, 일삼기를 많이 하면 몸이 피로疲勞하고, 말을 많이 하면 기 싸움을 하고, 웃기를 많이 하면 기를 함장含藏할 수 없게 하고, 근심을 많이 하면 마음을 졸이고, 즐김을 많이 하면 의지意志가 넘치고, 기뻐함을 많이 하면 망령되이 잘못을 범하고 어리석고 어지러우며(忘錯惛亂), 분노를 많이 하면 모든 맥박이 안정되지 않으며, 좋아함을 많이 하면 오로지 미혹되어 바로잡을 수 없으며, 미워함을 많이 하면 마음을 끓여 수척해지고 기뻐함이 없게 되니(憔煎無懽) 이 12가지 많음이 제거되지 않으면 생명의 근본을 잃는다. 많음이 없는 것이 거의 진인眞人에 가깝다"(『養性延命錄』, 「教誡篇」)라고 하였다.

이러한 수행 방법에서 두드러진 점은 여전히 도가가 강조하는 떨어짐(離)·버림(去)·잊음(忘)이다. 이로써 도가의 수양론은 또한 도교 수양론의 기초가 됨을 알 수 있다.

맺음말

중국 심성론心性論의 그 이론적 취지趣旨를 말하면, 유가·도가·불교 세 가지 형태로 나눌 수 있다.

불교의 심성론은 성론性論과 심론心論 두 가지 면으로 나뉜다. 성론이 곧 불성론佛性論이다. 불성은 원래 부처의 체성體性과 성(本性)을 가리킨다. 불성이 사람에게서 실현되는 것은 곧 사람이 성불性佛(부처가 됨)의 가능성을 가리킨다. 심론은 곧 본심론本心論이다. 불교는 "마음(이하 心으로 표현)이 생겨나면 갖가지 법法이 생겨나며, 심이 없어지면 갖가지 법이 없어진다"(『六祖壇經』, 「付囑品 第十」)라고 생각한다. 지기智顗(538~597)는 "심은 모든 법의 근본이며, 심이 곧 총합처總合處이다"(『法華玄義』, 권1상)라고 하였다. 관정灌頂(생몰 미상. 唐, 天台五祖)은 "한 가지 생각의 심을 보면 곧 중도中道인 여래如來의 보물창고이며, (涅槃의 네 가지 德인) 상常·락樂·아我·정淨[1])은 부처의 견해이다"(『觀心論疏』, 권3)라고 하였다. 혜능慧能(638~713)은 다시 "보리菩提(최상의 지혜)는 다만 심에서 찾아야지, 하필이면 수고스럽게 밖을 향해 어두운 데서 구하려는가? 설법을 듣고 이대로 수행하면 사방四方(천당[2]))이 오직 눈앞에 있다"(『六祖壇經』, 「決疑品 第三」)라고 하고, 또 "성이 부처요 성性을 떠나면 따로 부처는 없다"(『六祖壇經』, 「般若品 第二」)라고 하고, 또 "지난 생각에 미혹迷惑하면 범부凡夫이며, 후념後念(뒤따르는 생각)에서 깨우치면 곧 부처이다"(앞의 책)라고 하였다. 중국 불교에서 유식종唯識宗과 법상종法

---

1) 역자 주: 涅槃의 四德. 즉 涅槃의 境地는 生滅과 變遷이 없음을 뜻하는 '常'과 괴로움을 떠나서 無爲·安樂함을 뜻하는 '樂', 自在하고 막힘이 없는 '眞我', 煩惱의 고통을 이기고 깊이 침잠하고 청정함을 뜻하는 '淨'의 네 가지를 가리킨다. https://hanja.dict.naver.com/#/entry/ccko/8e25d0ad6c124d3695efa56a591fafaf 디지털 한자사전 참조

2) 역자 주: 다른 기록에는 "四方" 대신에 "天堂"으로 썼다.

相宗을 제외하면 일체의 중생은 모두 불성을 갖추고 있고 모두 성불할 수 있다고 본다. 종밀宗密(780~841)은 "삼도三道의 범부凡夫나 삼승三乘의 성현聖賢[3]도 근본은 모두 영명靈明하고 청정淸淨한 하나의 법계의 심이다. 성의 자각이 보물처럼 빛나고 각각이 원만하면 본래 제생諸生이라 부르지 않고, 또한 중생衆生이라 부르지 않는다. 다만 이로써 심이 영묘靈妙하고 자재自在하여 자성自性을 지키지 않는다. 그러므로 미혹과 깨달음의 인연에 따라 업을 짓고 보응을 받기 때문에 중생이라고 부른다. 그리하여 중생으로 이름을 떨치고, 도를 닦아 진실을 증명하여 마침내 여러 부처로 이름을 떨쳤다. 또한 인연을 따라 자성自性을 잃지 않기 때문에 항상 허망虛妄하지 않고, 항상 변이變異가 없고 파괴할 수 없으며, 오직 일심一心이므로 드디어 진여眞如로 이름을 떨쳤다. 그러므로 이 일심으로 항상 진여를 갖추면, 생生과 멸滅 두 가지 문은 일찍이 잠시라도 사라진 적은 없다"(『神源諸詮集都序』, 권4)라고 하였다.

유가 심성론의 진로는 성으로부터 정情과 마음으로 갔으며 그 중심은 심이었다. 성은 사람의 선천적 성이며, 정통 유가들이 볼 때 원래 근본은 곧 선善하다. 이러한 성은, 송유宋儒는 천리天理에 근본을 두고 있으며, 천리가 사람의 몸에서 구체적으로 실현된 것이라고 보았다. 성이 구체적으로 전개 발현한 것이 곧 정이다. 따라서 성은 고요하며, 정은 움직인다. 성性은 아직 발동하지 않은 것이며, 정은 이미 발동한 것이며, 성은 체體이며, 정은 용用이다. 심은 일신의 주재主宰이다. 사람의 정신의 주재로서 심은 움직임과 고요함(動靜)을 겸하고 있으니 곧 체이자 용이다. 주희朱熹(1130~1200)는 "성은 고요함이며, 정情은 움직임이며, 심은 움직임과 고요함을 겸하여 말하며, 때로는 체를 가리키고 때로는 용을 가리키는데, 사람이 보는 대로 따른다"(『朱子語類』, 권62)라고 하였으며, 또 "성은 아직 움직이지 않은 것이며, 정은 이미 움직인 것으로 심은 이미 움직인 것과 아직 움직이지 않은 것을 모두 포함한다. 대개 심이 아직 움직이지 않은 것은 성이 되고, 이미 움직인 것은 정이 되니,

3) 역자 주: 三道는 보살이나 성인이 수행을 행하는 煩惱道·業道·苦道의 세 과정을 말하며, 三乘은 성인이나 보살이 열반에 이르는 聲聞乘·緣覺乘·菩薩乘의 세 가지 교법을 의미한다.

이른바 심이 성 · 정을 통섭한다는 말이다"(『朱子語類』, 권5)라고 하였다. 여기서 "심이 성 · 정을 통섭한다"(心統性情)라는 말에서 "통統"은 두 가지 의미가 있는데, 하나는 '모두 갖춘다'(兼具)라는 뜻이며, 다른 하나는 통제統制의 뜻이다. "심은 신명神明이 머무는 집으로 인신의 주재이다. 성은 곧 허다한 도리이며, 하늘에서 얻어 심에 갖추어진 것이며, 지식과 염려하는 곳에서 발현하는 것이 모두 정이다"(『朱子語類』, 권98)라는 말은 심이 몸의 주재가 된다는 말이며, "심이 성 · 정을 통섭한다"라는 말은 또한 심이 사람이 공부해야 할 곳임을 의미한다. "마음을 다함"(盡心)을 통하고, "격물格物과 치지致知", "성의誠意와 정심正心"을 통하고, "치양지致良知" 등등의 공부를 통하여 인의仁義의 위대한 업적을 이룰 수 있고 군자君子도 될 수 있다.

도가 심성론의 진로는 도로부터 성 · 심 · 정으로 나아가며, 그 중심은 여전히 오직 도이다. 도가의 모든 이론은 "도"를 중심으로 전개되지 않은 것이 없다. "도"는 사물을 생겨나게 하는 근원이며, 또한 사물을 이루는 근본이며, 천지만물의 성이며, 사람이 안심입명安心立命하는 근거이며, 군왕이 나라를 다스리고 안정시키는 근본적인 방략이기도 하다. "도"는 도가 심성론의 기초이며 근거이며, 심지어 도가 심성론은 그 도론道論을 이루는 한 부분에 불과하다고 할 수 있다. 만물은 도를 품부받아 생겨나고 도를 품부받아 이루어진다. 도는 구체적 사물에서 선명하게 드러나 그것이 곧 "덕德"이 된다. "덕"은 얻음(得)이며, 곧 도에서 얻은 것이다. 덕이 사람에 내재화된 것이 곧 인성人性이다. 도로 말미암아 성이 되는 것은 일반으로부터 구체화된 것이다. 성은 다른 것이 아니라 곧 도가 구체적 사물에서 실현되어 드러난 것이다. 이 때문에 성은 "도성道性"이라고 말할 수 있다.

"도는 자연을 본받는다"라는 말은 도의 본성이 자연이라는 말이다. 사람이 이미 도에 근원하고, 도의 성 또한 사람의 성이다. 그러므로 사람의 본성이 곧 자연이기도 하다. 자연의 상태는 또한 하나의 자재自在하는 상태이며, 이와 같은 자연으로 자재하는 상태는 제약과 속박 및 제한이 없는 데서 말미암으며, 따라서 또한 일종의 자유 상태이다. 도가가 자연을 추숭推崇하는 것은 결코 자연을 위해서가 아니라 저절로 그러함이며, 또한 저절로 그러함이 곧 자유이기 때문이다. 자연을 추숭함은 또한 자유를 추숭함이다. 만약 성이 사람의 선천적 본연적 부분을 가리키는 것으로 곧 사람은 천연적 본질을 가리킨다면, 심은 사람의 후천적 실연實然의 방면을 가리키는 것으로 곧 사람의 주관적 정신을 가리킨다. 성이 드러내는 것은 사람이 사람다운 사람이 되는 선천적인 요소이며, 심이 드러내는 것은 사람이 사람다운 사람이 되는 주체적인 요소이다. 자연을 추숭함으로부터 도가는 "허심虛心"을 강조하며, 자유를 추숭함으로부터 도가는 "유심游心"을 강조한다. "허심"과 "유심"이 가리키는 뜻은 여전히 정신적 자유를 추구하는 것이다. 그리고 정신의 자유가 곧 도가의 근본적인 용심用心(정성스러운 마음 씀)이다.

인심人心이 사물에 감촉하여 드러나는 것이 정이며, 그 사악하고 편벽하고 바르지 않은 것이 곧 욕欲이다. 사람의 천성은 본래 청정淸靜한데 기욕嗜慾이 그것을 해치며, 사람의 정신을 밖으로 넘어가게 하여 심이 이 때문에 안녕하지 않게 된다. 밖으로 넘어가면 자연이 아니며, 안녕하지 않으면 자유가 아니다. 정신의 자유를 추구함에 반드시 사람의 욕망을 부정해야 한다. 도가는 명命과 생사生死에 대하여 모두 일종의 초연하고 달관된 태도를 취한다. 그렇기 때문에 오직 이와 같은 담담하고 달관된 태도로써 일체를 상대해야 비로소 심령心靈의 안녕과 고요함, 담박淡泊함과 자유를 지킬 수 있다. 도가는 심령의 안녕과 고요함, 담박함과 자유를 다른 어떤 것보다 더욱 중요하게 여긴다. 도가의 인생 추구는 곧 정신의 자유·자재와 심령의 안녕·고요함·담박함을 지키는 것이다.

심성을 설명함에 반드시 수양修養도 언급해야 한다. 심성론의 요지는 어떻게 사람다운 사람이 되고 어떤 사람이 되는가 이다. 어떻게 사람다운 사람이 되는가는 곧 사람의 수양 문제이다. 유가가 말하는 수양은 주로 일종의 적극적인 진로이며, 도가가 말하는 수양은 노자의 "끝까지 허에 이름"(致虛), "고요함을 지킴"(守靜)뿐만 아니라, 장자의 "심재心齋", "좌망坐忘", "제물齊物"까지 모두 일종의 소극적 진로이며, 일종의 뒤로 빠지는 방법이자, 빼기의 방법이다.

도가가 창도한 것은 일종의 자유와 염담恬淡의 정신생활이며, 도가가 추구한 것은 사람의 자유·자주自主·초월이며, 도가는 사람에 대한 사물의 능욕·박해·통치를 강력하게 반대한다. 모든 사람은 모두 자주적이어야 하며, 모든 사람의 정신도 모두 마땅히 자유로워야 한다. 사람은 외재적인 자연과 마땅히 화합해야 하며, 사람과 사람의 사이도 마땅히 화목해야 하며, 사람의 정신생활도 마땅히 평화롭고 적합해야 한다.

자연과 자재自在 그리고 자유, 화해와 화목 그리고 평화롭고 적합함은 곧 도가 심성론의 기본적 내용이다.

후기

이 한 권의 책을 출판하기 위하여 시작부터 탈고脫稿까지 꼬박 10년의 세월이 걸렸다. 이 10년 동안 나의 생활환경과 학술환경도 모두 큰 변화가 있었다. 이러한 변화가 내게는 다행스럽기도 하였지만, 또한 매우 큰 부담도 주었다. 나는 동년배 사람들과 비교해 전혀 평탄하지 않은 길을 걸어왔기 때문에 그로 인해 적지 않은 시간을 낭비하였다. 비록 나는 근면하게 노력하였고 또 나의 삶에서 매우 달관적인 태도를 보이고 있었지만, 나는 여전히 자신에게 매우 만족하지 않는다. 나는 의도적으로 무엇을 증명하려는 것이 아니다. 다만 내가 서점에 들어서서 그 많은 신간을 보면, 내 또래 심지어 나보다 훨씬 나이가 적은 사람들이 한 권 한 권 책을 내는 것을 보면, 스스로 긴장감을 느꼈다. 내가 달리고 싶은 것이 아니라 내 뒤에서 늑대가 뒤쫓아 오고 있었다.

나 개인의 심성을 말하면, 나는 비교적 자유롭고 산만한 유형에 속한다. 나에게 학문이란 주로 직업이 아니라 일종의 생활태도 혹은 생활방식이다. 생활 가운데 책이 없어서는 안 되며, 내가 진정으로 추구하는 것은 책 한 권, 차 한 잔의 삶이다. 컴퓨터를 켜고 학교의 도서관 서고書庫에 숨어서 세속적 사무의 방해를 벗어나면 마음은 명경지수明鏡止水와 같고, 도서관 서가書架에 가득한 도서를 대하며 정신을 가다듬는 것이 내가 가장 만족스럽게 생각하는 생활이다. 그러나 생활이 늘 이와 같을 수는 없으며, 나 또한 완전히 타고난 성정대로 다할 수는 없었다. 살펴보면, 나 또한 반드시 의지의 만족(適意)과 긴장 사이에서 평형을 찾았다.

이 책은 나의 박사논문을 기초로 수정하여 완성한 것이다. 박사논문을 쓰는 데는 겨우 반년밖에 걸리지 않았으나, 그것을 수정하는 데 3년이 걸렸다. 비록 스스로 매우 비효율적이라 욕하였지만, 또 다른 목소리가 나에게 경고하기를 '너는 이미 많은 시간을 잃어버렸고, 또 좀 더 노력하면 더 많은 영향을 끼칠 수 있으니, 모든 일에 반드시 스스로 만족하도록 해야 한다'라고 하였다. 따라서 나의 작업은 이처럼 차일피일 미루어지고 있었다. 비록 스스로 현재의 작업에 만족을 느낀다고 할 수는 없지만, 겨우 세상에 내놓고 사람들에게 보일 수는 있을 것 같다.

이 책을 쓰면서 처음부터 끝까지 스승인 장립문張立文 교수님의 매우 세심한 지도를 받았다. 장 교수님의 지도·따뜻한 관심·도움은 매우 두터웠다. 이 정과 은혜는 오직 후일의 성취로 보답할 뿐이다. 탕일개湯一介 교수님, 여돈강餘敦康 연구원, 성복왕成復旺 교수, 육옥림陸玉林 교수는 이 책의 초고初稿를 읽고 수정된 의견을 제시해 주셨고, 훌륭하고 많은 도움이 되었다. 이 책이 순조롭게 출판될 수 있었던 것은 방국근方國根 편집·심의 위원의 전폭적인 지원 덕분이다. 이에 아울러 깊은 감사를 드린다.

문득 고개를 돌리니 적지 않은 인생이 여기까지 왔고,
또한 적지 않은 길을 왔으나 이룬 일은 보잘것없고,
적지 않은 학자가 세상을 떠나고 또 새 인물이 등장하네.
주위를 둘러보니, 풍경은 그대론데 아는 친구 거의 없고,
파도 소리 의구하니 열정은 식지 않고,
인생길 아득함과 근심을 반반씩 안고 가네.[1)]

2005년 5월 15일 羅安憲 근지謹識

---

1) 역자 주: 이 구절은 비유가 많아 번역이 쉽지 않았기 때문에 저자에게 풀이를 부탁하였다. 저자의 해석을 토대로 번역하였다. 원문과 저자의 해석은 다음과 같다.
猛回頭, 人已如斯, 路亦如許, 幾人歌罷幾人起.
擡望眼, 黃鳥飛盡, 濤聲依舊, 半是迷茫半是愁.

猛然回頭, 發現自己年齡已經不小, 也走過不少路, 但是對於自己的成績卻很不滿意. 就學術面言, 不少風雲人物已經故去, 一代新人已經開始登臺.
看看周圍的一切, 風景依舊, 卻是物是而人非, 知己之友人何其稀少. 但是, 內心那份激情卻一點沒有減少, 帶着一點憂傷, 一點迷茫, 繼續前行.

역자 후기

이 책의 저자인 중국 인민대학 나안헌羅安憲 교수는 2008년 연세대학교에서 역자와 처음 만난 이후 한국과 중국의 여러 학술행사에 함께 참여하는 등 지속적인 교류를 이어 왔으며, 공동 번역자인 연변대학 임해순林海順 교수와도 한국과 중국에서 함께 학술활동을 하고 있다.

세 사람은 한국과 중국을 오가며 많은 대화를 나누었다. 그리고 학문적으로 의기투합을 할 수 있었다. 특히 나 교수의 박사학위 논문을 수정·보충한 『허정여소요虛靜與逍遙』를 받아보고 그 내용과 관점이 기존의 노장사상에 관한 이해와 다른 매우 독창적이면서도 새로운 논리로 서술되어 있음을 알고 이를 한국어로 번역하고자 하였다.

인민대학에서 개최한 여러 학술회의에 참여할 때마다 나 교수의 스승인 장립문張立文 선생님(人民大學 孔子硏究院 院長)을 뵙고 많은 가르침을 얻었고, 또한 장 선생님의 학문적 열정에 감동하였다. 이 책은 저자가 이미 밝혔듯이 자신의 박사학위 논문을 기초로 10여 년의 세월 동안 수정하고 보완한 결과물이다. 특히 이 책의 서문에서 장 선생님은 장문長文의 글로 중국사상의 얼개와 사상적 발전과 쇠퇴의 과정을 잘 정리하고, 무엇보다 "철학은 시대정신이자 지적 창조이며, 생명의 지혜요, 궁극적 관심사"라고 보고 특히 "철학적 자각"을 강조하였다. 역자는 위 두 분 사제간의 모습을 늘 부러워하였다.

역자는 이 책을 번역하면서 도가사상뿐만 아니라 중국사상 전반에 대한 시각을 넓히고, 동시에 중국사상에 대한 좀 더 정밀하고 종합적인 조감도鳥瞰圖를 그릴 수 있게 되었다. 그리고 도가사상 전반에 대한 새로운 이해를 할 수 있었다.

저자가 이 책에서 논증한 주요 내용 가운데 특징적인 것을 정리하면 다음과 같다.

첫째, 도가는 삶에 대한 생의 의지를 중시하였다. 죽음을 도외시度外視한다는 말은 생명의 가치를 무시한다는 말이 아니라, 진정한 마음의 자유와 평화를 이루면 그것이 곧 진정한 생명의 의지라고 보았다. 도가는 자유자재自由自在하는 생명에 애착을 두었다고 설파하였다. 도가의 자연과 무위無爲를 소극적 · 회피적 · 은둔적 개념이 아닌 적극적 세간적世間的 개념으로 풀이하였다.

둘째, 인仁과 의義로 대표되는 유가의 가치보다는 "자연自然" 그 자체의 원리와 개념을 더 우선적이고 근원적인 가치로 인정한다는 점이다. 그리고 인간의 세속적 욕망慾望 · 욕심慾心 · 지모智謀를 배격하였다. 그리고 허정虛靜과 자유자재하는 소요逍遙가 인仁이나 의義보다도 더 큰 범주의 가치라고 보았다.

셋째, 도가사상의 범위를 매우 넓게 인정한다는 점이다. 도가와 관련된 많은 책이 있는데, 그 책의 내용이 넓은 의미에서 도가적 내용을 포함하고 있다면, 저자가 누군지 모르거나 위작이 의심되더라도, 혹은 시대적 모호함이 있더라도 도가사상의 범주로 인정한다. 즉 서지학적 · 문헌학적 관점보다는 철학적 사유 그 자체를 중시한다.

넷째, 도가는 개인적 본성인 "인人"보다는 사회공동체적 개념인 "민民"을 더 중시하였다고 보았다. 이 책의 저자는, 노자가 논한 사람은 "민"의 각도에서 그리고 통치자의 눈으로 논하였으며, 주로 사회정치의 관점에서 이론을 확립하였다고 보았다. 그리고 이러한 논의는 '인론人論'이 아니라 '사회정치론'이라고 보았다. 아울러 노자가 논한 마음은 '인심人心'이 아니라 '민심民心'이라고 보았다.

다섯째, 이 책에서는 위진현학魏晉玄學과 주요 학자들의 이론과 인간관계 및 그들의 행적과 사상적 특징에 대하여 자세하게 논의하였다. 이러한 경향을 도가사상사의 관점에서 넓고 깊이 논의하고 있다.

여섯째, 이 책의 저자는 도가사상을 매우 폭넓은 영역에서 재조명하고 있다. 즉 중국뿐만 아니라 서양의 많은 철학자와 그들의 의론을 인용하여 도가사상을 해석하고 이를 통하여 도가사상의 공감대와 사상적 범주를 확대하였다.

이 외에도 이 책에서는 저자의 성실한 자료 보충과 논리 전개를 실감할 수 있다. 종합적으로 그동안 일정 부분 피상적으로 전개된 도가의 주요 사상을 매우 분명한 전거典據를 통하여 구체적으로 논증하고 있으며, 특히 중요한 이론마다 유학·불교·도가의 관점을 대비하는 비교적 관점으로 논증하였다. 따라서 이 책은 도가사상을 공부하는 초보자뿐만 아니라 전문연구자에게도 중요한 지침서가 될 수 있다고 생각된다. 이 책에서는 유가와 도가를 대립적으로 보거나, 도가철학이 더 우수하다거나, 특히 유학사상에 대하여 일방적 비판을 하거나 하는 반지성적 태도를 보이지 않는다. 역자는 이러한 점이 이 책의 가치를 더 돋보이게 한다고 생각한다.

종합하면, 국내에는 장자의 사상을 일관되게 반유가적反儒家的 관점으로 이해하는 경향이 있다. 그런데 현실적 삶의 가치나 지향이 선악善惡의 갈림이 아니라면, 어떻게 정반대의 가치가 공존할 수 있는가에 대한 성찰省察이 필요하다. 방법은 다를 수 있다. 그러나 이 책의 저자는 유가와 도가가 서로를 배타적排他的으로 보지 않고 상호 상보적 관계로 이해하고 있다는 점을 충분히 유의해서 볼 필요가 있다고 생각한다.

끝으로 이 책은 보통 잘 참고하지 않는 매우 드문 자료들을 인용하고 있고, 중국의 학자들조차 잘 해석하거나 인용하지 않는 난해한 문장들이 많다. 따라서 알지 못했던 새로운 문장을 읽고 느끼는 만족감도 있었지만, 번역에 일부 미흡한 점도 있다고 생각한다. 이러한 점들은 계속 수정·보완할 것이며, 많은 전문가와 독자 여러분의 질정을 부탁드린다.

2025년 12월

역자를 대표하여 손흥철孫興徹 씀

참고문헌

『郭店楚墓竹簡』, 北京: 文物出版社, 1988.
『老子道德經河上公章句』, 北京: 中華書局, 1993.
『老子指歸』, 北京: 中華書局, 1994.
『馬王堆漢墓帛書[壹]』, 北京: 文物出版社, 1980.
『世說新語』, 上海: 上海古籍出版社, 1982.
『十三經注疏』, 北京: 中華書局影印本, 1980.
『五燈會元』, 北京: 中華書局, 1984.
『王陽明全集』, 北京: 紅旗出版社, 1996.
『二十二子』, 上海: 上海古籍出版社影印本, 1985.
『二程集』, 北京: 中華書局, 1981.
『張載集』, 北京: 中華書局, 1978.
『周易註疏』, 上海: 上海古籍出版社, 1989.
『周易參同契』(『道藏』本).
『朱子語類』, 北京: 中華書局, 1986.
『中華道藏』, 49冊, 華夏出版社, 2004.

葛兆光, 『中國思想史』(二卷), 上海: 復旦大學出版社, 1998 · 2000.
卿希泰, 『芻蕘集』, 成都: 巴蜀書社, 1997.
卿希泰 主編, 『中國道教史』, 成都: 四川人民出版社, 1996.
高明, 『帛書老子校釋』, 北京: 中華書局, 1996.
古棣, 『老子校詁』, 長春: 吉林人民出版社, 1998.
高亨, 『老子正詁』, 北京: 中國書店, 1988.
孔繁, 『魏晉玄談』, 長春: 遼寧敎育出版社, 1991.
郭慶藩, 『莊子集釋』, 北京: 中華書局, 1961.
郭沫若 等, 『管子集校』, 北京: 科學出版社, 1956.
郭朋, 『壇經校釋』, 北京: 中華書局, 1983.
關鋒, 『莊子內篇譯解和批判』, 北京: 中華書局, 1961.
羅光, 『中國哲學思想史』(七篇九冊), 臺灣學生書局, 1975~1986.
羅光, 『人生哲學』, 臺灣輔仁大學出版社, 1986.
羅宗強, 『玄學與魏晉士人心態』, 杭州: 浙江人民出版社, 1991.
南懷謹, 『禪與道家』, 上海: 復旦大學出版社, 1996.

盧國龍,『道敎哲學』, 北京: 華夏出版社, 1997.
盧育三,『老子釋義』, 天津: 天津古籍出版社, 1987.
段德智,『死亡哲學』, 武漢: 湖北人民出版社, 1996.
唐君毅,『中國哲學原論』, 臺灣學生書局, 1984.
賴永海,『中國佛性論』, 北京: 中國青年出版社, 1999.
樓宇烈,『王弼集校釋』, 北京: 中華書局, 1980.
馬達,『列子眞僞考辨』, 北京: 北京出版社, 2000.
馬敍倫,『老子校詁』, 北京: 古籍出版社, 1956.
牟宗三,『心體與性體』, 上海: 上海古籍出版社, 1999.
蒙培元,『中國心性論』, 臺灣學生書店, 1990.
蒙培元,『心靈超越與境界』, 北京: 人民出版社, 1998.
方東美,『原始儒家道家哲學』, 臺灣黎明文化事業股份有限公司, 1987.
方勇 · 陸永品,『莊子詮評』, 成都: 巴蜀書社, 1998.
傅偉勳,『從西方哲學到禪佛敎』, 北京: 生活 · 讀書 · 新知三聯書店, 1989.
徐復觀,『中國人性論史』, 臺灣商務印書館, 1990.
石峻 等,『中國佛敎思想資料選編』, 北京: 中華書局, 1991.
成復旺,『中國古代的人學與美學』, 北京: 中國人民大學出版社, 1992.
蕭萐父,『吹沙集』, 成都: 巴蜀書社, 1991.
蕭萐父,『吹沙二集』, 成都: 巴蜀書社, 1999.
孫詒讓,『墨子閒詁』, 北京: 中華書局, 2001.
孫以楷,『老子通論』, 合肥: 安徽大學出版社, 2004.
楊伯峻,『列子集釋』, 北京: 中華書局, 1979.
梁漱溟,『東西文化及其哲學』, 北京: 商務印書館, 1987.
嚴靈峯,『老莊硏究』, 臺灣中華書局, 1979.
嚴靈峯,『老子達解』, 臺北: 華正書局, 1983.
餘嘉錫,『世說新語箋疏』, 北京: 中華書局, 1983.
餘敦康,『魏晉玄學史』, 北京: 北京大學出版社, 2004.
吳楓 · 宋一夫 主編,『中華道學通典』, 海口: 南海出版公司, 1994.
王明,『太平經合校』, 北京: 中華書局, 1960.
王明,『道家與道敎思想硏究』, 北京: 中國社會科學出版社, 1984.
王明,『抱朴子內篇校釋』, 北京: 中華書局, 1985.
王明,『道家與傳統文化硏究』, 北京: 中國社會科學出版社, 1995.
王葆玹,『正始玄學』, 濟南: 齊魯書社, 1987.
王先謙,『莊子集解』, 北京: 中華書局, 1987.
王先謙,『荀子集解』, 北京: 中華書局, 1988.
王先愼,『韓非子集解』, 北京: 中華書局, 1998.
王嶽川 編,『後現代主義文化與美學』, 北京: 北京大學出版社, 1992.

王利器,『文子疏義』, 北京: 中華書局, 2000.
饒宗頤,『老子想爾注校證』, 上海: 上海古籍出版社, 1999.
袁珂,『山海經集註』, 上海: 上海古籍出版社, 1980.
熊鐵基,『中國老學史』, 福州: 福建人民出版社, 1995.
熊鐵基 · 劉固勝 · 劉韶軍,『中國莊學史』, 湖南人民出版社, 2003.
韋政通,『中國思想史』, 臺灣大林出版社, 1982.
劉笑敢,『莊子哲學及其演變』, 北京: 中國社會科學出版社, 1988.
劉小楓,『拯救與逍遙』, 上海: 上海三聯書店, 2001.
殷翔,『嵇康集註』, 合肥: 黃山書社, 1986.
李定生 · 徐慧君,『文子要詮』, 上海: 復旦大學出版社, 1988.
李澤厚,『中國古代思想史論』, 北京: 人民出版社, 1985.
任繼愈,『中國哲學史論』, 上海: 上海人民出版社, 1981.
任繼愈 主編,『中國哲學發展史』, 北京: 人民出版社, 1983～1994.
張松如,『老子說解』, 濟南: 齊魯書社, 1998.
張立文,『周易帛書註譯』, 臺灣學生書局, 1991.
錢鍾書,『管錐編』, 北京: 中華書局, 1986.
鍾泰,『莊子發微』, 上海: 上海古籍出版社, 1988.
朱謙之,『老子校釋』, 北京: 中華書局, 1984.
朱熹,『四書章句集註』, 北京: 中華書局, 1983.
張廣保,『金元全眞道內丹心性學』, 北京: 生活 · 讀書 · 新知三聯書店, 1995.
張岱年,『中國哲學大綱』, 北京: 中國社會科學出版社, 1982.
張祥龍,『海德格爾思想與中國天道』, 北京: 生活 · 讀書 · 新知三聯書店, 1996.
張舜徽,『周秦道論發微』, 北京: 中華書局, 1982.
張運華,『先秦兩漢道家思想研究』, 長春: 吉林教育出版社, 1998.
張立文,『中國哲學範疇發展史—天道篇』, 北京: 中國人民大學出版社, 1988.
張立文,『中國哲學邏輯結構論』, 北京: 中國社會科學出版社, 1989.
張立文,『中國哲學範疇發展史—人道篇』, 北京: 中國人民大學出版社, 1995.
張立文,『和合學概論』, 北京: 首都師範大學出版社, 1996.
張立文 主編,『道』, 北京: 中國人民大學出版社, 1989.
張立文 主編,『心』, 北京: 中國人民大學出版社, 1993.
張立文 主編,『性』, 北京: 中國人民大學出版社, 1996.
張立文 主編,『玄境—道學與中國文化』, 北京: 人民出版社, 1996.
丁四新,『郭店楚墓竹簡思想研究』, 北京: 東方出版社, 2000.
丁原植,『文子新論』, 臺灣萬卷樓圖書有限公司, 1999.
朱哲,『先秦道家哲學研究』, 上海: 上海人民出版社, 2000.
陳鼓應,『莊子今注今譯』, 北京: 中華書局, 1983.
陳鼓應,『老子註譯及評介』, 北京: 中華書局, 1984.

陳鼓應,『老莊新論』, 上海: 上海古籍出版社, 1992.
陳鼓應 主編,『道家文化硏究』 1~18, 上海古籍出版社 · 三聯出版社.
陳奇猷,『呂氏春秋集釋』, 北京: 學林出版社, 1984.
陳伯君,『阮籍集校注』, 北京: 中華書局, 1987.
陳櫻寧,『道敎與養生』, 北京: 華文出版社, 1993.
陳寅恪,『金明館叢稿初編』, 上海: 上海古籍出版社, 1980.
陳寅恪,『金明館叢稿二編』, 上海: 上海古籍出版社, 1980.
詹劍峯,『老子其人其書及其道論』, 武漢: 湖北人民出版社, 1982.
崔大華,『莊子歧解』, 鄭州: 中州古籍出版社, 1988.
崔大華,『莊學硏究』, 北京: 人民出版社, 1992.
彭浩,『郭店『老子』校釋』, 武漢: 湖北人民出版社, 2000.
馮友蘭,『貞元六書』, 上海: 華東師範大學出版社, 1996.
湯用彤,『漢魏兩晉南北朝佛敎史』, 北京: 北京大學出版社, 1997.
湯一介,『南北朝時期的道敎』, 西安: 陝西師範大學出版社, 1988.
湯一介,『儒釋道與內在超越問題』, 南昌: 江西人民出版社, 1991.
湯一介,『郭象與魏晉玄學』, 北京: 北京大學出版社, 2000.
馮友蘭,『中國哲學史新編』, 北京: 人民出版社, 1998.
馮友蘭,『中國哲學史』, 上海: 華東師範大學出版社, 2000.
何建明,『道家思想的歷史轉折』, 武漢: 華中師範大學出版社, 1997.
何寧,『淮南子集釋』, 北京: 中華書局, 1998.
許抗生,『三國兩晉玄佛道簡論』, 濟南: 齊魯書社, 1991.
許抗生 等,『魏晉玄學史』, 西安: 陝西師範大學出版社, 1989.
胡孚琛,『道學通論』, 北京: 社會科學文獻出版社, 1999.
胡適,『胡適哲學文集 · 中國哲學史』, 北京: 中華書局, 1991.
黃釗 主編,『道家思想史綱』, 長沙: 湖南師範大學出版社, 1991.
侯外廬 等,『中國思想通史』, 北京: 人民出版社, 1956~1960.

(德) 馬克斯 · 韋伯(Max Weber),『儒敎與道敎』, 北京: 商務印書館, 1995.
(美) 劉達,『道與中國文化』, 南寧: 廣西人民出版社, 1990.
(美) 費正淸(John King Fairbank) 等,『東亞文明: 傳統與變革』, 天津: 天津人民出版社, 1992.
(美) 費正淸(John King Fairbank) 等,『中國: 傳統與變革』, 南京: 江蘇人民出版社, 1992.
(美) 大衛 · 格里芬(David Griffin) 編,『後現代精神』, 北京: 中央編譯出版社, 1998.
(美) 道格拉斯 · 凱爾納(Douglas Kellner) 等,『後現代理論』, 北京: 中央編譯出版社, 1999.
(英) 葛瑞漢(A. C. Graham),『論道者』, 北京: 中國社會科學出版社, 2003.
(日) 福井康順 等,『道敎』, 上海: 上海古籍出版社, 1991.

찾아보기

지은이 **羅安憲**

중국 陝西省 西安 출신. 중국 인민대학 철학박사, 현재 인민대학 철학 단과대학(哲學院) 교수 및 박사지도 교수로 재직하고 있으며, 중국 人民大學孔子研究院 副院長, 國際儒學聯合會 理事, 老子學研究會 副會長, 尼山世界儒學中心副秘書長兼學術委員 등을 겸임하고 있다. 주로 先秦哲學, 道家哲學, 儒道關係 등을 연구하였으며, 인민대학에서 오랫동안 중국철학사, 儒家經典, 道家經典 등을 강의하고 있다. 주요 저서로는 『中國孔學史』, 『老莊哲學精神』, 『儒道心性論的追求』, 『和諧共生與競爭博奕』 등이 있고, 편역서로는 『中華傳統經典誦讀文本』(13책)이 있으며, 음성강의자료인 『中華經典資源庫: 老子』와 『中華經典資源庫: 莊子』가 있다. 『哲學研究』, 『中國哲學史』, 『學術月刊』 등에 100여 편의 논문을 발표하였다. 그 가운데 여러 논문이 인민대학에서 간행하는 우수 논문집인 『新華文摘』에 실렸다.

옮긴이 **임해순**林海順

중국 연변대학에서 정치학과 사상정치교육을 전공하였고, 경북대학교에 파견교수로 재직 중 철학과에서 박사학위를 받았다. 뉴질랜드 캔터베리대학교, 중국 인민대학에 방문학자로 다녀왔으며, 현재 연변대학 마르크스주의학원 교수로 재직 중이다. 옮긴 책으로는 『장입문 교수의 화합철학론』(공역), 『공자의 仁, 타자의 윤리로 다시 읽다』(공역), 『정현의 주역』(공역), 『중국 근대의 역사—아편전쟁에서 5·4운동까지』(공역) 등이 있고, 대표 논문으로는 「실사구시와 실용주의—등소평의 '흑묘백묘론'을 중심으로」, 「화합사상연구」 등이 있다.

옮긴이 **손흥철**孫興徹

연세대학교 철학과에서 학사 및 석·박사 학위를 받고, 연세대학교(원주) 겸임교수, 한국국제대학교 교수, 안양대학교 교양대학 교수(학장), 중국 南京大學 哲學系 방문학자 및 율곡학회 회장을 역임하였다. 현재 중국 山東省 泰山學術院 客座教授로 활동하고 있다. 다산학술문화재단의 『定本 與猶堂全書』 사업에 책임연구원으로 참여하였고, 『牧民心書』를 교감하였으며, 2015년 율곡학술대상을 수상하였다. 저서로는 『녹문 임성주의 삶과 철학』, 『중국 고대사상과 제자백가』 등 7권이 있고, 역서로는 『이정의 신유학』(원제: 『洛學源流』), 『정현의 주역』(원제: 『周易鄭氏學闡微』), 『중국철학의 기원과 전개』(원제: 『發生與詮釋』) 등 6권이 있다. 국내 발표 논문으로는 「仁과 이데아」, 「율곡의 경세론과 疏通의 정신」, 「다산학의 재조명을 위한 시론」, 「인물성동이논쟁의 논거 분석」, 「조선 성리학에서 理氣一元論의 특성과 전개」, 「陶淵明의 歸去來와 出處觀 考察」, 「後栗 趙憲의 師承·學脈·學問과 出處觀 연구」 등 110여 편, 해외 발표 논문으로는 「『禮記』的"天"與莊子的"天"之異同」, 「二程的社會改革輪管見」, 「大同社會大一統與理一分殊論的邏輯關係考察」 등 20여 편이 있다.